广东方言丛书

广州话词典

王力题

饶秉才 欧阳觉亚 周无忌 编

第2版

SPM
南方出版传媒
广东人民出版社
·广州·

图书在版编目（CIP）数据

广州话词典/饶秉才，欧阳觉亚，周无忌编．—2版．—广州：广东人民出版社，2020.4（2025.4重印）

ISBN 978-7-218-13348-5

Ⅰ．①广… Ⅱ．①饶… ②欧… ③周… Ⅲ．①粤语—词典 Ⅳ．①H178-61

中国版本图书馆CIP数据核字（2019）第007347号

GUANGZHOUHUA CIDIAN（DI–ER BAN）

广州话词典（第2版）

饶秉才 欧阳觉亚 周无忌 编

出 版 人：肖风华

书名题签：王 力
责任编辑：钱飞遥
装帧设计：张力平
责任技编：吴彦斌

出版发行：广东人民出版社
地 址：广州市越秀区大沙头四马路10号（邮政编码：510199）
电 话：（020）85716809（总编室）
传 真：（020）83289585
网 址：http：//www.gdpph.com
印 刷：广东信源文化科技有限公司
开 本：787mm×1092mm 1/32
印 张：23 字 数：950千
版 次：2020年4月第1版
印 次：2025年4月第3次印刷
定 价：78.00元

如发现印装质量问题，影响阅读，请与出版社（020-87712513）联系调换。
售书热线：020-87717307

目　录

第 2 版前言

经过二十二年，修订后的《广州话词典》以崭新的面貌与读者见面了，作为编著者及修订者的我们，自然感到无比的欣慰，相信广大读者也会欢迎的。新版的词典收词比原来的词典多了，内容也有较大的变化。这次修订的主要目的是使我们的词典能够跟上社会发展的形势，以更好地反映广州话的现状，满足当今读者的需求。

《广州话词典》出版于 1997 年，它的前身是 1981 年在香港商务印书馆出版的《广州话方言词典》。该词典是我们于 20 世纪 70 年代编就的，当年，我们顾虑内地较难出版这类词典因而让它在香港出版。到了 80 年代中期，学术空气开始活跃。为了适应形势发展的需要，在广东人民出版社的大力支持下，我们决定在内地出版这本国内语言学界及其他方言区读者渴求的广州话方言词典。词典以我们在香港出版的《广州话方言词典》为蓝本，在内容上有较大的充实完善，在编排上采用国内习惯使用的以部首笔画分类。词典面世后，受到国内语言学界的普遍重视。

随着改革开放的不断深入，广州话的词汇又发生不少的变化：一些旧词逐渐淡出历史舞台；一些新词在不知不觉中涌现出来，其中有些是我们这些老年人没有使用过的。对于这些词汇，新版词典的原则是：过去使用过但目前已不再使用、多数人不懂的词，不收；淫秽、不健康的词，不收；一些意义比较消极的词，收录之后加以说明。新产生的词，如果普通人都懂的，可收；一些在知识分子中已经采用的外来词，可收；香港地区普遍吸收的外来语借词，内地人只有部分理解但用得较少的，可收，但在该词前面加上一个星号“*”表示。为了便于读者识别有音无字的方言词语，我们采用多种办法解决。首先尽量使用传统的方言字，如无合适的传统方言字，则借用音义相同或近似的汉字表示，有时为了避免误会，在采用语音近似的字时再在该字旁加上一个口字或其他“形旁”来表示，尽量让读者理解其音义。书末附有《广州话特殊字表》一个。

词典的修订本放宽了收词的范围，如增收了一些结合较紧的词组，选收一些日常使用较多的成语、俗语、谚语，另外还补充了一些过去漏收的词语，等等，估计新增加了约 3000 个词。经过这次增补修订，新版的《广州话词典》大大地得到充实，我们相信它定能比较全面地反映当代广州话词汇的全貌。

本词典名叫《广州话词典》，作为一本反映某一方言的词典，理应包括该方言地区人们日常使用的所有常用词汇。其中包括本地的方言词汇、与汉语共同语相同的词汇以及一些常用的汉语书面语词汇。考虑到编写这样一部广州话词典，其词汇量必然十分庞大，而其中大部分的词都与普通话相同，只是读 音不同的情况，本词典只收录本方言有而共同语没有的词。为了解决人们查阅广州话与普通话相同的词和书面词汇的读音，我们在正文后附录了一个《广州话普通话字音对照表》，读者如果需要了解广州话某一个与普通话相同的词或书面语词的读音时，可以通过这个字表查阅。

另外，修订本改为按音序排列，同时制作了广州话拼音音节索引及词条笔画索引，以方便读者阅读和使用。

在增补修订广州话词汇的过程中，每当遇到疑难问题时，我们都抱着虚心的态度参考有关的专著，这对我们修订本词典起到了很大的作用。在此我们向各位同行学者表示衷心的谢意。书中如有错误之处，恳请读者不吝赐教。

编　者

2019年元月

凡 例

一、收词范围

（一）本词典主要收集广州话中跟普通话不同的词语。其中有些词语可能在别的方言里也通行，但在普通话里一般是没有的。另外，有些词语的形、音、义与普通话有某些相似，但只是部分相同，或者它们的字形相同，在意义范围的大小和用法等方面不完全一样。这两类词语，也是本词典选收的对象。如“耳仔”〔耳朵〕、“脚”〔脚；腿〕、“走”〔跑；走〕等。

（二）广州话里保存下来的古词或古义比较多，其中有一些在普通话里已不再使用，有些虽偶尔使用，但通常（尤其是在口语里）已为另一些词语所代替。这类古词或古义也作为方言词选录进去。如“颈”〔脖子〕、“饮”〔喝〕、“卒之”〔终于〕等。

（三）近百年来广州话通过音译的方式从外语尤其是从英语吸收了一些词，这类词中有些是只在粤方言区使用，有些普通话也有类似的说法。两者的语音虽然近似，但所用的字不同，如英语的 chocolate 一词，普通话叫“巧克力”，广州话叫“朱古力”，这些词我们也把它作为方言词看待，酌量选收。港澳地区特殊词语也酌收了一部分，并在条目左侧加“*”注明。

（四）有些词，从词汇的角度看，不属方言词，而属“方音词”，但其读音比较特殊，与原字音相差较大，一般人不容易发觉它是某个字的“白读”，往往写成另一个字。这类“方音词”，也酌量选收。如“银”〔仁儿〕“嚟”〔来〕等。

（五）粤方言中有不少独特、思想健康、表现力强、富有生命力的成语、惯用语、歇后语，它们的方言色彩很浓，是丰富方言表现手段的重要成分。在结构上它们虽然与词不同，但常常起着词的作用，并有较固定的结构和用法。本词典也酌量选收一部分。

二、用字

（一）各条目的用字，一般使用本字，异体字附在字头后，外加圆括号。普通话没有的方言字，则取粤方言区人民常用的。一个词习惯上有几种不同书写形式的，则采用正体字。

（二）有音无本字的条目，用同音字代替，如“的”dig^{1}〔提拿；提溜〕、“车”cé^{1}〔吹嘘〕、“虾”ha^{1}〔欺负〕、“论尽”lên^{6}zên^{6}〔不灵便、麻烦〕等。无同音字者则用“□”表示，后用同声韵字（字右上角标该音的调号）注明，外加圆括号。如“扁□□”bin^{2} téd^{6} téd^{6}（□，踢^{6}）。如果连同声韵字也没有，则用反切注音。

（三）有些古词语，则沿用古字（本字）表示。如“湴”ban^{6}〔烂泥〕、“姣”hao^{4}〔淫〕、“渧”dei^{3}〔滴水〕、“覼”lei^{6}〔斜视、瞪〕、“屈”gued^{6}〔秃、钝〕、“焸”hing^{3}〔烤、热〕等。

（四）比较偏僻或笔画繁多的方言字、古字，采用同音字代替，原字放在该条目的后面，外加“（　）”。如“督（厾）”dug^{1}〔捅、杵〕、“春（䊰）”cên^{1}〔蛋〕等。难字后用同音字直音，外加圆括号。如“厣”yim^{2}（掩）。如无同音字，则注反切。

三、注音

（一）每一条目都用广州话拼音方案（见附录）注音。释义部分如有某些字需要注出普通话读音时，用汉语拼音方案注音。如“膇”dêu^{3}〔膀（pāng）；浮肿〕。

（二）条目中的字如有读书音和口语音区别的，注音用口语音，读书音另外用“读音”标明。如“禁”kem^{1}（读音 gem^{3}）。

（三）习惯上有几种读法的条目，以最常用的为主，其他读法则用“又音”注明。如“嚟”lei^{4}（黎。又音 léi^{4}）。

（四）条目中遇有必须变调的字调，注音时将原调与变调同时标出，在两调之间加一短横线“-”表示。线左侧的数目字是原调调号，右侧是变调调号。如“白豆”bag^{6} deo$^{6-2}$的“豆”字原调是第6调（阳去），在“白豆”这个词中读第2调（阴上）。

（五）外来词条目多采用群众已习惯使用的字和按借词的实际读音注音，有时不按原字的实际读音注音。例如“贴士”（小账）Tips 一词注 tib^{1}xi^{2}，不按原字读音 tip^{3}xi^{6} 注音。“派司”（及格）pass 一词注 pa^{1}xi^{6}，不按原字读音 pai^{3}xi^{1} 注音。

（六）ü、ün、üd 韵母跟 j、q、x 声母相拼时，ü 上两点省略，跟其他声母相拼时则保留 ü 上两点。韵母 êu（例如“去”）本来应该写成 êü，为了减少字母的附加符号，而把 ü 两点省去。

三、释义

释义和用例力求做到思想性、科学性和通俗性相结合。一个词有几个义项的，分别用❶❷❸❹表示，各个义项一般举例句说明，其后加普通话翻译的词句，外加方括号〔　〕表示，如“揿实张纸〔把纸摁着〕”。例句中只有词目不同的，不加普通话翻译。例句与例句之间用竖线“｜”隔开。例句中重复该条目时用波浪号“～”表示。词头或词头内词的音译词、谐音词、别名（说）等，外加空心鱼尾号〖〗表示。

释义与例句的翻译以普通话的口语为主，如广州话“过衫”的“过”，普通话口语一般说“投”（把衣服投干净），书面语一般用“漂洗”，释义时两者兼收，并注明口语叫“投”。

四、条目的排列及处理

（一）条目按首字的拼音次序排列（见《广州话拼音音节索引》）；首字拼音相同的，按声调由低到高排列；首字拼音、声调相同的，按字的笔画多少排列，笔画少的在前，字形相同的排在一起。字形相同而音义不同的条目，按字音的音序排在不同的地方。两个字以上的条目，第二字以后的字的排法与首字相同。为了便于不习惯拼音的读者查阅，词典前面另附条目笔画索引，异体字也列进条目索引内，以便查检。

（二）形同音同而义不同的词语，各自分立条目，并在条目左上角用1、2、3……标明。如：

^{1}定　ding^{6}　❶稳。❷镇定。❸放心。

^{2}定　ding^{6}　连词。❶还是。❷或者。

^{3}定　ding^{6}　❶用在动词之后，有“预先”的意思。❷用在动词之后，有“好”、“妥当”的意思。

（三）形同而音、义不同的词语，亦各自分立条目，并在条目右上角用1、2、3……标明。如：

大揈^{1}　dai^{6}　feng^{3}　大手大脚。

大揈^{2}　dai^{6}　feng^{4}　块头大；个子大；巨大。

（四）既有形同音同而义不同又有形同而音义不同的词语，视具体情况标示。如：

^{1}正　jing^{3}　①十足的。②地道的。

^{2}正　jing^{3}　刚好符合。

^{3}正　jing^{3}　阳光的辐射热或反射热。

正　zéng^{3}　好；美。

又如：

挞^{1}　tad^{1}　发动（机器）。

挞^{2}　tad$^{3-1}$　一种馅露在外面的西式饼食。

^{1}挞　tad^{3}　①踙拉。②伸。

^{2}挞　tad^{3}　矮而张口。

^{3}挞　tad^{3}　骗（指骗钱财）。

广州话拼音音节索引

M

N

条目笔画索引

一画

二画

［一］

［丨］

［丿］

［乛］

三画

［一］

四画

［丿］

［丶］

［乛］

五画

[一]

［丨］

［丿］

［丶］

六画

[一]

［丶］

七画

[一]

［丿］

［乛］

八画

[一]

［丿］

［丶］

［乛］

九画

［一］

［丨］

［丶］

十画

［一］

[丶]

十一画

［一］

[|]

[丿]

［乛］

十二画

［一］

［丿］

［乛］

十三画

［一］

[丨]

[乛]

十四画

[一]

[丿]

[丶]

［乛］

十五画

［一］

十六画

十八画

[一]

[丨]

[丿]

[丶]

[乛]

十九画

［一］

［丨］

［丿］

［丶］

二十画

［一］

［丨］

［丿］

［丶］

二十一画

［一］

[丶]

二十二画及以上

A

a

【吖】 a¹

语气词。❶表示同意或退让：好～〔好的〕！｜系～〔是啊〕！｜噉你要几多～〔那么你要多少〕？❷表示申辩、教训或追问：佢冇错～，点解话佢呢〔他没有错嘛，怎么说他呢〕？｜有乜好睇～〔有什么好看的〕！｜你要唔要～〔你要还是不要〕？

【吖嘛】 a¹ ma⁵

语气词。表示说理：人心系肉做～〔人心是肉做的呀〕｜要讲道理～〔要讲道理嘛〕。

【吖嗱】 a¹ na⁴（嗱，拿）

语气词。表示建议或警告：去我屋企坐下～〔到我家去坐一会儿吧〕！｜畀你睇下～〔给你看看吧〕！｜你够胆就过嚟～〔你有胆量就过来吧〕！

【亚（阿）】 a³（又音 nga³）

❶亲属称谓的词头（只用于单音节的称谓的前面）：～嫂｜～伯｜～姑｜～婆。❷人名（包括排行或绰号）的词头：～燕｜～娇｜～三｜～狗｜～娟姐｜～胜哥。

【亚爸】 a³ ba¹

爸爸（多用于引称）。

【亚伯】 a³ bag³

伯伯；伯父。

【亚跛】 a³ bei¹

跛子；瘸腿的人：我只脚有啲痛，行路似晒一个～〔我的腿有点痛，走路真像一个瘸子〕。

【亚保亚胜】 a³ bou² a³ xing³

泛指任何人，类似普通话的“张三李四”。

【亚崩】 a³ beng¹

❶豁子；豁嘴（唇裂的人）。❷缺门牙的人。

【亚叉（差）】 a³ ca¹

“摩罗叉”的简称。

【＊亚灿】 a³ can³

香港有些人用来指称早年从大陆到香港定居的年轻人，带有取笑或贬损性质。对外国人也贬称为“咸虾灿”。

【亚初】 a³ co¹

同“初哥”。

【亚大¹】 a³ dai⁶⁻²

老大，指排行第一者：边个系～〔谁是老大?〕。

【亚大²】 a³ dai⁶

旧社会对多妻家庭中结发妻子的称呼，即“大老婆”。

【亚斗官】 a³ deo² gun¹

指生活十分奢侈、挥金如土的年轻人。

【亚单】 a³ dan¹

独眼龙，瞎了一只眼的人（诙谐的

说法）。

【亚弟】 a^{3} di^{2}

称呼自己的弟弟。一般多直呼其名字或小名。读 a^{3}di^{2} 是仿普通话的叫法。

【亚丁】 a^{3} ding^{1}

既无知识又无本事的人。

【亚肥】 a^{3} féi$^{4-2}$

胖子。同肥佬、肥仔，也可用于女性，带有诙谐的意思。

【亚福】 a^{3} fug^{1}

指傻头傻脑，常被捉弄或欺骗的人。

【亚福亚寿】 a^{3} fug^{1} a^{3} seo^{6}

泛指任何人，同“亚保亚胜”，相当于普通话的“张三李四”。

【亚狗亚猫】 a^{3} geo^{2} a^{3} mao^{1}

泛指任何人，类似普通话“张三李四”（带有轻蔑的意思）。

【亚哥】 a^{3} go^{1}

哥哥（少用。一般对称叫“×哥”或“哥”，引称叫“大佬”）。

【亚哥仔】 a^{3} go^{1} zei^{2}

妇女对少年男孩客气的称呼。

【亚姑】 a^{3} gu^{1}

姑姑；姑母。

【亚瓜】 a^{3} gua^{1}

❶阔少爷。❷老四，排行第四者。

【亚官仔】 a^{3} gun^{1} zei^{2}

纨绔子弟，指好吃懒做的人。

【亚公】 a^{3} gung^{1}

❶外祖父（有的地方指祖父）。❷老大爷（尊称年老的人）。

【亚支亚佐】 a^{3} ji^{1} a^{3} zo^{3}

这样那样（指人意见多，唠唠叨叨地说话）：～讲咗成日〔唠唠叨叨说了半天〕。

【亚妗】 a^{3} kem^{5}

女子称弟弟的妻子。

【亚舅】 a^{3} keo^{5}

称妻的兄或弟。妻的弟又叫“舅仔”。

【亚躠】 a^{3} lai^{1}（躠，拉）

昵称最小的孩子。

【亚聋】 a^{3} lung$^{4-2}$

耳朵聋的人，不庄重的称呼。

【亚妈】 a^{3} ma^{1}

妈妈；母亲（一般对称叫“妈”，引称多叫“老母”）。

【亚嫲】 a^{3} ma^{4}（嫲，麻）

奶奶；祖母。

【亚乜人】 a^{3} med^{1} yen^{4}

谁人；（不管）什么人：～都要遵守规矩。

【亚茂】 a^{3} meo^{6}

傻子；傻瓜。〖“茂”是“谬”的谐音。〗

【亚茂亚寿】 a^{3} meo^{6} a^{3} seo^{6}

泛指愚蠢的人：呢啲假嘢，你卖畀～就啱咯〔这些假冒伪劣东西，你卖给傻瓜吧〕。

【亚妹】 a^{3} mui$^{6-2}$

❶小妹子。又叫 a^{3} mui$^{6-1}$，表示亲切。❷妹妹。

【亚奶】 a^{3} napi$^{5-1}$

奶奶；祖母。

【亚奀】 a^{3} ngen^{1}（奀，银^{1}）

瘦子（多指瘦弱的小孩）。

【亚女】 a^{3} nêu$^{5-2}$

女儿（对称）。

【亚婆】 a^{3} po^{4}

❶姥姥；外祖母（有的地方指祖母）。❷对一般老年妇女的称呼。

【亚婆髻】 a^{3} po^{4} gei^{3}

老太婆的小发髻。

【亚三】 a^{3} sam^{1}

指猴子。有“马骝三”一说。马骝，指猴子。

【亚生】 a^{3} sang^{1}

广州话尊称男性人士为某“生”，即某某先生的意思。如不知道其姓氏则称为“亚生”。

【亚蛇】 a^{3} sê^{4}

先生。往往特指警察或教师。“蛇”是英语 sir 的译音。

【亚细】 a^{3} sei$^{3-2}$

旧时指小老婆。

【亚四】 a^{3} séi^{3}

旧时多用于对家庭保姆的称呼。

【亚婶】 a^{3} sem^{2}

婶母；婶子。

【亚寿】 a^{3} seo^{6}

傻瓜（用于蔑称）。

【亚谁】 a^{3} sêu^{4}

谁（什么人）：边个识你系～〔哪个认得你是谁〕？

【亚苏】 a^{3} sou^{1}

一般小男孩的乳名。〖“苏”即“臊”，是“臊虾仔”的简称。〗

【亚嫂】 a^{3} sou^{2}

❶嫂子；嫂嫂。❷指弟妇。也用于翁姑称呼儿媳。

【亚叔】 a^{3} sug^{1}

叔父；叔叔。

【亚太】 a^{3} tai^{3}

曾祖母；外曾祖母。

【亚头】 a^{3} teo$^{4-2}$

头头儿；首领。

【亚驼】 a^{3} to$^{4-2}$

驼背的人；罗锅儿；罗锅子。

【亚威亚水】 a^{3} wei^{1} a^{3} sêu^{2}

对一般年轻英俊男性的称呼，带戏谑性。

【亚爷】 a^{3} yé^{4}

爷爷；祖父。

【亚二】 a^{3} yi$^{6-2}$

戏称警察。同“老二”、“二叔”。

【亚姨】 a^{3} yi$^{4-1}$

❶姨母（母亲的妹妹）。❷儿童对年龄与母亲差不多的妇女的称呼。❸儿童对保育员或保姆的称呼。

【亚揸】 a^{3}za^{1}

老五，排行第五者。

【亚姐^{1}】 a^{3} zé^{1}

姐姐。青少年对一般年轻妇女较亲切的称呼。

【亚姐^{2}】 a^{3} zé^{2}

❶庶母（对称）。❷姐姐，对一般年轻或中年妇女的称呼，相当于普通话的“大姐”。❸称顶级的女歌星或影视女演员。

【亚仔】 a^{3} zei^{2}

儿子（对称）。

【呀^{1}】 a^{3}

语气词。❶表示疑问：你去唔去～〔你去不去〕？｜系唔系～〔是不是〕？｜有冇～〔有没有〕？｜你叫乜嘢名～〔你叫什么名字〕？❷表示肯定、嘱咐、惊叹或强调某种情况：系～〔是啊〕！｜记得锁门～｜快啲翻嚟～〔快点回来啊〕！｜好痛～〔很疼啊〕！｜呢个人好叻～〔这个人很聪明〕｜我冇～〔我没有〕。

【呀吓】a^3 ha^2

叹词。❶哈哈，多用于发现了情况或秘密而高兴时的感叹：～，我揾到喇〔哈哈，我找到了〕。❷表示惊叹或疑问，用于不以为然，有反问的意思：～，你求先讲乜嘢〔啊，你刚才说什么来着〕？

【呀²】a^4

语气词。❶表示疑问（对某事已经知道或略有所知但仍提问时用）：系～〔是吗〕？｜你唔去～〔你不去吗〕？｜唔系佢～〔不是他吗〕？｜你唔怕人哋话你～〔你不怕人家说你吗〕？｜下午开会～〔下午开会吗〕？❷表示反诘：唔通净系你至得～〔难道只有你才行吗〕！｜你估你好叻～〔你以为你很行吗〕！

ag

【呃】ag^3

语气词。表示肯定：系～〔当然是了〕｜好～〔当然好了〕。

B

A、B

ba

【巴闭】ba^1 bei^3

❶形容人做事过分紧张，小题大作，遇事大惊小怪，或者爱管闲事：一啲啲小事，使乜咁～呢〔一点点小事，何必那么大惊小怪〕！｜人哋会安排，唔使你咁～〔人家会安排，用不着你去多管闲事〕。❷形容事情严重、厉害、程度深、了不起：呢啲系小事情，唔使睇得咁～〔这些是小事情，不必看得那么严重〕｜氰化钾好～㗎，食啲啲咁多就瓜得㗎〔氰化钾很厉害，吃一点点就会死的〕｜佢嘅医术好～㗎〔他的医术很了不起〕。❸形容事情忙乱、费神、麻烦、闹腾：星期日你呢度够～咯〔星期日你这里够忙的了〕｜真系～，日日都要去睇病〔真伤脑筋，天天都要去看病〕｜起呢间屋，～咗两年〔盖这所房子，闹腾了两年〕。❹在一定的场合也可作“隆重”、“热闹”、“排场大”、“了不起”等用：欢迎会开得好～〔欢迎会开得很隆重〕｜佢就～啰，秘书都两三个〔他的排场可大了，秘书都两三个〕。❺吵嚷：咁多人又唱又叫，～到鬼噉〔那么多人又唱又叫，吵得要命〕。

【巴辣】ba^1 lad^6

厉害（指人）：呢个人真系～咯

〔这个人够厉害的〕。

【巴黎帽】 ba¹ lei⁴ mou⁶⁻²

贝雷帽（无边的扁平帽，用毛线织成）。〖“巴黎”是英语 barret 的译音。〗

【巴士】 ba¹ xi²

❶公共汽车。❷长途汽车。〖“巴士”是英语 bus 的音译词。〗

【巴揸】 ba¹ za¹

❶多嘴：呢件事唔使你咁～〔这件事不用你多嘴〕。❷爱管闲事的：呢个女好～〔这个女孩很爱管闲事〕。

【吧女】 ba¹ nêu⁵⁻²

在酒吧里陪客人喝酒的女郎。

【把】 ba²

量词。❶捆儿：一～草｜两～柴｜一～菜。❷张（用于嘴巴）：佢～口好犀利〔他的嘴巴很厉害〕。❸用于声音：你`～声好大〔你的声音很大〕。

【把鬼】 ba²guei²

对某些事物表示厌弃时的用语，有“毫无用处”、“白费劲”的意思，多用于反诘语句：要咁多～咩〔要那么多有什么用〕！｜都话唔开会咯，重去～呀〔都说不开会了，还去干什么〕！

【把口唔修】 ba² heo²m⁴ seo¹

嘴巴无遮拦，说什么都无顾忌：你～，好又讲，唔好又讲〔你这张嘴巴毫无顾忌，好的不好的都说〕。

【把脉】 ba² meg⁶

号脉；诊脉。

【把炮】 ba² pao³（又音 ba² peo³）

❶把握：冇乜～〔没什么把握〕。❷办法：佢真有～〔他真有办法〕。

【把屁】 ba² péi³

对某些事物表示极度蔑视时用，相当于“顶个屁用”的意思。

【把心唔定】 ba² sem¹m⁴ding⁶

同“心大心细”。

【把軚】 ba² tai⁵（軚，太⁵）

掌舵。

【罢啦】 ba⁶⁻² la¹

语气词。表示商量、祈使：呢个烂盆掉咗佢～〔这个破盆子把它扔了算了〕｜叫埋佢去～〔连他也叫去算了〕。

【霸】 ba³

占据；霸占：～位〔占位置〕。

【霸兜鸡】 ba³ deo¹ gei¹

霸占着饲料盆不让别的鸡进食的鸡。比喻霸道的人。

【霸巷鸡乸】 ba³ hong⁶ gei¹ na²（乸，拿²）

比喻经常骂街的妇女，左右邻舍都避而远之：你同边个都嗌交，似晒只～〔你跟谁都过不去，像只凶恶的母鸡〕。

【霸掗】 ba³ nga⁶

霸道：唔准你咁～〔不许你那么霸道〕！

【霸王】 ba³ wong⁴

❶指应付钱而不付钱的强盗行径：睇～戏〔看戏不买票〕｜坐～车〔坐车不买票〕｜食～饭〔吃饭不付钱〕。❷蛮横：你打咗人重咁恶，真～〔你打了人还这么凶，真蛮横〕。

【霸王花】 ba³ wong⁴ fa¹

同“剑花”。

【罢就】 ba⁶ zeo⁶

算了；拉倒；作罢：唔要就～〔不要就算了〕｜冇人嚟就～〔没有人来就拉倒〕。

bad

【八】 bad³

形容词。同“八卦❷❸”。

【八八九九】 bad³ bad³ geo² geo²

八九成，十之八九，差不多：呢个工程完成得～咯〔这个工程完成得差不多了〕｜参加嘅人～系我班嘅同学〔参加的人十之八九是我班的同学〕。

【八宝】 bad³ bou²

法宝；办法：用尽～。

【八九】 bad³ geo²

八九成；接近成功：呢件事都有～咯〔这件事接近成功了〕。

【八卦】 bad³ gua³

❶古时候用来占卜的八种符号。❷形容某些迷信而愚昧的人的举动。❸形容人爱管闲事。

【八卦妹】 bad³ gua³ mui⁶⁻¹

爱管闲事的女孩。

【八卦婆】 bad³ gua³ po⁴⁻²

❶封建迷信意识浓厚的女人。❷爱管闲事的女人。

【八卦新闻】 bad³ gua³ sen¹ men⁴

多指报道文艺界名人隐私的新闻。

【八卦周刊】 bad³ gua³ zeo¹ hon²

香港等地专门报道名人隐私或绯闻的周刊。

【八妹】 bad³ mui⁶⁻¹

“八卦妹”的简称。

【八婆】 bad³ po⁴

“八卦婆”的简称。

【八音】 bad³ yem¹

旧时指民间乐队及其所演奏的音乐：请～｜听～。

【八月十五】 bad³ yüd⁶ seb⁶ ng⁵

戏指人的臀部。

【八爪鱼】 bad³ zao² yü⁴

章鱼。

【八珍】 bad³ zen¹

具有多种味道的：～梅。

bag

【追纽】 bag¹ neo²

子母扣儿；摁扣儿。

【百啰】 bag³ lo¹

❶婴儿出生一百天：个仔快～咯〔儿子出生快一百天了〕。❷为婴儿出生一百天而设的庆祝酒宴：同个仔做～〔为儿子做百日宴〕。

【百子柜】 bag³ ji² guei⁶

中草药店的多抽屉药柜。

【百密一疏】 bag³ med⁶ yed¹ so¹

智者千虑，必有一失。

【百年归老】 bag³ nin⁴ guei¹ lou⁵

老人去世；百年之后。

【百有】 bag³ yeo⁵

伯母。〖广州话“母”跟“冇”（没有）同音，有人出于忌讳，用“百有”来代替“伯母”，但使用得较少。〗

B

【百厌】bag^{3} yim^{3}

淘气；调皮：细路仔唔好咁～〔小孩子别那么淘气〕。

【百厌星】bag^{3} yim^{3} xing^{1}

淘气鬼。

【百足】bag^{3} zug^{1}

蜈蚣。〖由于语音的同化作用，“百足”经常说成“八足”。〗

【伯】bag^{3}

同“亚伯”。

【伯父】bag^{3} fu$^{6-2}$

老大爷（对一般老年人的尊称）。〖广州话称父亲的哥哥为“亚伯”（或大伯，二伯……），书面语的“伯父”为bag^{3} fu^{6}，“父”读本调。〗

【伯公】bag^{3} gung^{1}

伯祖（父亲的伯父）。

【伯母】bag^{3} mou^{5}

一般称朋友的母亲。

【伯娘】bag^{3} nêng^{4}

伯母（伯父的妻子）。

【伯婆】bag^{3} po^{4}

伯祖母（父亲的伯母）。

【伯爷^{1}】bag^{3} yé$^{4-1}$

父亲（引称）：你～喺唔喺屋企〔你父亲在家不在家〕？

【伯爷公】bag^{3} yé$^{4-1}$ gung^{1}

老大爷；老头儿。

【伯爷婆】bag^{3} yé$^{4-1}$ po$^{4-2}$

老太婆。

【伯爷^{2}】bag^{3} yé^{4}

伯父。口语用。

【伯有】bag^{3} yeo^{5}

同“百有”。

【白板】bag^{6} ban^{2}

❶麻将牌的一种花样。❷奶油小生。

【白板仔】bag^{6} ban^{2} zei^{2}

奶油小生。

【白鼻哥】bag^{6} béi^{6} go^{1}

❶丑角，引申指专门追逐女性的人。❷考试落第的人。

【白灼（焯）】bag^{6} cêg^{3}

用开水焯熟：～虾。

【白菜】bag^{6} coi^{3}

一种青菜，菜叶绿色，菜梗白色，包括白菜仔（小白菜）、大白菜（较大的品种）、匙羹白等。黄芽白、韶菜、拗心白菜（菜心）一般不算白菜。

【白菜㓟】bag^{6} coi^{3} po^{1}（㓟，破^{1}）

尚未充分生长好即上市的白菜。又叫“白菜仔”。

【白菜仔】bag^{6} coi^{3} zei^{2}

未充分成长即被采收的小白菜。

【白鲳】bag^{6} cêng^{1}

鲳鱼；平鱼。

【白仓】bag^{6} cong^{1}

即鲳鱼，银鲳。

【白地】bag^{6} déi^{6}

既无建筑物也无农作物的空地。

【白豆】bag^{6} deo$^{6-2}$

黄豆；大豆。

【白饭鱼】bag^{6} fan^{6} yü^{4}

鲜银鱼。

【白粉】bag^{6} fen^{2}

海洛因；白面儿。

【白霍】bag^{6} fog^{3}

轻浮：后生仔咪咁～〔年轻人别那

么轻浮〕。

【白鸽】bag^{6} geb^{3}

鸽子。

【白鸽标】bag^{6} geb^{3} biu^{1}

旧时一种赌博形式。用千字文起头的若干句印在纸面上，暗定若干字为谜底，让参赌者猜测。猜中一定的字数获奖。

【白鸽笼】bag^{6} geb^{3} lung^{4}

养鸽子的人喜欢把笼子做成多层多格的样式，像楼房一样，人们因此用“白鸽笼”来指那些密而矮小的楼房。

【白鸽眼】bag^{6} geb^{3} ngan^{5}

指那些对上阿谀奉承，对下瞧不起别人的人。

【白瓜】bag^{6} gua^{1}

菜瓜的一种，类似香瓜。

B

【白滚水】bag^{6} guen^{2} sêu^{2}

白开水。

【白契】bag^{6} kei^{3}

未经政府有关部门盖章的契约；尚未产生效力的契约。

【白□□^{1}】bag^{6} lai^{4} lai^{4}（□，拉^{4}）

白不呲咧的（形容东西白得难看）。

【白□□^{2}】bag^{6} lai^{4} sai^{4}（□，拉^{4}；□，晒^{4}）

同上。

【^{1}白榄】bag^{6} lam$^{5-2}$

流行于广州方言区的一种曲艺。

【^{2}白榄（杬）】bag^{6} lam$^{5-2}$

橄榄；青果。

【白兰】bag^{6} lan$^{4-2}$

玉兰。

【白蒙蒙】bag^{6} mung$^{4-1}$ mung$^{4-1}$

（又音 bag^{6} mug^{1} mug^{1}）

雪白雪白的：呢啲盐～嘅，真干净〔这些盐雪白雪白的，真干净〕。

【白银】bag^{6} ngen$^{4-2}$

光洋；银圆。

【白切】bag^{6} qid^{3}

烹调方法之一，将整只鸡、鸭等用水煮熟后，切成块蘸调味品食用。

【白须公】bag^{6} sou^{1} gung^{1}

高龄老人：宁欺～，莫欺鼻涕虫（熟语）。

【白头单】bag^{6} teo^{4} dan^{1}

❶空头支票。❷白条。

【白头郎】bag^{6} teo^{4} long$^{4-1}$

白头翁（鸟名）。

【白铁】bag^{6} tid^{3}

镀锌或镀锡的铁皮。

【白糖炒苦瓜】bag^{6} tong^{4} cao^{2} fu^{2} gua^{1}

又甜又苦，比喻同甘共苦：十几年咯，大家～闯过嚟咯〔十几年了，大家同甘共苦闯过来了〕。

【白话】bag^{6} wa$^{6-2}$

❶本地话（指以广州话为代表的“广府话”）：你讲～定讲客家话〔你说本地话还是说客家话〕？❷指广西东南部的粤方言（跟广州话基本相同）：广西～。

【白蚀】bag^{6} xig^{6}

汗斑。

【白鳝】bag^{6} xin^{5}

鳗鲡，生长在淡水里的鳗鱼。

【白雪雪】bag^{6} xud$^{3-1}$ xud$^{3-1}$

雪白雪白的；白嫩白嫩的（指白得

可爱)。

【白油】bag6 yeo4-2

酱油。

【白翼】bag6 yig6

❶米虫变的小飞蛾。❷一种有薄翅的大蚁，即黑翅白蚁，下雨前成群在灯下乱飞。

【白斩鸡】bag6 zam2 gei1

白切鸡。

【白鲊】bag6 zag3

水母；海蜇。

【白净】bag6 zéng6

（皮肤）白嫩。

【白撞】bag6 zong6

白天闯进别人家里偷东西的小偷：严拿～。

【白撞雨】bag6 zong6 yü5

有太阳时突然下的阵雨。

【白浊】bag6 zug6

淋病，性病的一种。

bai

【摆白】bai2 bag6

❶明摆：你噉做，～系另有打算嘅〔你这样干，明摆着是另有打算的〕。❷明说；说清楚：你～话畀佢听啦〔你明白告诉他吧〕。

【摆档】bai2 dong3

摆摊子。

【摆档口】bai2 dong3 heo2

同“摆档”。

【摆阔佬】bai2 fud3 lou2

摆阔气：睇佢一味～，其实冇几多钱嘅〔看他尽充阔气，其实没多少钱〕。

【摆款】bai2 fun2

摆架子：点知佢～唔认人〔谁知他摆起架子不认人〕。

【摆街边】bai2 gai1 bin1

在街道旁边摆卖。

【摆景】bai2 ging2

不实用的；作摆设用的：呢啲嘢系～嘅嘛，有乜用嘅〔这些东西是作摆设用的，没什么用〕。

【摆路祭】bai2 lou6 zei3

❶旧时在路旁摆设祭品祭奠出殡的死者。❷现在用来嘲笑当街吃东西的不雅行为。

【摆明车马】bai2 ming4 gêu1 ma5

清清楚楚地摆明；明明白白地说清楚；实话实说：我～同你讲啦，我哋有资金，就系人手唔够〔我实话告诉你吧，我们有资金，就是人力不够〕。

【摆平】bai2 ping4

❶打倒：嗰个嘢一下就畀人～咗〔那家伙一下子就给人打倒了〕。❷收拾：～咗佢〔把他收拾了〕。❸解决问题：呢件事由我嚟～〔这件事由我来解决〕。

【摆甫士】bai2 pou1 xi2

摆姿势（让人照相等）：佢真大方，～任人影（她真大方，摆起姿势让人拍照）。〖（“甫士”是英语 pose 的音译。〗

【摆乌龙】bai2 wu1 lung4-2

弄错；搞误会：差啲又～喇〔差一点又弄错了〕。

B

【摆酒】bai² zeo²
摆酒席；设宴。

【拜大寿】bai³ dai⁶ seo⁶
做大寿：旧时啲有钱佬五十就～咯〔过去的一些富人五十岁就做大寿了〕。

【拜五脏神】bai³ ng⁵ zong⁶ sen⁴
戏称把食物吃进肚子里了：你啲花生大家早就～咯〔你的花生大家早就给吃了〕。又叫“祭五脏神”。

【拜清】bai³ qing¹
清明节扫墓。

【拜山】bai³ san¹
上坟；扫墓。

【拜神唔见鸡】bai³ sen⁴ m⁴ gin³ gei¹
俗语。直译是“拜神丢了鸡”。形容人心里有意见，嘴上嘟嘟囔囔的样子：边个得罪你呀，成日～噉〔谁得罪了你呢，整天嘟嘟囔囔的〕。

【拜仙】bai³ xin¹
农历七月初七，女孩子拜织女星乞巧，又叫“拜七姐”。

【拜月】bai³ yüd⁶
旧俗农历八月十五夜，少女们向月亮叩拜。

【败】bai⁶
指某些寒性药物或食物有败火的作用，吃多了会使身体虚弱：萝卜好～㗎〔萝卜很败火的〕。

【败家精】bai⁶ ga¹ jing¹
败家子。

ban

【¹班】ban¹
纠合；纠集：～咗好多人嚟想闹事〔纠集了许多人来想闹事〕。

【²班】ban¹
量词。伙；帮：呢～人唔知系唔系好人〔这伙人不知道是不是好人〕。

【*班房】ban¹ fong⁴⁻²
教室。

【班兵】ban¹ bing¹
搬兵；请援兵；请人帮忙。

【班戟】ban¹ gig¹
薄煎饼。〖“班戟”是英语 pancake 的音译。〗

【班马】ban¹ ma⁵
同“班兵”。马：指人马，即手下。

【¹板】ban²
指照相馆的相片毛样，多写作“相办”或“办”。

【²板】ban²
样品：你攞个～嚟我睇下先〔你先拿个样品来让我看看〕。

【板斧】ban² fu²
办法；本事：乜嘢～都出尽〔什么办法都用尽〕。

【板障】ban² zêng³
屋内用来间隔的木板墙。

【扮】ban³（读音 ban⁶）
用长棍打（比较用力）：一棍～落去〔一棍子打下去〕｜攞条棍～咗啲树叶落嚟〔用棍子把树叶打了下来〕。

【扮鬼扮马】ban⁶ guei² ban⁶ ma⁵
装神弄鬼：你成日～想吓细佬哥呀〔你整天装神弄鬼想吓唬小孩吗〕？

【扮蟹】ban⁶ hai⁵
（人）被捆绑、扣押：嗰个坏蛋当

B

堂～〔那个坏蛋当场被捆起来〕。

【扮猪食老虎】 ban^{6} ju^{1} xig^{6} lou^{5} fu^{2}

装出憨厚愚笨的样子来迷惑人以谋取利益：其实佢系想～咋，咪信佢啫〔其实他是假装老实占便宜，别信他〕。

【扮靓】 ban^{6} léng^{3}

打扮；化妆。

【扮懵】 ban^{6} mung^{2}

装糊涂：你唔使～〔你不用装糊涂〕。

【扮嘢】 ban^{6} yé^{5}

装模作样。

【湴】 ban^{6}（办）

烂泥；稀泥。

【湴氹】 ban^{6} tem^{5}（氹，徒凛切）

烂泥坑。

bao

【包】 bao^{1}

保险；担保；保证；管；准：～佢今日唔会落雨〔保证今天不会下雨〕｜呢对鞋～着一年〔这双鞋保证穿一年〕｜学一年～你会〔学一年保证你会〕｜如假～换〔如果是假的管换〕｜你噉答～冇错〔你这样回答准没错〕。

【包保】 bao^{1} bou^{2}

保管；准保：听我话～你冇错〔听我的话准保你没错〕。

【包菜】 bao^{1} coi^{3}

卷心菜。

【包顶颈】 bao^{1} ding^{2} géng^{2}

❶专门跟人抬杠。❷指固执己见，惯于抬杠的人。

【包起】 bao^{1} héi^{2}

❶承包，承揽，表示对某事承担全部责任、权利和义务。❷特指“包二奶”。

【包伙爨】 bao^{1} fo^{2} qun^{3}

包办伙食。

【包剪揼】 bao^{1} jin^{2} deb^{6}（揼，杜合切）

一种猜拳定输赢的办法。相当于北京的“石头剪子布”的做法。

【包尾】 bao^{1} méi$^{5-1}$

压尾：佢手脚慢，做乜都系佢～〔他手脚笨，干什么总是他压尾〕｜你哋行先，我～〔你们先走，我压尾〕。

【包尾大翻】 bao^{1} méi^{5} dai^{6} fan^{1}

有些粤剧最后部分，众演员一起出台翻跟斗，场面热闹。引申指事情的精彩之处。

【包尾油】 bao^{1} méi^{5} yeo^{4}

明油（浇在烹调好的菜肴上的油）。

【包粟】 bao^{1} sug^{1}

玉米（农村多用）。

【包台】 bao^{1} toi$^{4-2}$

压桌：呢餐饭佢～喇〔这顿饭他压桌了〕。

【包二奶】 bao^{1} yi^{6} nai$^{5-1}$

暗中包养女人做小老婆。

【包月】 bao^{1} yüd^{6}

按月交纳房子、汽车等的租金。

【包租】 bao^{1} zou^{1}

承包房屋后再将房间分租给他人。

【包种】 bao^{1} zung^{2}

面肥（含有酵母的发面）。

【鲍鱼掣】 bao1 yü4 zei3（掣，读音 qid3）

电源总开关，总电闸。因形似鲍鱼而得名。

【包租婆】 bao1 zou1 po4

女二房东。

【饱饱滞滞】 bao2 bao2 zei6 zei6

食欲不振，胃口不好：呢几日成日都～嘞（这几天整天都胃口不好）。

【饱死】 bao2 séi2

挖苦取笑别人时的用语，有“气死”、“气坏”的意思：噉嘅水平就话系第一流罗，真～〔这样的水平就说是第一流了，真气坏了〕！

【饱死荷兰豆】 bao2 séi2 ho4 lan1 deo2

对某人的举止态度表示讨厌，相当于普通话的“让人恶心”、“这德行”等意思。

【饱噎】 bao2 yig1

饱嗝。

【¹爆】 bao3

炸；破裂：个波～咗〔球炸了〕| 滚水渌～个杯〔开水把杯子烫炸了〕| 因住挣～个袋〔当心把口袋给撑破了〕。

【²爆】 bao3

突然出现，泄露（消息）：今日又～新闻喇（今天又出新闻啦）。

【³爆】 bao3

极度：靓～（极美）| 衰～（极坏，倒霉透了）| 潮～（极新潮）。

【*爆磅】 bao3 bong6

比喻物超所值。

【爆煲】 bao3 bou1

泄露秘密。

【爆坼】 bao3 cag3

皴裂：手脚冻到～。

【爆场】 bao3 cêng4

同“爆棚”。

【爆粗】 bao3 cou1

使用粗俗语言，突然说了粗话。

【爆大冷】 bao3 dai6 lang5

指爆冷门中最为突出的事。

【爆灯】 bao3 deng1

超纪录。

【爆大镬】 bao3 dai6 wog6

❶揭发出重大事情：听讲嗰个案件～喎〔听说那个案件揭发出重大事情了〕。❷事态发展严重：呢匀又～咯〔这下子问题严重了〕。

【爆花】 bao3 fa1

爆米花。

【爆火】 bao3 fo2 发脾气：激到佢～〔气得他火儿了〕。

【*爆格】 bao3 gag3

入屋行窃。

【爆镜】 bao3 géng3

形容女子极为美丽，以至镜子爆裂了。

【爆骨】 bao3 gued1

衣服接缝处绽开。

【爆谷】 bao3 gug1

用烈火炒稻谷，爆开后去壳，类似米花。

【爆血管】 bao3 hüd3 gun2

指受到重大刺激后的感受：股市狂跌，～咯〔股市狂跌，血管要炸了〕。

【爆卡】bao^{3} ka^{1}

信用卡透支。

【爆冷】bao^{3} lang^{5}

同"爆冷门"。

【爆冷门】bao^{3} lang^{5} mun$^{4-2}$

出乎意料的事情。

【爆料】bao^{3} liu$^{6-2}$

透露消息或内情。

【爆咪】bao^{3} mei^{1}

发出的声音极为响亮，以至咪（话筒）都被震得爆裂了。

【爆满】bao^{3} mun^{5}

满座；满员。

【爆芽】bao^{3} nga^{4}

植物绽出新芽。

【爆棚】bao^{3} pang^{4}

❶（观众）过分拥挤；卖座：呢出戏真～〔这出戏真卖座〕。❷引申作受欢迎；精彩：佢嘅表演够晒～咯〔他的表演太精彩了〕。

【爆軚】bao^{3} tai^{1}

车胎爆破。

【爆肚】bao^{3} tou^{5}

指戏剧演员临时在舞台上编台词。

【*爆窃】bao^{3} xid^{3}

发生盗窃案件。

【爆线】bao^{3} xin^{3}

衣服等绽线。

【爆人阴私】bao^{3} yen^{4} yem^{1} xi^{1}

揭露别人的老底或暴露别人的隐私。

【爆釉】bao^{3} yoo^{2}

搪瓷器皿的釉面破裂掉瓷片。

【*爆钟】bao^{3} zung^{1}

超出规定的时间。一般指下班后仍在工作。

【骲（𩩍）】bao^{6}（包^{6}。又音 biu^{6}）

❶拱（指猪用嘴巴拱物）。❷用身体推挤。

【跑】bao^{6}

以身体挤压、撞击。

【跑牙】bao^{6} nga^{4}

向外突出的牙。

bé

【^{1}啤】bé^{1}

❶小孩自制的单音笛，一截竹子中间插入薄膜，能吹响。❷喇叭；汽笛。

【^{2}啤】bé^{1}

焊接：将两块钢板～紧佢〔把两块钢板焊在一起〕。

【啤把】bé^{1} ba^{2}

喇叭（现已少用）。

【啤梨】bé^{1} léi$^{4-2}$

洋梨。〖"啤"是英语 pear 的音译。〗

【*啤令】bé^{1} ling^{2}

滚珠轴承。〖"啤令"是英语 bearing 的音译词。〗

bed

【不单止】bed^{1} dan^{1} ji^{2}

同"不特"。

【不特】bed^{1} deg^{6}

连词。不但；不仅：佢～完成咗任务，重超额添〔他不但完成了任务，还超额呢〕。

B

【不特止】bed¹ deg⁶ ji²

不仅：佢～有生活作风问题，重有经济问题〔他不仅有生活作风问题，还有经济问题〕。

【不见天】bed¹ gin³ tin¹

指猪前肢腋下部位的皮肉。

【不留】bed¹ leo⁴⁻¹（又音 bed¹ leo⁴⁻²）

副词。经常；一直：佢～有信翻嚟〔他经常有信回来〕｜我～都喺广州〔我一直都在广州〕。

【不落家】bed¹ log⁶ ga¹

珠江三角洲旧俗，女子婚后即回娘家居住，一般到生育子女后才到夫家定居。

【不成器皿】bed¹ xing⁴ héi³ ming⁵

❶不成才：佢咁懒，第日都系～嘅咯〔他这么懒，将来也是不成才的啊〕。❷不成气候：佢哋三几个人喺度搞搞震，～〔他们几个人在那里乱搞一气，不成气候〕。

【不宜】bed¹ yi⁴

不如：～去睇电影重好〔不如去看电影还好〕。

【笔墨】bed¹ meg⁶

学问；文章。

【笔升】bed¹ xing¹

旧时指笔筒。

【笔塔】bed¹ tab³

笔帽；笔套。

【笔嘴】bed¹ zêu²

笔尖儿（钢笔尖儿）。

【滗】bed¹（毕）

❶舀；盛（chéng）：～水｜～饭。❷撮：～垃圾。

B

beg

【北芪】beg¹ kéi⁴

黄芪。

【北佬】beg¹ lou²

北方人（不友好的称呼）。

bei

【跛】bei¹

瘸：佢有啲～〔他有点瘸〕｜～脚〔瘸腿〕｜～手〔瘸胳膊〕。

【跛脚了哥】bei¹ gêg³ liu¹ go¹

瘸腿的八哥，比喻无能的人。

【跛脚佬】bei¹ gêg³ lou²

拐子；瘸子。

【跛脚鸭】bei¹ gêg³ ngab³

喻不健全的人或机构。

【跛佬】bei¹ lou²

同“跛脚佬”。

【跛手】bei¹ seo²

上肢残缺，上肢伤残。

【跛手太监】bei¹ seo² tai³ gam³

歇后语，下一句是“无拳（权）无势”。

【闭翳】bei³ ngei³

忧愁；愁闷；心情抑郁：你唔使～〔你不必发愁〕｜睇佢好～噉，唔知有乜事〔看他很抑郁，不知有什么事〕。

【嚟】bei⁶（弊）

❶糟；糟糕：～喇，整烂咗添〔糟糕，弄坏了〕！｜重唔落雨就～咯

〔再不下雨就糟了〕。❷坏（指人）：呢个嘢好～〔这个家伙很坏〕。

【嚟家伙】 bei^{6} ga^{1} fo^{2}

糟糕（带感叹的语气）：～，唔记得带嗰封信嚟添〔糟糕，忘了把那封信带来〕！

béi

【比对】 béi^{2} dêu^{3}

对比。

【畀（俾）】 béi^{2}

❶给：～支笔我〔给我一支笔〕｜你读～佢听〔你念给他听〕｜～晒你喇〔全给你了〕。❷介词。被；受；让；用：佢～人睇见〔他被人家看见〕｜～佢入嚟〔让他进来〕｜～墨水笔写〔用钢笔写〕。

【畀都唔要】 béi^{2} dou^{1} m^{4} yiu^{3}

字面意思是给也不要。形容东西或人品非常不好，谁都看不上。

【畀鬼责】 béi^{2} guei^{2} zag^{3}

梦魇。指人在睡梦中觉得有东西压在身上，不能动弹。迷信的人以为是被鬼压在身上。

【畀雷劈】 béi^{2} lêu^{4} pég

遭雷劈。多用于骂人。

【畀面】 béi^{2} min$^{6-2}$

赏脸：人哋唔话你就算～喋喇〔人家不说你就算赏脸了〕。

【畀眼睇】 béi^{2} ngan^{5} tei^{2}

用眼睛看，有“等着瞧吧”的意思（含贬义）：你话佢唔会嚟，你～啦（你说他不会来，你等着瞧吧）｜～啦，佢唔得好死嘅〔等着瞧吧，他不会有好结果的〕。

【畀心机】 béi^{2} sem^{1} géi^{1}

用心；下功夫：要～学至得〔要用心学才行〕｜～研究〔下功夫研究〕。

【髀】 béi^{2}

大腿：鸡～｜蛤乸～〔田鸡腿〕。

【髀罅】 béi^{2} la^{3}

腹股沟（大腿与腹部连接的地方）。

【秘捞】 béi^{3} lou^{1}

瞒着老板搞业余兼职。

【痹】 béi^{3}

❶麻辣：十滴水嘅味道有啲～〔十滴水的味道有点麻〕。❷麻：瞓到只脚都～晒〔睡得腿都麻了〕。

【鼻哥】 béi^{6} go^{1}

鼻子。

【鼻哥窿】 béi^{6} go^{1} lung^{1}

鼻孔。

【鼻脍】 béi^{6} nem^{4}（脍，拿吟切）

鼻腔发炎，有流鼻涕的感觉。

【鼻水】 béi^{6} sêu^{2}

清鼻涕。

【鼻涕虫】 béi^{6} tei^{3} cung^{4}

❶指经常挂有鼻涕的小孩。❷泛称幼稚无知的小孩：“宁欺白须公，莫欺～”〔俗语。宁可轻视阅历深的老人，也不要轻视幼稚无知的小孩——比喻不可看轻新生事物〕。❸比喻无能而怯懦的人。

【*避风塘】 béi^{6} fung^{1} tong^{4}

避风港。

【避忌】béi⁶ géi⁶

避讳；忌讳：随便讲啦，唔使～嘅〔随便说吧，不必忌讳〕。

bem

【泵】bem¹

❶水泵；打气筒。❷抽（水）；打（气）：～水灌田 | ～气。〖“泵”是英语 pump 的音译词。“泵”，普通话是名词，广州话名词、动词都有。〗

ben

【奔波频扑】ben¹ bo¹ pen⁴ pog³

劳碌奔波。

B

【*宾妹】ben¹ mui⁶⁻¹

年轻的菲律宾籍女佣。

【槟榔薯】ben¹ long⁴ xu⁴

味道类似槟榔芋的甘薯，紫色。

【槟榔芋】ben¹ long⁴ wu⁶

芋头的一种，味道较香，熟后松软。

【品】ben²

品行；性格：唔系人嘅～〔不是一个正常人的品行〕。

【品性】ben² xing³

品行；性格；脾性：佢嘅～好坏〔他的品行很糟糕〕 | ～太暴躁喇〔脾气太暴躁了〕。

【禀神】ben² sen⁴

向神灵祷告；祈祷。

【禀神都冇句真】ben² sen⁴ dou¹ mou⁵ gêu³ zen¹

形容人假话连篇。

【摈】ben³

编；梳（辫子）：～麻绳〔把麻编成辫子状的绳子〕 | ～辫。

【*笨猪跳】ben⁶ ju¹ tiu³

蹦极，一种冒险式的体育运动。

【笨屎虫】ben⁶ xi² cung⁴

屎壳郎；蜣螂。

【笨仔】ben⁶ zei²

傻瓜。

beng

【崩】beng¹

缺；破：砍～头〔磕破头〕 | ～牙〔缺齿〕。

【崩口】beng¹ heo²

豁嘴；兔唇。

【崩沙】beng¹ sa¹

❶大蝴蝶。❷一种油炸食物，形状像蝴蝶。

【崩装】beng¹ zong¹

一种发型，两边头发剃光，仅留从前到后一簇头发如同马鬃。

【凭】beng⁶（读音 peng⁴）

倚靠：唔好～住我〔别靠着我〕 | 把锄头～喺台边〔把锄头靠在桌边〕。

béng

【饼】béng²

量词。用于圆而扁的东西：一～录音带。

【饼家】béng² ga¹

专营西式糕点的店铺。

【饼印】béng² yen³
饼模子。

【柄】béng³
藏；收藏：啯啲嘢你～埋喺边度〔那些东西你藏在什么地方〕？

【病军】béng⁶ guen¹
病夫：睇你成个～样〔看你整个人像个病夫的样子〕。

【病猫】béng⁶ mao¹
比喻病病歪歪的人或身体衰弱及精神疲乏的人。

bi

【啤】bi¹（波衣切）
小男孩的乳名。〖“啤”是“啤啤仔”的简称。〗

【啤啤】bi⁴ bi¹
婴儿。〖英语 baby 的音译。〗

【啤啤仔】bi⁴ bi¹ zei²
小男孩；男婴儿。〖“啤啤”是英语 baby 的译音。〗

bid

【咇】bid¹（必）
液体因受挤压而喷射，北京话叫“吱”（zī）：一揿佢，水就～出嚟〔一压它，水就吱出来〕。

big

【迫（逼）】big¹
❶挤：大家好好坐喺度，唔好～嚟～去〔大家好好地坐着，不要挤来挤去〕｜～冚晒〔挤得紧紧的〕。❷逼：唔好～佢，等佢慢慢讲〔不要逼他，让他慢慢说〕。❸拥挤：坐车～到鬼噉〔坐车挤得要命〕。❹紧迫；逼近：限一个钟头就交卷太～喇〔限一小时就交卷，太紧迫了〕。

【迫（逼）车】big¹ cé¹
挤车（乘搭拥挤的公交车）。

【迫（逼）挟】big¹ gib⁶（挟，读音 hib⁶、hab⁶）
挤，拥挤：一家人住一房一厅太～喇〔一家人住一房一厅太拥挤了〕｜着鞋要阔啲，太～唔得〔穿鞋要宽一点，太挤不行〕。

【*迫力子】big¹ lig¹ ji²
制动器。〖“迫力”是英语 brake 的音译。〗

【迫（逼）人】big¹ yen⁴
拥挤：今日趁圩好～〔今天赶集很拥挤〕。

【迫（逼）窄】big¹ zag³
狭窄；狭小。

【煏】big¹
用猛火煮。

bin

【边】bin¹
哪：你要～份〔你要哪一份〕？｜～班学生成绩最好？｜你～一年出世〔你是哪一年生的〕？｜～啲最好〔哪些最好〕？

【边啲】bin¹ di¹
哪些：～好呀（哪些好）？

【边度】bin¹ dou⁶

❶哪里（问处所）：去～？｜本书放喺～〔那本书放在哪里〕？｜～有咁好吖〔哪里有那么好〕！❷哪里；到处（泛指处所）：～都系一式〔哪里都是一样〕。

【边个】bin¹ go³

谁：你系～〔你是谁〕？｜琴日冇～嚟过〔昨天没有谁来过〕。

【边位】bin¹ wei⁶⁻²

哪位，哪个，谁（多指在场的人）：呢本书系～嘅〔这本书是哪位的〕？｜你派～去〔你派谁去〕？

【边处】bin¹ xu³

同"边度"。

【边判】bin¹ pun³

球类比赛中的司线员或巡边员。

【边样】bin¹ yêng⁶

哪样：～嘅鞋最啱你着〔哪一种鞋最合适你穿〕？

【鞭】bin¹

雄性动物的生殖器（婉辞）：牛～｜三～酒。

【扁鼻佬戴眼镜】bin² béi⁶ lou² dai³ ngan⁵ géng³

歇后语，下一句是"你紧佢唔紧"〔你着急他不着急〕。

【扁□□】bin² téd⁶ téd⁶

扁扁的：佢个鼻哥～嘅〔他的鼻子扁扁的〕。

【扁嘴】bin² zêu²

戏称鸭子。

【鳊鱼】bin² yü⁴

白鲢鱼。

【便】bin⁶

❶边儿（旁边）：两～种咗好多树〔两边种了很多树〕｜四～都有山｜东～有条河。❷方面方：你企呢～，我企嗰～〔你站这边，我站那边〕｜～～都有人站岗〔几方面都有人站岗〕。

【*便利店】bin⁶ léi⁶ dim³

昼夜营业的杂货店。

【辩驳】bin⁶ bog³

辩解：你唔使即刻～〔你用不着马上辩解〕。

bing

【冰】bing¹

❶冷冻：条鱼系～过嘅〔这条鱼是冷冻过的〕。❷冰冻的：～肉。❸冰毒。

【冰片糖】bing¹ pin³ tong⁴

一种优质片状红糖。

【冰室】bing¹ sed¹

冷饮店。

【乒乓波】bing¹ bem¹ bo¹

乒乓球；台球。〖"乒乓"和"波"分别是英语 ping pong 和 ball 的译音。〗

【乒铃嘭呤】bing⁴ ling⁴ bang⁴ lang⁴

（乒，读音 bing¹；嘭，罢盲切。）

象声词。劈里啪啦（枪声，鞭炮声）：烧炮仗～咁响〔放鞭炮劈里啪啦地响〕。

【兵哥】bing¹ go¹

兵士（对军人友好的称呼）。

biu

【标】biu¹

❶喷；迸；射出：水～出嚟〔水喷出来〕。❷窜：条鱼畀佢～咗出去〔鱼窜了出去〕。❸出（芽）；冒：落咗场雨，啲豆就即刻～芽〔下了一场雨，豆子就马上出芽了〕｜～汗。❹长高：一年就～咗半尺高〔一年就长高了半尺〕。

【标青】biu¹ céng¹

❶貌美出众：呢个女仔好～〔这姑娘貌美出众〕。❷拔尖儿；超群：呢班学生有几个好～〔这班学生有几个很拔尖儿〕。

【标高】biu¹ gou¹

长高；窜高。指植物或儿童迅速长高。

【标冷汗】biu¹ lang⁵ hon⁶

出冷汗，捏一把冷汗：我畀你吓到～〔我被你吓得出了一身冷汗〕。

【标芽】biu¹ nga⁴

发芽（种子或树木长出嫩芽）：绿豆浸一日就～咯〔绿豆浸一天就发芽了〕。

【标参】biu¹ sem¹

绑票。

【表盖】biu¹ goi³

表蒙子。

【表面】biu¹ min⁶⁻²

表盘，手表上的刻度盘。

【表肉】biu¹ yug⁶

表瓤，手表里的机件。

【表错情】biu² co³ qing⁴

发生误会（多指跟人打错了招呼或误解别人的意思而作了某种反应）。

【表少】biu² xiu³

❶丈夫的表弟。❷旧时妇女泛称一般的男性。

【*表叔】biu² sug¹

香港有些人戏称驻港干部或内地来港的一般男子。

bo

【¹波】bo¹

波纹：头发电咗一个～〔头发烫了一个波纹〕。

【²波】bo¹

球（篮球、排球、足球、乒乓球、皮球等球类笼统的称呼）：打～｜～板〔球拍〕｜～台。〖羽毛球、康乐球、网球等不能称“波”。“波”是英语 ball 的音译词。〗

【³波】bo¹

档；排档（汽车、拖拉机等内燃机改变行车速度或牵引力的装置）：二～｜三～｜换～。

【波板】bo¹ ban²

乒乓球拍。

【波砵】bo¹ bud¹

球鞋；运动鞋（诙谐的说法）。〖“波砵”是英语 ball boot 的译音词。〗

【波鞋】bo¹ hai⁴

运动鞋。

【波子】bo¹ ji²

同“波珠”。

【波珠】bo¹ ju¹

B

❶滚珠。❷弹（dàn）子；弹（tán）球儿；玻璃球儿。

【波罗鸡】bo¹ lo⁴ gei¹
一种玩具。广州郊区黄埔南海神庙（波罗庙）出售的一种纸制玩具鸡。

【波路】bo¹ lou⁶
底细情况；来头：唔知佢系乜～〔不知道他的来头怎样〕｜你摸清佢嘅～先〔你先探明他的底细〕。

【波衪】bo¹ sêd¹
绒衣。〖“波衪”是由英语 ball 和 shirt 两个词的译音结合而成的词。因打球的人常穿这种衣服，故名。〗

【*波士】bo¹ xi²
总经理；大老板；资本家。〖“波士”是英语 boss 的译音。〗

【坡纸】bo¹ ji²
新加坡货币。

【玻璃生菜】bo¹ léi⁴⁻¹ sang¹ coi³
生菜的一种，叶和帮都极脆。

【菠萝盖】bo¹ lo⁴ goi³
膝盖骨；髌骨。

【菠萝麻】bo¹ lo⁴ ma⁴
剑麻。

【嚤】bo³（播）
语气词。❶表示转告，商量、祈求、警告：大家要你表演一次～，你去吗？｜噉做唔系几妥～〔这样做不大妥当吧〕？｜记得同我买～〔记住给我买啊〕！❷表示醒悟、赞叹：系～〔可也是啊〕！｜佢几叻～〔他真能干啊〕｜系几好手势～〔手艺的确不错〕。

B

bog

【¹ 㩧】bog¹（薄¹）
用棍子从上面往下打：攞条棍～晒啲李落嚟〔拿棍子把李子全部打下来〕｜你嗰条棍因住～亲人哋个头〔你的棍子当心敲了人家的脑袋〕。

【² 㩧】bog¹（薄¹）
土：土里土气：呢种花款好～〔这种款式很土〕。

【㩧㩧斋】bog¹ bog¹ zai¹
私塾（诙谐的说法）：读过两年～。

【㩧佬】bog¹ lou²
乡下人；乡巴佬（含讥讽意）。

【㩧帽】bog¹ mou⁶⁻²
旧时私塾教书先生所戴的帽子，顶上有小圆球。

【㩧湿】bog¹ seb¹
原意是“打出血”，引申为打得头破血流，给予重创：边个敢嚟，一于～佢〔谁敢来，非把他揍瘪不可〕。

【¹ 驳】bog³
❶接；连接：～长条棍〔把棍子接长〕｜坐完火车重要～半日汽车〔坐完火车还要接着坐半天汽车〕。❷套（指私人之间的汇兑）：我想揾人～啲钱翻屋企〔我想找人套些钱回家〕。❸培植果木的一种方法，即接枝。

【² 驳】bog³
一段的时间（若干天）：呢～落咗好多雨〔最近下了很多的雨〕｜先嗰～好旱〔前些日子很旱〕。

【驳艔】bog³ dou⁶⁻²（艔，度⁶⁻²）

同“艔”。

【驳火】bog³ fo²

❶引火。❷交火（小规模的枪战）。

【驳脚】bog³ gêg³

接力（指一个接一个地往目的地走去）：搬呢堆行李上楼，有人～就搬得快（搬这堆行李上楼，有人接力就搬得快）。

【驳古】bog³ gu²

在别人讲故事时插嘴，指出故事中自己认为不合理的地方：听古唔好～〔听故事不要插嘴〕｜你成日～我就唔讲嘞〔你整天插嘴我就不说了〕。

【驳骨】bog¹ gued¹

接骨（接上已断的骨头）。

【驳轮】bog³ lên⁴

同“驳艔”和“艔”。

【驳秤】bog³ qing³

顾客要求复称货物。

【驳艇】bog³ téng⁵

驳船。

【驳嘴】bog³ zêu²

❶顶嘴：唔好成日同人～〔不要整天跟人家顶嘴〕。❷插嘴表示反对意见或提出质疑。

【搏】bog³

❶拼；兑：一炮～双象。❷同“搏命”。❸同“搏彩”。

【搏边份】bog³ bin¹ fen⁶

为什么而拼搏；博取什么东西：你咁搏命做，～喎〔你这么拼命地干，图什么呀〕？

【搏彩】bog³ coi²

碰运气：考试唔能够靠～〔考试不能靠碰运气〕。

【搏出位】bog³ cêd¹ wei⁶⁻²

故意做出一些与众不同的事情以引起别人的注意。

【搏大胆】bog³ dai⁶ dam²

办事不经过周密的考虑而只靠胆量鲁莽行事。

【搏到尽】bog³ dou³ zên⁶

全力拼搏；孤注一掷。

【搏乱】bog³ lün⁶

浑水摸鱼（指趁混乱的时候搞非法行为，或者在人家不注意的时候，顺手拿别人的东西）：要注意啲坏人～呀〔要注意坏人浑水摸鱼〕。

【搏命】bog³ méng⁶

拼命：同敌人～｜～咁走〔拼命地跑〕｜搏晒老命〔拼了老命〕。

B

【搏懵】bog³ mung²

趁人不留神、不警惕从中取利：靠～系唔得嘅〔靠人家不留神、不警惕从中取利是不行的〕！

【搏杀】bog³ sad³

指豪赌，大赌。

【搏傻】bog³ so⁴

装疯扮傻从中取利：你想～咩〔你想靠装疯扮傻从中取利吗〕？

【搏同情】bog³ tung⁴ qing⁴

装出可怜相，以取得别人的同情。

【搏尽】bog³ zên⁶

竭尽全力拼搏：你打呢场波真系～喇〔你打这场球真是拼尽全力了〕。

【搏撞】bog³ zong⁶

靠碰巧来博取；瞎碰；瞎蒙：你估

中亦系靠~嘅嗻（你猜中不过是靠瞎猜而已）。

【髆】bog^{3}

肩：左~｜两个人搭住~噉行〔两个人搭着肩走路〕｜缩~。

【髆头】bog^{3} teo^{4}

肩膀。

【髆头高过耳】bog^{3} teo^{4} gou^{1} guo^{3} yi^{5}

熟语。人瘦得两肩上耸。多形容吸毒者的体态。

【餺餷】bog^{3} cang^{1}（餺，博）

糯米粉煎饼。

【壆】bog^{3}（博）

❶堤坝：河~｜塘~。❷园围子（围园子的土埂，上面多种满荆棘）。

【薄皮】bog^{6} péi^{4}

小心眼儿（形容小孩容易哭）：一话就喊，咁~个喎〔一说就哭，那么小心眼儿的〕！

【薄笠】bog^{6} leb^{1}

薄绒衣；秋衣。

【薄切切】bog^{6} qid^{1} qid^{1}

薄薄的。同"薄噎噎"bog^{6} yid^{1} yid^{1}。

【薄削】bog^{6} sêg^{3}

稀薄（指布类）：呢只布好~〔这种布很薄〕。

【薄身】bog^{6} sen^{1}

物体薄：呢种纸~啲〔这种纸薄了一点〕。

【薄英英】bog^{6} ying^{1} ying^{1}

薄薄的。

【薄绒】bog^{6} yung$^{4-2}$

薄呢子；料子（如凡尔丁等）：~裤〔料子裤〕。

bong

【帮】bong^{1}

❶帮助。❷替：我~你值班。

【帮补】bong^{1} bou^{2}

从经济上帮助补贴：我每个月都要寄钱翻屋企~下〔我每个月都要寄钱回家补贴一下〕。

【帮衬】bong^{1} cen^{3}

光顾：呢啲嘢咁贵，冇人嚟~〔这些东西那么贵，没人来光顾〕。

【帮下眼】bong^{1} ha^{5} ngan^{5}

帮别人看管一下：唔该~〔请你帮看着点儿〕｜帮下我眼〔帮我看着点儿〕。

【帮口】bong^{1} heo^{2}

帮忙说话；帮腔：呢度唔使你~〔这里不用你帮腔〕。

【帮手】bong^{1} seo^{2}

帮忙：大家都想嚟~〔大家都想来帮忙〕｜要我~吗？〖普通话的"帮手"是名词，即"帮助工作的人"的意思；广州话的"帮手"是动词。〗

【绑】bong^{2}

捆；系：~行李〔捆行李〕｜~鞋带〔系鞋带〕｜~实啲〔系紧一点〕。

【傍】bong^{6}

❶依靠：成日~住个老细（整天靠着老板）。❷紧靠着；看守着：你两个~住佢，唔好畀佢走甩〔你两个看着他，别让他跑了〕。

【*傍友】bong6 yeo5-2
有钱有势的人的食客。
【傍家】bong6 ga1
顾家；依恋家庭。
【磅】bong6
过磅；用磅秤：～一～睇有几重〔过一过磅，看有多重〕。
【磅龙】bong6 lung4-2
同“磅水”。
【磅水】bong6 sêu2
旧社会的黑暗势力向人勒索钱财时所说的黑话，即“交保护费”、“交买路钱”的代用语。一些说俏皮话的人也使用这个词，作“交钱”、“交款”等意思：要买就快啲～〔要买就快点交钱〕｜磅住啲水嚟先〔先给一点钱来吧〕。

bou

【煲】bou1
❶有底有壁的锅。❷（用有底有壁的锅）煮，熬：～饭｜～水｜～茶〔熬药〕。❸暗害：畀人～咗〔给人暗害了〕。❹量词。下：呢～正晒咯〔这下打中要害了〕。
【煲茶】bou1 ca4
❶煮开水沏茶，烧开水。❷煎、熬中药。
【煲电话粥】bou1 din6 wa6-2 zug1
长时间地打电话；用电话聊天。
【煲老藕】bou1 lou5 ngeo5
❶比喻老年夫妻相恩相爱。❷觅老伴（老年再婚）。
【煲冇米粥】bou1 mou5 mei5 zug1
比喻搞无米之炊或做没有成果的事情。
【煲脸】bou1 nem4（脸，拿吟切）
煮烂，比喻痛打。
【煲燶粥】bou1 nung1 zug1（燶，农1）
把粥煮煳了，意为虽然费了心思，但把事情搞黄了。
【*煲水】bou1 sêu2
故意编造，多用于新闻、消息等：你千祈唔好信嗰啲～新闻呀〔你千万不要相信那些故意编造的新闻〕。
【煲水新闻】bou1 sêu2 sen1 men4
表面很热闹但并没有多少实际内容的新闻。
【煲药】bou1 yêg6
煎、熬中药。
【煲烟】bou1 yin1
吸烟（指长时间地吸烟）。
【煲仔饭】bou1 zei2 fan6
沙锅饭（用沙锅焖的带有菜肉的饭）。
【煲粥】bou1 zug1
熬粥。
【补秤头】bou2 qing3 teo4
买东西分量不足时补足分量。
【补㨆】bou2 na1（㨆，拿1）
打补丁。
【补水】bou2 sêu2
❶补回应得的钱。❷发加班费。
【补数】bou2 sou3
补（补给、补发等）：呢次争住先，下次～〔这次先欠着，下次补〕。
【补镬】bou2 wog6

❶补锅。❷补救失误。

【补靥】bou^{2} yim^{2}（靥，掩）

补丁：呢件衫有两窟～〔这件衣服有两块补丁〕。

【保佑大】bou^{2} néi^{5} dai^{6}

服了你：我真～咯〔我真的服了你了〕。

【布甸】bou^{3} din^{6}

布丁，一种半固体的甜点心。〖“布甸”是英语 pudding 的音译。〗

【布冧】bou^{3} lem^{1}（冧，林^{1}）

洋李子。〖布冧”是英语 plum 的音译。〗

【布碎】bou^{3} sêu$^{3-2}$

碎布。

【布帐】bou^{3} zêng^{3}

作遮挡或分隔用的幔帐。

【报料】bou^{3} liu$^{6-2}$

❶向媒体提供新闻材料。❷向警方提供案件线索。

【步级】bou^{6} keb^{1}

台阶。

【哺（菢）】bou^{6}

孵：～鸡仔〔孵小鸡〕。

【哺（菢）窦】bou^{6} deo^{3}（窦，读音 deo^{6}）

（母鸡）抱窝：～鸡乸〔抱窝母鸡〕。

【埗头】bou^{6} teo^{4}（埗，步）

码头；渡口：上～｜喺呢个～落船〔在这个码头上船〕。〖“埗头”本作“埠头”，现在广州话多讲“码头”。“埠”字广州话口语读 bou^{6}，读书音为 feo^{6}。〗

【暴暴】bou^{6} bou$^{6-2}$

副词。乍；忽；刚：～冷～热｜我～一睇，差啲唔认得〔我乍一看，差点认不出来〕｜佢～嚟，重唔系几习惯〔他刚来，还不怎么习惯〕。

【暴冷暴热】bou^{6} lang^{5} bou^{6} yid^{6}

乍寒乍热。

【簿】bou$^{6-2}$

本子；本儿：记录～｜日记～。

bud

【钵柜】bud^{1} guei^{6}（钵，读音 bud^{3}）

酒柜。

【*钵酒】bud^{1} zeo^{2}

葡萄牙产的暗红色浓葡萄酒。〖“钵”是英语 port 的译音。〗

【啉】bud^{1}（鉢^{1}）

象声词。嘟（汽车喇叭声）。

【啉啉车】bud^{1} bud^{1} cé^{1}

汽车（儿童用语）。

【鉢头】bud^{3} teo^{4}

钵。

【鉢仔糕】bud^{3} zei^{2} gou^{1}

用小钵蒸的发面糕。

bug

【卜位】bug^{1} wei$^{6-2}$

预定位置、座位。〖“卜”是英语 book 的音译。〗

【伏】bug^{6}（读音 fug^{6}）

趴；俯伏：唔好～喺台上面睇书〔不要趴在桌子上面看书〕。

B

【伏低】bug⁶ dei¹
趴下。

【伏匿匿】bug⁶ néi¹ néi¹（匿，读音 nig¹）
捉迷藏。

【伏儿人】bug⁶ yi⁴⁻¹ yen⁴⁻¹
同“伏匿匿”。

bui

【*杯葛】bui¹ god³
抵制。〖“杯葛”是英语 boycott 的音译。〗

【杯耳】bui¹ yi⁵
杯子的把儿。

【¹焙】bui⁶⁻²
醭面（做面食或粉食时，防止粉面黏连的干粉）。

【²焙】bui⁶⁻²
烘荔枝干的作坊（包括灶、棚子、晒场等设备）：开～。

【背后】bui³ heo⁶
❶后面：我屋企喺学校～〔我家在学校后面〕。❷背面：门～有眼钉〔门背面有一口钉子〕。❸背地里：你唔好喺～讲人哋〔你不要背地里议论人家〕。

【背脢】bui³ mui⁴
背上的肉，泛指背部（现已少用）。

【背脊】bui³ zég³
背部；脊背。

【背角】bui⁶ gog³
背；偏僻：呢度太～，人嚟得少〔这里太偏僻了，人来得少〕。

【背手】bui⁶ seo²
行贿的东西：佢收咗～〔他接受了贿赂〕。

【背手影】bui⁶ seo² ying²
（写字时）背光：坐喺呢度写字有啲～〔坐在这里写字有点背光〕。

【背语】bui⁶ yü⁵
隐语；黑话。

【焙】bui⁶
烘烤（只用于烤干）：～干件衫〔把衣服烤干〕。〖普通话“焙”一般用于烘烤药物，广州话泛指烤一切东西。〗

【焙火炉】bui⁶ fo² lou⁴
烤火。

bun

【搬屋】bun¹ ngug¹
搬家。

【本地状元】bun² déi⁶ zong⁶ yün⁴
麻风病人（诙谐的说法）。

【本嚟】bun² lei⁴
本来；原来。

【本银】bun² ngen⁴⁻²
本金。

【本心】bun² sem¹
良心：做嘢要讲～〔做事要讲良心〕。

【本事】bun² xi⁶
❶本领；能耐：佢嘅～真大〔他的本领真大〕。❷能干：冇人有佢咁～〔没有人像他这样能干〕。

【半】bun³

单独用时与普通话相同，但在两个反义形容词之前，普通话则多用“半…不…”或“半…半…”的格式：～亲疏〔半亲不疏〕|～新旧〔半新不旧〕|～咸淡〔半咸不淡〕|煮到～生熟〔煮得半生不熟〕|～肥瘦嘅猪肉〔半肥不瘦的猪肉〕|～公私〔半公半私〕。

【半咸淡】 bun³ ham⁴ tam⁵
一半咸一半淡，半咸不淡。引申为不地道、不标准等：你讲嘅普通话有啲～〔你说的普通话有点不地道〕。

【半里】 bun³ léi⁵
衣服里子不完全。

【半揸揩】 bun³ leng³ keng³（揸，啦凳切；揩，卡凳切）
半截儿；半中腰（事情未完成，只做了一半）：唔好做到～就收档〔不要做到半截儿就收摊儿〕。

【半卖】 bun³ mai⁶⁻²
半个（专指炒粉面，相当于小盘的）：两个～炒粉。

【半世人】 bun³ sei³ yen⁴
半辈子。

【半天吊】 bun³ tin¹ diu³
挂在半空中，比喻没有依傍。

【半条命】 bun³ tiu⁴ méng⁶
半死不活：睇佢～噉，行都行唔嘟〔看他半死不活的样子，走都走不动〕。

【半唐番】 bun³ tong⁴ fan¹
❶中外混血儿。❷半中不西（中西合璧的事物）：呢件衫～〔这件衣服半中不西〕。

【半桶水】 bun³ tung² sêu²
半瓶醋：我学咗半年，重系～〔我学了半年，还是半瓶醋〕。

【半昼】 bun³ zeo³
半天：等咗你成～咯〔等了你半天了〕。

bung

【埲】 bung⁶（罢哄切）
量词。堵（用于墙）：一～墙〔一堵墙〕|一～板障〔一堵板墙〕。

【𩡣（𩟔）】 bung⁶（罢哄切）
量词。股（用于气味）：一～臭𡂖〔一股臭味儿〕|一～火燶𡂖〔一股火烟味儿〕。

C

ca

【差唔多】 ca¹ m⁴ do¹
差不多。

【差皮】 ca¹ péi⁴⁻²
差劲：乜咁～㗎〔怎么那么差劲〕？|咁样做确实太～啰〔这样做确实太差劲了〕！

【差迟】 ca¹ qi⁴
差错；失误；漏洞：你唔使惊，保证冇乜～〔你不用害怕，保证没有什么差错〕｜检查清楚至得，有乜～就唔妥㗎喇〔检查清楚才行，有什么漏洞就不妥了〕。

【差一皮】 ca¹ yed¹ péi⁴

（技术，水平）差一等，低一等。

【跴】 ca¹

（不小心）踩；踏：唔好～落个水氹度〔不要踩进水坑里〕｜一脚～咗落去〔一脚踏下去〕。

【蹅】 ca¹

乱踏；误踩：一脚～落水氹度〔一脚踩到水坑里〕。

【奓】 ca³

张开：衫脚太～喇〔衣服下摆太张开了〕。

【奓鼻】 ca³ béi⁶

鼻翼宽，扁鼻子。

【奓膊】 ca³ bog³

宽肩膀。

【奓脚】 ca³ gêg³

腿向外撇出：～衣架｜～裙｜奓开脚坐几难睇〔张着腿坐多难看〕！

【茶】 ca⁴

❶茶：焗～〔沏茶〕。❷开水：饮啖～〔喝一口开水〕｜斟杯～〔倒一杯开水〕。❸汤药（中药）：煲～〔煎药〕｜一剂～〔一服中药〕｜饮苦～〔喝苦药〕。❹某些用人工制成的饮料，如菊花茶、杏仁茶、山楂茶、蛋茶等。〖广州话“茶”包括“开水”（广州话叫“滚水”），“开水”可以说“茶”，但“茶”不能说成“滚水”。〗

【茶煲】 ca⁴ bou¹

❶烧开水的锅。❷熬中药的砂锅。❸麻烦（香港多用）。〖“茶煲”是英语 trouble 的音译。〗

【茶脚】 ca⁴ gêg³

喝剩的茶或隔夜的茶。

【茶居】 ca⁴ gêu¹

茶馆（供喝茶吃点心及吃饭的馆子）。

【茶竿竹】 ca⁴ gon¹ zug¹

一种细而硬的竹子，多作挂蚊帐用。

【茶瓜】 ca⁴ gua¹

腌制的小白瓜，爽甜可口。

【茶果】 ca⁴ guo²

糕点；点心。

【茶楼】 ca⁴ leo⁴

同“茶居”。

【茶寮】 ca⁴ liu⁴

过去乡间民众喝茶吃点心的地方，比较简陋。

【茶色】 ca⁴ xig¹

咖啡色。

【茶仔】 ca⁴ zei²

❶茶树籽。❷茶树籽研成的粉末，可以用来洗头。又叫“茶仔粉”或“茶仔头”。

【茶盅】 ca⁴ zung¹

有盖有垫碟的茶碗。

【查实】 ca⁴ sed⁶

查明；其实：～系你唔啱嘅〔其实是你的不对〕｜～你唔使噉做吖〔其实你不必这样做嘛〕。

【喳喳】 ca⁴ ca⁴⁻²

钹：打～。

【搽脂荡粉】 ca⁴ ji¹ dong⁶ fen²

涂脂抹粉。

【扠】ca⁵（茶⁵）
涂（用笔画掉）：一笔～咗两个字〔一笔涂了两个字〕｜唔好乱～〔不要乱涂〕。

【扠乱】ca⁵ lün⁶
搅乱，搅局：呢件事畀佢～咗〔这件事被他搅乱了〕。

【扠腡】ca⁵ wo⁵（腡，窝⁵）
弄坏（事情）；搞黄：呢件事又畀～咗咯〔这件事又给搞黄了〕。

【扠禍档】ca⁵ wo⁵ dong³
把摊子弄乱了，比喻被搞乱了，被拆台了。

【踏错脚】ca⁵ co³ gêg³
❶踏错脚；失足。❷比喻犯错误：要注意唔好～〔要注意不要犯错误〕。

C

cab

【插】cab³
掖扶：～住佢行〔扶着他走〕。

【插手】cab³ seo²
扒手；小偷：因住～偷嘢〔当心小偷偷东西〕。

【插水】cab³ seu²
跳水。

【插苏】cab³ sêu¹
插销：三脚～。

cad

【擦】cad³
吃（粗俗的说法）：～饭｜～嘢〔吃东西〕。

【擦鞋】cad³ hai⁴
拍马屁。

【擦鞋仔】cad³ hai⁴ zei²
指惯于逢迎拍马屁的人。

【擦纸胶】cad³ ji² gao¹
橡皮。

cag

【坼（㼽）】cag³
❶裂开；破裂；皲：手脚都冻～晒〔手脚都冻皲裂了〕｜支竹～咗〔竹子裂了〕。❷破；沙哑：声喉～〔嗓子沙哑〕。

【拆档】cag³ dong³
拆伙；散伙。

【拆家】cag³ ga¹
包揽到大生意或大工程后再转分给其他人承包，自己从中取利的人。

【拆骨】cag³ gued¹
脱骨。

【拆签】cag³ qim¹
请人解说所求得的签的意思。

【拆肉】cag³ yug⁶
脱骨。

【*贼亚爸】cag⁶ a³ ba¹
指向发了不义之财的人索取钱财的人。

【贼公】cag⁶ gung¹
强盗；贼。

【贼佬】cag⁶ lou²
贼；小偷；强盗。

【贼仔】cag⁶ zei²
小偷。

cai

【*差馆】cai1 gun2
警察局。

【差佬】cai1 lou2
旧时指警察。

【*差人】cai1 yen4
警察。

【猜枚】cai1 mui4-2
划拳。

【猜呈寻】cai1 qing4 cem4
猜拳以定胜负的一种方法，首先各人同时说“呈寻”，然后伸出手来：五指张开叫“包”，伸出食指和中指叫“剪”，伸出拳头叫“揞”。“包”胜“揞”，“揞”胜“剪”，“剪”胜“包”。这种做法北京话叫 céi。

【搓】cai1（读音 co1）
❶揉：~面 | ~泥。❷托（排球）：~排球。

【踩】cai2
蹬；骑（车）：~三轮车〔蹬三轮儿〕| ~单车〔骑自行车〕。

【踩沉船】cai2 cem4 xun4
乘人之危加害；落井下石。

【踩错脚】cai2 co3 gêg3
踏空；失足：~跌咗落去〔失足跌了下去〕。

【踩低】cai2 dei1
❶搞垮；挤垮。❷压低。

【踩地盘】cai2 déi6 pun4
侵入别人的势力范围；损害别人的利益：你咪踩我嘅地盘〔你别侵占我的地盘〕。

【踩灯花】cai2 deng1 fa1
旧时指小偷趁华灯初上时分进行盗窃活动。

【踩界】cai2 gai3
踏线（多用于体育比赛）。

【踩钢线1】cai2 gong3 xin3-2
走钢丝。

【踩钢线2】cai2 gong3 xin3
❶走钢丝。❷比喻在某种环境下艰难地寻求各方的平衡。

【踩过界】cai2 guo3 gai3
❶比喻侵占了别人的地盘。❷比喻超出了自己的职权范围。

【踩死蚁】cai2 séi2 ngei5
形容人走路慢吞吞。

【踩水影】cai2 sêu2 ying2
踩水，人直立水中，两腿交叉踩动，保持身体不下沉。

【踩台】cai2 toi4
演出前到舞台实地试台走位，试音响效果及灯光，熟悉演出场地。

【踩雪屐】cai2 xud3 kég6
溜旱冰。

【1柴】cai4
柴火；木柴；劈柴。〖普通话也有“柴”这个词，但口语单独使用时，多叫“柴火”，“木柴”、“劈柴”。〗

【2柴】cai4
同柴花。

【柴花】cai4 fa1
引火用的劈成小片的木柴。

【柴台】cai4 toi4
喝倒彩。

【柴哇哇】cai⁴ wa¹ wa¹

❶随随便便；马马虎虎：～又一日，真可惜〔随随便便又过了一天，真可惜〕。❷闹着玩儿：～嘅嘛，唔使理佢〔闹着玩儿罢了，不必理他〕。❸热热闹闹的：一个人太冷清喇，～嘅至好〔一个人太冷清了，人多热热闹闹的才好〕。

【柴鱼】cai⁴ yu⁴

明太鱼。

cam

【参详】cam¹ cêng⁴

考虑；研究；斟酌：大家～一下。

【惨情】cam² qing⁴

情况凄惨：又漏雨又吹风，真系～咯〔又漏雨又刮风，真凄惨啊〕。

【篸】cam²

❶簸箕；泥箕：一～泥〔一泥箕土〕｜择一～垃圾〔撮一簸箕垃圾〕。❷箕（指纹）：左手有三个腡两个～〔左手有三个斗两个箕〕。

【杉】cam³

粗杉木条或其他木材的粗木条。

【杉木灵牌】cam³ mug⁶ ling⁴ pai⁴

歇后语，下一句是“唔做得主”（做不得主），因杉木一般不能用来制作灵牌。

【蚕虫】cam⁴ cung⁴⁻²

蚕。

【蚕虫师爷】cam⁴ cung⁴⁻² xi¹ yé⁴

比喻作茧自缚、害人反害己的人。

【巉眼】cam⁴ ngan⁵

（强光）刺眼；晃眼：日头～〔太阳晃眼〕｜呢盏灯太～喇〔这盏灯太晃眼了〕。

【劖】cam⁵（参⁵）

扎（刺）；剐：畀簕～亲只脚〔给刺扎了脚〕｜玻璃～损手掌〔玻璃剐破了手掌〕。

can

【餐】can¹

量词。顿；场：一～饭｜闹一～〔骂一顿〕｜喊一～〔哭一顿〕。〖“餐”作动量词时，前面的数词多用“一”；数词是“二”以上时，量词多用“次”或“轮”。〗

【餐饱】can¹ bao²

…个够：畀你食～〔让你吃个够〕｜冇乜嘢，得笑～嘛〔没什么，只有笑个够而已〕。

【餐柜】can¹ guei⁶

酒柜。

【餐卡】can¹ ka¹

餐车（指火车上的）。

【餐牌】can¹ pai⁴⁻²

餐馆的菜单表。

【餐搵餐食】can¹ wen² can¹ xig⁶（揾，稳）

有上顿没有下顿。

【铲】can²

❶抢（刀）：～刀磨铰剪〔抢刀磨剪子〕。❷推剪（头发）：～光头〔剪光头〕。❸铲除：～草。

【铲地皮】can² déi⁶ péi⁴

指旧社会贪官污吏刮削民财。

【残】can⁴

C

破旧；破损：本书翻到～晒〔这本书被翻得残破不堪〕。

cang

【撑艇】cang¹ téng⁵
走之底（汉字偏旁“辶”）。

【撑台脚】cang³ toi⁴ gêg³（撑，又音 yang³）
指二人同桌吃饭，尤指夫妻或情侣共同进餐：你快啲翻去同你老婆～啦〔你赶快回去跟你老婆吃饭吧〕。

【罉】cang¹（撑）
平底锅（指除了炒菜锅以外的锅）：煲一～饭〔焖一锅饭〕｜瓦～〔沙锅〕。

【瞠】cang³（撑³）
瞪；睁：～大只眼〔瞪大眼睛〕｜眼～唔开〔眼睛睁不开〕。

【枨鸡】cang⁴ gei¹
泼野（用于妇女）。

【枨鸡婆】cang⁴ gei¹ po⁴⁻²
泼妇；泼辣货。

cao

【觘】cao¹（抄）
牴；顶（牛用角触顶人）：嗰只牛会～人〔那头牛会顶人〕。

【*抄牌】cao¹ pai⁴
警察对违章车辆登记处理。

【*炒车】cao² cé¹
戏称多车连环相撞，乱成一堆，像在锅里炒菜一样。

【*炒粉】cao² fen²
戏称考试考得一团糟。

【炒家】cao² ga¹
专门炒买炒卖股票证券、物业、古董等的人。

【炒更】cao² gang¹
利用业余时间兼职以增加收入。

【炒贵刁】cao² guei³ diu¹
一种以干河粉、鲜虾仁、叉烧、葱、鸡蛋、辣椒、沙爹等炒制成的食品。

【炒虾拆蟹】cao² ha¹ cag³ hai⁵
指某些人下流话不离嘴：个嘢成日喺度～，边个都讨厌〔那个家伙整天骂娘，谁都讨厌〕。

【炒老板鱿鱼】cao² lou⁵ ban² yeo⁴ yü⁴
指职员、工人辞职不干。多指职工不满老板的对待而愤然辞职的行为。

【炒埋一碟】cao² mai⁴ yed¹ dib⁶
把各种菜炒作一碟，比喻把新账旧账一起算。

【炒米饼】cao² mei⁵ béng²
广东农村自制的米饼，多在春节前制作。将炒熟后的大米磨成细粉，与糖浆糅合后，用模子压打成饼烘干。

【炒粒粒】cao² neb¹ neb¹
指炒肉丁和菜蔬丁等的菜肴。

【炒镬】cao² wog⁶
炒菜锅。

【炒友】cao² yeo⁵⁻²，又音 cao² yeo⁵
炒买炒卖的人；倒爷。

【炒鱿】cao² yeo⁴⁻²
同“炒鱿鱼”。

【炒鱿鱼】cao² yeo⁴ yü⁴⁻²
比喻被解雇，卷起铺盖离去。因为

铺盖卷起来像炒熟的鱿鱼那样卷作筒状。

【吵耳】cao^{2} yi^{5}

（声音）刺耳。喧哗嘈杂。广东地区过去的江湖艺人开场时常说："打得锣多锣～，打得更多夜又长"。〖"吵"是普通话"嘈"的译音〗。

【抄】cao^{3}（读音 cao^{1}）

乱翻；搜查：～柜桶〔翻抽屉〕丨唔好乱～我嘅嘢〔不要乱翻我的东西〕丨～身〔搜身〕。

【抄身】cao^{3} sen^{1}

搜身。

【巢】cao^{4}

❶皱：嗰件衫太～喇〔那件衣裳太皱了〕丨揸～张纸〔把纸捏皱了〕丨面皮都～晒〔脸皮都皱了〕。❷蔫：花～咗〔花蔫了〕丨菜叶～咗就唔新鲜咯〔菜叶蔫了就不新鲜了〕。

【巢 嗌 嗌】cao^{4} meng^{1} meng^{1}（嗌，盟^{1}。又音 cao^{4} meng^{1} meng^{3}）

皱皱的：呢张纸～，唔写得字〔这张纸皱皱的，不能写字〕。

【巢咪嗌】cao^{4} mi^{1} meng^{1}

形容衣服、布料、皮肤等皱得难看。

【巢皮】cao^{4} péi^{4}

表面起皱纹；蔫：晒得多个面就容易～㗎〔晒得多脸容易起皱纹〕丨矮瓜巢咗皮就唔食得喇〔茄子皮蔫了就不能吃了〕。

【巢皮咪嗌】cao^{4} péi^{4} mi^{1} meng$^{1-3}$（咪，摸衣切）

皮皱皱的：老到～〔老得皮肤皱皱的〕。

C

cé

【^{1}车】cé^{1}

❶用缝纫机缝，北京话叫"砸"（zá），一般写作"轧"：～衫〔缝衣服〕。❷轧（yà）：嗰架车差啲～亲人〔那辆车差点儿轧了人〕。❸缝纫机：借你架～做件衫〔借你的缝纫机做件衣服〕。

【^{2}车】cé^{1}

扔；掷（扔大件的或长条的东西）：成张椅～过去〔整把椅子扔过去〕。

【^{3}车】cé^{1}

吹（夸口）；吹嘘；吹牛：乱～一通〔乱吹一气〕。〖车"是"车大炮"的省略。〗

【车大炮】cé^{1} dai^{6} pao^{3}

吹牛；吹牛皮；说大话：唔好～，做过至知〔不要吹牛，做过才知道〕。

【车脚】cé^{1} gêg^{3}

车钱；乘车的费用。

【车卡】cé^{1} ka^{1}

火车厢。

【车厘子】cé^{1} léi^{4} ji^{2}

樱桃。〖"车厘"是英语 cherry 的音译。〗

【车歪】cé^{1} mé^{2}

陀螺。

【车牌】cé^{1} pai^{4}

驾驶执照。

【车辘】cé^{1} lug^{1}

车轮；车轱辘。

【车呔】cé^{1} tai^{1}
同"呔"。

【车天车地】cé^{1} tin^{1} cé^{1} déi^{6}
胡吹乱诌。

【车位】cé^{1} wei$^{6-2}$
❶停放汽车的地方。❷容许汽车通过的宽度：呢度唔够～，汽车唔过得去〔这里宽度不够，汽车过不去〕。

【车衣】cé^{1} yi^{1}
用缝纫机缝制衣服。

【车叶】cé^{1} yib^{6}
螺旋桨。

【车仔】cé^{1} zei^{2}
人力车；黄包车（现已不用）。

【唓】cé^{1}
叹词。呸（妇女多用）：～！乜你讲呢啲话〔呸！你怎么说这些话〕！

【^{1}扯】cé^{2}
❶抽；吸：烟通高，～风～得犀利〔烟通高，抽风抽得厉害〕｜石灰～到地都干晒〔石灰把地面都吸干了〕。❷升（旗）：～旗。

【^{2}扯】cé^{2}
走；回去：你唔好～自〔你先别走〕｜我听日～咯〔我明天回去了〕。

【扯鼻鼾】cé^{2} béi^{6} hon^{4}
同"打鼻鼾"。

【扯风】cé^{2} fung^{1}
通风；使空气向外流动。

【扯记】cé^{2} géi^{3}
回去（诙谐的说法）：唔好睇就～算咯〔不好看就干脆回去算了〕｜咁早就～喋啦〔这么早就回去啦〕？

【扯虾】cé^{2} ha^{1}
哮喘。

【扯气】cé^{2} héi^{3}
捯气（人将死时紧促呼吸）。

【扯缆】cé^{2} lam^{6}
拉纤。

【扯猫尾】cé^{2} mao^{1} méi^{5}
同"搲猫尾"。

【扯头缆】cé^{2} teo^{4} lam^{6}
同"拉头缆"。

【扯线】cé^{2} xin^{3}
同"拉线"。

【扯线公仔】cé^{2} xin^{3} gung^{1} zei^{2}
提线木偶，比喻受人操纵的人。

【扯人】cé^{2} yen^{4}
同"扯^{2}"。

【邪不胜正】cé^{4} bed^{1} xing^{3} jing^{3}
邪恶敌不过正义的力量：你唔使怕，～〔你不必害怕，邪不压正〕。

【*斜牌】cé^{4} pai^{4}
指出卖色相的女子。

【斜^{1}】cé$^{4-2}$
斜纹布（咔叽、华达呢等）：黄～〔黄色斜纹布〕。

【斜^{2}】cé$^{4-3}$
❶倾斜；陡：呢张台有啲～〔这张桌子有点倾斜〕｜呢段路好～〔这段路很陡〕。❷斜坡：上～｜落～〔下坡〕。

【斜膊】cé$^{4-3}$ bog^{3}
削肩膀。〖又叫"斜肩"、"削膊"。〗

【斜喱眼】cé^{4} léi^{1} ngan^{5}
❶斜眼（眼睛有斜视的毛病）。❷患斜视的人。〖"斜喱眼"又叫"蛇喱眼"。〗

ceb

【葺齐】ceb¹ cei⁴
同“齐葺葺”。

【*缉蛇】ceb¹ sé⁴
追捕非法入境者。

ced

【七七八八】ced¹ ced¹ bad³ bad³
指工作量的大部分（百分之七八十）：都做到～啰，做埋佢啦〔都完成七八成了，干完它吧〕。

【七除八扣】ced¹ cêu⁴ bad³ keo³
七扣八扣；七折八扣：一个月收入～，最多唔够一万文〔一个月收入七扣八扣，最多不到一万元〕。

【七彩】ced¹ coi²
头晕眼花：呢排做到我～〔近来忙得我头晕眼花〕。

【七扶八插】ced¹ fu⁴ bad³ cab³
❶形容得到大家的扶持和帮助：我有今日完全系靠大家～〔我有今天完全是靠大家的支援和帮助〕。❷形容众人前呼后拥的样子。

【七个一皮】ced¹ go³ yed¹ péi⁴
❶数数目时乱点乱报。如数鸡蛋，一般以五个为一皮，把七个作一皮的是把数目弄错了。❷引申指忙乱、忙碌的样子：呢排忙到我～〔最近我忙得一塌糊涂〕。

【七国咁乱】ced¹ guog³ gem³ lün⁶
形容秩序非常乱。

【七支八离】ced¹ ji¹ bad³ léi⁴
❶形容散乱、无秩序的样子：呢间公司～嘅，唔慌好嘢〔这家公司乱糟糟的，不会是好东西〕。❷形容十分劳累，身体像散了架似的：一连几日加班，做到我～〔一连几天加班，累得我散了架似的〕。

【七穷六绝】ced¹ kung⁴ lug⁶ jud⁶
形容人达到贫穷、困顿的状态：佢前几年真系～咯〔他前几年真是到了山穷水尽的地步了〕。

【七零一】ced¹ ling⁴ yed¹
七加一等于八，指“八卦”或“八卦婆”。

【七老八十】ced¹ lou⁵ bad³ seb⁶
形容年纪大（约七八十岁）：佢都～咯重好硬净〔他都七八十岁了，还挺硬朗〕。

【七情上面】ced¹ qing⁴ sêng⁵ min⁶
形容人表演卖力，表情丰富：演员好落力，个个都演得～〔演员演得很卖力，个个都真切动人〕。

【七星茶】ced¹ xing¹ ca⁴
一种供小儿服用的平安药，汤剂，由灯芯花、淡竹叶、薏米、谷芽（或麦芽）、蝉蜕、钩藤、山楂等七种中药配成。

【七姐】ced¹ zé²
民间神话中称的织女星。

cêd

【出便】cêd¹ bin⁶
❶外面（屋外等）：佢企喺～〔他站在外面〕｜入嚟啦，～落雨〔进来吧，外面下雨〕。❷外边（指在靠

近门口或边缘的地方)：坐喺~听唔到〔坐在外面听不见〕。

【出车】cêd¹ cé¹

当妓女（婉辞）。

【出得厅堂，入得厨房】cêd¹ deg¹ téng¹ tong⁴，yeb⁶ deg¹ cêu⁴ fong⁴

形容女子既美丽大方又能操持家务。

【出底】cêd¹ dei²

同“出便”。(农村多用。)

【出痘】cêd¹ deo⁶⁻²

出水痘。

【出顶】cêd¹ ding²

转让；出盘：我要将呢间店~畀人〔我要把这家店转让给别人〕。

【出街】cêd¹ gai¹

上街：~买嘢〔上街买东西〕。

【出机器】cêd¹ géi¹ héi³

出谋划策，出点子。

【出骨】cêd¹ gued¹

露骨；流露出（某种感情)：佢嬲到~〔他生气得掩饰不住愤怒的表情〕。

【出镜】cêd¹ géng³

在电视上露面。

【出蛊惑】cêd¹ gu² wag⁶

耍滑头；出鬼点子。

【出公数】cêd¹ gung¹ sou³

费用由公家负担。

【出恭】cêd¹ gung¹

解大便；解手（比较文雅的说法)。

【出光】cêd¹ guong¹

❶能出头露面。❷形容较佳的服饰，可以外出见人。

【出气】cêd¹ héi³

❶反潮（指炒干或烘干了的食物因吸收了空气中的水分而变软了)：饼干出咗气咯〔饼干皮了〕。❷泄气；跑气：嗰樽汽水出晒气啰〔那瓶汽水跑了气了〕。❸发泄怒气。

【出栏】cêd¹ lan⁴⁻¹

家畜养大后出卖。

【出粮】cêd¹ lêng⁴

发工资，广州现已少用。

【出力】cêd¹ lig⁶

使劲：~抬丨~搣〔使劲拉〕。

【出炉】cêd¹ lou⁴

刚从烤炉里出来的：~面包。

【出炉铁】cêd¹ lou⁴ tid³

歇后语，下一句是“唔打唔得”(不打不行）或“听打”，等着挨打：我睇你系~，唔打唔得〔我看你这人欠揍了，不打不行〕。

【出老千】cêd¹ lou⁵ qin¹

同“出千”。

【出笼】cêd¹ lung⁴

❶指点心等刚出笼屉的：~叉烧包。❷放出笼子的：~雀仔。

【出麻】cêd¹ ma⁴⁻²

出麻疹。

【出猫仔】cêd¹ mao¹ zei²

❶学生考试作弊。❷工作上出了差错。

【出面】cêd¹ min⁶⁻²

表露出来；露骨：嬲到~〔气得脸色都变了〕。

【出门】cêd¹ mun⁴

❶离家远去。❷出嫁；出门子。

【出年】cêd¹ nin⁴⁻²

明年：佢～就毕业〔他明年就毕业〕。

【出千】cêd^{1} qin^{1}
作弊；耍骗术。

【出山】cêd^{1} san^{1}
出殡。

【出术】cêd^{1} sêd^{6}
出鬼点子；打鬼主意：你点～我都唔怕你〔你怎么出鬼点子，我都不怕你〕｜个嘢好鬼马㗎，唔知又出乜术咯〔那家伙够狡猾的，不知又出什么鬼点子了〕。

【出世】cêd^{1} sei^{3}
出生。

【*出世纸】cêd^{1} sei^{3} ji^{2}
❶出生证。❷戏称产品合格证。

【出身】cêd^{1} sen^{1}
自立：佢嘅仔女个个都～咯〔他的子女个个都自立了〕。

【出声】cêd^{1} séng^{1}
作声；吭声：大家静啲，唔好～〔大家静一点，不要作声〕｜人哋问佢都唔～〔人家问他也不吭声〕。

【出水】cêd^{1} sêu^{2}
焯（把蔬菜放在开水里略一烫就拿出来）：苦瓜出过水就冇咁苦〔苦瓜焯过就没那么苦〕。

【出水纸】cêd^{1} sêu^{2} ji^{2}
提货单。

【出横手】cêd^{1} wang^{4} seo^{2}
使出不光明的手段（以达到目的）：佢唔斗得过人就想～〔他斗不过人就想使暗招〕。

【*出入口】cêd^{1} yeb^{6} heo^{2}
进出口：搞～生意。

【出样】cêd^{1} yêng$^{6-2}$
像样：佢做乜都～〔他干什么都很像样〕。

【出尽八宝】cêd^{1} zên^{6} bad^{3} bou^{2}
用尽办法；使尽手段：今次真系～咯〔这次真是用尽办法了〕。

ceg

【测度】ceg^{1} dog^{6}
猜测，推测，揣度。

cég

【*呎】cég^{1}
检查，复核，核查：等我～过一次至话过你知〔等我核查过一遍再告诉你〕。〖英语 check 的音译。〗

【赤（刺）】cég^{3}
❶疼痛；刺痛：头～｜笑到肚都～晒〔笑得肚子都疼了〕。❷冰凉：冻到手好～〔冷得手很冰凉〕。

【赤脚大仙】cég^{3} gêg^{3} dai^{6} xin^{1}
戏称赤脚走路的人。

【赤米】cég^{3} mei^{5}
未经细加工的粗米：～都卖咁贵〔粗米也买这么贵吗?〕｜只米好赤〔这种米很粗〕。

cêg

【卓】cêg^{1}
形容人机灵，善于见机行事。

【卓头】cêg^{3} teo^{4}
噱头：佢又出～〔他又弄噱头了〕。

cei

【凄凉】cei¹ lêng⁴

❶可怜：睇佢真～〔看他真可怜〕。❷悲哀：佢喊得好～〔他哭得很悲哀〕。❸引申作厉害：瘦得真～｜今日热得真～。

【砌】cei³

揍；打：佢畀人～咗一餐〔他让人揍了一顿〕。

【砌生猪肉】cei³ sang¹ ju¹ yug⁶

诬陷：佢畀人～，夹硬话佢有份偷嘢〔他被人诬陷，硬说他参加偷东西〕。

【齐】cei⁴

❶到齐：人～未〔人到齐了没有〕？❷完；光：讲～未呀〔说完了吗〕？❸整齐：将啲书摆～啲〔把书摆整齐些〕。

【齐葺葺】cei⁴ ceb¹ ceb¹

整整齐齐：头发剪得～。

【齐齐】cei⁴ cei⁴

一齐；一起：～恭贺新年。

【齐黑】cei⁴ hag¹

傍晚（天刚黑时）：～就放电影。

【齐整】cei⁴ jing²

整齐：放～啲〔放整齐一点〕｜摆得好～。

【齐全】cei⁴ qun⁴

应有尽有：乜都～（什么都应有尽有）。

【齐数】cei⁴ sou³

数目正确无误；账目收齐：呢度有三万零五百文，～喇〔这里有三万零五百元，数目对了〕。

【齐头】cei⁴ teo⁴

整（刚刚好）：五文～〔五元整〕。

【齐头数】cei⁴ teo⁴ sou³

整数：啱啱～〔刚刚是一个整数〕｜畀个～啦〔给一个整数吧〕。

【齐人】cei⁴ yen⁴

人到齐：啱啱五十个人，～喇〔刚刚五十个人，人到齐了〕。

cem

【¹侵（掺）】cem¹

添；加；续：～水｜～啲油落去〔加点油下去〕。

【²侵（掺）】cem¹

让…参加：～我一齐玩啦〔让我参加一块儿玩吧〕｜～埋佢啦〔让他一起参加吧〕。

【侵早】cem¹ zou²

清早；清晨。

【噆】cem³

同“噆气”。

【噆气】cem³ héi³

啰唆；唠叨：讲话唔好咁～〔说话别那么啰唆〕。

【谮赵】cem³ jiu⁶

同“噆气”。

【谮醉】cem³ zêu³

同“噆气”。

【沉¹】cem⁴

❶失势；因失势而少露面。指地位下落，官场失势：李局长好似～咗嘞噃〔李局长好像不当领导了〕。

C

❷指原先有地位有势力的人不抛头露面了：呢排佢沉晒〔这段时间他极少露面了〕。

【沉香当柴烧】 cem4 hêng1 dong3 cai4 xiu1

把贵重的东西当作一般的东西来用，有大材小用的意思。

【寻晚】 cem4 man5

同“琴晚”。

【寻晚黑】 cem4 man5 hag1

同“琴晚黑”。

【寻晚夜】 cem4 man5 yé6

同“琴晚夜”。

【寻日】 cem4 yed6

同“琴日”。

【寻日朝】 cem4 yed6 jiu1

同“琴日朝”。

C

cen

【亲】 cen1

助词。❶用在动词后面，表示受动或感受：佢吓～你呀〔他使你受惊了〕？｜我只脚屈～〔我的脚扭伤了〕｜只马吓～咯〔马受惊了〕｜你系唔系冷～呀〔你是不是受凉了〕？❷表示动作一发生马上会引起某种反应，相当于“一…（就…）”，“每次…（都…）”的意思：睇～就识〔一看就懂〕｜一坐～船就头晕〔一坐船就头晕〕｜叫～佢都嚟〔每次叫他都来〕｜逢～星期日都休息〔每逢星期日都休息〕。

【亲力亲为】 cen1 lig6 cen1 wei4

自己动手：做事要～至得〔做事要自己动手才行〕。

【亲朋戚友】 cen1 peng4 qig1 yeo5

亲戚朋友。

【亲生】 cen1 sang1

❶自己生育的或生育自己的：～仔女〔亲生子女〕｜～父母。❷同父母所生的：～姐妹｜～大佬〔亲哥哥〕。

【亲家老爷】 cen3 ga1 lou5 yé4

亲家公。

【亲家奶奶】 cen3 ga1 nai5-4 nai5-2

亲家母。

【趁地脸】 cen3 déi6 nem4（脸，拿吟切）

骂人语，趁泥土松软以便挖坑埋人。

【趁风使悝】 cen3 fung1 sei2 léi5（悝，理）

见风使舵。引申为趁着有利条件赶快行动。

【趁高兴】 cen3 gou1 hing3

凑热闹：我去系～嘛〔我去是为了凑热闹罢了〕。

【趁圩】 cen3 hêu1

赶集。

【趁兴】 cen3 hing3

凑热闹，凑趣：大家咁高兴，我就～唱首歌啦〔大家这么高兴，我就凑热闹唱一首歌吧〕。

【趁佢病，攞佢命】 cen3 kêu5 béng6 lo2 kêu5 méng6

乘人危难而给予重击。

【趁热闹】 cen3 yid6 nao6

凑热闹。

【趁手】 cen3 seo2

顺手：～帮我做埋佢〔顺手帮我干完它〕。

【衬】cen³
陪衬：啲就要靠大家嚟～咯〔这就要靠大家来陪衬了〕。

【陈皮】cen⁴ péi⁴
旧的：你对鞋够晒～咯〔你那双鞋够旧的了〕丨通通都系～嘢〔全部是旧东西〕。

【尘】cen⁴
尘土；土；灰尘：马路边好大～〔马路边尘土很大〕丨你睇张台几多～〔你看桌上多少土啊〕。

【尘灰】cen⁴ fui¹
灰尘。

【尘气】cen⁴ héi³
神气。

【*陈大文】cen⁴ dai⁶ men⁴
香港的影视片里一些次要的男配角常叫“陈大文”，人们就用“陈大文”代指普通一个人、随便一个人：“有人就人，冇人就～”（香港俗语：有理想的人就用，没有的话随便一个人也可以）。

cên

【春（橁）】cên¹
蛋；卵（一般不独用，常与某些动物名称构成合成词，如鸡春、鸭春、鱼春、虾春等）。

【春（橁）袋】cên¹ doi⁶
阴囊。

【春茗】cên¹ ming⁵
农历年初为与亲友联络感情所设的酒宴。

【蠢钝】cên² dên⁶
愚钝。

【蠢仔】cên² zei²
傻瓜；笨蛋。

【巡】cên⁴
巡视；巡逻：夜晚要有人去～下至得〔夜里要有人去巡逻一下才行〕。

【巡城马】cên⁴ xing⁴ ma⁵
指专门到城里采购小百货到农村贩卖的货郎，也指满城跑的人。

【循例】cên⁴ lei⁶
按照惯例：大家都要～嚟做〔大家都要按照惯例来做〕。

ceng

【层】ceng⁴
量词。❶步（指事情）：我未想到呢～〔我没有想到这一步〕。❷点：呢～我知〔这点我知道〕。

【*层面】ceng⁴ min⁶⁻²
社会阶层，社会上某一族群，如妇女、老人、商人等。

céng

【青】céng¹
搪瓷釉。

【青啤啤】céng¹ bi¹ bi¹（啤，波衣切）
青青的（指未熟的水果）；（脸色）白白的：吓到佢个面～嘅〔吓得他脸色白白的〕。

【青瓜】céng¹ gua¹

黄瓜的别名。

【青砖沙梨】céng^{1} jun^{1} sa^{1} léi^{4}

歇后语，下一句是“咬唔入”，比喻十分吝啬的人，也比喻满身正气的人。

【青靓】céng^{1} léng^{3}

年轻而漂亮。

【青头女】céng^{1} teo^{4} nêu$^{5-2}$

未婚少女。

【*青头仔】céng^{1} teo^{4} zei^{2}

未婚男青年。

【青竹蛇】céng^{1} zug^{1} sé^{4}

竹叶青蛇，全身绿色，瞳孔红色，尾端焦红色，有毒，常栖息在路边小树上。

【请茶】céng^{2} ca^{4}

请喝茶。

C

【请春茗】céng^{2} cên^{1} ming^{4}

农历年初，设宴邀请招待乡亲或有关人士以维系感情。

【请枪】céng^{2} cêng^{1}

考试请人代笔。

【请饮】céng^{2} yem^{2}

请喝喜酒；请吃酒席。

【请饮茶】céng^{2} yem^{2} ca^{4}

字面上是请人喝茶，实际上是请客人到茶楼品茗吃点心：大家帮你做好晒，要～至得喇〔大家帮助你做好了，要请客才行〕。

cêng

【窗口】cêng^{1} heo^{2}

窗户：打开～。

【窗枝】cêng^{1} ji^{1}

窗上的铁拦条。

【窗钩】cêng^{1} ngeo^{1}

窗钌铞儿。

【窗友】cêng^{1} yeo^{5}

同“书友”。

【长^{1}】cêng$^{4-1}$（昌）

“长”的变音，“短”的意思：咁～，点够吖〔这么短，哪里够呢〕｜得咁～～咋〔才这么短呀〕？

【长^{2}】cêng$^{4-2}$（抢）

“长”的变音，“仅仅这么长”的意思：呢啲竹仔都系咁～㗎喇〔这些竹子都是这么长的了〕。

【抢镜头】cêng^{2} géng^{3} teo^{4}

❶处于最引人注目的地位：呢个活动好～〔这个活动很引人注目〕。❷争出风头：呢个人最中意～〔这个人最喜欢出风头〕。

【抢眼】cêng^{2} ngan^{5}

显眼；夺目：嗰件红衫最～〔那件红衣裳最显眼〕。

【抢手】cêng^{2} seo^{2}

畅销；受欢迎（多人要）：呢啲书好～〔这类书很畅销〕｜～货〔热门货〕。

【*抢闸】cêng^{2} zab^{6}

抢先过关卡，转指早于规定时间抢先做某事。

【肠粉】cêng$^{4-2}$ fen^{2}

一种粉食，米粉调水蒸熟后卷成筒状，是猪肠粉的简称。

【唱】cêng^{3}

到处说；胡说；宣扬某人的缺点：

你唔好周围～人哋〔你不要到处说人家的不是〕。

【唱碟】 cêng^{3} dib$^{6-2}$

唱片。

【*唱家班】 cêng^{3} ga^{1} ban^{1}

指唱歌出名的人，歌手。

【唱口】 cêng^{3} heo^{2}

❶笼养鸟的鸣唱：呢只画眉真好～〔这只画眉唱得好〕。❷讽刺别人卖乖。

【唱好】 cêng^{3} hou^{2}

对某人、某机构或某事物说好话，宣扬其优点：对呢项措施我哋要～唔好唱衰〔对这项措施我们要赞扬不要抨击〕。

【*唱片骑师】 cêng^{3} pin$^{3-2}$ kéi^{4} xi^{1}

广播电台的节目主持人。

【唱生晒】 cêng^{3} sang^{1} sai^{3}

形容人到处张扬，以至影响工作或产生不良后果等：人哋嘅事唔使你周围～〔人家的事，用不着你来到处张扬〕。

【唱衰】 cêng^{3} sêu^{1}

宣扬别人的缺点过错以达到某种目的：～佢〔把他的丑陋东西抖出来〕。

【焗】 cêng^{3}

❶（火舌）喷吐：火～晒出嚟〔火全喷了出来〕。❷灼；燎：只手畀火～亲〔手给火灼伤了〕｜火一～，头发就烧咗〔火一燎，头发就烧掉了〕。

【畅】 cêng^{3}

破开（钞票）：～十文散纸〔破十块钱零票〕｜～唔开〔破不开〕。

【长脚蜢】 cêng^{4} gêg^{3} mang$^{5-1}$

腿长的人（诙谐的说法）。

【长颈罂】 cêng^{4} géng^{2} ngang^{1}

戏称胃或肚子：早就入晒～咯〔早就进了肚子了〕。

【长气】 cêng^{4} héi^{3}

❶啰唆：讲嘢唔好咁～〔说话别那么啰唆〕。❷引申指说话或哭持续的时间长：呢个仔好～嘅，喊开就好难得佢停〔这孩子很爱哭，哭起来就不容易停〕。

【长气袋】 cêng^{4} héi^{3} doi$^{6-2}$

❶指说话没完没了的人。❷指善于长跑或长时间运动的人。

【长赖赖】 cêng^{4} lai^{4} lai^{4}

长长的（长得有点过分）：你条辫～嗽，剪咗佢啦〔你的辫子长长的，剪了它吧〕。

【长流流】 cêng^{4} leo^{4} leo^{4}

时间太长：要等十年～〔要等十年时间太长了〕。

【长命工夫】 cêng^{4} méng^{6} gung^{1} fu^{1}

工期很长的工作，费工费时的工作。

【长命债长命还】 cêng^{4} méng^{6} zai^{3} cêng^{4} méng^{6} wan^{4}

需要很长时间来还的债务只能慢慢来还。

【长命雨】 cêng^{4} méng^{6} yü^{5}

下个不停的雨。

【长挠挠】 cêng^{4} nao^{4} nao^{4}

（时间）很长远：五年～，几时至到吖〔五年太长了，什么时候才到啊〕！

【长衫】cêng^{4} sam^{1}
男长袍和女旗袍的统称。

【长生板】cêng^{4} sang^{1} ban^{2}
棺材；寿板（婉辞）。

【长时】cêng^{4} xi^{4}
经常；常常：星期日我～喺图书馆〔星期日我常常在图书馆〕。

【肠肚】cêng^{4} tou^{5}
头脑；心眼：你好有～〔你很有头脑〕。

【肠热症】cêng^{4} yid^{6} jing^{3}
伤寒。

ceo

【抽波】ceo^{1} bo^{1}
抽球，指打乒乓球的一种技法。

【抽筋种】ceo^{1} gen^{1} zung^{2}
骂人语，坏种。

【抽行水】ceo^{1} hang^{4} sêu^{2}
旧时地方恶势力拦截水道向船只收取通行费。

【抽后脚】ceo^{1} heo^{6} gêg^{3}
抓辫子：你顾住畀人～〔你当心让人抓辫子〕。

【抽秤】ceo^{1} qing^{3}
挑眼，挑剔人家的缺点、毛病加以指责。

【抽水】ceo^{1} sêu^{2}
抽头（赌博时庄家从赢家的钱提取一小部分）。

【抽油】ceo^{1} yeo$^{4-2}$
酱油。

【秋色】ceo^{1} xig^{1}
一种民间艺术表演，多在某些传统节日时出游。

【揪】ceo^{1}
量词。嘟噜；串；挂：一～荔枝〔一嘟噜荔枝〕｜一～锁匙〔一串钥匙〕｜一～猪肉〔一挂猪肉〕。

【揪褛】ceo^{1} leo^{1}
形容东西一串一串的：一～龙眼（一大串桂圆）。

【揪痛脚】ceo^{1} tung^{1} gêg^{1}
抓住弱点；抓住把柄。又作“揸痛脚”。

【焗】ceo^{1}
烟熏火燎或水蒸气灼：我只手畀火～得好痛〔我的手被火燎得很痛〕。

【绸】ceo$^{4-2}$
❶绸子。❷同“黑胶绸”。

【绸仔】ceo$^{4-2}$ zei^{2}
绸子。

【丑】ceo^{2}
❶形容词。羞（难为情）；难看：唔知～〔不知羞〕｜个样好～〔样子很难看〕。❷动词。羞（使难为情）：～下佢〔羞他一下〕。

【丑颈】ceo^{2} géng^{2}
脾气坏：佢呢个人系几好嘅，就系～啲〔他这个人是不错的，就是脾气坏一点〕。

【丑怪】ceo^{2} guai^{3}
❶丑；难看：佢生得唔算～〔他长得不算丑〕｜呢个字写得太～喇〔这个字写得太难看了〕。❷羞（感

到难为情）：咁大个仔重着开裆裤，真～〔这么大的孩子还穿开裆裤，真羞〕！

【丑死鬼】ceo² séi² guei²
羞死了；丢人现眼：咁大个重喊，～咯〔这么大还哭，羞死人了〕。

【丑人】ceo² yen⁴
红脸；得罪人的人：一个做好人，一个做～〔一个唱白脸，一个唱红脸〕。

【丑样】ceo² yêng⁶⁻²
难看，样子不好看。

【臭品】ceo³ ben²
形容人脾气或品行不好。

【臭崩天】ceo³ beng¹ tin¹
极臭。

【臭青】ceo³ céng¹
生的青菜的味道：～嚹〔臭青味〕｜呢碟青菜未熟，重～〔这盘青菜没有煮熟，还有股臭青味〕。

【臭草】ceo³ cou²
北方俗称“香草”。

【臭花】ceo³ fa¹
马缨丹，又称“五色绣球”。

【*臭飞】ceo³ féi¹
对流氓阿飞憎恨的称呼。

【臭火爉】ceo³ fo² lo³（爉，罗³）
烧布、头发等的气味；食物中的烟火味。

【臭亨亨】ceo³ heng¹ heng¹
臭烘烘：嗰间房～噉，唔知几邋遢〔那个房间臭烘烘的，不知有多脏〕。

【臭口】ceo³ heo²
说话伤人。

【臭燶】ceo³ nung（燶，农¹）
饭等带有煳味。

【臭烹烹】ceo³ pang¹ pang¹（又读 ceo³ bang¹ bang¹）
同“臭亨亨”。

【臭屁虫】ceo³ péi³ cung⁴
椿象，北方俗称臭大姐。

【臭屁蝲】ceo³ péi³ lad³
一种昆虫，灰黑色，扁圆形，常生活在树上，能放出臭汁液，北京话叫“臭大姐”。

【臭腥】ceo³ séng¹
腥臭味儿：劏过鱼，只手一朕～嚹〔杀过鱼，手一股腥臭味儿〕。

【臭水】ceo³ sêu²
同“拉苏”。

【臭狐】ceo³ wu⁴
狐臭。

【臭屎密搇】ceo³ xi² med⁶ kem²（搇，琴²）
把丑事遮掩，不让透露。

【臭油膉】ceo³ yeo⁴ yig¹（膉，益）
哈喇味：呢啲腊肉都～喇，唔好食咯〔这些腊肉都哈喇味了，别吃了〕。

【臭肉惹乌蝇】ceo³ yug⁶ jé⁵ wu¹ ying¹
臭坏的肉类会引来苍蝇。比喻本身有毛病就会让人乘虚而入。

【臭丸】ceo³ yün⁴⁻²
卫生球；樟脑球。

【凑】ceo³
❶照料（小孩）：～细蚊仔〔照料小孩〕｜边个～大你㗎〔谁把你带大的〕？❷跟（与）：冇人～你玩咩

〔没人跟你玩吗〕？

【凑跷】ceo³ kiu²

碰巧：真系～，我一估就估中〔真是碰巧，我一猜就猜中〕。

【凑埋】ceo³ mai⁴

❶凑够；凑齐；拼凑起来：～嗰条数〔凑够那个数目〕｜～有几多呀〔凑齐有多少〕？｜两家～喺度讨论罢啦〔双方凑在一起讨论得了〕。❷连同：～细佬哥总共十个人〔连小孩总共十个人〕｜马牛羊～猪狗都算畜牲。

【凑啱】ceo⁷ ngam¹（啱，岩¹）

刚好；恰巧：一出街就～落雨〔一上街就刚好下雨〕｜～大家都喺度〔恰巧大家都在场〕。

【凑仔乸】ceo³ zei² na²

带孩子的母亲。

【凑仔婆】ceo³ zei² po⁴⁻²

带孩子的女人或老年保姆。

【囚】ceo⁴

❶同"槽"。❷同"辒"。

【筹¹】ceo⁴⁻²

号儿；牌儿：派～〔发号儿〕｜攞个～挂号〔拿个牌儿挂号〕。

【筹²】ceo⁴

量词。次；回：我做过两～。

cêu

【吹】cêu¹

抽（大烟）：旧社会嫖、赌、饮、荡～五毒俱全。

【吹爆】cêu¹ bao³

气死；气坏：真畀佢～〔真给他气死〕。

【吹鸡货】cêu¹ gei¹ fo³

"吹鸡"为"草鸡"的变音。"吹鸡货"即"贱卖货"。

【吹唔胀】cêu¹ m⁴ zêng³

奈何不了：你吹佢唔胀〔你奈何不了他〕。

【吹水】cêu¹ sêu²

往宰杀后的禽畜体内注水。

【吹须睩眼】cêu¹ sou¹ lug¹ ngan⁵

吹胡子瞪眼：佢嬲到～〔他气得吹胡子瞪眼〕。

【吹胀】cêu¹ zêng³

❶奈何：佢唔理你，你～佢呀〔他不理你，你能奈何他吗〕？｜吹佢唔胀〔奈何不了他〕。❷气死；气坏：真系畀佢～喇〔真给他气坏了〕。

【催谷】cêu¹ gug¹

❶加强进补。❷采取措施，促使达到某一程度。

【催命】cêu¹ méng⁶

比喻紧急催逼：你好似～噉催，我都赶唔切〔你怎么催逼，我都来不及〕。

【取录】cêu² lug⁶

录取。

【趣趣地】cêu³ cêu³ déi⁶⁻²

给别人一点小礼物表示好意：一啲啲嘢，～啦〔一点点东西，让他高兴高兴〕。

【趣怪】cêu³ guai³

有趣；有意思：呢个古仔好～〔这个故事很有趣〕。

【趣致】cêu³ ji³

逗；有趣。

【除】cêu⁴

❶脱（脱下身上穿戴的）：～衫〔脱衣服〕｜～袜｜～手表。❷退（柴火）：饭滚就要～柴〔饭开了就要退火〕。

【除笨有精】cêu⁴ ben⁶ yeo⁵ zéng¹

❶形容愚笨的人偶尔也会有聪明之处。❷除了吃亏还有得益之处。

【除大赤脚】cêu⁴ dai⁶ cég³ gêg³

同“除大只脚”。

【除大只脚】cêu⁴ dai⁶ zég³ gêg³

光着脚。又作“打赤脚”。

【除裤隔渣】cêu⁴ fu³ gag³ za¹

脱掉裤子用来滤取残渣。形容人十分吝啬而愚蠢。指为了防止流失微小的利益而采取过分的措施。

【除咗】cêu⁴ zo²（咗，左）

除了：～你，大家都去。

【捶】cêu⁴

❶捶打：～两下。❷量词。拳：扰咗两～〔打了两拳〕。

【厨房】cêu⁴ fong⁴⁻²

❶做饭菜的地方。❷炊事员；厨师；大师傅：佢做咗十几年～〔他当了十几年厨师〕。〖“厨房”原指煮饭的地方，也用来指在这里工作的人。指人时，一般只作引称；对称时叫“师傅”或“工友”等。〗

【厨房阶砖】cêu⁴ fong⁴ gai¹ jun¹

歇后语，后一句是“咸湿”，即猥琐、淫秽。阶砖，地板砖。

【随得】cêu⁴ deg¹

随便；任随：～你｜～大家自由出入。

【随街】cêu⁴ gai¹

❶满街：唔好～食嘢〔不要满街吃东西〕。❷到处：呢种货～都有〔这种货到处都有〕。

【随身带】cêu⁴ sen¹ dai³

便携式收录机。

【嚯】cêu⁴（除）

气味；味儿：一飕乜嘢～呀〔一股什么味儿〕？｜一朕酒～〔一股酒味儿〕。

co

【初不初】co¹ bed¹ co¹

同“初初”。

【初初】co¹ co¹

起初：～我唔识得佢〔起初我不认得他〕。

【初哥】co¹ go¹

第一次干某种事情的人；生手：做呢啲嘢佢重系～〔干这些事他还是头一回〕。〖“初哥”一般不自称，因含轻蔑意。〗

【初时】co¹ xi⁴

早先；起初。

【初嚟甫到】co¹ lei⁴ bou⁶ dou³（甫，读音 fu²）

新来乍到：我～，唔了解情况〔我刚刚来，不了解情况〕。

【搓圆揿扁】co¹ yün⁴ gem⁶ bin²

形容人很随和或随意由人摆布：呢个人好好相与，～都冇所谓〔这个人很随和，你怎么打发他都行〕。

【错荡】co³ dong⁶

对突然到家里来的客气话，意思是

"我这里本来是不值得您来的，您竟然光临了，是不是闲逛错了地方呀"：乜今日咁～呀〔怎么今天您竟然找错了地方——真难得您光临〕！

【错手】co³ seo²
失手：人有～，马有失蹄（熟语）。

【错有错着】co³ yeo⁵ co³ zêg⁶
歪打正着：乱答都答对，真系～。

【坐霸王车】co⁵ ba³ wong⁴ cé¹
乘车不买票。

【坐低】co⁵ dei¹
坐下：大家～，唔好企住〔大家坐下，不要站着〕！

【坐定定】co⁵ ding⁶ ding⁶
坐得稳稳的，稳稳地坐着：大家都～嘅听（大家都坐得稳稳地听）。

C

【坐花厅】co⁵ fa¹ téng¹
坐牢（诙谐的说法）。

【坐飞机位】co⁵ féi¹ géi¹ wei⁶⁻²
❶看表演时坐在最高的位置上。❷指某些工厂的替工人员，他们没有固定的工作位置。

【坐监】co⁵ gam¹
坐牢。

【坐正】co⁵ jing³
由副职升任正职或得到正式的名分。

【坐稳车】co⁵ wen² cé¹
送人乘车远行时的套话，相当于"一路平安"。

【坐稳船】co⁵ wen² xun⁴
送人乘船远行时的套话。

【坐夜】co⁵ yé⁶
夜里守灵。

【坐月】co⁵ yüd⁶
坐月子。

【坐月婆】co⁵ yüd⁶ po⁴⁻²
产妇（坐月子的妇女）。

cog

【剒】cog³（初确切）
❶扽（突然用力拉）：条绳一～就断〔绳子一扽就断了〕。❷引申作逗引出来：佢头头唔肯讲，卒之畀我～咗出嚟〔他开始不肯说，最后终于让我套了出来〕。

coi

【啋】coi¹（采¹）
叹词。表示斥责或嫌弃的感情（妇女多用）：～！你乱噏啲乜嘢〔呸！你胡说些什么〕！｜～！冇人有你咁衰〔去你的！没人有你这样讨厌〕！

【啋过你】coi¹ guo³ néi⁵
妇女在听到厌恶或不吉利的话时的用语，意思为把这些讨厌的东西还给对方：～，大吉利事。

【采青】coi² céng¹
广东民俗，春节期间舞狮子的队伍到商铺拜年，商家赠送利市时，将红包与树叶、青菜等捆在一起，一般吊在高处，舞狮子队伍则叠成人梯，让狮子爬上去摘取。

【彩数】coi² sou³
运气：好～〔运气好〕｜碰～。

【睬】coi²
理；理会；理睬：唔～佢〔不理他〕。〖普通话也有"睬"，但多用

"理"或"理睬"。】

【**睬佢都戇**】coi^{2} kêu^{5} dou^{1} ngong^{6}
同"睬佢都傻"。

【**睬佢都傻**】coi^{2} kêu^{5} dou^{1} so^{4}
表示对某人某事不屑理睬：呢啲事~〔这类事情不用管它〕｜佢呢种人~〔他这种人，谁理睬他〕！

【**菜胆**】coi^{3} dam^{2}
菜心儿。

【**菜脚**】coi^{3} gêg^{3}
剩菜（吃剩的菜肴）。

【**菜干**】coi^{3} gon^{1}
干菜（一般指干白菜）。

【**菜椒**】coi^{3} jiu^{1}
做菜用不辣的辣椒。又叫灯笼椒，普通话叫青椒、甜椒或柿子椒。

【**菜牌**】coi^{3} pai$^{4-2}$
饮食店的菜单。

【**菜脯**】coi^{3} pou^{2}
由萝卜等腌制成的咸菜。

【**菜心**】coi^{3} sem^{1}
❶菜苔。❷同"拗心白菜"。

【**菜心㓟**】coi^{3} sem^{1} po^{1}（㓟，破^{1}）
尚未充分长大的菜。

【**菜薳**】coi^{3} yün^{1}（薳，远^{1}）
嫩菜苔：~牛〔炒菜苔牛肉〕。

【**财不露眼**】coi^{4} bed^{1} lou^{6} ngan^{5}
在公众场合不能把随身携带的钱财暴露，以防不测。

【**财多身子弱**】coi^{4} do^{1} sen^{1} ji^{2} yêg^{6}
指有钱的人身体往往虚弱。

【**财主佬**】coi^{4} ju^{2} lou^{2}
有钱人。

cong

【**床下底**】cong^{4} ha^{6} dei^{2}
床底；床下面：~破柴（歇后语，下一句是"包撞板"）。

【**床铺被席**】cong^{4} pou^{1} péi^{5} zég^{6}
铺盖蚊帐、床上用品。

【**鲳鱼**】cong^{1} yü^{4}（鲳，读音 cêng^{1}）
平鱼。

cou

【**粗重嘢**】cou^{1} cung^{5} yé^{5}
❶重体力劳动。❷花气力的家务。

【**粗嚡**】cou^{1} hai^{4}（嚡，鞋）
粗糙，不细腻：呢种米粉太~，唔好食〔这种米粉太粗糙了，不好吃〕。

【**粗口**】cou^{1} heo^{2}
❶（说话）粗鄙，粗俗难听：佢好~〔他说话很粗鄙〕。❷下流话：唔好讲~〔不要说下流话〕。

【**粗口烂舌**】cou^{1} heo^{2} lan^{6} xid^{6}
说话粗鄙下流。

【**粗生**】cou^{1} sang^{1}
指植物对环境、条件要求不高，繁殖力强：呢啲花好似草咁~〔这些花像草一样容易活〕。

【**粗身大势**】cou^{1} sen^{1} dai^{6} sei^{3}
形容孕妇体形粗大，行动不便的样子。

【**粗声粗气**】cou^{1} séng^{1} cou^{1} héi^{3}
形容人说话嗓门大、粗鲁。

【**粗手大脚**】cou^{1} seo^{2} dai^{6} gêg^{3}

❶手脚粗大。❷做事不细心。❸花钱大手大脚。

【粗食】cou¹ xig⁶
食量大或饮食上不挑拣。

【粗盐】cou¹ yim⁴
大盐；原盐。

【粗着】cou¹ zêg³
平日穿的衣服。

【草花头】cou² fa¹ teo⁴⁻²
草头儿；草字头儿（汉字偏旁“艹”）。

【草鸡（笄）】cou² gei¹
草标。旧时集市上插在要卖物品上的标志。

【草筋灰】cou² gen¹ fui¹
混有捣烂稻草的石灰浆，近似北方的麻刀灰，抹墙砌砖用。

【草果】cou² guo²
豆蔻。

【草纸】cou² ji²
手纸。

【草蜢】cou² mang⁵⁻²
同“蜢”。

【草披】cou² péi¹
草地。

【取耳】cou² yi⁵（取，读音 cêu²）
理发师替人挖耳垢。又作“采耳”coi² yi⁵。

【燥热】cou³ yid⁶
❶食物性热。❷上火。

【躁】cou³
❶烦躁：呢排有啲～，成晚瞓唔着〔最近有点烦躁，整晚睡不着〕。❷燥（指某些食物具有使人烦躁的性质）。

【躁火】cou³ fo²
同“躁❷”。

【曹白】cou⁴ bag⁶
一种海鱼。北方叫快鱼、鲙鱼。

【嘈】cou⁴
❶吵（嘈杂）：唔好～〔不要吵〕｜～到死〔吵得要命〕。❷争吵：唔好同佢～〔不要跟他争吵〕。

【嘈吵】cou⁴ cao²
❶喧哗；吵闹。❷吵架。

【嘈嘈闭】cou⁴ cou⁴ bei³
吵吵闹闹；闹个不停：成日～〔整天吵吵闹闹〕｜静啲，唔好～〔安静点，不要闹个不停〕。

【嘈交】cou⁴ gao¹
吵架。

【嘈喧巴闭】cou⁴ hün¹ ba¹ bei³
闹哄哄；吵吵嚷嚷：呢度～，冇办法睇书〔这里闹哄哄的，没办法看书〕｜嗰啲人喺度～，好似趁圩噉〔那些人吵吵嚷嚷，像赶集似的〕。

【嘈生晒】cou⁴ sang¹ sai³
吵吵闹闹；吵个不停（说话人带有讨厌的情绪）：咪喺度～〔别在这里吵吵闹闹的影响别人〕。

【槽】cou⁴
把将要宰杀的鸡鸭鹅关起来喂养，使之变肥：～鸡。

【鳟白】cou⁴ bag⁶⁻²
鲙鱼；快鱼。

【储】cou⁵（草⁵。读音 qu⁵）
积蓄；攒：～钱买单车〔攒钱买自行车〕｜～邮票｜～埋好多钱〔积

蓄了许多钱〕。

【储钱】cou⁵ qin⁴⁻²

攒钱。

cug

【畜牲】cug¹ sang¹

牲口；牲畜：养～。

cung

【冲茶】cung¹ ca⁴

沏茶。

【冲菜】cung¹ coi³

大头菜的一种，常腌制成咸菜，切成片状的又叫“梳菜”。

【冲滚水】cung¹ guen² sêu²

灌开水；续水。

【冲凉】cung¹ lêng⁴

洗澡：食咗饭先～〔吃完饭再洗澡〕｜冲过凉〔洗了澡〕。

【冲凉房】cung¹ lêng⁴ fong⁴⁻²

洗澡间；洗澡房。

【冲淡水】cung¹ tam⁵ sêu²

❶泼冷水，挫伤别人的积极性。❷缓解矛盾。

【充大头鬼】cung¹ dai⁶ teo⁴ guei²

充阔气；打肿脸充胖子。

【充电】cung¹ din⁶

比喻补习、进修，增加新的知识。

【充硬晒】cung¹ ngang⁶ sai³

硬装，冒充阔气：冇钱就唔好～啦〔没有钱就别冒充阔气了〕｜你唔使～，我知到你嘅底细〔你不必装模作样，我知道你的底细〕。

【涌¹】cung¹

河汊子（珠江三角洲常用）。

【葱度】cung¹ dou⁶⁻²

葱段儿。

【揰（捶）】cung³（冲³）

杵；捅：攞条竹篙～咗个沙田柚落嚟〔拿根竹竿把柚子捅下来〕。

【松柴】cung⁴ cai⁴

松树柴。

【松鸡】cung⁴ gei¹

松果。

【松毛】cung⁴ mou⁴⁻¹

松针。

【从嚟】cung⁴ lei⁴

从来。

【虫虫蚁蚁】cung⁴ cung⁴ ngei⁵ ngei⁵

泛指昆虫。

【重揼揼】cung⁵ deb⁶ deb⁶（揼，杜合切）

同重洇洇。

【重洇洇】cung⁵ neb⁵ neb⁶（洇，挪合切）

沉甸甸：呢把刀～嘅，唔好使〔这把刀沉甸甸的，不好使〕。

【重皮】cung⁵ péi⁴⁻²

成本重；费用高：用呢种原料好～嘀（用这种原料成本很高的）。

【重秤】cung⁵ qing³

压秤（东西重）：铁线好～嘿〔铁丝很压秤〕。

【重身】cung⁵ sen¹

物体的比重较大（人不容易感觉到其分量）：呢种石～啲〔这种石头比

C

较重〕。

【重手】cung¹ seo²

❶干活时手重、鲁莽。❷手重，做菜下盐多。

D

da

【打】da²

❶在计算数目时，用来表示加的意思：两个二～两个四一共四个六〔两块二搭两块四总共四块六毛钱〕。❷计算在内；预计：呢条数已经～喺入便喇〔这笔账已经算在里头了〕丨有冇～埋我份呀〔有没有把我的那份预计在内〕？

【打靶】da² ba²

枪决；枪毙。〖“打靶”不带宾语，“枪决”可以带宾语。〗

【打靶鬼】da² ba² guei²

骂人的话。

【打白鸽转】da² bag⁶ geb³ jun⁶

（走，飞）打一个转：打个白鸽转至翻嚟〔打个转才回来〕。

【打败仗】da² bai⁶ zêng³

戏称生病（尤指伤风感冒等突然发生的病）。

【打包单】da² bao¹ dan¹

打保票。

【打包踭】da² bao¹ zang¹（踭，争）

用胳膊肘撞击人。

【打鼻鼾】da² béi⁶ hon⁴

打呼噜；打鼾。又叫“扯鼻鼾”。

【打崩头】da² beng¹ teo⁴

形容斗争十分激烈，各不相让，有“拼命地”的意思：为咗买飞，大家～咁逼（为了买票，大家挤得不可开交）丨～噉抢（拼命地抢）。

【打边鼓】da² bin¹ gu²

敲边鼓，比喻帮腔或从旁协助。

【打边炉】da² bin¹ lou⁴

涮（shuàn）锅子；吃火锅儿（冬天围着炉子随煮随吃）。

【打摱成】da² bog¹ xing²（摱，驳¹）

打西洋拳。〖“摱成”是英语 boxing 的译音。〗

【打背语】da² bui⁶ yü⁵

说暗语；说黑话。

【打出】da² cêd¹

露出：～手骨〔露出胳膊〕丨～膝头哥〔露出膝盖〕。

【打赤脚】da² cég³ gêg³

光着脚；光脚丫子：～落田〔光着脚下田〕。

【打赤肋】da² cég³ leg⁶

打赤膊：热到大家～〔热得大家打赤膊〕。

【打沉】da² cem⁴

打倒；打败。又作“拼沉”péng¹ cem⁴。

【打大赤肋】da² dai⁶ cég³ leg⁶

同“打赤肋”。

【打大翻】da² dai⁶ fan¹

翻跟头（两手按地滚翻或腾空滚翻）。

【打大交】da² dai⁶ gao¹

❶比较激烈的搏斗。❷过去指械斗。

【打的】da² dig¹

雇出租小汽车。

【打单】da² dan¹

盗匪给人写恐吓信，勒索钱财。

【*打单泡】da² dan¹ pao¹

戏称只一人独做某事。

【打突兀】da² ded⁶ nged⁶

事情来得很突然，使自己愣了一下：我听到呢件事，当堂～〔我听到这件事，马上愣了一下〕。

【打得埋】da² deg¹ mai⁴

合得来，两人合作得很好：你同亚峰～吗〔你跟小峰合得来吗〕？

【打得少】da² deg¹ xiu²

警告犯错误的人不要胡作非为，相当于“欠揍了”的意思：你～呀〔你欠揍啦〕？

【打榯】da² deg⁶

打橛子。

【打低】da² dei¹

打倒；打垮；搞垮：畀人～咗〔被人搞垮了〕。

【打底】da² dei²

垫底：白斩鸡有萝卜～〔白切鸡下面有萝卜垫底〕｜饮酒要食啲餸～〔喝酒要吃点菜垫底〕｜白衲衫～〔白衬衣垫底〕。

【打地气】da² déi⁶ héi³

把东西放在地上，使受潮湿：呢个皮喼放喺地下，～打到发晒毛〔这个皮箱放在地上，潮湿得发霉了〕。

【打地铺】da² déi⁶ pou¹

把铺盖铺在地上睡觉。

【打对台】da² dêu³ toi⁴

唱对台戏：你居然敢同佢哋～〔你居然敢跟他们唱对台戏〕！

【打掂】da² dim⁶

直着（放、睡等）：～放｜～瞓〔直着睡〕。

【打定输数】da² ding⁶ xu¹ sou³

事先作好失败的思想准备：呢次你嘅实力唔够人哋嘅强，你就～啦〔这次你的实力不如人家的强，你就做好输的思想准备吧〕。

【打倒掟】da² dou³ déng³（掟，多镜切）

头朝下，脚朝上：呢樽油唔好～放〔这瓶油不要倒过来放〕。

【打倒褪】da² dou³ ten³

倒退；后退：后便有人，唔好～〔后面有人，不要倒退〕。

【打戙】da² dung⁶

竖着：个箱要～放（箱子要竖着放）。

【打饭炮】da² fan⁶ pao³

错过了吃饭时间：一点钟至翻嚟，～咯〔一点钟才回来，没饭吃喽〕。

【打斧头】da¹ fu² teo⁴

揩油（指代买东西或办事从中占点小便宜）。

【打风】da² fung¹

刮台风。

【打风都打唔甩】da² fung¹ dou¹ da² m⁴ led¹

形容双方关系密切：佢两个唔知几啱偈，～〔他们两个不知有多要好，棒打也打不开〕。

【打风噶】 da^{2} fung^{1} geo^{6}

旧时指刮台风。

【打交】 da^{2} gao^{1}

打架。

【打交叉】 da^{2} gao^{1} ca^{1}

打叉儿：～嘅题目系做错咗嘅〔打叉儿的题目是做错了的〕。

【打脚骨】 da^{2} gêg^{3} gued^{1}

❶拦路抢劫。❷敲竹杠。

【打紧】 da^{2} gen^{2}

要紧。你呢封信打唔～㗎〔你这封信要紧不要紧的〕？| 唔紧要，唔系几～嘅〔不要紧，不是很要紧的〕。

D

【打救】 da^{2} geo^{3}

搭救。

【打个𡃁】 da^{2} go^{3} kuag^{1}（𡃁，跨黑切）

转个圈；绕个圈：我出去～就翻嚟〔我出去转个圈儿就回来〕。

【打估】 da^{2} gu^{2}

❶猜谜语：细佬哥中意～〔小孩喜欢猜谜语〕。❷出谜语：打个估畀你估下啦〔出个谜语给你猜猜吧〕。

【打鼓趁兴】 da^{2} gu^{2} cen^{3} hing^{3}

乘兴；趁势。

【打关斗】 da^{2} guan^{1} deo^{2}

翻跟头；翻筋斗。

【打工】 da^{2} gung^{1}

当佣工；替人做工：佢旧时喺广州～〔他以前在广州当佣工〕| 打过十年工〔当过十年佣工〕。

【打工妹】 da^{2} gung^{1} mui$^{6-1}$

外地来务工的女青年。

【*打工皇帝】 da^{2} gung^{1} wong^{4} dei^{3}

指工资高待遇优厚的白领阶层。

【打工仔】 da^{2} gung^{1} zei^{2}

外地来务工的男青年。

【打功夫】 da^{2} gung^{1} fu^{1}

打拳；练武术：～锻炼身体。

【打国技】 da^{1} guog^{3} géi^{6}

同"打功夫"（现已少用）。

【打鞋码】 da^{2} hai^{4} ma^{5}

钉鞋钉。

【打喊露】 da^{2} ham^{3} lou^{6}

打呵欠；打哈欠。

【打乞嗤】 da^{2} hed^{1} qi^{1}

打喷嚏。

【打起】 da^{2} héi^{2}

加上；加起：～总共五十文〔加起总共五十元〕。

【打戏钉】 da^{2} héi^{3} déng^{1}

不买票混进戏院看戏，或开场后买廉价票看戏剧、电影等。

【打韆】 da^{2} hin^{3}（韆，献）

勾芡（炒菜时在菜里放淀粉）。

【打荷包】 da^{2} ho^{4} bao^{1}

掏腰包（指小偷偷人身上的钱）。

【打櫼】 da^{2} jim^{1}（櫼，读音 qim^{1}）

加塞儿（不守秩序随意插进排好的队）。

【打住家工】 da^{2} ju^{6} ga^{1} gung^{1}

做佣人（在雇主家居住的）。

【打转】 da^{2} jun^{6}

❶流水起漩涡。❷绕个圈儿。

【打烂砂盆问到笃】 da^{2} lan^{6} sa^{1}

pun4 men6 dou3 dug1

打破沙锅璺（问）到底。

【打烂斋钵】da2 lan6 zai1 bud3

原指不能坚持修行，破了戒约。引申指违背诺言、誓约的行为。

【打冷】da2 lang1（冷，读音 lang5）

到潮州风味小吃店吃东西。

【打冷震】da2 lang5 zen3

打哆嗦；打寒颤；发抖：冻到我～〔冷得我直打哆嗦〕。

【打理】da2 léi5

❶料理；管理：屋企有个老人～〔家里有个老人料理〕｜呢个礼堂有冇人～〔这个礼堂有没有人管理〕？❷管（理睬）：你～佢〔你管他〕！

【打缬】da2 lid3（缬，列3）

打结。

【打笼通】da2 lung4 tung1

互相串通。

【打唔埋】da2 m4 mai4

合不来，指人性情不相投，不能相处或合作共事。

【打孖】da2 ma1（孖，妈）

成双成对；双倍：食腊肠～噉食〔吃香肠成对儿地吃〕｜绳要～绑至够力〔绳子要用双股来捆才吃得住〕。

【打麻雀】da2 ma4 zêg3

打麻将。

【打埋】da2 mai4

连…也包括在内：～我呀〔连我也包括在内〕｜～运费要几多钱〔连运费要多少钱〕？

【*打猫】da2 mao1

指偷吃东西。

【打矛波】da2 mao4 bo1

❶在球赛中表现粗野。❷打马虎眼。〖“波”是英语 ball 的音译。〗

【打冇头关斗】da2 mou5 teo4 guan1 deo2

空翻（身体腾空翻转）。

【打武仔】da2 mou5 zei2

练习武术的人。

【打雾】da2 mou6

把东西放在露天的地方过夜，让露水将它湿润：喺外便瞓怕～〔在外面睡怕着了露水〕。

【打牙铰】da2 nga4 gao3

闲聊；闲扯：我唔得闲同你～〔我没功夫跟你闲聊〕。

【打眼色】da2 ngan5 xig1

使眼色。

【打哦】da2 ngo4

打夯。

【打仰】da2 ngong5（仰，昂5）

仰着：～瞓〔仰睡〕。

【打尿震】da2 niu6 zen3

小孩在小便前或成年人小便后打冷战。

【打泻茶】da2 sé3-2 ca4

指女子订婚之后未婚夫死亡。

【打蛇随棍上】da2 sé4 cêu4 guen3 sêng5

比喻顺着对方的话，马上提出自己的要求或看法。

【打蛇打七寸】da2 sé4 da2 ced1 qun3

比喻打击敌人要攻击其要害处。

【打死狗讲价】da2 séi2 geo2 gong2 ga3

把狗打死了再讲价钱。比喻既成事实后再提要求或讲价钱，一方可以漫天要价，另一方则处于非常不利的被动地位。

【打赏】da² sêng²

赏赐；给小费。

【打水撇】da² sêu² pid³

同“打水片”。

【打水片】da² sêu² pin³⁻²

在水面上扔瓦片或石片，让它擦着水面飞去。

【打探】da² tam³

探听。

【打头锣】da² teo⁴ lo⁴

原指演戏时打的开场锣鼓，引申指带头做事：你嚟～啦〔你来开个头吧〕。

D

【打头阵】da² teo⁴ zen⁶

打头；领头。

【打通关】da² tung¹ guan¹

在划拳、赌博或比赛中击败所有对手。

【打同通】da² tung⁴ tung¹

串通起来作坏事。

【打坏】da² wai⁶

是“打坏种”（配坏了种）的省略，一般用来形容人体孱弱或畸形发育。

【打横】da² wang⁴

横着（放、睡等）：～写｜～放。

【打横打掂】da² wang⁴ da² dim⁶

❶横着竖着：呢张床你～放都得〔这张床你横着放竖着放都行〕。❷横竖；反正：我唔理咁多，你～都要还番畀我〔不管那么多，你反正要还给我〕。

【打横嚟】da² wan⁴ lei⁴

比喻横行霸道：唔准你～〔不许你横行霸道〕！

【打和】da² wo⁴

打平手：呢场波双方～〔这场球双方打平手〕。

【打思噎】da² xi¹ yig¹（噎，读音 yid³。又音 da² xi¹ yid¹）

打嗝儿。

【打色】da² xig¹

❶掷色子。❷掌管：呢间公司边个～〔这家公司由谁掌管〕？❸决断：咪议论咯，快啲～啦〔别议论了，赶快决断吧〕。

【打醒精神】da² xing² jing¹ sen⁴

提起精神；当心；提高警惕：呢条路好难行，要～呀〔这条路很难走，要当心啊〕。

【打书钉】da² xu¹ déng¹

指到书店只看书而不买书的作为。

【打输数】da² xu¹ sou³

作失败的准备：你要打定输数至得〔你要作好失败的准备才行〕。

【打旋风】da² xun⁴ fung¹

刮旋风。也比喻外出转了一圈又转回来。

【打友谊波】da² yeo⁵ yi⁴ bo¹

做联络感情的举动。

【打噎】da² yig¹（噎，读音 yid³。又音 da² yid²）

同“打思噎”。

【打预】da² yü⁶

估计；预料。

【打褶】da² zab³

❶做衣服时做出褶子。❷皮肤产生皱纹。

【打斋】da² zai¹

旧时迷信的人请和尚到家里诵经拜忏。

【打斋鹤】da² zai¹ hog⁶

引诱青年堕落的教唆犯。

【打踭】da² zang¹（踭，争）

❶给鞋钉后掌。❷用胳膊肘撞击人。

【打窒】da² zed⁶

❶说话、动作等忽然停顿：讲讲下就～咗〔说着说着就停了下来〕。❷打断，阻止：人哋讲紧话，唔好～人哋〔人家正在说话，不要打断人家〕。

【打雀噉眼】da² zêg³ gem² ngan⁵

死盯着看。

【打仔】da² zei²

打手：睇佢好似个～噉（看他像个打手似的）。

【打掣】da² zei³（掣，读音 qid³）

开闸（指合上开关，即开闸通电）。

【打针鸡】da² zem¹ gei¹

注射过催长素的鸡。

【打针咁快】da² zem¹ gem³ fai³

比喻迅速。

【打震】da² zen³

发抖；打哆嗦。

【*打真军】da² zen¹ guen¹

真干：呢次系～㗎〔这次是当真的〕。

【打掌】da² zêng²

钉掌；掌鞋：呢对鞋两只都要～〔这双鞋两只都要钉掌〕。

【打种】da² zung²

（动物）配种。

dab

【嗒】dab¹

❶咂（尝味道时，舌头与上颚接触发声）：～话梅｜～糖｜越～越有味。❷象声词。尝味道或吃糖果等时发出的声音：食到～～声〔吃得津津有味〕。

【搭】dab³

委托：～人买本书。

【搭膊】dab³ bog³

挑东西时垫肩或擦汗用的布（多为正方形）。

【搭沉船】dab³ cem⁴ xun⁴

指某人搭上某只船就会使船沉没，相当于普通话的“丧门星”、“害群之马”的意思。

【搭错线】dab³ co³ xin³

错误地领会别人的意思因而答非所问。

【搭单】dab³ dan¹

捎带：呢件行李就～请人帮带啦〔这件行李就请人捎带吧〕。

【搭档】dab³ dong³

合作：我哋两人～搞就得〔我们两人合作搞就行〕。

【搭客】dab³ hag³

乘客。

【搭口】dab³ heo²

帮腔：我嘅事唔使你～〔我的事用不着你帮腔〕。

【搭路】dab³ lou⁶
搭关系；拉关系。

【搭秤】dab³ qing³
❶卖东西时遇重量不足，再加一点以补足分量。❷卖东西时售货者配以次货。

【搭秤藕】dab³ qing³ ngeo⁵
比喻不重要的、陪衬的人物。

【搭夔】dab³ qun³
搭伙。

【搭顺风车】dab³ sên⁶ fung¹ cé¹
搭脚儿（免费乘搭顺路的车）。

【搭上搭】dab³ sêng⁶ dab³
被委托办事的人再托别人去办。

【搭手】dab³ seo²
请人顺手帮忙：～买张票。

D

【搭头搭尾】dab³ teo⁴ dab³ méi⁵
商贩卖鱼时，一般要剁一小块鱼头或鱼尾加上去，以补足一定的分量：我买半斤鱼肉，你就唔好～啦〔我买半斤鱼肉，你就别搭给我鱼头鱼尾了〕。

【搭台】dab³ toi⁴⁻²
在饭馆里与不相识的人共用一张桌子吃：你可以同佢哋～吗（你可以跟他们拼桌吃吗）？

【搭通天地线】dab³ tung¹ tin¹ déi⁶ xin⁶
打通上下左右各种关系。

【搭食】dab³ xig⁶
搭伙：喺公司～〔在公司搭伙〕。

【搭线】dab³ xin³
牵线，撮合。

【答嘴】dab³ zêu²
回嘴：做咗错事，话佢都唔敢～（做了错事，说他也不敢回嘴）。

【¹沓】dab⁶
量词。叠；座：一～银纸〔一沓钞票〕｜一～楼〔一座楼房〕。

【²沓】dab⁶
❶叠；摞：将啲书一本本～埋佢〔把这些书一本一本叠在一起〕｜～起嚟有成尺高〔摞起来有一尺来高〕。❷指钟表的长针指在某一个数字上面：五点～四〔五点二十分〕。

【沓正】dab⁶ zéng³（正，读音jing³）
整（指时点）：～九点开身〔九点整开船〕｜而家～三点〔现在是三点整〕。

dad

【¹笪】dad³（多压切）
粗竹席（晒粮食等用）：竹～。

【²笪】dad³
量词。块：呢～定干净〔这块地方干净〕｜一～瘀〔一块疤〕。

【撘（笪）】dad³
❶摔（一般指摔软的东西）：～烂泥｜将啲灰沙～上埲墙嗰度〔把灰沙摔到墙上〕｜～生鱼〔摔黑鱼〕｜你擒咁高，因住～咗落嚟〔你爬那么高，当心摔了下来〕。❷突然倒下：佢真瘡，一～落床就瞓着咗啰〔他真累，一倒在床上就睡着了〕。

dai

【大¹】dai⁶⁻¹

"大"的变音，"小"的意思：咁~，我唔要〔这么小，我不要〕｜咁~~个就想开车啦〔这么小小的就想开汽车了〕？｜啲咁~个〔小不点儿〕。

【大²】 dai$^{6-2}$

"大"的变音，"仅仅这么大"的意思：呢啲西瓜就系咁~㗎喇〔这些西瓜就是这么大的了〕｜有几~〔没多大〕。

【*带街】 dai^{3} gai^{1}

戏称导游。〖"街"是英语 guide 的音译。〗

【带歇（挈）】 dai^{3} hid^{3}

关照；提携：记得~下呀〔记得关照着点儿〕｜大家互相~。

【带子】 dai^{3} ji^{2}

鲜扇贝或干贝。

【带眼】 dai^{3} ngan^{5}

❶长眼睛；注意周围事物。❷有识别人的能力。

【带眼识人】 dai^{3} ngan^{5} xig^{1} yen^{4}

善于辨别人的好坏：做主管要~至得〔做主管要善于识别好人和坏人才行〕。

【带水】 dai^{3} sêu^{2}

领航或领航员。

【大亚官】 dai^{6} a^{3} gun^{1}

旧时指花花公子。

【大把】 dai^{6} ba^{2}

很多；有的是：呢啲嘢我哋嗰度~〔这些东西我们那里有的是〕｜佢有~公仔书〔他有很多小人儿书〕。

【大把世界】 dai^{6} ba^{2} sei^{3} gai^{3}

❶财富多，日子过得好：佢而家~〔他现在很富裕、日子过得很好〕。❷前途无量；来日方长：而家至二十几岁，你~啦〔现在才二十多岁，你前途无量啊〕｜喺呢个开发区工作就~咯〔在这个开发区工作，机会自然很多〕。

【大伯】 dai^{6} bag$^{3-2}$

丈夫的哥哥（引称）；大伯（bǎi）子。

【大班】 dai^{6} ban^{1}

洋行里的总经理。

【大板牙】 dai^{6} ban^{2} nga^{4}

特大的门牙。

【大包】 dai^{6} bao^{1}

肉包（肉片或鸡肉作馅的包子，个儿也较大）。

【大髀】 dai^{6} béi^{2}

大腿。

【大笨象】 dai^{6} ben^{6} zêng^{6}

大象。

【大煲】 dai^{6} bou^{1}

同"大镬"。

【大宝号】 dai^{6} bou^{2} hou^{6}

❶尊称他人的商号、招牌：你间~生意几好吗〔你的商店生意可好吗〕？❷戏称别人的名字：我唔知你嘅~叫乜嘢〔我不知你的名字叫什么来着〕？

【大步踹过】 dai^{6} bou^{6} nam^{3} guo^{3}（踹，南^{3}）

踹，跨越。比喻顺利过关：呢次考试居然畀我~〔这次考试居然让我顺利通过〕。

【大柴缬】 dai^{6} cai^{4} lid^{3}（缬，列^{3}）

木柴中大的结节。喻难办、棘手的

D

事：呢次又遇到～喇（这次又碰到棘手的问题了）。

【大车】dai^{6} cé^{1}
大副，船上主管机器的人。又作“大偈”dai^{6} gei^{2}。

【大出血】dai^{6} cêd^{1} hüd^{3}
亏血本出售。

【大肠头】dai^{6} cêng^{4} teo^{4}
直肠。

【大菜】dai^{6} coi^{3}
❶指西餐中的牛肉。❷琼脂。

【大菜糕】dai^{6} coi^{3} gou^{1}
用琼脂制作的冷食。

【大床】dai^{6} cong^{4}
双人床。

【大大话话】dai^{6} dai^{6} wa^{6} wa^{6}
夸张地说；粗略估计：呢度～都有一千人〔这里粗略估计都有一千人〕。

【大单】dai^{6} dan^{1}
同“大镬”。

【大帝】dai^{6} dei^{3}
家伙（一般指不受欢迎而又难以对付的人）：呢班～真讨厌〔这班家伙真讨厌〕。

【大地鱼】dai^{6} déi^{6} yü^{4}
鳎目鱼。

【大豆芽】dai^{6} deo$^{6-2}$ nga^{4}
黄豆芽儿。

【大豆芽菜】dai^{6} deo$^{6-2}$ nga^{4} coi^{3}
黄豆芽。又作“大豆芽”。

【大钝】dai^{6} dên^{6}
迟钝；不灵活。

【大碟】dai^{6} dib^{6}
大型唱片。

【大癫大废】dai^{6} din^{1} dai^{6} fei^{3}
形容人大大咧咧，不经心，遇事过分乐观。

【大冬瓜】dai^{6} dung^{1} gua^{1}
❶比喻举止笨拙、不灵活的人。❷形容人举止笨拙、不灵活。

【大花大朵】dai^{6} fa^{1} dai^{6} dê^{2}
形容花布上的花或图案过大：花布我唔中意～嘅〔花布我不喜欢大花儿的〕。

【大花面】dai^{6} fa^{1} min$^{6-2}$
大花脸（戏剧里的角色）。

【大花洒】dai^{6} fa^{1} sa^{2}
大手大脚乱花钱的人。

【大花筒】dai^{6} fa^{1} tung^{4}
同“大花洒”。

【大快活】dai^{6} fai^{3} wud^{6}
❶形容人性格乐观、开朗。❷乐观、开朗、活泼的人。

【大番薯】dai^{6} fan^{1} xu$^{4-2}$
比喻愚笨的人。

【大飞】dai^{6} féi^{1}
一种在粤港海面进行走私活动的特别快艇。

【大揈^{1}】dai^{6} feng^{3}（揈，扶恒^{3}切）
大手大脚（形容花钱、用东西没有节制）：要节约啲，唔好咁～〔要节省一些，不要这样大手大脚的〕。

【大揈^{2}】dai^{6} feng^{4}（揈，扶恒切）
块头大；个子大；巨大：佢生得好～㗎〔他长得个子很大〕｜呢包嘢咁～嘅〔这包东西那么巨大的〕。

【大家噉话】dai^{6} ga^{1} gem^{2} wa^{6}（噉，

敢）

回应别人恭维时的套话，原意是大家都这样。意思是彼此都好。相当于普通话的“彼此，彼此!”

【大家好做】 dai⁶ ga¹ hou² zou⁶

彼此方便；双方满意。

【大觉瞓】 dai⁶ gao³ fen³（瞓，训）

睡大觉：佢乜都唔理，一味～〔他什么都不管，只是睡大觉〕｜唔理几嘈佢都可以～〔不管多吵闹他都可以睡他的大觉〕。

【大吉利事】 dai⁶ ged¹ lei⁶ xi⁶（利，读音 léi⁶）

迷信的人遇到一些倒霉或不吉利的事时说声“大吉利事”，祈望化凶为吉。

【大脚式】 dai⁶ gêg³ xig¹

脚板大的人。

【大鸡唔食细米】 dai⁶ gei¹ m⁴ xig⁶ sei³ mei⁵

熟语。比喻不屑于干小事。

【大鸡三味】 dai⁶ gei¹ sam¹ méi⁶⁻²

一鸡三吃（指一只鸡做成三样菜式）。

【大偈】 dai⁶ gei²（偈，读音 gei⁶）

大副（船长的主要助手）。

【大颈泡】 dai⁶ géng² pao¹（泡，读音 pao³）

甲状腺肿。

【大嚿】 dai⁶ geo⁶（嚿，旧）

大块头，大个儿：你个仔好～〔你儿子个儿真大〕｜牛肉切成～啲至好炆〔牛肉切得块儿大一点才好炖〕。

【大嚿衰】 dai⁶ geo⁶ sêu¹

形容块头较大而愚笨的人。

【大件】 dai⁶ gin⁶

块儿大，多指分切成的块儿大：呢件蛋糕～〔这块蛋糕块儿大〕。〖广州话的“大”字后面可加上“片、张、条、辘、只、个”等量词，二者结合得较紧。〗

【大件事】 dai⁶ gin⁶ xi⁶

事态严重：呢次～咯〔这次事情严重了〕。

【大哥大】 dai⁶ go¹ dai⁶

❶原是香港帮会成员对其首领的称呼，现指某一领域的领头人。❷老式的无线移动电话。

【大个】 dai⁶ go³

❶个儿大：～咗好多〔大了好多〕。❷年纪较大（多对小孩说）：你～要照顾细佬妹呀〔你年纪大要照顾弟弟妹妹啊〕｜咁～重喊〔那么大还哭〕。

【大个女】 dai⁶ go³ nêu⁵⁻²

已经长大了的女孩子：你都～咯，要勤力呀〔你都长大了，要用功啊〕。

【大个仔】 dai⁶ go³ zei²

长成的大孩子：～啰，唔好成日玩喇〔长大了，不要整天玩了〕。〖对女孩可以用“大个女（nêu⁵⁻²）”。〗

【大姑】 dai⁶ gu¹

对一般年长妇女的称呼。

【大光灯】 dai⁶ guong¹ deng¹

汽灯；煤气灯（打气的煤油灯）。引申指那些咋咋呼呼的人。

【大喊十】 dai⁶ ham³ seb⁶

❶指那些嗓门大、修养差，常为

D

些小事情就大叫大喊的人。❷光说不做的人。

【大戏】dai^{6} héi^{3}

粤剧的通称：睇～〔看粤剧〕｜做～〔演粤剧〕。

【大乡里】dai^{6} hêng^{1} léi^{5}

土包子（对乡下人或没去过大城市的人轻蔑的称呼）。

【大口扒】dai^{6} heo^{2} pa$^{4-2}$

嘴巴大的人。

【大口扒扒】dai^{6} heo^{2} pa^{4} pa^{4}

形容人的嘴巴过大，有贬义。

【大喉】dai^{6} heo^{4}

粤剧唱腔的一种，花脸用。

【大喉榄】dai^{6} heo^{4} lam$^{5-2}$

比喻人胃口大、贪多贪心：咁～都得嘅〔这样贪多求大哪里行呢〕？｜你咁～，因住挣坏嚟〔你胃口那么大，小心撑坏了肚子〕。

【大后日】dai^{6} heo^{6} yed^{6}

大后天。

【大海榄】dai^{6} hoi^{2} lam$^{5-2}$

胖大海，一种中药，可治喉炎。

【*大圈】dai^{6} hün^{1}

旧时指省城广州，现已不用。

【*大圈仔】dai^{6} hün^{1} zei^{2}

指大陆到香港作案的人。

【大资爷】dai^{6} ji^{1} yé$^{4-2}$

骄傲；傲慢：呢个人唔理人乜滞，鬼咁～〔这个人不怎么理人，傲慢得很〕。

【大枝嘢】dai^{6} ji^{1} yé^{5}

同“大资爷”。

【大姊】dai^{6} ji^{2}

长姐。

【大纸】dai^{6} ji^{2}

面额大的纸币。

【大字】dai^{6} ji^{6}

毛笔字（多指大楷字）。

【大蕉】dai^{6}jiu^{1}

芭蕉。

【大襟衫】dai^{6} kem^{1} sam^{1}

大褂（中式女上衣，扣子在右侧）。

【大妗】dai^{6} kern$^{5-2}$

临时请来陪伴新娘的老妇人。

【大妗姐】dai^{6} kem$^{5-2}$zé^{2}

临时请来陪伴新娘的年轻妇女。

【大舅】dai^{6} keo^{5}

大舅子（丈夫称妻子的哥哥）。

【大葵扇】dai^{6} kuei^{4} xin^{3}

媒人的别名。

【大缆扯唔埋】dai^{6} lam^{6} cé^{2} m^{4} mai^{4}

用大缆绳也拉不到一起。比喻两个事物差别大，或者指两个人没有什么关系：我同佢又唔系同学，又唔系亲戚，～〔我跟他既不是同学也不是亲戚，毫无关系〕。

【大懒使二懒】dai^{6} lan^{5} sei^{2} yi^{6} lan^{5}

指懒人互相推脱，不愿承担工作。

【大褛】dai^{6} leo^{1}（褛，楼^{1}）

大衣。

【大佬】dai^{6} lou^{2}

❶哥哥（引称）：你有几个～？❷对同辈男性的尊称，相当于“大哥”、“老兄”等。

【大老倌】dai^{6} lou^{5} gun^{1}

旧时指名艺人。

【大路货】dai^{6} lou^{6} fo^{3}

D

大批量生产、质量一般、价格低廉的货物。

【大辘木】dai6 lug1 mug6

比喻呆板、愚笨、不机灵的人。

【大辘藕】dai6 lug1 ngeo5

❶烟枪（抽鸦片的用具，诙谐的说法）：食～〔抽大烟〕。❷花钱大手大脚的人。

【大辘竹】dai6 lug1 zug1

水烟筒（用短竹筒做成的烟具）。

【大唔透】dai6 m4 teo3

形容人的举止与年龄不相称，显得幼稚：都十八九岁咯重系～噉〔都十八九岁了，还是像个孩子似的〕｜呢个人正一～〔这个人幼稚得很〕。

【大妈】dai6 ma1

旧时妾所生子女称父亲的原配。

【大孖】dai6 ma1

孪生兄弟或姐妹中的先出生者。

【大孖疮】dai6 ma1 cong1

痈（往往有多个脓头）。

【大马站】dai6 ma5 zam6

广州旧地名，转指该地有名的美食——虾糕、肥肉烧豆腐。

【大卖】dai6 mai6

傲慢；自满：佢咁～，人人都唔骚佢〔他那么傲慢，人人都不理他〕。

【大米】dai6 mei5

戏称薯类或芋头，尤指甘薯。

【大命】dai6 méng6（命，读音 ming6）

命大（指遇到危险而安然无恙）：咁高跌落嚟，唔死算佢～喇〔那么高摔了下来，不死算他命大〕。

【大面钵】dai6 min6 bud3

大面宠（脸长得宽）。

【大模尸样】dai6 mou4 xi1 yêng6

大模大样，傲慢、满不在乎的样子。

【大懵】dai6 mung2

懵懂。

【大懵鬼】dai6 mung2 guei2

糊里糊涂的人；神志不清醒的人。

【大拿拿】dai6 na4 na4

大大的（一份）：～几千文一下就拎出去〔大大的几千块钱一下子就拿出去〕。

【大蝻蛇】dai6 nam4 sé4

比喻懒惰的人。

【大粒佬】dai6 neb1 lou2

俗称有权有势的人。

【大粒神】dai6 neb1 sen4-2

同“大粒嘢”。

【大粒嘢】dai6 neb1 yé5（嘢，野）

大人物（指有地位有名望的人。诙谐的说法）。

【大泥砖】dai6 nei4 jun1

❶比喻碍手碍脚的人。❷堵塞店门，妨碍生意的人。

【大谂头】dai6 nem2 teo4（谂，稔2）

诸多考虑；费思量：呢件事好简单，唔使咁～〔这件事很简单，不必那么费思量〕。❷志向远大；野心勃勃。

【大淰】dai6 nem6（淰，拿任切）

身体虚胖，动作不灵便。

【大淰寿】dai6 nem6 seo6

虚胖而不灵活的小孩。

【大娘】dai6 nêng4-1

❶指打扮举止俗气的女人。❷指多

嘴多舌的女人。

【大牙】dai⁶ nga⁴

臼齿；槽牙。

【大眼鸡】dai⁶ ngan⁵ gei¹

❶鲷，海鱼的一种。❷渔船的一种。

【大眼乞儿】dai⁶ ngan⁵ hed¹ yi⁴⁻¹

比喻人贪多贪大，少了不要，小的也不要。

【*大牛】dai⁶ ngeo⁴

香港称五百元的钞票。

【大安主义】dai⁶ ngon¹ ju² yi⁶

过分放心而放任不管。

【大糯】dai⁶ no⁶

糯米的一种，米粒圆而大。

【大牌】dai⁶ pai⁴⁻²

气派大；架子大。

D

【大牌档】dai⁶ pai⁴ dong³

领有执照在街边摆卖食品杂物的小摊。

【大朋】dai⁶ pang⁴⁻²

大家；众人：你问下～啦〔你问问大家吧!〕｜系～嘅事〔是大家的事〕。

【大朋人】dai⁶ peng⁴ yen⁴

同“大朋”。

【大泡和】dai⁶ pao¹ wo⁴（泡，读音pao³）

❶无能的人；糊涂虫。❷糊涂；窝囊：醒一啲，唔好咁～〔放聪明点，别那么糊涂〕。

【大炮】dai⁶ pao³

❶大话（虚夸的话）：我讲嘅唔系～，真㗎〔我说的不是大话，是真的〕。❷爱说大话的；爱吹牛皮的；夸夸其谈的（作定语时加在姓或名字之前）：你咁～，边个信你吖〔你那么爱吹，谁信你〕!｜唔好咁～咯〔别那么夸夸其谈了〕。

【大炮友】dai⁶ pao³ yeo⁵⁻²

爱吹牛皮的人。

【大婆】dai⁶ po⁴⁻²

大老婆。

【大沙炮】dai⁶ sa¹ pao³

只是声音大，并无多大杀伤力的大炮，比喻虚张声势的人。

【大嘥】dai⁶ sai¹

浪费：咁好嘅布就攞嚟擦地，真～〔那么好的布就拿来擦地，真浪费〕｜～大使〔大手大脚花钱〕。

【大晒】dai⁶ sai³

老大；高人一等：系你～呀〔你以为你是老大〕?

【大石责（砟）死蟹】dai⁶ ség⁶ zag³ séi² hai⁵

比喻用强力压服别人。

【大使】dai⁶ sei²（使，读音xi²）

爱花钱的；挥霍：佢好～〔他很爱花钱〕｜唔好咁～〔不要那么挥霍了〕｜～大食〔大吃大喝〕。

【大细老嫩】dai⁶ sei³ lou⁵ nün⁶

❶男女老少：呢条村～有成千人〔这条村子男女老少有上千人〕。❷一家大小：我屋企～有十二个（我家大大小小有十二口）。

【大细超】dai⁶ sei³ qiu¹

原指眼睛一大一小，引申指厚此薄彼：分嘢要分得匀啲，唔好～（分东西要分得均匀些，不要一多一少）。

【大婶】dai⁶ sem²

对中年妇女的泛称。北方所称的大婶是指年纪比自己母亲要小的妇女，对年纪大的多称大妈、大娘。

【大信封】dai⁶ sên³ fung¹

戏称解雇通知书。

【大声夹恶】dai⁶ séng¹ gab³ ngog³

声音大且恶。形容人蛮不讲理，只靠大声吵闹，态度凶恶。

【大声夹冇准】dai⁶ séng¹ gab³ mou⁵ zên²

形容人说话不靠谱，只是声音大而已：个组长讲话～，冇人听佢箇〔这位组长说话只嚷嚷，很不靠谱，没人听他的〕。

【大声公】dai⁶ séng¹ gung¹

❶大嗓门的人。❷手提式扩音喇叭。

【大手大脚】dai⁶ seo² dai⁶ gêg³

形容人随意乱花钱。

【大手骨】dai⁶ seo² gued¹

形容人用钱慷慨大方，出手不凡：你使钱咁～做乜吖，悭啲啦〔你花钱何必那么大手大脚的，节省一点吧〕。

【大水喉】dai⁶ sêu² heo⁴

水喉，水龙头。广州话以水喻钱财，大水喉出水多，用以比喻富翁。

【大傻】dai⁶ so⁴

大傻瓜，智力低下的人；神经不正常的人。

【大餸】dai⁶ sung³

指吃饭时吃菜多：呢个仔好～〔这孩子很能吃菜〕。

【大贪】dai⁶ tam¹

❶形容人贪得无厌。❷指贪得无厌的人。

【大叹】dai⁶ tan³

形容人生活舒适而幸福：你就～咯〔你活得够舒服的〕。

【大头佛】dai⁶ teo⁴ fed⁶

❶舞狮子（一种游艺）时逗引“狮子”的人戴在头上的面具。❷比喻思想浅薄的人。❸指大麻烦事或给别人添大麻烦的人：嚛嘞，搞出个～添〔糟糕，弄出大麻烦来了〕！｜呢条友系～嚟㗎〔这家伙是个爱惹麻烦的人〕。

【大头狗】dai⁶ teo⁴ geo²

❶油葫芦（昆虫名，像蟋蟀，比蟋蟀大）。❷大人物（有贬意）。

【大头鬼】dai⁶ teo⁴ guei²

阔气的人：充～〔充阔气〕。

【大头虾】dai⁶ teo⁴ ha¹

粗枝大叶的人；马大哈。

【大头六火】dai⁶ teo⁴ lug⁶ fo²

一种土制手枪。

【大头轰】dai⁶ teo⁴ gueng¹

头大的人。戏谑语。

【大头绿衣】dai⁶ teo⁴ lug⁶ yi¹

旧称警察（儿童多用）。

【大头懵星】dai⁶ teo⁴ mung² xing¹

比喻糊涂的人。

【大天二】dai⁶ tin¹ yi⁶⁻²

旧日珠江三角洲一带的土匪恶霸头子。

【大头鱼】dai⁶ teo⁴ yu⁴

鳙鱼的俗称，简称大鱼。普通话口头多称胖头鱼。

D

【大堂】dai^{6} tong^{4}
❶酒店、戏院等的门厅或大厅。❷酒楼、茶楼的大厅，与包间相对。

【大肚】dai^{6} tou^{5}
怀孕。

【大肚腩】dai^{6} ton^{5} nam^{5}
❶大肚皮：躯起个～〔挺着个大肚皮〕。❷大腹贾（指富商）。

【大肚婆】dai^{6} tou^{5} po$^{4-2}$
孕妇。

【大话】dai^{6} wa^{6}
谎话：系真嘅，唔系～〔是真的，不是谎话〕。

【大话怕计数】dai^{6} wa^{6} pa^{3} gei^{3} sou^{3}
说谎话的怕算细账，即谎话经不起推敲、核对：你唔信就同你计一下，～〔你不信就跟你算一算，骗人的怕算细账〕。

【大位事】dai^{6} wei^{6} xi^{6}
众人的事：～有人负责。

【大胃王】dai^{6} wei^{6} wong^{4}
饭量大的人。

【大镬】dai^{6} wog^{6}
事态严重：呢次～咯〔这次问题可严重了〕｜你搞得咁～，叫我点收科呀〔你弄得这么严重，叫我怎么收场呢〕。

【大镬饭】dai^{6} wog^{6} fan^{6}
大锅饭，比喻大家待遇一律相同。

【大王眼】dai^{6} wong^{4} ngan^{5}
比喻贪心或胃口大。

【大视】dai^{6} xi$^{6-2}$
骄傲自大，自以为了不起。

【大食】dai^{6} xig^{6}
❶能吃（食量大）：好似猪咁～〔像猪一样地能吃〕。❷大吃：大使～〔大吃大喝〕。

【大食懒】dai^{6} xig^{6} lan^{5}
好吃懒做：～嘅人最冇用〔好吃懒做的人最没有出息〕。

【大小通杀】dai^{6} xiu^{2} tung^{1} sad^{3}
赌博活动的术语，不管赌众押大还是押小都被庄家吃掉。又叫“大小通食”。

【大少】dai^{6} xiu^{3}
大少爷的简称。

【大笑姑婆】dai^{6} xiu^{3} gu^{1} po^{4}
戏称爱笑的女子。

【大嘢】dai^{6} yé^{5}（嘢，野）
架子大；傲慢：要虚心啲，唔好咁～〔要虚心一点，架子不要那么大〕。

【大日子】dai^{6} yed^{6} ji^{2}
重要的纪念日或节日，包括个人的生日等。

【大饮大食】dai^{6} yem^{2} dai^{6} xig^{6}
大吃大喝。

【大瘾】dai^{6} yen^{5}
瘾头大：你食烟太～喇〔你抽烟的瘾头太大了〕。

【大人大姐】dai^{6} yen^{4} dai^{6} zé^{2}
大人（与小孩相对而言）：～咪咁小气啦〔都是大人了，别那么小气吧〕！｜做呢样嘢，～可以，细路仔就唔得〔干这件事，大人可以，小孩就不行〕。

【大人公】dai^{6} yen^{4} gung^{1}
公公（丈夫的父亲。引称）。

【大人婆】dai^{6} yen^{4} po^{4}

D

旧时媳妇引称夫之母。

【大姨妈】dai⁶ yi⁴ ma¹
婉称月经。

【*大耳窿】dai⁶ yi⁵ lung¹
指放高利贷的人。

【大耳牛】dai⁶ yi⁵ ngeo⁴
不听教诲、不受劝诫的人。

【大热症】dai⁶ yid⁶ jing³
伤寒。

【大鱼】dai⁶ yü⁴
鳙鱼；胖头鱼。

【大肉饭】dai⁶ yug⁶ fan⁶
猪肉盖饭（上面盖有猪肉及青菜的碟饭）。

【大姐大】dai⁶ zé² dai⁶
某一行业内成就突出的女性。

【大姐仔】dai⁶ zé³ zei²
小姑娘。

【大只】dai⁶ zég²
个儿大而健壮：佢好～〔他的个儿大〕｜呢种猪最～〔这种猪个儿最大〕。〖广州话。"大（细）＋只"相当于普通话"个儿＋大（小）"的格式，其他量词加"大（细）"也可以构成这种格式，如：大粒〔粒儿大〕｜细粒〔粒儿小〕｜大嚿〔块儿大〕｜细嚿〔块儿小〕。〗

【*大只讲】dai⁶ zég³ gong²
指爱吹牛、夸夸其谈的人。

【大只骡骡】dai⁶ zég³ lêu⁴ lêu⁴
个子大大的（形容人身材又高又大，有贬意）：你～，边个敢碰你吖〔你个子大大的，谁敢碰你〕。

【大只佬】dai⁶ zég³ lou²
身体健壮的大个子；大个儿。

【大剂】dai⁶ zei¹
同"大镬"。

【大仔】dai⁶ zei²
长子。

【大掣】dai⁶ zei³（掣，读音 qid³）
总开关；总闸。

【大阵仗】dai⁶ zen⁶ zêng⁶
❶排场大，隆重：乜咁～呀，求其就得啦〔为什么那么隆重，随便就可以了〕｜一啲小事就搞得咁～〔一点小事就搞得那么大的排场〕。❷虚张声势：你搞得咁～，目的系为乜〔你虚张声势地搞目的是为了什么〕

【大早】dai⁶ zou²
早已；很早的时候：我～话你知㗎喇〔我早已告诉你了〕。

【大造】dai⁶ zou⁶
大年，某种水果丰产的一年。

dam

【¹担】dam¹
抬（头）：～高个头〔抬起头来〕。

【²担】dam¹
❶挑：～沙｜～水。❷搬：～张凳出嚟〔搬个凳子出来〕。❸扛：～锄头。❹打（伞）：～遮〔打伞〕。

【³担】dam¹
叼：只猫～走咗一条鱼〔这只猫叼走了一条鱼〕｜嗰只狗～住一只鸡〔那只狗叼着一只鸡〕。

【担戴】dam¹ dai³
担待；承担责任：呢件事边个敢～

〔这件事谁敢担待〕？ | 我唔～得起〔我可负不起责任〕。〖“担戴”是普通话“担待”的摹音。〗

【担幡】dam¹ fan¹
指出殡时孝子扛着幡走在灵柩前面。

【担纲】dam¹ gong¹
负主要责任。

【担沙塞海】dam¹ sa¹ seg¹ hoi²
比喻做徒劳无功的事。

【眈天望地】dam¹ tin¹ mong⁶ déi⁶
东张西望。

【胆正命平】dam² zéng³ méng³ ping⁴
光明正大，无私无畏。

【担竿】dam³ gon¹
扁担。

【担挑】dam³ tiu¹
扁担。

【担膶】dam³ yên⁶⁻² （膶，润⁶⁻²）
扁担。参看“膶”字条。

【胆粗】dam² cou¹
胆子大。

【胆正命平】dam² jing³ méng⁶ péng⁴
形容人有正气，因而无私无畏：老李～，边个做事唔啱都敢批评〔老李一身正气，谁做错了事都敢于批评〕。

【胆生毛】dam² sang¹ mou⁴
形容人胆大妄为。

【啖】dam⁶
量词。口：饮～茶〔喝口茶〕 | 食两～饭〔吃两口饭〕 | 咬一～〔咬一口〕。

【淡（澹）定】dam⁶ ding⁶
❶稳重；稳健：佢做乜都好～〔他干什么都很稳重〕。❷镇定：～啲，唔使慌〔镇定一点，不要慌〕。

【淡市】dam⁶ xi⁵
生意冷淡，买卖不兴旺。

【淡月】dam⁶ yüd⁶
淡季，生意冷淡的时期。

dan

【¹单】dan¹
量词。多用于事情及比较隐晦的东西：呢～生意唔做得过〔这笔生意做不得〕 | 做呢～嘢要谂过至得〔做这件事要想过才干〕 | 你嗰～嘢呢〔你的那些东西呢〕？

【²单】dan¹
❶闭上（一只眼睛）：～起只眼。❷闭上一只眼睛看：～下条线睇画得直唔直〔用一只眼睛瞄瞄这条线，看画得直不直〕。

【单车】dan¹ cé¹
自行车：踩～〔骑自行车〕。

【单打】dan¹ da²
讽刺，影射：有话直讲，咪～我（话就直说，别对我冷嘲热讽）。

【单单彳】dan¹ dan¹ qig¹
单独一个人，孤独一个人：得我一个人～喺度做嘢〔只得我一个人孤零零地在干活〕 | ～一个人行街真有瘾〔独一个人逛街真没意思〕

【单丁】dan¹ ding¹
孤单；孤独；不成对的：一个人出差太～喇〔一个人出差太孤单了〕 | 剩番一个～〔剩下一个单的〕。

【单吊西】dan¹ diu³ sei¹

❶只有一件西服。❷里子不完全的西服。

【单房】dan¹ fong⁴⁻²

单铺间儿（旅馆内只有一张床的房间）：开一个～。

【单行】dan¹ hang⁴

❶船单独运行（机动船不拖带任何船）。❷比喻男人没有女伴，独自行走。

【单系】dan¹ hei⁶

光；光是：～大人就有五十个。

【单企人】dan¹ kéi⁵ yen⁴

单立人；单人旁（汉字偏旁“亻”）。

【单料】dan¹ liu⁶⁻²

指用具用料单薄。与双料相对。

【单料铜煲】dan¹ liu⁶⁻² tung⁴ bou¹

比喻容易跟陌生人打得火热的人。

【单眼】dan¹ ngan⁵

独眼。

【单眼檐】dan¹ ngan⁵ yem⁴（檐，读音 yim⁴）

单眼皮。

【单身寡佬】dan¹ sen¹ gua² lou²

单身汉：一个～去边度都方便〔一个单身汉去哪里都方便〕。

【单身寡仔】dan¹ sen¹ gua² zei²

同“单身寡佬”。

【*单身贵族】dan¹ sen¹ guei³ zug⁶

戏称独身的人。

【*单拖】dan¹ to¹

独自一人（指尚未结婚的人）：一个～去边度都方便〔单独一人到哪儿都方便〕

【单裔墙】dan¹ yü⁴⁻² cêng⁴

单砖墙（一层砖的墙）。

【箪咁大个头】dan¹ gem³ dai⁶ go³ teo⁴

指因遇到困难而使头脑发胀：呢件事搞到我～〔这件事弄得我头脑发胀〕。

【蛋茶】dan⁶⁻² ca⁴

糖水鸡蛋（一种甜食，糖水煮整个鸡蛋）。

【但凡】dan⁶ fan⁴

凡是：～十八岁以下，都唔准参加〔凡是十八岁以下的都不准参加〕。

【但系】dan⁶ hei⁶

但是。

【疍家】dan⁶ ga¹

疍民，过去指水上居民。

【疍家鸡】dan⁶ ga¹ gei¹

歇后语，下一句是“见水唔饮得”。广州话以“水”喻钱财，比喻经手大量的钱财却不能得到分文的人。

【蛋馓】dan⁶ san²

排叉儿（一种油炸食物，一般在上面浇糖浆）。

【蛋挞】dan⁶ tad³⁻¹

一种西式点心，像小碟子，上面有一层鸡蛋奶油和糖做成的“馅”。〖“挞”是英语 tart 的译音。〗

【蛋筒】dan⁶ tung⁴⁻²

蛋卷儿。

【弹叉】dan⁶ ca¹

弹弓的叉子，也指弹弓。

【弹弓】dan⁶ gung¹

❶射鸟用的器具。❷弹（tán）簧：～床｜～椅。

【弹弓床】dan⁶ gung¹ cong⁴
弹簧床，席梦思床。

dé

【*爹哋】dé¹ di³
爸爸。〖“爹哋”是英语 daddy 的音译词。〗

【嗲¹】dé²
娇（指女孩撒娇的声音和姿态）：～声～气｜咁大个女讲话重咁～〔那么大的女孩说话还那么娇〕。

【嗲嗲吊】dé² dé² diu³
形容人做事拖沓，责任心不强。

【嗲吊】dé² diu³
同“嗲嗲吊”。

【嗲²】dé⁴
❶象声词。滴答（水不断地落下的声音）：个桶～～咁漏水〔水桶滴滴答答地漏〕。❷引申指较长时间地谈话：快啲啦，～咁耐做乜吖〔快点吧，扯那么长时间干吗〕！

【嗲嗲渧】dé⁴ dé⁴⁻¹ dei³（渧，帝）
（水往下）流个不停：口水～｜漏雨漏到～〔漏雨漏得滴答不停〕。

dê

【哆】dê¹（多靴切）
“多”的变音，“少”的意思：咁～，我唔要〔这么一点点，我不要〕｜畀咁～过人太唔似样喇〔给人家这么一点儿，太不像样了〕。〖“多”dê¹，一般只跟“咁”和“啲”连用。〗

【蚮】dê³（多靴³切）
蜇：黄蜂～人。

deb

【耷（聕）】deb¹（多急切）
耷拉；垂下：～低头〔耷拉着脑袋〕｜嗰只狗～住条尾〔那只狗耷拉着尾巴〕｜～耳狗｜眼瞓到眼皮都～咗落嚟〔困得眼皮都垂了下来〕。

【耷（聕）尾】deb¹ méi⁵
形容人做事后劲不继。

【耷（聕）尾狗】deb¹ méi⁵ geo²
耷拉着尾巴的狗，比喻因失败而垂头丧气的人。

【耷湿】deb¹ seb¹
寒碜；不体面；简陋：畀咁少过人哋，太～喇〔给人家那么少，太寒碜了〕｜呢间公司门面咁窄，有啲～〔这家公司门面这么窄，有点简陋〕。

【耷（聕）头耷（聕）脑】deb¹ teo⁴ deb¹ nou⁵
垂头丧气，精神不振作的样子。

【耷（聕）头鸡】deb¹ teo⁴ gei¹
比喻垂头丧气的人：受到一啲啲挫折就变成一只～嘅〔受到一点点挫折就变得垂头丧气了〕。

【耷（聕）头佬】deb¹ teo⁴ lou²
诡计多端的人；爱出鬼点子而不露声色的人。

【揼（碚）】deb⁶（杜合切）
❶砸；捶打：～榄核〔砸橄榄核〕｜因住嗰嚿石～亲只脚〔当心那块石头把脚砸了〕。❷掉；摔：只手表

~咗落地〔手表掉在地上〕｜嗰个花盆畀风吹到~咗落嚟〔那个花盆被风吹得掉了下来〕。❸（雨水）淋打：~到周身都湿晒〔淋得全身都湿了〕｜红毛泥畀雨~过就变质嘿喇〔水泥给雨水淋过就会变质的了〕。❹打：~铁｜~一拳。

【揼跤】deb⁶ gao¹
跌跤。

【揼骨】deb⁶ gued¹
按摩的一种方式，用手捶打身体或四肢。又作"松骨"sung¹ gued¹。

【揼脚骨】deb⁶ gêg³ gued¹
同"打脚骨"。

【揼金龟】deb⁶ gem¹ guei¹
比喻向妻子要钱。

ded

【凸】ded¹（凸¹）
❶随意放置（放在别的东西的上面）：盆底咁污糟，唔好~上张台度〔盆底那么脏，不要随便放在桌子上〕｜个煲唔好~落地〔锅不要放在地上〕。❷引申指随便乱坐：你条裤重湿就~上张床〔你的裤子还湿就一屁股坐在床上〕。❸顶撞；斥责；抢白：~咗佢一句〔顶撞了他一句〕。

【凸】ded⁶
数量超过；有富余：你要买一百文就有~〔你要买一百块钱就足够有余〕｜使~咗几百文〔超支了几百块钱〕。

【凸肠头】ded⁶ cêng⁴ teo⁴
脱肛。

【凸眼】ded⁶ ngan⁵
眼球凸出。

【突】ded⁶
超出；多出（一般只用在动词的后面作补语）：使~咗五文〔超支了五元〕｜食~咗几斤〔多吃了几斤〕｜今年呢个班收~咗三个学生〔今年这个班多收了三名学生〕。

【突兀】ded⁶ nged⁶
突然：好~〔很突然〕｜~到死〔非常突然〕。

deg

【得】deg¹
❶行（xíng）；成；可以（表示答应、认可）：唔~〔不行〕｜畀咁多你~喇啩〔给你那么多成了吧〕？｜~未呀〔可以了吗〕？❷使得；盼望到：你几时至~佢大吖〔你什么时候才能盼望到他长大呢〕！❸在某种情况下，可以作"只有"用：~十张票咋〔只有十张票〕｜~个靓字〔只有一个美字〕。❹用在动词的后面作补语，表示允许做某事：去~〔可以去〕｜睇~〔可以看〕｜入~嚟吗〔可以进来吗〕？❺用在动词的后面作补语，表示能够做某事：你重行~吗〔你还能走吗〕？｜唔郁~咯〔动不了了〕｜驾车开~〔车能开〕｜猪食~滃就肥〔猪能吃食就肥〕。❻用在动词的后面作补语，有"值得"、"可以（一试）"等意思：买~过〔值得买〕｜星湖去~

下㗎〔星湖值得一去〕｜呢件衫都睇～下㗎。〔这件衣服样子还可以〕。❼用在动词的后面作补语，表示"能"（善于）的意思（动词前一般有"好"、"几"、"真"、"真系"等副词）：佢好讲～〔他很能说〕｜呢个演员真唱～〔这个演员真能唱〕｜呢个工人几做～㗎〔这个工人很能干〕。〖此外，"得"还用在动词和补语之间，如"讲得出"、"做得到"等，这种用法跟普通话相同。〗

【得把口】deg¹ ba² heo²
形容人光说不做：要自己嘟手，唔好成日～〔要自己动手，不要整天光说不做〕。

【得把牙】deg¹ ba² nga⁴
同"得把口"。

D

【得把声】deg¹ ba² séng¹
形容人只说不干：做吓喇，咪喺度～〔干一下吧，别在这里光说不干〕。

【得把嘴】deg¹ ba² zêu²
同"得把口"。

【得啖笑】deg¹ dam⁶ xiu³
❶只得一笑罢了：睇呢个小品冇乜意思，最多～〔看这个小品没什么意思，顶多只得一笑而已〕。❷形容某些事没有实际效果：呢个总结冇乜用，大家～啦〔这个总结没什么用，只有哈哈一笑罢了〕

【得啲】deg¹ di¹
动不动：～就话人〔动不动就说人〕｜～就喊〔动不动就哭〕。

【得掂¹】deg¹ dim⁶
了得；（不）得了：你噉搞～嘅〔你这样做还了得〕？

【得掂²】deg¹ dim⁶
了得，只用于反诘语气：你噉拆～嘅〔这样拆还了得〕？｜跌咗落去点～呀〔摔掉了下去怎么了得〕？

【得法】deg¹ fad³
❶对头：你批评人讲得唔系几～〔你批评别人说得不怎么对头〕。❷行，找到可行办法：噉做～〔这么干行〕！

【得咯】deg¹ gag³
语气词。用于反问句末：你要几多至～〔你到底要多少嘛〕？

【得记】deg¹ géi³
得了；成了；行了：～未呀〔行了没有〕？

【得个吉】deg¹ go³ ged¹
一场空；毫无收获：做咗三日～〔干了三天毫无收获〕。参看"吉"条。

【得个…字】deg¹ go³…ji⁶
只有…：得个乱字｜得个讲字〔只说不干〕。

【得过】deg¹ guo³
助词。❶用在动词之后，表示值得：做～｜买～。❷用在动词或形容词之后，表示优于或胜于：你唱～佢〔你比他能唱〕。

【得闲】deg¹ han⁴
有空闲；有空：星期日我～｜你几时～〔你什么时候有空〕？｜～嚟坐啦〔有空来坐吧〕。

【…得嚟…】deg¹ lei⁴（嚟，黎）
❶……起来：呢条路行～都几远呀〔这条路走起来也相当远的〕。

❷……得：红～几好睇〔红得相当好看〕。

【得埋】deg¹ mai⁴

用在动词之后，表示关系融洽：两个人行～〔两个人相处得很好〕｜倾～〔谈得来〕。

【得米】deg¹ mei⁵

得手（指达到目的，年轻人多用）。

【得棚牙】deg¹ pang⁴ nga⁴

❶形容人大笑的样子：你睇佢笑到～（你看他笑得嘴都合不拢）。❷同"得把口"。

【得切】deg¹ qid³

来得及：而家去重～〔现在去还来得及〕。

【得戚】deg¹ qig¹

洋洋自得；得意忘形：你睇佢个样几～〔你看他的样子多得意洋洋〕｜偶然成功之嘛，咪咁～〔偶然成功罢了，别那么得意忘形〕！

【得失】deg¹ sed¹

得罪：做事就唔怕～人〔做事就不怕得罪人〕。

【得食】deg¹ xig⁶

❶得到吃的，指得到好处：近厨～〔近厨房容易得到吃的——近水楼台先得月〕。❷同"得米"。

【得人惊】deg¹ yen⁴ géng¹

可怕；使人吃惊的：呢件事好～〔这件事很可怕〕。

【得人怕】deg¹ yen⁴ pa³

同"得人惊"。

【得意】deg¹ yi³

有趣；有意思；奇怪：呢个仔好～〔这孩子很有趣〕｜呢本书几～〔这本书挺有意思〕｜佢嘅脾气好～嘅啫〔他的脾气可奇怪了〕。

【得滞】deg¹ zei⁶

助词。用在形容词的后面，表示程度过分：远～〔太远了〕｜水热～〔水太热了〕｜你客气～喇〔你太客气了〕。

【特（樴）】deg⁶

短木桩；橛子。

【特登】deg⁶ deng¹

故意；特意：佢嘅话系～讲畀你听嘅〔他的话是故意说给你听的〕｜我今日～嚟揾你〔我今天特意来找你〕。

dég

D

【笛】dég⁶⁻²

话；言语；使唤（诙谐的说法，有贬意）：佢成日车大炮，大家唔听佢～〔他整天说大话，大家不听他的〕｜你唔以身作则，人哋就唔听你～〔你不以身作则，人家就不听你的〕｜我怕佢唔听我～〔我怕他不听我的话〕。〖"唔听佢笛"往往说成"唔听佢支死人笛"，更带有轻蔑的感情色彩。〗

【趯】dég³（笛³，读音 tig¹）

❶逃跑；跑：睇你～得去边度〔看你能逃到哪里去〕？｜你琴日～咗去边度〔你昨天跑到哪里去了〕？｜细佬哥唔好周围～〔小孩不要到处乱跑〕。❷驱赶；驱逐：～咗只牛出去〔把牛赶了出去〕。

【趯更】dég³ gang¹

开小差（私自脱离队伍逃跑）；逃亡；逃命。

【趯路】dég³ lou⁶
同“趯更”。

【粜】dég⁶
买（粮食）：~谷｜~米。

dêg

【斫（斲）】dêg³
剁：~猪肉｜~薯藤〔剁白薯蔓〕。

dei

【低】dei¹
用在动词的后面作补语，相当于普通话的“下”：放~｜坐~｜踎~〔蹲下〕｜解~佢〔把他解下来〕。

【低波】dei¹ bo¹
❶低速（即低速度的排档）：~行驶。❷风格低；小气。

【低眉塞额】dei¹ méi⁴ seg¹ ngag⁶
发际低，脑门低，形容人的相貌丑陋。

【低威】dei¹ wei¹
没骨气；没自尊心的；妄自菲薄：唔使咁~〔不必妄自菲薄〕。

【抵得冷】dei² deg¹ lang⁵
耐寒，不怕冷：你身子好，~〔你身体好，不怕冷〕。

【底】dei²
量词。用于未切开的整块糕点、烙饼等：蒸两~年糕｜一~切开十二件｜煎一~餺鑼〔烙一块糯米粉烙饼〕。

【底裤】dei² fu³
裤衩；内裤。

【底衫】dei² sam¹
汗衫；内衣。

【¹抵】dei²
❶耐：~冷〔耐寒〕。❷挨；忍受：~肚饿〔挨饿〕。

【²抵】dei²
❶值得；划得来：~食〔值得吃——食品价廉物美〕｜~唔~〔划得来划不来〕？｜~买。❷该；活该：~闹｜~打（该骂）｜~，自作自受〔活该，自作自受〕！❸便宜：呢啲柑两毫子一斤，真~〔这些橘子两毛钱一斤，真便宜〕。

【抵埗】dei² bou⁶（埗，步）
到达（现已少用）。

【抵得】dei² deg¹
❶能够忍受；挺得住：你~痛吗？❷值得：呢㗎烂车唔~几多钱〔这辆破车值不了多少钱〕。

【抵得颈】dei² deg¹ géng²
忍得住气：你~吗？｜我唔~〔我忍不住气〕。

【抵得谂】dei² deg¹ nem²（谂，稔²）
同“抵谂”。

【抵到烂】dei² dou³ lan⁶
形容价钱太贱，有“太便宜了”、“太值得了”等意思：呢啲嘢一文两斤，~啦〔这些东西一元两斤，太便宜了〕。

【抵颈唔住】dei² géng² m⁴ ju⁶
忍不住；气不过。

【抵冷】dei² lang⁵

❶挨冻：挨饥～〔挨饿挨冻〕。❷防寒；御寒：呢种衫好～〔这种衣服很能御寒〕。

【抵冷贪潇湘】 dei² lang⁵ tam¹ xiu¹ sêng¹

为了身材显得秀气而忍受寒冷，少穿衣服。

【抵力】 dei² lig⁶

吃力；费劲：做呢件事好～〔做这件事很吃力〕。

【抵谂】 dei² nem²（谂，稔²）

形容人能忍让，不怕吃亏，不计较利益：呢个人真～，乜都肯做〔这个人真老实，什么都肯做〕丨都系自己人，大家～啲啦〔都是自己人，大家忍让点吧〕。〖“抵谂”又叫“抵得谂”。〗

【抵钱】 dei² qin⁴⁻²

值钱：呢啲嘢好～〔这些东西很值钱〕。

【抵手】 dei² seo²

能干；有能耐；手巧：你乜都会做，真～〔你什么都会做，真能干〕丨你～就试下吖嗱〔你有能耐就来试试看吧〕。

【抵死】 dei² séi²

❶该死；缺德（骂人的话，语气较轻）：真～，边个打烂我只杯〔真该死，谁把我的杯子打破了〕丨边个咁～乱抄人哋嘅柜桶〔谁那么缺德乱翻人家的抽屉〕！❷糟糕；讨厌：真～，又唔记得话畀佢知〔真糟糕，又忘了告诉他〕丨呢个仔真～，成日缠实我〔这孩子真讨厌，整天缠着我〕。

【抵死友】 dei² séi² yeo⁵⁻²

该死的人，缺德的人：呢个～周围掉垃圾〔这个缺德鬼到处扔垃圾〕。

【底薪】 dei² sen¹

基本工资。

【抵食夹大件】 dei² xig⁶ gab³ dai⁶ gin⁶

❶指所卖的食品既便宜块儿又大。❷引申指买东西物超所值：五十文一件靓衫，～啦〔五十元买一件漂亮衣服，物超所值了〕。

【渧】 dei³（帝）

滴：将条鱼挂喺度，～干水至煎〔把鱼挂起来，滴干了水再煎〕。

【谛】 dei³

讽刺；挖苦：有意见就提，唔使乱～人〔有意见就提，不必乱讽刺人家〕。

D

【弟嫂】 dei⁶ sou²

弟妇；弟妹（只用于引称或书面上）。

【第啲】 dei⁶ di¹

同“第二啲”。

【第啲人】 dei⁶ di¹ yen⁴

别的人，别人：你叫～去啦〔你叫别的人去吧〕。

【第九】 dei⁶ geo²

形容人的成绩或某些表现不好，或者货物的质量不好，相当于“差劲”、“没出息”或“劣等”、“次”等：唱个歌都唔敢，真～〔唱个歌都不敢，真没出息〕丨呢停货算佢系～个咯〔这种货数它是最次的了〕。

【第个】 dei⁶ go³

同“第二个”。

【第尾】dei^{6} méi$^{5-1}$
最末尾；倒数第一：考试考～｜住喺～嗰间房〔住在最末尾的那个房间〕。

【第世】dei^{6} sei^{3}
来世；下辈子。

【第时】dei^{6} xi^{4}
❶以后；下一次；回头（过一段时间以后）：～再去｜呢次可以，～就唔得㗎喇〔这次可以，下一次可不行的了〕！｜～至算啦〔回头再说吧〕。❷同“第一时间”。

【第一时间】dei^{6} yed^{1} xi^{4} gan^{3}
最短的时间；尽快：我～就打电话翻去〔我立即就打电话回去〕。

【第日】dei^{6} yed^{6}
将来；以后：按部就班噉学，～毕业之后就好好㗎喇〔按部就班地学，将来毕业之后就很好的了〕｜～先讲啦〔以后再说吧〕。

D

【第二】dei^{6} yi^{6}
别的；另外的：叫～个医生睇下〔请别的大夫看看〕｜去～度揾下〔去别的地方找找〕｜～次至嚟话畀你知〔下次再来告诉你〕｜～啲好唔好〔别的好不好〕？〖“第二”经常合音作“第”dei^{6}。〗

【第二个】dei^{6} yi^{6} go^{3}
❶别人：你畀～啦〔你给别人吧〕。❷另外一个：换～好啲〔换另外一个好一点〕。

【第二啲】dei^{6} yi^{6} di^{1}
另外的一些，别的：我话～质量好啲〔我说另外的一些质量较好〕。

【第二朝】dei^{6} yi^{6} jiu^{1}
第二天，特指结婚后的第二天。

【递】dei^{6}
举起；抬起：～高只手〔举起手来〕！｜～高只脚〔把脚抬起来〕！｜佢～起嚿石想掟过嚟〔他举起了石头想扔过来〕。

déi

【地】déi$^{6-2}$
助词。用在叠音形容词的后面，表示轻微、稍微等意思：呢啲苹果有啲酸酸～〔这些苹果有点儿酸〕｜佢个面有啲红红～〔他的脸有点儿红〕｜衫重湿湿～〔衣服还有点儿湿〕｜佢嘅字写得靓靓～〔他的字写得还算漂亮〕。〖广州话的“地”跟普通话的“地”用法不同。广州话的叠音形容词加“地”之后一般只作谓语或补语，而普通话叠音或多音形容词以及词组的后面加“地”之后，一般只作状语。〗

【地埗】déi^{6} bou^{6}（埗，步）
❶地址：你写个～畀我啦〔你给我写个地址吧〕。❷地方：就系呢个～咯〔就是这个地方了〕。

【地胆】déi^{6} dam^{2}
❶指地痞的头子。❷指熟悉情况的本地人。

【地底】déi^{6} dei^{2}
地下，即地表面的下面。

【地底下】déi^{6} dei^{2} ha^{6}
同“地底”。

【地档】déi^{6} dong^{3}
地摊。

【地方】déi⁶ fong¹

❶区域。❷目的地：到咗～就写信番嚟啦〔到达目的地就写信回来吧〕。

【地库】déi⁶ fu³

地下室（贮物用）。

【地脚】déi⁶ gêg³

地基。

【地下】déi⁶ ha⁶⁻²

❶地上：放喺～〔放在地上〕｜唔好坐喺～〔不要坐在地上〕。❷一楼（住址）：住喺～〔住在一楼〕｜五号～〔五号一楼〕｜～近街，嘈啲〔楼下近街，吵一点〕。

【地毡】déi⁶ jin¹

地毯。

【地牢】déi⁶ lou⁴

地下室；地窖。

【地牢商场】déi⁶ lou⁴ sêng¹ cêng⁴

地下商场。

【地踎】déi⁶ meo¹

地痞；二流子。

【地盘】déi⁶ pun⁴

建筑工地。

【地头】déi⁶ teo⁴

地盘（势力范围）。

【地头虫】déi⁶ teo⁴ cung⁴

地头蛇（指地方上的恶势力）。

【地拖】déi⁶ to¹

拖把；墩布。

【地塘】déi⁶ tong⁴

同“禾塘”。

【地喱】déi⁶ léi¹

饮食店干粗活或给顾客端饭菜的杂工。

【地羊】déi⁶ yêng⁴

狗的雅称。餐饮行业往往将作菜肴的狗肉称作“地羊”或“香肉”。

【地藏】déi⁶ zong⁶

❶动词。收藏；拥有（但不为外人所知）：呢间厂～咗好多钢材〔这家工厂藏有很多钢材〕。❷名词。私蓄：佢有好多～〔他有不少私蓄〕。

dem

【揼】dem¹（多庵切）

磨（时间）：～时间｜畀佢～咗好耐〔给他磨了好长时间〕。

【揼工】dem¹ gung¹

费工夫；费时间。

【揼时间】dem¹ xi⁴ gan³

拖延时间。

【揼日子】dem¹ yed⁶ ji²

拖延时日。

【扰】dem²（多砍切）

❶用拳头或石块等捶砸：～咗佢一捶〔打了他一拳〕｜攞嚿石～门〔拿石头砸门〕｜～印〔盖章〕。❷扔：～嚿石落井〔扔石头下井〕｜～远啲〔扔远一点〕。

【扰低】dem² dei¹

随意放下：啲工具～就得咯〔那些工具放下就行了〕。

【扰脸】dem² nem⁴（脸，拿吟切）

揍瘪，即把人狠狠地殴打一顿。

【扰心扰肺】dem² sem¹ dem² fei³

捶胸顿足，表示极度懊恼或悲伤。

【扰心口】dem² sem¹ heo²

❶捶胸（多转指懊悔）：呢次佢又～咯〔这回他又后悔了〕。❷敲诈勒索。

【炆】dem²（多砍切）

象声词。扑通（东西落水声）：嚿石～一声跌咗落水〔石头扑通一声掉到水里去了〕。

【髧】dem³（多暗切。读音 dam⁶）

❶垂：佢条辫～到腰〔她的辫子垂到腰部〕｜～条绳落去〔垂一根绳子下去〕。❷引申作钓（比较随便的）：～田鸡｜～蟛蜞〔钓小螃蟹〕。

【冘冘测】dem⁴ dem⁴ cag¹（冘，杜含切）

懒散地干活；慢条斯理地：嗰班人喺度～，唔知几时至做得完〔那帮人在那儿磨洋工，不知什么时候才干得完〕。

【冘冘转】dem⁴ dem⁴ jun³

同"□□转" tem⁴ tem⁴ jun³。

【冘冘㘓】dem⁴ dem⁴ kuag³⁻¹（㘓，箍扼切）

绕圈子：～噉转〔绕着圈子转〕。

【踸（跈）】dem⁶（杜任切）

跺：～脚｜一脚～死只老鼠。

【踸（跈）蹄踸（跈）爪】dem⁶ tei⁴ dem⁶ zao²

连连跺脚。

【踸（跈）脚】dem⁶ gêg³

跺脚。

den

【不】den²

❶座儿；墩子：蜡烛～｜柱～｜桥～。❷量词。座（用于楼房等）：一～楼｜一～铜像。❸量词。摞：一～砖。

【扽】den²

❶放：呢包书～喺你度先〔这包书先放在你这里〕｜～低〔放下〕｜～落地〔放在地上〕。❷囤积：～货。

【扽低】den² dei¹

放下：你～啲行李先啦（你先把行李放下吧）。

【扽】den³

❶震；蹾（用力猛放）：喺地下破柴，～到杯都响晒〔在地上劈柴，杯子都震响了〕｜～下个樽〔把瓶子蹾一蹾〕。❷颠簸：公路唔平，坐车～到腰骨都痛晒〔公路不平，坐车颠得腰都痛了〕。❷撞击：～手踭〔用胳膊肘撞人〕。

【扽虾笼】den³ ha¹ lung⁴

比喻口袋里的钱全部掏光，或被人掏了钱包。

【扽气】den³ héi³

发泄怨气。

【扽荷包】den³ ho⁴ bao¹

花光身上的钱：行街买嘢，佢经常扽干净荷包至罢（上街买东西，她经常花光身上的钱才罢休）。

【炖】den⁶

清蒸；隔水蒸：～鸡｜～蛋〔蒸鸡蛋羹〕。

【炖品】den⁶ ben²

加上滋补药材隔水蒸成的肉和汤。

【炖蛋】den⁶ dan⁶⁻²

炖甜鸡蛋羹，一种甜食。

【炖冬菇】den⁶ dung¹ gu¹

❶被冷落。❷被作弄。❸降职；贬

职。

【炖盅】den⁶ zung¹

蒸肉汤用的带盖汤碗。

dên

【敦款】dên¹ fun²

摆架子；做作：佢敦起个处长款〔他摆起个处长的架子〕。

【钝】dên⁶

愚笨。

deng

【登】deng¹

❶跷：～起手指公〔跷起大拇指〕。❷抬起：～起只脚〔把脚抬起来〕。

【登对】deng¹ dêu³

相称；配得起：佢两个几～〔他俩十分相称〕。

【灯胆】deng¹ dam²

同“电灯胆❶”。

【钉盖】déng¹ goi³

钉上棺材盖，指人死了：嗰条友～咯〔那家伙死了〕。又说“钉咗”。

【灯光火着】deng¹ guong¹ fo² zêg⁶

灯火通明：会议室一直到一两点钟重系～〔会议室一直到夜里一两点还是灯火通明〕。

【灯笼椒】deng¹ lung⁴ jiu¹

青椒；柿子椒。

【灯油火蜡】deng¹ yeo⁴ fo² lab⁶

灯油钱。

【灯盏花】deng¹ zan² fa¹

凤仙花。又叫“指甲花”。

【瞪眉突眼】deng¹ méi⁴ ded⁶ ngan⁵

横眉怒目；瞪眼怒视：你为乜～噉睇住我呀〔你为什么瞪着眼睛看着我〕？

【噔噔声】deng⁴ deng⁴ séng¹

健步声。

【等】deng²

介词。让：～我睇下〔让我看看〕｜打开窗口，～啲新鲜空气入嚟〔把窗户打开，让新鲜空气进来〕。

【等一阵】deng² yed¹ zen⁶

等一下；等一会儿。可简说为“等阵”。

【等阵】deng² zen⁶

待会儿；等一会儿：～我去。

【等阵间】deng² zen⁶ gan¹

同“等一阵”。

【凳仔】deng³ zei²

小板凳。

【¹戥】deng⁶

为；替：你做咗噉嘅错事，我都～你难受〔你干了这样的错事，我都替你难受〕｜你爬咁高，我都～你牙烟〔你爬这么高，我都为你感到危险〕。

【²戥】deng⁶

❶使平衡；压：四两～千斤〔四两压千斤〕。❷扶稳（称东西或挑担时，用手扶着，使它平稳）：你～住把秤〔你扶着秤杆〕。

【戥兴】deng⁶ hing³

凑热闹：我嚟系～嘅啫〔我来是凑热闹罢了〕｜去戥吓兴啦〔去凑凑热闹吧〕。

【戥猪石】deng⁶ ju¹ ség⁶
挑小猪去卖时，用一块石头放在担子的另一边，使担子平衡。小猪卖完后，石头即可丢掉。比喻临时被采用的人。相当于“敲门砖”。

【戥秤】deng⁶ qing³
相配；般配：你两个人好～〔你们两个很般配〕。

【*戥穿石】deng⁶ qun¹ ség⁶
伴娘；伴郎。

【戥手】deng⁶ seo²
❶指东西拿着觉得重：呢把刀好～〔这把刀拿着觉得很沉〕。❷称手；好用：把刀唔～〔这把刀不好用〕。

【戥头】deng⁶ teo⁴
平衡：呢担嘢一便轻一便重，唔～〔这挑东西一头轻一头重，不平衡〕。

D

déng

【钉】déng¹
掐（用指甲挤压）：～狗虱〔掐跳蚤〕。

【掟】déng³（多镜切）
掷；扔（一般指向着目标或一定的方向投掷）：～手榴弹 | ～石头 | ～得好远。

【掟煲】déng³ bou¹
（夫妻或未婚男女之间）感情破裂（诙谐的说法）：佢两个早就～咯〔他们俩早就吹了〕| 嗌一场交，唔至于～啩〔吵了一架，感情不至于破裂吧〕？| 啱倾咗几句就～〔刚谈了几句就崩了〕。

【掟死狗】déng³ séi² geo²
形容糕点很坚硬，足以把狗砸死。

【掟葫芦】déng³ wu⁴ lou⁴⁻²
同“放葫芦”。

【定¹】déng⁶（读音 ding⁶）
定金：落～〔下定金〕。

【埞（定）】déng⁶
地儿；地方：有～放〔没地儿放〕| 入便有～坐〔里边有地方坐〕。

【埞（定）方】déng⁶ fong¹
地方；位置：呢度放一张床唔够～〔这里放一张床地方不够〕。

dêng

【¹啄】dêng¹（多香切）
小尖儿；小勾儿；鹰嘴（勾尖等形状）：鼻哥～〔鼻子尖儿〕。

【²啄】dêng¹（多香切）
❶啄：鸡～米。❷叮咬：畀蚊～亲〔给蚊子叮了〕。

【³啄】dêng¹（多香切）
❶某些不良行为较为突出的人：是非～〔专门拨弄是非的人〕。❷针对：你讲话系～住我嘅〔你说话是针对着我的〕。

【⁴啄】dêng¹（多香切）
督促，钉着：～住佢去做〔督促他去做〕| 要搞清呢件事，～住佢冇错〔要搞清楚这件事，钉着他没错〕。

deo

【¹兜】deo¹
❶鸡、狗吃食的用具。❷盛饭用的较大的搪瓷器皿。

【^{2}兜】deo^{1}

❶捧；掬：~啲水上嚟〔捧一点水上来〕｜攞手~金鱼〔用手捧金鱼〕。❷用锅铲翻动锅里的菜。

【^{3}兜】deo^{1}

❶承托；托举：~起张台〔把桌子托起来〕。❷朝着；迎着：一盆水~头泼过嚟〔一盆水迎头泼过来〕｜~肚一脚〔朝肚子踢了一脚〕。

【^{4}兜】deo^{1}

拐，拐弯：行到好远又~ 翻转头〔走了很远又拐了回来〕｜呢条路唔直，~嚟~去〔这条路不直，曲里拐弯儿的〕。

【兜搭】deo^{1} dab^{3}

理睬；招人：你唔好~呢个人呀〔你不要招这个人〕。

【兜笃将军】deo^{1} dug^{1} zêng^{1} guen^{1}

迂回到后方给予打击。

【兜风耳】deo^{1} fung^{1} yi^{5}

耳轮较大而向前倾斜的耳朵。

【兜踎】deo^{1} meo^{1}

寒碜；寒酸。

【蔸】deo^{1}

量词。❶棵（用于幼小的植物）：一~草｜种一~树。❷丛（用于成丛的植株）：一~禾〔一丛水稻〕。❸条：一~金鱼｜嗰~友真衰〔那条汉子真糟糕〕。

【篼】deo^{2}

滑竿（走山路时，供人乘坐的竹轿）。

【斗令】deo^{2} ling$^{6-2}$

指半角钱（旧时的商业行话，用支、神、斗、苏、马、令、侯、庄、弯、享分别代替一、二、三、四、五、六、七、八、九、十。抗战以前银币一元为七钱二分，一角为七分二厘，半角便是三分六厘。“三分六”用行话来说是“斗令”）。

【^{1}斗】deo^{3}

❶碰；动：唔好~呢啲嘢〔别碰这些东西〕｜~得多就烂嘿喇〔动得多就坏了〕。❷逗：~细佬哥〔逗小孩〕。

【^{2}斗】deo^{3}

比赛：~快｜~大胆｜~龙船｜游水~游得远〔游泳比赛游得远〕。

【^{3}斗】deo^{3}

❶拼合（指做木器）：~一张台〔做一张桌子〕｜~个木盆。❷同“合（夹）”gab^{3}。

【斗负气】deo^{3} fu^{3} héi^{3}（负，读音fu^{6}）

闹别扭；赌气。

【斗架势】deo^{3} ga^{3} sei^{3}

比威风，比排场，比阔气。

【斗鸡眼】deo^{3} gei^{1} ngan^{5}

对眼；内斜视（斜眼的一种，两眼珠的瞳孔向中间倾斜）。

【斗气】deo^{3} héi^{3}

赌气；怄气；闹别扭：唔好专门同人~〔不要成心跟人家赌气〕。

【斗靓】deo^{3} léng^{3}

比漂亮，比美。

【斗木】deo^{3} mug^{6}

做木器工作：学~｜~师傅。

【斗韧】deo^{3} ngen^{6}

赌气；闹别扭。

【斗啵】deo^{3} pé^{1}（啵，破些切）

D

用扑克牌进行赌博的一种方法。参加的人每人先后发五张牌，先发一张暗的，然后发四张明的，每发一张牌后各人都可以反复追加赌注，最后以牌面大的取胜。

【窦】deo^{3}（斗。读音 deo^{6}）
窝；巢穴：雀仔～〔鸟窝〕｜山猪～〔野猪穴〕｜蚁～〔蚂蚁窝〕。

【窦口】deo^{3} heo^{2}
❶指坏人的巢穴或活动地点。❷住地。

【豆丁】deo^{6} ding^{1}（又读 deo^{6} déng^{1}）
比喻人或东西极小（有轻蔑意）：～咁大〔小豆那么大〕。

【豆粉】deo^{6} fen^{2}
团粉；芡粉。

【豆麸】deo^{6} fu^{1}
豆饼（大豆榨油后所剩的豆渣）。

【豆腐花】deo^{6} fu^{6} fa^{1}
豆腐脑儿（一般加糖作甜食）。

【豆腐㶸】deo^{6} fu^{6} pog^{1}（㶸，扑^{1}）
豆泡儿。

【豆腐膶】deo^{6} fu^{6} yên$^{6-2}$（膶，闰$^{6-2}$）
豆腐干儿。参看“膶”条。

【豆角】deo^{6} gog^{3}
豇豆。

【豆泥】deo^{6} nei^{4}
质量差；次：～嘢〔次货〕｜呢张纸好～〔这张纸质量很差〕。

【*豆芽梦】deo^{6} nga^{4} mung^{6}
指少女对爱情的憧憬。

【豆㶸】deo^{6} pog^{1}
同“豆腐㶸”。

【豆沙】deo^{6} sa^{1}
红小豆或绿豆煮成带水的甜食。

【豆沙喉】deo^{6} sa^{1} heo^{4}
沙嗓子：我呢个～唔唱得歌〔我这个沙嗓子唱不了歌〕｜佢咳到好交关，变咗～咯〔他咳得很厉害，成了沙嗓子了〕。

【豆豉眼】deo^{6} xi^{6} ngan^{5}
❶指非常小的眼睛。❷ 指视力不好的眼睛。民间认为，豆豉吃多了会影响视力。

【豆膶】deo^{6} yên$^{6-2}$
同“豆腐膶”。

【^{1} 扭】deo^{6}（豆）
取；拿：～啲嚟〔拿一点来〕｜有嘢～〔有东西可拿〕。

【^{2} 扭】deo^{6}（豆）
用手或别的东西轻轻托住或兜住：～住个袋〔托住口袋〕｜攞个网～住佢就稳阵啲〔拿个网兜兜着它就稳当一点〕。

【扭利事】deo^{6} lei^{6} xi^{6}
讨红包。

【痘皮】deo^{6} péi^{4}
麻子〔人出天花后留下的疤痕〕。

dêu

【堆趺】dêu^{1} lêu^{1}（趺，雷^{1}）
一堆堆的：地下一～一～系乜嘢〔地上一堆堆的是什么〕？

【揼】dêu^{2}（堆^{2}）
❶捅；伸：～一条棍入去〔捅一根棍子进去〕。❷撑：～住度门〔把门撑着〕。

【揼鬼】dêu^{2} guei^{2}

怂恿：你唔好～佢去乱搞呀〔你别怂恿他去乱搞啊〕。

【对】dêu$^{3-2}$

对联：一副～。

【膇】dêu^{3}

膀（pāng）；浮肿：瞓唔够，眼有啲～〔睡不够，眼睛有点儿膀〕｜你个面有啲～～地〔你的脸有点儿膀〕。

【^{1}对】dêu^{3}

量词。双（用于成双的东西）：一～鞋｜一～袜｜一～孖仔〔一双孪生子；一对双胞胎〕。

【^{2}对】dêu^{3}

二十四小时（从第一天某一时刻到第二天同一时刻）：一个～再食药〔二十四小时之后再服药〕。

【对板（办）】dêu^{3} ban^{2}

与样板相符或符合规矩和要求。

【对出】dêu^{3} cêd^{1}

靠外面的：我张床～有个书架〔我的床外面有个书架〕。

【对开】dêu^{3} hoi^{1}

同"对出"。

【对胸衫】dêu^{3} hung^{1} sam^{1}

对襟衫。

【对抠】dêu^{3} keo^{1}

两样东西各一半搀和在一起。

【对落】dêu^{3} log^{6}

❶以下（指排行）：我～嗰个系细佬嚟㗎〔我下面的是弟弟〕。❷靠下面的：呢度～就系电影院〔这里往下走就是电影院〕。

【对路】dêu^{3} lou^{6}

正确；对头：你讲嘅话有啲唔～噃〔你说的话有点不对头啊〕。

【对唔住】dêu^{3} m^{4} ju^{6}

对不起。

【对埋】dêu^{3} mai^{4}

靠里边的：张床放喺张台～嗰度〔床放在桌子里边〕。

【对眼】dêu^{3} ngen^{5}

内斜视。

【对年】dêu^{3} nin^{4}

一周年。

【对上】dêu^{3} sêng^{5}

❶靠上面的：我屋企～有间公司〔我家往上走有一家公司〕。❷上面；以上（指排行）：我～重有两个大佬〔我上面还有两个哥哥〕。

【对岁】dêu^{3} sêu^{3}

周岁。

【对时】dêu^{3} xi^{4}

同"^{2}对"。

di

【啲^{1}】di^{1}（多衣切。又音 did^{1}）

❶些（表示不定的数量）：有～人｜呢～系乜嘢〔这些是什么东西〕？❷那些：你～衫放喺边度〔你那些衣服放在什么地方〕？❸一点儿；一些（表示少量）：畀～佢〔给他一点儿〕｜佢好咗～喇〔他好了一点儿了〕｜呢种药贵～〔这种药贵一些〕｜今日热～〔今天热一些〕。

【啲吖】di^{1} da^{3}

❶唢呐：吹～。❷同"八音"。❸象声词。号声；唢呐声。

【啲哒佬】di¹ da³ lou²
吹鼓手（旧时逢红白喜事给人吹奏鼓乐的人）。

【¹啲多（哆）】di¹ dê¹（又音 did¹ dê¹）
同“啲咁多”。

【²啲多（哆）】di¹ dê¹
说话多；多嘴：唔使你咁～〔不用你多嘴〕。

【啲啲】di¹ di¹
❶所有的；统统；一切：呢间房嘅书，～都系佢嘅〔这间屋子的书统统都是他的〕｜～蕉都系两毫子一斤〔所有的芭蕉都是两毛钱一斤〕。❷一丁点儿（表示极少量）：一～就够喇〔一丁点儿就够了〕。

D

【啲咁多（哆）】di¹ gem³ dê¹（咁，禁。又音 did¹ gem³ dê¹）
一点点儿；一丁点儿：放～味精就够。

【弟弟】di⁴ di²
家里人昵称小弟。

【啼啼震】di⁴ di⁴⁻² zen³（啼，杜宜切）
直打哆嗦。

dib

【碟饭】dib⁶ fan⁶
同头饭。

【碟头】dib⁶ teo⁴
餐馆菜肴的分量：呢间饭店嘅～唔系几大（这家饭馆的菜量不怎么足）。

【碟头饭】dib⁶ teo⁴ fan⁶
盖饭（盛在碟子上，盖有菜肉的饭）。

【叠埋心水】dib⁶ mai⁴ sem¹ sêu²
专心致志；集中精神：～读书。

did

【跌亲】did³ cen¹
摔倒受伤：你跌咗一下，有冇～呀（你摔了一跤，有没有摔伤）？

【跌倒】did³ dou²
摔跤：路好滑，唔注意就会～（路很滑，不注意就会摔跤）。

【跌价】did³ ga³
降价；落价。

【跌跤】did³ gao¹
踤跤：路好滑，因住～〔路很滑，当心踤跤〕。

【跌眼镜】did³ ngan⁵ géng³
看错；估计错；预测错误：呢次又算我～嘞〔这回又算我看走了眼了〕。

【跌咗】did³ zo²（咗，左）
丢失；丢了：我～一支笔｜我本书唔知～喺边度〔我的书不知道丢在什么地方〕。

dig

【的】dig¹
❶捉拿；提溜（dī · liu）：一手就～起嚟〔一只手就提溜起来〕。❷（用手指）按；摁：～实个窿仔〔用手指

摁着那个小窟窿〕。

【的斜】 dig^{1} cé$^{4-2}$

“的确凉斜纹布”的简称，相当于“棉涤卡”、“的卡”。

【的起心肝】 dig^{1} héi^{2} sem^{1} gon^{1}

立下决心；专心致志：～噉学习〔专心致志地学习〕。

【的士】 dig^{1} xi$^{6-2}$

出租汽车；计程车；小轿车。〖“的士”是英语 taxi 的音译词。〗

【*的士够格】 dig^{1} xi^{6} geo^{3} gag^{3}

唱片夜总会或有小型乐队伴奏的夜总会。

【的式】 dig^{1} xig^{1}

精致；轻巧；小巧玲珑：呢只表真～〔这块表真精致〕。

【滴水】 dig$^{6-1}$ sêu^{2}

鬓角。

dim

【点】 dim^{2}

怎么；怎么样：～搞呀？｜呢个字～写〔这个字怎么写〕？｜你话～就～〔你说怎么样就怎么样吧〕｜噉～得呢〔这怎么行〕！

【点不知】 dim^{2} bed^{1} ji^{1}

谁知；料想不到：我以为讲过就算数，～佢唔认账〔我以为说过就算数，想不到他不认账〕。

【点得】 dim^{2} deg^{1}

❶怎么行：唔翻工～呀〔不上班怎么行〕？❷怎么才能：～你承认呢〔怎么才能使你承认呢〕？

【点得吖】 dim^{2} deg^{1} a^{1}

怎么行。多用于婉拒对方的盛情，或用于假装拒绝对方的赠与。

【点解】 dim^{2} gai^{2}

为什么；什么原因：～佢唔嚟〔为什么他不来〕？｜～咁热呀〔为什么那么热〕？｜我亦唔知～〔我也不知道为什么〕。

【点系呀】 dim^{2} hei^{6} a^{3}

怎么行；怎么会呢；哪能行（拒绝别人的好意或不同意对方意见时用）：～，都畀晒我咯〔那怎么行，都全给了我了〕。

【点红点绿】 dim^{2} hung^{4} dim^{2} lug^{6}

乱指点；乱评论。

【点知】 dim^{2} ji^{1}

同“点不知”。

D

【点脉】 dim^{2} meg^{6}

点穴。传说点击人体某穴位，使人受伤。

【点话点好】 dim^{2} wa^{6} dim^{2} hou^{2}

怎么说就怎么办；怎么说都可以：我有所谓，～啦〔我没问题，怎么说就怎么办吧〕。

【点醒】 dim^{2} xing^{2}

❶指点。❷提示；提醒。

【点算】 dim^{2} xun^{3}

怎么办：唔知～好〔不知怎么办好〕｜你话～呢〔你说该怎么办〕？

【点样】 dim^{2} yêng$^{6-2}$

怎样；怎么样：整成～喇〔搞得怎么样了〕？｜～最好？｜～都得〔怎么样都成〕。

【点钟】 dim^{2} zung^{1}

❶点（钟点）：五～开会。❷钟头；小时：我等咗你三～〔我等了你三个钟头〕｜一日做八～嘅工〔一天干八小时的活儿〕。〖广州话的“点钟”既指时点，也指时量；普通话的“点”、“点钟”只指时点，指时量要用“钟头”、“小时”（广州话也有“钟头”这个词）。〗

【玷】 dim³（店）

触碰；摸：你唔好～佢〔你不要碰它〕｜啱种嘅树唔好成日～〔刚种的树不要整天摸〕。

【玷手】 dim³ seo²

用手轻轻碰：呢件文物好宝贵，玷下手都唔得。

【掂】 dim⁶（店⁶）

❶直：呢条路好～〔这条路很直〕｜横纹～纹｜打～瞓〔直着睡〕。❷妥当；（弄）好；（说）服：安排～晒先至去都唔迟〔安排好了再去也不迟〕｜讲～晒〔讲妥了〕｜讲到佢～喇〔说得他服了〕｜讲你唔～〔说不服你〕。❸清楚；通顺：讲句话都唔讲得～〔说句话都说不清楚〕。

【掂笔甩】 dim⁶ bed¹ led¹（甩，啦一切）

❶笔直。❷径直：你可以～去揾佢〔你可以径直去找他〕。

【掂过条蔗】 dim⁶ guo³ tiu⁴ zé³

❶事情办得非常顺利。❷日子过得十分舒心。

【掂喉吞】 dim⁶ heo⁴ ten¹

直着吞下去，囫囵吞枣般吞下去。

D

din

【癫】 din¹

疯：～狗｜发～。

【癫癫废废】 din¹ din¹ fei³ fei³

傻里傻气。

【癫佬】 din¹ lou²

疯子。

【捵】 din²（典）

打滚：马～地〔马在地上打滚〕。

【捵床捵席】 din² cong⁴ din² zég⁶

在床上拼命打滚，多用来形容人痛苦难受：佢肚痛到～噃〔他肚子痛得直打滚〕。

【捵地沙】 din² déi⁶ sa¹

在地上打滚。

【垫褥】 din³ yug⁶⁻²

褥子。

【电】 din⁶

❶电池（用在量词之后才有此义）：一嚿～〔一节电池〕。❷触电：因住～亲〔当心触电〕。

【电单车】 din⁶ dan¹ cé¹

摩托车。

【电灯杉】 din⁶ deng¹ cam³

电线杆。

【电灯胆】 din⁶ deng¹ dam²

❶灯泡。❷比喻人不懂人情，不会体贴别人，不知趣：人哋都未休息你就去坐，真系～唔通气咯〔人家还没休息你就去坐，真是不懂人情〕。

【电发】 din⁶ fad³

烫发。

【电饭煲】din^{6} fan^{6} bou^{1}
电饭锅。

【电风扇】din^{6} fung^{1} xin^{3}
电扇。

【电芯】din^{6} sem^{1}
电池。

【电船】din^{6} xun^{4}
汽艇。

【电油】din^{6} yeo^{4}
汽油。

【电掣】din^{6} zei^{3}（掣，读音 qid^{3}）
电钮；电门（小型的）；电闸（大型的）；开关。

ding

【^{1}丁】ding^{1}
疙瘩；疣状突起物（多指物体上的突起物，如小肉瘤等）。

【^{2}丁】ding^{1}
量词。❶个（用于人）：两～友〔两个家伙〕。❷极少量：～咁多〔一丁点儿〕。

【丁香】ding^{1} hêng^{1}
❶形容人娇小或物品小巧。❷形容东西量少。

【定^{2}】ding$^{6-2}$
副词。当然（用在动词或形容词的后面）：佢去～啦〔他当然去了〕｜要～啦〔当然要了〕｜好睇～啦〔当然好看了〕。〖“定”字普通话也有类似的用法，如“这次我去定了”、“这东西我买定了”，但意思不同。普通话这种情况的“定”是表示说话人的决心不可变更，而广州话的“定”表示动作或状态的必然如此。〗

【^{1}顶】ding^{2}
❶支撑；支持；挺：～门｜几大都要～住〔无论如何也要挺着〕。❷抵挡：～肚饿〔充饥〕。

【^{2}顶】ding^{2}
盘出，盘进：呢间店～咗畀人咯〔这家店盘了给别人了〕｜～间铺头要几多钱〔盘一家店要多少钱〕?

【顶包】ding^{2} bao^{1}
冒名顶替；以假充真。

【顶档】ding^{2} dong^{3}
顶替：暂时攞佢嚟～〔暂时拿他来顶替〕｜揾人嚟同我顶住档先〔先找人来给我顶替一下〕。

【顶颈】ding^{2} géng^{2}
抬嘴；抬杠：佢好好相与，唔会同人～〔他脾气很好，不会跟人家抬嘴〕。

【顶喉顶颈】ding^{2} heo^{4} ding^{2} géng^{2}
同“顶心顶肺”。

【顶趾鞋】ding^{2} ji^{2} hai^{4}
比喻对丈夫限制严厉的妻子（歧视妇女的说法）。

【顶证】ding^{2} jing^{3}
作证；对证。

【顶冧】ding^{2} lem^{3}（冧，林^{3}）
冧，倒塌。商家因竞争不过对手而倒闭：呢间铺头畀隔篱嗰间～咗〔这家商店被隔壁那家挤垮了〕。

【顶笼】ding^{2} lung$^{4-2}$
❶满（满员，满座）：间间旅店都咁～〔每一家旅店都那么满〕｜咁

~，叫我坐边度好吖〔那么满座，叫我坐哪儿好啊〕。❷引申作丰富、齐全：嗰间公司咁多嘢，够~㗎喇〔那家公司东西那么多，够齐全的了〕。

【顶唔住】 ding^{2} m^{4} jú^{6}

吃不消；受不了：工作咁紧张，我怕你~〔工作那么紧张，我怕你吃不消〕。

【顶唔顺】 ding^{2} m^{4} sên^{6}

同“顶唔住”。

【顶硬档】 ding^{2} ngang^{6} dong^{3}

全力支撑，使劲挺着。

【顶硬上】 ding^{2} ngang^{6} sêng^{5}

硬着头皮顶着；忍耐着；忍受着：几大都要~〔无论如何也要硬着头皮顶着〕。

【顶心杉】 ding^{2}sem^{1} cam^{3}

顶在胸前的杉木，比喻使人难受的人。相当于普通话的“眼中钉，肉中刺”。

【顶心顶肺】 ding^{2} sem^{1} ding^{2} fei^{3}

窝心；被人顶撞得十分不舒服。

【顶手】 ding^{2} seo^{2}

顶盘儿（指买下倒闭的工厂或商店，继续经营）。

【顶数】 ding^{2} sou^{3}

❶充数：唔够人要你~〔人不够要你充数〕。❷顶替：揾边个去~〔找谁去顶替〕？

【顶头阵】 ding^{2} teo^{4} zen^{6}

打头阵。

【顶肚】 ding^{2} tou^{5}

充饥；解饿：食点心唔顶得肚〔吃点心不能解饿〕丨食件糕顶住肚先啦〔先吃块糕充饥吧〕。

【顶肚饿】 ding^{2} tou^{5} ngo^{6}

同“顶肚”。

【椗】 ding^{3}

❶蒂；把儿（bàr）；柄：桔~丨瓜~丨梨~。❷悬挂：腊肠~喺外面〔腊肠挂在外面〕。

【椗铃带赖】 ding^{4} ling^{1} dai^{4} lai^{3}（又作 ding^{4} ling^{1} deng^{4} leng^{3}）

悬挂物摇摆状。

【椗呤邓揼】 ding^{4} ling^{1} deng^{6} leng^{3}（揼，啦凳切）

一串串地悬挂着：辣椒~挂满一屋。

【^{1}定】 ding^{6}

❶稳：架车开得好~〔车子开得很稳〕丨企~，唔好郁〔站稳，不要动〕。❷镇定；镇静：~啲，唔使慌〔镇定一点，不要害怕〕。❸放心（有不以为然的意思）：你~啲啦，我唔要你嘅〔你放心吧，我不要你的〕！

【^{2}定】 ding^{6}

连词。❶还是（用在问句里，表示选择）：夏天南方热~北方热？丨你去~佢去〔你去还是他去〕？丨呢只系鸭仔~系鹅仔〔这只是小鸭子还是小鹅〕？丨你要呢个~嗰个〔你要这个还是那个〕？❷或者（用在陈述句里，表示选择）：你去~我去由你决定丨学英文~俄文都可以〔学英文或者俄文都可以〕。

【^{3}定】 ding^{6}

❶用在动词之后，有“预先”的意思：快落车喇，行~出嚟啦〔快下车了，先出来吧〕丨放~喺度〔预

先放在这里〕。❷用在动词之后，有“好”、“妥当”的意思：商量～〔商量好〕｜安排～晒〔安排妥当〕。

【^{4}定】ding$^{6-2}$
当然，自然。要用在动词之后：去～啦〔当然去了〕｜系～啦〔当然是啦〕。

【定必】ding^6 bid^1
必定（多书面上用）。

【定点】ding^6 dim^2
❶点（小数点）：三～一四｜百分之七～五。❷小数点：你漏咗个～〔你漏了一个小数点〕。

【定当】ding^6 dong^3
❶稳；稳重：事情咁急佢重咁～〔事情那么紧急他还那么稳〕。❷停当：准备～｜布置～。

【定过抬油】ding^6 guo^3 toi^4 yeo^4
指由于有把握而显得镇定自若：你唔使急，佢～〔你不必着急，他心里有数〕。

【定系】ding^6 hei^6
同“^{2}定❶”。

【定晒形】ding^6 sai^3 ying^4
形容人发愣，发呆：佢谂到～〔他想得发愣〕｜吓到成个人～〔吓得整个人发呆了〕。

【定性】ding^6 xing^3
❶性格文静、稳重：女仔都系比男仔～啲嘅〔女孩一般是比男孩文静一点〕。❷性情稳定（指儿童长大变得成熟）：细路仔重未～，叫佢做靠唔住〔小孩子家还没有长心眼，叫他干靠不住〕。

diu

【刁侨扭拧】diu^1 kiu^4 neo^2 ning^6
形容人调皮，不听话，难以对付。

【刁蛮】diu^1 man^4
蛮横；不讲理。

【刁蚊】diu^1 men^1
刁蛮。

【刁时】diu^1 xi^4
乒乓球、排球等比赛终局前的平分。〖“刁时”是英语 deuce 的音译。〗

【丢荒】diu^1 fong^1
❶抛荒；撂荒。❷荒疏；荒废（学业）。

【丢架】diu^1 ga$^{3-2}$
丢脸：怕～就学唔到嘢〔怕丢脸就学不到东西〕。

【丢那妈】diu^1 na^1 ma^1
他妈的（粗鲁话）。

【丢眼角】diu^1 ngan^5 gog^3
送秋波；使眼色儿。

【丢生】diu^1 sang^1
荒疏；荒废（指学业、技术等）：学完唔用就容易～〔学完不用就容易荒疏〕。

【丢疏】diug^1 so^1
同“丢生”。

【吊煲】diu^3 bou^1
停炊；断绝生活来源，即失业。

【吊钉】diu^3 déng^1
蹊跷的；古怪的；少见的。

【^{1}吊脚】diu^3 gêg^3
❶家具等底部不平整，不能贴切接

触地面。❷衣服边角等处做得不平整，皱缩吊起。

【²吊脚】diu³ gêg³

指地点边远不方便：你嗰度好～个嚱〔你那儿可是很偏僻的〕。

【吊颈】diu³ géng²

上吊；吊脖子。

【吊靴鬼】diu³ hê¹ guei²

指那些胡搅蛮缠的人。

【吊起嚟卖】diu³ héi² lei⁴ mai⁶（嚟，黎）

指商人待价而沽，引申指乘人之急而提高要价：你嗰佢，佢就～〔你求他，他就提高要价〕。

【吊渠】diu³ kêu⁴

❶旧式平房的一种排水装置，吊在屋檐下承接雨水，多用剖开的粗毛竹制成。❷房子沿墙边垂直安装的排水管道。

【吊篮】diu³ lam⁴

吊挂起来的篮子，存放食物用。

【吊尾】diu³ méi⁵

盯梢。

【吊味】diu³ méi⁶

调味。

【吊命】diu³ méng⁶

给垂危的病人吃点补药或强心剂，以暂时延长生命：～药。

【*吊泥艋】diu³ nei⁴ mang⁵⁻¹

指没有营业牌照半途招揽搭客的汽车。

【吊砂煲】diu¹ sa¹ bou¹

同“吊煲”。

【吊瘾】diu³ yen⁵

某些癖好没有得到满足时的感觉：冇烟食，真～〔没烟抽，真难受〕｜落雨冇办法打波，唔知几～〔下雨没法打球，真没劲儿〕。

【¹吊钟】diu³ zung¹

小舌；悬雍垂。

【²吊钟】diu³ zung¹

花名，木本，春节前后开花，花粉红色，形状似钟。

【吊吊□】diu³⁻⁶ diu³⁻¹ fing⁶⁻³（□，扶庆切）

❶悠荡；晃来晃去；摇来摆去（指悬挂着的东西）：风吹到啲灯笼～〔风把灯笼吹得晃来晃去〕。❷引申指事情未有结果，仍然挂着：嗰件事到而家重系～，未有着落〔那件事至今仍然挂在那里，没有着落〕。

【吊门桔】diu³ mun⁴ ged¹

原指为求吉利而吊在门前的橘子，日久则风干缩小，比喻干瘦的人：睇佢瘦到只～噉〔你看他瘦得像干瘪的橘子〕。

【钓鱼郎】diu³ yü⁴ long⁴

翠鸟。

【掉】diu⁶

丢；扔（抛弃）：～咗佢算咯〔把它扔了算了〕｜果皮唔好乱咁～〔果皮不要乱扔〕。

【调转】diu⁶ jun³

倒过来，颠倒过来：呢度啲人中意将福字～嚟贴〔这里的人喜欢把福字倒过来贴〕。

【调转头】diu⁶ jun² teo⁴

❶转身：～就走。❷掉头（转成相反的方向）：汽车～入嚟〔汽车掉头

进来〕。❷颠倒；倒过来：筷子～喇〔筷子颠倒了〕｜～，递嗰头过嚟〔倒过来，递那头过来〕。

do

【多除少补】 do^{1} cêu^{4} xiu^{2} bou^{2}
多退少补。

【多得】 do^{1} deg^{1}
多亏：呢次～你帮助，唔系就搞唔掂喇〔这次多亏你帮助，不然就不好办了〕。

【多得唔少】 do^{1} deg^{1} m^{4} xiu^{2}
字面上是非常感激，但实际意思正相反，相当于“别麻烦我了”、“饶了我吧”。

【多多】 do^{1} do^{1}
多（有强调的意味）：你好过我～｜呢件事麻烦～喇〔这件事太麻烦你了〕。

【多多声】 do^{1} do^{1} séng^{1}
大大超过（用于比较）：你高过佢～啦〔你比他高得多了〕｜而家好过旧时～咯〔现在比过去好得太多了〕。

【多多事干】 do^{1} do^{1} xi^{6} gon^{3}
❶事情很多。❷多管闲事：你呢个人唔好～〔你这个人别多管闲事〕。

【多多少少】 do^{1} do^{1} xiu^{2} xiu^{2}
多少；或多或少：我手头～重有啲钱〔我手里多少还有一点钱〕。

【多烦】 do^{1} fan^{4}
客套语，烦劳；劳驾。

【多计】 do^{1} gei$^{3-2}$
形容小孩鬼主意多：呢个仔真～〔这孩子鬼主意真多〕｜“矮仔～”〔矮小子计谋多〕。

【多句嘴】 do^{1} gêu^{3} zêu^{2}
多说一句话：记得～提醒佢呀〔记得多说一句话提醒他啊〕。

【多口】 do^{1} heo^{2}
多嘴。

【多啰啰】 do^{1} lo^{4} lo^{4}
多多的（有贬意）：事情～，我点行得开〔事情多多的，我怎么离得开〕？｜人～。

【多手】 do^{1} seo^{2}
指爱动别人的东西。

【多手多脚】 do^{1} seo^{2} do^{1} gêg^{3}
同“多手”。

【多数】 do^{1} sou^{1}
❶大部分：呢个机构嘅人～都系广东人〔这个机构的人大部分都是广东人〕。❷多半儿；大概；很可能：我～唔去咯，你唔使等我〔我多半儿是不去了，你不必等我〕｜我话今日～会落雨〔我说今天很可能会下雨〕。

【多士】 do^{1} xi^{2}
烤面包片：牛油～〔黄油干面包片〕。〖“多士”是英语 toast 的音译词。〗

【多事】 do^{1} xi^{6}
爱管闲事；多嘴；胡闹：细佬哥咪咁～〔小孩子别那么爱管闲事〕｜乱噏乜嘢吖，～〔胡说些什么，多嘴〕！

【多事牯】 do^{1} xi^{6} gu^{2}
爱惹是非，不断制造麻烦的人。

【多事实】 do^{1} xi^{6} sed^{6}

同"多事"。

【多少】do¹ xiu²

一点儿；一些：要～就够喇〔要一点儿就够了〕｜佢呢排有～进步〔他最近有一些进步〕。

【多谢】do¹ zé⁶

谢谢：真～你喇〔真该谢谢你了〕｜～晒〔谢谢〕

【多谢夹盛惠】do¹ zé⁶ gab³ xing⁶ wei⁶

感谢不尽；连声道谢。

【躲懒】do² lan⁵

借故逃避某种劳动或活动。

【堕】do⁶

坠（往下垂）：帆布床中间～晒落嚟〔帆布床中间坠了下来〕。

【堕角】do⁶ gog³

偏僻：嗰度～啲，有咁旺〔那里比较偏僻，没有那么繁华〕。

【堕落鸡】do⁶ log⁶ gei¹

❶落水狗（形容人失意的样子）。❷下流东西（骂女性的话）。

dog

【¹度】dog⁶

量；比（二物相比着量）：～一～只脚睇有几长〔把脚量一量看有多长〕｜两只鞋都一样长，唔使～嚟～去喇〔两只鞋都一样长，不必比来比去了〕｜你两个～一下睇边个高〔你们两个比一比，看谁高〕。

【²度】dog⁶

溜达：出去～下〔出去溜达一下〕。

【度街】dog⁶ gai¹

在街上逛荡：冇咁得闲同你去～〔没功夫跟你去逛荡〕。

【度蹺】dog⁶ kiu²

想计谋；找窍门：呢次佢点～都冇符嘅嘞〔这次他怎么想计谋都无法解脱的了〕。

【度身定做】dog⁶ sen¹ déng⁶ zou⁶

原意为量体裁衣，引申指针对某事物的特点进行策划制作。

【度水】dog⁶ sêu²

要钱（诙谐的说法）：佢又想问个老窦～咯〔他又想问父亲要钱了〕。

【铎叔】dog⁶ sug¹

吝啬的人。

doi

【袋】doi⁶⁻²

❶口袋（衣服上的）；兜儿：衫～｜裤～。❷用纸或塑料等制成装东西的口袋：纸～｜塑胶～〔塑料袋〕｜行李～。〖"袋"，读音是doi⁶，指大的布口袋。读doi⁶⁻²时是指衣袋、小口袋或用其他原料制成的口袋。〗

【袋表】doi⁶ biu¹

怀表。

【待薄】doi⁶ bog⁶

亏待：我唔会～你嘅〔我不会亏待你的〕。

【袋袋平安】doi⁶ doi⁶ ping⁴ ngon¹

照收不误（诙谐的说法）：工厂又发乜又发物，大家～〔工厂又发这个又发那个，大家照收不误〕。

【袋㕫】doi⁶ yim²

衣服口袋上的盖。

dong

【当差】 dong¹ cai¹
香港指当警察，广州旧时指当兵（现已少用）。

【当髧】 dong¹ dem³（髧，多暗切）
刚好碰上倒霉事：呢排算你～系啦〔这一阵子算你倒霉就是了〕。

【当黑】 dong¹ heg¹
倒霉：轮到你～咯〔该你倒霉了〕。

【当红】 dong¹ hung⁴
当前走红。

【当眼】 dong¹ ngan⁵
显眼；容易看到：呢樽花摆呢度好～〔这瓶花摆在这里很显眼〕。

【当衰】 dong¹ sêu¹
该倒霉：佢啱啱行过，条桩就揼落嚟，～系啦〔他刚走过，桩子就倒下来，该倒霉就是了〕｜查清呢件事，佢就～〔查清了这件事，他就该倒霉〕。

【当堂】 dong¹ tong⁴
当场；马上：～识破佢嘅阴谋〔当场识破他的阴谋〕｜大家～选出一位代表。

【当时得令】 dong¹ xi⁴ deg¹ ling⁶
正合时宜：而家冷天打边炉最～喇〔现在天气冷，吃火锅最合时宜〕。

【当灾】 dong¹ zoi¹
倒霉；遭殃：黑狗偷食，白狗～（熟语）。

【当佢冇嚟】 dong³ kêu⁵ mou⁵ lei⁴
对某事情表示极端轻视，根本不放在眼里：呢啲困难算乜吖，～〔这些困难算得了什么，管它〕！

【当佢透明】 dong³ kêu⁵ teo³ ming⁴
当他（它）不存在，表示极度轻视对方：几个人就想嚟捣乱，我～呀〔几个人就想来捣乱，我才不把他放在眼里〕！。

【档】 dong³
❶摊儿：烟仔～〔香烟摊儿〕｜生果～〔水果摊儿〕。❷量词。摊（用于所卖的东西）：有一～猪肉〔有一摊卖猪肉的〕。

【档口】 dong³ heo²
摊子：呢个～卖乜嘢〔这个摊子卖什么〕？

【档位】 dong³ wei⁶⁻²
货摊或店铺所占的位置。

【¹荡】 dong⁶
逛荡；遛：出街～一阵〔上街遛一会儿〕｜唔识路就乱～〔不认得路就乱逛〕。

【²荡】 dong⁶
抹（灰）；粉刷；涂刷：～平啲〔抹平一点〕｜～灰水。

【荡街】 dong⁶ gai¹
逛街。

【荡西】 dong⁶ sei¹
（台风）由东转向西。广东台风行踪的一般规律是开始时刮东风，到转刮西风就表示台风即将过去。

【荡失路】 dong⁶ sed¹ lou⁶
迷路：行行下就～〔走着走着就迷了路〕。

dou

【刀仔】 dou¹ zei²

小刀。

【刀仔锯树】dou¹zei² kê³ xu⁶
形容人做事有耐心，有蚂蚁啃骨头的毅力。

【都】dou¹
副词。都；也：大家～一样｜佢～系我嘅同学〔他也是我的同学〕｜我～去｜我一啲～唔知〔我一点也不知道〕。〖广州话“都”和“亦”〔也〕区分不严，“亦”〔也〕一般都可以用“都”或“亦都”。普通话“也”和“都”区分是严格的：“也”表示同样、并行的意思，或者表示强调，一般与“连”、“一点”等连用：“都”（读音dōu）有总括的意思，或者表示强调，有“已经”的意思。〗

D

【都唔定】dou¹ m⁴ ding⁶
说不定，也有可能（指某事的发生）：今日落雨～〔今天说不定下雨〕。

【都似】dou¹ qi⁵
很可能：今日落雨～〔今天有可能下雨〕。

【都有嘅】dou¹ yeo⁵ gé³⁻²
用在句子末尾，往往带反诘语气，有“怎么能”、“哪能”等意思：咁大个人坐喺张台度～〔这么大的人居然坐在桌子上〕！｜噉～〔哪能这样〕！

【都重系】dou¹ zung⁶ hei⁶
还是：我话～佢好〔我说还是他好〕。

【赌场无父子】dou² cêng⁴ mou⁴ fu⁶ ji²
指赌博的人六亲不认。

【赌啵】dou² pé¹（啵，破些切）
同“斗啵”。

【到¹】dou³⁻²
助词。用在动词后面，表示目的已经达到或者事情有了结果，或存在某种情况。相当于普通话的“到了”、“着”（zháo）、“有”：买～未呀〔买到了没有〕？｜未见～〔没见着〕｜揾唔～〔找不着〕｜执～一支笔〔拾到了一支笔〕｜门口写～字嘅〔门上写有字的〕。〖“到”dou³⁻²是dou³和“咗”zo²的合音（“到”的音节加“咗”的声调），二者已合成一个词，不能分开。〗

【¹度】dou⁶⁻²
制成一定长度的东西：鞋～〔与鞋同一长度的带子、绳子等东西，买鞋时量鞋用〕｜葱～〔葱段儿〕。

【²度】dou⁶⁻²
用在数量词之后，表示大概的数量，相当于普通话“上下”、“左右”：五十斤～｜十个人～｜佢去咗有四个字～〔他去了有二十分钟左右〕｜三十岁～嘅人〔三十岁左右的人〕。

【倒米】dou² mei⁵
捅娄子（多指损害自己方面的利益）。

【倒米寿星】dou² mei⁵ seo⁶ xing¹
指专门损害自己方面利益的人。

【倒模】dou² mou⁴⁻²
铸；铸模（指把熔化后的金属倒在模子里）。

【倒牙】dou² nga⁴⁻²

左旋螺纹（螺纹的方向与一般的螺丝相反）。

【倒瓤】 dou^{2} nong^{4}

瓜类过熟，瓤烂了，北京口语叫“娄”（lóu）：～西瓜。

【倒瓤冬瓜】 dou^{2} nong^{4} dung^{1} gua^{1}

外表强壮，体质虚弱的人；比喻徒有虚名的人。

【倒泻茶】 dou^{2} sé^{2} ca^{4}

旧时指已订婚尚未过门的女子丧了未婚夫。

【倒泻箩蟹】 dou^{2} sé$^{3-2}$ lo^{4} hai^{5}

形容秩序大乱，像打翻了一箩螃蟹，螃蟹满地爬的样子：开完会，班学生好似～噉乱走〔开完会之后，学生们纷纷四散〕。

【倒屎咁早】 dou^{2} xi^{2} gem^{3} zou^{2}

像倒马桶那么早。形容人办事过早了。

【倒灶】 dou^{2} zou^{3}

砸锅（比喻办事失败）。

【艔】 dou$^{6-2}$（度$^{6-2}$）

❶由机动船牵引的客船：江门～｜梧州～｜肇省～〔肇庆到广州的“艔船”〕｜搭～。❷渡船：有～过海吗〔有渡船过河吗〕？〖“艔”❶也叫“拖艔”，但带地名时，一般只叫“XX艔”。〗

【妒忌】 dou^{3} géi^{6}

忌妒；嫉妒：人哋点叻你都唔好～〔人家怎么聪明能干你也不要忌妒〕。

【到^{2}】 dou^{3}

助词。❶用在动词或形容词的后面，连接后面的补语，相当于普通话的“得”：笑～肚都痛晒〔笑得肚子都疼了〕｜行～脚都瘄咯〔走得腿都累了〕｜白～好似雪噉〔白得像雪一样〕｜红～发紫。❷有时用在形容词或不带宾语的动词的后面，声调变作 dou$^{3-2}$，仍然表示达到某种程度或什么样子，后面的补语可省略：哎哋，今日热～…〔哎哟，今天热得…〕｜睇佢恶～…〔看他凶得…〕！｜睇你喊～…〔看你哭得…〕。

【到爆】 dou^{3} bao^{3}

形容程度极高：劲～〔非常带劲〕｜靓～〔漂亮极了〕。

【到定（埞）】 dou^{3} déng^{6}

定，地方。到达地方，达到要去的地方。

【到极】 dou^{3} gig^{6}

达到极点，相当普通话的“极了”：今日热～〔今天热极了〕。

【到埠】 dou^{3} bou^{6}（埠，读音 feo^{6}）

到达（比较少用）：五点钟～。

【…到够】 …dou^{3} geo^{3}

…个够：呢餐要食～〔这一顿要吃个够〕。

【到喉唔到肺】 dou^{3} heo^{4} m^{4} dou^{3} fei^{3}

❶食欲未得到满足，不解馋：～，不如唔饮〔与其不解馋，倒不如不喝〕。❷指略有一点傻气：佢个人系噉㗎喇，成日～〔他就这副德性，整天傻乎乎的〕。

【到其时】 dou^{3} kéi^{4} xi^{4}

到时候：～你就知〔到时候你就知道〕。

【…到唔恨】 …dou^{3} m^{4} hen^{6}

D

表示达到某种难以忍受的程度：今日热～〔今天热得够呛〕。

【到乜嘢噉】 dou^3 med^1 yé^5 gem^2

达到无法形容的地步：呢个人衰～〔这个人糟糕透了〕。

【到死】 dou^3 séi^2

形容达到非常高的程度，多用于负面的情况：佢恶～〔他凶极了〕。

【到时到候】 dou^3 xi^4 dou^3 heo^6

到时候：你唔使急，～人就会嚟嘅〔你不用急，到时候人就会来的〕。

【倒掟】 dou^3 déng^3（掟，多镜切）

颠倒（指倒挂、倒置等）：个相～咗〔相片挂倒了〕｜～噉吊住〔倒过来吊着〕。

【倒掟头】 dou^3 déng^3 teo^4

❶颠倒：你支笔拧～喇〔你的笔拿颠倒了〕。❷倒立；拿顶：玩～。

【倒吊荷包】 dou^3 diu^3 ho^4 bao^1

比喻甘愿花大钱或亏本。

【倒吊砂煲】 dou^3 diu^3 sa^1 bou^1

把做饭的砂锅也挂起来了，形容人非常穷，揭不开锅：一到春天就断粮，要～咯〔一到春天就断粮，揭不开锅了〕。

【倒翻转】 dou^3 fan^1 jun^3

反而；反过来：人哋帮你，你～重话人〔人家帮你，你反而说人家〕。

【倒汗水】 dou^3 hon^6 sêu^2

蒸馏水（指锅盖滴下来的水）。

【倒转】 dou^3 jun^3

❶颠倒：呢个字～挂喇〔这个字挂倒了〕。❷反而。又作“倒转头”dou^3 jun^3 teo^4。

【倒转头】 dou^3 jun^2 teo^4

调头：车要～停至啱〔车要调头停才对〕。

【倒扱】 dou^3 keb^6

嘴巴闭合时，下齿比上齿更靠前。

【倒眼】 dou^3 ngan^5

同“斗鸡眼”。

【倒拗】 dou^3 ngao^3

倒过来；对着干：个个都系噉，系你～嘅嗻〔大家都这样，就是你跟大家对着干〕。

【倒刺】 dou^3 qi^3

倒欠（手指甲附近翘起的小片表皮）。

【倒褪】 dou^3 ten^3

后退：后面有人，唔好～〔后面有人，不要后退〕。｜大家～两步。

【杜】 dou^6

毒杀（鱼和害虫等）：有人用呢种草嚟～鱼〔有人用这种草毒鱼〕｜～蚁。

【^{1}度】 dou^6

表示处所：喺我～〔在我这儿〕｜喺办公室～〔在办公室那儿〕｜放上张台～〔放在桌子上〕｜嗰封信放喺老张～〔那封信放在老张那儿〕。

【^{2}度】 dou^6

量词。用于门、桥等：一～门〔一扇门〕｜一～桥〔一座桥〕。

【度度】 dou^6 dou^6

处处；到处；无论何处：～都系一样〔处处都是一样〕｜～都咁干净〔到处都那么干净〕。

【度数】 dou^6 sou^3

谱儿；准儿：有～嘅，几多都得

〔没准儿，多少都成〕。

【渡头】dou⁶ teo⁴

码头。较小的码头叫“埗头”。

【道行】dou⁶ heng⁶

高强的本领；高深的修养。

【*道友】dou⁶ yeo⁵

吸毒者（旧时指吸鸦片者）。

dug

【督（㨶）】dug¹

❶刺；戳；扎；杵：攞针～〔用针刺〕｜一～就穿〔一戳就破〕｜用手指头～咗佢一下〔用指头杵了他一下〕。❷督促；监督：细佬哥要～住佢至得㗎〔小孩要督促着他才行〕｜～实嗰啲坏蛋〔要监督好那些坏蛋〕。

【督爆】dug¹ bao³

揭穿，揭破：佢嗰笼嘢畀人～咗〔他的那些事让人揭穿了〕。

【督背脊】dug¹ bui³ zég³

戳脊梁骨（在背后指责）：唔好畀人～〔不要被人戳脊梁骨〕。

【督口督鼻】dug¹ heo² dug¹ béi⁶

形容人说话时用手指指点点，不礼貌的样子。

【督卒】dug¹ zêd¹

象棋术语。拱卒子。比喻偷渡到香港。

【㞘（𡰪）】dug¹

底（指容器或物体的底部）：桶～｜碗～｜巷～〔街巷的尽头〕。

【㞘（𡰪）底】dug¹ dei²

底下的；底层的：最～嗰啲水就倒咗佢啦〔最底下的那些水就倒了吧〕。

【笃】dug¹

量词。泡（用于屎、尿）；口（用于痰、口水）：一～牛屎｜一～口水痰〔一口痰〕。

【毒】dug⁶

习惯指某些食物容易引起疮疖化脓的性质，相当于“发”。

【*独脚马】dug⁶ gêg³ ma⁵

独自一人作案的窃贼。

【独沽一味】dug⁶ gu¹ yed¹ méi⁶⁻²

原意为单卖一味药，引申为单卖一种货物或只干某一种工作。

【独系】dug⁶ hei⁶

只是；只有：唔通～你至有〔难道只有你才有〕？

【独行侠】dug⁶ heng⁴ hab⁶

❶指单独做某事、单独闯荡的人。❷指独自进行盗窃作案的人。

【独睡】dug⁶ sêu⁶⁻²

单人床：一张～｜～席。

【独头公】dug⁶ teo⁴ gung¹

孤独的老头子。

【独头物】dug⁶ teo⁴ med⁶

唯一的东西。

【独市生意】dug⁶ xi⁵ sang¹ yi³

独家生意。

【独食】dug⁶ xig⁶

吃独食（形容小孩吃东西不爱分给别人）：～仔〔吃独食的孩子〕｜“～剃头痛”（跟小孩开玩笑的话）。〖广州话“独食”是形容词，普通话“吃独食”是动宾词组，两者用

法略有不同。》

【独食难肥】dug⁶ xig⁶ nan⁴ féi⁴
自己一人吃东西难以长胖，劝喻人不要把利益全部占有，否则损害了别人自己也不会得到好处。

【独食罌】dug⁶ xig⁶ ngang¹
后颈窝。

【读口黄】dug⁶ heo² wong⁴⁻²
顺口溜（指不假思索地背诵课文）。

【读歪音】dug⁶ mé² yem¹
读音不准，把字音读歪了。

【读破字胆】dug⁶ po³ ji⁶ dam²
读别字。

dung

【东莞腊肠】dung¹ gun² lab⁶ cêng⁴⁻²
东莞生产的腊肠短而粗，比喻个子矮而胖的人。

【冬】dung¹
冬至（节气）：今日系～〔今天是冬至〕。

【冬大过年】dung¹ dai⁶ guo³ nin⁴
旧熟语。冬，指冬至。广东地方习俗，冬至是一个重要的节气，尤其是在农村。冬至那天人们杀鸡宰鸭，家人团聚，热闹非凡。但实际上农历新年还是最重要的。说冬至比春节还重要仅是夸张的说法。

【冬菇】dung¹ gu¹
香菇。

【冬瓜豆腐】dung¹ gua¹ deo⁶ fu⁶
三长两短：有乜～就唔好喇〔有什么三长两短就不好了〕。

【冬瓜盅】dung¹ gua¹ zung¹
粤菜之一。把冬瓜的上端切开，下端去瓤后放进肉丁、鲜虾或虾米、香菇等和水，然后蒸熟。

【冬果】dung¹ guo²
各色油炸小面食，多作年货。

【东风螺】dung¹ fung¹ lo⁴⁻²
一种大蜗牛，可吃。

【冬节】dung¹ jid³
冬至。

【冻】dung³
❶冷：今日好～〔今天很冷〕｜我只手～硬晒〔我的手冻僵了〕。❷凉：洗～水面〔洗凉水脸〕｜杯茶摊～咗至饮〔茶凉（liàng）凉（liáng）了再喝〕。

【冻冰冰】dung⁶ bing¹ bing¹
冷冰冰；冰凉的：汽水～嘅，好好饮〔汽水冰凉冰凉的，很好喝〕｜～噉，出去做乜吖〔冷冰冰的，出去干什么〕。

【冻亲】dung³ cen¹
着凉：夜晚唔冚被就会～〔夜里不盖被子就会着凉〕。

【冻过水】dung³ guo³ sêu²
比水还凉，比喻处境恶劣，毫无希望。

【¹戙】dung⁶（洞）
蹾：～齐嗰沓纸〔把那叠纸蹾齐了〕。

【²戙】dung⁶（洞）
量词。摞：一～瓦｜一～砖｜一～牌。

【³戙】dung⁶（洞）
竖；立：～起条棍〔把棍子竖着〕｜～起只脚〔支起腿〕。

【戙笃企】 dung⁶ dug¹ kéi⁵
（棍子等）垂直竖着：写大字支笔要～至好〔写毛笔字笔要垂直才好〕。

【戙起床板】 dung⁶ héi² cong⁴ ban²
原意是把床板竖起来，比喻开夜车，整夜不睡觉：今晚佢～都抄唔晒〔今晚他开夜车不睡觉也抄不完〕。

【戙企】 dung⁶ kéi⁵
同"戙笃企"。

【戙企水鱼】 dung⁶ kéi⁵ sêu² yü⁴⁻²
俗称胖而矮的人。〖"水鱼"即"王八"、"鳖"。〗

【*动粗】 dung⁶ cou¹
动武。

düd

【咄】 düd¹（夺¹）
噘（嘴）：～起个嘴〔噘着嘴〕。

dün

【短度阔封】 dün² dou⁶⁻² fud³ fung¹
形容人矮而胖：呢个肥仔～，好似个冬瓜噉〔这个胖小子又矮又胖，像个冬瓜似的〕。

【短火】 dün² fo²
短枪的别名。

【短裤】 dün² fu³
裤衩儿（短内裤）。

【短命】 dün² méng⁶
❶寿命不长。❷性急：乜咁～㗎，一话就要攞到〔怎么这样性急，一说就要拿到手〕。

【短命种】 dün² méng⁶ zung²
性急的人（骂人的话，较轻）。

【短切切】 dün² qid³⁻¹ qid³⁻¹
短短的：呢条裤～，唔啱佢着〔这条裤子短短的，不合他穿〕。

【短薳】 dün² yün⁵（薳，远）
掐尖；打顶；打尖〔掐去农作物的嫩茎，使生出分枝〕。

【断】 dün³
论（按照某种单位或规格进行交易）：呢度卖鸡蛋～只卖定～斤卖〔这里卖鸡蛋是论个儿卖还是论斤卖〕？

【断抢】 dün³ cêng²
像抢一样：大家做乜都～噉〔大家做什么都抢着干〕。

【断断】 dün³ dün³
绝对（不）：我～估计唔到〔我万万没想到〕｜佢～唔会反对〔他绝对不会反对〕。

【断估】 dün³ gu²
瞎猜；瞎蒙：答题要准确，～唔得㗎〔答题要准确，瞎猜是不行的〕。

E

ê

【嘅】ê¹

❶乱说：你又乱～啲乜呀〔你又乱说些什么〕？❷同“嘅”。

êd

【呃】êd⁶

❶饱嗝：打咗一个～〔打了一个饱嗝〕。❷象声词。打饱嗝的声音。

F

fa

【花菜】fa¹ coi³

菜花。

【花墩】fa¹ dên¹

❶置放花盆用的砖砌墩子。❷旧时一些人若无子女，则买一女孩来做养女，名叫“花墩”。现已少用。

【花花咈】fa¹ fa¹ fid¹

轻浮：睇佢～噉，怕唔系几踏实〔看他那轻浮的样子，恐怕不怎么踏实〕。

【花咈】fa¹ fid¹（咈，科必切）

爱打扮；赶时髦；花俏。

【花款】fa¹ fun²

花色；款式；花样；式样。

【花假】fa¹ ga²

虚伪的；虚假的；徒有其表的：佢讲嘅都系实话，冇乜～嘅〔他说的都是实话，没有什么虚假的地方〕｜呢啲嘢好～嘅〔这些东西真是徒有其表〕。

【花阶砖】fa¹ gai¹ jun¹

花瓷砖（铺设室内地面用）。

【花基】fa¹ géi¹

街边围起来的种有花草的园地。

【花菇】fa¹ gu¹

香菇的一种，顶上有花纹，质量最好。

【花鼓】fa¹ gu²

瓷制的墩子，中空，形似鼓，供人坐或放花盆用。

【花圈】fa¹ hün¹

马路交汇处用以分隔车辆的花坛：小北～。

【花红】fa¹ hung⁴

利息。

【花旗参】fa¹ kéi⁴ sem¹

西洋参。

【花冧】fa¹ lem¹（冧，林¹）

花蕾，花骨朵。

【花靓】fa^{1} léng$^{3-1}$

同“花靓仔”。

【花靓嚟】fa^{1} léng$^{3-1}$ kéng^{1}（嚟，卡厅切）

同“花靓仔”。

【花靓仔】fa^{1} léng$^{3-1}$zei^{2}

喜欢打扮，流里流气，不图长进的男青年。

【花哩花碌】fa^{1} li^{1} fa^{1} lug^{1}

同“花哩碌”。

【花哩碌】fa^{1} li^{1} lug^{1}

花里胡哨：幅画画得～，一啲都唔好睇〔这幅画画得花里胡哨的，一点儿也不好看〕。

【花哩胡碌】fa^{1} li^{1} wu^{4} lug^{1}

同“花哩碌”。

【*花令纸】fa^{1} ling^{2} ji^{2}

❶逮捕证。❷传票。〖“花令”是英语 warrant 的译音。〗

【花尾艔】fa^{1} méi^{5} dou$^{6-2}$（艔，度$^{6-2}$）

来往于广州与江门、三埠、肇庆、梧州等地的一种客船。这种船由另外的动力船拖带，过去在船尾漆有花纹，故名。

【花面猫】fa^{1} min^{6} mao^{1}

比喻脸上肮脏的小孩：睇你个面，成只～噉〔看你的脸，就像一只花脸猫似的〕。

【花名】fa^{1} méng$^{4-2}$

绰号；外号。

【花女】fa^{1} nêu$^{5-2}$

结婚仪式中的女喜童。

【花洒】fa^{1} sa^{2}

❶喷壶（浇花用）。❷莲蓬头；喷头（洗澡用）。

【花被揿鸡笼】fa^{1} péi^{5} kem^{2} gei^{1} lung^{4}（揿，琴^{2}）

用花被子盖着鸡笼。❶指外表好看而内里空虚。比喻人空有其表但并无才学或两袋空空。❷指外表好看而内里发臭。比喻有些人衣着华丽但内心丑陋，有些单位外表堂皇但内部腐败。

【花生脚】fa^{1} sang^{1} gêg^{3}

不饱满或干瘪的花生。

【*花生骚】fa^{1} seng^{1} sou^{1}

指时装表演。〔英语 fashion show 的音译。〕

【花生肉】fa^{5} sang^{1} yug^{6}

花生米；花生仁儿。

【花心】fa^{1} sem^{1}

形容人爱情不专一。

【花心大少】fa^{1} sem^{1} dai^{6} xiu^{3}

逢场作戏的好色之徒。

【花心萝卜】fa^{1} sem^{1} lo^{4} bag^{6}

比喻爱情不专一的男性。

【花臣】fa^{1} sen$^{4-2}$

❶式样：有几种～。❷点子；花样（有贬意）。❸时髦：真够～。〖“花臣”是英语 fashion 的音译词。〗

【花手巾】fa^{1} seo^{2} gen^{1}

小鱼的一种，全身有绿色条纹，尾巴很美丽，生性爱斗。

【花厅】fa^{1} téng^{1}

戏称监狱：坐～。

【花王】fa^{1} wong^{4}

花匠；园丁。

【花士令】fa^{1} xi^{6} ling$^{6-2}$

F

凡士林。〖“花士令”是英语 vaseline 的音译词。〗

【花仔】fa¹ zei²

结婚仪式中的男喜童。

【花樽】fa¹ zên¹

花瓶。

【化】fa³

❶有开通、开化等意思（多用于否定语句）：你都唔～嘅〔你的脑筋一点也不开窍〕。❷引申为透、透彻、彻底等意思：睇～晒咯〔看透一切了〕｜揿到佢～晒〔把他捉弄得够了〕。

【化骨龙】fa³ gued¹ lung⁴

民间传说中的一种黑鱼，人吃了之后会得溶骨症，其骨骼化为血水。现用来戏指消费特别大的孩子，即什么都能被他吃光，使父母辛劳不已。

【化学】fa³ hog⁶

❶原义为名词，经常引申作形容词，相当于“易坏的”、“不耐用的”、“质量差的”等意思：呢张凳真～，一坐就烂〔这把椅子真不结实，一坐就坏〕｜呢件衫～到极〔这件衣服真不耐穿〕。❷引申为“靠不住”、“玄”等意思：小道消息最～喋喇，我唔信〔小道消息最靠不住，我可不信〕｜你放心啦，唔会咁～嘅〔你放心吧，不至于那么玄〕。

【化学公仔】fa³ hog⁶ gung¹ zei²

用赛璐珞做成的洋娃娃。

【化水】fa³ sêu²

洇：呢停纸写字～〔这种纸写字会洇〕。

【化算】fa³ xun³

划算；合算：噉做最～〔这么做最划算〕。

fad

【发】fad³

❶繁衍：呢条村嘅人～得快〔这条村子的人繁衍得快〕。❷同“发达”。

【发大水】fad³ dai⁶ sêu²

洪水泛滥；洪水涨。

【发青光】fad³ céng¹ guong¹

青光眼（眼病之一，瞳孔放大，角膜水肿，呈灰绿色）。

【发达】fad³ dad⁶

发财。

【发癫】fad³ din¹

发疯。

【*发电机】fad³ din⁶ géi¹

指向男子挤眉弄眼的女子。

【发花癫】fad³ fa¹ din¹

发疯（专指因相思过度而神经错乱）。

【发粉】fad³ fen²

焙粉；起子。

【发风】fad³ fung¹

❶麻风病。❷患麻风病。

【发风发出面】fad³ fung¹ fad³ cêd¹ min⁶⁻²

比喻丑事败露、外扬。

【发鸡盲】fad³ gei¹ mang⁴

❶患夜盲症。❷骂人之语。

【发鸡瘟】fad³ gei¹ wen¹

F

形容人糊涂、愣头愣脑。

【发惊青】fad^{3} géng^{1} céng^{1}
形容人急不可待。也说“发青惊”。

【发姣】fad^{3} hao^{4}
女性发情，性兴奋。多用于骂人。

【发熒】fad^{3} hing^{3}（熒，庆）
发烧。

【发开口梦】fad^{3} hoi^{1} heo^{2} mung^{6}
说梦话。

【发烂笮】fad^{3} lan^{6} za^{2}（笮，炸^{2}）
发泼，蛮横不讲道理。

【发冷】fad^{3} lang^{5}
发疟（yào）子；打摆子。

【发啷厉】fad^{3} long^{1} lei$^{6-2}$
突然放肆地发脾气；大发雷霆。

【发狼】fad^{3} long^{4}
发狠，凶狠起来：同佢玩玩下佢就发起狼嚟〔跟他玩着玩着他就凶狠起来〕。

【发老婆寒】fad^{3} lou^{5} po^{4} hon^{4}
指男人因想娶妻而胡思乱想。

【发猫寒】fad^{3} mao^{1} hon^{4}
形容人怕冷，因为猫比较怕冷。

【发矛】fad^{3} mao^{4}
指人因过于冲动而不顾一切、红了眼：打百分输到～〔打百分输得红了眼〕。

【发瘟瘤】fad^{3} meng^{2}zeng^{2}（瘟，吗肯切；瘤，跪汇切）
脾气突然变得暴躁，歇斯底里。

【发毛】fad^{3} mou$^{4-1}$
发霉：呢啲嘢好容易～〔这些东西很容易发霉〕。

【发木独】fad^{3} mug^{6} dug^{6}
同“发吽哣”。

【发懵】fad^{3} mung^{2}
❶昏迷；迷糊：佢发烧，热到～〔他发烧，热得迷糊了〕。❷糊涂：你真系～喇〔你真是糊涂了〕。

【发梦】fad^{3} mung^{6}
做梦：～都未见过〔做梦也没有见过〕｜发咗一个梦〔做了一个梦〕。

【发嬲】fad^{3} neo^{1}（嬲，扭^{1}）
生气。

【发哑瘴】fad^{3} nga^{2} zêng^{3}
戏指赌气不答话的人：你为乜唔出声，～呀〔你为什么不做声，哑巴啦〕？

【发牙痕】fad^{3} nga^{4} hen^{4}
❶指幼儿爱咬东西。❷指人想吃零食：我～随便搵啲嘢嘸下〔我想吃零嘴，随便找些东西嚼嚼〕。❸形容人多嘴：你唔好～乱讲呀〔你不要多嘴乱说啊〕。

【发噏风】fad^{3} ngeb^{1} fung^{1}（噏，鸦邑切）
胡说八道；胡言乱语：你唔好～喇〔你别胡言乱语了〕。

【发喑话】fad^{3} ngem^{6} wa^{6}（喑，暗^{6}）
说梦话；说昏话。

【发吽哣】fad^{3} ngeo^{6} deo^{6}（吽，牛^{6}；哣，豆）
发愣；发呆：佢点解成日～㗎〔他干吗整天发愣〕？｜呢个细蚊仔成日～，系唔系想作病呀〔这个小孩整天发呆，是不是想生病呀〕？

【发恶】fad^{3} ngog^{3}
凶恶起来。

【发钱寒】fad^{3} qin$^{4-2}$hon^{4}

财迷心窍。〖“发…寒”这种格式，中间可以套好些名词，表示想…想得着迷了，如“发书寒”、“发仔寒”等等。〗

【发散】fad³ san³
散发：~广告。

【发身】fad³ sen¹
青年身体发育。

【发神经】fad³ sen⁴ ging¹
疯了；神经病（责备人时用）：你噉做，~咩〔你这样干，疯了吗〕！｜噏啲乜呀，~〔胡说些什么，神经病〕！

【发水】fad³ sêu²
发（用水浸泡食物，使之膨胀变软）。

【发条】fad³ tiu⁴
时钟上的链儿。

【发瘟】fad³ wen¹
指人神经错乱，举动失常；发疯：好似~噉〔像疯了似的〕。

【发市】fad³ xi⁵
❶开市（指卖东西时，有人来光顾，买卖成交）：一早就~｜唔~〔没人光顾〕。❷买卖兴隆：呢间铺头今日真~〔这个商店今天买卖真好〕。

【发硝】fad³ xiu¹
柿饼、薯干等食物起白霜。

【发烧友】fad³ xiu¹ yeo⁵⁻²
指对某一事物十分有兴趣以致入了迷的人；狂热者。

【发羊吊】fad³ yêng⁴ diu³
癫痫；发羊痫风；发羊角风。

【发软蹄】fad³ yün⁵ tei⁴
牲畜因腿软而失蹄。

【发酒寒】fad³ zeo² hon⁴
醉酒后出现头痛、怕冷等症状。

【发脚¹】fad³ gêg³
发边（后颈直到两鬓头发与寒毛之间的地方）：剃~。

【发脚²】fad³ gêg³
拔腿（跑）：~追过去。

【发尾】fad³ méi⁵
发梢；发尖。

【法】fad³
助词。一般跟谓语动词或动宾、动补词组相结合，前面往往跟指示代词“咁”、“噉”或疑问代词“点（样）”配合使用，起加强语气的作用：一日睇几场戏，点样睇~〔一天看几场戏，怎样看法〕？｜佢点样虾你~〔他怎样欺负你〕？｜你咁恶死~，人人都嬲死你〔你这样凶，人人都恨死你〕。

fag

【掝】fag³（科客切）
❶用小棍子或鞭子乱打：唔好乱~只牛〔不要乱打耕牛〕｜攞条竹~啲树叶落嚟〔拿根竹子打些树叶下来〕。❷搅打：~鸡蛋。

【掝水蛋】fag³ sêu² dan⁶⁻²
鸡蛋羹。

fai

【快把】fai³ ba¹
快把的确良。〖“快把”是英语 fibre

F

的音译词。】

【*快劳】fai¹ lou²

❶档案。❷档案夹。〖“快劳”是英语 file 的音译词。〗

【快脆】fai³ cêu³

快；快当；利索：好～就翻嚟〔很快就回来〕｜佢做嘢好～〔他干活很利索〕。

【快啲】fai³ di¹（啲，多衣切）

赶快；快一点儿：你～翻去〔你赶快回去〕｜你开车开～得吗〔你开车开快一点行吗〕？

【快快脆脆】fai³ fai³ cêu³ cêu³

快快；赶忙：～做完佢算啦〔赶忙把它干完算了〕。

【快高长大】fai³ gou¹ zêng² dai⁶

快快长大（对儿童的祝福语）。

【快手】fai³ seo²

（干活）迅速：佢做嘢好～〔他干活很迅速〕｜～啲啦，就嚟够钟嚹〔快点干吧，快要到点了〕。

【快手快脚】fai³ seo² fai³ gêg³

干活麻利；赶快：大家～做埋就收工〔大家赶快做完了就收工〕。

【快掣】fai³ zei³（掣，读音 qid³）

自动式的；连发的（枪）：～驳壳。

【筷子碗碟】fai³ ji² wun² dib⁶

餐具的总称。

fan

【番】fan¹

助词。用在动词后面作补语，表示回复，相当于“回”、“重新”、“再”等意思：畀～我〔还给我〕｜呢件衫湿咗又干～〔这件衣服湿了又干了〕｜着～件衫啦〔穿上衣服吧〕｜唔要就留～畀佢〔不要就留给他〕｜整～好架单车〔把自行车修理好〕。

【番啄】fan¹ dêng¹（啄，读音 dêg¹）

十字镐；鹤嘴锄。

【番枧】fan¹ gan²（枧，拣）

肥皂。

【番狗】fan¹ geo²

哈巴狗。

【番狗仔】fan¹ geo² zei²

哈巴狗。

【番瓜】fan¹ gua¹

南瓜；老倭瓜。

【番鬼】fan¹ guei²

❶同“番鬼佬”。❷蛮不讲理：呢个人好～㗎〔这个人很不讲理〕。

【番鬼荔枝】fan¹ guei² lei⁶ ji¹

一种水果，皮有瘤状突起，灰绿色，形状像小菠萝。

【番鬼佬】fan¹ guei² lou²

洋鬼子（旧时指侵略我国的西洋人）。

【番蛮】fan¹ man⁴

野蛮，蛮横：大家文明啲，唔好咁～〔大家文明一点，不要蛮横〕。

【番鸭】fan¹ ngab³

旱鸭。又叫“泥鸭”、“洋鸭”。

【番石榴】fan¹ ség⁶ leo⁴⁻²

南方常见的一种果树，小乔木，树身光滑，果圆形或椭圆形，果核小而多，皮和果肉、果核一并食用。又叫“鸡屎果”。

【番摊】fan¹ tan¹

F

旧社会中一种类似押宝的赌博。

【番薯】fan1 xu4-2

白薯；红薯；甘薯。

【番薯糖】fan1 xu4 tong4-2

糖水白薯（甜食）。

【翻（番、返）】fan1

回；返：~屋企〔回家〕｜~宿舍｜佢~咗公司〔他回公司去了〕。

【翻本】fan1 bun2

捞回成本。

【翻抄】fan1 cao1

再制；再生：~子弹。

【翻扯】fan1 cé2

回去：几点钟~〔几点回去〕？

【翻寻味】fan1 cem4 méi6

指吃过好吃的东西回头再吃：包你食过~〔保证你吃过要回头再吃〕。

【翻草】fan1 cou2

反刍。

【翻风】fan1 fung1

刮风；起风：今晚会~｜~落雨。

【翻归】fan1 guei1

回家。

【翻工】fan1 gung1

上班儿。

【翻去】fan1 hêu3

回去：你几时~？｜攞~〔拿回去〕。

【翻学】fan1 hog6

上学（指每天由家里到学校去上课）：几点钟~？

【翻转头】fan1 jun2 teo4

❶回头：你~想下〔你回头想一想〕｜诊~就诊通喇〔回头想一想就想通了〕。❷回去：天黑咯，~罢啦（天黑了，回去吧）。

【翻企】fan1 kéi2

“翻屋企”的省说。

【翻嚟】fan1 lei4（嚟，黎）

回来：叫佢~〔叫他回来〕｜收~。

【翻屋企】fan1 ngug1 kéi2

回家。

【翻潮】fan1 qiu4

返潮。

【翻生】fan1 sang1

❶复活：死咗又~〔死了又复活〕。❷再生：~父母。❸已婚妇女死后，其丈夫另娶一女子续弦，原来女方的亲属称这女子为“翻生××”：~大姐｜~表妹｜~女。

【翻头嫁】fan1 teo4 ga3

再嫁。

【翻头婆】fan1 teo4 po4-2

二婚头；二婚儿（旧社会称再婚的妇女，这是歧视妇女的称呼）。

【翻天】fan1 tin1

形容某一行为做得过分，令人难以忍受：嘈到~｜玩到~｜佢有~嘅本事又点吖〔就算他有天大的本事又怎么样〕！

【翻渣】fan1 za1

❶把沏过的茶叶晒干炒过，重新制作：~茶叶。❷煎第二次药：~第二次〔再煎第二次〕。

【反（仮、仮）】fan2

开玩笑；闹；玩儿：你唔好乱嚟，我唔同你~㗎〔你别乱来，我是不跟你开玩笑的〕！

【反斗】fan2 deo2

F

顽皮；淘气：呢个仔最～〔这孩子最淘气〕｜佢～到冇谱〔他顽皮得不像话〕。

【反斗星】fan² deo² xing¹

指淘气捣蛋的小孩。

【反瞓】fan² fen³（瞓，训）

睡觉不老实，不安稳（多指儿童）。

【反骨】fan² gued¹

无情义的：～无情〔忘恩负义〕。

【反骨仔】fan² gued¹ zei²

指有背叛行为的人。

【反口】fan² heo²

改口；反悔：你明明同意咗嘅，而家点解又～唔承认呢〔你明明同意了的，现在为什么又不承认呢〕？

【反转】fan² jun³

（里面）翻过来。

【反领】fan² léng⁵

翻领。

【反面】fan² min⁶⁻²

翻脸：～唔认人〔翻脸不认人〕。

【反仰】fan² ngong⁵（仰，读音 yêng⁵）

仰着：～瞓〔仰睡〕。

【反水】fan² sêu²

叛变。

【反为】fan² wei⁴

反而：你闹佢～唔好〔你骂他反而不好〕。

【犯¹】fan⁶⁻²

犯人：劳改～｜监～〔监牢里的犯人〕。

【犯²】fan⁶

妨（迷信的人指某人或某物对人不利）。

【犯小人】fan⁶ xiu² yen⁴

迷信的人认为做了某些事，冲撞了鬼神。

【犯众憎】fan⁶ zung³ zeng¹

人人憎恨：做呢件咁阴功嘅事，一定会～〔干这件那么缺德的事情，一定会人人憎恨〕！

【烦】fan⁴

❶使人厌烦：咪～人哋啦〔别让人家厌烦了〕。❷烦恼：单系呢件事就够我～咯〔光这件事就够我烦恼的了〕。❸麻烦：搞呢单事最～嘞〔搞这件事最麻烦了〕。

【饭煲】fan⁶ bou¹

煮米饭用的锅，多为沙锅、铝锅等。煮饭用的大铁锅叫“饭镬”。

【饭铲】fan⁶ can²

炒菜及盛饭用的锅铲。

【饭铲头】fan⁶ can² teo⁴

眼镜蛇。

【饭店】fan⁶ dim³

饭馆，餐馆。

【*饭盒】fan⁶ heb⁶⁻²

盒饭：晏昼都食～〔中午都吃盒饭〕。

【饭壳】fan⁶ hog³

饭勺。

【饭焦】fan⁶ jiu¹

锅巴。

【饭鐾】fan⁶ pang¹

盛饭用的金属器皿。

【饭汤】fan⁶ tong¹

米汤。

【饭镬】fan⁶ wog⁶

F

煮米饭用的大铁锅。

【饭蕊】fan⁶ yêu⁵

瘊子（皮肤上长的不痛不痒的疙瘩）。

【瓣】fan⁶

❶业务范围；专业范围：你做边～呀〔你做的是哪一范围〕？❷片；块：呢～种菜〔这片种菜〕。

fé

【啡】fé⁴（扶耶切）

❶象声词。刺（漏气声）：车辘～～咁漏气〔轱辘刺刺地漏气〕。❷喷射：～水。

fed

【忽必烈】fed¹ bid¹ lid⁶

元朝开国之君。他灭了金国和宋朝，即"吞金灭宋"，广州话"宋"与"餸"（菜）同音。人们把私吞集体伙食钱的人比喻为吞了金（菜金），减少了"餸"（宋）的忽必烈，以示不满。

【揔】fed¹（忽）

舀：～水｜～粥。〖"揔"这个词广州市外各地很普遍，但市内一般说"揮"。〗

【窟（忽）】fed¹

量词。块（指较小的）：一～布。

【佛都有火】fed⁶ dou¹ yeo⁵ fo²

比喻脾气再好的人也难以忍受：你噉搞法，～啦〔你这样做，佛祖也忍受不了〕。

【佛口蛇心】fed⁶ heo² sé⁴ sem¹

形容人心里狠毒但说话装得很仁慈。

【佛爷】fed¹ yé⁴

❶佛像。❷比喻脾气极好的人。❸比喻整天坐着不干活的人。

fei

【挥春】fei¹ cên¹

春联（春节时贴在门旁的对联）。

【费事】fei³ xi⁶

❶免得；以免：我唔想入去，～影响大家学习〔我不想进去，以免影响大家学习〕。❷懒得〔不愿意花时间或精力做某事〕：我好瘡，～去街咯〔我很疲倦，懒得上街了〕｜～理佢〔懒得理他〕。❸麻烦：嫌～｜做采购好～ 㗎〔做采购很麻烦的〕。

【废】fei³

窝囊：乜都唔会，真系～嘅〔什么都不会，真窝囊〕！

【废柴】fei³ cai⁴

窝囊废。

【肺痨】fei³ lou⁴

肺结核，肺病。

féi

【¹飞】féi¹

票：买一张～｜扑～〔设法找票〕。〖"飞"是英语 fare 的音译词。〗

【²飞】féi¹

厉害；了不起（有贬意）：呢个人真～〔这个人真厉害〕。

【³飞】féi¹

香港指阿飞穿着新潮：呢个人着得真～〔这个人衣着很新潮〕。

【[4]飞】féi[1]

去掉，把东西的边缘去掉一部分：呢块木料太大，要～去一寸（这块木料太大，要裁去一寸）。

【飞翔船】féi[1] cêng[4] xun[4]

气垫船。

【飞单】féi[1] dan[1]

收款而不入账。

【飞发】féi[1] fad[3]

理发。

【飞发剪】féi[1] fad[3] jin[2]

理发推子。

【飞发佬】féi[1] fad[3] lou[2]

理发师。

【飞风咁快】féi[1] fung[1] gem[3] fai[3]

像刮风那么快。

【飞发铺】féi[1] fad[3] pou[3-2]

理发店。

【飞机褛】féi[1] géi[1] sêd[1]

夹克（短外套）。

【飞机师】féi[1] géi[2] xi[1]

飞行员。

【飞起】féi[1] héi[2]

非常；厉害；要命（一般只作补语，有贬意）：热到～｜瘦到～。

【飞起嚟咬】féi[1] héi[2] lei[4] ngao[5]

（嚟，黎）

拼命地咬，比喻索价过高，宰客严重：旅游点收费太离谱，直程～〔旅游点收费太厉害，简直是狠宰顾客〕。

【飞擒大咬】féi[1] kem[4] dai[6] ngao[5]

疯狂地扑过去狠狠地咬一口。形容一些过分的举动或出格的行为，如高价宰客等。

【飞利】féi[1] léi[6]

犀利；厉害（有贬意）。

【飞来蜢】féi[1] loi[4] mang[5-2]

自动送上门来的事情（一般是对本人或本单位有利的）。

【飞女】féi[1] nêu[5-2]

女流氓。

【飞水】féi[1] sêu[2]

把食材放进开水里略烫一下，以除腥味，比焯时间短。

【飞天本事】féi[1] tin[1] bun[2] xi[6]

高强的本领：任你有～都难过我呢关〔任你有天大的本领也难过我这一关〕。

【飞天蠄蟧】féi[1] tin[1] kem[4] lou[4-2]

（蠄，蟧，禽劳）

指善于攀缘的小偷。

【飞鼠】féi[1] xu[2]

蝙蝠。

【飞翼】féi[1] yig[6]

有翅膀会飞的白蚁。

【飞站】fei[1] zam[6]

甩站（公共汽车过站不停）。

【飞仔】féi[1] zei[2]

阿飞；小流氓。

【飞象过河】féi[1] zêng[6] guo[3] ho[4]

比喻超越了自己原来的活动范围去谋取利益：你点搞，我唔理，但系你～就唔得嘞〔你怎么搞，我不管，但是搞到我这里来就不行了〕。

【*非礼】féi[1] lei[5]

F

要流氓；性骚扰。

【菲林】féi¹ lem²

照相胶卷。〖"菲林"是英语 film 的音译词。〗

【*菲佣】féi¹ yung⁴

菲律宾女佣。年轻的又叫"宾妹"。

【绯闻】féi¹ men⁴

桃色新闻，指有关男女关系的消息或传闻。

【匪类】féi² lêu⁶

匪帮，匪徒。

【肥】féi⁴

❶肥；胖：～肉｜～猪｜～仔〔胖小子〕。❷油腻：呢只碗装过油，太～喇〔这个碗盛过油，太油腻了〕。

【肥腯腯】féi⁴ ded¹ ded¹（腯，凸¹）

肥肥胖胖（专指小孩）。

【肥啶啶】féi⁴ düd¹ düd¹（啶，夺¹）

同"肥腯腯"。

【肥肥白白】féi⁴ féi⁴ bag⁶ bag⁶

白白胖胖。

【*肥佬】féi⁴ lou²

❶胖子。❷音译词。原意是"失败"。转而表示考试不及格：呢次考试～〔这次考试不及格〕｜佢考车牌又肥咗佬〔他考驾驶执照又不及格〕。〖英语 fail 的音译。〗

【肥浾浾】fei⁴ nem⁶ nem⁶

形容肉类过肥，或者器皿上沾上的油过多的样子。

【肥腻】féi⁴ néi⁶

油腻。

【肥水】féi⁴ sêu²

有肥效的水，包括粪尿、沟渠坑池内的水。

【肥数】féi⁴ sou³

巨大的数目，可观的钱财、利益。

【肥揗揗】féi⁴ ten⁴ ten⁴（揗，吞⁴）

❶胖呼呼（有贬意）：嗰个佬～噉，好论尽〔那个人胖乎乎的，笨手笨脚〕。❷肥肥的：啲猪肉～，唔好食〔猪肉肥肥的，不好吃〕。

【肥头耷耳】féi⁴ teo⁴ deb¹ yi⁵

形容人肥头肥脑。

【肥田料】féi⁴ tin⁴ liu⁶⁻²

肥田粉；化学肥料；化肥。

【肥肚腩】féi⁴ tou⁵ nam⁵

同"大肚腩"。

【肥尸大只】féi⁴ xi¹ dai⁶ zég¹

形容人肥胖，个子大（有贬意）：咁～，一百斤都担唔嘟〔个子这么大，一百斤还挑不动〕？

【肥仔】féi⁴ zei²

小胖子。

【肥仔唛】féi⁴ zei² meg¹（唛，麦¹）

小胖儿。

【肥仔米】féi⁴ zei² mei⁵

❶粳稻米，因稻粒粗短而得名。❷爆米花。

fen

【分分钟】fen¹ fen¹ zung¹

时刻；随时：我～都准备好｜～都想去。

【分甘同味】fen¹ gem¹ tung⁴ méi⁶

有福同享。

【分账】fei⁴ zêng³

分配（按一定的比例分配钱财）：两人三七～。

【粉】fen²

❶面（粮食磨成的粉）：粟米～〔玉米面〕。❷面儿（粉末）：胡椒～｜辣椒～｜药～。❸粉条儿（用大米粉制成的粉条）：炒～。❹形容词。面（指含淀粉的食物熟后软而松散）：～芋头｜～藕。

【粉刷】fen² cad³⁻²

板擦儿。

【粉枪】fen² cêng¹

火枪（从枪口装火药和铁沙的猎枪）。

【粉肠】fen² cêng⁴⁻²

❶一种粉食，米粉蒸熟后卷成筒状。❷同"猪粉肠"。

【*粉肠】fen² cêng⁴⁻²

❶指容貌不端正的男子。❷骂人语。混蛋。

【粉葛】fen² god³

葛薯。

【粉角】fen² gog³

一种类似饺子的咸点心。

【粉果】fen² guo²

一种用米粉作皮，用肉丁、鲜虾等作馅制成的咸点心（一般蒸着吃）。

【粉蕉】fen² jiu¹

芭蕉的一种，皮薄，淡黄色。

【粉牌】fen² pai⁴

食肆、大排档等用以公布菜色、价格及临时记事的木牌。（又叫"水牌"。）

【粉牌字】fen² pai⁴ ji⁶

粉牌上的字。因其过后即抹去，比喻可以随意修改的意见：粉牌字——任改唔嬲〔歇后语，粉牌字，可以随意修改〕。

【瞓】fen³（训，少数人读 hen³）

❶睡：～着咗〔睡着了〕｜～晏觉〔睡午觉〕。❷躺：～低〔躺下〕｜～喺草地上便〔躺在草地上〕。

【瞓得】fen³ deg¹

❶可以睡：而家～啰吗（现在可以睡了吧）？｜呢度瞓唔～（这里可以睡吗）？❷能睡，好睡：佢真～，坐喺度都瞓着（他真能睡，坐着也能睡着）。

【瞓得觉落】fen³ deg¹ gao³ log⁶

能睡个安稳觉：个仔考到大学你就～喇啩（儿子考上了大学，你就放心了吧）？

【瞓低】fen³ dei¹

躺下：打针要唔要～（打针要不要躺下）？

【瞓记】fen³ géi³

睡觉（轻松的说法）：都十二点咯，～罢啦〔都十二点了，不如睡觉吧〕。

【瞓过龙】fen³ guo³ lung⁴

睡过了钟点，起床晚了。

【瞓觉】fen³ gao³

睡觉。

【瞓厉颈】fen³ lei² géng²（厉，读音 lei⁶）

落（lào）枕。

【瞓腍】fen³ nem⁴（腍，拿任切）

熟睡。形容人睡觉睡得很深：佢瞓得好腍〔他睡得很熟〕。

【瞓身落去】 fen³ sen¹ log⁶ hêu³

整个人躺下去，比喻人全力投入某一工作：佢算负责个咯，一上班就~嚟做〔他够负责的，一上班就全力投到工作上去〕。

【瞓着眼】 fen³ zêg⁶ ngan⁵

睡着：我~都谂呢个问题〔我睡着了也想这个问题〕。

【坟山】 fen⁴ san¹

坟墓。也说“山坟”。

【份人】 fen⁶ yen⁴

这人，对某人有不良的评价时用：佢嗰~我怕晒嘞〔他这人我真没办法了〕｜你呢~叫我点讲你好呢〔你这个人叫我怎么说你好呢〕｜我呢~就系噉㗎嘞〔我这个人就是这样子的了〕。

F

【忿】 fen⁶

服：我唔~〔我不服〕。

【忿低威】 fen⁶ dei¹ wei¹

❶自认能力、成果等不如别人。❷忍气吞声：佢咁恶，你忿下低威算咯（他这么凶，你就忍气吞声吧）。

【忿气】 fen⁶ héi³

服气：唔~〔不服气〕。

【忿老】 fen⁶ lou⁵

服老：你都八九十岁咯，要~至得㗎〔你都八九十岁了，要服老才行〕。

【忿输】 fen⁶ xu¹

服输。

feng

【揈】 feng⁴（扶恒切）

用拳头或棍子打（比较用力的）：~咗一捶〔打了一拳〕｜一棍~过去。

feo

【否】 feo¹（读音 feo²）

淘汰：呢个篮球队第二轮比赛就~咗〔这个篮球队第二轮比赛就被淘汰了〕。〖“否”是英语 fault 的音译词。〗

【浮¹】 feo⁴

轻浮：佢嘅作风太~〔他的作风太轻浮〕。

【浮浮泛】 feo⁴ feo⁴ fan³

漂浮的样子。又叫 pou⁴ pou⁴ pan³。

【浮泥】 feo⁴ nei⁴

淤泥；浮土。

【浮皮】 feo⁴ péi⁴

用沙炒的猪皮，做菜肴用。

【埠】 feo⁶

❶港口；商埠（多指外国的港口和城市）：出~｜过~〔指过去华侨出国〕。❷堆栈：米~。

【埠头】 feo⁶ teo⁴

外国的商埠。

fid

【咈】 fid¹（科必切）

❶用小枝条抽打：~咗一下〔抽了一下〕。❷象声词。挥动树枝或皮鞭的声音。

fing

【抺】 fing⁶（扶认切）

甩（shuǎi）：～一～支墨水笔〔把钢笔甩一甩〕｜～干只手〔把手上的水甩掉〕。

fiu

【咴士】fiu¹ xi²（咴，科夭切）
保险丝（电路上的保险装置用的导线）：烧咗～〔保险丝烧了〕。〖“咴士”是英语 fuse 的音译词。〗

fo

【科钱】fo¹ qin⁴⁻²
凑钱；凑份子。

【火】fo²
灯泡的瓦数：四十～嘅灯胆〔四十瓦的灯泡〕。

【火爆】fo² bao³
形容场面十分热烈。

【火灰】fo² fui¹
炉灶灰或草木灰。

【火灰箩】fo² fui¹ lo⁴
装着灰的箩筐。因其无论放到哪里都会留下一些火灰，比喻到处都留下劣迹的人。

【火搅米】fo² gao² mei⁵
机米（指用碾米机碾的米，现已少用）。

【火机】fo² géi¹
打火机。

【火颈】fo² géng²
脾气暴躁；脾气不好。

【火盖顶】fo² goi³ déng²
突然间发脾气。也说“火壅顶”。

【火滚】fo² guen²
恼火；生气：真～｜唔使咁～〔用不着那么生气〕。

【火滚火燎】fo² guen² fo² liu⁴
形容人焦急、烦躁，非常恼怒：佢一听到工地出事就急得～〔他一听到工地出事故就急躁万分〕。

【火起】fo² héi²
发火；冒火；火儿：激到佢～〔气得他发火〕｜佢～喇〔他火儿了〕。

【火气】fo² héi³
脾气（多指不好的脾气）：佢嘅～唔系几好〔他的脾气不怎么好〕｜乜～咁猛呀〔为什么发那么大脾气〕。

【火红火绿】fo² hung⁴ fo² lug⁶
形容人怒气冲冲，怒不可遏：佢嬲到～嗽，大家都怕晒〔他气得脸色发红，大家都非常害怕〕。

【火钻】fo² jun³
红宝石：～戒指。

【火钳】fo² kim⁴
火剪（夹柴炭的用具）。

【火麒麟】fo² kéi⁴ lên⁴
歇后语，下一句是“周身引（瘾）”。意指对什么事都感兴趣。

【火爉】fo² lo³（爉，罗³）
❶同“爉”。❷烟味儿（指饭菜窜烟后的气味）：呢镬饭有～嚿〔这锅饭有烟味儿〕。

【火路】fo² lou⁶
❶火候：炒菜要掌握～。❷指煮东西的时间：呢煲粥够晒～〔这锅粥熬的时间够长的〕。

【火尾】fo² méi⁵

F

火舌。

【火牛】fo² ngeo⁴

❶变压器。❷日光灯的镇流器。

【火鹅】fo² ngo⁴

烤鹅，烧鹅（现已少用）。

【火水】fo² sêu²

煤油。

【火水灯】fo² sêu² deng¹

煤油灯。

【火水炉】fo² sêu² lou⁴

煤油炉。

【火燂尘】fo² tam⁴ cen⁴（燂，谭）

塔灰（厨房屋顶或墙壁上的烟灰及尘土）。

【火燂煤】fo² tam⁴ mui⁴

同“火燂尘”。

【火筒】fo² tung⁴

吹火筒。

【火屎】fo² xi²

❶火星（打铁或烧柴时飞溅出来的火星）。❷火炭（燃烧不透存在灰烬里的小粒火炭）。

【火星撞地球】fo² xing¹ zong⁶ déi⁶ keo⁴

激烈地碰撞、争吵，矛盾表面化：佢哋两个嗌起上嚟真系～〔他们两个吵起来真是不得了〕。

【火烧眼眉】fo² xiu¹ ngan⁵ méi⁴

火烧眉毛，情势急迫。

【火蒜】fo² xun³

用火熏过的蒜头。

【火船】fo² xun⁴

轮船；火轮（多指以煤作燃料或比较大的船）。

【火船仔】fo² xun⁴ zei²

小火轮船。在内河里牵引渡船用。

【火秧竻】fo² yêng¹ leg⁶

一种肉质植物，丛生，有刺。

【火油】fo² yeo⁴

同“火水”。

【火遮眼】fo² zé¹ ngan⁵

形容人气极了而失去理智。

【火酒】fo² zeo²

酒精。

【火嘴】fo² zêu²

火花塞；电嘴（内燃机上的点火装置）。

【火烛】fo² zug¹

火警；火灾；着火：注意～｜～喇〔着火啦〕。

【火烛车】fo² zug¹ cé¹

消防车；救火车。

【伙】fo²

量词。户：呢间屋住两～人〔这所房子住两户人家〕。

【伙夫】fo² fu¹

旧时称炊事员。

【伙记（计）】fo² géi³

❶店员；长工（过去指商店的店员及地主所雇的长工）：请～。❷伙计；伙伴。〖“计”字的读音是 gei³，不管写作“伙记”或“伙计”，口语一律说 fo² géi³。〗

【伙头】fo² teo⁴⁻²

伙夫；火夫（过去对炊事员不尊敬的称呼）。

【伙头君】fo² teo⁴ guen¹

同“伙头”。

【货办】fo³ ban²
货物的样品。

【货脚】fo³ gêg³
运输货物的费用。

【货柜】fo³ guei⁶
集装箱。

【货尾】fo³ méi⁵
剩货；残货。

【货仔】fo³ zei²
（充其量不过……）货色（带有轻蔑之意）：呢种鞋都系一年～嘅〔这种鞋充其量不过穿一年的货色〕｜系噉嘅～喇〔就是这样的货色了〕！

fong

【慌】fong¹
❶慌；怕：唔使～〔不必害怕〕｜我～你唔同意〔我怕你不同意〕｜心好～〔心很慌〕。❷担心：我～你迟到。

【慌怕】fong¹ pa³
怕；担心：我～你赶唔切〔我担心你来不及〕。

【慌住】fong¹ ju⁶
担心着，考虑到某些问题而不敢下决心：我～你重嬲紧〔我担心你还在生气〕。

【慌失失】fong¹ sed¹ sed¹
慌手慌脚；慌慌张张：呢个人嘅行动有啲～，大概有问题〔这个人的行动慌慌张张，大概有问题〕。

【慌死】fong¹ séi²
生怕，害怕：有人做多啲嘢就～蚀底〔有人多做了一点事就生怕吃亏〕｜我～佢唔记得带锁匙〔我生怕他忘了带钥匙〕。

【房】fong⁴⁻²
房间；屋子：一厅两～｜大～细～都住满人〔大屋小屋都住满了人〕｜入～坐〔进屋里坐〕。〖广州话的“房”等于普通话的“屋子”或“房间”，“屋”等于普通话的“房子”，二者意义正相反。〗

【房车】fong² cé¹
小轿车。

【放白鸽】fong³ bag⁶ geb³
二人串通行骗。

【放胆】fong³ dam²
放心（做某事）：～做｜你即管～去啦〔你尽管放心去吧〕。

【放低】fong³ dei¹
放下：～个桶〔把桶放下〕。

【放电】fong³ din⁶
指女人向男人抛媚眼，卖弄风骚。

【放飞机】fong³ féi¹ géi¹
❶被抛弃。❷指约会时对方失约：畀人～〔对方失约了〕。

【放监】fong³ gam¹
出狱。

【放工】fong³ gung¹
下班。

【放光虫】fong³ guong¹ cung⁴
❶一种有荧光的虫，像蚯蚓。❷萤火虫的别名。

【放落】fong³ log⁶
存放：呢个喼～你度先〔这个箱子先存放在你这里〕。

【放𩩍】fong³ pé⁵（𩩍，婆野切）

撒野。

【*放蛇】fong3 sé4

❶因约束不严而偷懒。❷指警察乔装顾客，深入非法经营场所查案。

【放声气】fong3 séng1 héi3

放风声。

【放水】fong3 sêu2

私下给人方便；有意通融：放下水啦〔通融一下吧〕｜注意～嚼〔方便着点儿，啊〕。

【放数】fong3 sou3

放高利贷。

【放葫芦】fong3 wu4 lou4-2

吹牛；撒谎。

fu

F

【夫】fu1

量词。块：一～田〔一块地〕。

【枯】fu1

干枯腐烂：凳脚～咗咯〔凳腿朽烂了〕。

【骷颅头】fu1 lou4 teo4

骷髅头。

【虎风烩三蛇】fu2 fung6 wui6 sam1 sé4

粤菜名，即猫、鸡烩金环蛇等三种蛇。

【苦茶】fu2 ca4

同"凉茶"。

【苦刁刁】fu2 diu1 diu1

非常苦：啯啲茶～嘅〔那些汤药苦得很〕。

【苦瓜噉嘅面】fu2 gua1 gem2 gé3 min6

同"苦口苦面"。

【苦瓜干】fu2 gua1 gon1

形容人愁眉苦脸的样子：唔好成日～噉嘅面〔不要整天愁眉苦脸的〕。

【苦过弟弟】fu2 guo3 di4 di4-2（弟，读音 dei6）

（景况）非常困苦：屋漏更兼连夜雨，真系～咯〔破房子加上连夜雨，真是苦得很啊〕！

【苦口苦面】fu2 heo2 fu2 min6

哭丧着脸；耷拉着脸：睇佢担心到成日～〔看他担心得整天耷拉着脸〕。

【苦麦】fu2 meg6

苦卖菜；苣卖菜。

【戽斗边】fu3 deo2 bin1

左耳刀（汉字偏旁"阝"，在字的左边）。

【戽被】fu3 péi5

蹬被子（指小孩睡觉时把被子蹬掉）。

【戽鱼】fu3 yü4

戽水捉鱼。

【负气】fu3 héi3（负，读音 fu6）

形容人牢骚满腹，态度不好：佢唔知做乜咁～〔他不知道为什么牢骚满腹〕｜佢咁～，人哋睇见就怕〔他态度那么不好，人家看见就怕〕。〖普通话的"负气"是"赌气"的意思，与广州话略有不同。〗

【副】fu3

量词。套（用于机器）：一～机器｜一～工具。

【裤袋】fu3 doi6-2

裤兜。

【裤脚】fu3 gêg3

裤腿的下端。

【裤骨】fu³ gued¹

裤子的缝儿。

【裤裉】fu³ long⁶（裉，浪）

裤裆，两条裤腿相连的地方。〖"裆"广州话读 dong¹。〗

【裤头】fu³ teo⁴

❶裤腰。❷裤衩儿。

【裤头带】fu³ teo⁴ dai³⁻²

裤带；腰带。

【芙达】fu⁴ dad⁶

苦瓜（仅用于儿歌）："……子姜辣，买～，……"

【芙翅（胵）】fu⁴ qi³

鸡鸭鹅的胗肝：炒～。

【符咈】fu⁴ fid¹（咈，科必切）

办法；绝招（诙谐的说法）：有晒～〔毫无办法〕。

【负累】fu⁶ lêu⁶

连累：我怕～大家。

【腐皮】fu⁶ péi⁴

豆腐皮。

【腐皮卷】fu⁶ péi⁴ gün²

用豆腐皮包上虾肉、猪肉等馅制成的食品。

fud

【阔】fud³

❶宽：呢条路有十米～〔这条路有十米宽〕｜～窄。❷（衣服）肥大：呢件衫好～〔这件衣裳很肥〕｜～裤脚〔肥裤腿〕。❸阔气：佢呢排好～〔他最近很阔气〕。

【阔封】fud³ fung¹

（布）幅面宽。

【阔口拿扒】fud³ heo² na⁴ pa⁴

器皿的口过于宽，多表示对该物件不满意：呢种碗～，唔好用〔这种碗的口太奓，不好用〕。

【阔扒扒】fud³ pa⁴ pa⁴

同"阔咧啡"。

【阔咧啡】fud³ lé⁴ fé⁴（啡，扶耶切）

（衣服）宽宽的，肥肥大大的（有贬意）：呢件衫佢着起嚟～噉，真肉酸〔这件衣裳他穿着肥肥大大的，真难看〕。

【阔落】fud³ log⁶

宽畅：呢间屋几～嚅〔这所房子相当宽畅〕。

【阔佬】fud³ lou²

❶财主；阔气的人。❷阔气：呢件衫啱洗过几次就唔想着，太～喇〔这件衣服刚洗过几次就不想穿，太阔气了〕｜充～｜唔好咁～〔别那么阔气〕。

【阔佬懒理】fud³ lou² lan⁵ léi⁵

不理不睬；不闻不问：大家都～，呢啲事边个做呀〔大家都不理不睬，这些事谁来干〕？

fug

【复】fug¹

复核数目：你～一下呢张单〔你核算一下这张单子〕。

【幅】fug¹

量词。片；面；张；块：一～画｜一～田。

【福心】fug¹ sem¹
积德；修好：你～啦〔你积积德吧〕。

【福头】fug¹ teo⁴
愚笨的人。

【福寿鱼】fug¹ seo⁶ yü⁴
罗非鱼。又叫“非洲鲫”、“越南鱼”。

【蝠鼠】fug¹ xu²
蝙蝠。

【服输】fug⁶ xu¹
认输；服气。

fui

【灰匙】fui¹ qi⁴
抹子（瓦工的用具）。

【灰沙地】fui¹ sa¹ déi⁶
用石灰、沙子、黏土混合后夯实的场地。

【灰水】fui¹ sêu²
石灰水，刷墙等用。

【晦气】fui⁵ héi³
❶倒霉气色：睇佢一身～〔看他满身倒霉气色〕。❷形容人态度生硬，给人不好脸色：呢个人好～㗎，唔好揾佢〔这个人态度很不好，别找他〕。

【晦气星】fui³ héi³ xing¹
倒霉鬼。

fun

【欢场】fun¹ cêng⁴
指歌舞厅或色情场所。

【欢喜】fun¹ héi²
❶高兴；快乐：大家都～｜欢欢喜喜过年〔高高兴兴过年〕。❷喜欢；爱好：～唱歌。〖普通话“欢喜”、“喜欢”都说，但口语习惯用“喜欢”。〗

【宽厚】fun¹ heo⁵
宽容；厚道。

【欢容】fun¹ yung⁴
生成的欢笑慈祥的容颜：你睇佢生得几～吖〔你看她长得多慈祥〕。

【宽鞋紧袜】fun¹ hai⁴ gen² med⁶
指鞋要穿略宽一点的，袜子则要穿紧一点的。

【款】fun²
样式；花色；款式：新～｜旧～｜呢个茶壶几好～〔这个茶壶样式不错〕。

【款头】fun² teo⁴
同“款”。

fung

【风枪】fung¹ cêng¹
气枪。

【风肠】fung¹ cêng⁴⁻²
腊肠的别名。

【风嚿】fung¹ geo⁶（嚿，旧）
旧时指台风。现已少用。

【风柜】fung¹ guei⁶
扇车；风车（除去谷米中的秕糠用的农械）。

【风栗】fung¹ lêd⁶⁻²
栗子。

【风凉水冷】fung¹ lêng⁴ sêu² lang⁵

凉爽，空气湿润，环境宜人：呢度三面有河，～，够舒服呀〔这里三面有河，湿润凉爽，真舒服啊〕。

【风褛】fung¹ leo¹（褛，楼¹）
风衣；风雨衣。

【风流】fung¹ leo⁴
❶出风头：佢而家就～啰〔他现在就大出风头了〕。❷闲情逸致：冇你咁～，成日去睇戏〔没有你那么多闲心，整天去看戏〕。

【风炉】fung¹ lou⁴⁻²
小炉子（一般指用陶土烧制的或用铁皮制的烧柴及炭的炉子）。

【风赧】fung¹ nan³（赧，读音 nan⁵）
荨（qián）麻疹。

【风炮】fung¹ pao³
风镐（矿山用的采掘工具）。

【风生水起】fung¹ sang¹ sêu² héi²
形容事业局面等活跃、有生气：呢几年你哋嘅生意搞得～，真唔错呀〔这几年你们的生意搞得很有起色，真不错〕。

【风水轮流转】fung¹ sêu² lên⁴ leo⁴ jun²
指人们的运气经常会变化，盛衰无常。常用来安慰失意的人：人话～，过几年你哋呢度一定会发达嘅〔人们说三十年河东三十年河西，过几年你们这里一定会兴旺发达的〕。

【风水佬】fung¹ sêu² lou²
阴阳生；堪舆家（指旧时专门传播迷信思想，以相宅、相墓为业的人）。

【风水尾】fung¹ sêu² méi⁵
❶指运气到了尽头。❷指败家子。

【风头火势】fung¹ teo⁴ fo² sei³
处在风头上（多指斗争局面或群众运动等方面）：而家打击犯罪正系～，啲坏人都唔敢嘟〔现在正处在打击犯罪的风头上，那些坏人都不敢动〕。

【风筒】fung¹ tung⁴⁻²
电吹风；电热吹风器。

【风色】fung¹ xig¹
❶风势：撑船要睇～〔撑船要看风势〕。❷形势：我睇～好似唔系几对〔我看形势好像不怎么对头〕。

【封】fung¹
幅面；幅儿（指布匹的宽度）：阔～布〔宽面儿布〕｜呢只布二尺四～〔这种布二尺四寸宽〕。

【封包】fung¹ bao¹
赏封；红封。

【逢亲】fung⁴ cen¹
每逢：～过节我都要翻屋企〔每逢过节我都要回家〕。

【逢人知己】fung⁴ yen⁴ ji¹ géi²
形容人平易近人，态度随和，无论对谁都像对知心朋友一样：佢系～，大家都选佢当代表〔他对谁都好，大家都选他当代表〕。

【逢人憎】fung⁴ yen⁴ zeng¹
任何人都讨厌的人。

【奉旨】fung⁶ ji²
一定（不）；决（不）；准（不）：佢好老实，～唔会呃人〔他很诚实，决不骗人〕｜～唔会话你〔一定不会说你〕｜佢好孤寒，呢啲嘢～唔买〔他很吝啬，这些东西准不买〕。

【凤爪】fung⁶ zao²
婉辞，指做成菜肴的鸡爪子。

F

G

ga

【加把口】ga¹ ba² heo²
帮腔，帮说话：你记得同我～呀〔你记得给我帮腔啊〕。

【加菜】ga¹ coi³
加餐。

【加底】ga¹ dei²
酒家或家宴中为了节省而又使菜肴显得丰富量足，在主要的菜肴下面加一些蔬菜。不增加的叫“免底”。

【加风】ga¹ fung¹
打气（多指汽车、摩托车等）。

【加加埋埋】ga¹ ga¹ mai⁴ mai⁴
累计，总计：几十样嘢～有百几斤咯〔几十样东西加在一起有一百多斤了〕｜～你借咗两万几文咯〔累计你借了两万多块钱了〕。

【加零一】ga¹ ling⁴ yed¹
非常；特别：呢个人坏到～〔这个人坏极了〕。

【加料】ga¹ liu⁶⁻²
增加分量：呢碟餸系～嘅〔这盘菜是加大了分量的〕｜做作业时时都要～〔做作业经常都要增加分量〕。

【加餸】ga¹ sung³（餸，送）
打牙祭（在某一顿饭餐中增加好的菜肴）：今日～有乜好嘢食呀〔今天打牙祭有什么好吃的〕？

【家嘈屋闭】ga¹ cou⁴ ngug¹ bei³
形容家里吵闹：呢家人成日～嗽〔这家人整天吵吵闹闹的〕。

【家肥屋润】ga¹ féi⁴ ngug¹ yên⁶
家庭富足；丰衣足食。

【家家观世音】ga¹ ga¹ gun¹ sei³ yem¹
每家都供奉着观世音菩萨。情况虽然不一样，但人情世道上是一致的。

【家机】ga¹ géi¹
❶家用织布机，指旧时在家里或小作坊里用的织布机。❷家庭手工生产的：～货｜～米｜～布。

【家机布】ga¹ géi¹ bou³
过去农村用土织布机所织的布。

【家公】ga¹ gung¹
公公（丈夫的父亲，引称）。

【家眷】ga¹ gün³
家属：欢迎带～参加。

【家下】ga¹ ha⁵
现在：～唔同旧时喇〔现在跟过去不同了〕。

【家栏鸡】ga¹ lan⁴⁻¹ gei¹
家庭饲养的鸡。

【家婆】ga¹ po⁴⁻²
婆婆（丈夫的母亲，引称）。

【家山】ga¹ san¹
祖坟。

【家山发】ga¹ san¹ fad³
迷信的人指因为祖坟风水好而荫及子孙。

【家山有眼】 ga^{1} san^{1} yeo^{5} ngan^{5}
祖宗有灵。

【家嫂】 ga^{1} sou^{2}
儿媳妇（多用于对称）。

【家头细务】 ga^{1} teo^{4} sei^{3} mou^{6}
家庭琐事；家务事。

【家爷仔乸】 ga^{1} yé^{4} zei^{2} na^{2}（乸，拿^{2}）
一家大小，全家人。

【家用】 ga^{1} yung$^{6-2}$
❶上等（货）；双料（货）：~手抽〔双料手提篮〕。❷家庭的日常开支：一个月要几多~〔一个月家庭开支要多少〕？

【家姐】 ga^{1} zé$^{2-1}$
亲姐姐（一般指长姐）。〖普通话“家姐”是谦辞，只用于引称而不用于对称，与“家父”、“家兄”等词类似。广州话的“家姐”不是谦辞，引称对称都可用。〗

【家阵】 ga^{1} zen$^{6-2}$
同“家下”。

【家阵时】 ga^{1} zen^{6} xi$^{4-2}$
现在：~你想买乜都有〔现在你想买什么都有〕。

【家俬】 ga^{1} xi^{1}
家具。

【家俬杂(什)物】 ga^{1} xi^{1} zab^{6} med^{6}
家什（shi）；家具。〖“杂”一般写作“什”，应读 seb^{6}，但一般读作 zab^{6}，音如“杂”。〗

【嘉年华会】 ga^{1} nin^{4} wa^{4} wui$^{6-2}$
狂欢节。〖“嘉年华”是英语 carnival 的音译。〗

【嘉应子】 ga^{1} ying^{3} ji^{2}
蜜饯李子（因为旧嘉应州即今梅州的李子最有名）。

【嘉鱼】 ga^{1} yü^{4}
产于西江流域的一种淡水鱼。

【假】 ga^{2}
❶跟“就”字连用，表示相当肯定或坚决的语气：唔系佢就~嘅〔不是他才怪呢〕丨你唔翻去，我唔罚你就~嘅〔你不回去，我不罚你才怪呢〕！❷跟“都”字连用，表示无用或徒劳的意思：冇人愿意负责做，讲乜都~啦〔没有人愿意负责做，说什么也是白搭〕丨洗油漆你唔用电油，洗极都~啦〔洗油漆你不用汽油，怎么洗也是白费劲〕。

【假膊】 ga^{2} bog^{3}
垫肩（衬在上衣肩部的三角形衬垫物）。

【假假地都系】 ga^{2} ga^{2} déi$^{6-2}$ dou^{1} hei^{6}
好赖还是；总还是；总算是：我~高中毕业生〔我总还是个高中毕业生吧〕。

【假过卖猫】 ga^{2} guo^{3} mai^{6} mao^{1}
比喻十分虚伪。过去有些人卖猫，只让看猫的头，不让看猫的全身，容易欺骗买方。故云。

【假柳】 ga^{2} leo^{5}
假情假意的；工艺质量差的。

【假使间】 ga^{2} xi^{2} gan^{1}
假如。

【架】 ga^{3}
量词。辆：一~车丨一~拖拉机。〖“架”的其他用法和普通话大致相

同。】

【*架步】ga³ bou⁶
比较固定的、进行非法活动的地方。

【架鑥】ga³ cang¹（鑥，撑）
工具；家伙：斗木佬嘅～〔木匠的工具〕｜你啲～呢（你的家伙呢）？

【架势】ga³ sei³
堂皇；威风；了不起：呢间屋起得好～〔这房子盖得很堂皇〕｜着起件军褛真够～〔穿起一件军大衣真够威风〕｜做出啲啲成绩就以为好～〔做出一点点成绩就以为很了不起〕。

【㗎¹】ga³（架）
语气词。用在陈述句或疑问句里，相当于"的"：我～｜佢好高～〔他很高〕｜边个～〔谁的〕？

【㗎喇】ga³ la³
语气词。❶表示有把握，认可：实得～〔一定成的〕｜佢改咗好多～〔他改了很多了〕。❷表示说理、警告：树仔唔淋水就会旱死～〔小树不浇水就会旱死的〕｜唔快啲就赶唔切～〔不快点就来不及的了〕。

【㗎喇吗】ga³ la³ ma³
语气词。表示解释、劝说、不言而喻等语气：我用完还番畀你就得～〔我用完了还给你就行了呗〕。

【㗎啦】ga³ la⁴
语气词。表示疑问，多在对某事不十分相信或感到出乎意料时用：咁快就做完～〔这么快就做完了〕？｜噉就得～〔这就成了吗〕？｜放学～？

【㗎咋¹】ga³ za³
同"咋"。

【㗎咋²】ga³ za⁴
同"咋"。

【嫁人】ga³ yen⁴
出嫁。

【驾步】ga³ bou⁶
架势：摆出官老爷～。

【㗎²】ga⁴（架⁴）
语气词。表示疑问（对某事已经知道或略有所知，但仍提问时用）或反诘：系你～〔是你的吗〕？｜我哋～〔我们的吗〕？｜原来噉～〔原来是这样〕？｜唔通系你～〔难道是你的吗〕？

【*㗎佬】ga⁴ lou²
戏指日本人。

gab

【甲克】gab³ heg¹
夹克。

【合（夹）】gab³（又音 geb³）
❶凑；聚合：～钱｜～份〔合股〕｜～埋有几多〔凑起来有多少〕？❷连同：两造禾～埋一造麦亩产有千五斤〔两茬水稻连同一茬小麦亩产有一千五百斤〕。

【合（夹）档】gab³ dong³（又音 geb³ dong³）
同"拍档"。

【合份】gab³ fen⁶⁻²
❶凑份子：大家～买。❷合伙：五个人～开公司。

【合计（夹计）】gab³ gei³⁻²（又音 geb³ gei³⁻²）

合谋（指共同商量进行某种活动）：两个人～去捉鱼。

【合口[1]】gab^3 heo^2（合，又读 geb^3）
接口。

【合埋】gab^3 mai^4
合起来：～有几多人？

【合榫】gab^3 sên^2
榫子，包括榫头和榫眼。

【合牙】gab^3 nga$^{4-2}$
❶合得来。❷合拍。

【合（夹）手】gab^3 seo^2（又音 geb^3 seo^2）
紧密配合：如果大家～，一两日就完成喇〔如果大家配合得好，一两天就完成了〕。

【合（夹）手合脚】gab^3 seo^2 gab^3 gêg^3（又音 geb^3 seo^2 geb^3 gêg^3）
互相配合：大家～快啲做完佢算啰〔大家七手八脚快点干完算了〕。

【夹】gab^3
连词。用在某些意义有关连的两个形容词中间，有“而且”或“又…又…”的意思：爽～甜〔脆而且甜〕｜呢啲嘢平～靓〔这些东西又便宜又好〕｜腌尖～孤寒〔又挑剔又吝啬〕。

【夹板】gab^3 ban^2
胶合板：三～〔三合板〕｜五～〔五合板〕。

【夹万】gab^3 man^6
保险柜。

【夹衲】gab^3 nab^6
夹衣。

【夹硬】gab^3 ngang^6
硬着；用强制手段迫使：～要佢去〔硬是要他去〕｜～迫入去〔硬着挤进去〕｜唔好～嚟呀〔不要硬来〕。

【挟[1]】gab^3
搛（jiān）：～餸〔搛菜〕。

【袷】gab^3
裉，衣服腋下前后相连的部分。

gad

【甲甴】gad^3 zad^6（甲，旧辣切；甴，扎^6。又音 ged^6 zed^6）
蟑螂；偷油婆。

【甲甴屎】gad^6 zad^6 xi^2（又音 ged^6 zed^6 xi^2）
雀斑（脸上的小黑斑点）。

gag

【格】gag^3
窟（坏人聚集做坏事的场所）：烟～〔秘密吸毒的地方〕。

【胳肋底】gag^3 lag^1 dei^2（肋，读音 leg^6）
腋下；腋窝；胳肢窝。

【隔】gag^3
过滤：～渣。

【隔篱】gag^3 léi^4
❶隔壁：佢住喺我～〔他住在我隔壁〕。❷旁边：佢坐喺我～〔他坐在我旁边〕。

【隔篱饭香】gag^3 léi^4 fan^6 hêng^1
邻居的饭菜特别香，形容一些人对自己的东西习以为常，而对别人的

G

东西则十分羡慕。

【隔篱邻舍】gag³ léi¹ lên⁴ sé³
邻居；街坊。

【隔篱二叔婆】gag³ léi⁴ yi⁶ sug¹ po⁴⁻²
隔壁的老太太，泛称邻居老太太。

【隔山买牛】gag³ san¹ mai⁵ ngeo⁴
指未了解实情，心中无数就贸然行事。

【隔夜茶】gag³ yé⁶ ca⁴
歇后语，下一句是“唔倒（赌）唔安乐”，用来形容赌徒嗜赌成性。

【隔夜素馨】gag³ yé⁶ sou³ hing¹
素馨花虽然干了，但仍可以做药材。比喻人虽然起不到原来的作用，却仍然有其他价值。

【隔渣】gag³ za¹
❶过滤渣滓。❷比喻吝啬。

G

【咯】gag³（格）
语气词。表示十分肯定或理所当然：系～，佢亲自讲畀我知～〔是的，他亲口对我说的〕｜我去过～〔我是去过的〕｜畀嚟至得～〔拿来才行嘛〕｜噉唔得～〔这样不行嘛〕！

gai

【佳章】gai¹ zêng¹
打麻将时所得到的好牌，借喻好的办法、好的主意。

【阶砖】gai¹ jun¹
铺设在地面上的方砖。

【街边仔】gai¹ bin¹ zei²
无固定职业，在街边闲游的人，借喻在街边摆摊的小贩。

【街灯】gai¹ deng¹
路灯。

【街斗】gai¹ deo²
可以在较窄的街巷行走的小货车。

【街坊大姐】gai¹ fong¹ dai⁶ zé²
搞街道工作的妇女。

【街口】gai¹ heo²
路口（指街道的路口）：出～等佢〔到路口去等他〕。

【街喉】gai¹ heo⁴
❶街边的自来水龙头。❷马路上的自来水管。

【街巷】gai¹ hong⁶
街道；胡同。

【街知巷闻】gai¹ ji¹ hong⁶ men⁴
家喻户晓：呢件事～啦，边个唔知到〔这件事家喻户晓了，谁不知道呢〕？

【街招】gai¹ jiu¹
广告；启事；海报。

【街市】gai¹ xi⁵
菜市场：呢度好近～〔这里离菜市场很近〕。

【街市仔】gai¹ xi⁵ zei²
在市场上混日子的人。

【街线】gai¹ xin³
外线（能接通市内电话的电话线或电力线）。

【皆因】gai¹ yen¹
都是因为：佢咁曳，～父母管教唔严〔他这么坏，都是因为父母管教不严〕。

【解】gai²
解释：呢个字点～呀〔这个字怎么解释〕？

【解究】gai² geo³

理由：你噉做有乜～呀〔你这样做有什么理由〕？

【介乎】gai³ fu⁴

在…之间；戒于：今日气温～15℃至16℃之间。

【芥辣】gai³ lad⁶

芥末：攻鼻～〔钻鼻子的芥末〕。

【芥兰】gai³ lan⁴⁻²

南方的一种蔬菜，近年北方多有种植。

【芥兰头】gai³ lan⁴⁻² teo⁴

苤蓝。

【戒方】gai³ fong¹

戒尺（旧时私塾教师用来拍击教桌使学生注意听讲或对学生施行体罚的方形木条）。

【戒口】gai³ heo²

忌嘴；忌口。

【戒奶】gai³ nai⁵

断奶。

【鎅】gai³（界）

锯；裁；割：～板〔把木材锯成板子〕｜～纸〔裁纸〕｜～崩手〔割破手〕。

【鎅刀】gai³ dou¹

裁纸或切割薄木板用的刀。

gam

【监¹】gam¹

强迫；勉强：食唔落就咪～佢食〔吃不下就别强迫他吃〕｜呢件事冇人～你做〔这件事没有人强迫你做〕。

【监仓】gam¹ cong¹

监狱；牢房。

【监趸】gam¹ den²

囚犯（骂人的话）。

【监犯】gam¹ fan⁶⁻²

在押的犯人。

【减】gam²

拨（用筷子或棍子等拨）：唔食得咁多就～啲畀佢〔吃不了那么多就拨点给他〕。

【减笔字】gam² bed¹ ji⁶

简化字。

【减实】gam² sed⁶

减到最低价格：～几多钱吖〔减下来最低多少钱〕？

【监²】gam³

带着；趁着（指硬要在某种情况下干某事）：～热食〔热着吃〕｜件衫～湿着〔衣服还湿就穿〕｜～嫩摘。

【监粗嚟】gam³ cou¹ lei⁴（嚟，黎）

硬干；蛮干。

【监硬】gam³ ngang⁶

硬着；强使：～拖佢出去〔硬把他拖出去〕｜～要佢食〔强迫他吃〕。〖“监硬”是“夹硬”的变音。〗

【监平卖】gam³ péng⁴ mai⁶

贱卖，甩卖。

【监生】gam³ sang¹

活活地；活生生地：要你～食咗条鱼〔要你活生生地把这条鱼吃了〕｜～瘗〔活埋〕。

gan

【奸狡】gan¹ gao²

G

狡猾；奸诈。

【奸赖】gan¹ lai³（赖，读音 lai⁶）
赖皮；要赖皮；抵赖不认账：你讲过又唔认，咁～〔你说过又不认账，真赖皮〕。

【奸赖猫】gan¹ lai³ mao¹
要赖皮、抵赖不认账的人（小孩多用）。

【奸猫】gan¹ mao¹
同“奸赖”。

【间¹】gan¹
量词。用于房屋、学校、工厂等：一～屋〔一所房子〕｜一～学校〔一所学校〕｜一～工厂〔一家工厂〕｜一～庙〔一座庙〕。

【枧】gan²（拣）
肥皂：洗衫～｜香～｜～片〔肥皂片儿〕｜～盒。

【枧粉】gan² fen²（枧，拣）
洗衣粉；肥皂粉。

【枧水】gan² sêu²
食用碱水，用草木灰加水过滤而成，多做碱水粽用。

【枧水粽】gan² sêu² zung³⁻²
糯米加碱水做成的粽子。民间多在端午节期间包制。

【拣】gan²
挑；挑选：任～唔嬲〔随便挑选也不在乎〕｜“左～右～，～个烂灯盏”〔俗语。挑来挑去，最后还是挑了个坏的〕。

【拣手】gan² seo²
❶挑选：佢卖嘢冇～㗎〔他卖东西不许挑的〕。❷经过挑选的，上等的：呢啲货系～嘅货〔这些货品是精选的上等货〕。｜～冬菇〔经过精选的香菇〕。

【拣手货】gan² seo² fo³
精选的货品。

【拣剩尾】gan² xing⁶ méi⁵
残货；尾货，卖剩的货物。

【拣饮择食】gan² yem² zag⁶ xig⁶
挑吃；偏食：细路仔～就会营养不良〔小孩挑吃就会营养不良〕。

【拣择】gan² zag⁶
❶挑选。❷挑剔：咁好嘅都唔要，太～喇〔这么好的都不要，太挑剔了〕。

【拣蟀】gan² zêd¹
挑选蟋蟀，比喻选择人才。

【间²】gan³
❶依着尺子划线条：～格〔划格子〕｜～三条线。❷隔开：呢个厅可以～一间房〔这个厅可以隔出一个房间来〕。

【间尺】gan³ cég³
直尺（一般指短的直尺）。

【间花腩】gan³ fa¹ nam⁵
五花肉。

【间格】gan³ gag³
格子：有～嘅簿〔有格子的本子〕。

【间开】gan³ hoi¹
隔开：呢个大房～成两间房〔这个大房隔开成两个房间〕。

【间条】gan³ tiu⁴⁻²
条纹：睡衣中意用～布嚟做（睡衣喜欢用条纹布来做）。

【间中】gan³ zung¹
间或：一个月～休息几日。

gang

【耕】gang¹

❶被套上的线网。❷蜘蛛丝。〖“耕”是“经纬”的“经”的变音。〗

【耕田佬】gang¹ tin⁴ lou²

农民；庄稼汉。

【耕仔】gang¹ zei²

❶雇农；长工。❷以前泛指农民。

【径（迳）】gang³（耕³，读音 ging³）

小路。

【浭】gang³（耕³）

涉水：～水｜～过河。

【挭】gang³（耕³）

❶搅拌：开盐水要唔停嘅～住佢先至溶得快〔化盐水要不断地搅拌才化得快〕。❷捞：～渣。

【浭水】gang³ sêu²

涉水。

【踁手踁脚】gang⁶ seo² gang⁶ gêg³（踁，耕⁶）

诸多妨碍：你企喺度～，行开啦〔你站在这里妨碍着别人，走开吧〕。

gao

【交叉】gao¹ ca¹

叉儿，叉形符号：打一个～〔打一个叉儿〕。

【交带】gao¹ dai³

交代；吩咐：要～个仔锁门〔要交代儿子锁门〕。

【交吉】gao¹ ged¹

交出空房子：规定要28日之前～个嚅（规定要在28日之前交出空房子的啊）。〖广州话“空”与“凶”同音，人们为了避讳，把“交空”改叫“交吉”。〗

【交关】gao¹ guan¹

厉害：今日热得真～｜乜事嘈得咁～〔什么事吵得那么厉害〕？

【茭笋】gao¹ sên²

茭白。

【胶】gao¹

❶橡胶。❷塑料的别名。

【胶擦】gao¹ cad³

橡皮（文具）。

【胶喉】gao¹ heo⁴

橡胶或塑料做的管子。

【胶纸袋】gao¹ ji² doi⁶⁻²

塑胶薄膜包装袋。

【胶箍】gao¹ ku¹

橡皮筋。

【胶拖】gao¹ to¹

橡皮或塑料拖鞋。

【胶通】gao¹ tung¹

同“胶喉”。

【胶丝】gao¹ xi¹

尼龙丝。

【搞边科】gao² bin¹ fo¹

搞什么鬼；搞什么名堂：你喺度～〔你在这里搞什么名堂〕？

【搞掂】gao² dim⁶

弄妥；办妥；弄清楚；处理好：账目～晒未呀〔账目弄妥了没有〕？｜手续～晒咯〔手续全部办妥了〕｜我同你～佢〔我替你处理好它〕｜

感冒食呢啲药一剂～〔感冒服这种药一剂就解决问题〕。

【搞搞震】 gao^{2} gao^{2} zen^{3}

形容人不停地瞎闹，以致妨碍别人：你哋喺度～，人哋都冇办法休息喇〔你们在这儿闹个没完，人家没法休息了〕。

【搞唔掂】 gao^{2} m^{4} dim^{6}

❶吃不消；无能为力：呢几日事情好多，～〔这几天事情很多，忙不过来〕｜呢件工作要佢一个人做，怕佢～呀〔这件工作要他一人干，怕他吃不消〕｜佢仔女多，有啲～〔他子女多，有点困难〕。❷不得了：打烂咗就～喇〔打破了就不得了了〕｜呢个消息走漏咗就～嘞〔这个消息泄漏出去就不得了了〕。

【搞手】 gao^{2} seo^{2}

某件事的发起者、创办者。

【搞汪晒】 gao^{2} wang^{1} sai^{3}

搞黄了，弄坏了：呢件事畀佢～咯〔这件事让他给搞黄了〕。

【搞腡】 gao^{2} wo^{5}（腡，窝^{5}）

弄坏；弄糟。

【搞笑】 gao^{2} xiu^{3}

❶逗乐：我同你～嘅嗻〔我跟你逗乐罢了〕。❷好笑：呢出戏好～〔这出戏很好笑〕。

【搞笑片】 gao^{2} xiu^{3} pin$^{3-2}$

以轻松的题材、滑稽夸张的表演取悦观众的影视片。

【搞作】 gao^{2} zog^{3}

搞；弄；搞法：噉～唔系几好噃〔这么搞法不怎么好吧〕？

【搅吵】 gao^{2} cao^{2}

吵嚷，骚扰：只猫成晚唔知几～〔这只猫整夜不知多吵闹〕。

【搅肠痧】 gao^{2} cêng^{4} sa^{1}

肠梗阻。

【搅风搅雨】 gao^{2} fung^{1} gao^{1} yü^{5}

兴风作浪；播弄是非：有人专门～。

【搅脚】 gao^{2} gêg^{3}

❶搬弄是非的人。❷爱出馊主意的人。

【搅三搅四】 gao^{2} sam^{1} gao^{2} séi^{3}

乱搞一通。

【搅生晒】 gao^{2} sang^{1} sai^{3}

形容人胡乱做一些无意义的事，妨碍别人：你唔好成日喺度～〔你不要整天在这里胡弄了〕。

【搅屎棍】 gao^{2} xi^{2} guen^{3}

比喻爱挑拨离间、搬弄是非的人；爱出坏主意捣乱的人。

【搅是搅非】 gao^{2} xi^{6} gao^{2} féi^{1}

拨弄是非。惹是生非。

【校】 gao^{3}

❶校正（仪器）；调节；对（钟表等）：将个钟～到五点半响〔把钟拨到五点半响〕｜～钟〔对表〕。❷安装（电灯等）。

【校味】 gao^{3} méi^{6}

烹调时加上调料调味。

【校奶】 gao^{3} nai^{5}

用奶粉兑水，调成牛奶喂婴儿。

【校啱】 gao^{3} ngam^{1}

对好。调好：大家～自己嘅表〔大家对好自己的手表〕｜将农药浓度～〔把农药的浓度调好〕。

【铰】gao³
合页；铰链：门～｜钉个～。

【铰剪】gao³ jin²
剪刀；剪子。

【滘】gao³（教）
❶分支的水道：思贤～（水名，在佛山三水）。❷水围着的地面。❸广东省地名用字：道～｜新～。

【觉觉猪】gao³⁻⁴ gao³⁻¹ ju¹
睡觉觉（对幼儿用语）：快啲～啦〔快点睡觉觉吧〕｜重唔～呀〔还不睡觉觉呀〕！

【教飞】gao³ féi¹
搞冒险性的试验：你冇把握就咪将啲嘢嚟～喇〔你没有把握就别拿这些东西来试验了〕｜你投资落去，就等于将钱～嗻〔你投资下去，就等于拿钱去冒险〕。

【教馆】gao³ gun²
旧时指私塾：～先生｜佢喺～教书〔他在私塾里教书〕。

【教路】gao³ lou⁶
出点子。指点：你系行家，你嚟～啰〔你是行家，你来出点子吧〕。

【*教宗】gao³ zung¹
香港人称罗马教皇。

【较脚】gao³ gêg³
逃走。溜走；跑掉。

【较为】gao³ wei⁴
比较。稍微：呢间屋～好啲（这所房子比较好一点）。

【较早时】gao³ zou² xi⁴
早些时候。

【漖】gao³
同“滘”。

gé

【¹嘅】gé²（哥扯切）
语气词。表示反诘、疑问及同意：噉都得～〔这样还成〕？｜呢本书系你～〔这本书是你的〕？｜做乜噉～〔为什么会这样〕？｜都好～〔也好〕。

【²嘅】gé³（哥借切）
❶助词。的（表示修饰、领有关系）：好大间～屋〔很大的房子〕｜我～事｜布～原料｜有噉～规定咩〔有这样的规定吗〕？❷语气词。的（一般用在陈述句末）：唔怕～〔不怕的〕｜广东好热～〔广东很热的〕｜佢实嚟～〔他一定来的〕。

【嘅啫】gé³ zég¹（啫，脊¹）
语气词。❶表示的确如此（语气比较婉转）：佢好得意～〔他是很有趣的〕｜佢去～〔他真的去〕。❷表示疑问：你去唔去～〔你到底去不去〕？

【嘅嚩】gé³ bo³（嚩，播）
语气词，表示声明、提醒的语气：要交钱～〔得交钱的啊〕。

【嘅喇】gé³ la³
语气词。表示理应如此：大家都系噉～〔大家都是这样的了〕。

【嘅啰咩】gé³ lo³ mé¹
语气词。表示深究的疑问：你同意就得～〔你同意就行了吗〕？

【嘅啰喎】gé³ lo³ wo³（喎，窝³）

语气词。表示提醒、声明语气：你放咗入去就唔攞得翻出嚟～〔你放了进去就不能再取出来的啦〕。

【嘅咩】gé^{3} mé^{1}

语气词。表示疑问：呢本书系你～〔这本书真是你的吗〕？

【嘅嗻】gé^{3} zé^{1}（嗻，遮）

语气词。表示说理、申辩：你同佢嘈起嚟，大家赚冇瘾～〔你跟他吵起来，大家落得没趣罢了〕｜你啲啲事都话佢，佢又唔理你～〔你一点点事都说他，他又不理你的〕。

gê

【啝】gê^{1}（哥靴切）

嘟（嘴）；噘：～起个嘴做乜呀〔嘟着嘴干吗〕？｜得啲就～长个嘴〔动不动就噘着嘴〕。

【锯扒】gê^{3} pa$^{4-2}$

戏指用刀叉吃牛排或猪排。

geb

【急急脚】geb^{1} geb^{1} gêg^{3}

匆匆忙忙地走：～噉，去边度呀〔匆匆忙忙的，到哪儿去〕？

【急急口】geb^{1} geb^{1} heo^{2}

嘴急急的，说话嘴快：你～到底要讲乜呀〔你嘴急急的到底要说些什么〕？

【急计】geb^{1} gei$^{3-2}$

急中生智：佢呢个人有～〔他这个人能急中生智〕。

【急口令】geb^{1} heo^{2} ling^{6}

❶绕口令。❷曲艺的一种，边敲着木鱼边说唱。

【急尿】geb^{1} niu^{6}

同“尿急”。

【急屎】geb^{1} xi^{2}

同“屎急”。

【蛤】geb^{3}

青蛙或田鸡。

【蛤蚂】geb^{1} guai^{2}（蚂，拐）

青蛙。

【蛤乸】geb^{1} na^{2}（乸，拿^{2}。又音 geb^{3} na^{2}）

田鸡；大青蛙。

【合口^{2}】geb^{3} heo^{2}

介面、机件间的接合处。

【及第粥】geb^{6} dei$^{6-2}$ zug^{1}

一种肉粥，内有肉片、猪肝、猪肠或丸子等三样东西。又叫“三及第”。

ged

【吉】ged^{1}

空的。〖“空”与“凶”同音，迷信的人认为不吉利，改用“吉”。因此，“空屋”、“空事”、“空手”、“空身”等常有人叫作“吉屋”、“吉事”、“吉手”、“吉身”。〗

【吉屋】ged^{1} ngug^{1}

空房。

【刮】ged^{1}（吉）

刺；扎：～个窿〔扎一个眼儿〕｜～亲手〔扎破了手〕。

【咭】ged^{1}（吉）

G

球队的后卫：打～〔充当后卫〕。〖“咭”是英语 guard 的音译词。〗

【桔】ged¹
柑橘的一种，皮薄，黄色，味酸甜。

【吃口吃舌】ged⁶ heo² ged⁶ xid⁶
结结巴巴：讲话～，一啲都唔清楚〔说话结结巴巴，一点也不清楚〕。

【趷（趌、趌）】ged⁶（吉⁶）
❶一拐一拐地走路：佢行到～下～下，脚好似好痛〔他走得一拐一拐的，脚似乎很疼〕。❷单脚跳。❸跷（qiāo）：～起只脚〔把腿跷起来〕。❹翘（qiào）；欠（身）：～起手指公〔跷起大拇指〕｜只狗～起条尾〔狗翘起尾巴〕｜～起身〔欠起身〕。❺踮（提起脚跟站着）：～高脚都睇唔到〔踮起脚也看不见〕。❻走；滚：快啲～开〔快点滚开〕。

【趷跛跛】ged⁶ bei¹ bei¹
单脚跳（一种儿童游戏）。

【趷趷贡】ged⁶ ged⁶ gung³
一拐一拐地走路。形容腿脚有毛病的人走路时的样子。

【趷脚】ged⁶ gêg³
同“趷❶”。

【趷路】ged⁶ lou⁶
滚蛋。

gêg

【¹脚】gêg³
❶脚：落～踹〔用脚踩〕。❷腿：佢只～好长，条裤要三尺半至够〔他的腿很长，裤子要三尺五长才够〕｜台～〔桌子腿〕。❸游戏或赌局中的人手：唔够～〔人手不够〕｜差一个～〔差一个人〕。

【²脚】gêg³
❶沉渣；残渣；液体的剩脚。❷残货：卖剩～唔值钱〔卖剩的残货不值钱〕。

【脚板底】gêg³ ban² dei²
脚掌。

【脚板堂】gêg³ ban² tong⁴
脚掌；脚心。

【脚甲】gêg³ gab³
脚趾甲。

【脚铰】gêg³ gao³
腿脚的关节。❶踝，脚腕子（脚脖子）。❷膝关节。

【脚瓜】gêg³ gua¹
腿肚子（小腿的腓肠肌）。

【脚瓜肒】gêg³ gua¹ dem¹（肒，多阴切）
同“脚瓜”。

【脚瓜瓤】gêg³ gua¹ nong⁴⁻¹
同“脚瓜”。

【脚骨】gêg³ gued¹
小腿；腿杆子：打出～〔露出小腿〕｜佢～好使得，一日行七八十里路重好平常〔他的腿杆子很棒，一天走七八十里路还很平常〕。

【脚骨力】gêg³ gued¹ lig⁶
腿力（走路的耐久力）。

【脚趾公】gêg³ ji² gung¹
脚拇趾。

【脚趾罅】gêg³ ji² la³
脚趾缝儿。

【脚趾尾】gêg³ ji² méi⁵⁻¹

脚小趾。

【脚面】gêg³ min⁶⁻²
脚背。

【脚眼】gêg³ ngan⁵
踝子骨。

【脚坳】gêg³ ngao³
腘窝（膝部的后面）。

【脚肚】gêg³ tou⁵
同“脚瓜”。

【脚肚瓤】gêg³ tou⁵ nong⁴⁻¹
同“脚肚”。

【脚鱼】gêg³ yü⁴
鳖；王八。

【脚踭】gêg³ zang¹（踭，争）
脚后跟。

【脚掣】gêg³ zei³（掣，读音 qid³）
脚动刹车。

G

gei

【¹鸡】gei¹
扳机：攥～〔扣扳机〕｜滑咗～〔走了火〕。

【²鸡】gei¹
哨子：吹～。

【³鸡】gei¹
妓女。

【⁴鸡】gei¹
植物长在节上的芽：竹～｜蔗～。

【鸡春（橁）】gei¹ cên¹
鸡蛋。

【鸡蛋花】gei¹ dan⁶ fa¹
一种落叶小乔木，花五瓣，外白心黄如鸡蛋，可制作清凉饮料。广东、云南有栽培。

【鸡蛋果】gei¹ dan⁶ guo²
西番莲果，形似鸡蛋，味酸甜。

【鸡啄唔断】gei¹ dêng¹ m⁴ tün⁵（啄，读音 dêg³）
形容人说话很多，老说不完：佢鬼咁谮气，讲话好似～噉〔他唠叨极了，说话没个完〕。

【鸡窦】gei¹ deo³（窦，读音 deo⁶）
鸡窝。

【鸡花】gei¹ fa¹
小雏鸡。

【鸡芙翅】gei¹ fu⁴ qi³
鸡胗肝。

【鸡脚】gei¹ gêg³
把柄（被人用以攻击的过失）：你系唔系有～畀佢揸住〔你是不是有把柄让他抓住〕？

【鸡关】gei¹ guan¹
鸡冠。

【鸡噉脚】gei¹ gem² gêg³（噉，敢）
形容人急急忙忙走路（有贬意）。

【鸡公】gei¹ gung¹
公鸡。

【鸡公车】gei¹ gung¹ cé¹
手推独轮木车。

【鸡公花】gei¹ gung¹ fa¹
鸡冠花。

【鸡壳】gei¹ hog³
鸡架子（鸡除去皮肉和内脏所剩下的骨架）。又叫“鸡朴”。

【鸡项（橁）】gei¹ hong⁶⁻²
小母鸡（未下过蛋或虽下过蛋但未抱窝孵过小鸡的母鸡）。

【鸡子】 gei^{1} ji^{2}

公鸡的睾丸。

【鸡埘】 gei^{1} ji^{2}（埘，读音 xi^{4}）

鸡窝（一般指固定的鸡窝，多为木制）。

【鸡咳】 gei^{1} ked^{1}

❶比喻不屑一顾的事：呢件事我当系～〔这事不值一提〕。❷干咳。

【鸡䆀】 gei^{1} lai^{1}（䆀，拉）

一窝鸡中长得最小的鸡。

【鸡靓】 gei^{1} léng$^{3-1}$

童子鸡。

【鸡尾】 gei^{1} méi^{5}

鸡屁股，鸡尾巴锥形的肥肉。

【鸡忘记】 gei^{1} mong^{4} géi^{3}

鸡的脾脏。民间传说人吃了它会健忘。

【鸡毛鸭血】 gei^{1} mou^{4} ngab^{3} hüd^{3}

形容十分狼狈、惨败：呢次畀佢搞到～〔这次让他搞得惨了〕。

【鸡毛扫】 gei^{1} mou^{4} sou$^{3-2}$

鸡毛掸子。

【鸡乸】 gei^{1} na^{2}（乸，拿^{2}）

母鸡。

【鸡乸窦】 gei^{1} na^{2} deo^{3}（窦，读音 deo^{6}）

母鸡产卵孵小鸡的窝。

【鸡乸婆】 gei^{1} na^{2} po^{4}

同“鸡乸”。

【鸡潺】 gei^{1} nen^{1}

鸡的稀屎。

【鸡屙尿】 gei^{1} ngo^{1} niu^{6}

指稀奇的事，不可能的事。

【鸡皮】 gei^{1} péi^{4}

鸡皮疙瘩：冻到我起晒～〔冷得我起了鸡皮疙瘩〕。

【鸡皮纸】 gei^{1} péi^{4} ji^{2}

牛皮纸。

【鸡婆】 gei^{1} po^{4}

同“鸡乸婆”。

【鸡朴】 gei^{1} pog^{3}

同“鸡壳”。

【鸡泡鱼】 gei^{1} pou^{5} yu^{4}（泡，读音 pao^{3}）

河豚（一种有毒的鱼）。

【鸡生肠】 gei^{1} sang^{1} cêng^{4}

母鸡的子宫。

【鸡心柿】 gei^{1} sem qi$^{5-2}$

柿子的一种，个儿小，形状像鸡心。

【鸡肾】 gei^{1} sen$^{6-2}$

鸡胗（鸡的胃）。

【鸡肾衣】 gei^{1} sen$^{6-2}$ yi^{1}

鸡内金（鸡胃的内皮）。

【鸡手鸭脚】 gei^{1} seo^{2} ngab^{3} gêg^{3}

毛手毛脚：呢个人～，做乜都唔得〔这个人毛手毛脚，干什么都不行〕。

【鸡岁】 gei^{1} sêu^{3}

鸡嗉囊。

【鸡头】 gei^{1} teo^{4}

指老公鸡。

【鸡同鸭讲】 gei^{1} tung^{4} ngab^{3} gong^{2}

鸡跟鸭说话。❶形容人语言不同，无法交际。❷形容各持己见，没有共同语言。

【鸡士】 gei^{1} xi^{2}

元（货币单位，一般用于少量的钱，现已少用）。

【鸡屎果】 gei^{1} xi^{2} guo^{2}

番石榴。

【鸡翼】gei¹ yig⁶

鸡翅。

【鸡翼袖】gei¹ yig⁶ zeo⁶

极短的袖子。

【鸡仔饼】gei¹ zei² béng²

一种饼食，糖和肉作馅，味甜带咸。

【鸡仔蛋】gei¹ zei² dan⁶⁻²

半孵化的鸡蛋。

【鸡仔媒人】gei¹ zei² mui⁴ yen⁴

❶爱管闲事的人：佢正一系～〔他真正是个好管闲事的人〕。❷做吃力不讨好的事或多管闲事：唔好专做埋晒啲～〔别尽是多管闲事〕。

【偈】gei²（读音 gei⁶）

话：倾～〔闲谈；谈心〕｜有乜～好倾吖〔有什么可聊的〕！

【偈油】gei² yeo⁴（偈，读音 gei⁶）

机器润滑油。

【计¹】gei³⁻²

计谋；办法；主意：谂～〔想办法〕｜出～。

【计仔】gei³⁻² zei²

同“计”。

【计²】gei³

❶算；计算：～数〔算账〕｜～一下睇几多钱〔算一下，看多少钱〕。❷照；按照；依：～我睇今年会增产〔照我看今年会增产〕｜～你话点好吖〔依你说怎么好呢〕？

【计带】gei³ dai³

计较；在意；介意：任你点都得，佢冇～嘅〔随你怎么都成，他不会计较的〕｜你讲乜我都唔～〔你说什么我也不在意〕｜你唔好～呀〔你不要介意啊〕。

【计我话】gei³ ngo⁵ wa⁶

按照我的意思；依我看：～重系参加好〔依我看还是参加好〕。

【计数】gei³ sou³

计算；算账。

【计数机】gei³ sou³ géi¹

计算机；计算器。

【计正】gei³ zéng³（正，读音 jing³）

按理说；本来：～佢唔应该噉做〔按理说他不应该这样做〕｜～佢唔使出钱嘅〔本来他是不必出钱的〕。

【髻是丁】gei³ xi⁶ ding¹

把辫子盘在脑后的发髻。

géi

【机袖】géi¹ sêd¹

“飞机袖”的简称，即飞行员穿的夹克。也泛指夹克。

【基】géi¹

埂子：桑～鱼塘｜“木棉花开透，筑～兼使牛”（农谚）。〖“基”是“田基”、“基围”的简称。〗

【*基佬】géi¹ lou²

同性恋者。（“基”是英语 gay 的音译。）

【基围】géi¹ wei⁴

防潮水或洪水的堤坝。

【基围虾】géi¹ wei⁴ ha¹

生长在咸淡水交汇处的虾。

【几】géi²

❶多；多少（表示疑问）：佢～大呀〔他多大了〕？｜路有～远〔路有多

远〕？｜～个人？❷多；多么（表示惊异、赞叹）：睇佢～好〔看他多好〕｜佢做得～快呀〔他干得多快〕！❸相当；算是；还算：呢度冬天都～冷㗎〔这里冬天相当冷的〕｜工作都～顺利㗎〔工作还算顺利〕｜今年嘅收成都～好〔今年的收成还算不错〕。❹（不）太；（不）很；（不）怎么（用在否定词后面）：冇～远〔不很远〕｜唔算～快〔不算太快〕｜香蕉未系～熟〔香蕉不怎么熟〕。〖"几"还表示不大的数目，这和普通话的用法差不多。但广州话"几"可用在十、百、千、万和量词之间；普通话除了用在十和量词之间外，百、千、万和量词之间都不用"几"，只用"多"。如：百～斤〔一百多斤〕｜千～文〔一千多元〕｜三万～人〔三万多人〕。〗

【几大】 géi² dai⁶（又音 géi² dai⁶⁻²）
表示决心大：～都要去〔无论如何也要去〕。

【几大就几大】 géi² dai⁶ zeo⁶ géi² dai⁶
不管怎么样也不怕；豁出去了：～，我横掂都唔怕〔怎么样就怎么样，我反正不怕〕。

【几多】 géi² do¹
多少（问未知数）：有～人嚟参观〔有多少人来参观〕？｜你想借～本？

【几咁】 géi² gem³
同"几❷"。

【几咁闲】 géi² gem³ han⁴
很随便；无所谓；算不了什么：呢件事～，使乜咁紧张吖〔这事算不了什么，不必那么紧张〕。

【几够】 géi² geo³
相当：呢度都～热呀〔这里也相当热的〕。

【几…下】 géi²…ha⁵
相当；挺…的：呢幅画几好睇下〔这幅画挺好看的〕。

【几系】 géi² hei⁶
认为事物在某方面达到相当的程度，但又不明白说出，近似普通话的"相当那个"或"够什么的"：行咗一日山路，只脚都～㗎〔走了一天山路，我的腿相当那个〕｜叫佢带咁多嘢，都～㗎〔让他带那么多东西，够什么的〕。

【几难先至】 géi² nan⁴ xin¹ ji³
好容易才…：～起好呢间屋〔好容易才盖好这所房子〕｜～等到你毕业。

【几耐】 géi² noi⁶
多久；多长时间：重有～至毕业〔还有多久才毕业〕？

【几耐世秋】 géi² noi⁶ sei³ ceo¹
好长一段时间：我唔知～冇打波咯〔我不知有多长时间没有打球了〕。

【几十百】 géi² seb⁶ bag³
无数；很多很多：我讲咗～次你都唔明〔我说了无数次你都不明白〕。

【几时】 géi² xi⁴⁻²
❶什么时候；多会儿：你～去广州？｜你系～嚟㗎〔你是多会儿来的〕？❷指任何时间：佢～都有理〔他什么时候都有理〕。

【几时几日】 géi² xi⁴ géi² yed⁶
何时何日；什么时候：佢出国唔知～至翻得嚟〔他出国不知道何时何

日才能回来〕｜你个仔而家至几岁，～至等到饮你嘅喜酒吖〔你儿子现在才几岁，什么时候才等到喝你家的喜酒啊〕｜我～讲过呢句话吖〔我什么时候说过这句话〕？

【记】 géi³

❶做某些名词、动词的尾码：老友～｜走～。❷做小商店店名末一个字：陈～｜占～。❸加在单音人名之后，表示亲热：辉～｜强～。

【记挂】 géi³ gua³

挂念；惦念：咁大个仔出门，你唔使～佢嘅〔那么大的孩子出门，你不必惦着他〕。

【记认】 géi³ ying⁶

记号：我把刀有～嘅〔我的刀是有记号的〕。

【寄住】 géi³ ju⁶

寄居。

【寄声】 géi³ séng¹

捎口信；带话儿；寄语："悲歌一曲～入汉邦"（粤曲《昭君出塞》唱词）。

【忌廉】 géi³ lim¹

奶油：～饼干｜～威化饼〔奶油维夫干饼〕。〖"忌廉"是英语 cream 的音译词。〗

【既然之】 géi³ yin⁴ ji¹

既然：～你同意咗，我就唔反对咯〔既然你同意了，我就不反对了〕。

【忌】 géi⁶

顾忌：你唔使成日～住人嘅〔你用不着整天顾忌着别人〕。

gem

【今】 gem¹

这：～次〔这次〕｜～回〔这回〕。

【今个月】 gem¹ go³ yüd⁶

本月；这个月。

【今朝】 gem¹ jiu¹

今早；今天早上。

【今朝早】 gem¹ jiu¹ zou²

今早；今天早上。

【今晚】 gem¹ man⁵

今天晚上。

【今晚黑】 gem¹ man⁵ hag¹

今天晚上；今晚。

【今晚夜】 gem¹ man⁵ yé⁶

今晚；今天夜里：～我值班。

【今次】 gem¹ qi³

这次。

【今匀】 gem¹ wen⁴

这次；这一回。

【今时】 gem¹ xi⁴

现在，现今：～还～，往日还往日〔现在是现在，过去是过去〕。

【今日】 gem¹ yed⁶

今天。〖由于同化作用，也变读作 gem¹ med⁶，音如"今物"。〗

【甘】 gem¹

吃含油脂较多的食物时所感觉到的味道：椰子干越嚼越～〔椰子干儿越嚼越香〕。

【甘凉】 gem¹ lêng⁴

指食物甘甜而清凉，像吃青橄榄、油甘果等的味道。

【甘心忿气】gem¹ sem¹ fen⁶ héi³
甘心情愿。

【甘笋】gem¹ sên²
胡萝卜的别名。

【甘甜】gem¹ tim⁴
香甜可口，像吃带有油脂性的东西如椰子、核桃、花生、腰果或香芋头、榴莲等的味道。

【金鸡瓦】gem¹ gei¹ nga⁵
墙头上插着的破碎玻璃片。

【金脚带】gem¹ gêg³ dai³
金环蛇，身上黄黑相间，多在夜间出动，为两广地区常见的毒蛇。

【金禧】gem¹ héi¹
某一组织或单位五十周年庆典。

【金睛火眼】gem¹ jing¹ fo² ngan⁵
❶极度疲劳的样子：今日瘡到我～（今天累得我眼冒金星）。❷因疲劳而眼睛充血发红：连做二十几钟头，个个都～（连续干了二十几个钟头，个个都眼睛发红）。

【金猪】gem¹ ju¹
供神、祭奠或婚嫁时用的烤全猪。

【金钜】gem¹ ngag⁶⁻²
金镯子。

【金银膶】gem¹ ngen⁴ yên⁶⁻²（膶，闰⁶⁻²）
腊猪肝，中间夹有肥肉。

【*金牛】gem¹ ngeo⁴
俗指面额为一千元的港币。

【金菠箩】gem¹ po¹ lo¹
极为珍贵的东西，比喻受娇宠的孩子。

【金埕】gem¹ qing⁴
装尸骨的坛子，外面涂有金黄色的釉。

【金山】gem¹ san¹
指美国三藩市，又名旧金山，后又泛指美洲。

【金山伯】gem¹ san¹ bag³
指从北美洲归国的老华侨。

【金山橙】gem¹ san¹ cang⁴⁻²
美洲出产的橙子。

【*金山丁】gem¹ san¹ ding¹
指美洲或澳洲华侨中富有而又易受欺骗的人。

【金山客】gem¹ san¹ hag³
美洲归国华侨。

【金山翅】gem¹ san¹ qi³
指美洲中部地区所产的鱼翅。

【金镶玉石板】gem¹ sêng¹ yug⁶ ség⁶ ban²
客家人一种酿豆腐的美称。把豆腐切成块状后，再把调好味的肉末放在每一块豆腐的中央，蒸熟食用。

【*金鱼缸】gem¹ yü⁴ gong¹
戏称香港交易所（港交所）。

【金鱼黄】gem¹ yü⁴ wong⁴⁻²
桔黄色；杏黄色。

【金针】gem¹ zem¹
黄花菜。

【金橘】gem¹ gued¹
一种小橘子，连皮吃。（现多叫“金桔”）

【感暑】gem² xu²
中暑。

【噉】gem²（敢）
❶这样；那样；这么；那么：大家

都～做｜～嘅机会唔多〔这样的机会不多〕｜个个都话系～〔大家都说是这样〕｜～都得嘅〔这还行〕！❷（像）……似的；（像）……一样的：佢大力到只牛～〔他力气大得像牛似的〕｜佢好似有病～〔他像有病似的〕｜老鼠～眼〔像老鼠似的眼睛〕｜癐到乜～〔累得什么似的〕。❸助词。用在象声词、形容词、词组或重叠的数量词的后面，相当于普通话的"地"或"的"：当～跌咗落地〔当的一声掉在地上〕｜一步一步～行〔一步一步地走〕｜佢个面红红～，好似发烧〔他的脸红红的，像是发烧〕｜揸住手～教佢〔手把手地教他〕。❹用在动词或形容词的后面，表示行为、性质状态或数量达到某种程度（又读 gam²）：我畀～好多佢喇〔我给了他很多了〕｜佢要～成半〔他要了足有一半〕｜减～两成〔减少了两成〕｜佢嘅病好～啲咯〔他的病好一些了〕｜你件衫好似长～啲〔你的衣服似乎长了一点〕。〖由于普通话的影响，普通话"形容词＋地"作状语的格式，广州话也大量采用"形容词＋噉"的格式。如：顽强～战胜咗大旱〔顽强地战胜了大旱〕｜光荣～出席代表大会。〗

G

【…噉款】 gem² fun²

同"…噉头"。

【噉唔系】 gem² m⁴ hei⁶

可不是：～，我都话过咯〔可不是吗，我都说过了〕。

【…噉头】 gem² teo⁴

成了…的样子：你睇佢着得经理～〔你看他穿的像个经理的样子〕｜照睇好似冇行～嚅〔看来像是没有希望的样子了〕。

【噉又得】 gem² yeo⁶ deg¹

表示惊讶，有"居然可以这样"的意思：吓，～，真估唔到〔啊，居然可以这样，真想不到〕。

【噉样】 gem² yêng⁶⁻²

这样；这么样：不然～罢啦〔要不然这样算了〕｜大家都似你～就好咯〔大家都像你这样就好了〕。

【噉又系】 gem² yeo⁶ hei⁶

可也是（表示从对方的话中有所启发）：你话唔买好，～嚅〔你说不买好，可也是啊〕。

【噉就】 gem² zeo⁶

那就：如果落雨～唔去咯〔如果下雨那就不去了〕。

【噉重得掂】 gem² zung⁶ deg¹ dim⁶

这还了得：咁细个就食烟，～〔这么小就抽烟，这还了得〕！

【咁】 gem³（禁）

❶这么；那么；这样；那样：唔好行～快〔不要走得那么快〕｜做乜～开心呀〔为什么那么高兴〕？｜冇你～叻〔没有你这么聪明能干〕。❷助词。用在某些词或词组的后面，共同作后面的动词的状语：猛～锄〔一个劲儿地锄〕｜搏命～做〔拼命地干〕｜成日～讲〔整天地说〕。

【咁大个仔（女）】 gem³ dai⁶ go³ zei²（nêu⁵⁻²）

直译是"这么大的孩子"，实际上是"长这么大了"的意思：我～都未听过有呢种事〔我长这么大了还没有听过有这种事情〕。

【咁多位】gem^{3} do^{1} wei$^{6-2}$

诸位；各位（指在场的所有人）：～都请晒〔在场的各位都邀请〕。

【咁滞】gem^{3} zei^{6}

助词。用在动词或形容词后面，表示快要、即将、差不多等意思：饭熟～咯〔饭快要熟了〕｜佢有三十岁～咯〔他差不多有三十岁了〕｜人嚟齐～嘑喇〔人差不多来齐了〕。

【撳】gem^{6}（金^{6}）

按；摁：～实张纸〔把纸摁着〕。

【撳沉】gem^{6} cem^{4}

压垮。

【撳地游水】gem^{6} déi^{6} yeo^{4} sêu^{2}

双手着地游泳，比喻没有进步，也比喻做事稳当。

【撳钉】gem^{6} déng^{1}

图钉；摁钉。

【撳住头】gem^{6} ju^{6} teo^{4}

不停地；一个劲儿地；头也不抬地：～噉做〔不停地干〕｜～噉睇〔头也不抬地看〕。

【撳鹧鸪】gem^{6} zé^{3} gu^{1}

比喻乘机敲竹杠。

【撳掣】gem^{6} zei^{3}（掣，读音 qid^{3}）

摁开关，摁电铃、门铃。

gém

【嗞】gém^{1}

❶局（球赛的一局）：一个～｜五～三胜。❷输（输一场球，多用于乒乓球）：佢～咗〔他输了〕。〖“嗞”（gém^{1}）是英语 game 的音译词。〗

gen

【斤两】gen^{1} lêng$^{5-2}$

分量。重量。

【根蔃】gen^{1} gêng^{2}（蔃，姜^{2}）

❶植物的根部，包括主根和须根。❷来头，原由：佢发达系有～嘅〔他发达是有原由的〕。

【跟风】gen^{1} fung^{1}

跟潮流；随风转向。

【跟红顶白】gen^{1} hung^{4} ding^{2} bag^{6}

对权贵谄媚，对普通人则蛮横。

【跟进】gen^{1} zên^{3}

接着要做。紧接着做：呢件事我会～嘅〔这件事我会接着做的〕。

【跟住】gen^{1} ju^{6}

接着；紧跟着：开完会～讨论。

【跟佬】gen^{1} lou^{2}

女子私奔。

【跟尾】gen^{1} méi^{5}

尾随；跟随；排在……后面：你～嚟啦〔你跟在后面来吧〕｜咪跟住佢尾〔别跟着他〕｜你跟佢尾〔你排在他后面〕。

【跟尾狗】gen^{1} méi^{5} geo^{2}

指总是跟着别人后面走，自己毫无主见，人云亦云的人。

【跟眼】gen^{1} ngan^{5}

用眼睛看看；盯一下；稍加注意：我呢啲行李唔该同我跟下眼〔我这些行李请你帮照看一下〕。

【跟手】gen^{1} seo^{2}

紧接着；跟着；顺手：食完饭～洗碗〔吃完饭接着洗碗〕｜你～做埋佢啦〔你顺手把它做完了吧〕。

【跟手尾】gen¹ seo² méi⁵
"手尾"指未做完的工作，"跟手尾"即替人家完成未做完的工作，引申为承接人家的麻烦事儿。

【紧】gen²
助词。用在动词后面，说明动作正在进行：佢开～会〔他正在开会〕｜呢个问题我哋研究～〔这个问题我们正在研究〕。

【紧身】gen² sen¹
紧身衣：棉～。

【紧事】gen² xi⁶
要紧的事；紧急的事：你有乜～呀〔你有什么要紧的事〕？

G

【紧要】gen² yiu³
❶要紧。❷厉害：冻得好～〔冷得很厉害〕。

【艮】gen³
身体接触或靠近冰冷的东西时的感觉：冬天瞓席好～肉〔冬天睡席子挺冰凉的〕。

【近厨得食】gen⁶ cêu⁴ deg¹ xig⁶
比喻依靠有利地位获得更多利益，相当于"近水楼台先得月"。

【近住】gen⁶ ju⁶
靠近；接近：我屋企～学校〔我家靠近学校〕｜～年尾〔接近年底〕。

【近呢排】gen⁶ ni¹ pai⁴⁻²
最近一段时间：～你几好吗〔最近你好吗〕？

【近排】gen⁶ pai⁴⁻²
最近。

【近身妹】gen⁶ sen¹ mui⁶⁻¹
旧时指贴身婢女。

【近一排】gen⁶ yed¹ pai⁴
最近一段时间。

geng

【¹ 梗】geng²
❶（机件转动）不灵活；紧：水喉好～，唔拧得噢〔水龙头很紧，拧不动〕｜眈高头睇嘢，顧到颈都～咗〔抬着头看东西，仰得脖子都动不了了〕。❷固定的；定死的：定～星期五晚开会〔铁定星期五晚开会〕｜几多租金要讲～呀〔多少租金要定死啊〕。

【² 梗】geng²
当然；一定：～系啦〔当然是了〕｜学咁耐～会啦〔学那么长时间当然会了〕｜今日～落雨〔今天一定下雨〕｜佢～知〔他一定知道〕。

【梗板】geng² ban²
❶死板；机械；不会变通：呢个人好～〔这个人很机械〕｜要注意灵活性，太～亦唔得〔要注意灵活性，太死板也不行〕。❷固定的；定死的：～系佢嘅任务〔固定是他的任务〕。

【梗颈】geng² géng²
脾气拗，不听从别人的劝告。

【梗系】geng² hei⁶
当然：我～唔应承啦〔我当然不答应了〕。

【更之】geng³ ji¹
更加：呢个办法～唔妥〔这个办法更加不妥〕。

géng

【惊】géng¹（读音 ging¹）
怕；害怕：唔使～〔不要怕〕｜我唔～佢〔我不怕他〕｜吓一～〔吓了一跳〕。

【惊青】géng¹ céng¹（青，读音 qing¹）
慌张：定啲，咪咁～〔镇定一点，不要那么慌张〕。

【惊住】géng¹ ju⁶
担心：我～佢唔同意〔我担心着他不同意〕｜～带唔够钱〔担心钱没带够〕。

【惊死】géng¹ séi²
担心；生怕：我～佢唔嚟〔我很担心他不来〕｜我～你讲错咗呀〔我生怕你说错了〕。

【颈】géng²
脖子。

【颈巾】géng² gen¹
围巾；围脖儿。

【颈喉】géng² heo⁴
喉咙：～痛〔喉咙痛〕。

【颈喉纽】géng² heo⁴ neo²
上衣靠近喉头的扣子。

【颈渴】géng² hod³
渴；口渴：热到好～〔热得很渴〕。

【颈疬】géng² leg⁶
瘰疬（颈部淋巴腺结核）。

【颈链】géng² lin⁶⁻²
项链。

【颈性】géng² xing³
脾气；脾性。

【镜】géng³
镜头：上～｜抢～｜出～。

【镜架】géng³ ga³⁻²
镜框子。

【镜面】géng³ min⁶⁻²
较厚的衣服因长期压磨而形成的光面。

【镜屏】géng³ ping⁴
镶有座脚的大镜子；作为礼物的镜框。

【憬】géng⁶（镜⁶）
❶提防：要～住扒手〔要提防着扒手〕。❷打架或发生纠纷时，强者对弱者采取忍让、克制的态度：佢细个，你要～下佢〔他小，你要让着他一点〕。❸小心：～住，咪打烂嘢〔小心点，别打坏了东西〕。❹妨碍：～手～脚〔碍手碍脚〕｜企喺度～住晒〔站在这里太妨碍人了〕。

【憬惜】géng⁶ ség³（惜，读音 xig¹）
❶同“憬❷”。❷小心；爱惜：公家嘅嘢要特别～至系〔公家的东西要特别爱惜才是〕｜搬缸瓦要好～至得〔搬缸瓦陶器要很小心才行〕。

【憬手憬脚】géng⁶ seo² géng⁶ gêg³
缩手缩脚：你放胆做，唔使～嘅〔你放手干，不必缩手缩脚〕。

gêng

【姜醋】gêng¹ cou³
用姜和醋炖猪蹄子（产妇食用）。

【姜酌】gêng¹ zêg³
满月酒。

【姜酒】gêng¹ zeo²

同“姜酌”。

【薑】gêng² （姜²）

根：树～｜有根有～。

geo

【屄】geo¹

男阴（粗鄙话）。

【九出十三归】geo² cêd¹ seb⁶ sam¹ guei¹

高利贷的盘剥方式。只付出借额的九成，却按原借额加三成收回。

【九大簋】geo² dai⁶ guei²

丰盛隆重的筵席（“簋”是古代盛食物的器皿，过去人们摆筵席一般以九个簋盛九种菜肴为最隆重，故名）。

G

【九曲十三弯】geo² kug¹ seb⁶ sam¹ wan¹

形容道路弯曲。

【九唔搭八】geo² m⁴ dab³ bad³

形容人思想紊乱，做事没有条理：佢讲话～〔他说话杂乱无章〕。

【九成九】geo² xing⁴ geo²

百分之九十九，表示可能性极大：我话～系佢〔我说很可能是他〕｜呢件事冇十足嘅把握都有～嘅嘞〔这件事没有十足的把握也有百分之九十九的可能性〕。

【九因歌】geo² yen¹ go¹

九九歌；乘法口诀。

【久不久】geo² bed¹ geo²

同“久唔久”。

【久唔久】geo² m⁴ geo²

❶久而久之：大家～就习惯晒喇〔大家久而久之就完全习惯了〕。❷不时：大家～见下面都几好嘅〔大家不时见一下面也很不错的〕。

【久一…久二…】geo² yea¹…geo² yi⁶…

指断断续续地干某事：久一做啲久二做啲，冇几耐就做完喇〔一下子做一点，一下子又做一点，不多久就做完了〕｜久一写啲久二写啲，重怕写唔完咩〔今天写一点，明天写一点，还怕写不完吗〕？

【狗髀架】geo² béi² ga³

三脚架。

【狗竇】geo² deo³ （竇，读音 deo⁶）

狗窝。

【狗尾粟】geo² méi⁵ sug¹

小米。

【狗毛虫】geo² mou⁴ cung⁴

毛虫；毛毛虫。

【狗牙】geo² nga⁴

锯齿状的：～边嘅手巾仔〔锯齿边的手绢〕。

【狗眼睇人低】geo² ngan⁵ tei² yen⁴ dei¹

讽刺势利的人瞧不起人。

【狗咬狗骨】geo² ngao⁵ geo² gued¹

狗咬狗；互相勾心斗角。

【狗怕夏至】geo² pa³ ha⁶ ji³

广东习俗，人们喜欢在夏至时吃狗肉。

【狗虱】geo² sed¹

跳蚤。

【狗虱觉】geo² sed¹ gao³

睡得不安宁的觉。

【**狗屎当干姜**】geo^{2} xi^{2} dong^{3} gon^{1} gêng^{1}

比喻错把废品当作宝贝。

【**狗爪边**】geo^{2} zao^{2} bin^{1}

反犬旁；犬犹儿（汉字偏旁“犭”）。

【**狗爪豆**】geo^{2} zao^{2} deo$^{6-2}$

豆子的一种，豆荚厚，产量多，可以吃。

【**狗仔**】geo^{2} zei^{2}

家伙（手枪。诙谐的说法）。

【**狗仔队**】geo^{2} zei^{2} dêu$^{6-2}$

经常紧随某些名人，偷拍其照片的摄影者。

【**够^{1}**】geo^{3}

副词。表示申辩、反诘，用在动词前面，有“还不是（也）”、“不也”的意思：你有，我～有咯〔你有，我还不是有〕！｜佢错你～错啦〔他错，你不也错吗〕！｜人哋～唔噉做咯〔人家不也没这样干吗〕！｜你～会唱啦〔你还不是也会唱〕！

【**够^{2}**】geo^{3}

二者互相比较，表示甲如同乙一般，达到乙的程度：你都～我高咯〔你已经有我一般高了〕｜你都～大学生嘅水平喇〔你已经达到大学生的水平了〕｜我唔～你叻〔我没有你聪明〕。

【**够本**】geo^{3} bun^{2}

比喻满足，足够：食到～〔吃个够〕。

【**够胆**】geo^{3} dam^{2}

敢；有胆量：～就放马过嚟〔有胆量就放马过来——跟人挑战时用语〕｜一个人去我唔～〔一个人去我不敢〕。

【**够胆死**】geo^{3} dam^{2} séi^{2}

指干有危险性的事情或明知犯法而仍然去干：嗰个嘢明知犯法都重～〔那个家伙明知犯法还要去干〕｜好危险个嘢，你～吗〔很危险的，你敢吗〕？

【**够格**】geo^{3} gag^{3}

够资格：呢次比赛我重未～参加（这次比赛我还不够资格参加）。

【**够揈**】geo^{3} gang^{3}（揈，耕^{3}）

拼得过；足以匹敌：你唔够佢揈〔你敌不过他〕。

【**够劲**】geo^{3} ging^{6}

带劲：呢场球赛真～〔这场球赛真带劲〕。

【**够喉**】geo^{3} heo^{4}

满足；吃个够。

【**够照**】geo^{3} jiu^{3}

同“够派”。

【**够嚟**】geo^{3} lei^{4}（嚟，黎）

比得过；足以匹敌：你唔够佢嚟〔你比不过他〕｜饮白酒你唔够我嚟喇〔喝白酒你是比不过我了〕。

【**够力**】geo^{3} lig^{6}

指物体承受得住压力或拉力：呢条棍太细，唔～〔这根棍子太小，承受不了压力〕｜条绳要打双至～〔绳子要做成双股才经得住〕。

【**够味**】geo^{3} méi^{6}

❶食物够咸：呢碗汤唔～〔这碗汤不够咸〕。❷够戗：我行到好～〔我走得很够戗〕。

【**够派**】geo^{3} pai（派，读音 pap^{3}）

够派头；时髦（指衣着讲究）。

【够皮】geo^{3} péi$^{4-2}$

❶够本：卖五百文至~〔卖五百块钱才够本〕。❷引申指足够：呢啲嘢食一碗就~〔这些东西吃一碗就够〕| 你攞咁多重唔~呀〔你拿那么多还不够吗〕?

【够曝】geo^{3} pog^{1}（曝，扑^{1}）

有种；有胆量：你~嘅话就去啦〔你有胆量的话就去呗〕。

【够秤】geo^{3} qing^{3}

足秤。

【够数】geo^{3} sou^{3}

够；齐：重畀十个嚟就~喇〔再拿十个来就够了〕| 争两个先至~〔差两个才够〕| ~咁滞喇〔差不多齐了〕。

G

【够威】geo^{3} wei^{1}

够威风；帅。

【够运】geo^{3} wen^{6}

走运：唔见咗又揾番，算你~〔丢了又找回来，算你走运〕。

【够算】geo^{3} xun^{3}

❶足够；满足：睇到~咯〔看够了〕。❷引申作够戗：呢次瘡到佢~咯〔这次累得他够戗〕。

【够有凸】geo^{3} yeo^{5} ded^{6}

绰绰有余：一百文就~咯〔一百元就绰绰有余了〕。

【够钟】geo^{3} zung^{1}

到点（时间到了）：~上堂未呀〔到上课的时间没有〕? | 重未~〔还没有到点〕。

【救火车】geo^{3} fo^{2} cé^{1}

消防车。

【旧底】geo^{6} dei^{2}

从前；以前；过去：而家唔同~咯〔现在跟过去不一样了〕| ~呢度系瓦渣岗〔从前这里是瓦砾堆〕。

【旧口】geo^{6} heo^{2}

❶不新鲜（多指食物）：呢条咸鱼系~嘅〔这条咸鱼是不新鲜的〕。❷东西原有的破损：呢条裂痕系~嘅〔这条裂缝是原有的〕。

【旧招牌】geo^{6} jiu^{1} pai^{4}

老字号。

【旧历年】geo^{6} lig^{6} nin^{4}

阴历新年；春节：过~。

【旧年】geo^{6} nin^{4}

去年。

【旧生】geo^{6} sang^{1}

原有的在校学生，与“新生”相对而言。

【旧时】geo^{6} xi^{4}（又音 geo^{6} xi$^{4-2}$）

过去：~嘅习惯〔过去的习惯〕。

【旧日】geo^{6} yed^{6}

同“旧时”。

【旧阵时】geo^{6} zen^{6} xi$^{4-2}$

同“旧日”。

【嚿】geo^{6}（旧）

量词。块；团：一~石〔一块石〕| 一~泥〔一块土〕| 一~饭〔一团饭〕。

【嚿溜】geo^{6} leo^{6}

一块块的：一~一~唔知系乜嘢嚟〔一块块的不知是什么东西〕。

gêu

【巨掮】gêu^{6} feng^{4}（掮，扶恒切）

同“大掹（feng⁴）”。

【举荐】gêu² jin³

推荐：大家都～你做主任嗜〔大家都推荐你做主任呢〕。

gi

【踦趷】gi¹ ged⁶（趷，吉⁶）

梗阻：做乜嘢总有啲～，唔系几顺利〔干什么总有点梗阻，不怎么顺利〕。

【踦踦趷趷】gi¹ gi¹ ged⁶ ged⁶

❶结结巴巴的：佢讲话～，唔知讲乜〔他说话结结巴巴的，不知说什么〕。❷碍手碍脚的：行开啲，咪喺度～〔走开点，别在这里碍手碍脚〕。

gib

【¹喼】gib¹（劫¹）

箱子（除了用木或金属制造的以外）：藤～｜皮～｜一～书。

【²喼】gib¹（劫¹）

❶底火（子弹或炮弹底部的发火装置）。❷火帽（火枪上的发火器）。

【喼枪】gib¹ cêng¹

同“粉枪”。

【*喼咈】gib¹ fid¹（咈，科必切）

减肥。〖英语 keep fit 的音译。〗

【喼纸】gib¹ ji²

纸炮（玩具手枪用的纸制弹药）。

【喼帽】gib¹ mou⁶⁻²

鸭舌帽；前进帽。〖“喼”是英语 cap 的译音。〗

【喼汁】gib¹ zeb¹

一种调味酱液，用番茄、酱油等配成。〖“喼汁”是英语 ketchup 或 catchup、catsup 的音译词。〗

【涩（劫）】gib³（读音 seb¹，sab³）

涩（吃生柿子时舌头的感觉）：呢啲柿重有啲～〔这些柿子还有点儿涩〕｜瞓唔够，眼好～〔睡不够，眼睛很涩〕。〖“涩”字广州话读 seb¹ 或 sab³，但常有人俗读作 gib³，音如“劫”，这是按照广州方言“涩”的意思来读“涩”这个字，“涩”读 gib³ 是训读字。〗

【挟²】gib⁶（读音 hib⁶，hab⁶）

夹；挤：佢～住个皮包〔他夹着一个皮包〕｜鞋有啲～脚〔鞋有点挤脚〕｜因住畀门～亲只手〔当心给门掩了手〕。

【挟脚】gib⁶ gêg³

（鞋）挤脚：只鞋好～〔这只鞋很挤脚〕。

gid

【结恭】gid³ gung¹

便秘；大便干结。

【结靥】gid³ yim²（靥，掩）

结痂。

【杰】gid⁶

稠：～粥。

【杰哣哣】gid⁶ ded¹ ded¹（哣，凸¹）

稠稠的。

【杰嘢】gid⁶ yé⁵

重大事件，严重的事态：呢煲系～嗜〔这件事非同小可啊〕。

gig

【戟】gig[1]

西式点心的一种，无馅：椰子～｜奶油～。

【激】gig[1]

气（用话刺激人）：～到佢嬲咗〔把他气火儿了〕｜～死人。

【激爆】gig[1] bao[3]

气坏了，被气得发怒了：真畀你～咯〔真给你气坏了〕。

【激气】gig[1] héi[3]

气人（令人生气）：真～，话极佢都唔听〔真气人，怎么说他都不听〕｜咁细嘅事使乜～呢〔那么小的事，何必生气呢〕！

【激奀】gig[1] ngen[1]（奀，银[1]）

气坏：畀佢～晒〔叫他给气坏了〕｜～咗佢〔气坏了他〕。

【极】gig[6]

❶用在形容词或一些表示心理活动的动词的后面，说明某些情况达到极点：佢嘅字真系靓到～喇〔他的字真是漂亮极了〕｜用牛犁田快～都冇拖拉机咁快〔用牛犁田再快也没有拖拉机快〕。❷用在动词的后面，说明动作反复的次数多或者持续的时间长：呢幅画睇～都唔厌〔这幅画看多少次都不厌〕｜佢行～都唔瘡〔他怎么走也不累〕｜讲～都冇用〔怎么说也没有用〕｜叫～佢都唔嚟〔怎么叫他也不来〕。

【极之】gig[6] ji[1]

非常；极为：呢出戏～好睇〔这出戏非常好看〕｜大家～高兴。

【极其量】gig[6] kéi[4] lêng[6]

充其量：我估～一百文就够咯〔我估计充其量一百元就够了〕。

gim

【兼夹】gim[1] gab[3]

连词。而且；并且；加上：工作紧张～休息唔够〔工作紧张加上休息不够〕｜翻风～落雨〔刮风而且下雨〕。

【兼且】gim[1] cé[2]

并且；而且：头痛～发烧。

【兼开】gim[1] hoi[1]

间隔开：两种花～种。

【剑花】gim[3] fa[1]

令箭荷花的一种，常绿植物，浆茎呈三棱披针形，边缘有钝锯齿，花生在茎的凹入部，很美，晒干后可吃。又名“量天尺”或“霸王花”。

gin

【坚】gin[1]

❶好的；优秀的：呢位工程师系～嘅〔这位工程师是真才实学的〕。❷真实的；确切的：你件名牌衫～嘅吗〔你的名牌衫是真的吗〕？

【坚料】gin[1] liu[6-2]

确切的消息；有价值的材料。

【坚炭】gin[1] tan[3]

硬杂木烧制成的炭。又叫“京炭”。

【坚嘢】gin[1] yé[5]

好货，质量好的东西：你买到～呀

〔你买到了好东西啊〕。

【见】 gin^{3}

❶看到。❷（病人）觉得：呢两日～点呀〔这两天觉得怎样了〕？｜～好啲咯〔觉得好一点了〕。

【见步行步】 gin^{3} bou^{6} hang^{4} bou^{6}

见一步走一步：我重未有长远计划，～啦〔我还没有长远计划，见一步走一步吧〕。

【见财化水】 gin^{3} coi^{4} fa^{3} sêu^{2}

眼看钱财到手，却化为乌有。

【见饭】 gin^{3} fan^{6}

（米饭）出数儿；出饭多：早造米煮饭～。

【见风扯█】 gin^{3} fung^{1} cé^{2} léi^{5}（█，理）

见风来了马上扬帆，有当机立断的意思。

【见风驶█】 gin^{3} fung^{1} sei^{2} léi^{5}

看风使舵；见风转舵。

【见工】 gin^{3} gung^{1}

求职时应顾主面试。

【见功】 gin^{3} gung^{1}

见效：一剂就包你～〔一服就保证你见效〕。

【见过鬼怕黑】 gin^{3} guo^{3} guei^{2} pa^{3} hag^{1}

形容遭受过挫折或灾害之后，心有余悸。有“一朝遭蛇咬，十年怕井绳”的意思。

【*见红】 gin^{3} hung^{4}

❶见血。对别人威胁时用语。❷拿到或交出一百元港币：捐款起码要～啦〔捐款起码要上百元啦〕。

【见招拆招】 gin^{3} jiu^{1} cag^{3} jiu^{1}

针对来势而采取应对手段。

【见连丸】 gin^{3} lin^{4} yun$^{4-2}$

奎宁丸。

【见牙唔见眼】 gin^{3} nga^{4} m^{4} gin^{3} ngan^{5}

形容人大笑的样子：佢笑到～嘞〔他笑得合不拢嘴了〕。

【见使】 gin^{3} sei^{2}

（钱）耐花：呢度啲嘢平，钱好～〔这里东西便宜，钱很耐花〕。

【见食】 gin^{3} xig^{6}

耐吃。

【见周公】 gin^{3} zeo^{1} gung^{1}

戏谑语。指睡觉；睡着了：佢早就～咯〔他早就睡了〕。

【件】 gin^{6}

量词。块（多用于切开后的小块）：一～猪肉｜一～蛋糕｜一～月饼。

【件头】 gin^{6} teo$^{4-2}$

样儿；件儿（通常用在数目字之后）：家家都有三～〔家家都有三大件儿〕｜四～五文鸡〔四大件五块钱〕｜飞发五毫子四～〔理发五毛钱四样儿——理发、洗头、吹干、上蜡〕。

ging

【京果】 ging^{1} guo^{2}

北方所产的果脯及干果。

【矜贵】 ging^{1} guei^{3}

珍贵；贵重：～药材。

【经一事长一智】 ging^{1} yed^{1} xi^{6} zêng^{2} yed^{1} ji^{3}

吃一堑长一智。

【经已】 ging^{1} yi^{5}

G

已经：事情～办妥。

【景轰】ging² gueng²（轰，读音 gueng¹）

❶意外的阻梗（诙谐的说法）：咪想得咁顺利，听暇中间有乜～就难搞咯〔别想得太顺利，万一中间碰到什么意外就难办了〕。❷暧昧事。

【劲爆】ging⁶ bao³

同“劲到爆”。

【劲秋】ging⁶ ceo¹

棒，了不起：呢个人嘅数学唔知几～〔这个人的数学不知有多了不起〕。

【劲到爆】ging⁶ dou³ bao³

形容事物达到非常美好的地步。

【劲歌】ging⁶ go¹

带劲的歌，节奏比较强烈的歌。

giu

【娇嗲】giu¹ dé²

同“嗲”。

【挢】giu²（娇²）

拭擦：～汗｜～眼泪｜“偷食唔会～嘴”〔俗语。偷吃不懂擦嘴〕。

【叫起手】giu³ héi² seo²

随时；临时：我准备住先，～搦得出嚟〔我先准备着，随时能拿得出来〕｜～有得用〔临时有可用的〕。

【叫数】giu³ sou³

饮食店顾客将离去时，服务员结账后将钱数高声报与掌柜。

【撬墙脚】giu⁶ cêng⁴ gêg³

挖墙脚（指用不道德的手段占有别人的情人或者属于他人的东西）。

【撬马脚】giu⁶ ma⁵ gêg³

象棋术语。蹩马脚。

【轿脚妹】giu⁶ gêg³ mui¹

旧时的陪嫁丫头。又叫“陪嫁妹”。

go

【哥记】go¹ géi³

对不相识的同龄男性的称呼。

【哥仔】go¹ zei²

小男孩，小伙子。

【歌喉】go¹ heo⁴

嗓子；嗓音。

【歌仔】go¹ zei²

歌儿。

【嗰】go²（哥²）

那：～个人｜～间学校〔那所学校〕｜～啲〔那些〕。

【嗰笪】go² dad³（笪，多压切）

那儿，那里：你放啲喺～得咯〔你放在那儿可以了〕。

【嗰啲】go² di¹

那些：呢啲好过～〔这些比那些好〕。

【嗰度】go² dou⁶

那里；那儿：你去～做乜〔你去那里干什么〕？｜放喺台～〔放在桌子那儿〕｜喺办公室～开会〔在办公室那儿开会〕。

【嗰槓嘢】go² lung⁵ yé⁵

那档事儿：你估你～人哋唔知道咩〔你以为你那档事儿人家不知道吗〕？

【嗰排】go² pai⁴⁻²

同“先嗰排”。

【嗰柳手嘢】go² leo⁵ seo² ye⁵

那档子事，指不便明指的东西，含贬义：～好得人惊〔那档子事很叫人害怕〕｜佢搞嘅又系～〔他搞的又是那套货色〕！又说“嗰手嘢”。

【嗰头】go² teo⁴
那边：你坐～啦〔你坐那边吧〕。

【嗰头近】go² teo⁴ ken⁵
戏称快要死了。

【嗰时】go² xi⁴
那时，那个时候：你唔注意戒烟，等你咳～你就辛苦嘞〔你不注意戒烟，到你咳的时候你就难受了〕。

【嗰处】go² xu³
同“嗰度”。

【嗰日】go² yed⁶
那天：开会～参加嘅人唔知几多呀〔开会那天参加的人不知有多少啊〕。

【嗰阵】go² zen⁶
那个时候：～你喺边度〔那个时候你在哪儿〕？｜我细个～〔我小的时候〕｜到～你就知喇〔到时候你就知道〕。

【嗰阵时】go² zen⁶ xi⁴
那个时候：～ 呢度有个树林〔那个时候这里有个树林〕。

【个】go³
量词。块（钱）；元：两～四〔两元四角〕｜三～银钱〔三元；三块钱〕。〖广州话的“个”多用在十以下的数目字之后，十位数之后用得少，百位数以上多用“文”men⁴⁻¹，如“百零文”〔百来块钱〕｜千五文〔一千五百块钱〕。〗

【个噃】go³ bo³（噃，播）
语气词。❶表示劝告、警告、声明：噉搞法唔得～〔这样搞法可不行啊〕｜呢啲嘢好贵～〔这些东西很贵的〕。❷表示肯定：呢间房几干净～〔这个房间挺干净的〕｜呢个队的确系几强～〔这个队的确很强〕。

【个啰】go³ lo³
语气词。表示肯定、满足：就系噉～〔就是这样的了〕｜一啲啲就够～〔一点点就够了〕｜得～〔行了〕。

【个心十五十六】go³ sem¹ seb⁶ ng⁵ seb⁶ lug⁶
心里七上八下；心里没有主意；忐忑不安：佢咁耐重唔翻嚟，我～〔他这么久还不回来，我心里七上八下的〕。

【个咊】go³ wo⁴（咊，禾）
同“个喎”。

【个喎】go³ wo⁵（喎，窝⁵）
语气词。表示不满（比较婉转）：佢咁懒～〔他多懒啊〕｜话过都唔算数～〔说过也可以不认账的〕！｜咁烂～，我唔要〔那么烂的，我不要〕。

god

【割青禾】god³ céng¹ wo⁴
❶比喻勉强去做时机尚未成熟的事，相当于“拔苗助长”。❷指赌钱时赢钱就溜之大吉。

gog

【各花入各眼】gog³ fa¹ yeb⁶ gog³

ngan^{5}

各人的审美观不尽相同；见仁见智：佢自己中意就得嘞，～嘛〔他自己喜欢就行啦，见仁见智嘛〕。

【各司各法】 gog^{3} xi^{1} gog^{3} fad^{3}

各行其是。

【各适其适】 gog^{3} xig^{1} kéi^{4} xig^{1}

各人做自己爱好的事。

【各有各】 gog^{3} yeo^{5} gog^{3}

各自：我哋几个人～食（我们几个人各吃各的〕。

【角落头】 gog^{3} log$^{6-1}$ teo$^{4-2}$

角落；屋角：柜桶～〔抽屉的角落）｜扫把放喺～〔扫帚放在屋角〕。

【角仔】 gog^{3} zei^{2}

一种油炸小甜饺子，春节时民间普遍自制的应节食品。

【阁】 gog^{3}

阁楼（在平房内的木板楼，一般存放东西用）。

【阁仔】 gog^{3} zei^{2}

同“阁”。

【觉】 gog^{3}

觉得：呢两日你～点呀〔这两天你觉得怎样〕？｜细路仔唔～冷嘅〔小孩子不觉得冷的〕。

【觉眼】 gog^{3} ngan^{5}

❶显眼：放喺呢度太～喇〔放在这里太显眼了〕。❷注意：我唔～，冇见佢〔我没注意，没有见他〕。

【觉醒】 gog^{3} xing^{2}

觉察；醒悟；注意到：有人入嚟你都冇～咩〔有人进来你都没有觉察吗〕？

【觉意】 gog^{3} yi^{3}

当心；留神。一般用于否定形式：唔觉意打烂咗〔不留神打坏了〕。

goi

【该专】 goi^{1} jun^{1}

倒霉；糟糕。惋惜损失时用：哎呀，～咯，你打烂咗个盆〔哎哟，糟糕了，你把盆打破了〕！

【该煨】 goi^{1} wui^{1}

糟糕（带有可怜、心疼的感情）：真～咯，跌到佢脚都损晒〔真糟糕，摔得他脚都破了〕。

【改】 goi^{2}

描（指写字重复地画）：写大字要一笔过，唔好～〔写毛笔字要一笔过，不要描〕。

【改簿】 goi^{2} bou$^{6-2}$

批改学生作业本。

【改转】 goi^{2} jun^{3}

变换；改换。

【改名】 goi^{2} méng$^{4-2}$（名，读音 ming^{4}）

起名；取名：呢个臊虾仔重未～〔这个婴儿还没有起名〕｜佢改个乜嘢名好呢〔他取个什么名字好呢〕？

gon

【干包】 gon^{1} bao^{1}

指菠萝蜜、榴莲等果实中果肉较干而爽脆的那种。

【干炒】 gon^{1} cao^{2}

戏指不用水洗脸：冇水洗面就～啰〔没有水洗脸就干擦呗〕。

【干冬湿年】 gon^{1} dung^{1} seb^{1} nin^{4}

民间认为，冬至时不下雨，到春节时可能雨水连绵。

【干骾】 gon^{1} $keng^{2}$

在没有水的情况下吞吃干的食物。

【干骾骾】 gon^{1} $keng^{2}$ $keng^{2}$

（食物）干巴巴：食呢啲饼～，吞唔落〔吃这些饼干巴巴的，咽不下〕。

【干涸】 gon^{1} kog^{3}

干燥，多指空气干燥。

【干湿褛】 gon^{1} seb^{1} leo^{1}（褛，楼¹）

风雨衣的一种，两面可用，既防寒，又防雨。

【干手净脚】 gon^{1} seo^{2} $zéng^{6}$ $gêg^{3}$

干净利索；省事：呢单嘢要做得～至好呀〔这桩事要做得干净利索才好〕。

【干水】 gon^{1} $sêu^{2}$

去掉水分（一般指收获后的植物）：～嘅苹果唔好食〔水分干了的苹果不好吃〕。

【干塘】 gon^{1} $tong^{4}$

❶把鱼塘的水放干：冬天～捉鱼。❷比喻钱花光了。

【干争争】 gon^{1} $zeng^{1}$ $zeng^{1}$

干巴巴：馒头～噉，点食吖〔馒头干巴巴的，怎么吃呢〕？

【干净企理】 gon^{1} $zéng^{4}$ $kéi^{5}$ $léi^{5}$

❶整齐清洁。❷办事利索：一定要办得～。

【赶急】 gon^{2} geb^{1}

急忙，赶快，赶紧，尽快做某事：你为乜又～翻屋企呀〔你为什么又急忙回家〕？｜你屋企有事，要你～翻去〔你家里有事，要你赶快回去〕。

【赶工】 gon^{2} $gung^{1}$

加班：工作一忙起嚟，夜晚都要～〔工作一忙起来，晚上都要加班〕。

【赶得切】 gon^{2} deg^{1} qid^{3}

赶得上；来得及。

【赶过头】 gon^{2} guo^{3} teo^{4}（走路或跑步时）超过（别人），超车：差啲畀佢～〔差点儿让他超过了〕。

【赶喉赶命】 gon^{2} heo^{4} gon^{2} $méng^{6}$

❶过于急促办事：你～噉去边度呀〔你急匆匆的样子到哪里去〕？❷紧紧地催促：你咪喺度～噉啦〔请你别像催命鬼那样好吗〕。

【赶注】 gon^{2} ju^{3-2}

赶着去下赌注，比喻迫不及待：急乜呢，～系唔系呀（急什么，下赌注去是吗）？

【赶唔切】 gon^{2} m^{4} qid^{3}

来不及：食完饭至去，～啰〔吃过饭才去，来不及了〕。

【赶住去投胎】 gon^{2} ju^{6} $hêu^{3}$ teo^{4} toi^{1}

讽刺人急着要走或匆忙走路的样子：你咁急做乜嘢呀，～呀〔你这么急干什么，赶着投胎去吧〕？

gong

【江湖佬】 $gong^{1}$ wu^{4} lou^{2}

过去穿州过县靠卖艺卖药为生的人。

【江瑶柱】 $gong^{1}$ yiu^{4} qu^{5}

干贝。

【岗柴】 $gong^{1}$ cai^{4}

农村做燃料用的杂草。又叫“岗草”。

【刚啱】 $gong^{1}$ $ngam^{1}$

❶刚好：佢～出咗去〔他刚好出去了〕。❷刚才：～你话乜（刚才你说什么来着）？

【缸瓦】gong1 nga5
陶瓷器皿的总称：～铺。

【岗棯】gong1 nim1（棯，念1）
同"棯仔"。

【港客】gong2 hag3
来自香港的客人。

【港纸】gong2 ji2
港币。

【讲粗口】gong2 con1 heo2
说粗话；说下流话。

【讲大话】gong2 dai6 wa6
说谎；撒谎：唔好～呃人〔不要说谎骗人〕。

【讲得口响】gong2 deg1 heo2 hêng2
说得好听；唱高调。

【讲多错多】gong2 do1 co3 do1
话说得多错得也多；越说越错；（撒谎者）越说越露马脚：咪讲喇，～〔别说了，越说越错〕。

【讲到尾】gong2 dou3 méi5
说到底：～，你重系唔去好〔说到底你还是不去为好〕。

【讲到话】gong2 dou3 wa6
表示另提一件事，相当于"至于"：～佢呢，唔使理都得咯〔至于他，不必管也可以了〕｜～呢件事，我系唔同意嘅〔至于这件事，我是不同意的〕。

【讲假】gong2 ga2
说假话：你唔好～呃我〔你不要说假话骗我〕。

【讲咁易】gong2 gem3 yi6
很容易；说话那么容易：要完成唔系～嚟〔要完成不是说说那么容易的〕｜你以为～呀〔你以为很容易吗〕？

【讲古】gong2 gu2
讲故事。

【讲闲话】gong2 han4 wa6-2
背后议论别人：我唔怕人哋～〔我不怕别人背后议论〕。

【讲起又讲】gong2 héi2 yeo6 gong2
一般的口头禅，有"说起来呀"、"依我说"等意思：～吖，系佢唔啱嘅〔依我说，是他的不对〕。

【讲口齿】gong2 heo2 qi2
讲信用。

【讲开又讲】gong2 hoi1 yeo6 gong2
同"讲起又讲"。

【讲漏嘴】gong2 leo2 zêu2
说走了嘴；说话走了火。

【讲三讲四】gong2 sam1 gong2 séi3
说三道四；说长论短。

【讲实】gong2 sed6
说定：～几时完成就几时完成｜～几多钱一斤〔说好多少钱一斤〕。

【讲心嗰句】gong2 sem1 go2 gêu3
说真心话；说实在的：～，我唔赞成你去〔说实在话，我不赞成你去〕。

【讲数】gong2 sou3
谈判；讲条件；讲价钱：等我同个老板～先〔先让我跟老板谈好条件〕。

【讲数口】gong2 sou3 heo2

讨价还价。

【讲话】gong² wa⁶

说；说的是：队长～要大家讨论一下｜佢～要你快啲翻去喎〔他说要你快点回去〕｜你大佬～佢唔得闲〔你哥哥说的是他没空〕。〖"讲"和"话"都是说的意思，"讲话"是并列式的合成词。一般只在转达第三者的意见时用。〗

【讲话有骨】gong² wa⁶ yeo⁵ gued¹

话中带刺儿；话中有话：佢～，大家听咗唔舒服〔他话中带刺儿，大家听了不舒服〕｜我睇佢～〔我看他话中有话〕。

【讲笑】gong² xiu³（又音 gong² xiu³⁻²）

开玩笑。

【讲笑揾第样】gong² xiu³ wen² dei⁶ yêng⁶⁻²

开玩笑找别的。1. 提醒对方，当前所说的话题是不能随便开玩笑的：你想揾人煲脸佢？～〔你想找人狠狠揍他一顿？别开这样的玩笑〕！2. 表示强烈反对对方的意见：你要我去摸摸嗰条鳄鱼，～嘞〔你让我去摸一下那条鳄鱼，你别开玩笑啦〕？

【讲说话】gong² xud³ wa⁶

讲话；说话：鹦鹉会～｜佢三岁至会～〔他三岁才会说话〕。

【*讲耶稣】gong² yé⁴ sou¹

说大道理。

【讲饮讲食】gong² yem² gong² xig⁶

讲吃讲喝。

【讲人事】gong² yen⁴ xi⁶⁻²

讲人情；讲情面。

【讲真】gong² zen¹

说正经话；说真格的：我系同你～㗎〔我是跟你讲认真的〕｜呢次要～至得嘞〔这次要说真格的才行〕。

【杠床】gong³ cong⁴⁻²

同"炕床"。

【杠架】gong³ ga³⁻²

单杠和双杠的总称。

【钢骨】gong³ gued¹

钢筋：～水泥。

【夅】gong⁶（江⁶）

螯（螃蟹的钳子）：蟹～。

【钢】gong⁶（江⁶）

撞击；碰撞（多指两物相撞，比坚硬）：～刀｜～拳头｜畀佢～咗一下〔给他撞了一下〕。

G

gou

【高大衰】gou¹ dai⁶ sêu¹

形容年轻人个子虽然高大，但不懂事甚至干坏事：咁大个重虾细蚊仔，正一～〔这么大了还欺负小孩，真是傻大个〕。

【高大威猛】gou¹ dai⁶ wei¹ mang⁵

身材高大，相貌威武。

【高窦】gou¹ deo³（窦，读音 deo⁶）

傲慢：叫佢都唔睬，真～〔叫他也不理，真傲慢〕。

【高窦猫儿】gou¹ deo³ mao¹ yi¹

比喻自命清高、不与人交往的人。

【高洞洞（戙戙）】gou¹ dung⁶ dung⁶

高高的（一般用来形容细长而且竖

着的东西）：呢个人～，似条电灯杉〔这个人高高的，像根电灯杆〕。

【高脚寮刁】gou¹ gêg³ liu⁴ diu¹
形容腿长而细：只脚咁长，～嗷，唔好睇〔腿那么长，细细的，不好看〕。

【高柜】gou¹ guei⁶
立柜；大衣柜。

【高粱粟】gou¹ lêng⁴ sug¹
高粱米，也指高粱。

【高嬲嬲】gou¹ niu¹ niu¹
高而细，多指身材：嗰个女生得～，好苗条呀〔那个女孩长得高高的，挺苗条的〕。

【高佬】gou¹ lou²
高个子。

【*高买】gou¹ mai⁵
戏称在商场里偷窃货物。

【高压煲】gou¹ ngad³ bou¹
压力锅；高压锅。

【高踭鞋】gou¹ zang¹ hai⁴（踭，争）
高跟鞋。

【高章】gou¹ zêng¹
高招。

【高就】gou¹ zeo⁶
敬辞。任职或工作：你喺边处～呀〔你在哪里工作〕？

【膏】gou¹
脂肪（专指动物脂肪）：猪～｜呢只鸡好多～〔这只鸡油很多〕。

【膏蟹】gou¹ hai⁵
体内有蟹黄的雌螃蟹。

【篙竹】gou¹ zug¹
撑篙竹，做船篙用。

【糕盘】gou¹ pun⁴
蒸糕点用的盘子。

【告白】gou³ bag⁶
广告：卖～〔登广告〕。

【告地状】gou³ déi⁶ zong⁶
指社会上有些人因遭不幸，生活无着，因而将记述自己身世及境遇的“状纸”摆在路旁，祈求过往行人帮助或施舍的做法。

【告假】gou³ ga³
请假：佢今日有事要～〔他今天有事要请假〕｜告三日假〔请三天假〕。

gu

【孤单单】gu¹ dan¹ dan¹
孤独；孤零零：一个人住会唔会觉得～呀〔一个人住，会不会觉得很孤独〕？｜喺度～一间屋，周围都冇人〔在那儿孤零零的一所房子，四周都没有人〕。

【孤丁丁】gu¹ ding¹ ding¹
孤独的样子。

【孤独】gu¹ dug⁶
❶独自一个，孤单：老人怕～。❷性格孤僻不合群：你唔好咁～，得闲同人哋来往下〔你不要这么孤僻，有空跟别人来往一下〕。

【孤寒】gu¹ hon⁴
吝啬。

【孤寒铎】gu¹ hon⁴ dog⁶
同“孤寒种”。

【孤寒鬼】gu¹ hon⁴ guei²
吝啬的人。

【孤寒种】gu¹ hon⁴ zung²

吝啬的人。

【咕喱】gu¹ léi¹

苦力（对搬运工人不尊敬的称呼）。〖"咕喱"是英语 coolie 的音译词。〗

【姑表】gu¹ biu²

一方的父或母与另一方的母或父是兄妹或姐弟，双方间的关系为"姑表"。

【姑妈】gu¹ ma¹

姑母（父亲的姐姐）。

【姑勿论】gu¹ med⁶ lên⁶

且不说：～佢点，首先你要做好〔且不说他怎么样，首先你要做好〕。

【姑奶】gu¹ nai¹

丈夫的姐姐，大姑子：大～｜二～。

【姑娘】gu¹ nêng⁴

❶未婚女子。❷护士。❸香港指某些职业女性，如从事护理工作的女性，在教会中工作的女性，工厂中的女管工等。

【姑娘仔】gu¹ nêng⁴ zei²

小姑娘。

【姑婆】gu¹ po⁴

祖父的姐妹。

【姑太】gu¹ tai³

丈夫的姑母。

【*姑爷仔】gu¹ yé⁴ zei²

指唆使女人出卖色相的人。

【姑姐】gu¹ zé²⁻¹

姑母（父亲的妹妹）。

【姑仔】gu¹ zei²

小姑子（丈夫的妹妹）。

【姑丈】gu¹ zêng⁶⁻²

姑父。

【古】gu²

故事：讲～｜听～咪驳～〔听故事不要插嘴〕。

【古气】gu² héi³

❶呆板；不灵活；❷衣着不合潮流。

【古灵精怪】gu² ling⁴ jing¹ guai³

古古怪怪：揿成～噉，太肉酸喇〔打扮得古古怪怪，太难看了〕。

【古老】gu² lou⁵

❶年代久远：～大屋。❷形容衣着或家具等式样过时，不合潮流：呢款～嘅衫而家又时兴翻喇〔这款过时的衣服现在又时兴起来了〕。

【古老大屋】gu² lou⁵ dai⁶ ngug¹

老房子；祖屋。

【古老当时兴】gu² lou⁵ dong³ xi⁴ hing¹

把古老的东西当作时髦。

【古老十八代】gu² lou⁵ seb⁶ bad³ doi⁶

年代久远；很久以前：～嘅嘢，唔讲就算咯〔很久以前的事，不说也就罢了〕。

【古老石山】gu² lou⁵ ség⁶ san¹

比喻思想守旧的人。

【古缩】gu² sug¹

蔫儿（形容人性情不合群，沉默寡言）：佢嘅脾气就系咁～，唔中意讲话也滞〔他的脾气就是那么蔫儿，不怎么喜欢说话〕。

【古月粉】gu² yüd⁶ fen²

胡椒粉的别名。

【古仔】gu² zei²

同"古"。

【估】gu²

❶猜：你～我有几岁？❷以为（多

作反诘用)：你～我唔知呀〔你以为我不知道〕？｜你～好容易嘿〔你以为很容易的吗〕？

【估估下】gu² gu² ha²

瞎猜；随便猜想：我随便～嘅嗻〔我随便猜想罢了〕｜佢～就估中咗〔他随便猜猜就猜中了〕。

【估唔到】gu² m⁴ dou³

没想到；料想不到：我～你会畀咁多我〔我想不到你会给我这么多〕。

【估话】gu² wa⁶

以为；本想；猜想：你～好容易？｜你～佢会唔会嚟呢〔你猜想他会不会来呢〕？

【鼓气】gu² héi³

憋气，闷闷不乐。形容人生气的样子。

G

【鼓气袋】gu² héi³ doi⁶⁻²

形容人因生气而气鼓鼓的，像充满气的袋子。

【蛊惑】gu² wag⁶

诡计多端：嗰条友太～喇，因住上佢当〔那个家伙太诡计多端了，当心上他的当〕。

【蛊惑友】gu² wag⁶ yeo⁵⁻²

奸诈的人；滑头。

【蛊惑仔】gu² wag⁶ zei²

小滑头。

【蛊胀】gu² zêng³

血吸虫病等使肚子肿胀的疾病。

【估衣】gu³ yi¹

旧衣服：～档（估衣摊）。〖普通话所指的估衣还包括质地较次的新衣物〗。

【固然之】gu³ yin⁴ ji¹

固然：你～紧急，但系人哋重更急添〔你固然紧急，但人家更紧急呢〕｜噉做～好，不过未到时候〔这样做固然好，不过还没到时候〕。

【顾命】gu³ méng⁶

爱惜生命；注意安全：佢一爬树就唔～〔他一上树就不要命〕。

【顾住】gu³ ju⁶

❶当心；留意：～唔好打烂咗〔当心不要打破了〕｜你～嚟〔你当心着〕！❷惦着：佢好好，唔使成日～佢嘅〔他很好，不用整天惦着他〕。

【顾面】gu³ min⁶⁻²

爱护面子，指因照顾面子而不便做或说某些事：佢唔当面讲系顾你面之吗〔他不当面说是照顾你的面子罢了〕。

【咕咕】gu⁴ gu¹

戏称小男孩的生殖器。

【咕咕声】gu⁴ gu⁴⁻² séng¹

❶咕咕响（肚内肠鸣声）。❷形容人内心不满而发出怨恨声：嬲到佢～〔气得他直嘀咕〕｜佢冇道理，～又点呀〔他没有道理，嘀咕又怎么样〕！

gua

【瓜】gua¹

死；完蛋（诙谐的说法）：嗰个坏蛋～咗咯〔那个坏蛋完蛋了〕。

【瓜柴】gua¹ cai⁴

同“瓜”。

【瓜得】gua¹ deg¹

同“瓜柴”。

【瓜斗】gua¹ deo²
同"瓜"。

【瓜子菜】gua¹ ji² coi³
马齿苋，肉质草本植物，叶淡紫红色，形似瓜子，全株味酸，可入药。

【瓜子口面】gua¹ ji² heo² min⁶
瓜子脸。

【瓜直】gua¹ jig⁶
同"瓜"。

【瓜老衬】gua¹ lou⁵ cen³
同"瓜直"。

【瓜英】gua¹ jing¹
用糖腌制的木瓜丝。

【呱呱嘈】gua¹ gua¹ cou⁴
吵吵嚷嚷：你哋唔好喺度～〔你们不要在这里吵吵嚷嚷〕。

【寡】gua²
因吃酸性或苦寒的东西而引起口腔、肠胃不适的感觉。

【寡佬】gua² lou²
光棍儿；单身汉：单身～。

【寡母婆】gua² mou⁵ po⁴⁻²
中年以上的寡妇。

【寡淡】gua² dam⁶（tam⁵）
淡而无味。

【挂】gua³
❶挂念；惦念：你老母好～住你〔你母亲很挂念你〕｜唔使成日～住我〔不必整天惦念着我〕。❷盼望：细佬哥成日～住过年〔小孩整天盼望着过年〕。

【挂带】gua³ dai³
挂念；惦念：我会照顾自己嘅，你唔使～〔我会照顾自己的，你不必挂念〕。

【挂腊鸭】gua³ lab⁶ ngab³
比喻上吊（诙谐的说法）。

【挂炉鸭】gua³ lou⁴ ngab³
明火烧烤的鸭。

【挂绿】gua³ lug⁶⁻²
广东增城出产的一种名贵的荔枝，果皮上有一圈绿色条纹，产量极少。

【挂望】gua³ mong⁶
同"挂❶"。

【挂心】gua³ sem¹
惦念；挂念。

【挂意】gua³ yi³
❶同"挂心"。❷介意，在意：呢啲事唔使～嘅（这些事不必在意）。

【挂住】gua³ ju⁶
惦念着；怀念着；想着：大家成日～你嘅安全〔大家整天都惦念着你的安全〕｜你做作业就唔好～去玩啦〔你做作业就不要想着去玩啦〕。

【啩】gua³（卦）
语气词。吧（表示疑问，半信半疑或不十分肯定）：唔系～〔不是吧〕？｜今日星期五～｜借畀我，得～〔借给我，行吧〕？

guad

【刮粗龙】guad³ cou¹ lung⁴⁻²
用不正当的手段捞了一大笔钱。

【刮龙】guad³ lung⁴⁻²
贪污：旧时嗰啲官吏～刮得好犀利〔以前那些官吏贪污得很厉害〕。〖"刮龙"不能带宾语，"贪污"可以带宾语。带宾语时，广州话只用

"刮"。》

【刮削】guad³ sêg³

剥削；克扣：嗰个工头专门～工人〔那个工头专门克扣工人〕。

guag

【掴】guag³

打耳光：～一巴掌。〖普通话也有"掴"一词，但一般少用。〗

guai

【乖猪】guai¹ ju¹

小乖乖。对幼儿用。

【拐子佬】guai² ji² lou²

拐子（指骗人口、财物的人）；诈骗犯。

【怪之得】guai³ ji¹ deg¹

怪不得；难怪：～佢唔去啦，原来佢有事〔怪不得他不去了，原来他有事〕。〖"怪之得"是"唔怪之得"的省略。〗

【怪意】guai³ yi³

责怪；埋怨；在意：我讲话直啲，你唔好～呀〔我说话有点直，你可别在意啊〕。

【怪责】guai³ zag³

责怪；埋怨：我自己做错咗，唔会～人哋嘅〔我自己做错了，不会责怪别人的〕。

guan

【关】guan¹

与某人或某事有关（多用于否定句或反诘句）：呢件事唔～你事〔这件事与你无关〕｜你发烧唔～话食咗鸡蛋〔你发烧与吃了鸡蛋无关〕。

【关斗】guai¹ deo²

跟头；筋斗：打咗一个～〔翻了一个跟头〕｜一个～辘落嚟〔一个跟头滚下来〕。

【关刀】guai¹ dou¹

有长柄的大刀。

【关乎】guan¹ fu⁴

关系到：呢件系～身家性命嘅大事〔这是关系到身家性命的大事〕。

【关顾】guai¹ gu³

关照。

【关人】guai¹ yen⁴

表示某些事情与己无关或不愿过问某事时的用语：～喇，我好少理〔管它，我才不理〕。

【关人屁事】guan¹ yen⁴ péi³ xi⁶

表示与自己无关或不愿意过问某事（比较粗俗的说法）：佢两公婆嗌交，～〔他们两夫妻吵架，关别人什么事〕。

【惯】guan³

❶习惯：喺度住咗咁耐我都未～〔在这里住了这么长时间我还没有习惯〕｜我早就～晒咯〔我早就习惯了〕。❷经常：你～唔～去游水呀〔你经常去游泳吗〕？｜佢好～去你度坐吗〔他很常去你那里坐吗〕？

【惯熟】guan³ sug⁶

相熟；亲近；相互了解：大家咁～，你知我嘅脾气㗎〔大家这么熟，你是知道我的脾气的〕。

G

【掼】guai3

拿东西往地上摔：～仙〔摔铜钱〕。

【躀】guai3（贯）

摔；摔跤；跌跤：路好滑，因住～低〔路很滑，当心摔倒〕｜～咗一跤〔摔了一跤〕。

【躀低】guan3 dei1

同“躀跤”。

【躀跤】guan3 gao1

摔跤，跌倒。

【躀直】guan3 jig6

指直直地摔了一跤。诙谐的说法。

güd

【橛】güd6

量词。截；段：断咗两～〔断了两截〕｜呢条路有一～唔好行〔这条路有一段不好走〕｜“黄瓜打狗——唔见咗一～”〔歇后语。黄瓜打狗——丢了一截〕。

gued

【1骨】gued1

❶骨头。❷关卡；关：呢次畀我过～咯〔这回让我过关了〕｜唔知过唔过得～〔不知能不能过关〕。

【2骨】gued1

四分之一（见“一个骨”）。

【3骨】gued1

❶衣缝儿；接缝儿：衫～｜被单有两条～〔被里有两条接缝儿〕。❷秆儿；支架：青～白菜｜钢～遮〔钢丝支架的布伞〕。〖“骨”作“秆儿”、“支架”等用时常跟另一名词词素结成合成词，如“菜骨”、“麻骨”、“脚骨”、“手骨”、“腰骨”、“钢骨”等。〗

【骨痹】gued1 béi3

肉麻：讲埋啲噉嘅嘢，唔怕人～〔尽讲这些东西，不怕人家肉麻〕｜揿得咁古怪，睇见都～呀〔打扮得这样古怪，看着都肉麻〕。

【骨子】gued1 ji2

精致；别致；雅致；玲珑：呢把檀香扇做得好～〔这把檀香扇做得很精致〕｜呢间房好～〔这个房间很别致〕。

【1倔（屈）】gued6

❶秃；钝：～尾鸡〔秃尾巴鸡〕｜笔写到～晒〔笔写秃了〕｜～锄头（钝锄头）。❷固执；不近情理：佢嘅性情好～〔他的脾气很倔强〕。

【2倔（屈）】gued6

瞪：～佢一眼〔瞪了他一眼〕。

【倔笃（屈启）】gued6 dug1

尽头；无路可通：呢条巷系～嘅，唔出得去〔这条小巷是不通的，出不去〕｜唔通行到～啦〔难道走到尽头了〕？

【倔（屈）擂槌】gued6 lêu4 cêu4

秃秃的；钝钝的：条棍～，唔插得入去〔棍子秃秃的，插不进去〕。

【倔（屈）笼】gued6 lung4-2

不通的（巷道、竹筒等）：呢条巷系～嘅〔这条胡同是不通的〕。

【倔（屈）尾龙】gued6 méi5 lung4

传说中的搅风搅雨的动物，也比喻指那些爱闯祸的人。

【倔（屈）情】gued⁶ qing⁴
无情；不近人情；（对人）冷淡：人哋几次请你都唔去，太～喇啩〔人家几次请你都不去，太无情了吧〕？

【倔（屈）声倔（屈）气】gued⁶ séng¹ gued⁶ héi³
粗声粗气：睇你讲话～，好似嗌交噉〔看你说话粗声大气，像吵架似的〕。

【倔（屈）头】gued⁶ teo⁴
同“倔笃”。

【倔（屈）头巷】gued⁶ teo⁴ hong⁶⁻²
死胡同。

【倔（屈）头路】gued⁶ teo⁴ lou⁶
死路；死胡同；走不通的路：呢度好多～，唔容易行得出去〔这里很多死胡同，不容易出去〕｜我劝你谂清楚，唔好走～呀〔我劝你想清楚，不要走死路〕。

【倔（屈）头扫把】gued⁶ teo⁴ sou³ ba²
秃扫帚。

guei

【归西】guei¹ sei¹
婉辞，指死亡。

【归位】guei¹ wei⁶
整齐。

【归一】guei¹ yed¹
整齐：房间噉布置～好多〔屋子这样布置整齐多了〕｜啲书要摆得～啲〔书籍要摆得整齐一点〕。

【龟蛋】guei¹ dan⁶⁻²
王八蛋（骂人的话）。

【龟公】guei¹ gung¹
❶王八（指妻子有外遇的人）。❷蓄妓卖淫的男人。

【龟婆】guei¹ po⁴⁻²
鸨母，老鸨。

【¹鬼】guei²
表示某种感情的特殊词。❶任指，表示“任何人”、“谁”（有厌恶感）：～理佢〔谁理他〕｜～都怕〔谁都怕〕｜～制咩〔谁愿意〕！❷插在某些词组或复音词的中间，或副词“好”〔很〕的后面，有加强语气的作用：边个搞～乱我嘅书〔谁把我的书搞乱了〕？｜手续咁～麻烦〔手续那么麻烦〕｜边～个咁百厌〔谁那么淘气〕！｜条路好～长〔路很长〕｜好～靓〔很漂亮〕。❸用在动词或代词“乜”〔什么〕的后面，表示说话人对某事持否定的态度：讲～咩〔还说什么〕！｜系～，唔系啫〔哪里，不是的〕！｜重讨论乜～吖〔还讨论什么〕！❹用在“咁”或“噉”的前面，表示极度：水～咁热〔水热得要命〕｜～咁舒服〔舒服得很〕｜～咁高〔太高了〕｜佢哋好到～噉〔他们好极了〕｜痛到～噉〔痛得要命〕。

【²鬼】guei²
扑克的王（小丑）。

【鬼枪】guei² cêng¹
洋枪（现已少用）。

【鬼抢斋】guei² cêng² zai¹
讥讽人抢吃东西的样子。

G

【鬼打】guei² da²

骂人的话，近似“活见鬼”、“鬼迷心窍”等意思：～你咩，一下就整烂咗〔真活见鬼，一下子就给你弄坏了〕｜～呀，噉都唔识计〔鬼迷了你心窍吗，这样都不会算〕！

【鬼打咁…】guei² da² gem³

同“鬼❹”。

【鬼打鬼】guei² da² guei²

狗咬狗（坏人与坏人争斗）。

【鬼噉】guei² gem²（噉，敢）

用在形容词后面，表示程度很深，往往带厌恶情感：今日冷到～〔今天冷得要命〕。有时也可以用于正面的描写：佢叻到～〔他聪明极了〕。

【鬼咁】guei² gem³

相当；非常；很；太：今日～冷〔今天冷极了〕｜～远，我唔去咯〔太远了，我不去了〕。

【鬼古】guei² gu²

有关鬼的故事。

【鬼鬼马马】guei² guei² ma⁵ ma⁵

不正经的；诡异的：佢哋几个～，唔知做乜〔他们几个人形迹诡异，不知干什么〕。

【鬼鬼鼠鼠】guei² guei² xu² xu²

鬼鬼祟祟，行为不光明正大。

【鬼灵精怪】guei² ling⁴ jing⁴ guai³

形容人鬼点子多。

【鬼零秤】guei² ling⁴ qing³

衣服穿得不对称，不整齐。

【鬼佬】guei² lou²

同“番鬼佬”。

【鬼佬凉茶】guei² lou² lêng⁴ ca⁴

戏称啤酒。

【鬼马】guei² ma⁵

❶机巧而滑稽：呢停玩具整得真～〔这种玩具做得真机巧逗人〕。❷狡猾：嗰个嘢好～㗎，唔好上佢当〔那个家伙很狡猾，不要上他的当〕。❸不正经：佢嘅作风咁～，好人都有限嘞〔他的作风这样不正经，多半不是好人〕。

【鬼…马…】guei²…ma⁵

习惯用语。填上动词表示对这种动作的厌恶或反对：乜条件都冇，整鬼整马咩〔什么条件也没有，搞什么〕！｜讲鬼讲马，通通都系假嘅〔还说什么，全是假的〕！

【鬼马杂】guei² ma⁵ zab⁶⁻²

舞台上的丑角，比喻诙谐的人。

【鬼迷】guei² mei⁴

骂人糊涂：～你咩，搞成噉〔你中了魔了吗，弄成这个样子〕！

【*鬼妹】guei² mui⁶⁻¹

西洋女孩子。

【鬼五马六】guei² ng⁵ ma⁵ lug⁶

❶乌七八糟：旧时呢度乜嘢～嘅人都有〔过去这里什么乌七八糟的人都有〕｜佢呢个人～嘅事零舍多〔他这个人乌七八糟的事特别多〕。❷不正经的；见不得人的：咪搞埋晒嗰啲～嘅嘢〔不要尽做那些见不得人的东西〕。

【鬼揞眼】guei² ngem² ngan⁵

比喻一时糊涂，鬼迷心窍。

【鬼拍后枕】guei² pag³ hou⁶ zem²

❶形容人糊涂：噉都唔记得，真系～咯〔这样也记不起，真够糊涂

的〕。❷形容人失言，无意中说出隐私或秘密：佢～，乜都讲晒出嚟〔他被鬼迷了，什么都说出来〕。

【*鬼婆】guei² po⁴⁻²
西洋妇女。

【鬼杀咁嘈】guei² sad³ gem³ cou⁴
形容人大吵大闹，吵得要命。

【鬼死】guei² séi²
同“鬼❹”。

【鬼死咁】guei² séi² gem³
同“鬼咁”。

【鬼上身】guei² sêng⁵ sen¹
迷信的人认为鬼魂附体，也用来形容人胡说八道。

【鬼锁】guei² so²
洋锁（现已少用）：修洋遮，整～〔修理洋伞洋锁〕。

G

【鬼头仔】guei² teo⁴ zei²
黑社会组织称其内部向警方告密的人。

【鬼画符】guei² wag⁶ fu⁴
形容人写字潦草难认。

【鬼搰】guei² wed⁶（搰，屈⁶）
狡猾；诡计多端：冇人有佢咁～〔没有人像他这样狡猾〕。〖“鬼搰”是“鬼蜮”的变音。〗

【鬼蜮】guei² wig⁶
同“鬼搰”。

【鬼市】guei² xi⁵
旧时珠江边的夜市，时间为半夜至天亮。又叫“天光圩”（tin¹ guong¹ hêu¹）。

【鬼鼠】guei² xu²
鬼祟：嗰个人有啲～，要吼住佢〔那个人有点鬼祟，要注意着他〕。

【鬼影都冇只】guei² ying² dou¹ mou⁵ zég³
形容地方僻静，不见人影。

【鬼责（矺）】guei² zag³
魇（梦中惊叫或觉得有东西压着身体，不能动弹）。

【*鬼仔】guei² zei²
西洋男孩。

【鬼仔戏】guei² zei² héi³
旧称布袋傀儡戏。

【桂（花）鱼】guei³（fa¹）yü⁴
鳜鱼。

【桂林埕】guei³ lem⁴ qing⁴
一种坛子，较高，上大下小，原产于桂林。

【桂味】guei³ féi⁶⁻²
荔枝的一种，味香甜，核较小，是最好的品种之一。

【贵妃床】guei³ féi¹ cong⁴
有扶手的古式长椅，一般用硬木制成。

【贵气】guei³ héi³
形容人气质高贵，仪态优雅。

【贵利】guei³ léi⁶
高利贷。

【贵细】guei³ sei³
娇贵；斯文。

【贵相】guei³ sêng³
形容人相貌端正，举止端庄。

【贵姓名】guei³ xing³ ming⁴
贵姓（初次见面时问对方姓氏用语，回答时可只说姓）。

【桂花蝉】guei³ fa¹ xim⁴

一种蝉。可吃。

【柜面】guei^{6} min$^{6-2}$

柜台：企～〔站柜台〕｜坐～〔坐柜台〕。

【柜桶】guei^{6} tung^{2}

抽屉：呢张台有三个～〔这张桌子有三个抽屉〕。

【柜桶穿笃】guei^{6} tung^{2} qun^{1} dug^{1}

抽屉漏底，喻老板的钱财被掌柜贪污了。

【柜围】guei^{6} wei^{4}

柜台。

guen

【均码】guen^{1} ma^{5}

衣服、鞋等，不分大、中、小号码，都一样价钱。

【君之】guen^{1} ji^{1}

反正；横竖：呢次～唔去咯，重讲乜吖〔这次反正不去了，还谈什么〕｜～唔要咯，掉咗佢重好〔横竖不要了，扔了更好〕。

【君是】guen^{1} xi^{6}

同"君之"。

【君真】guen^{2} zen^{1}

认真；照章办事。

【^{1}滚】guen^{2}

❶沸腾；（水）开：水要～过至饮得〔水要开过才能喝〕｜水～喇〔水开了〕。❷稍微一煮：～鱼片汤〔汆鱼片汤〕｜筷子碗～过就可以消毒〔筷子和碗煮过就可以消毒〕。❸热；滚烫的：佢发烧，个额头好～〔他发烧，额头很烫〕。

【^{2}滚】guen^{2}

❶搅：唔好～浊啲水〔别把水搅浑了〕。❷扬（尘土）：汽车～起一埲泥尘〔汽车扬起了一阵尘土〕。

【^{3}滚】guen^{2}

同"棍（捃）"。

【滚搅】guen^{2} gao^{2}

打搅；打扰：真对唔住，～晒你哋添〔真对不起，打搅了你们了〕｜唔好成日～人〔不要整天打扰人家〕。

【滚搅晒】guen^{2} gao^{2} sai^{3}

同"滚搅"。

【滚熯】guen^{2} hing^{3}

物体发热、发烫：你个头有啲～〔你的头有点发烫〕。

【滚红滚绿】guen^{2} hung^{1} guen^{2} lug^{6}

❶捣乱；胡闹；乱搞：呢条友喺度～，事情都畀佢搞搞晒〔这家伙在这里瞎捣乱，事情全给他搞坏了〕。❷胡说八道；信口胡吹：咪听佢～，其实佢乜都唔识〔别听他胡说八道，其实他什么都不懂〕。

【滚泻】guen^{2} sé^{2}

噗，溢喷。煮东西时水开后从锅里溢出。同"溢"。

【滚水】guen^{2} sêu^{2}

开水：冲～〔打开水〕｜冻～〔凉开水〕。

【滚水渌脚】guen^{2} sêu^{2} lug^{6} gêg^{3}

形容人走路急匆匆：睇你～噉，去边呀〔看你急匆匆的到哪儿去〕？

【滚友】guen^{2} yeo$^{5-2}$

骗子。

【滚热辣】guen^{2} yid^{6} lad^{6}

滚烫：啲粥～，慢啲食〔粥是滚烫的，慢点喝〕。

【棍（掍）】guen³

❶骗：佢差啲畀坏人～咗〔他差点给坏人骗了〕｜畀人～咗十文鸡〔给人骗了十块钱〕。❷不问自取：我本书唔知畀边个～咗去〔我的书不知道给谁拿了去〕。

【棍波】guen³ bo¹

手动换挡，汽车手动变速装置。

gug

【谷古】gug¹ gu²

可可。〖"谷古"是英语 cocoa 的音译词。〗

【谷】gug¹

稻谷：一粒～。

【谷牛】gug¹ ngeo⁴

米中的小黑虫。

【谷围】gug¹ wei⁴

用长竹篾编成的囤，存稻谷用。

【掬】gug¹

❶憋；努：嚿石好重，～到佢面都红晒都搬唔嘟〔石头很重，憋得他脸都红了还是搬不动〕｜成百斤重嘅嘢，佢一～就托上膊〔上百斤重的东西，他一努就扛上肩膀〕。❷催；促使：落啲化肥～猛佢〔下点化肥催它快长〕。

【掬气】gug¹ héi³

憋气；受气。

【掬奶】gug¹ nai⁵

❶乳房因奶水过多而发胀。❷为产妇催奶。

【菊普】gug¹ pou²

菊花普洱茶（两种茶同沏于一壶）。

【焗】gug⁶（局）

❶用热气焖：～饭〔焖饭〕。❷用烟熏：用硫黄～过就变白｜～老鼠｜～蛇。❸闷（空气不流通）：呢间房冇窗口，好～〔这个房间没窗户，很闷〕｜今日咁～，一定会落雨〔今天这样闷，一定会下雨〕。❷强迫：～住我行呢步棋〔逼着我走这一着棋〕｜唔好～佢食药〔不要强迫他吃药〕。

【焗茶】gug⁶ ca⁴

沏茶；泡茶。

【焗漆】gug⁶ ced¹

烤漆。

【焗亲】gug⁶ cen¹（焗，局）

受暑（夏天热出毛病了）。

【焗脚】gug⁶ gêg³

鞋太小，穿着时有挤而闷的感觉：呢对鞋细啲，有些少～〔这双鞋小了一点儿，穿着有点挤〕。

【焗汗】gug⁶ hon⁶

发汗；捂汗。

【焗炉】gug⁶ lou⁴

烤箱；烤炉。

【焗闷】gug⁶ mun⁶

闷热。

【焗伤风】gug⁶ sêng¹ fung¹

因感暑而伤风。

【焗缩】gug⁶ sug¹

❶形容人行为拘束。❷形容地方狭小。

【焗缩气】gug⁶ sug¹ héi³

窝囊气。

【焗暑】gug⁶ xu²

中暑。又叫“感暑”（gem² xu²）。

【焗油】gug⁶ yeo⁴

头发加上保护剂和营养素后，用电热熏闷。

【焗热】gug⁶ yid⁶

同“焗油”。

【焗雨】gug⁶ yü⁵

天气闷热将要下雨。

【焗盅】gug⁶ zung¹

沏茶用的碗，有盖。

gui

【癐】gui⁶（跪汇切）

累；疲倦；疲乏：～就休息下先啦〔累了就先休息一下吧〕｜行到我～晒〔走得我累了〕。

【癐赖赖】gui⁶ lai⁴ lai⁴（赖，罗鞋切）

十分疲倦的样子：成个～，唔想郁〔整个人累得不得了，不想动〕。

gun

【官非】gun¹ féi¹

官家是非，指涉及与政府机构的纠纷：我唔想惹咁多～〔我不想招惹那么多官方官司〕。

【官字两个口】gun¹ ji⁶ lêng⁵ go³ heo²

有人认为，当官的有两个口，老百姓说不过他。过去老百姓害怕与官家发生争执，不与当官的争辩。

【官仔骨骨】gun¹ zei² gued¹ gued¹

指年轻人摆出一副官少爷的派头。含贬义。

【棺材本】gun¹ coi⁴ bun²

准备买棺材的本钱。比喻最后的本钱，相当于“老本”。

【观音兵】gun¹ yem¹ bing¹

旧时指称那些特别乐意为女性奔走效劳的人。

【观音竹】gun¹ yem¹ zug¹

罗汉竹，竹身较矮，节间膨出，多作观赏用。

gün

【捐】gun¹

钻：条蛇～咗入窿〔蛇钻进洞里去了〕｜由呢个山窿～过去〔从这个山洞钻过去〕。

【捐窿捐罅】gün¹ lung¹ gün¹ la³

❶指人善钻空子，无孔不入。❷指找遍旮旮旯旯：我～至揾到呢啲原料〔我找遍旮旮旯旯才找到这些原料〕。❸指善于找门路：佢～走后门〔他削尖脑袋走后门〕。

【卷粉】gun² fen²

卷成筒状的熟米粉。

【卷闸】gun² zab⁶

金属卷门。

gung

【工】gung¹

工作；职业：揾一份～做唔容易呀〔找一份工作做可不容易啊〕。

【工多艺熟】gung¹ do¹ ngei⁶ sug⁶
某一工作做得多了就熟练。

【工夫】gung¹ fu¹
工作；活儿：呢种～好易做〔这种工作很容易干〕。

【工夫长过命】gung¹ fu¹ cêng⁴ guo³ méng⁶
戏称工作永远做不完：你唔使搏命噉做，～，慢慢嚟得嘞〔你不必拼命地干，工是干不完的，慢慢来吧〕。

【工人】gung¹ yen⁴
旧称从事家务劳动的保姆。

【工友】gung¹ yeo⁵
❶对工人及服务性行业人员的称呼。❷对城市里一般不认识的人的称呼。〖广州话"工友"是尊敬的称呼；普通话不用这个词，一般要称"师傅"或"同志"。〗

【*工业行动】gung¹ yib⁶ hang⁴ dung⁶
指怠工。

【工仔】gung¹ zei²
雇工：做～〔当雇工〕。

【公】gung¹
❶公的（雄性动物）：呢窦鸡仔有八只～七只乸〔这窝小鸡有八只公的七只母的〕。❷用在某些关于人的名词或形容词的后面，构成男性的称谓（多指年长的）：伯爷～〔老大爷〕｜胡须～〔大胡子〕｜寿星～〔寿星〕｜盲～〔瞎子〕｜乞儿～〔老乞丐〕｜庙祝～〔庙祝〕。❸用在某些动物名称的后面，表示雄性：鸡～〔公鸡〕｜狗～〔公狗〕｜老虎～〔公老虎〕。❹象棋里的"将"、"帅"。❺同"亚公"。

【公德心】gung¹ deg¹ sem¹
公共道德观念：有人好冇～，周围掉垃圾（有人很没有公共道德观念，随地扔垃圾）。

【公关】gung¹ guan¹
❶公共关系：搞～工作〔搞公共关系工作〕。❷搞公共关系工作的人：佢系啱嚟嘅～〔她是刚来的公关人员〕。

【公公】gung¹ gung¹（gung⁴ gung¹）
外祖父。

【公证】gung¹ jing³
❶公正的见证人。❷裁判员；仲裁员。

【公事包】gung¹ xi⁶ bao¹
公文包。

【公仔】gung¹ zei²
❶人像玩具；洋娃娃；人儿（小的人形）。❷画中人；有人物的图画：画～〔画人〕｜呢本书有好多～〔这本书有很多画〕。

【公仔佬】gung¹ zei² lou²
戏称画家或画匠。

【公仔面】gung¹ zei² min⁶
方便面。

【公仔书】gung¹ zei² xu¹
小人书。

【功夫】gung¹ fu¹
拳术；武术：会～｜打～〔练拳术〕。

【攻鼻】gung¹ béi⁶
刺鼻子；钻鼻子（指气味）：～芥辣〔钻鼻子的芥末〕。

G

【供】gung¹

定期分批交付此前所购物的款项：~楼要~二十年｜~车。

【供楼】gung¹ leo⁴⁻²

交房贷，分期付款购买楼房：一个月收入除咗~就剩番冇几多钱喇〔一个月的收入除了交房贷，就所剩无几了〕。

【贡】gung³

钻：~台底〔钻桌底〕｜老鼠~入墙窿〔老鼠钻进了墙洞〕｜一落雨啲黄蟮就~晒出嚟〔一下雨蚯蚓就都钻了出来〕。

【共】gung⁶

❶同；跟；与：有人~佢做〔没有人跟他一块儿干〕｜~佢讲〔同他讲〕。❷凑；参与：我亦想~一份〔我也想凑上一份〕。❸和：唔知头~尾〔不知道头和尾〕。

【共埋】gung⁶ mai⁴

合在一起；凑在一起：我想~你食〔我想跟你合在一起吃〕。

guo

【果占】guo² jim¹

果酱：~面包。〖“占”是英语 jam 的译音。〗

【果栏】guo² lan¹

收购、批发水果的商行。

【果皮】guo² péi⁴

烤晒干的橘子皮。药用时称“陈皮”。

【果蔗】guo² zé³

作水果用的甘蔗，即非榨糖用的甘蔗。

【裹蒸粽】guo² jing¹ zung³⁻²

绿豆猪肉作馅的咸粽子。

【¹过】guo³

❶漂洗；投：~干净啲衫〔把衣服漂洗干净〕｜呢件衫~唔干净，重有枧嚪〔这件衣服投不干净，还有肥皂味〕。❷量词。漂洗的次数：洗咗两~〔漂洗了两次〕。

【²过】guo³

介词。❶用在动词的后面和间接宾语（指人宾语）之前，表示给予：佢畀咗一本书~我〔他给了我一本书〕｜你老母叫我话~你知〔你母亲叫我告诉你〕｜我畀咗好多~佢嚟喇〔我已经给了他很多了〕。❷用在形容词的后面，表示比较：飞机快~汽车〔飞机比汽车快〕｜睇书好~行街〔看书比逛街好〕｜使乜坐车吖，行路重快~〔何必坐车呢，走路更快〕｜我话噉重好~〔我说这样还好呢〕。〖“过”表示曾经、已经时，广州话和普通话大致相同，但用在合成趋向动词后面时，用法略有不同：普通话把“过”放在趋向动词的后面，广州话则把“过”插在趋向动词中间。如：呢座山有人上~去〔这座山没有人上去过〕｜佢琴日入~嚟〔他昨天进来过〕｜我重未出~去〔我还没出去过〕。〗

【³过】guo³

用在动词之后，有另外、重新、再等意思：买~一本还畀你〔另外买一本还给你〕｜攞去洗~〔拿去再洗〕｜你计~佢〔你重新计算一下〕。

【⁴过】guo³

用在“一”和量词之后，表示一下完成某一事情或动作，不再继续：一笔～画完条线｜买就趁手，一批～咋〔买就赶快，就这一批了〕｜佢噉搞，一次～，以后咪制喇〔他这样搞，就这一次算了，以后别（跟他）干了〕。

【过底纸】guo³ dei² ji²

复写纸的别名。

【过电】guo³ din⁶

传电。

【过冬】guo³ dung¹

过冬至节（指在冬至节时举行庆祝活动）。

【过费】guo³ fei³

客套语，破费：唔使你～喇〔你不必破费了〕。

【过埠】guo³ feo⁶

出洋：旧时呢度有好多人～做生意〔过去这里有许多人出洋做生意〕。

【过埠新娘】guo³ feo⁶ xin¹ nêng⁴

嫁到外国的女子。

【过基峡】guo³ géi¹ hab⁶

同“银脚带”。

【过基甲】guo³ ég¹ gab³

同“过基峡”。

【过江龙】guo³ gong¹ lung⁴

戏称敢于到外地拼搏创业的能人。

【过骨】guo³ gued¹

过关：呢次畀佢～添〔这次给他过关了〕！

【过气】guo³ héi³

❶药物存放过久，失去效力：～药，食都冇用〔失了效的药，吃了也没有用处〕。❷油炸煎炒食物凉后失去香味：隔夜油炸鬼，～喇〔隔天的油条，皮了〕。❸过时的：～主任〔卸任主任〕｜～青年〔中年人〕。

【过气老倌】guo³ héi³ lou⁵ gun¹

❶指曾红极一时的老艺人。❷引申指失去权势、地位或资财的人。

【过口瘾】guo³ heo² yen⁵

❶随便吃些小零食。❷随便闲聊几句。

【过至】guo³ ji³

过头；过度（带贬义）：你系唔系叻～喇〔你是不是太聪明了〕。

【过桥抽板】guo³ kiu⁴ ceo¹ ban²

过河拆桥。比喻利用他人渡过了难关或达到目的后，反过来损害帮助过自己的人。

【过冷河】guo³ lang⁵ ho⁴

一种烹调方法，将食物煮过后立即放在凉水里浸一下再进行烹制。

【过龙】guo³ lung⁴

过了头（指超过了标准限度或走过了目的地等）：讲话讲～｜行～都唔知〔走过了头还不知道〕。

【过罗过筛】guo³ lo⁴ guo³ sei¹

用筛子或罗斗筛选，比喻经过严格挑选或检验。

【过唔去】guo³ m⁴ hêu³

过不去；刁难：边个同你～啫〔谁跟你过不去〕？

【过庙】guo³ miu⁶⁻²

❶过了时间，误点：九点钟至到，～咯〔九点钟才到，过了时间了〕。｜

咁迟至嚟，过晒庙咯〔这么晚才到，过了时间了〕。❷走过了头：注意唔好走～呀〔注意别走过头啊〕。行行下，过咗庙都唔知〔走着走着，走过了都不知道〕。

【过门】guo³ mun⁴
出嫁：佢个女重未～〔他的女儿还没有出嫁〕| 佢过咗门咯〔她出嫁了〕。

【过山风】guo³ san¹ fung¹
眼镜蛇。

【过手】guo³ seo²
经手：呢件事系我～嘅〔这件事是我经手的〕。

【过手宝】guo³ seo² bou²
经手的东西虽好，但不是自己的：呢件嘢唔系我嘅，～嗻〔这件东西不是我的，经手罢了〕。

【过水】guo³ sêu²
用钱贿赂或应付各种人。

【过水湿脚】guo³ sêu² seb¹ gêg³
比喻掌管钱物时非法占取便宜。

【过塑】guo³ sog³（塑，读音 sou³）
塑封（在照片上加上一层薄塑胶）。

【过身】guo³ sen¹
去世（婉辞）：佢亚爷啱～〔他爷爷刚去世〕。

【过头】guo³ teo⁴
❶没顶：水好深，都～咯〔水很深，都没顶了〕。❷用在形容词的后面，表示某些状态超过了某一程度或限度：呢件衫长～〔这件上衣太长了〕| 耐～喇〔太久了〕。〖广州话的“过头❷”义跟普通话的“太”不完全相等。“过头”只表示“过于”、“过分”的意思，一般用于否定意义的句子。“太”除此之外，还有“非常”、“极端”、“最”等意思，可以用于肯定意义的句子，如“他太勇敢了”、“这样做太好了”。这类句子，广州话都不能用“过头”，一般只用“真”、“最”等词。〗

【过头笠】guo³ teo⁴ leb¹
套头穿的衣服。

【过云雨】guo³ wen⁴ yü⁵
阵雨：落咗一场～〔下了一场阵雨〕。

【过树榕】guo³ xu⁶ yung⁴
灰鼠蛇；灰背蛇；过树龙。

【过一排】guo³ yed¹ pai⁴
过一些时候，晚些时候。

【过日】guo³ yed⁶
过日子。

【过造】guo³ zou⁶
过了时节；过了喷儿：而家荔枝～咯〔现在荔枝过了喷儿了〕。

【过钟】guo³ zung¹
过时；过了点（超过了时间）：而家至嚟，早就～咯〔现在才来，早就过了点了〕| 哎，又过晒钟〔哎，又过了时〕！

guog

【国脚】guog³ gêg³
国家足球队队员。

【国技】guog³ géi⁶
旧称武术（现已少用）。

【国字口面】guog³ ji⁶ heo² min⁶
四方脸，五官端正。

【国票】guog³ piu³
全国通用粮票的简称。

guong

【光】guong¹
亮：呢盏灯唔够～〔这盏灯不够亮〕｜呢间屋好～〔这房子很亮〕｜头发发～。

【光暲暲】guong¹ cang⁴ cang⁴（暲，撑⁴）
亮堂堂（指光线过强而刺眼）：间房～嘅，我唔中意〔屋子亮堂堂的，我不喜欢〕。

【光鸡】guong¹ gei¹
宰杀后去了毛和内脏的鸡。

【光棍】guong¹ guen³
❶单身汉。❷骗子：～遇着冇皮柴（俗语。骗子碰上骗子）。

【光管】guong¹ gun²
日光灯。

【光劣出】guong¹ lüd³⁻¹ qud¹（出，读音 cêd¹）
同"光猛"。

【光猛】guong¹ mang⁵
光线强烈；豁亮。

【光面工夫】guong¹ min⁶ gung¹ fu¹
表面工作；华而不实的工作：建筑呢个门楼冇乜用，～之吗〔建筑这个门楼没什么用，表面工作而已〕。

【光瓦】guong¹ nga⁵
透明瓦（多用玻璃做成）。又叫"明瓦" ming⁴ nga⁵。

【光鸭】guong¹ ngab³
宰杀后去了毛和内脏的鸭。

【光暗掣】guong¹ ngem³ zei³（掣，读音 qid³）
灯具上的无级别开关，用以调节灯光的亮度。

【光身】guong¹ sen¹
❶空身，不带东西：你～去呀〔你空着手去啊〕？❷素的；无花纹图案的：～玻璃杯。❸家具等未上油漆的：～台椅。

【光脱脱】guong¹ tüd³⁻¹ tüd³⁻¹
❶光秃秃：嗰樖树落晒叶，成樖～噉〔那棵树叶子全落了，整棵光秃秃的〕。❷赤条条（光着身体）。

【光鲜】guong¹ xin¹
形容衣着整齐美观：今日过节，大家一身～〔今天过节，大家穿得整整齐齐〕｜入咗一次城，翻嚟就一身～〔进了一次城，回来就变得一身整齐〕。

【光鲜企理】guong¹ xin¹ kéi⁵ léi⁵
衣着整齐美观。

【广府】guong² fu²
旧指广州府：～话（泛指以广州为中心的粤语）。

H

ha

【虾】ha¹

欺负：~人丨唔好~佢〔不要欺负他〕。

【虾霸】ha¹ ba³

❶欺负：成日~人哋太曳咯〔整天欺负人家太坏了〕。❷爱欺负人的；横行霸道的：唔准你咁~〔不准你那样横行霸道〕！丨呢个仔太~喇〔这孩子太欺负人了〕。

【虾春（橁）】ha¹ cên¹

一种浮游生物，可以吃。因像虾卵，故名。

【虾到上面】ha¹ dou³ sêng⁵ min⁶⁻²

露骨地欺负别人；欺人太甚：你畀人~咯，都唔敢出声〔你都被人家欺负到这个份上了，还不敢作声〕。

【虾饺】ha¹ gao²

用鲜虾作馅的米粉蒸饺。

【虾笱】ha¹ geo²

捕虾的小竹笼。

【虾公】ha¹ gung¹

❶虾（一般的虾）：一只~〔一只虾〕。❷大虾。

【虾𧊅】ha¹ lad³

小螃蟹的一种，生活在稻田、小沟旁等地方。

【虾辘】ha¹ lug¹

虾段儿。

【虾毛】ha¹ mou¹

小虾；虾皮：大鱼食细鱼，细鱼食~〔大鱼吃小鱼，小鱼吃小虾（俗语）〕。

【虾眼水】ha¹ ngan⁵ sêu²

锅底起了小水泡即将沸腾的水，即鱼眼水。

【虾人虾物】ha¹ yen⁴ ha¹ med⁶

形容人横行霸道，以欺负别人为能事。

【*虾仔饼】ha¹ zei² béng²

丈夫（诙谐的说法）。〖英语 husband 的音译。〗

【虾仔饭】ha¹ zei² fan⁶

硬的米饭，颗粒分明，像小虾似的米饭。

【瘕淋咳嗽】ha¹ lem⁴ ked¹ seo³

久咳。

【吓】ha²

叹词。❶应声：~，做乜嘢〔欸，干什么〕。❷表示疑问、质问：边个叫你做嘿，~〔谁叫你干的，啊〕丨~？你讲大声啲〔啊？你说大声一点〕！❸表示征求意见：噉做好唔好呢，~〔这样做好不好呢，啊〕？丨呢本书借畀我睇下先，~〔这本书先借给我看，啊〕？

【霞霞雾雾】ha⁴ ha⁴ mou⁶ mou⁶

❶眼睛模糊不清。❷糊糊涂涂。

【霞气】ha⁴ héi³

在冷而平滑的物件上凝结的水汽。

【霞雾】ha4 mou6

雾；雾气。

【¹下】ha5-2（又音 ha5）

助词。用在重叠动词之后，表示动作正在进行时发生变化或发生某事：睇睇～就瞓着咗咯〔看着看着就睡着了〕｜行行～唔知佢去咗边度〔走着走着，不知道他到哪里去了〕｜整整～就整番好〔弄来弄去就弄好了〕。

【²下】ha5

助词。❶用在动词之后，表示动作的短暂：入嚟坐～啦〔进来坐坐吧〕｜你去～啦〔你去一下吧〕｜你问～佢〔你问问他〕。❷动词加"下"之后再重叠，表示动作缓慢和轻微地持续着：行～行～，唔经唔觉就到咯〔走着走着，不知不觉就到了〕｜两个倾～倾～连饭都唔记得食〔两人谈呀谈呀，连饭都忘了吃〕。❸用在"几"及形容词的后面，使意思变得婉转：你包行李几重～个嗜〔你这包行李够分量的〕｜呢出戏几好睇～㗎〔这出戏挺好看的〕。

【³下】ha5

收摘（指将果子全部从树上摘下来）：～荔枝｜呢裔柑～得咯〔这棵柑子可以摘了〕。

【下下】ha5 ha5

每次；每回；每样：咪～都要人哋话至得〔不要每次都要人家说才行〕｜～都要听佢嘅〔每样都要听他的〕。

【下便】ha6 bin6

下面；底下：～系乜嘢节目〔下面是什么节目〕？｜嗰本书喺报纸～〔那本书在报纸底下〕。

【下半昼】ha6 bun3 zeo3

下半天，即下午。

【下低】ha6 dei1

下面（指比较低的地方）：放喺台～〔放在桌子下面〕。

【下底】ha6 dei2

底下：桥～有两丈高｜"床～破柴——撞板"〔歇后语。床底下劈柴——碰板，即碰钉子〕。

【下间】ha6 gan1

厨房（现已少用）。

【下脚】ha6 gêg3

下脚料；废料。

【下气】ha6 héi3

煮东西煮到一定火候时，用某种方法（揭开锅盖、在锅内点些水或把锅拿下来）使锅内温度下降。

【下栏】ha6 lan4

❶饭馆的残羹剩饭。❷服务性行业的老板将顾客交付的小费或其他额外收入的一部分分给所雇的人员，作为外快。这份收入叫"下栏"。

【下流贱格】ha6 leo4 jin6 gag3

下流猥亵。

【下晏】ha6 ngan3

下午。

【下扒】ha6 pa4

下巴；下巴颏儿。

【下扒轻轻】ha6 pa4 héng1 héng1

随意乱说，信口开河，言而无信：唔了解情况就乱讲，你太～喇〔不了解情况就随便说，你说话太不认真了〕。

【下阴】ha6 yem1
人的生殖器。

【下杂】ha6 zab6
下水，猪牛羊的大小肠、肚子、膀胱等。

【下昼】ha6 zeo3
下午。

【下作】ha6 zog3
举止不文明、粗鄙：佢食嘢唔知几~〔他吃东西时太粗鄙了〕。

hab

【呷】hab3
吸饮：~两啖粥〔喝两口粥〕｜~啖茶先〔先喝口水〕。

【呷醋】hab3 cou3
吃醋（指在男女关系上的忌妒情绪）。

【呷干醋】hab3 gon1 cou3
干吃醋，比“呷醋”略带诙谐意味。

【荚】hab3（读音 gab3）
❶菜帮：菜~。❷量词。用于菜叶：一~芥菜〔一张芥菜叶子〕。

hag

【*克戟】hag1 gig1
烤饼。〖英语 hotcake 的音译。〗

【客仔】hag3 zei2
顾客。

【客饭】hag3 fan6
份儿饭。

【客家占地主】hag3 ga1 jim3 déi6 ju2
客人占了主人的位置；喧宾夺主。

【揩快】hai1 fai1
组合音响。〖英语 hifi 的音译。〗

【吓】hag3
吓唬：唔怕你~〔不怕你吓唬〕。

【吓亲】hag3 cen1
受惊；吓着了。

【吓惊】hag3 géng1
吓了一跳：我畀你~咗〔我被你吓了一跳〕。

【吓窒】hag3 zed6
吓呆了（被吓得愣了）：畀佢~咗〔给他吓呆了〕。

hai

【揩】hai1
蹭；擦：~咗一身油〔蹭了一身油〕｜手黐咗漆，~都~唔甩〔手黐了油漆，擦也擦不掉〕。

【揩油】hai1 yeo4-2
占人便宜。

【鞋抽】hai4 ceo1
鞋拔子。

【鞋码】hai4 ma5
鞋钉子：打~。

【鞋踭】hai4 zang1（踭，争）
鞋后跟。

【嚡】hai4（鞋）
涩；粗糙：条脷好~〔舌头很涩〕｜呢块板未刨过太~喇〔这块板没刨过太粗糙了〕。

【嚡嚡声】hai4 hai4 séng1

H

唉声叹气：你成日～做乜呀〔你整天唉声叹气的干什么呀〕？

【嗤熠熠】hai⁴ sab⁶ sab⁶（熠，读音 yeb¹）

粗粗的；粗糙的：张纸～，冇办法写字〔纸太粗糙了，没法写字〕。

【蟹】hai⁵

螃蟹。

【蟹跭】hai⁵ gong⁶（跭，江⁶）

螃蟹的螯，即螃蟹的第一对脚。

【蟹柳】hai⁵ leo⁵

做成条状的螃蟹肉。

【蟹厣】hai⁵ yim²（厣，掩）

蟹腹下面的薄壳。

【蟹爪笔】hai⁵ zao² bed¹

小楷毛笔。

ham

【喊】ham³

哭：～得好凄凉〔哭得好伤心〕｜又～又笑。

【喊包】ham³ bao¹

爱哭的小孩。

【喊打喊杀】ham³ da² ham³ sad³

以打或杀相威胁：呢个人恶到鬼噉，成日～〔这个人凶恶极了，整天嚷着要打要杀的〕。

【喊噉口】ham³ gem² heo²

哭丧着脸：批评佢两句就～，太冇骨气喇〔批评他两句就哭丧着脸，太没骨气了〕。

【喊惊】ham³ géng¹

旧时迷信风俗，小孩得了重病，大人在野外到处呼唤病孩的名字，认为这样便可将其魂魄招回来。

【喊栏】ham³ lan⁴⁻¹

指商店结业前的大拍卖，卖货人高声叫喊以广招徕，广州现已少用。

【咸】ham⁴⁻¹

❶指衣服或身体脏，尤指汗味浓：一件～衫〔一件脏衣服〕｜呢件衫～晒〔这件衣服脏透了〕｜呢个仔成身都～晒〔这孩子满身汗味〕！❷“咸湿”的简称。

【咸臭】ham⁴ ceo³

脏而臭（多指衣着或身体）：呢对袜几日都唔洗，够晒～〔这双袜子几天都不洗，够脏的〕。

【咸菜】ham⁴ coi³

❶经腌制过的菜或味道比较咸的菜（如豆豉、大头菜、咸萝卜、咸鱼等）的总称。❷酸芥（gài）菜（整棵泡酸的芥菜）。

【咸草】ham⁴ cou²

同“咸水草”。

【咸虫】ham⁴ cung⁴

好色的人；色情狂。

【咸苦】ham⁴ fu²

（生活）艰难困苦。

【咸丰嗰年】ham⁴ fung¹ go² nin⁴

指很多年以前。

【咸丰年】ham⁴ fung¹ nin⁴

指很远以前的年代：都～嘅事咯，重提佢做乜吖〔都很久以前的事了，还提它干什么〕！

【咸丰年咁耐】ham⁴ fung¹ nin⁴ gem³ noi⁶

比喻许多年以前的（陈年旧事）：～

嘅事，边个重记得清吖〔这些陈年往事，谁还记得清楚呢〕。

【咸干花生】ham^{4} gon^{1} fa^{1} sang^{1}

煮熟后晒干的带壳咸味花生。

【咸虾】ham^{4} ha^{1}

卤虾；虾酱。

【*咸虾灿】ham^{4} ha^{1} can^{3}

某些人称来香港的外国人。

【咸煎饼】ham^{4} jin^{1} béng^{2}

炸面饼。

【咸猪手】ham^{4} ju^{1} seo^{2}

比喻对女性动手非礼的男人。

【咸猪嘴】ham^{4} ju^{1} zêu^{2}

比喻对异性非礼亲吻的人。

【咸龙】ham^{4} lung$^{4-2}$

港币（诙谐的说法，现已少用）。

【咸赧赧】ham^{4} nan$^{5-2}$ nan$^{5-2}$

齁咸；齁苦：呢碟餸～，冇办法食〔这盘菜齁咸，没法吃〕。

【咸粒】ham^{4} neb^{1}

皮炎（皮肤因发炎或受刺激后所起的红色小粒点，很痒）。

【咸片】ham^{4} pin^{2}

色情片，即色情电影或色情影碟。

【咸湿】ham^{1} seb^{1}

下流的；淫秽的；黄色的：～话｜～书。

【咸湿古】ham^{4} seb^{1} gu^{2}

色情故事；猥琐的故事。

【咸湿佬】ham^{4} seb^{1} lou^{2}

好色之徒；下流的人。

【咸湿话】ham^{4} seb^{1} wa$^{6-2}$

淫秽的话语。

【咸水】ham^{4} sêu^{2}

国外的；境外的。

【咸水草】ham^{4} sêu^{2} cou^{2}

水草的一种，编织席子或在菜市捆绑鱼肉菜蔬等用。又叫“咸草”。

【咸水货】ham^{4} sêu^{2} fo^{3}

外来货；进口货。

【咸水歌】ham^{4} sêu^{2} go^{1}

旧时指水上居民（疍民）的情歌，现在成为流行于珠江三角洲一带的一种民歌。

【*咸水喉】ham^{4} sêu^{2} heo^{4}

指香港部分住宅楼输送海水冲刷厕所的管道，其管道与普通食水不同。

【*咸水楼】ham^{4} sêu^{2} leo^{4}

指香港曾经使用海水搅拌混凝土建筑的楼房，现已取消这一做法。

【咸水妹】ham^{4} sêu^{2} mui$^{6-1}$

旧时珠江河上的水上居民中从事色情行业的女子。

【咸水话】ham^{4} sêu^{2} wa$^{6-2}$

不纯正的话。

【咸水鱼】ham^{4} sêu^{2} yü$^{4-2}$

海鱼。

【咸餸】ham^{4} sung^{3}（餸，送）

用来下饭的咸味小菜，如咸鱼、咸鸭蛋、咸萝卜等。

【咸书】ham^{4} xu^{1}

黄色书刊。

【咸酸】ham^{4} xun^{1}

泛称用醋腌制的瓜菜。

【咸酸菜】ham^{4} xun^{1} coi^{3}

同“咸菜❷”。

【咸嘢】ham^{4} yé^{5}（嘢，野）

有关色情的东西。

H

【咸鱼翻生】ham⁴ yü⁴ fan¹ sang¹

咸鱼复活，比喻绝对不可能的事情：要我同意除非～〔要我同意除非太阳从西边出来〕。

【咸鱼淡肉】ham⁴ yü⁴ tam⁵ yug⁶

鱼要咸，肉要淡。烹调技术，做鱼要咸一些，做肉要淡一些才好吃。

【衔头】ham⁴ teo⁴

头衔。

han

【悭】han¹

❶省俭；节省：佢好～，存咗好多钱〔他很省俭，存了很多钱〕｜呢个计划最～㗎喇〔这个计划是最节省的了〕。❷节省；节约；省（钱）：你唔要，我就～番〔你不要，我就节省下来了〕｜呢个建议为国家～咗几万文〔这个建议为国家节约了几万元〕｜呢架车好～油〔这辆车很省油〕。〖普通话的“悭”（qiān）是“吝啬”的意思，跟广州话的意思不相同。〗

【悭鸡】han¹ gei¹

节省（略带贬意）：要顾身体，饮食唔好咁～〔要注意身体，饮食不要太节省〕。

【悭俭】han¹ gim⁶

省俭；节俭：要～啲，唔好咁大嘥至得〔要省俭一点，不要那么浪费才是〕。

【悭皮】han¹ péi⁴⁻²

省钱；节省；经济：佢呢个人唔讲究着食，好～嘅〔他这个人不讲究吃穿，很节省〕｜两三毫子食一餐饭，够～咯〔两三毛钱吃一顿饭，够经济了〕。

【悭湿】han¹ seb¹

吝啬。

【闲闲地】han⁴ han⁴⁻² déi⁶⁻²

形容轻而易举地实现某事或达到某一水平：一日行五十里路系～啦〔一天走五十里路是平常事〕｜一张蜡纸印三五百份就～咯〔一张蜡纸印三五百份不在话下〕｜一亩田～收得千零斤谷〔一亩田随便能打一千来斤稻子〕。

【闲口】han⁴ heo²

零食：开会唔好食～〔开会不要吃零食〕。

【闲事】han⁴ xi⁶

很容易办到的事：呢啲系～嘛，湿湿碎啦〔这事好办，小菜一碟〕。

【闲嘢】han⁴ yé⁵（嘢，野）

❶闲事。❷小物件；无关重要的东西。

【闲日】han⁴ yed⁶⁻²

背集（不逢集的日子）。

hang

【坑】hang¹

沟：挖一条～。

【坑渠】hang¹ kéu⁴

沟渠；下水道。

【坑腩】hang¹ nam⁵

猪牛等硬肋上的肉，即去掉肋骨后的胸肉。

【行¹】hang⁴

H

❶走；步行：一日～几远路〔一天走多远路〕？｜～埋嚟〔走近这儿来〕｜佢～头〔他走在前头〕｜出去～下〔出去走走〕。❷走开：～啦，有人同你讲〔走吧，没人跟你说〕｜～啦你〔去你的吧〕。❸比喻来往：唔好同佢～呀〔不要跟他来往〕。

【行差踏错】hang⁴ ca¹ dab⁶ co³
犯错误：你见到我个仔有乜～，就直程话佢，唔使客气呀〔你见到我的儿子做了什么错事就直接说他，不必客气〕。

【行出行入】hang⁴ cêd¹ hang⁴ yeb⁶
进进出出：你冇事干唔好喺度～啦〔你没事别在这里进进出出的〕。

【行大运】hang⁴ dai⁶ wen⁶
❶走好运。❷比喻转了个大圈子：我唔识路，行咗个大运咯〔我不认得路，转了个大圈子了〕。

【行得起】hang⁴ deg¹ héi²
走得动。

【行得埋】hang⁴ deg¹ mai⁴
合得来：佢两个好～〔他俩很合得来〕｜唔～〔合不来〕。

【行地方】hang⁴ déi⁶ fong¹
到处去游玩。

【行花街】hang⁴ fa¹ gai¹
专指农历除夕前几天逛花市。

【行街】hang⁴ gai¹
❶逛街；散步；溜达。❷商家派在外面兜揽生意的人（港澳多用）。

【行经】hang⁴ ging¹
来月经。

【行公司】hang⁴ gung¹ xi¹
逛商店。

【行行企企】hang⁴ hang⁴ kéi⁵ kéi⁵
原意是走走站站，引申指无所事事：成日～，有乜出息〔整天无所事事，有什么出息〕！

【行开】hang¹ hoi¹
离开：～啲〔离开一点〕｜唔行得开〔离不开〕｜佢啱～〔他刚离开〕。

【行开行埋】hang⁴ hoi¹ hang⁴ mai⁴
走来走去；来来去去：你间铺头～都要有人睇住〔你的商店来来去去的都得有人盯着〕。

【行转背】hang⁴ jun² bui³
刚转过身：真奇怪，～就唔见人〔真奇怪，刚一转身就不见人了〕。

【行雷】hang⁴ lêu⁴
打雷。

【行路】hang⁴ lou⁶
走路；步行：～定坐车〔步行还是坐车〕？

【行路唔带眼】hang⁴ lou⁶ m⁴ dai³ ngan⁵
原意是走路不带眼睛，比喻走路瞎闯瞎撞。

【行唔起】hang⁴ m⁴ héi²
❶走不动：我只脚瘡咯，～〔我的腿累了，走不动〕。❷走不快。

【行唔埋】hang⁴ m⁴ mai⁴
合不来。

【行埋】hang⁴ mai⁴
❶走近；靠近：叫佢～我度〔叫他过我这里来〕。❷婉辞，指过性生活。

【行青】hang⁴ qing¹

清明节扫墓。

【行山】hang⁴ san¹
❶同“拜山”。❷也指到山上步行，借此锻炼身体。

【行衰运】hang⁴ sêu¹ wen⁶
背时；倒霉；不走运。

【行水】hang⁴ sêu²
买路钱（指土匪向行人勒索的钱财）。

【行运】hang⁴ wen⁶
走运。

【行时】hang⁴ xi⁴
❶流行：而家着西装好～〔现在穿西服很流行〕。❷吃得开，受欢迎：呢位中医好～嚯〔这位中医很吃得开呀〕。

【行船】hang⁴ xun⁴
走船；通船：～走马三分险（俗语）｜呢条河～吗〔这条河通船吗〕？

【行人路】hang⁴ yen⁴ lou⁶
人行道。

【桁角】hang⁴ gog³
椽子，屋顶上承放瓦片的木板条。

hao

【考起】hao² héi²
难住；考住了（答不出来）：呢个问题真畀你～咯〔这个问题真给你考住了〕。

【考师傅】hao² xi¹ fu²
形容遇到了棘手的难题：开车行呢条路真系～嘞〔开车走这条路可难倒人了〕。

【姣】hao⁴（考⁴）
淫荡（专指女性）。〖“姣好”的“姣”读 gao²。〗

【姣气】hao⁴ héi³
威风（诙谐的说法）：发下～〔抖抖威风〕｜冇晒～〔灭了威风〕。

【姣婆】hao⁴ po⁴
淫妇；风骚的女人。

【姣婆蓝】hao⁴ po⁴ lam⁴
翠蓝；艳蓝。

【姣尸扽笃】hao⁴ xi¹ den³ dug¹
形容女子故作娇媚姿态。

hé

【吪】hé²（哈扯切）
叹词。要求对方作同意自己意见的回答时用：唔系啫，～〔不是的，啊〕？｜噉样好啲，～〔这样好一点，啊〕？｜呢本小说好好睇～〔这本小说很好看啊〕？

【挢】hé³（哈借切）
扒；敞（衣服）：鸡乸～开咗嗰堆泥〔母鸡扒开了那堆土〕｜～开啲禾秆晒下〔把稻草扒开晒晒〕｜热到佢～开心口〔热得他敞开胸膛〕。

hê

【靴咁大只脚】hê¹ gem³ dai⁶ zég¹ gêg³
形容遇到为难的事而脚步沉重。

【嘁】hê¹（靴。又音 ê¹）
❶嘘；起哄：佢畀大家～走咗〔他被大家嘘走了〕｜～佢〔嘘他〕！｜唔好乱～〔不要瞎起哄〕！❷引申为喝倒彩：佢哋畀人～得真惨〔他们

被人家喝倒彩弄得真狼狈〕。

【嗬】 hê^{4}（靴^{4}）

哈气：~一啖气〔哈一口气〕。

【嗬哆】 hê^{4} dê^{1}（哆，多靴切）

像喇叭一样的东西：~花〔喇叭形的花〕｜~嘴〔撅嘴〕。

heb

【恰】 heb^{1}

欺负：冇人敢~佢〔没有人敢欺负他〕。

【瞌】 heb^{1}（读音 heb^{6}）

合（眼）；假睡（闭目养神）：一夜未~过一眼〔一宿没合过眼〕｜~咗一阵〔养了一会儿神〕｜~着咗〔打瞌睡睡着了〕。

【瞌眼瞓】 heb^{1} ngan^{5} fen^{3}（瞓，训）

打瞌睡。

【合衬】 heb^{6} cen^{3}

般配；配得上：呢条裤配呢件衫好~〔这条裤子配那件上衣很般配〕。

【合眼】 heb^{6} ngan^{5}

看着很舒服，顺眼。

【合眼缘】 heb^{6} ngan^{5} yün^{4}

一看上去就有良好的印象。

【合晒合尺】 heb^{6} sai^{3} ho^{4} cé^{1}

❶非常合适：张台摆喺嗰处就~嘞〔桌子摆在那里就非常合适〕。❷合心意：派佢去就合晒佢合尺啦〔派他去正合他心意〕。

【合心水】 heb^{6} sem^{1} sôu^{2}

合心意；中意。

【合桃】 heb^{6} tou^{4}

核桃。

【合桃酥】 heb^{6} tou^{4} sou^{1}

桃酥。

【盒仔饭】 heb^{6} zei^{2} fan^{6}

盒饭，用盒子盛装出售的饭菜。

hed

【乞】 hed^{1}（又音 had^{1}）

讨；乞求：旧时佢去~过〔过去他讨过饭〕｜周围~人帮手〔到处求人帮忙〕。

【乞嗤】 hed^{1} qi^{1}（又音 had^{1} qi^{1}）

喷嚏。

【乞食】 hed^{1} xig^{6}（又音 had^{1} xig^{6}）

要饭；讨饭。

【乞人憎】 hed^{1} yen^{4} zeng^{1}（又音 had^{1} yen^{4} zeng^{1}）

令人讨厌：背后讲人哋会~嘌〔背后议论人家会令人讨厌的〕｜你咁百厌，有乜法子唔~吖〔你这么淘气，有什么办法不叫人讨厌〕！

【乞儿】 hed^{1} yi$^{4-1}$（又音 had^{1} yi$^{4-1}$）

❶乞丐；叫化子；要饭的。❷形容人厚着脸皮向人要东西：咪咁~啦，周围问人哋攞〔别那么不要脸了，到处向别人要〕。

heg

【克力架】 heg^{1} lig^{6} ga^{2}

一种奶油松脆饼。〖英语 cracker 的音译。〗

【黑】 heg^{1}（又音 hag^{1}）

倒霉：今日真~〔今天真倒霉〕。

【黑底】heg¹ dei²
加入了黑社会的人。

【黑胶绸】heg¹ gao¹ ceo⁴⁻²（又音 hag¹ gao¹ ceo⁴⁻²）
“云纱”一类的丝织品，但无明显的花纹，质地较硬，表面深黑色，背面褐色，是夏天的衣料。

【黑古勒特】heg¹ gu² leg⁶ deg⁶（又音 hag¹ gu² leg⁶ deg⁶）
黑不溜秋；黑黑的（有贬意）。

【黑过墨斗】heg¹ guo³ meg⁶ deo²
十分倒霉；运气差：呢次真系～咯，乜都唔顺〔这次真倒霉，什么都不顺利〕。

【黑口黑面】heg¹ heo² heg¹ min⁶（又音 hag¹ heo² hag¹ min⁶）
满脸不高兴的样子：睇佢个样～噉，唔知为乜〔看他的样子，满脸不高兴的，不知为什么〕。

【黑孖孖】heg¹ ma¹ ma¹（孖，妈。又音 hag¹ ma¹ ma¹）
黑咕隆咚；黑漆漆：山窿入便～，乜都睇唔见〔山洞里面黑咕隆咚，什么也看不见〕。

【黑马】heg¹ ma⁵（又音 hag¹ ma⁵）
突起的异军：呢次比赛，甲队系只～〔这次比赛甲队是一支突起的异军〕。

【黑墨墨】heg¹ meg⁶ meg⁶（又音 hag¹ meg⁶⁻¹ meg⁶⁻¹）
黑漆漆；黑黝黝：晒到～噉〔晒得黑黝黝的〕。

【黑墨屎】heg¹ meg⁶ xi²（又音 hag¹ meg⁶ xi²）
雀斑。

【黑米】heg¹ mei⁵
婉辞。❶指鸦片烟。❷指香烟。

【黑眯掹】heg¹ mi¹ meng¹（眯，读音 mei⁴。又音 hag¹ mi¹ meng¹）
黑糊糊的；黑黑的。

【黑面神】heg¹ min⁶ sen⁴
❶脸色较黑的人。❷满脸怒色的人。

【黑超】heg¹ qiu¹
黑色太阳镜。

【黑市夫人】heg¹ xi⁵ fu¹ yen⁴
姘妇。

【黑叶】heg¹ yib⁶⁻²（又音 hag¹ yib⁶）
荔枝的一种，近似“槐枝”。

【黑卒卒】heg¹ zêd¹ zêd¹
同“乌卒卒”。

hei

【喺】hei²（系²）
❶动词。在（表示人或事物所处的位置）：我听日～屋企〔我明天在家里〕｜趁大家都～度，你快啲讲啦〔趁大家都在场，你快点说吧〕。❷介词。在；于（表示时间、处所、范围等）：你～边度等我〔你在哪儿等我〕？｜～礼堂开会〔在礼堂开会〕｜佢生～一九四八年〔他生于一九四八年〕。

【喺度】hei² dou⁶
在这里；在那里：唔好成日～嘈〔别整天在那儿吵〕。

【喺处】hei² xu³
同“喺度”。

【系】hei⁶

❶是：～唔～〔是不是〕？｜你～边个〔你是谁〕？｜～就话～〔是就说是〕。❷只有（与“至”配搭着用）：～你佢至服〔只有你他才服〕｜～噉至好〔只有这样才好〕。❸无论如何：佢话～都要你去〔他说无论如何也要你去〕｜佢～都唔同意买〔他无论如何都不同意买〕。

【系都要】 hei⁶ dou¹ yiu³

坚决要；无论如何：佢～去喎〔他说无论如何也要去〕｜你～噉做我亦冇办〔你坚决要这样做我也没办法〕。

【系噉】 hei⁶ gem²（噉，敢）

就这样：～啦，好唔好〔就这样吧，好不好〕？

【系噉话】 hei⁶ gem² wa⁶

❶就这样吧：～啦，唔好改喇〔就这样吧，不要改了〕。❷是这样；就这么着：～，你又点吖〔是这样，你又怎么着〕？❸对别人的祝福表示接受时的用语，有“感谢”、“承您贵言”的意思。

【系噉先】 hei⁶ gem² xin¹

先这样吧；暂且这样吧：就嚟够钟咯，～啦〔快到点了，先这样吧〕。

【系噉意】 hei⁶ gem² yi³

❶意思意思：些少礼物，～嗻〔小小礼物，意思意思罢了〕。❷做个样子：佢～推下嘅嗻〔他做个样子推托一下罢了〕。

【系咁大】 hei⁶ gem³ dai⁶⁻²

原意是“就这么大”，诙谐的说法，引申作“完蛋”意：呢次佢～咯〔这回他完蛋了〕。

【系咁上下】 hei⁶ gem³ sêng⁶ ha⁶⁻²

大概就是这样：你讲嘅情况～啦〔你说的情况大概就是这样吧〕。

【系啦】 hei⁶ la¹

…就是了：我今日做好～〔我今天做好就是了〕。

【系嘞】 hei⁶ lag³

同“系呢”。

【系唔系】 hei⁶ m⁴ hei⁶

不管怎样：佢～都话我〔他不管怎样都说我〕。

【系唔系先】 hei⁶ m⁴ hei⁶ xin¹

一些人在跟别人理论时的口头禅，意思是“你认为是不是这样”、“你说对不对”。

【系咪】 hei⁶ mei⁶

是不是：你应该做，～？〖“咪”是“唔系”的合音。〗

【系呢】 hei⁶ né¹

用在句子开头，表示突然想起某件事，引出新话题：～，佢而家点呀〔对了，现在他怎么样了〕？

【系威系势】 hei⁶ wei¹ hei⁶ sei³

❶似乎很有来头的样子：咪睇佢～噉，其实冇料嘅〔别看他来势汹汹，其实没有什么东西〕。❷像煞有介事：佢～噉巴闭咗一阵，我以为系真个咯〔他像煞有介事地闹腾了一番，我以为是真的了〕。

【系人都…】 hei⁶ yen⁴ dou¹

谁都…：～噉话〔谁都这么说〕。

【系要】 hei⁶ yiu³

只有；一定要：呢篇文章～你写至得〔这篇文章一定要你写才行〕。

【系嗻】 hei⁶ zé¹（嗻，遮）

用在句子开头，表示退让性的转折，相当于“虽然这样”，常与“但系”、“不过”、“还是”等连用：～，不过佢唔同嗰〔虽然这样，但是他不同啊〕|～，重系去好〔虽然这样，还是去好〕。

héi

【稀冧冧】héi¹ lem¹ lem¹（冧，林¹。又音 héi lem² lem²）
稀溜溜：啲粥～，食饱一阵就饿〔粥稀溜溜儿的，吃饱一会儿就饿〕。

【稀削】héi¹ sêg³
稀，不稠：粥煮得唔够火候，太～喇〔粥熬得不够火候，太稀了〕。

【起】héi²
用在动词之后，有“完成”或“得”的意思：做～咯〔做完了〕|写～咯〔写好了〕。

【起病】héi² béng⁶
发病。

【起膊】héi² bog³
上肩（挑东西时上肩）。

【起菜】héi² coi³
开始上菜（宴席上用语）。

【起钉】héi² déng¹
开始计算利息：即日～。

【起飞脚】héi² féi¹ gêg³
对别人突然采取某种措施。

【起筷】héi² fai³
宴席上劝客人动筷子：大家～，唔使客气〔大家请，不必客气〕。

【起货】héi² fo³
工程完工，交付使用；取货：呢个楼今年～〔这个楼今年交付使用〕。

【起价】héi² ga³
涨（zhǎng）价。

【起鸡皮】héi² gei¹ péi⁴
起鸡皮疙瘩。

【起脚】héi² gêg³
❶动身；启程。❷踢人。

【起骨】héi² gued¹
剔骨头：～猪肉|羊肉要～至卖〔羊肉要剔了骨才卖〕。

【起行】héi² hang⁴
起程；动身。

【起字容】héi² ji⁶ yung⁴
摸清对方的底细，查清某人根底：你要起佢字容先〔你先查查他的底细〕。

【起腱】héi² jin²
起腱子，指上臂的肌肉凸起。

【起焦】héi² jiu¹
疮或伤口结痂。

【起嚟】héi² lei⁴（嚟，黎）
起来：佢笑～就冇停嘅〔她笑起来就没个完〕|今日又热～喇〔今天又热起来了〕。

【*起尾注】héi² méi⁵ ju³
吃现成。

【起眼】héi² ngan⁵
显眼；有意引人注意。

【起屋】héi² ngug¹
盖房子。

【起瀑】héi² pog¹
起水泡儿或血泡儿。

【起势噉】héi² sei³ gem²（噉，敢）
不停地；一股劲儿地：～唱〔不停

地唱〕｜～做〔一股劲儿地干〕。

【[1]起心】héi² sem¹

动了念头（多指动了不良念头）。

【[2]起心】héi² sem¹（青菜等）

抽苔：菜～咯〔菜抽苔了〕。

【起身】héi² sen¹

❶起来：～，咪坐喺度〔起来，别坐在这儿〕｜企～〔站起来〕。❷起床：六点钟～〔六点钟起床〕。

【起身嚟】héi² senl¹ lei⁴（嚟，黎）

用在动词的后面，表示动作的开始或进行：佢恶～就唔得啫〔他一生起气来就不得了〕｜嗰块板一晒就跎～〔那块板一晒就翘了起来〕。

【起上嚟】héi² sêng⁵ lei⁴

同“起嚟”。

【起首】héi² seo²

（从…）开始：四月一号～。

【起水】héi² sêu²

（母猪）发情。

【起痰】héi² tam⁴

起了不良的欲念。

【起头】héi² teo⁴

起初；开头：～大家都唔熟〔起初大家都不熟〕。

【起镬】héi² wog⁶

把菜或其他食物从锅里铲起来。

【起市】héi² xi⁵

❶价钱贵；要价高。❷高傲；摆架子。

【起先】héi² xin¹

❶起初；开头：～佢唔肯，后尾先至答应〔开头他不肯，后来才答应〕。❷刚才：～佢讲乜嚟呀〔刚才他说什么来着〕？

【起意】héi² yi³

同“[1]起心”。

【起肉】héi² yug⁶

剔肉。

【起踭】héi² zang¹（踭，争）

用胳膊肘撞击人。

【起枕】héi² zem²

手脚因摩擦过多而起趼子。

【起租】héi² zou¹

加租（一般指房租）。

【喜欢】héi² fun¹

欢喜：大家见到面都好～。

【喜庆事】héi² hing³ xi⁶

喜事。

【喜酌】héi² zêg³

婚宴。

【喜幛】héi² zêng³

祝贺婚姻所送的绸布幛子。

【气泵】héi³ bem¹

打气筒。

【气顶】héi³ ding²

憋气；呼吸不顺。

【气定神闲】héi³ ding⁶ sen⁴ han⁴

神色自若，态度安闲。

【气嗬嗬】héi³ hê⁴ hê⁴（嗬，靴⁴）

气喘吁吁：走到佢～嗽〔跑得他气喘吁吁的〕。

【气咳】héi³ ked¹

因工作忙碌；情绪紧张而喘不过气来：呢排做到～〔这段时间忙得喘不过气来〕｜上呢个斜行到我～〔上这个坡走得我喘不过气来〕。

【气罗气喘】héi³ lo⁴ héi³ qun²

气吁吁的：走到佢～〔跑得他气吁吁的〕。

【气顺】héi³ sên⁶

顺心；心里舒服：大家都讲道理，我就～咯〔大家都讲道理，我就顺心了〕。

【戏子佬】héi³ ji² lou²

戏子，旧时对戏曲演员的不尊重的称呼。

【戏桥】héi³ kiu⁴⁻²

戏剧或电影的故事情节说明书。

【戏肉】héi³ yug⁶

戏剧的精彩部分。

【饩】héi³（气）

喂养：～猪｜～鸡。〖“饩”古义是“赠送（食物）”的意思，现在广州话用作“喂养（禽畜）”，而且只限于具体的动作。〗

hem

【坎】hem²

❶坑穴；埯（ǎn）：一个～种一窦树〔一个坑种一棵树〕。❷臼：一个舂米～｜一～米。❸量词。门（用于炮）：一～炮。

【扻】hem²（砍）

碰：咪～烂个缸〔别把水缸碰破〕｜因住～亲个头〔当心碰着头〕。

【坎头埋墙】hem² teo⁴ mai⁴ cêng⁴

把头撞墙，形容人非常后悔。也指人自讨苦吃。

【嵌】hem³

拼合；组装：我～咗一张台〔我组装了一张桌子〕。

【墈】hem³

码头。

【含含声】hem⁴ hem⁴⁻² séng¹

形容人声鼎沸：呢条街～，好似趁圩噉〔这条街闹哄哄的，像赶集似的〕。

【含笑】hem⁴ xiu³

花名，小乔木，花香味甚浓。

【冚】hem⁶（含⁶）

严密（两物结合得紧，没有空隙）：杯盖扱得好～〔杯子盖盖得很严〕｜呢度门闩唔～〔这扇门关不严〕。

【冚唪呤】hem⁶ bang⁶ lang⁶（唪，罢硬切；呤，冷⁶）

全部；统统：题目～做对晒〔题目全都做对了〕｜呢啲台椅～都系公家嘅〔这些桌椅板凳统统都是公家的〕。

【冚啲】hem⁶ di¹（啲，多衣切）

同“冚唪呤”。

【冚家铲】hem⁶ ga¹ can²

骂人的话，全家死绝的意思。

【冚家富贵】hem⁶ ga¹ fu³ guei³

直译是全家富贵，但一般用作骂人语，意思是全家死绝。

【冚盅】hem⁶ zung¹

带盖的瓦罐或瓷碗，盛盐、糖等东西或炖食物用。

hen

【痕】hen⁴

痒：搲～〔挠痒痒〕。

【恨】hen⁶

H

❶悔恨：佢考试唔及格，～到成晚瞓唔着〔他考试不及格，悔恨得一宿都睡不着〕。❷惋惜：嗰本书买唔到，几咁～呀〔那本书买不到，多惋惜啊〕。❸巴望；巴不得：大家都～你快啲嚟〔大家都巴望你快点来〕｜～佢快啲走〔巴不得他快点走〕。❹羡慕；喜欢：佢哋呢度环境咁好，边个睇见都～呀〔他们这里环境这么好，谁看见都羡慕〕｜咁曳嘅嘢冇人～〔那么赖的东西没人喜欢〕。

【恨错】 hen⁶ co³

悔恨：到时你～都赶唔切咯〔到时你悔恨都来不及了〕。

【恨死隔篱】 hen⁶ séi² gag³ léi⁴

恨，羡慕；隔篱，隔壁。让邻居羡慕之极。

heng

【哼哈勒榨】 heng¹ ha¹ leg⁶ za³

敲诈勒索。

【揈】 heng¹（亨）

敲；搕：～下个缸听下有冇裂〔敲敲那个水缸听听有没有裂〕｜～烟斗。

【衡（挳）】 heng⁴

❶紧；拉紧；绷紧：擸～条绳〔把绳子拉紧〕。❷鼓胀：单车咪泵得太～〔自行车打气不要打得太鼓〕｜呢个篮球唔够～〔这个篮球不够胀〕。❸转速大：个辘转得好～〔车轮转得很快〕。

【衡晒】 heng⁴ sai³

用在动词后面，表示动作正在紧张地进行着：咪催～〔别老催着人〕｜逼～〔紧紧地逼着〕｜佢成日车～，你听佢讲〔他整天尽吹牛，你信他的〕！

【杏领】 heng⁶ léng⁵

鸡心领（一种衣领）。

héng

【轻㗎】 héng¹ kéng⁴（**㗎**，求鯵切）（又音 héng¹ céng⁴）

轻便；灵巧；小巧玲珑：呢个钟几～〔这个钟相当小巧玲珑〕。

【轻寥寥】 héng¹ liu⁴⁻¹ liu⁴⁻¹

轻飘飘（指东西不重）：呢个萝卜～，嫆晒喇〔这个萝卜轻飘飘，都糠了〕。

【轻秤】 héng¹ qing³

东西轻，称起来不占份量，不压秤：饼干～，一斤咁大包〔饼干不压秤，一斤有这么一大包〕。

【轻身】 héng¹ sen¹

物体轻，手感轻：蕹菜好～，一把至得半斤〔蕹菜很轻，一把才有半斤〕。

hêng

【香】 hêng¹

婉辞。指死亡（不严肃的说法）。

【香波】 hêng¹ bo¹

洗发剂。〖“香波”是英语 shampoo 的音译。〗

【香枧】 hêng¹ gan²（枧，拣）

香皂。

【香鸡】hêng^{1} gei^{1}
香棒（烧香剩下的棒儿）。

【香鸡脚】hêng^{1} gei^{1} gêg^{3}
瘦而长的腿。

【*香港地】hêng^{1} gong^{2} déi$^{6-2}$
意为“香港这个地方”，有慨叹的意味。

【香港脚】hêng^{1} gong^{2} gêg^{3}
脚癣；脚气。

【香口胶】hêng^{1} heo^{2} gao^{1}
口香糖。

【香蕉仔】hêng^{1} jiu^{1} zei^{2}
戏指西化了的华人（如香蕉那样黄皮白心）。

【香料粉】hêng^{1} liu^{6} fen^{2}
五香粉。

H

【香炉不】hêng^{1} lou^{4} den^{2}（不，趸）
香炉下面的台座只有一个，比喻独生子。

【香牙蕉】hêng^{1} nga^{4} jiu^{1}
蕉的一种，皮薄，淡黄色，肉丰满。

【香信（蕈）】hêng^{1} sên^{3}
香菇的一种，较大，质量次于“冬菇”。

【香云纱】hêng^{1} wen^{4} sa^{1}
云纱的一种。主产于广东的一种提花丝织物，面上涂上薯莨汁液，用于制作夏天衣服。质量较差的一种叫“薯莨绸”。

【香油】hêng^{1} yeo^{4}
指香油钱（在庙里敬神时所交的香烛钱）。

【香肉】hêng^{1} yug^{6}
狗肉（婉辞）。

【*香咗】hêng^{1} zo^{2}
婉辞。已死亡。

【乡下】hêng^{1} ha$^{6-2}$
老家；家乡：我～喺从化〔我家乡在从化〕。

【乡里】hêng^{1} léi^{5}
❶同乡：我同佢系～〔我跟他是同乡〕。❷扩大指同一个县（在县外说）、同一个省（在省外说）的人。❸老乡：唔识路就请问嗰个～〔不认得路就问问那位老乡〕。

【乡谈】hêng^{1} tam^{4}
土话；乡音。

【响】hêng^{2}
同“喺”。

【响度】hêng^{2} dou^{6}
同“喺度”。

【响处】hêng^{2} xu^{3}
同“喺处”。

heo

【吼（睺）】heo^{1}（读音 heo^{3}）
❶看守：你～住啲谷，唔好畀鸡嚟食〔你看着这些稻谷，别让鸡来吃〕。❷注意；留意：～住佢〔注意着他〕｜～住你个荷包呀〔留意你的钱包〕！❸光顾（诙谐的说法）：呢啲曳嘢冇人～〔这些次货没人光顾〕。❹追求（特指向异性求爱）。

【吼斗】heo^{1} deo^{2}
❶同“吼❸”。❷希望得到；想要：我唔～〔我不想要〕。

【吼机会】heo^{1} géi^{1} wui^{6}
等待时机；寻找机会。

【吼路】heo¹ lou⁶

侦察对方战术。

【口】heo²

❶嘴；嘴巴：擘开个～〔张开嘴〕。❷量词。用于香烟、针、钉等：食～烟仔〔抽支香烟〕｜一～针。

【口多多】heo² do¹ do¹

多嘴多舌：唔关你事，～做乜〔没你的事儿，多嘴多舌干什么〕！

【口多身贱】heo² do¹ sen¹ jin⁶

指因多说话而被人瞧不起；因嘴多而招人殴打。

【口毒】heo² dug⁶

指人说话恶毒。

【口花花】heo² fa¹ fa¹

形容人多嘴，乱说话：～嘅人唔一定有料〔能说会道的人不一定有学问〕。

【口苦】heo² fu²

由于消化不良而嘴里苦涩或口腔发炎。

【口吃吃】heo² ged⁶ ged⁶

说话时结巴的样子。

【口乖】heo² guai¹

嘴甜；说话讨人喜欢。

【口果】heo² guo²

做零食的蜜饯果品。

【口嚡脷素】heo² hai⁴ léi⁶ sou³

（嚡，鞋；脷，利）

口淡而涩：我唔知点解～，唔想食饭〔我不知道为什么口淡而涩，不想吃饭〕。

【口痕】heo² hen⁴

嘴巴痒痒（指人爱说话）：你唔出声唔得咩，～呀〔你不作声不行，嘴巴痒痒吗〕？

【口痕痕】heo² hen⁴ hen⁴

形容人爱说话的样子。

【*口痕友】heo² hen⁴ yeo⁵⁻²

贫嘴的人。

【口轻】heo² héng¹

轻诺（随便许诺）。

【口轻轻】heo² héng¹ héng¹

形容人说话信口开河。

【口响】heo² hêng²

口头上说得漂亮；唱高调：你咪咁～，做出嚟睇过至知〔你别说得那么漂亮，干出来看看才知道〕。

【口立湿】heo² leb⁶ seb¹

零食：细佬哥食埋啲～就唔想食饭〔小孩子尽吃零食就不想吃饭〕。

【口唔对心】heo² m⁴ dêu³ sem¹

心口不一。

【口码】heo² ma⁵

口才：好～。

【口擘擘】heo² mag³ mag³

形容人张口结舌或气喘吁吁的样子。

【口密】heo² med⁶

嘴严；沉默寡言：呢个人好～嘅，多一句话都唔讲〔这个人嘴很严，多一句话也不说〕。

【口面】heo² min⁶

脸儿；面孔：瓜子～｜佢～好熟〔他很面熟〕。

【口呐】heo² neb⁶

嘴笨，言语不流畅。

【口呐呐】heo² neb⁶ neb⁶（呐，拿入切）

木讷，不善言辞。

【口丫角】heo² nga¹ gog³

嘴角：~烂〔烂嘴角〕。

【口哑哑】heo² nga² nga²

哑口无言；无言以对：我问到佢~〔我问得他哑口无言〕。

【口硬】heo² ngang⁶

口气强硬；坚持己见。

【口硬心软】heo² ngang⁶ sem¹ yün⁵

刀子嘴，豆腐心。

【口噏噏】heo² ngeb¹ ngeb¹（噏，鸦邑切）

嘴巴不停地动；说个不停。

【口齿】heo² qi²

信用：讲~ | 有~〔没有信用；说话不算数〕。

【口唇】heo² sên⁴

嘴唇。

【口唇膏】heo² sên⁴ gou¹

口红。

【口水多过茶】heo² sêu² do¹ guo³ ca⁴

形容人说话过多。

【口水花】heo² sêu² fa¹

唾沫星子。

【口水花喷喷】heo² sêu² fa¹ pen³ pen³

说话时吐沫横飞。佢讲话激动到~喷喷〔他说话激动得唾沫横飞〕。

【口水肩】heo² sêu² gin¹

围嘴儿（婴儿防口水用）。

【*口水佬】heo² sêu² lou²

嘴把式（指光会说不会干的人）。

【口水溦】heo² sêu² méi⁴⁻¹

唾沫星子：讲话时~飞晒出嚟〔说话时唾沫星子全喷了出来〕| 执人~〔学舌；拾人牙慧〕。

【口水蚊】heo² sêu² men¹

同“口水溦”。

【*口水骚】heo² sêu² sou¹

电视节目中的访谈节目，即脱口秀。〖“骚”是英语 show 的音译。〗

【口水痰】heo² sêu² tam⁴

痰（一般指吐出来的痰）。

【口疏】heo² so¹

嘴快：佢~到鬼噉，一句话都忍唔住〔他嘴快得要命，一句话也藏不住〕。

【口数】heo² sou³

口算；心算：佢~好使得〔他心算很厉害〕。现已少用。

【口淡】heo² tam⁵

口内淡而无味，食欲不振。

【口甜脷滑】heo² tim⁴ léi⁶ wad⁶

油嘴滑舌：呢个人~，唔信得过〔这个人油嘴滑舌，信不过〕。

【口同鼻拗】heo² tung⁴ béi⁶ ngao³

嘴巴跟鼻子争吵，比喻自己人作无谓的纷争。

【口窒窒】heo² zed⁶ zed⁶

结结巴巴：讲话~，听都听唔清楚〔说话结结巴巴，听都听不清楚〕| 吓到~。

【口在路边】heo² zoi⁶ lou⁶ bin¹

应为“路在口边”，即要用嘴巴问路。人不知道该怎么走时向别人询问，路也就有了。

【口盅】heo² zung¹

漱口杯。

【喉】heo⁴

❶管子：胶～〔塑料管子；橡胶管子〕| 水～〔自来水管〕。❷嗓子：声～〔嗓音；嗓门〕| 豆沙～〔沙哑的嗓〕。❸粤剧唱腔：平～〔生腔〕| 子～〔旦腔〕| 大～〔花脸腔〕。

【喉底】heo⁴ dei²

歌手唱歌的基本功。

【喉急】heo⁴ geb¹

性急；心急；着急；焦急：佢好～，一阵间就想学会〔他很心急，一下子就想学会〕| 唔好咁～，慢慢抄〔不要那么焦急，慢慢抄〕。

【喉干颈渴】heo⁴ gon¹ géng² hod³

极度口渴：行咗成日都冇水饮，搞到我～〔走了一天都没水喝，弄得我渴得要命〕。

【喉管】heo⁴ gun²

水管（指小口径的）。

【喉槛】heo⁴ lam⁵⁻²

喉结。

【喉咙椗】heo⁴ lung⁴ ding³（椗，多庆切）

小舌，兼指咽喉：我饱到上～咯〔我饱得东西都上喉头了〕。

【喉咙伸出手】heo⁴ lung⁴ sen¹ cêd¹ seo²

形容人迫不及待地想进食。

【喉核】heo⁴ wed⁶（核，读音 hed⁶）

同“喉槛”。

【喉嘴】heo⁴ zêu²

气门芯（自行车轮胎上的小零件）。

【猴擒】heo⁴ kem⁴

同“喉急”。

【厚揼揼】heo⁵ deb⁶ deb⁶（揼，杜合切）

厚厚的；厚墩墩：呢啲饼～，太肉酸喇〔这些饼厚厚的，太难看了〕。

【厚净】heo⁵ zéng⁶

物体厚实，结实。

【厚笠】heo⁵ leb¹

厚绒衣。

【厚身】heo⁵ sen¹

厚实：呢只布好～〔这种布厚实〕。

【后便】heo⁶ bin⁶

后面：屋～〔房子后面〕| 企喺～〔站在后面〕。

【后背】heo⁶ bui³

后面；背面。

【后背底】heo⁶ bui³ dei²

同“后背”。

【后底】heo⁶ dei²

同“后背底”。

【后底乸】heo⁶ dei² na²（乸，拿²）

继母；后妈；后母；后娘。

【后底爷】heo⁶ dei² yé⁴⁻¹

继父；后父；后爹。

【后脚】heo⁶ gêg³

❶后腿或后脚：畀人抽～〔让人揪辫子〕。❷指人的后续动作：我前脚入屋，佢～就到〔我前面进屋，他随后就到〕。

【后朝】heo⁶ jiu¹

后天早上。

【后朝早】heo⁶ jiu¹ zou²

后天早上。

【后晚】heo⁶ man⁵

后天晚上。

【后嚟】heo⁶ lai⁴

后来：你～点呀〔你后来怎么样〕？

【后尾】heo⁶ méi⁵（heo¹ méi¹）

❶后来；最后：佢～点啫〔他后来怎么样了〕？❷末尾；最后（指位置）：你高，企～啦〔你高，站在后面吧〕。

【后尾枕】heo⁶ méi⁵ zem²

同"后枕"。

【后生】heo⁶ sang¹

❶年轻人（过去多指受雇于人的年轻人）。❷年轻：佢未够三十，重好～〔他不足三十，还挺年轻〕。

【后生哥】heo⁶ sang¹ go¹

年轻人。

【后生女】heo⁶ sang¹ nêu⁵⁻²

年轻女子；姑娘。

【后生细仔】heo⁶ sang¹ sei³ zei²

小青年。

【后生仔】heo⁶ sang¹ zei²

年轻人；小伙子。

【后日】heo⁶ yed⁶

后天。

【后枕】heo⁶ zem²

后脑勺。

【候镬】heo⁶ wog⁶⁻²

厨师；掌勺儿的；大师傅。

hêu

【虚】hêu¹

体质虚弱。

【圩】hêu¹

集市：趁～〔赶集〕｜七日一～。

【圩巴嘈闭】hêu¹ ba¹ cou⁴ bei³

像"圩场"（集市）一样吵闹，吵闹得很厉害：咁多人喺度～，唔知做乜〔那么多人在那儿吵吵闹闹，不知道在做什么〕。

【圩场】hêu¹ cêng⁴

集市（指集市的所在地）。

【圩冚】hêu¹ hem⁶（冚，含⁶）

❶噪闹（像集市一样嘈杂）；人声嘈杂：呢度近街，成日都好～〔这里近街，整天都很噪闹〕。❷引申指张扬：啱有啲成绩就咁～做乜〔刚有一点成绩就到处张扬干什么〕。

【圩日】hêu¹ yed⁶

逢集；集日。

【去】hêu³

❶前进得快（指车船等）：只船点解唔～嘅（船为什么走得这么慢）？❷出发：边部车先～（哪一辆车先出发）？

【去埞】hêu³ déng⁶

外出；出门（到某处）。

【去归】hêu³ guei¹

❶同"翻归"。❷回娘家。

【*去马】hêu³ ma⁵

指决定进行某事。

hib

【怯】hib³

掐：啲菜老到手指甲都～唔入〔这些菜老得连指甲也掐不进去〕。

【𥄫】hib³（胁）
闭（眼）：一夜都未～过眼〔一宿都没有闭眼〕。

hid

【歇】hid³
停止：琴晚成晚打风，天光至～〔昨晚整夜刮风，天亮才停止〕| 喊起嚟就冇办法得佢～〔哭起来就没法子叫他停〕。〖"歇"普通话也有"停止"的意思，但用法不同。广州话的"歇"一般不带宾语，而普通话一般要带宾语，如"歇枝"、"歇业"。〗

【歇脚】hid³ gêg³
❶中途休息：等阵揾个地方～啦〔待会儿找个地方休息吧〕。❷同"歇宿"。

【歇口】hid³ heo²
停止说话；停止吃东西。

【歇手】hid³ seo²
停手；休息：琴晚到而家都未～（昨晚到现在还没有停过手）。

【歇宿】hid³ sug¹
住宿；过夜：今晚喺边度～〔今晚在哪里过夜〕？

him

【谦厚】him¹ heo⁵
谦和厚道。

【险过剃头】him² guo³ tei³ teo⁴
比喻处境险恶。

【险死还生】him² séi² wan⁴ sang¹
死里逃生：嗰次地震佢～〔那次地震他死里逃生〕。

hin

【牵痧（㾪）】hin¹ ha²（痧，下²）
哮喘病。

【蚬】hin²
蛤蜊。

【蚬壳】hin² hog³
蛤蜊壳。

【蚬鸭】hin² ngab³
野鸭。

【献世】hin³ sei³
丢脸、出丑。骂人的话，即活在世上是多余的。

hing

【馨香】hing¹ hêng¹
声誉好；名声好：呢个人好～〔这个人声誉很好〕。

【熨（烌）】hing³（庆）
❶烤（指烤干，烤热）：～干件衫〔把衣服烤干〕| ～热煲水〔把锅里的水烤热〕。❷热；烫（温度高）：佢额头好～，发烧都唔定〔他额头很烫，说不定是发烧〕| 呢间屋有西斜热，下昼好～〔这房子有西晒，下午很热〕。❸热闹；高兴：呢度咁～呀〔这里那么热闹〕！❹热乎；来劲：佢～起嚟就几好嘅〔他劲头来的时候还算不错〕。❺发怒：激到佢发～〔气得他发怒〕。

【熨（烌）过焫鸡】hing³ guo³ nad³

gei¹（僛，庆；焫，拿压切）
比电烙铁还热。形容人对某事热情很高，或指人头脑不够冷静。

【僛（焫）焫焫】 hing³ heb⁶ heb⁶
热辣辣；热烘烘：马路晒到～〔马路晒得热辣辣的〕| 呢间房晒到～，冇办法瞓〔这屋子晒得热烘烘的，没法睡〕。

hiu

【晓】 hiu²
懂；会：你～几种外文？| 学～未呀〔学会了没有〕？

ho

H

【呵】 ho¹
小孩摔跤之后，大人抚摸其痛处，或者往痛处呵气，边说"呵"，以示痛惜：～两下就唔痛咯〔呵两下就不痛了〕| "～一～，好过旧时多"〔惯用语。呵一下，比过去还好〕。

【可】 ho²
叹词。表示提起新话题，或征求对方同意的语气：～，你去边〔啊，你去哪里〕？| 系嘞～〔是这啊〕。

【合尺】 ho⁴ cé¹（何奢。读音 heb⁶ cég³）
工尺（gōng chě）（我国民族音乐音阶上各个音的总称）。

【河】 ho⁴⁻²
"沙河粉"的简称：牛肉炒～| 炒斋～〔素炒沙河粉〕。

【河柴】 ho⁴ cai⁴
过去广东各地通过河流运送至城镇销售的木柴：烧河柴，食白米（过去比喻优裕的生活）。

【河涌】 ho⁴ cung¹
珠江三角洲的小河道。

【河粉】 ho⁴ fen²
"沙河粉"的简称。

【河下】 ho⁴ ha⁶
旧时指广州长堤珠江河面的地方。那里有水上妓院或专做色情生意的小船，因而人们就用"河下"或"河底下"代指水上妓院。

【河鲜】 ho⁴ xin¹
淡水鱼虾、螃蟹等的总称。

【荷包】 ho⁴ bao¹
钱包。

【荷包打倒掟】 ho⁴ bao¹ da² dou³ déng³
形容钱包空空如也，身无分文。

【荷包倒吊】 ho⁴ bao¹ dou³ diu³
同"荷包打倒掟"。

【荷包友】 ho⁴ bao¹ yeo⁵⁻²
偷钱包的小偷。

【荷包仔】 ho⁴ bao¹ zei²
同"荷包友"。

【荷兰豆】 ho⁴ lan⁴⁻¹ deo⁶⁻²
一种带豆荚吃用的豌豆，豆粒小而嫩，是广东地区常见蔬菜。又叫"兰豆"（lan⁴⁻¹ deo⁶⁻²）。

【荷兰水】 ho⁴ lan¹ sêu²
旧称汽水。

【荷兰水盖】 ho⁴ lan¹ sêu² goi³
戏称勋章或奖章。

【荷兰薯】 ho⁴ lan⁴⁻¹ xu⁴⁻²

马铃薯；土豆。

【贺咭】 ho^{6} ked^{1}（咭，卡一切）

贺卡。

【贺年咭】 ho^{6} nin^{4} ked^{1}

贺年片。

hod

【曷（鶡）】 hod^{3}

同“腥曷”。

【喝】 hod^{3}

钢（gàng）；鐾（把刀在石或缸沿上用力摩擦几下，使它快些）：～～把刀〔把刀钢一钢〕。

【喝生晒】 hod^{3} sang^{1} sai^{3}

大声吆喝（对吆喝的人有反感时用）：人哋开紧会，你唔好喺度～啦〔人家正在开会，你不要在这里大声吆喝〕。

【喝神喝鬼】 hod^{3} sen^{4} hod^{3} guei^{2}

随意大声斥责人。

【渴市】 hod^{3} xi^{5}

供不应求。

hog

【壳】 hog^{3}

勺；瓢：饭～｜一～水。

【熇】 hog^{3}（壳）

烤（在锅里烘烤）：～干啲鱼仔〔把小鱼放在锅里烤干〕。

【学】 hog^{6}

引申作像：个个都～你噉就好啦〔人人都像你这样就好了〕｜边个～你咁叻吖〔谁像你那样聪明能干〕！

【学行车】 hog^{6} hang^{4} cé^{1}

幼儿的学步车。

【学似】 hog^{6} qi^{5}

像：人人都～你就好啦。

【学生哥】 hog^{6} sang^{1} go^{1}

年轻学生。

【*学神】 hog^{6} sen^{4}

实习汽车驾驶员。

【学是非】 hog^{6} xi^{6} féi^{1}

挑拨是非；搬弄是非。

【学是学非】 hog^{6} xi^{6} hog^{6} féi^{1}

同“学是非”。

【学师仔】 hog^{6} xi^{1} zei^{2}

学徒。

【学样】 hog^{6} yêng$^{6-2}$

依照别人的样子去做。

【鹤嘴锄】 hog^{6} zeu^{2} co^{4}

十字镐。

hoi

【^{1}开】 hoi^{1}

❶调配：～颜料｜～好啲叻㗎先〔先把清漆调好〕。❷溶化；稀释：～盐水饮｜～牛奶〔用炼乳对水调成牛奶〕。

【^{2}开】 hoi^{1}

办（酒席）；摆（饭桌）：～咗两围〔办了两桌酒席〕｜～台食饭〔摆桌子吃饭〕。

【^{3}开】 hoi^{1}

助词。用在动词的后面，表示动作正在或曾经进行：呢张凳系我坐～嘅〔这个凳子是我坐的〕｜呢本书你睇～就畀你睇埋先啦〔这本书你正看着就先让你看完吧〕｜我用～嘅嗰把锄头去咗边度〔我用着的那把锄头哪里去了〕?〖“开”和“紧”都是表示动作正在进行，但“开”除了表示动作正在进行外，还表示动作曾经进行过，现在可能仍在进行，也可能暂时停止，但今后还要继续进行，而“紧”只侧重在说话时动作仍在进行。〗

【开便】 hoi¹ bin⁶
外面（靠外面的）：埋便嗰个姓李，～嗰个姓张〔靠里的那个姓李，靠外的那个姓张〕｜坐～嗰张凳啦〔坐靠外面的那张凳子吧〕。

【开波】 hoi¹ bo¹
发球。

【开初】 hoi¹ co¹
同“初初”。

【开错口】 hoi¹ co³ heo²
❶讲错了话。❷指求人时遭到拒绝，有“白说了”的意思。

【开床】 hoi¹ cong⁴
安放床铺；铺上床上的被褥。

【开底】 hoi¹ dei²
同“开便”。

【开档】 hoi¹ dong³
❶开张（开始营业）；开摊儿。❷开始（诙谐的说法）：～打牌。

【开刀】 hoi¹ dou¹
❶动手术。❷向人敲竹杠。

【开埠】 hoi¹ feo⁶
开设商埠。

【开伙爨】 hoi¹ fo² qün³（爨，串）
开伙；生火做饭。

【开讲有话】 hoi¹ gong² yeo⁵ wa⁶
多用为发表意见之前的引语。相当于“常言道”、“俗话说”：～，远亲 不如紧邻〔俗话说，远亲不如近邻〕。

【开古】 hoi¹ gu²
揭谜底。引申为揭露秘密。

【开气】 hoi¹ héi²
形容人性格开朗、乐观：呢个人都几～嘅〔这个人的性格算比较开朗〕。

【开口】 hoi¹ heo²
❶（新刀）开刃。❷引申指张嘴说话。

【开口扱着脷】 hoi¹ heo² keb⁶ zêg⁶ léi⁶
指一开口就说错话。

【开口埋口】 hoi¹ heo² mai⁴ heo²
张嘴闭嘴；动不动就说：佢～都话要为大家服务〔他张嘴闭嘴都说要为大家服务〕｜呢几日佢心火盛，～都想闹人〔这几天他火气大，动不动就骂人〕。

【开口有话】 hoi¹ heo² yeo⁵ wa⁶
同“开讲有话”。

【开口枣】 hoi¹ heo² zou²
同“笑口枣”。

【开枝散叶】 hoi¹ ji¹ san³ yib⁶
比喻繁衍子孙。

【开嚟】 hoi¹ lei⁴（嚟，黎）
出来（从里面往外面走）。

【开裆裤】 hoi¹ long⁶ fu³（裆，读音是 dong¹）
开裆裤。

【开笼雀】 hoi¹ lung⁴ zêg³

比喻得到自由而欢欣鼓舞的人；比喻高兴话说个不停的人：乜你好似～噉，成日都咁好唱口〔你怎么像一只出笼小鸟似的，整天都叫个不停〕。

【开明车马】 hoi¹ ming⁴ gêu¹ ma⁵

说明意图：呢次～同佢讲清楚〔这次把意图明白跟他讲清楚〕。

【开硬弓】 hoi¹ ngang⁶ gong¹

硬来，使用强硬手段：要慢慢讲道理，～系唔啱嘅〔要慢慢讲道理，硬来是不行的〕。

【开年】 hoi¹ nin⁴

旧俗正月初一吃素，初二则吃荤，叫“开年”。

【开片】 hoi¹ pin³⁻²

打群架。

【开铺】 hoi¹ pou³

店铺开门：九点钟～。

【*开盘】 hoi¹ pun⁴

开始发售。

【开心】 hoi¹ sem¹

高兴。

【开心果】 hoi¹ sem¹ guo²

比喻逗人喜爱的孩子；给人带来欢乐的幽默演员。

【开身】 hoi¹ sen¹

开船；起航：红星艘六点落船，八点～〔“红星”号船六点上船，八点开船〕。

【开新灯】 hoi¹ sen¹ deng¹

旧俗生男孩后，于次年元宵节前在祖先灵位前张挂一盏宫灯。

【开声】 hoi¹ séng¹

作声；吭声：有意见就～｜佢唔敢～〔他不敢吭声〕。

【开手】 hoi¹ seo²

开始动手。

【开首】 hoi¹ seo²

开始；起初：我～唔会做〔我开始不会干〕。

【开摊】 hoi¹ tan¹

设赌（专指开设“番摊”的赌局）。

【开头】 hoi¹ teo⁴

用在动词后面，表示动作开始并将持续：唱～就有人跟口架嘞〔唱起来之后就有人跟着唱的了〕｜一做～就唔想歇手〔一开始做了就不想停手〕。

【开天索价】 hoi¹ tin¹ sog³ ga³

开高价：～，落地还钱（熟语）。

【开台】 hoi¹ toi⁴

❶摆桌子（准备吃饭或打麻将等）。❷开场（开始演戏）。

【开怀】 hoi¹ wai⁴

婉辞。女人第一次生育。

【开胃】 hoi¹ wei⁶

❶胃口好：我今餐～〔我这一顿饭胃口好〕。❷使人胃口好：山楂、麦芽最～。❸引申指人不切实际的空想（一般拒绝别人的要求或讽刺别人的冒昧行为时用）：唔下苦功就想成功，～咯〔不下苦功就想成功，真是异想天开〕｜你想要晒呀，真～〔你想全都要了，好大的胃口〕！

【开膳】 hoi¹ xin⁶

开伙：我哋公司自己～〔我们公司自己开伙〕。

H

【开斋】hoi¹ zai¹
❶比喻恢复某些饮食。❷比喻球队或赌博初次得分或得胜。

【海】hoi²
❶海洋：出～。❷江；河：过～〔过河；过江〕｜～面好阔〔河面很宽〕。〖“江”、“河”在专名之后，广州话仍叫“江”、“河”，如“珠江”、“黄河”，但对一般水比较深或比较宽的江和河，可以叫“海”。如从广州珠江北岸到南岸叫“过海”。〗

【海傍】hoi² bong⁶
海边或大河边。

【海军蓝】hoi² guen¹ lam⁴
深蓝色。

【海猪】hoi² ju¹
海豚。

H

【海皮】hoi² péi⁴
❶海边。❷江边。

【海鲜】hoi² xin¹
❶新鲜的海鱼。❷泛指新鲜的海产动物食品。

【海鲜酱】hoi² xin¹ zêng³
甜酱。

【害人害物】hoi⁶ yen⁴ hoi⁶ med⁶
连累别人；危害百姓。

hon

【看更】hon¹ gang¹
守夜。

【看牛】hon¹ ngeo⁴
放牛。

【看护】hon¹ wu⁶
旧指护士。

【看啰】hon³ lo¹
直译是“看吧”，实际是“看具体情况而定”：你话呢度好定广州好，～〔你说这里好还是广州好，要看什么标准而定〕。

【寒】hon⁴
❶虚寒：佢病啱好，有啲～〔他病刚好，有点虚寒〕。❷寒性：热咳～咳｜萝卜好～〔萝卜性很寒〕。❸惊怕：吓到成个～晒〔吓得怕极了〕｜心～。❹同“寒背”。

【寒背】hon⁴ bui³
轻微的驼背：佢有啲～〔他有点儿驼背〕。

【寒底】hon⁴ dei²
❶形容人底子虚寒：佢好～〔他的底子很虚寒〕。❷引申为底子很薄，寒酸：佢收入唔少，但重系好～〔他收入不少，但底子仍然很薄〕｜你悭俭人哋唔会话你～〔你省俭人家不会说你寒酸〕。

【*寒飞】hon⁴ féi¹
衣着较差的阿飞。

【寒凉】hon⁴ lêng⁴
同“寒❷”。

【寒削】hon⁴ sêg³
指食物性寒。

【寒暑表】hon⁴ xu² biu²
温度计。

【旱桥】hon⁵ kiu⁴
立交桥（立体交叉路）。

【汗毛】hon⁶ mou⁴
寒毛。

hong

【康健】 hong¹ gin⁶

健康。

【粈（糠）】 hong² （康²）

❶陈米的气味：～米〔发霉的米〕｜呢啲米～～地〔这些米有点儿霉味儿〕。❷干燥（指皮肤等因缺乏油脂而干燥）：一到天冷，手就有啲～〔一到冬天，手就有点干燥〕。❸引申指钱少：荷包～。

【糠（粈）耳】 hong² yi⁵（糠，读音 hong¹。又音 hong¹ yi⁵）

习惯认为，人的耳朵有两种：分泌黄色黏液的叫“油耳”，不分泌这种黏液的叫“糠耳”。

【炕】 hong³（读音 kong³）

❶烤；烘：～面包｜～干。❷晾放：啲番薯干要～喺个筛度〔薯干要晾在筛子上面〕｜瞓觉唔冚被，成晚～喺度会冷亲㗎〔睡觉不盖被子，整夜露着身子会着凉的〕。

【炕起】 hong³ héi²

架设起，多指把东西架起来。

【炕沙】 hong³ sa¹

（船只）搁浅。

【行²】 hong⁴

摆；铺（床）：呢间房～得三张床〔这个房间能摆三张床〕｜朝～晚拆〔晚上铺床，早上拆掉——应作“晚～朝拆”，但习惯上说颠倒了〕。

【行床】 hong⁴ cong⁴

铺床，临时摆设床铺。

【行档】 hong⁴ dong³

希望：有冇～呀〔有没有希望〕？｜冇晒～〔完全没有希望〕。

【行货】 hong⁴ fo³

普通产品；大路货。

【行家】 hong⁴ ga¹

❶内行人。❷同一行业的人。

【行口】 hong⁴ heo²

行（专营某类商品的商店）。

【行头】 hong⁴ teo⁴

行业：你系做乜～㗎〔你是干什么行业的〕？

【行尊】 hong⁴ jun¹

某一行的专家、权威：老～｜佢系粤剧嘅～〔他是粤剧界的权威〕。

【桁】 hong⁴

张开两臂拦赶（禽畜）：～鸡｜～一～只猪〔把猪拦一拦〕。

【巷笃】 hong⁶ dug¹

死胡同的尽头。

hou

【薅草】 hou¹ cou²

在稻田里除草。

【好】 hou²

❶很；非常：今日～热〔今天很热〕｜～好｜～靓〔很漂亮〕｜～紧要〔很要紧〕。❷该（提醒别人时用）：～去啰噃〔该去了〕｜～瞓喇〔该睡了〕。

【好唱口】 hou² cêng³ heo²

原意是嗓子好，唱戏唱得好，引申指说得好听或只说风凉话：你唔使喺度咁～〔你不必在这里说风凉话〕。

【好丑】 hou² ceo²

好歹：～你都要佢读到毕业吖〔好歹你也让他读到毕业吧〕｜佢～都系个中学生吖〔他好歹也是个中学生吧〕。

【好彩】hou² coi²

❶走运：真～，一揾就揾到〔真走运，一找就找到了〕｜～就钓到几条鱼，唔～就一条都冇〔走运的话就能钓到几条鱼，不走运的话就一条也没有〕。❷幸亏；幸好；好在：～冇打烂〔幸亏没有打破〕。

【好彩数】hou² coi² sou³

运气好：一抽就中奖，我真系～〔一抽就中奖，我真是运气好〕。

【好打】hou² da²

能打，善于搏斗。

【好胆】hou² dam²

大胆：你咁～，一个人去游水〔你这么大胆，一个人去游泳〕。

【好得】hou² deg¹

同"好彩❷"。

【好地地】hou² déi⁶ déi⁶

好好的；好端端：琴日都～嘅，今日就发烧咧〔昨天还是好好的，今天居然发起烧来〕｜人哋～坐喺度，你撩佢做乜〔人家好好地坐在那儿，你去惹他干什么〕！

【好多人】hou² do¹ yen⁴

用其相反的意思，即"很少人"或"没有人"。表示反对别人的主张时用：要行咁远，～去呀〔要走那么远，才没人去呢〕。

【好翻】hou² fan¹

❶伤病痊愈。❷关系修好：佢哋两个又～咯〔他们两个又和好了〕。

【好瞓】hou² fen³（瞓，训）

睡得香；能睡：琴晚真～〔昨晚睡得真香〕。

【好脚头】hou² geg³ teo⁴

迷信的人认为，某些人一出生或一到来就会给别人带来好运气。现已少用。

【好颈】hou² géng²

脾气好：佢真～，激佢都唔嬲〔他脾气真好，气他也不火儿〕。

【好景】hou² ging²

景况好（包括生活、生意等）。

【好劲】hou² ging⁶

很不错；很了不起（对某一事物或行为表示赞羡的意味）。

【好鬼】hou² guei²

形容某一状态达到极端的地步，有"很、十分、非常"等意思：呢个人～聪明㗎〔这个人十分聪明〕。

【好闲】hou² han⁴

❶表示无所谓（有安慰或宽恕的意思）：～之嘛，我做得到一定应承〔算不了什么，我做得到一定答应〕｜攞啲翻去用啦，～嗻〔拿点回去用吧，小意思〕｜打烂就算啰，～嗻〔打破了就算了，没事儿〕。❷表示拒绝对方的要求（态度坚决而冷淡）：你重想我同你去讲，～喇〔你还想我给你说去，没功夫〕！｜我同你执手尾呀？～啦〔我跟你收拾？别梦想〕！

【好行】hou² hang⁴

套话。客人离去时主人对客人的礼貌用语，有"走好"、"慢走"的意思。

【好气】hou² héi³

❶健谈；啰唆：成日都讲唔完，冇人有佢咁～〔整天都说不完，没人有他这么啰唆〕｜冇你咁～〔没有你那么啰唆〕。❷耐心；脾气好：问乜佢都答，真～〔问什么他都回答你，真耐心〕。

【好恨】hou² hen⁶

非常想；巴不得：佢个女～当歌星呀〔他的女儿非常想当歌星啊〕｜大家都～你成功〔大家都巴不得你成功〕。

【好口】hou² heo²

嘴巴甜；说话好听。

【好好声】hou² hou² séng¹

好声好气地；态度温和地：你～同佢讲嘛〔你和蔼地跟他说嘛〕。

【好好睇睇】hou² hou² tei² tei²

体体面面：佢嘅七十大寿要办得～至得〔他的七十大寿要办得体体面面才行〕。

【好倾】hou² king¹

健谈；谈得来：两个好～〔两个很谈得来〕。

【好桥】hou² kiu⁴⁻²

好主意：你呢个～都几啱〔你这个好主意挺不错〕。

【好知】hou² zhi¹

怎么，为何（带反诘语气）：你话好睇，～你又唔去〔你说好看，可你怎么又不去〕？｜你话佢咁关心你，～佢又唔嚟〔你说他这么关心你，为什么他又不来〕？

【好力】hou² lig⁶

有力气；力气大：佢真～〔他力气真大〕。

【好…唔…】hou²… m⁴…

在两个字之后分别加上同一个动词，表示"该…不…"的意思：你呢个人好讲唔讲，点解喺度讲啲噉嘅嘢呀〔你这个人该说的不说，为什么在这里说些这样的东西〕！｜好做唔做〔该做不做〕｜好学唔学〔该学不学〕。

【好卖】hou² mai⁶

畅销。

【好物沉归底】hou² med⁶ cem⁴ guei¹ dei²

好货沉底。

【好眉好貌】hou² méi⁴ hou² mao⁶

相貌端正，样子好看。

【好味】hou² méi⁶

味道好、好吃：呢啲花生几～〔这些花生味道很好〕。

【好命水】hou² méng⁶ sêu²

命运好；运气好。

【好眼】hou² ngan⁵

眼力好（指望远和分辨能力强）：真～，咁远都睇得清楚〔眼力真好，这么远都看得清楚〕｜重系你～，一揾就揾到〔还是你眼力好，一下子就找到了〕。

【好眼界】hou² ngan⁵ gai³

眼力好（打枪、射箭、投掷容易命中）：射击打三发中二十七八环就算～喇。

【好耐】hou² noi⁶

很久；很长时间：我～冇见你喇〔我很长时间没见到你了〕。

【好似】hou² qi⁵

好像；似乎：～落雨噉嚼〔好像下雨了〕｜啲人乱到～倒泻箩蟹噉〔人们乱得像倒了一筐螃蟹似的〕。

【好清】 hou² qing¹

痊愈：病～晒咯〔病痊愈了〕。

【好世界】 hou² sei³ gai³

生意或事业兴旺发达，生活美好幸福：大家都～我就安乐嘞〔大家生活都美好我就安心了〕。

【好死】 hou² séi²

好（对人抱否定的态度时用，有贬意）：佢边有咁～吖〔他哪有这么好〕｜咁～，送埋嚟添〔有这么好啊，居然送来了〕！

【好心】 hou² sem¹

❶心肠好：你真～〔你的心肠真好〕。❷积德（用于劝阻）：～你收声啦〔你积积德吧，别说了〕。

H

【好心机】 hou² sem¹ géi¹

耐心；细心：咁厚本书佢都抄晒，真系～〔这么厚的书他都抄完了，真有耐心〕｜女仔～过男仔〔女孩比男孩细心〕。

【好心你】 hou² sem¹ néi⁵

❶请求别人时用，有"请你行行好"、"劳驾"等意思：～帮我讲两句话啦〔劳您驾帮我美言两句〕。❷表示轻度的责怪：～啦，泼到人成身水〔你瞧你泼得人家浑身是水〕！

【好声】 hou² séng¹

小心：～行呀〔小心走啊〕｜～抬，唔好打烂〔小心抬，别打坏了〕。

【好声好气】 hou² séng¹ hou² héi³

心平气和（多指说话时的态度）：大家都～噉讨论，问题就容易解决喇〔大家都心平气和地讨论，问题就好解决了〕｜有乜事都要～讲〔有什么事都要心平气和地说〕。

【好相与】 hou² sêng¹ yü⁵

形容人厚道，易相处，有事好商量：佢最～嘞，边个都中意同佢接近〔他为人最厚道了，谁都乐意跟他接近〕｜嗰条友唔算～〔那个家伙态度不算好〕。

【好手脚】 hou² seo² gêg³

手脚干净，形容人不贪不偷。

【好手尾】 hou² seo² méi⁵

形容人做事有头有尾。

【好手势】 hou² seo² sei³

手艺高超：大姐真系～，整餸整得几好〔大姐真是手艺高超，菜做得很好啊〕。

【好衰唔衰】 hou² sêu¹ m⁴ sêu¹

真倒霉（有"偏偏这个时候发生不如意的事"或"倒霉得不是时候"等意思）：真系～，又碰到佢〔真倒霉，又叫我遇上了他〕｜你～，边个叫你揾佢吖〔你倒霉也不是时候，谁叫你找他去〕！

【好天】 hou² tin¹

晴天：等～至晒被〔等晴天再晒被子〕｜今日～。

【好话】 hou² wa⁶

回答别人的问候或赞扬时的用语：～喇，呢排算几好嘅〔谢谢，近来还算挺好〕｜～喇～喇，我边有你咁好〔哪里哪里，我哪有你这么好〕！

【好话唔好听】 hou² wa⁶ m⁴ hou² téng¹

惯用语。一般在开始说话时用，目

的是引起下面的内容，说出直言不讳的话语，近似普通话的“老实说”、“说实在的”等。

【好话为】hou² wa⁶ wei⁴

❶好办：呢件事～〔这件事好办〕。❷好商量：呢个人～〔这个人好商量〕。

【好市】hou² xi⁵

生意兴隆；畅销。

【好少食】hou² xiu² xig⁶

很少吃。意思是不吃。客气的说法。

【好笑口】hou² xiu³ heo²

满面笑容；笑口常开：睇你咁～，一定有好事嘞〔看你满面笑容，一定有好事了〕。

【好少理】hou² xiu² léi⁵

❶不管：呢件事佢一于～〔这件事他就是不管〕｜佢中意点就点，我～佢呀〔他爱怎么着就怎么着，我才不管他〕！❷不理睬：佢想同我合份，我～佢〔他想参加一份，我不理睬他〕。

【好喫味】hou² yag³ méi⁶

味道好吃！广州外地一些地方（如中山、珠海、江门台山、肇庆等）把吃叫“喫”yag³，或“吃”hég³。从外地到广州的小贩多用“好喫味”来招引顾客。

【好嘢】hou² yé⁵（嘢，野）

❶好东西；好货。❷好（欢呼或赞叹时用）：～，又得两分〔好球，又得两分〕！｜呢场比赛真～〔这场比赛真好〕。

【好日】hou² yed⁶

在一定场合下使用，有“难得”（机会）的意思：佢～都唔嚟一下〔难得他来一下〕｜～都唔见佢〔难得见到他〕。〖“好日”后连接一个否定的意思。〗

【好人】hou² yen⁴

人品好：佢几～〔他人品相当好〕。

【好人好姐】hou² yen⁴ hou² zé²

好端端的一个（女）人：琴日重系～，点解今日就病咗呢〔昨天还是好好的一个人，今天怎么就病了呢〕。

【好人事】hou² yen⁴ xi⁶⁻²

心肠好；和蔼：人人都话佢～〔人人都说他心肠好〕。

【好人有限】hou² yen⁴ yeo⁵ han⁶

对人持否定的态度，即“这人好不了多少”，甚至是“不是好人”的意思：佢成日呃呃骗骗，～〔他老是骗这骗那的，这人好不了多少〕。

【好样】hou² yêng⁶⁻²

容貌好；式样好。

【好意头】hou² yi³ teo⁴

好兆头；吉利：攞个～〔图个吉利〕。

【好耳】hou² yi⁵

听力好。

【好瘀】hou² yü²

非常倒霉；丢人；现世：主任赌钱畀人睇见，～呀〔主任赌博让人看见，够丢人现眼的〕。

【好肉】hou² yug⁶

动物或瓜果等丰满、肉多：呢种鸡～〔这种鸡肉多〕。

【好嚫】hou² zan²

❶非常惬意，很幸福美满：你呢度

H

风凉水冷，喺呢度住，～哦〔你这里空气湿润，气候宜人，住在这里够惬意的〕。❷很好：嗰度啲点心～〔那里的点心真好〕。

【好仔】hou² zei²
❶品质好的男青年。❷没有不良嗜好的男青年。

【好在】hou² zoi⁶
幸好；幸亏。

【好做唔做】hou² zou⁶ m⁴ zou⁶
该做的不做。指责别人所做的不合时宜或帮了倒忙。

【好食懒飞】hou³ xig⁶ lan⁵ féi¹
好（hào）吃懒做。

【毫】hou⁴
量词。角；毛：一文六～〔一元六角〕｜两～半〔两毛五分〕。

【毫子】hou⁴ ji²
角；…毛钱：两～买一斤｜四毫六子〔四角六分钱；四毛六分钱〕｜毫零子〔一毛多钱〕。

【蚝】hou⁴
牡蛎。

【蚝豉】hou⁴ xi⁶⁻²
煮熟晒干的牡蛎肉。

【蚝油】hou⁴ yeo⁴
用鲜牡蛎肉熬汁加上盐等制成的调味品。

hüd

【血本无归】hüd³ bun² mou⁴ guei¹
赔个精光；彻底地输。

【血色】hüd³ xig¹
气色：你今日～几好〔你今天的气色相当好〕。

hug

【哭】hug¹
哭诉；诉苦。

【哭妈娘】hug¹ ma¹ nêng⁴⁻²
广东民俗，旧时农村某些地区女子出嫁前数天在家里进行的哭嫁。一般带着哭腔掩脸边哭边诉，对离别依依不舍。哭诉的话语近似押韵的诗歌。

【熇】hug⁶
（酷）酷热；闷热。

【酷】hug⁶
唆使：～狗打交〔嗾狗打架〕。

hün

【喧巴嘈闭】hün¹ ba¹ cou⁴ bei³
喧哗吵闹。

【圈声】hün¹ séng¹
读某字时，不读本调而读其他调。过去一些古书，某字变读他调时，在字的左下角、左上角、右上角、右下角加一小圈，分别表示平、上、去、入。如“衣”字本调为阴平，作动词时读阴去，写作“衣°”，音如“意”，叫“读衣的圈声”。

【劝交】hün³ gao¹
劝架（劝人停止争吵或停止打架）。

hung

【凶神恶煞】hung¹ sen⁴ ngog³ sad³

形容人相貌、态度凶恶：睇见佢～嗽，边个都怕〔看他那么凶，谁都怕〕｜咪睇佢有时～嗽，其实心地系好嘅〔别看他有时很凶，其实心地是好的〕。

【空降】hung¹ gong³

从外地或外单位调人进来当领导。

【空口讲白话】hung¹ heo² gong² bag⁶ wa⁶

❶说话无依据：你～，边个信吖〔你说话无依据，谁信〕。❷说话空洞无内容。❸只说不做：一定要自己做，唔好～〔一定要自己做，光说没用〕。

【空姐】hung¹ zé²

空中小姐（飞机上的女服务员）。

【空寥寥】hung¹ liu⁴⁻¹ liu⁴⁻¹

空空的。

【空𥨪𥨪】hung¹ kuang¹ kuang¹（𥨪，箍罂切）

空荡荡：呢间屋～，乜嘢都冇〔这房子空荡荡的，什么都没有〕。

【空𥨪𥧌】hung¹ kuang¹ lang¹（𥧌，啦罂切）

同“空𥨪𥨪”。

【空笼】hung¹ lung⁴⁻²

❶空的：呢个箱系～嘅〔这个木箱是空的〕。❷宽畅：一个人住咁大间房，太～咯〔一个人住那么大的房间，太宽畅了〕。

【空身伶俐】hung¹ sen¹ ling⁴ léi³

独自一人，没有牵累。

【空头白契】hung¹ teo⁴ bag⁶ kei³

未经有关部门盖章的、无效力的单据或契约，相当于“白条”。又叫“白契”。

【胸围】hung¹ wei⁴

❶乳罩；文胸。❷胸部的周长。

【嗅】hung³（烘³。读音 ceo³）

嗅；闻：只狗喺度～嚟～去〔狗在那里闻来闻去〕。

【红】hung⁴

血（婉辞）：猪～｜见～〔流血〕。

【红肠】hung⁴ cêng⁴⁻²

西式腊肠。

【红底】hung⁴ dei²

戏称面值为一百元的港币。

【红豆】hung⁴ deo⁶⁻²

红小豆。

【红豆沙】hung⁴ deo⁶ sa¹

甜小豆粥。

【红当荡】hung⁴ dong¹ dong⁶

红彤彤。

【红冬冬】hung⁴ dung¹ dung¹

红彤彤。

【红粉绯绯】hung⁴ fen² féi¹ féi¹

（脸色）红润：佢身体好好，个面～嗽〔他的身体很好，脸是红润的〕。〖又作“红粉花绯”。〗

【红轰轰】hung⁴ guang⁴ guang⁴（红，跪盲切）

红红的（有贬意）：呢件衫～，唔好睇〔这件衣裳红红的，不好看〕。

【红汞水】hung⁴ gung³ sêu²

红药水。

【红契】hung⁴ kei³

经官方盖章认证过的房屋、田地的买卖契约。

【红萝卜】hung⁴ lo⁴ bag⁶

胡萝卜。

【红面关公】 hung^{4} min^{6} guan^{1} gung^{1}

满面通红的人。

【红毛泥】 hung^{4} mou^{4} nei^{4}

水泥；洋灰。

【红衫鱼】 hung^{4} sam^{1} yü$^{4-2}$

金线鱼。红色，体侧有黄色纵纹数条。

【红须军师】 hung^{4} sou^{1} guen^{1} xi^{1}

爱出馊主意的人。

【红船中人】 hung^{4} xun^{4} zung^{1} yen^{4}

旧时对戏曲演员的雅称。因戏班多利用水路交通往来各地，船身多涂红色。

【红嘴绿鹦哥】 hung^{4} zêu^{2} lug^{6} ying^{1} go^{1}

菠菜的美称。

【鸿运扇】 hung^{4} wen^{6} xin^{3}

带有转动斜向送风叶片的电扇，其风力柔和，接近自然风。

【熊人】 hung^{4} yen^{4}

熊，常指狗熊。

【熊人婆】 hung^{4} yen^{4} po^{4}

童话故事中的狗熊。

【^{1}哄】 hung^{6}

❶水锈；痕迹；汗碱：窗帘上面有一大笪～〔窗帘上有一大块水锈〕｜张台笪～擦极都唔甩〔桌上的痕迹怎么擦也不掉〕｜你件衫咁多～重唔攞去洗〔你的衣服汗碱那么多还不拿去洗〕！❷日晕，月晕。

【^{2}哄】 hung^{6}

围拢：咁多人～喺度做乜〔那么多的人围在一起干什么〕？｜唔好～住我〔别围着我〕！

J

ji

【之】 ji^{1}

表示语气的转折，相当于“但是”、“可”：人哋都做得咁好，～你呢〔人家都干得这么好，可你呢〕？｜个个都系噉做，～佢偏偏要另出花样〔每个人都这么干，但是他偏要另搞花样〕。

【之不过】 ji^{1} bed^{1} guo^{3}

连词。表示转折关系。❶后面的句子或分句是对前面所说事情作修正性补充，相当于“只是”、“不过”：佢做嘢好快手，～有时揦西啲〔他干活很快捷，只是有时马虎些〕｜呢出电影几好睇，～摄影技术差啲〔这部电影还好看，不过摄影技术差一些〕。〖如果与后面的语气助词“罢喇”或“之嘛”相呼应，则表示加强前面那个结论的肯定意味，例如：佢哋嘅意见系一致嘅，～讲法唔同罢喇〔他们的意见是一致的，不过说法不同罢了〕。〗❷前面先肯定地提出一个事实或结论，然后用它引出在意义上不同的另一个事实或结论。它的作用相当于“但是”：阿爷比五年前老咗好多，～精神重好好〔爷爷比五年前老了好些，但是精神还很好〕。

【之但系】ji¹ dan⁶ hei⁶
同“之不过”。

【之噉】ji¹ gem²
连词。用在句首，表示转折，相当于普通话的“不过”：～，你都要负一部分责任嘅嚁〔不过，你也应该负一部分责任的〕。

【之唔系】ji¹ m⁴ hei⁶
可不是：～，我早就话噉样唔得嘅啦（可不是吗，我早就说这样不行的）。（“系”字末尾声调略上扬。）

【之嘛】ji¹ ma⁵
语气词。表示无所谓的语气，相当于普通话的“罢了”，有时带有轻蔑的意思：啲咁多～〔一点点罢了〕｜几个人～｜啱啱学识～〔刚刚学会罢了〕。

【之先】ji¹ xin¹
之前（指在某一时间之前）：喺你未嚟到～，会就开完咯〔在你没来到之前，会就开完了〕。

【支】ji¹
量词。❶瓶：一～奶｜一～汽水。❷根：三～火柴｜两～烟〔两根香烟〕。❸枝；杆：一～枪。

【支长】ji¹ cêng⁴
超支：呢个月～咗〔这个月超支了〕。

【支支整整】ji¹ ji¹ jing² jing²
❶同“支整”。❷东搞西搞；搞来搞去：～一日又过咗去咯〔东搞西搞一天又过去了〕。

【支整】ji¹ jing²
形容人过分讲究打扮和做作：咁～做乜呢〔那么讲究打扮干什么〕？

【支离】ji¹ léi⁴
语言破碎不完整。

【支离蛇拐】ji¹ léi⁴ sé⁴ guai²
形容人说话吞吞吐吐、闪烁其词。

【支质】ji¹ zed¹
名堂；啰唆事：乜咁多～㗎〔怎么那么多名堂的〕？｜佢系最～㗎喇〔他是最啰唆事的了〕！

【芝麻绿豆】ji¹ ma⁴ lug⁶ deo⁶⁻²
鸡毛蒜皮，指很小的事情。

【吱喳】ji¹ za¹
❶吵闹：细路仔唔好咁～啦〔小朋友别那么吵闹了〕！❷爱讲话：咁多人之中佢特别～嘅〔那么多人里面他特别爱说话〕。

【吱喳婆】ji¹ za¹ po⁴⁻²
爱说闲话的女人。

【枝竹】ji¹ zug¹
卷成条状的干豆腐皮。

【知】ji¹
知道：唔～佢去咗边度〔不知道他去了哪里〕｜你话畀佢～〔你告诉他〕｜边个唔～〔谁不知道〕。〖普通话的书面语也有用“知”这个词，但口语一般多用“知道”。〗

【知丑】ji¹ ceo²
知耻；懂得羞耻：十几岁重唔～〔十几岁还不懂得羞耻〕。

【知啲唔知啲】ji¹ di¹ m⁴ ji¹ di¹（啲，多衣切）

一知半解：你～就咪乱讲〔你一知半解就别乱说〕。

【知到】ji¹ dou³
知道：我～佢大佬系喺银行做嘢嘅〔我知道他的哥哥是在银行工作的〕｜我～晒咯〔我全知道了〕。〖广州话的“知到”和普通话的“知道”是同一个词，但广州话的“到”dou³ 和“道”dou⁶ 不同音。广州人写东西时容易把“知道”误写作“知到”，使用时要注意。〗

【知机】ji¹ géi¹
机敏；懂得时机：买股票要好～至得〔买股票要懂得时机才行〕。

【知客】ji¹ hag³
❶寺庙中管接待工作的僧人。❷婚丧礼事中被请来接待招呼宾客的人。❸酒楼中负责接待客人的服务员。

J

【知悭识俭】ji¹ han¹ xig¹ gim⁶
会过日子；会精打细算：佢真系～喇〔他真会精打细算〕。

【知微】ji¹ méi⁴⁻¹
形容人小心眼；斤斤计较：呢啲嘢唔使咁～嘅〔对这些事情用不着斤斤计较〕｜嗰个人好～㗎〔那个人心眼太小了〕。

【知微麻利】ji¹ méi⁴⁻¹ ma⁴ léi⁶
形容人小心眼、斤斤计较比较厉害。

【知死】ji¹ séi²
知道厉害：今次你～喇啩〔这次你知道厉害了吧〕？

【知醒】ji¹ séng²
警醒，惊醒（指人睡眠时容易醒来）：佢好～嘅，你郁下佢都醒〔他睡觉很惊醒，你一动他就醒〕。

【知头唔知尾】ji¹ teo⁴ m⁴ ji¹ méi⁵
只知其一，不知其二。

【知书识墨】ji¹ xu¹ xig¹ meg⁶
有文化。

【滋味】ji¹ méi⁶
可口；有味儿：呢种豆食起嚟好～〔这种豆子吃起来很可口〕。

【滋事】ji¹ xi⁶
生事：呢个人好中意～嘅〔这个人很喜欢生事〕。

【滋悠】ji¹ yeo⁴
❶不慌不忙；悠然自得：张师傅做嘢好～㗎〔张师傅干活不慌不忙的〕。❷慢腾腾的；慢条斯理的：行快啲，咪咁～啦〔走快点，别慢腾腾的〕。

【滋悠淡定】ji¹ yeo⁴ dam⁶ ding⁶
同“滋悠”。

【螆】ji¹（兹）
指一些极微小的昆虫或寄生虫，如鸡虱、菜上或花上的小虫和传染疥疮的疥虫等：鸡～｜菜～｜癞～。

【子鸡】ji² gei¹
笋鸡；童子鸡。

【子姜】ji² gêng¹
嫩姜：～唔辣〔嫩姜不辣〕。

【子喉】ji² heo⁴
粤剧中旦角的唱腔。

【子鸭】ji² ngab
嫩鸭。

【子侄】ji² zed⁶
后辈的泛称。

【止咳】ji² ked¹
有效；灵验：佢一讲话就～〔他一

说话就有效〕｜呢个办法唔止得咳〔这个办法不灵〕。

【只系】ji² hei⁶

只是：我～一个普通老百姓。

【纸】ji²

纸币，钞票：十文～〔十元的钞票〕｜港～〔港币〕｜西～〔外币〕｜银～〔钞票〕。〖其他具体的某国货币，如英镑、美元等都不能叫“纸”。在香港“纸”还有证明、凭证等意思：出生～〔出生证明〕｜打针～〔打防疫针证明〕。〗

【纸角】ji² gog³

用纸做成的三角形包装袋。

【纸皮】ji² péi⁴

一般指马粪纸：～盒｜～箱。

【纸鹞】ji² yiu⁴⁻²

风筝。

【纸扎下扒】ji² zad³ ha⁶ pa⁴

讥讽一些人说话不负责任，轻诺寡信：你～嘅，边个敢信吖〔你说话不负责任，谁敢相信呢〕。

【姊妹】ji² mui⁶⁻²

姐妹；兄妹。

【指】ji²

指使；指挥：你～边个去〔你指使谁去〕？

【指冬瓜话葫芦】ji² dung¹ gua¹ wa⁶ wu⁴ lou⁴⁻¹

指着冬瓜说是葫芦，意同“指鹿为马”，即胡说乱说以骗人。

【指冬瓜画葫芦】ji² dung¹ gua¹ wag⁶ wu⁴ lou⁴⁻²

乱指一气：咪成日～啦〔不要整天乱指一气〕。

【指甲钳】ji² gab³ kim⁴⁻²

指甲刀；指甲剪子：借你个～嚟剪下〔借你的指甲剪子剪一下〕。

【指口督面】ji² heo² dug¹ min⁶

说话时指着对方的脸，很不礼貌的样子。

【指手督脚】ji² seo² dug¹ gêg³

指手画脚。

【指手埋湾】ji² seo² mai⁴ wan¹

站在一旁指手画脚，乱加批评。

【指天督地】ji² tin¹ dug¹ déi⁶

人说话时加上手势，乱说乱指点：呢个人讲话～，唔知讲乜〔这个人说话时乱说乱指，不知说什么〕。

【指天椒】ji² tin¹ jiu¹

辣椒的一种，个儿小，尖朝天。

【指拟】ji² yi⁵

指望：大家都～你㗎喇〔大家都指望你的了〕｜想不劳而获你就唔使～〔想不劳而获你就别指望了〕。

【黹口】ji² heo²

衣服接缝的地方。

【至】ji³

副词。❶才；再：噉～得㗎〔这样才行〕｜冲完凉～睇戏〔洗完澡才看戏〕｜佢讲完你～讲〔他说完了你再说〕｜洗干净～食〔洗干净了再吃〕。❷最（较少用）：～难搞系呢个问题喇〔最难办是这个问题了〕｜～嘈就系嗰个市场喇〔最吵闹就是那个市场了〕。

【至得】ji³ deg¹

才行；才成：你要努力～｜你出面～呀〔你出面才行〕。

【至多】ji² do¹

大不了；顶多是：使乜噉吖，～我唔要就系啦〔何必这样呢，大不了我不要就是了〕。

【至多唔系…】ji3 do1 m4 hei6
…大不了；顶多是…：～呢次唔去〔大不了这次不去〕｜～赔番畀佢〔大不了赔给他〕。

【至到】ji3 dou3
❶到；及至：～过年嘅时候〔到过年的时候〕｜～我走，佢都重未嚟〔直到我走的时候，他还没有来〕。❷至于：～嗰层你就唔使忧嘅〔至于那一点你就不用担心〕。

【至好】ji3 hou2
❶才好：你要小心～｜要落足工夫～〔要下足工夫才好〕。❷最好：～你去｜～噉做〔最好这样做〕。

J

【至好唔系】ji2 hou2 m4 hei6
最好不是，但说话者的意思是肯定的，有“不是才怪呢”的意思。

【至无】ji3 mo4
同“甚至无”。

【至话】ji3 wa6
同“正话”。

【至诚】ji3 xing4
诚实；老实。

【志在】ji3 zoi6
❶在乎：帮朋友做嘢唔～钱嘅〔帮朋友办事情不在乎钱〕｜你点话佢，佢都唔～〔你怎么说他，他都不在乎〕。❷目的在于：老陈嚟呢度～了解下情况〔老陈来这里的目的在于了解一下情况〕｜人哋话你～帮助你〔人家劝告你目的在于帮助你〕。

【置】ji3
购买，购置，添置：最近搬屋，～咗一套家私〔最近搬家，买了一套家具〕。

【置家】ji3 ga1
指男子结婚、成家：佢都三十几喇，为乜重未～呀〔他都三十好几了，为什么还没成家呢〕？

【置业】ji3 yib6
❶立业，创办事业：有人话～难过置家〔有人说立业比成家还难〕。❷购置产业。

【吱吱朕】ji4 ji4 zem4
窃窃私语，说悄悄话。

【寺门】ji6 mun4
寺庙。

【自】ji6
助词。经常与否定副词（“咪”、“唔”、“未”等）和动词配合使用，有“先别”、“暂时不…”的意思：你咪去～〔你先别去〕｜咪行～〔先别走〕｜而家唔讲～〔现在暂时不说〕｜未得～〔还不行〕。

【自不然】ji6 bed1 yin4
自然而然。

【自动波】ji6 dung6 bo1
汽车的自动挡，自动变速装置。

【自己工】ji6 géi2 gung1
计件工。

【自己友】ji6 géi2 yeo5-2
❶自己人。❷志趣相投的人。

【自自然然】ji6 ji6 yin4 yin4
自然而然：细蚊仔～就学会〔小孩子自然而然就会学会〕。

【自乜来由】ji6 med1 loi4 yeo4

出于什么原因：～佢会噉做〔什么原因会让他这样做〕？

【自细】ji⁶ sei³

从小：佢～就中意读书〔他从小就喜爱读书〕。

【自梳】ji⁶ so¹

旧时珠江三角洲一带（主要是顺德、番禺、南海等地）的女子由于受族权、神权、夫权的压迫而有不结婚的风气。女子到了成年时，将辫子梳成发髻，表示从此不嫁人，叫“自梳”或“梳起”。

【自梳女】ji⁶ so¹ nêu⁵⁻²

独身女子。

【自揾自食】ji⁶ wen² ji⁶ xig⁶

自谋生计，自己独立生活：都三十岁咯，应该～喇〔都三十岁了，应该自己独立生活了〕。

【自然】ji⁶ yin⁴

舒服，比喻没有病痛：老人家食得做得，都好～〔老人家能吃能做，没有病痛〕。〖广州话“唔自然”是婉辞，病痛的意思。〗

【自认低威】ji⁶ ying⁶ dei¹ wei¹

自认不如别人，甘拜下风：我参观完呢个展览，觉得我哋冇人哋嘅好，应该～嘞〔我参观完这个展览，觉得我们没人家的好，应该甘拜下风了〕。

【自在】ji⁶ zoi⁶

舒服：后生仔唔好贪～〔年轻人不要贪舒服〕。〖普通话的“自在”有舒畅、自由、无拘束等意思，跟广州话的“自在”不完全相同。〗

【字】ji⁶

钟表上每个“字”表示五分钟：坐咗三四个～就走咯〔坐了一二十分钟就走了〕｜重有两个～就开会咯〔还有十分钟就开会了〕。

【字花】ji⁶ fa¹

过去的一种赌博形式。

【字格】ji⁶ gag³

初习毛笔字时用的带格子字帖：印～〔描字帖〕。

【字墨】ji⁶ meg⁶

文化；文化知识：佢唔识～〔他没有文化〕｜呢个人有啲～㗎〔这个人有点文化水平〕。

【字粒】ji⁶ neb¹

铅字：执～〔排字〕。

【治】ji⁶

对付；制伏；镇；降（xiáng）：等我嚟～佢〔让我来对付他〕｜要佢大佬至～得佢嗻〔要他哥哥才镇得住他〕｜“生鱼～塘虱”〔俗语：黑鱼制伏胡子鲶——喻一物降一物〕。

【治邪】ji⁶ cé⁴

辟邪（迷信用语，驱除邪恶的意思）。

jib

【接驳】jib³ bog³

接力：我担到村口你嚟～〔我挑到村口你来接力〕。

【接续】jib³ zug⁶

接二连三地：喜讯～嚟〔喜讯接二连三地传来〕。

【折手工】jib³ seo² gung¹

折纸游戏，用纸折叠成各种形状。

jid

【滰】jid¹（节¹）

❶挤压（液体）：喺针筒里便～啲水出嚟〔从注射器里面挤压一点水出来〕。❷喷射；溅：～到成身都系水〔喷射得满身都是水〕｜～到一脚泥〔溅得满腿泥浆〕。

【𠻹】jid¹（节¹）

挠痒痒（抓腋下，使人发痒）：～胳肋底〔挠胳肢窝〕｜～到佢哈哈笑〔挠得他哈哈笑〕。

【节瓜】jid³ gua¹

一种长圆形的瓜，类似冬瓜，但个儿小而长。又叫“毛瓜”。

【折堕】jid³ do⁶

❶迷信用语，指因干坏事多而后来得到应有的报应。❷引申作缺德，没良心：唔好咁～呀〔别那么缺德〕｜真系～咯〔真缺德〕！

【折头】jid³ teo⁴

折扣。

【浙醋】jid³ cou³

一种佐味醋，淡红色。

【截】jid⁶

拦截：～住嗰个贼仔〔拦住那个小偷〕｜～部的士去啦〔拦一部出租车去吧〕。

jig

【即管】jig¹ gun²

副词。表示动作不受条件限制或不必考虑条件就可进行，相当于“尽管”、“只管”：有意见～提〔有意见尽管提〕｜你～攞去〔你尽管拿去〕。

【即系】jig¹ hei⁶

就是：你～话唔去嘛〔你就是说不去罢了〕｜一～一，二～二〔一就是一，二就是二〕。

【即晚】jig¹ man⁵

当晚：～就开会讨论。

【即使间】jig¹ sei² gan¹

即使；即便。

【即时】ji¹ xi⁴

当时：我～就签咗名〔我当时就签了名〕。

【即食面】jig¹ sig⁶ min⁶

速食面。

【迹】jig¹

蓝图；设计图：起屋先画～〔盖房子先画蓝图〕｜画个～出嚟再研究〔画了设计图再作研究〕。

【渍】jig¹

❶污垢；脏东西：个碗生晒～〔碗积满了垢〕｜茶～〔茶锈〕｜床单有好多～洗唔甩〔床单有很多脏东西，洗不掉〕。❷衣服上面的黑色霉点：汗～。〖普通话的“渍”是动词，指油、泥等积在上面难以除去。〗

【¹积】jig¹

扑克牌中的“J”牌。〖“积”是英语 jack 的音译词。〗

【²积】jig¹

❶积累：～埋～埋～咗唔少〔一点一点地累积了不少〕。❷攒：你～埋咁多呢啲嘢做乜呀〔这些东西你攒

那么多干什么〕。

【积积埋埋】jig1 jig1 mai4 mai4

陆续积累起来：～有一百多斤。

【积阴功】jig1 yem1 gung1

积德。

【癪】jig1（积）

疳积：生～〔生疳积〕丨细路仔吮手指容易生～〔小孩吮手指容易生疳积〕。

【癪滞】jig1 zei6

消化不良。

【织】jig1

❶织：～布〔织布〕。❷编：～席〔编席子〕丨～箩〔编箩筐〕。❸打（毛衣等）：～冷衫〔打毛衣〕。

【织蟀】jig1 zêd1

蟋蟀。

【织针】jig1 zem1

毛衣针。

【直白】jig6 bag6

直率；坦白：～讲〔坦率地说〕丨佢讲话好～㗎〔他说话是很坦率的〕。

【直板】jig6 ban2

挺括，无褶皱（多指新钞票等）。

【直笔甩】jig1 bed1 led1（甩，啦一切）

笔直的；直直的：呢条马路～嘅〔这条马路笔直的〕丨成个人～噉企喺度〔整个人直直地站在那儿〕。

【直肠直肚】jig6 cêng4 jig6 tou5

直肠子（指性情爽快；心直口快：我系～嘅，有乜讲乜〔我是直肠子，有什么就说什么〕。

【直程】jig6 qing4

❶直接；径直：你～入去得咯〔你直接进去得了〕丨我～去工厂。❷当然；肯定：～系啦〔当然是啦〕。

【直身裙】jig6 sen1 kuen4

下摆较窄的西式连衣裙。

【直头】jig6 teo4

一直；直接：～去学校丨佢开完会～翻屋企〔他开完会直接回家〕。

【直通巴士】jig6 tung1 ba1 xi2

长途直达公共汽车。

jim

【*占】jim1

果酱。〖“占”是英语 jam 的音译词。〗

【尖笔甩】jim1 bed1 led1（甩，啦一切）

尖尖的：嗰个山～嘅〔那个山尖尖的〕丨铅笔剕到～〔铅笔削得尖尖的〕。

【尖头佬】jim1 teo4 lou2

善于投机钻营的人。

【尖嘴鹤】jim1 zêu2 hog6

说话尖酸刻薄的人。

【沾寒沾冻】jim1 hon4 jim1 dung3

（身体感觉）忽冷忽热：你觉得～嘅话就系发烧喇〔你觉得忽冷忽热的话就是发烧了〕。

【粘米】jim1 mei5

❶粳米；籼米（米细长、质量较好）。❷泛指一般非黏性米，相当于普通话的机米或大米。

【粘仔】jim¹ zei²

同"粘米❶"。

【櫼】jim¹（尖）

❶打入楔子：~实榫口〔用楔子接牢榫口〕。❷从中间插进。

【櫼队】jim¹ dêu⁶⁻²

加塞儿；不按次序，插进排好的队：大家守秩序，唔好~〔大家遵守秩序，不要加塞儿〕。

【櫼头对脚】jim¹ teo⁴ dêu³ gêg³

两人同床，各睡一头：呢张床咁窄，~至瞓得落〔这张床那么窄，一人睡一头才睡得下〕。

【櫼头倒脚】jim¹ teo⁴ dou³ gêg¹

同"櫼头对脚"。

jin

【煎¹】jin¹

撕；剥：~咗张邮票出嚟〔把邮票撕了出来〕｜~牛皮〔剥牛皮〕。

【煎堆】jin¹ dêu¹

一种油炸食物，糯米粉作皮，爆谷、瓜子、芝麻、白糖或豆沙作馅，圆球形。一般春节时吃。

【毡（氈）】jin¹

毯子：羊毛~｜棉~｜地~。

【*毡酒】jin¹ zeo²

杜松子酒。〖"毡"是英语gin的音译。〗

【剪布】jin² bou³

买布，扯布：你去剪几尺布做件衫啦〔你去扯几尺布做件衣裳吧〕。

【箭猪】jin³ ju¹

豪猪。

【腱（腱）】jin²（展）

牛羊的腱子肉；人身上发达的肌肉：手瓜起~〔胳膊上起了腱子〕。

【荐】jin³

垫：~台脚〔垫桌腿〕｜~高啲枕头〔把枕头垫高一点〕｜~一张纸。

【荐褥】jin³ yug⁶⁻²

褥子。

【煎²】jin³

❶久熬，慢慢地煎：~猪板油〔把猪板油炼出油来〕｜~药〔熬药〕。❷把生的油烧至熟油：~啲熟油淋上青菜度〔烧点熟油浇到青菜上去〕。

【箭嘴】jin³ zêu²

箭头。

【贱格】jin⁶ gag³

下贱（骂人的话）。

【缠脚娘】jin⁶ gêg³ nêng⁴⁻¹（缠，读音qin⁴）

小脚女人；缠脚女人。

jing

【蒸生瓜】jing¹ sang¹ gua¹

不灵活，笨头笨脑。

【蒸水蛋】jing¹ sêu² dan⁶⁻²

蒸鸡蛋羹。

【精灵】jing¹ ling⁴⁻¹

机灵：你够晒~ 嚟喇〔你真够机灵的〕。

【精神】jing¹ sen⁴⁻

精神好，神采奕奕：都八九十岁咯

重咁～〔都八九十岁了，还那么神采奕奕〕。

【精神爽利】jing[1] sen[4] song[2] léi[6]
精神饱满，心情舒畅：佢老人家～〔他老人家精神饱满，心情舒畅〕。

【整】jing[2]
❶整理：～资料。❷弄；搞：我啲书你唔好～乱晒吓〔我的书你别弄乱了啊〕｜～乜嘢鬼呀〔搞什么鬼〕！❸做：你哋想～边一种花款吖〔你们想做哪一种款式呢〕？｜～个公仔畀细路仔玩下〔做个小人儿给小孩玩玩〕。❹修理：修桥～路〔修桥补路〕｜我帮你～番好喇〔我帮你修理好了〕。

【整菜】jing[2] coi[3]
同"整餸"。

【整定】jing[2] ding[6]
某种客观规律决定；注定：侵略者～要失败〔侵略者注定要失败〕。

【整蛊（古）】jing[2] gu[2]
捉弄：唔好～人〔不要捉弄人〕｜成日～人，真衰〔整天捉弄人，真缺德〕！

【整蛊弄怪】jing[2] gu[2] lung[6] guai[3]
做鬼脸；故意出洋相；做小动作：唔好再～引人笑喇〔别再做鬼脸逗人笑了〕。

【整蛊作怪】jing[2] gu[2] zog[3] guai[3]
同"整蛊弄怪"。

【整鬼】jing[2] guei[2]
作弄：唔好成日～人〔别整天作弄人〕。

【整鬼整怪】jing[2] guei[2] jing[2] guai[3]
同"整鬼"。

【整鬼整马】jing[2] guei[2] jing[2] ma[5]
对人不满时发出来的怨言，有"（还）搞什么鬼"的意思：畀佢搞坏咯，重～咩〔给他弄坏了，还搞什么〕！

【整餸】jing[2] sung[3]（餸，送）
弄菜（指烹调菜肴）：我好识～食〔我很会弄菜吃〕。

【整色水】jing[2] xig[1] sêu[2]
比喻装模作样或作表面功夫：有就有，何必～吖〔没有就没有，何必装模作样呢〕｜佢系～之嘛〔他是故作姿态罢了〕。

【整食】jing[2] xig[6]
烹饪；烹调；弄吃。

【[1]正】jing[3]
❶十足的：～胆小鬼。❷地道的：呢啲系～英德红茶〔这是地道的英德红茶〕。

【[2]正】jing[3]（又音 zéng[3]）
刚好符合：话到～晒〔说得刚好符合〕。

【[3]正】jing[3]
阳光的辐射热或反射热：晏昼日头好～〔中午太阳很热〕｜企喺呢度好～〔站在这儿很热〕。

【正喺度】jing[3] hei[2] dou[6]（喺，系）
正在：我哋～讨论紧你嘅申请〔我们正在讨论你的申请〕。

【正系】jing[3] hei[6]
正因为是（这样）：～噉样先叫你去〔正因为是这样才叫你去〕。

【正气】jing[3] héi[3]
指食物清凉而性不寒，有一定营养价值：～马蹄粉｜～葛菜汤。

【正行】 jing³ hong⁴

正当的职业。

【正其想】 jing³ kéi⁴ sêng²

正想：我～去揾你，你就嚟到咯〔我正想去找你，你就到了〕。

【正其时】 jing³ kéi⁴ xi⁴

正是时候，正当其时：天冷咯，而家食羊肉～〔天气冷了，现在吃羊肉正是时候〕。

【正啱】 jing³ ngam¹（啱，岩¹）

刚好；正巧；正合适：呢件衫～你着〔这件上衣正合适你穿〕｜当时你～喺度〔当时你刚好在场〕。

【正话】 jing³ wa⁶（又音 zéng³ wa⁶）

副词。❶刚才；刚刚：～入嚟嗰个人系边个〔刚才进来的那个人是谁〕？｜～讲你嚟〔刚说你来着〕。❷正在：呢个问题～研究紧〔这个问题正在研究〕。❸正；正要：我～想揾你倾下〔我正要想找你谈一下〕｜～要去翻工，你就嚟咗〔正要去上班，你就来了〕。

【正式】 jing³ xig¹

同"正一"。

【正一】 jing³ yed¹

真是；十足；确属：～系好人〔真正是好人〕。

【净】 jing⁶

光；仅；只：～会讲，唔会做系唔得嘅〔只会讲，不会做是不行的〕｜～你一个人嚟咩〔光是你一个人来吗〕？

【净系】 jing⁶ hei⁶

❶单是；只是；仅仅；光：～一种颜色〔单是一种颜色〕｜～你一个人喺屋企咩〔光你一个人在家吗〕？❷尽是；全是：你嗰个车间～广东人咩〔你那个车间全是广东人吗〕？❸老是：唔好～问人〔别老问人〕。

【净只】 jing⁶ ji²

只剩下；只有；仅仅：到最后～我哋三个人上到山顶〔到最后只剩下我们三个人登上山顶〕｜唔～我一个人睇见〔不是只有我一个人看见〕。

【净面】 jing⁶ min⁶

素面条；阳春面：渌一碗～〔煮一碗素面条〕。

【剩得】 jing⁶ deg¹（剩，读音 xing⁶）

❶只有：～我一个人知到〔只有我一个人知道〕。❷只剩下：～呢个重未烂〔只剩下这个还没有破〕。

【剩番】 jing⁶ fan¹

剩下；只剩：～两个｜～地理未考完〔只剩地理还没考完〕。

【静鸡鸡】 jing⁶ gei¹ gei¹

❶静悄悄：点解呢度～嘅〔为什么这里静悄悄的〕？❷悄悄地：佢～噉坐喺度〔他悄悄地坐在这里〕。

【静局】 jing⁶ gug⁶

僻静，寂静：住喺郊区有啲～〔住在郊区有点儿僻静〕。

【静水】 jing⁶ sêu²

性格、举止文雅安静。

【静英英】 jing⁶ ying¹ ying¹

静悄悄；静静地：大家～噉听〔大家静静地听着〕｜夜晚黑周围都～〔夜里到处都静悄悄的〕。

jiu

【招呼】 jiu¹ fu¹

招待：你好好～你嘅同学吓〔你好好招待你的同学啊〕。

【招纸】 jiu¹ ji²

❶海报；墙上的广告。❷商品上标有产品商标、生产厂家内容的说明书。

【招积】 jiu¹ jig¹

洋洋自得并傲视他人；显摆：你唔使喺度～成噉〔你不必在这里显摆成这个样子〕｜睇佢得啲成绩就咁～〔看他得到一点成绩就那么洋洋自得〕。

【招郎入舍】 jiu¹ long⁴ yeb⁶ sé³

招赘。

【招牌菜】 jiu¹ pai⁴ coi³

代表饭店水平的特色菜肴。"招牌"也可以用于点心、饭等。

【招牌饭】 jiu¹ pai⁴ fan⁶

一种配好肉菜的盖饭。

【招人仇口】 jiu¹ yen⁴ seo⁴ heo²

招惹仇恨；讨人嫌。

【朝】 jiu¹

❶早上：我等你几～㗎喇〔我等了你几个早上的了〕｜～～都锻炼〔每天早上都锻炼〕。❷天（较少用）：三～回门〔女子婚后第三天回娘家〕。

【朝行晚拆】 jiu¹ hong⁴ man⁵ cag³

行，指铺床。应该是"晚行朝拆"，即晚上把床铺架设好，早上拆掉。这里是习惯说法：我住喺厅度，～就得咯〔我住在厅里，晚上铺床，早上拆掉就行了〕。

【朝头夜晚】 jiu¹ teo⁴ yé⁶ man⁵

早晚；早晨和晚上：我～都要到外便行下〔我早晚都到外面走走〕。

【朝头早】 jiu¹ teo⁴ zou²

早晨；早上：～做早操。

【朝早】 jiu¹ zou²

同"朝头早"。

【蕉】 jiu¹

香蕉、芭蕉等的统称。

【蕉蕾】 jiu¹ lêu⁴

芭蕉或香蕉最下层的花蕾。

【照】 jiu¹

当；对着；迎：～头一棍〔当头一棒〕｜～头淋〔迎头浇〕。

【照板煮碗】 jiu³ ban² ju² wun²

依样画葫芦：～抄一份就得喇〔依样画葫芦抄一份就行了〕。又作"照板煮糊"。

【照单执药】 jiu³ dan¹ zeb¹ yêg⁶

按照药单去抓药。比喻按照清单所列事项去办事。

【照计】 jiu¹ gei³

照理；照估计：～今年一定会丰收嘅〔照理今年一定会丰收的〕｜～佢琴日应该翻嚟〔照理他昨天应该回来〕。

【照…可也】 jiu³…ho² ya⁵

中间嵌上动词，表示理直气壮地去做某事：你唔使理，照食可也〔你不用管，照吃不误〕。

【照直】 jiu¹ jig⁶

❶一直，不拐弯：你～行就得嘞

〔你一直走就行了〕。❷据实：你～讲。

【照住】jiu³ ju⁶

照顾着；庇护着。

【照杀】jiu¹ sad³

❶赌场庄家赢了，把各人所押的赌注吃了叫“杀”或“照杀”。❷答应做某事时，表示坚决而有把握：呢件事几大都～〔这件事（我们）怎么也要完成〕。

【噍】jiu⁶

嚼：食嘢要～烂先吞〔吃东西要嚼烂了才咽〕｜～唔郁〔嚼不动〕。〖“噍”普通话多用于文言或书面语的语句里。〗

【㨂】jiu⁶（赵）

狠揍；痛打：～佢一轮〔痛打一顿〕｜～到佢脸晒〔把他揍瘪了〕。

J

ju

【朱古力（朱咕叻）】ju¹ gu¹ lig¹

巧克力。〖“朱古力”是英语 chocolate 的音译词。〗

【朱油】ju¹ yeo⁴⁻²

浓酱油，腊腊味或燉肉时用。

【朱义盛】ju¹ yi⁶ xing⁶⁻²

仿金首饰。引申为赝品、冒牌货：呢啲系～嚟㗎〔这些是冒牌货〕。（“朱义盛”是广州早年一家有名的专售仿金首饰的商号。）

【诛】ju¹

质问；追问：个厂长畀啲工人代表～到口哑哑〔厂长被那些工人代表质问得哑口无言〕。

【诸事】ju¹ xi⁶

爱管闲事：～妹〔爱管闲事的姑娘〕｜～丁〔爱管闲事的人〕。

【诸事理】ju¹ xi⁶ léi⁵

指爱管闲事的人。

【猪坌鼻】ju¹ beu⁸ béi⁶

猪鼻子。

【珠豆】ju¹ deo⁶⁻²

一种颗粒小的花生。

【珠被】ju¹ péi⁵

线毯：～可以垫床又可以用嚟冚〔线毯既可以垫床又可以用来盖〕。

【珠罗】ju¹ lo⁴

一种稀疏但结实的纱。

【猪】ju¹

爱称小孩：乖～｜曳～〔淘气鬼〕｜烂瞓～〔爱睡的小家伙〕。

【猪八怪】ju¹ bad³ guai³

指相貌丑陋的人。

【猪肠粉】ju¹ cêng⁴⁻² fen²

熟米粉卷儿。又叫“肠粉”。

【猪兜肉】ju¹ deo¹ yug⁶

猪腮帮上的肉。

【猪花】ju¹ fa¹

小猪崽。

【猪脚】ju¹ gêg³

猪蹄（多指猪的后蹄）；猪爪尖儿。

【猪脚筋】ju¹ gêg³ gen¹

猪蹄筋。

【猪脚姜】ju¹ gêg³ gêng¹

广东民俗，产妇坐月时要吃甜醋炖猪蹄老姜。又称姜醋。

【猪肝色】ju^{1} gon^{1} xig^{1}
褐色；酱色。

【猪膏】ju^{1} gou^{1}
猪油；板油；大油：煎～〔炼猪油〕。

【猪公】ju^{1} gung^{1}
公猪。

【猪下杂】ju^{1} ha^{6} zab^{6}
猪下水，指猪肚、小肚、肠子、肺、胰脏。

【猪红】ju^{1} hung^{4}
猪血（婉辞）：～粥｜～汤。

【猪红煮豆腐】ju^{1} hung^{4} ju^{2} deo^{6} fu^{6}
比喻黑白分明。

【猪䅬】ju^{1} lai^{1}（䅬，拉）
一窝小猪里长得最小的猪。

【猪栏】ju^{1} lan$^{4-1}$
专门买卖生猪的商行或市场。

【猪脷】ju^{1} léi^{6}（脷，利）
猪舌头；猪口条。

【猪料】ju^{1} liu^{6}
由猪血混合石灰制成的填充料。

【猪郎】ju^{1} long^{4}
种猪。

【猪陆】ju^{1} lug^{6}
猪圈。

【猪笼车】ju^{1} lung^{4} cé^{1}
木板车；排子车。

【猪笼入水】ju^{1} lung^{4} yeb^{6} sêu^{2}
喻钱财从多方面进来。

【猪唛】ju^{1} meg^{1}（唛，麦^{1}）
蠢猪；猪一样蠢（骂人的话）。

【猪网油】ju^{1} mong^{5} yeo^{4}
猪的网膜；水油。

【猪乸】ju^{1} na^{2}（乸，拿^{2}）
母猪。

【猪乸菜】ju^{1} na^{2} coi^{3}
莙荙菜；牛皮菜。

【猪尿煲】ju^{1} niu^{6} bow^{1}
猪膀胱；猪小肚。

【猪扒】ju^{1} pa$^{4-2}$
猪排（西餐菜名）：焗～饭〔焖猪排饭〕｜炸～。

【猪朋狗友】ju^{1} peng^{4} geo^{2} yeo^{5}
不三不四的朋友；狐朋狗友。

【猪㜣腩】ju^{1} peo^{3} nam^{5}（㜣，破沤切）
同“㜣腩”。

【猪生肠】ju^{1} sang^{1} cêng^{4}
母猪的子宫。

【猪潲】ju^{1} sao^{3}
猪食。

【猪上杂】ju^{1} sêng^{6} zab^{6}
猪上水（猪的心肝肺）。

【猪手】ju^{1} seo^{2}
猪的前蹄。一般亦称“猪脚”。

【猪头】ju^{1} teo^{4}
相貌丑陋的人；愚笨的人。

【猪头丙】ju^{1} teo^{4} bing^{2}
同“猪头三”。

【猪头骨】ju^{1} teo^{4} gued^{1}
比喻难办的事。

【猪头三】ju^{1} teo^{4} sam^{1}
指愚蠢的人。

【猪天梯】ju^{1} tin^{1} tei^{1}
作为食品的猪上颚。

【猪肚绵】ju^{1} tou^{5} min^{4}
丝绵（指做成片状的丝绵）。

J

【猪横脷】ju¹ wang⁴ léi⁶（脷，利）
猪的沙肝儿。

【猪屎渣】ju¹ xi² za²
喜鹊。

【猪膶】ju¹ yên²（膶，润²）
猪肝儿。〖广州话“肝”与“干”同音，因忌讳而把“肝”改为“滋润”的“润”，写作“膶”。〗

【猪杂】ju¹ zab⁶
猪杂碎。

【猪踭】ju¹ zang¹
猪肘子。

【猪踭肉】ju¹ zang¹ yug⁶（踭，争）
猪小肘。

【猪仔】ju¹ zei²
❶小猪。❷被收买了的：～议员｜佢做咗～〔他被收买了〕。❸被卖到国外去做苦工的人：佢嗰年卖～去咗南洋〔他那年被卖到南洋做苦工去了〕。

J

【煮】ju²
煮；烧；做：～饭〔烧饭；做饭〕｜～水。

【煮重米】ju² cung⁵ mei⁵
（在对方的长辈或上级面前）夸大他的不是：佢畀人～咯〔他被别人在领导面前说了坏话〕｜我讲你妈知，煮重你米〔我告诉你妈，狠狠地告你一状〕。

【煮饭婆】ju² fan⁶ po⁴⁻²
戏称妻子。

【煮饭仔】ju² fan⁶ zei²
❶指小孩玩的过家家。❷煮小锅饭给婴儿吃。

【煮鬼】ju² guei²
背后指控（含贬义）。

【煮食】ju² xig⁶
做饭：翻去～〔回去做饭〕｜有人～吗？

【煮一镬】ju² yed¹ wog⁶
背后说坏话：你唔怕人煮你一镬呀〔你不怕别人说你坏话吗〕？

【蛀米大虫】ju¹ mei⁵ dai⁶ cung⁴
米虫，饭桶（比喻只会吃饭，不会或不愿意干事的人）。

【住】ju⁶
助词。❶用在动词后，表示动作的持续，相当于“着”：你攞～乜嘢〔你拿着什么〕？｜等～佢〔等着他〕。❷同“自”条。〖除上述用法外，还可以作补语，这点与普通话相同，如：好好记～老师嘅教导〔牢牢记住老师的教导〕。〗

【住家工】ju⁶ ga¹ gung¹
家庭保姆的工作：打～〔当家庭保姆〕。

【住家艇】ju⁶ ga¹ téng⁵
过去珠江三角洲各地的疍民（水上居民）只用于居住而不用于生产或运输的小船。

【住埋】ju⁶ mai⁴
同居：两个人～一度〔两个人住在一起〕。

【住年妹】ju² nin⁴⁻² mui⁶⁻¹
旧时指年龄较大的，非卖身的婢女，其地位比佣人低，一般没有工资。

【住年仔】ju⁶ nin⁴ zei²
指旧时长年在某一店铺打工的店员。

【住月】ju⁶ yüd⁶⁻²
坐月子。

【箸筒】ju⁶ tung⁴
筷子筒。

jud

【啜】jud³
❶吸饮；吸食：～奶。❷亲吻：～咗一啖〔亲了一口〕。

【绝情】jud⁶ qing⁴
无情；不够朋友：噉做未免～啲〔这样做未免有点不够朋友〕。

jun

【专登】jun¹ deng¹
❶专门：呢味餸系～整畀你食嘅〔这个菜是专门做给你吃的〕。❷故意：佢～做畀你睇〔他故意做给你看〕。

【砖】jun¹
量词。用于形状近似砖块的东西：一～腐乳 | 一～豆腐。

【转便】jun² bin⁶
转换方向：我一直企喺度都冇～〔我一直站在那里都没有转向〕。

【转下眼】jun² ha⁵ ngan⁵
一转眼：～又开学咯〔一转眼又到开学时候了〕 | ～咁高咯〔一转眼长得这么高了〕。

【转角】ju² gog³
拐弯的地方。

【转口】jun² heo²
改口，改变说法：你唔能够一下又～唔承认㗎〔你不能一下子又改口不承认〕。

【转行】jun² hong⁴
转业；改行。

【转声】jun² séng¹
❶声音改变了：我重感冒，你听都～咯〔我得了重感冒，你听声音都变了〕。❷男孩进入青春期声音改变：佢重未～〔他还没有变声〕。

【转軚】jun² tai⁵（軚，太⁵）
“軚”，船舵、车驾驶盘。转动原来的方向，比喻改变主意：呢个精仔一见情况变化就即刻～〔这个机灵鬼一见情况变化就马上改变主意〕。

【转头】jun² teo⁴
回头：～嚟过〔回头再来〕 | ～话你听〔回头再告诉你〕。

【转弯】jun² wan¹
拐弯。

【转性】jun² xing³
性情改变。一般指到了一定年纪的人在性格、爱好上有比较明显的改变，或指人遇到重大的刺激或意外事（如疾病）后，性格起了较大的变化。

【转】jun⁶
❶漩涡：河转弯嗰度有个～，唔游得水〔河拐弯那里有一个漩涡，不能游泳〕。❷发旋。

【旋】jun⁶
❶旋转：飞机打咗一个～就飞走〔飞机打了一个旋转就飞走〕。❷发旋儿。

K

ka

【卡】ka¹

❶车皮；车厢：一个～。❷量词。用于车皮、车厢：一～货物｜第八～。

【卡口】ka¹ heo²

收费的关卡。

【卡住】ka¹ ju⁶

❶压住：呢次比赛我哋第一佢哋第二，又～佢哋咯〔这次比赛我们第一他们第二，又压住他们了〕。❷卡压，阻压：佢唔能够升职都因为嗰个人～〔他不能提升都因为那个人卡压着〕。

【*卡拉】ka¹ la⁴

彩色（相片）。〖“卡拉”是英语 colour 的音译词。〗

【卡通片】ka¹ tung¹ pin³⁻²

动画电影片。〖“卡通”是英语 cartoon 的音译词。〗

【卡位】ka¹ wei⁶⁻²

酒楼餐厅中一种半阻隔的座位，形如火车车厢的座位。

【*卡士】ka¹ xi⁶

演员表。〖“卡士”是英语 cast 的音译词。〗

【卡式机】ka¹ xig¹ géi¹

盒式收录机。〖“卡式”是英语 cassette 的音译。〗

【卡罅】ka³ la³

两物之间的间隙；缝儿：山～〔山谷；山口〕。

kai

【楷】kai²

量词。用于柚子、柑橘瓣儿：一～沙田柚。

【揩（摵）】kai³

将；把（广州少用）：你～佢点呀〔你把他怎么处置啊〕。

kao

【靠】kao³

依靠，指仗着某种优势或手段达到目的：要努力学习，单系～叻系唔得㗎〔要努力学习，光是仗着自己聪明是不行的〕。

【靠滚】kao³ guen²

指人专门以欺骗手段攫取他人财物：呢个人成日～呃人〔这个人整天靠诈骗骗人〕。

【靠害】kao³ hou⁶

坑人；害人（存心害人）：你噉搞唔系～咩〔你这样搞不是存心害人吗〕？｜咪～啦〔别害人了〕。

【靠恶】kao³ ngog³

指人以凶恶手段来欺负别人。

【靠黐】kao³ qi¹（黐，痴）

指人专门占别人便宜，多指蹭饭蹭吃。

ké

【屙】ké^{1}（茄^{1}）
❶屎。❷一种口头禅，没有实际的词汇意义，但有不满、轻蔑的感情色彩：唔～去〔不去〕｜咪～要〔不要〕！

【*茄喱啡】ké^{1} léi^{1} féi^{1}
无关重要的角色。

【*茄士咩】ké^{1} xi^{6} mé^{1}
开司米。用山羊绒制成的毛线或织品。〖“茄士咩”是英语 cashmere 的音译词。〗

【茄瓜】ké^{2} gua^{1}
同“矮瓜”。

【茄汁】ké^{2} zeb^{1}
番茄汁；番茄酱。

【茄酱】ké^{2} zêng^{3}
番茄酱。

【骑膊马】ké^{4} bog^{3} ma^{5}
小孩骑在大人的肩上。

【骑劫】ké^{4} gib^{3}
打劫，抢劫：贼佬专门～啲老人〔盗贼专门抢劫那些老人〕。

【骑呖】ké^{4} lé^{4}（呖，罗耶切）
❶人的服饰或姿态奇形怪状。❷别扭；尴尬：噉样唔系好～咩〔这样不是很别扭吗〕？

【骑呖蜗】ké^{4} lé^{4} guai^{2}（呖，罗耶切；蜗，拐）
❶蛙的一种，体瘦，生活在树上，善跳，体色和枝干相似。❷服饰或姿态奇形怪状的人。

【骑楼】ké^{4} leo$^{4-2}$
❶跨过人行道的楼房。❷阳台。❸走廊（屋前半露天的过道）。

【骑楼底】ké^{4} leo^{4} dei^{2}
上面有楼房的人行道。

【骑牛揾马】ké^{4} ngeo^{4} wen^{2} ma^{5}（揾，稳）
指人不满足已有的东西，一旦找到更合适的，就会抛弃已有的东西。

【骑牛王马】ké^{4} ngeo^{4} wong^{4} ma^{5}
挪用他人的钱：嗰笔钱系人哋托买嘢嘅，你千祈唔好～呀〔那笔钱是人家托买东西的，你千万不要挪用啊〕。

kê

【啢】kê^{1}（卡靴切）
挼（揉搓成团）：～埋一嚿〔挼成一团〕。

【踃^{1}】kê^{1}（卡靴切）
揉成团：张账单冇用就～埋佢啦〔那张账单没有用就揉成团吧〕。

【踃^{2}】kê^{4}（卡靴^{4}切）
（手足）冻僵：冻到手都～晒〔冻得手都僵了〕。

keb

【扱】keb^{1}（给）
罩；扣；盖：揾纱罩～实啲餸〔用纱罩把这些菜罩上〕｜攞个碗～实个碟〔拿个碗把碟子扣上〕｜～印〔盖章〕。

【𤜡】keb^6（及）
（动物）迅速而大口地咬：畀狗～咗一啖〔给狗咬了一口〕。

【眅】keb^6（给^6）
盯，目不转睛地盯着：～实佢〔紧紧盯着他〕。

ked

【^{1}咳】ked^1
咳嗽。〖普通话除"百日咳"、"止咳药"等外，一般都用"咳嗽"。〗

【^{*2}咳】ked^1
中断。〖"咳"是英语 cut 的音译词。〗

【咭片】ked^1 pin$^{3-2}$（咭，卡一切）
人名卡片。〖"咭"是英语 card 的音译。〗

keg

【㓻】keg^1（卡握切）
❶卡（qiǎ）：嗰条棍～实喺里头，拎唔出〔那条棍子卡死在里头，拿不出来〕。❷坎（指像梯级的东西）：担挑两头有个～〔扁担两端有个坎〕｜佢嘅头发飞得一个～〔他的头发剪成一个坎〕。

【㓻手】keg^1 seo^2（㓻，又音 kig^1）
棘手；难办：你件事好～〔你的那件事很棘手〕。

kég

【屐】kég^6
木屐；木板拖鞋。〖普通话的"屐"字只出现在"木屐"、"屐履"等词中，一般不独用；而且除作"木板鞋"解外，还泛指一般鞋，词义范围比广州话大。〗

【剧集】kég^6 zab^6
电视连续剧。

kei

【溪钱】kei^1 qin^4
纸钱（迷信用品）。

【契】kei^3
认干亲戚：～咗佢做仔〔认了他做干儿子〕。

【契弟】kei^3 dei^6
骂人的话，相当于"王八"、"混蛋"等。

【契家佬】kei^3 ga^1 lou^2
情夫；姘头。

【契家婆】kei^3 ga^1 po^4
情妇；姘头。

【契妈】kei^3 ma^1
干妈。

【契乸】kei^3 na^2（乸，拿^2）
同"契妈"。

【契相知】kei^3 sêng^1 ji^1
旧时风俗，立志不嫁的女子相约守志。

【契爷】kei^3 yé^4
干爹。

【契仔】kei^3 zei^2
干儿子。

K

kéi

【K 客】kéi^{1} hag^{3}
戏称来自香港的客人。

【*畸士】kéi^{1} xi^{2}
案件；事件。〖“畸士”是英语 case 的音译词。〗

【奇】kéi^{4}
奇怪：呢件事真系～喇〔这件事情真奇怪了〕。

【祈福】kéi^{4} fug^{1}
请道士设坛念经，求神降福。

【奇异果】kéi^{4} yi^{6} guo^{2}
猕猴桃。〖“奇异”是英语 kiwi 的音译。〗

【棋屎】kéi^{4} xi^{2}
指棋艺不高明的人。

【蜞乸】kéi^{4} na^{2}（乸，拿^{2}）
蚂蟥。

【旗下佬】kéi^{4} ha$^{6-2}$ lou^{2}
旗下人，即满族八旗人。

【企^{1}】kéi$^{5-2}$
家：喺～〔在家〕｜翻～〔回家〕。〖“企”是“屋企”的省略，用法仅限于上面的例子。〗

【企^{2}】kéi^{5}
❶站：～起身〔站起来〕｜～喺度〔站在这儿〕。❷立：啲书～起嚟放〔书立着放〕。❸直立（接近垂直）：竹竿放得太～，因住跌〔竹竿立得太直了，小心倒下来〕。

【企定】kéi^{5} ding^{6}
❶站住：～喺处〔站在那里〕。❷事先站着（在某处）：你～喺门口等佢啦〔你先站在门口等他吧〕。

【企戙】kéi^{5} dung^{6}（戙，洞）
旧式店铺门口防盗用的活动粗木柱。

【企起身】kéi^{5} héi^{2} sen^{1}
站起来：～，睇下你有几高〔站起来，看看你有多高〕。

【企理】kéi^{5} léi^{5}
整齐而清洁：间屋执得几～〔房子收拾得很整洁〕。

【企领】kéi^{5} léng^{5}
竖领。

【企埋一便】kéi^{5} mai^{4} yed^{1} bin^{6}
靠边儿站。要别人让路时用，态度不够客气。

【企歪啲】kéi^{5} mé^{2} di^{1}（歪，摸扯切；啲，多衣切）
让开一点：唔该～〔请让开一点；借光〕！

【企门槛】kéi^{5} mun^{4} kam^{5}
站在门槛上。人们忌讳站在门槛上，据说这样不吉利。

【企身】kéi^{5} sen^{1}
同类器物中较高的一种：～盆｜～碗。

【企身煲】kéi^{5} sen^{1} bou^{1}
一种身高的砂锅，熬汤等用。

【企堂^{1}】kéi^{5} tong$^{4-2}$
旧时称茶楼的招待员。

【企堂^{2}】kéi^{5} tong^{4}
过去学校处罚学生的一种手段，罚学生在课堂上站着。

【企人边】kéi^{5} yen^{4} bin^{1}
立人旁；单立人儿（汉字偏旁“亻”）。

kem

【禁】kem¹（读音 gem³）
经得起；耐：～用｜～磨｜身子好嘅人～冷又～热〔身体好的人耐寒又耐热〕｜十年咁耐～等咯〔十年那么久，够等的〕。〖普通话“禁（jīn）”只表示“耐穿”、“耐用”等意思，广州话“禁”的词义较广。〗

【禁得睇】kem¹ deg¹ tei²
耐看，百看不厌。转指人相貌俊美，经得起挑剔。

【禁计】kem¹ gei³
数目复杂，难以计算。引申指数目庞大：全厂一万几人，开销几～㗎〔全厂一万多人，开销够可以的〕。

【禁行】kem¹ hang⁴
指路途遥远，走半天还没到达目的地。

【禁谂】kem¹ nem²（谂，稔²）
费脑筋：呢道题～咯〔这个题目费脑筋啊〕。

【禁死】kem¹ séi²
不易死（生命力强）：蜞蝤好～，你打极都唔死〔蚂蟥生命力很强，你怎么打也不死〕。

【禁新】kem¹ sen¹
耐用而不显旧：呢种颜色最～〔这种颜色最耐新〕。

【禁睇】kem¹ tei²
耐看，看很久也不觉得厌烦。

【禁做】kem¹ zou⁶
工作费时：搞呢种工程好～嘅〔搞这种工程够你干的〕。

【襟章】kem¹ zêng¹
徽章；胸章。

【襟兄弟】kem¹ hing¹ dei⁶
连襟，姐妹丈夫的互称。

【揿】kem²（琴²）
❶盖：～被｜～盖〔盖盖儿〕。❷用手掌从上往下打：～一巴掌。

【揿斗】kem² deo²
倒闭（指工厂、商店等）。

【揿档】kem² dong³
倒闭（多指小商店、货摊）。

【揿赌】kem² dou²
扫除赌窝，捉拿赌徒。

【琴晚】kem⁴ man⁵
昨晚；昨夜。

【琴晚黑】kem⁴ man⁵ hag¹
同“琴晚”。

【琴晚夜】kem⁴ man⁵ yé⁶
昨晚，昨天夜里。

【琴日】kem⁴ yed⁶
昨天。〖由于同化作用，也变读作 kem⁴ med⁶，音如“琴物”。〗

【擒】kem⁴
爬；攀登：～树｜唔好～咁高〔别爬那么高〕。

【擒青】kem⁴ céng¹（青，读音 qing¹）
❶鲁莽；莽撞：睇住嚟，咪咁～〔看着点，别那么鲁莽〕。❷匆匆忙忙的样子：咁～去边度〔这么匆忙去哪儿〕？

【擒骑】kem⁴ ké⁴
❶同“擒”。❷爱攀缘的；淘气：呢个仔最～喇〔这孩子最爱爬上爬下〕。

K

【擒擒青】kem^{4} men^{4} céng^{1}

同"擒青❷"。

【擒爬】kem^{4} pa^{4}

攀爬。

【蠄蝶】kem^{4} kêu^{4}（禽渠）

癞蛤蟆。

【蠄蟧】kem^{4} lou^{4}（禽劳）

大蜘蛛。

【蠄蟧丝网】kem^{4} lou^{4} xi^{1} mong$^{5-1}$

蜘蛛网。

【蠄爬】kem^{4} pa^{4}

癞蛤蟆的俗称。

【妗母】kem^{5} mou^{5}

舅母。

【妗婆】kem^{5} po^{4}

舅奶奶（父亲的舅母）。

【妗有】kem^{5} yeo^{5}

舅母。广州话的母与表示没有的"冇"同音，人们忌讳不吉利，把"冇"改作"有"。这说法仅见于广东部分农村。

kém

【噖噖声】kém^{4} kém^{4} séng^{1}

❶严重咳嗽声：睇你咳到～，要去医院咯〔看你咳得那么厉害，该去医院了〕。❷不断咳嗽的样子：成晚听你～〔整晚听你咳个不停〕。

ken

【勤力】ken^{4} lig^{6}

❶勤奋；用功：～读书。❷勤快；勤劳：佢做嘢好～〔他干活很勤快〕。

keng

【鲠】keng^{2}

❶噎：～亲〔噎着了〕。❷咽（yàn）：呢啖气我～唔落〔这口气我咽不下〕。

【鲠颈】keng^{2} géng^{2}（鲠，读音 geng^{2}）

❶噎（食物堵住食道）：食饼干冇水饮好～㗎〔吃饼干没有水喝噎得慌〕。❷（骨头等）卡在喉咙里：鱼骨～〔鱼骨头卡在嗓子里〕。❸比喻功败垂成：真～，差啲都唔得〔真糟糕，差一点儿都不成功〕。

【揹】keng^{3}（卡凳切）

❶（酒味）醇厚；（烟）劲足。❷有本事；有能耐：佢噉都做得，真～〔他这样也能干，真有本事〕。

kéng

【㗅】kéng^{4}（求鲮切）

物体四周的边缘：缸～｜碗～｜帽～。

keo

【抠】keo^{1}

搀和；调；对：黄泥～沙｜牛奶～水｜红色～蓝色变紫色。

【抠乱】keo^{1} lün^{6}

掺和；混杂：呢两种谷种咪～呀〔这两种稻种别掺和在一起了〕。

K

【沟渠】keo^{1} kêu^{4}
为排水而挖的水道。又叫“坑渠”。普通话的“沟渠”兼指灌溉水道。

【沟渠鸭】keo^{1} kêu^{4} ngab^{3}
❶比喻人满身泥水、肮脏的样子。❷歇后语，下一句是“顺口唔顺身”，即只管吃而不管穿得好坏。又叫“坑渠鸭”hang^{1} kêu^{4} ngab^{3}。

【沟女】keo^{1} lngu$^{5-2}$
勾引、玩弄女孩。

【^{1}扣】keo^{3}
用别针固定：揾扣针～住〔找别针别住〕。

【^{2}扣】keo^{3}
青蛙、癞蛤蟆、螃蟹等的胃。

【扣布】keo^{3} bou^{3}
未经漂白的粗白布。

【叩头】keo^{3} teo^{4}
磕头；叩首。

【扣针】keo^{3} zem^{1}
别针。

【扣盅】keo^{3} zung^{1}
沏茶用的碗，有盖。

【釦】keo^{3}
蛙类或鸽子的胃。

【求其】keo^{4} kéi^{4}
❶随便（不加选择）：～畀张纸我〔随便给我一张纸〕｜～放喺度得咯〔随便放在这里行了〕。❷马虎：认真啲，唔好～做下就算〔认真一点，不要马虎地干一下就算了〕。

【求先】keo^{4} xin^{1}
同“头先”。

【球证】keo^{4} jing^{3}
球赛裁判员。

【舅父大过天】keo^{5} fu$^{6-2}$ dai^{6} guo^{3} tin^{1}
旧时民间认为舅舅在亲属中权力最大。

【舅公】keo^{5} gung^{1}
舅爷（父亲或母亲的舅舅）。

【舅仔】keo^{5} zei^{2}
小舅子（妻子的弟弟）。

【舅仔鞋】keo^{5} zei^{2} hai^{4}
旧俗新郎送给新娘众兄弟的鞋。

kêu

【拘】kêu^{1}
客气（多用于否定句）：咪～〔别客气〕｜大家都系自己人，唔使～〔大家都是自己人，不必客气〕｜使乜～吖〔用不着客气〕。

【拘礼】kêu^{1} lei^{5}
过于讲究礼仪：熟不～（熟语）。

【拘执】kêu^{1} zeb^{1}
❶计较：呢啲旧礼唔使～啰〔这些旧礼法不必计较了〕。❷客气：大家咁熟，重咁～〔大家那么熟，还这样客气〕？

【佢（倮、渠）】kêu^{5}（拒）
❶他；她。❷在祈使句里有命令的作用：洗净件衫～〔把衣服洗干净〕｜锁埋度门～啦〔把门锁上吧〕。

【佢哋】kêu^{5} déi^{6}（哋，地）
他们；她们。

kib

【吸】kib^{1}（卡镍切）

❶盯；守（多为球赛用语）：~住中锋｜~硬佢，咪畀佢恤〔死盯着他，别让他投篮〕。❷控制：佢~得嗰个男嘅好紧〔她把那个男的控制得很紧〕。〖“啲”是英语 keep 的音译词。〗

kid

【*咭】kid¹（揭¹）
年轻。〖“咭”是英语 kid 的音译词。〗

【揭盅】kid³ zung¹
揭晓；公开真相。

kig

【¹ 㓤】kig¹（卡益切）
❶同“□”keg¹。❷阻：~手~脚。

【² 㓤】kig¹（卡益切）
较量：~过至知〔较量过才知（胜负）〕｜唔够佢~〔比不过他〕。

【³ 㓤】kig¹（卡益切）
蛋糕。〖“㓤”是英语 cake 的音译词。〗

kim

【钳工】kim⁴ gung¹
对扒手的戏称。

kin

【攑】kin²（虔²）
揭：~煲盖〔揭锅盖〕。

king

【¹ 倾】king¹
谈；聊：佢想揾你~下〔他想找你谈谈〕｜佢好~得〔他很健谈〕。

【² 倾】king¹
扑克牌中的“K”。

【倾偈】king¹ gei⁶⁻²
聊天；倾谈；谈话：一边唞凉一边~〔一边乘凉一边聊天〕｜倾两句偈〔谈两句话〕。

【倾闲偈】king¹ han⁴ gei²
聊天；闲谈。

【倾唔埋】king¹ m⁴ mai⁴
话不投机，谈不来：两个人脾性唔啱，大家~〔两个人性格不合，话不投机〕。

【㼘】king⁴
❶澄：碗茶~清咗至饮〔这碗药澄清了再喝〕。❷凝结：冷到油都~咗〔冻得油都凝结了〕。

kiu

【蹺】kiu²（桥²。读音 hiu¹）
凑巧：真~，一讲佢佢就到〔真巧，一说他他就到〕｜“有咁啱得咁~”〔熟语。说那么巧，有那么巧〕。

【蹺妙】kiu² miu⁶
巧妙；蹊蹺；奇妙。

【桥】kiu⁴⁻²
主意，办法：好~〔好主意〕。

【桥凳】kiu⁴⁻² deng³

长凳，一般与八仙方桌相配，或承架木板床用。

【桥段】kiu⁴⁻² dün⁶

❶戏剧情节。❷办法。

【桥趸】kiu⁴ den²

桥墩。

【乔溜】kiu⁴ liu¹

爱挑剔；脾气古怪：呢个人好～呀〔这个人够古怪的〕。

【侨】kiu⁴

❶洋化：呢条友打扮得好～〔这家伙打扮得很洋〕。❷美好；舒适：佢屋企好～〔他家里陈设得很舒适〕。❸好：好～〔很好〕！

【繑】kiu⁵（桥⁵）

缠绕：～冷〔缠毛线〕｜～火牛〔绕变压器〕。

【繑丝边】kiu⁵ xi¹ bin¹

绞丝旁儿（汉字偏旁“纟”）。

ko

【可恼】ko¹ nao¹

同“可恼也”。

【可恼也】ko¹ nao¹ yé¹

原为粤剧借用官话的摹音语句。口语中作为比较风趣的说法，有气死人、令人气愤、岂有此理等意思：话死都唔听，真系～〔怎么劝告都不听，真气死人〕！｜呢件事够晒～〔这件事真气人〕。

kog

【搉】kog³⁻¹

❶敲打：～头壳〔敲脑袋〕。❷象声词。敲击硬东西的声音。

【涸】kog³

干燥（指鼻、喉所感到的干燥）。

【涸喉】kog³ heo⁴

呛（指吃干燥食物时刺激咽喉，难以咽下）。

kong

【炕床】kong³ cong⁴⁻²

睡、坐兼用的长椅，一般为木制。又叫“杠床”。

ku

【箍煲】ku¹ bou¹

采取措施弥补已有裂痕的关系，尤指夫妻或情侣之间的关系。

【箍颈】ku¹ géng²

❶勒脖子。❷引申为打劫，相当于“打闷棍”。

【箍臣】ku¹ sên²

软垫子。〖“箍臣”是英语 cushion 的音译词。〗

【箍头揽颈】ku¹ teo⁴ lam⁵⁻² géng²

搭肩抱腰：两个人行街唔好～〔两个人走路不要搭肩抱腰〕。

kuag

【𠾴¹】kuag³⁻¹（箍扼切）

圈儿；弯儿：兜咗一个大～〔兜了一个圈儿〕。

【𠾴²】kuag³（箍客切）

❶（用绳子）围：攞条绳～住，唔畀人入去〔拿根绳子围着，不让人进去〕。❷绕（路）：～嗰边行〔绕那边走〕。❸游逛：我想去公司～下〔我想到公司逛逛〕。

kuai

【蒯】kuai4
顽皮。

kuang

【茥】kuang2（箍罂2切）
秆儿；茎（多指菜茎，也指菜帮）：芹菜食～唔食叶〔芹菜吃秆儿不吃叶子〕｜芥菜～〔芥菜帮儿〕。

kuei

【亏】kuei1
虚弱；气亏：佢啱病好，重好～〔他刚病好，还很虚弱〕｜你咁～，要锻炼至得〔你身体那么虚弱，要锻炼才行〕。

【亏柴】kuei1 cai4
同"亏佬"（诙谐的说法）。

【亏佬】kuei1 lou2
❶身体虚弱的男人。❷同"亏"。

【规矩】kuei1 gêu2
老规矩；惯例：～系噉㗎喇，你有意见可以提〔老规矩就是这样，你有意见可以提〕。

【规例】kuei1 lei6
例规：呢啲～大家要遵守〔这些例规大家要遵守〕。

【葵瓜子】kuei4 gua1 ji2
葵花子。

【葵鼠】kuei4 xu2
豚鼠。

kuen

【坤】kuen1
哄；骗：～啱佢〔哄好他〕｜畀人～咗〔让人骗了〕。

【绲】kuen2
镶：～黑边衫（镶黑边衣裳）。

【绲边】kuen2 bin1
镶边。

【群埋】kuen4 mai4
结交；与…作伴：咪～啲烂仔玩〔别跟那些小流氓鬼混〕｜～晒嗰啲人有益嘅〔结交那些人是没有好处的〕。

【裙脚妹】kuen4 gêg3 mui6-1
旧时指贴身丫鬟。

【裙脚仔】kuen4 gêg3 zei2
指娇生惯养的男孩。

【裙褂】kuen4 gua3
中式女裙礼服，新娘穿用。

【裙拉裤甩】kuen4 lai1 fu3 led1（甩，啦一切）
衣衫不整，狼狈尴尬的样子：你哋几个为乜走到～噉呀〔你们几个为什么跑得这么狼狈〕。

kueng

【纩】kueng3（箍凳切）

K

❶剐（被尖锐的东西勾划破）：唔觉意～烂件衫〔不小心把衣服剐破了〕。❷绊：呢条竹放咁低，容易～亲人〔这条竹竿放得那么低，容易绊着人家〕。❸扣；拴：～埋度门〔把门扣上〕｜～住只狗〔把狗拴住〕。❹挂：～埋眼钉处〔挂在钉子上〕。

【纩掕】kueng³ leng³（掕，啦凳切）
量词。❶串（指大小不一的一串）：一～锁匙〔一串钥匙〕。❷嘟噜：一～腊味。

kug

【曲尺】kug¹ cég³
❶木工用来求直角的尺。❷手枪的一种。

【*曲奇】kug¹ kéi⁴
小甜饼。〖“曲奇”是英语 cookie 或 cooky 的音译词。〗

kuig

【阒嚹】kuig¹ kuag³⁻¹（嚹，箍扼切）
同“阒砾嚹嘞”。

【阒砾嚹嘞】kuig¹ lig¹ kuag³⁻¹ lag¹
❶象声词。物件相碰撞的声音；穿木板鞋走路的声音。❷各种各样的；杂七杂八的：佢乜～嘅嘢都识做〔他各种各样的活儿都会干〕｜佢个柜桶乜～都有〔他的抽屉什么杂七杂八的东西都有〕。

kuing

【炯铃哐啷】kuing¹ ling¹ kuang¹ lang¹
象声词。哐啷哐啷，哐当哐当。

kung

【蒡】kung¹（又音 kug⁴）
量词。嘟噜（用于果子、成穗的粮食等）；包（一般指玉米）：一～葡提子〔一嘟噜葡萄〕｜一～粟米〔一包玉米〕。

【穷到燶】kung⁴ dou³ nung¹（燶，农¹）
形容人穷到极点：旧时冇办法去搵钱，真系～呀〔过去没办法去挣钱，真是穷到极点了〕。

L

la

【啦¹】la¹
语气词。❶表示命令、请求：快啲～〔快点吧〕｜畀我～〔给我吧〕。❷表示允许、同意：就噉～〔就这样吧〕｜去就去～。

【啦吗】la¹ ma⁵
语气词。❶表示反诘语气：呢件事

你应承咗～〔这件事你不是答应了吗〕？｜而家肯去～〔现在肯去了吧〕？❷表示理应如此：当然系你去～〔当然是你去了〕｜去～，怕乜嘢〔去吧，怕什么〕。

【揦[1]】la² （啦²）

❶抓；拿：～拃米饩鸡〔抓一把米喂鸡〕。❷拿盐或其他化学药品被侵蚀的感觉：石灰水～得只手好痛〔石灰水把手刺激得很疼〕。

【揦草入城】la² cou² yeb⁶ xing⁴

抓草进城。比喻人吃菜时狼吞虎咽的样子。又叫"赶草入城"。

【揦㾓揦脷】la² heo⁴ la² léi⁶ （脷，利）

指食物带有强烈的酸涩味，吃了之后嘴巴和喉咙极不舒服。

【揦住】la² ju⁶

❶抓住。❷过去饮食店的行业语，结账时用来代替数目字"五"（原属隐语）：两文～〔两块五毛〕｜四毫～〔四角五分〕。

【揦脷】la² léi⁶

❶齁（hōu）（食物过咸或涩使舌头有"拿"的感觉）：面豉咸到～〔豆瓣酱咸得齁苦〕。❷形容要价过高或成本太高，受不了：补两个窿仔要一张嘢，太～咯〔补两个小洞要一块钱，太贵了〕｜一亩禾成本四十几文，都几～㗎〔一亩水稻成本四十多元，算厉害了〕。

【揦埋】la² mai⁴

❶搂（lōu）；收拢：将柴～一拃〔把柴火搂成一把〕｜～啲筷子〔将筷子收拢起来〕。❷动不动；一接触到：要调查研究，咪～就话唔得〔要调查研究，别动不动就说不行〕。❸一般来说；随便碰到的：呢啲西瓜，每个～都有十几斤〔这些西瓜，每个随便都有十几斤重〕。

【揦埋口面】la² mai⁴ heo² min⁶

紧绷着脸：你成日～，系唔系好辛苦呀〔你整天绷着脸，是不是很难受啊〕？

【揦西】la² sei¹

马虎；（干活）随便：我哋莳田要讲求规格，唔好咁～〔我们插秧要讲究规格，不要那么马虎〕。

【揦手】la² seo²

难办；棘手：呢单嘢真～〔这件事很难办〕。

【揦手唔成势】la² seo² m⁴ xing⁴ sei³

遇到突发事件，不知所措；做起来样样棘手：今日嘅事，真叫我～〔今天的事真叫我措手不及〕。

【揦屎上身】la² xi² sêng⁵ sen¹

自找麻烦：我管呢件事真系～〔我管这件事真是自找麻烦〕。

【揦[2]】la³ （啦³）

❶（用手）在看不见的情况下摸索：喺柜桶～出一支笔嚟〔从抽屉里摸出一支笔来〕。❷（用东西）探索：～下啲粥，唔好畀佢焫底〔捞一下（正在煮的）粥，别让它煳了〕。

【喇（𠸏）】la³

语气词。❶用在陈述句里，相当于"了"：佢嚟～〔他来了〕｜够～｜人哋走晒～〔人家走光了〕。❷用在祈使句里表示命令、请求：快啲行～〔快点走〕｜记住～〔记住啦〕！

L

【罅】la³
缝儿：门～｜手指～。

【喇吗】la³ ma³
表示疑问的语气词，问情况如何：你做完～〔你做完了吗〕？

【喇咩】la³ mé¹
表示疑问的语气词，再确认已知的情况：你做完～（你真的做完了）？

【啦²】la⁴
语气词。表示疑问，但不强求对方回答：冇～〔没有了吗〕？｜会开完咗～〔会开完了吗〕？｜落雨～〔下雨了吗〕？

【啦啦乱】la⁴ la⁴⁻² lün⁶
同"立立乱"。

【啦啦声】la⁴ la⁴⁻² séng¹
形容动作迅速：大家～，一阵间就做完咯〔大家抓紧点的，一会儿就干完了〕｜～去啦〔快点去吧〕｜～做嘢〔迅速地干活〕。

【啦声】la⁴ séng¹
同"啦啦声"。但多用于祈使句。

【揦鲊】la⁵ za²（揦，啦⁵；鲊，炸²）
❶肮脏：呢个地方好～〔这个地方很肮脏〕。❷不干净；不吉利：放过死人嘅地方，好～㗎〔放过死人的地方，很不干净的〕。

lab

【擸】lab³（腊³）
❶收拢：～埋支竹啲衫〔把竹竿上晾着的衣服收起来〕｜～埋台面啲资料塞晒入柜桶〔把桌面的资料全收起来塞进抽屉里〕。❷搂（lōu）（把东西抱起来）：～把草嚟煮饭〔搂一把草烧饭〕❸搜罗；搜刮：剩番几份杂志都畀佢～晒咯〔剩下的几份杂志都让他搜罗去了〕｜～光晒〔搜刮一空〕。❹套购；抢购：～嘢〔抢购东西〕。❺粗略地看；扫（一眼）：今日报纸我～咗一眼，未详细睇〔今天的报纸我粗粗地看了一下，没有详细看〕｜佢～咗大家一眼〔他向大家扫了一眼〕。❻并：三步～埋两步走〔三步并作两步走〕。❼迈、跨（步）：呢步～得好大〔这一步跨得很大〕。

【擸擸炩】lab³ lab³ ling³（炩，啦庆切）
锃亮：佢部机器擦到～〔他那台机器擦得锃亮〕。

【擸炩】lab³ ling³
同"擸擸炩"。

【擸网顶】lab³ mong⁵ déng²
同"擸晒网顶"。

【擸晒网顶】lab³ sai³ mong⁵ déng²
取得全部第一名；取得全部最高成绩：呢次运动会佢哋学校～〔这次运动会他们学校取得全部第一名〕｜数学同化学比赛佢一个人～〔数学和化学比赛他一个人全得第一名〕。

【爉】lab³（蜡³）
火燎：我只手畀火～亲〔我的手让火燎了一下〕。

【立定心水】lab⁶ ding⁶ sem¹ sêu²
同"立实心肠"。

【立实心肠】lab⁶ sed⁶ sem¹ cêng²
横下一条心；下定决心：我哋要～，唔达目的誓不罢休〔我们要下定决心，不达目的誓不罢休〕。

【立心】lab6 sem1

决心；成心（故意）：佢~同你拗颈〔他成心跟你过不去〕。

【立杂】lab6 zab6

❶杂乱；拉杂：食嘢食得咁~〔吃东西吃得那么杂乱〕｜间房好~〔屋里很杂乱〕。❷复杂：嗰个单位好~，乜嘢人都有〔那个单位很复杂，什么人都有〕。

【垃圾篸】lab6 sab3 cam2（篸，惨）

泥箕；簸箕（盛垃圾、脏土用的）。

【*垃圾虫】lab6 sab3 cung4

乱扔垃圾的人：垃圾唔好乱倒，唔好做~〔垃圾不要乱扔，不要做乱扔垃圾的人〕。

【垃圾岗】lab6 sab3 gong1

堆放垃圾的场所。

【腊肠】lab6 cêng4-2

香肠。

【腊肠裤】lab6 cêng4-2 fu3

裤腿较瘦，形似腊肠的裤子。

【蜡板】lab6 ban2

用来刻写油印蜡纸的钢板：刻~〔刻写蜡纸〕｜~生咗鉎〔钢板长了锈〕。

【蜡青】lab6 céng1

沥青。

lad

【瘌痢（鬎鬁）】lad3 léi6-1

头癣：~头｜生~〔长头癣〕。

【迾】lad6（辣）

量词。排；列；行：一~屋〔一排房子〕｜一坜种三~〔一畦种三行〕｜离行离~〔不成行列〕。

【辣手】lad6 seo2

❶棘手。❷手段厉害或毒辣：你点落得噉嘅~〔你怎么下得了这样的毒手〕！｜~神探。

【邋遢】lad6 tad3（读音 lad6 tab3）

同“揦鲊”。〖“邋遢”普通话是“不利落”、“不整洁”的意思，跟广州话不完全相同。〗

lag

【嘞】lag3

语气词。了（表示有把握或者放心）：你知到就得~〔你知道了就行了〕｜呢次有办法~〔这下可有办法了〕｜食埋呢包药就好~〔吃完这服药就一定会好的〕。〖“嘞”与“喇❶”相通。〗

lai

【拉】lai1

❶抓、捕：嗰个贼佬~咗去坐监〔那个强盗被抓了去坐牢〕。❷押：~嗰个犯人去审〔押那个犯人去受审〕。❸叼：鱼畀猫~咗去咯〔鱼给猫叼走了〕。

【拉柴】lai1 cai4

死（诙谐的说法）：佢早就~咯〔他早就死了〕。

【拉扯】lai1 cé2

平均：电灯水喉一个月~要两三文

度〔水电费平均每月两三块钱左右〕。

【拉尺】lai¹ cég³

卷尺。

【拉肠】lai¹ cêng⁴⁻²

“猪肠粉”的一种，比普通的粉韧性大。

【拉大缆】lai¹ dai⁶ lam⁶

拔河。

【拉客仔】lai¹ hag³ zei²

为长途汽车或旅店拉客的人。

【拉缆】lai¹ lam⁶

拉纤。

【拉埋天窗】lai¹ mai⁴ tin¹ cêng¹

意指完婚：佢两个就快～咯〔他们两个快要结婚了〕。

L

【拉牛上树】lai¹ ngeo⁴ sêng⁵ xu⁶

强人所难，相当于普通话的“赶鸭子上架”：你要我唱歌等于～啦〔你要我唱歌就等于赶鸭子上架啦〕。

【拉参】lai¹ sem¹

绑票儿，绑架人质，勒索赎金。同“标参”。

【*拉臣】lai¹ sen²

执照；牌照。〖“拉臣”是英语 license 的音译词。〗

【拉上补下】lai¹ sêng⁶ bou² ha⁶

以盈补亏，以丰补歉，裁长补短以求平衡。

【拉手仔】lai¹ seo² zei²

指恋人手拉着手。借指谈恋爱。

【拉苏】lai¹ sou¹⁻⁴

煤酚皂溶液；来沙尔（一种消毒药水）。〖“拉苏”是英语 Lysol 的音译词。〗

【拉头缆】lai¹ teo⁴ lam⁶

❶打头炮（首先发言）：呢次讨论会你嚟～〔这次讨论会你来打头炮〕。❷带头（领头做事）：佢做乜都～〔他干什么都带头〕。

【拉匀】lai¹ wen⁴

平均；拉平：一个人～都唔使两文〔平均一个人不用两块钱〕 | ～就冇咁多咯〔拉平就没有那么多了〕。

【*拉士】la¹ xi²

最后。〖英语 last 的音译。〗

【拉油】lai¹ yeo⁴

过油。把鱼、肉等食材先用油略炸一下。

【拉线】lai¹ xin³

给双方拉关系。

【𢯎】lai¹（拉）

❶同“𢯎尾”。❷同“亚𢯎”。

【𢯎瓜】lai¹ gua¹

拉秧瓜。

【𢯎尾】lai¹ méi⁵⁻¹

❶同“𢯎尾”末尾；后：佢去得迟，排队排～〔他去得晚，排队排在最末尾〕。❷后来：～点呀〔后来怎么样了〕？

【𢯎女】lai¹ nêu⁵⁻²

老闺女（最小的女儿）。

【𢯎仔】lai¹ zei²

老儿子（最小的儿子）。

【𢯎仔拉心肝】lai¹ zei² lai¹ sem¹ gon¹

指最小的孩子最让父母牵挂。

【舐】lai²（拉²）

舔：～嘴唇。

【赖猫】lai^{3} mao^{1}（赖，读音 lai^{6}）
赖皮（形容人做事不正直，抵赖不认账）：系点你就话点，咪～〔是怎么样你就说怎么样，别赖皮〕｜输就输啦嘛，唔好咁～〔输就输了嘛，不要那么赖皮〕。

【赖猫君】lai^{3} mao^{1} guen^{1}
无赖、赖皮的人：嗰条嘢正一系～嚟㗎〔那个家伙真正是个无赖〕。

【癞】lai^{3}
疥疮。

【癞疮】lai^{3} cong^{1}
同“癞”。

【癞渣】lai^{3} za^{1}
同“癞疮”。

【殀殃】lai^{4} kuai^{4}
❶（衣着）不整齐：件衫长～（这件衣裳长得难看）。❷调皮：顽皮。

【殀殀晒晒】lai^{4} lai^{4} sai^{4} sai^{4}（殀，赖^{4}）
衣着不整貌。

【酹】lai^{6}
倒；浇；洒（顺着一定的方向浇洒）：～酒｜～啲油落镬〔倒一点油下锅〕｜～石灰水划界〔浇石灰水画线〕。

【濑（酹）粉】lai^{6} fen^{2}
一种米粉条，将湿的米粉放在有孔的容器内，再挤压到开水锅里煮熟。

【赖】lai^{6}
❶落（là）；丢失；遗漏：第三行～咗两个字〔第三行漏了两个字〕｜睇下重有冇～低啲乜嘢〔看看还有没有遗漏些什么东西〕｜嚊咯，～咗串锁匙添〔糟糕，丢了一串钥匙了〕。❷遗（大小便失禁）：～屎｜～尿〔尿床；遗尿〕。

【赖尿虾】lai^{6} niu^{6} ha^{1}
❶一种浅海虾类动物。❷比喻经常尿床的小孩。

【攋头攋尾】lai^{6} tou^{4} lai^{6} méi^{5}
丢三落四，做事有头无尾：佢做嘢总系～嘅〔他做事总是丢三落四的〕。

lam

【揽^{1}】lam$^{5-2}$
❶搂；抱：～住个仔〔搂着孩子〕｜呢翕树三个人合埋都～唔过〔这棵树三个人合着都抱不过来〕。❷包揽；全部承担：乜嘢事你都～埋嚟做〔什么事情你都包揽起来做〕。

【揽颈】lam$^{5-2}$ géng^{2}
搭肩。

【揽埋死】lam^{2} mai^{4} séi^{2}
比喻一块儿倒霉，同归于尽。

【揽身揽势】lam$^{5-2}$ sen^{1} lam$^{5-2}$ sei^{3}
搂搂抱抱的；半搂半抱的样子（含贬意）。

【揽头揽颈】lam$^{5-2}$ teo^{4} lam$^{5-2}$ géng^{2}
两人搂着脖子或搭着肩膀走路。

【榄（杬）】lam$^{5-2}$
橄榄。

【榄（杬）角】lam$^{5-2}$ gog^{3}
把洋橄榄煮熟，去核，切成两段，加盐腌制后即成，作咸菜用。

【榄（杬）豉】lam$^{5-2}$ xi^{6}
同“榄角”。

【榄（杬）仁】lam^{2} yen^{4}

橄榄仁儿。

【婪劣】lam⁴ lüd³
贪心重。

【揽²】lam⁶
围；环绕：~颈巾〔围围巾〕。

lan

【躝】lan¹（兰¹）
❶爬行：啲蚁~得好快〔蚂蚁爬得很快〕。❷滚：~开〔滚开〕！| 你~咗去边度〔你滚到哪儿去了〕？

【躝开】lan¹ hoi¹
滚开！斥责别人离开该地：你快啲~〔你赶快滚开〕！

【*躝癱】lan¹ tan²
骂人的话。混蛋，免崽子。

【躝尸】lan¹ xi¹
滚蛋（斥责或骂人的话）。

【躝尸趷路】lan¹ xi¹ ged⁶ lou⁶（趷，吉⁶）
同“躝尸”。

【谰】lan²（谰，懒²）
装作某种样子：你唔好~有经验噉啦〔你不要装得很有经验的样〕| 你唔使同佢~熟落噉〔你不要跟他套近乎〕| ~阔佬〔装作阔气的样子〕。

【谰得戚】lan² deg¹qig¹
得意洋洋的样子。

【谰架势】lan² ga³ sei³
同“谰（lan²）叻”。

【谰起市】lan² héi² xi⁵
有意把自己抬得很高。

【谰正经】lan² jing³ ging¹
假正经。

【谰叻】lan² lég¹（叻，啦尺¹切）
不自量；好表现自己：唔会就咪咁~〔不会就别那么不自量〕| 人哋讲完你至讲都未迟，咁~做乜〔人家说完你再说也不晚，干吗这么好表现自己〕。

【谰熟落】lan² sug⁶ log⁶
套近乎，与人装出很熟悉的样子。

【谰醒】lan² xing²
骄傲自大（指人自以为很了不起）。

【谰有宝】lan² yeo⁵ bou²
装得很了不起。

【谰有嘢】lan² yeo⁵ yé⁵（嘢，野）
自以为很有本事的样子。

【谰爒】lan² zan²
同“谰有宝”。

【谰在行】lan² zoi⁶ hong⁴
自以为很内行。

【栏】lan⁴⁻¹
专门收购和批发某一商品的商店：鱼~| 猪~| 生果~。

【拦河】lan⁴ ho⁴
栏杆。

【懒到出骨】lan⁵ dou³ cêd¹ gued¹
非常懒。

【懒刮】lan⁵ guad³
懒得管（粗俗的用语）。

【懒理】lan⁵ léi⁵
少管；不管：呢啲事我先~〔这些事我才不管〕| 嗰啲唔三唔四嘅嘢边个都~〔那些不三不四的事情谁也不管〕。

【懒佬工夫】lan5 lou2 gung1 fu1

容易做的工作；不费工夫的工作：呢啲系～，边个都做得〔这是容易干的活儿，谁干都可以〕｜咪以为种麦系～，都要费神㗎〔别以为种小麦工夫不多，还是要用心的〕。

【懒佬鞋】lan5 lou2 hai4

便鞋（没有鞋带或襻带的鞋，北京又叫“懒汉鞋”）。

【懒佬椅】lan5 lou2 yi2

躺椅。

【懒散】lan5 san2

散漫：当过兵就冇咁～咯〔当过兵就没有以前那么散漫了〕。

【懒蛇】lan5 sé4

❶懒汉：呢个～咁晏都唔起身〔这懒汉这么晚还不起床〕。❷懒：佢真～〔他真懒〕。

【懒人使长线】lan5 yen4 sei2 cêng4 xin3

懒惰的人使用长线做针线活，结果适得其反。比喻一些人自以为聪明，往往弄巧成拙。

【烂】lan6

❶破：衫～咗〔衣服破了〕｜打～咗只碗〔打破了一个碗〕。❷坏：我架单车～咗〔我的自行车坏了〕｜唔好整～个钟〔别把钟弄坏了〕。❸撒野；无赖：嗰个嘢好～，咪同佢行〔那家伙很无赖，别跟他来往〕。

【烂湴】lan6 ban6（湴，办）

烂泥；稀泥。

【烂茶渣】lan6 ca4 za1

比喻没有用的东西。

【烂打】lan6 da2

好（hào）斗；爱打架：呢只鸡公最～〔这只公鸡最好斗〕。

【烂笪笪】lan6 dad3 dad3（笪，多压切）

❶稀巴烂。❷形容人放肆，无所顾忌：佢～噉，一啲道理都唔讲〔他那样放肆，一点道理都不讲〕。

【烂地】lan6 déi6

瓦砾地；废墟。

【烂窦】lan6 deo3（窦，读音 deo6）

猫、狗到处拉屎拉尿。

【烂赌】lan6 dou2

好（hào）赌。

【烂赌二】lan6 dou2 yi6-2

赌博成性的人。

【烂赌仔】lan6 dou2 zei2

嗜赌的人。

【烂饭】lan6 fan6

软饭。

【烂瞓】lan6 fen3（瞓，训）

爱睡觉；不容易睡醒：个仔咁～，叫都叫唔醒〔这孩子真爱睡，叫都叫不醒〕。

【烂瞓猪】lan6 fen3 ju1

爱睡觉而且不容易睡醒的人（诙谐的说法）。

【烂鬼】lan6 guei2

破烂（带轻蔑意）：边个要你啲～嘢〔谁要你这些破烂货〕｜你张～椅，睇见就唔开胃咯〔你那把破烂椅子，看见就不舒服〕。

【烂喊】lan6 ham3

爱哭的：冇人有佢咁～〔没有人像

他那样爱哭〕。

【烂喊猫】lan^{6} ham^{3} mao^{1}

比喻爱哭的孩子。

【烂口】lan^{6} heo^{2}

❶下流话：咪讲～〔别说下流话〕。❷爱说下流话的：咁～，似乜样呢〔说话那样下流，像什么样子〕！

【烂口角】lan^{6} heo^{2} gog^{3}

口角炎。

【烂喉痧】lan^{6} heo^{4} sa^{1}

猩红热，一种急性传染病。

【烂贱】lan^{6} jin^{6}

❶不值钱的：呢种李唔好食，最～喇〔这种李子不好吃，最不值钱了〕。❷便宜；贱（指东西供过于求而售价低廉）：呢排白菜～到鬼噉〔最近白菜便宜极了〕。

L

【烂佬】lan^{6} lou^{2}

恶棍；放肆、不讲道理的人。

【烂尾】lan^{6} méi^{5}

事情到了中途无法进行下去：呢件事肯定会～喇〔这件事肯定会办不下去了〕。

【烂尾楼】lan^{6} méi^{5} leo^{4}

已建成框架，后因资金不足等原因而中途停建的楼房。

【烂命】lan^{6} méng^{6}

凶狠；不顾一切：打波单靠～系唔得嘅〔打球光靠凶狠是不行的〕。

【烂泥扶唔上壁】lan^{6} nei^{4} fu^{4} m^{4} sêng^{5} bég^{1}

形容一个人低能，没有什么作为，帮助也没有用。

【烂生】lan^{6} sang^{1}

同“粗生”。

【烂女】han^{6} nêu$^{5-2}$

女流氓。

【烂身烂势】lan^{6} sen^{1} lan^{6} sei^{3}

衣衫褴褛：你～点去见客呀〔你衣衫褴褛的怎么去见客人呀〕？

【烂数】lan^{6} sou^{3}

坏账，烂账，收不回来的账。

【烂熟】lan^{6} sug^{6}

十分熟；滚瓜烂熟：呢啲诗佢背到～〔这些诗他背到滚瓜烂熟〕。

【烂头蟀】lan^{6} teo^{4} zêd^{1}

旧时斗蟋蟀，要求蟋蟀必须全身完好无缺，如果身上某部有了损伤，则不能参加比赛。相传身体有了伤残的蟋蟀打斗时特别勇猛，因此人们用“烂头蟀”（头部受了伤的蟋蟀）来比喻那些破罐破摔、无所顾忌的人。

【烂头粥】lan^{6} teo^{4} zug^{1}

供幼儿吃的软饭。

【烂市】lan^{6} xi^{5}

滞销：呢排萝卜好～〔近来萝卜很滞销〕｜～货〔滞销货；次货〕。

【烂食】lan^{6} xig^{6}

爱吃的；贪吃的：呢只猪～，大得快〔这头猪爱吃食，长得快〕｜佢好～㗎〔他很贪吃〕。

【烂瘾】lan^{6} yen^{5}

爱好成癖的；瘾头大的：佢好～捉棋〔他下棋的瘾头很大〕。

【烂蓉蓉】lan^{6} yung^{4} yung^{4}

烂烂儿的；稀巴烂。

【烂仔】lan^{6} zei^{2}

流氓；无赖。

【烂造】 lan6 zou6

果蔬等因产量过多而不值钱：今年荔枝太多，～咯〔今年荔枝产量过大，不值钱了〕。

lang

【冷1】 lang1

毛线：呢啲～好靓〔这些毛线很漂亮〕｜～衫〔毛线衣〕。〖“冷”是法语 laine 的音译词。〗

【呤】 lang1 （冷1）

❶象声词。铃声。❷（铃）响：闹钟～咗未呀〔闹钟响了没有〕？

【呤钟】 lang1 zung1

❶铃；电铃；自行车铃铛。❷闹钟。

【冷2】 lang4

❶寒冷。❷冻：手指都～到硬咗〔手指都冻僵了〕。❸着凉：因住～亲〔当心着凉〕。❹凉：洗～水。

【冷亲】 lang5 cen1

着凉：琴晚瞓觉冇冚被，～咯〔昨晚睡觉没盖被子，着凉了〕。

【冷饭】 lang5 fan6

剩饭：～菜汁〔残羹剩饭〕｜炒～〔炒剩饭——比喻重复过去的做法〕。

【冷饭菜汁】 lang5 fan6 coi3 zeb1

残羹剩饭。

【冷巷】 lang5 hong6-2

❶夹道；小胡同：横街～。❷过道；走廊：呢条～好窄〔这条过道很窄〕。

【冷褛褛】 lang5 leo1 leo1

冷飕飕的，天气过于寒冷。

【冷手执个热煎堆】 lang1 seo2 zeb1 go3 yid6 jin1 dêu1

惯用语。比喻捡到意外的便宜。

【冷天】 lang5 tin1

❶天气冷的时候：呢度～都种得菜〔这里天气冷的时候还能种菜〕。❷冬天：广州～都唔会落雪〔广州冬天也不会下雪〕。

lao

【捞佬】 lao1 lou2

同“捞松”。

【捞女1】 lao1 neu5

说北方话的女子。

【捞松】 lao1 sung1

指说普通话的外省人（略带轻蔑意）。〖“捞松”是普通话“老兄”（lǎo xiōng）的摹音。〗

【捞话】 lao1 wa6-2

北方话。〖“捞”是“捞松”（老兄）的谐音。〗

【唠嗷】 lao2 gao6 （唠，啦考切；嗷，交6）

❶乱七八糟；杂乱无章：工具放得太～喇〔工具放得太乱了〕｜呢篇文章鬼咁～〔这篇文章杂乱得很〕｜搞到唠晒嗷〔搞得乱七八糟〕。❷引申作麻烦、够戗、品质不好等：呢条数噉计太～喇〔这笔账（或这道算题）这样算太麻烦了〕｜嗰个嘢专靠滚人过日子，好～㗎〔那个家伙专靠哄骗过日子，品质很糟糕的〕。

【捞仔】 lao1 zei2

说北方话的青少年。

【捞睄】 lao⁴ sao⁴（睄，捎⁴）

马虎；不细心；敷衍：做作业要认真啲，咁~点似样呀〔做作业要认真一点，这么马虎怎么像样呀〕！

lé

【咧¹】 lé⁴（罗野⁴ 切）

语气词。❶表示商量：出去行下~〔出去走一走吧〕丨畀佢~〔给他吧〕？❷表示责难：系唔系~，唔听我话啦〔是不是呀，不听我的话〕！丨我都话过你~，重系噉样〔我都对你说过了，还是这样〕！❸表示赞赏：系~〔是啊〕丨几好睇嘅~〔相当好看的啊〕！丨大家都表扬你~。❹表示命令、央求：去~〔去吧〕丨睇下~〔看一看吧〕！

L

【咧揦】 lé⁴ hé³（揦，哈借切）

❶吊儿郎当：扣好啲纽，唔好咁~〔把扣子扣上，不要那么吊儿郎当的〕。❷狼狈；够戗：啱先唔见咗车票，搞到佢好~〔刚才车票不见了，弄得他很狼狈〕。

【咧啡】 lé⁴ fé⁴（啡，扶爷切。又音 lé⁵ fé⁵）

吊儿郎当；衣冠不整；不修边幅：睇佢几~，纽又唔扣，鞋带又唔绑〔看他多吊儿郎当，扣子又不扣上，鞋带又没系好〕。

【咧²】 lé⁵（罗野切）

语气词。❶表示事情不出所料：系~，冇错啩〔是了吧，没有错吧〕丨我都话佢唔制~〔我不是说他不愿意的吗〕？❷表示事情或个人意见确实如此：有~，呃你做乜〔确实没有，骗你干吗〕？丨我唔去~〔我真的不去〕丨系佢嘅~〔确实是他的〕。

lê

【𠺘¹】 lê¹（啦靴切）

吐（tǔ）：~蔗渣〔吐甘蔗渣〕丨~饭。

【𠺘饭应】 lê¹ fan⁶ ying³

忙不迭地答应，正在吃饭也把饭吐出来先答应。

【𠺘²】 lê²（啦靴² 切）

❶反复揩擦；蹭：你喺边度~咗一身油〔你在什么地方蹭了一身油〕？❷闹：任你点~，我都要坚持原则〔随你怎么闹，我都要坚持原则〕。❸纠缠；蘑菇：你噉~我，我都系冇法子㗎〔尽管你这样纠缠我，我还是没办法的〕。

【𠺘地】 lê² déi⁶

在地上打滚（指孩子哭闹时）：呢个仔好蛮，一喊就~〔这孩子挺蛮的，一哭就滚地〕。

【𠺘脷】 lê2 léi⁶（脷，利）

大舌头；口齿不清：佢讲话有啲~，听唔清〔他说话有点大舌头，听不清楚〕。

leb

【笠】 leb¹

❶竹篓。❷从上往下套、罩：~番件衫啦〔套（穿）上衣服吧〕！丨揾顶帽~住个头壳〔拿顶帽子罩着

脑袋〕。❸哄；吹拍：～细路仔〔哄小孩〕|有人～佢两句就唔知几得意〔有人吹捧他两下就不知道有多高兴〕。❹收拢：～遮〔收伞〕。

【笠高帽】leb¹ gou¹ mou⁶⁻²

用好话恭维人：佢好中意人哋～㗎〔他很喜欢人家用好话恭维他〕。

【笠衫】leb¹ sam¹

汗衫（多指针织的长、短袖汗衫）。

【立品】leb⁶ ben²

修身自律，建立好品行：咁大个仔重唔～〔这么大的人还不好好修养〕。

【立䢸】leb⁶ deb¹

❶杂乱：啲嘢咁～〔东西这么乱〕。❷（环境）脏乱潮湿：你间房够晒～咯〔你那房间够脏乱的了〕。❸衣冠不整洁：佢个人好～嘅〔他这人太不注意衣着了〕。

【立立乱】leb⁶ leb⁶⁻² lün⁶

❶乱糟糟；乱七八糟：乜呢度～㗎〔干吗这儿乱糟糟的〕？|搞到～〔搞得乱糟糟的〕。❷心神不安；心乱如麻：你嘈到我个心都～〔你吵得我心乱如麻〕。

【立乱】leb⁶ lün⁶

❶乱：你啲书放得咁～〔你的书放得那么乱〕。❷随便：呢啲话唔好～讲呀〔这些话不要随便说〕|唔好～攞人哋嘅嘢〔不要随便拿人家的东西〕。

【立时间】leb⁶ xi⁴ gan¹

在极短的时间内：～点筹得咁多钱吖〔一下子怎么能筹到那么多的钱呢〕。

【立时立紧】leb⁶ xi⁴ leb⁶ gen²

时间紧迫；一时半会儿的：～揾唔到〔一时半会儿的找不到〕。

led

【甩】led¹（啦一切）

脱落；掉：～咗一粒纽〔掉了一个扣子〕|～皮～骨〔剥落、脱落得很严重〕|～色〔掉色〕。〖广州话的“甩”与普通话作“挥动”、“抛开”、“抡”、“扔”讲的“甩”（shuǎi）无关。〗

【甩青】led¹ céng¹

搪瓷器皿掉了瓷：咁靓嘅碗畀佢跌～〔这么漂亮的（搪瓷）碗被他摔得掉瓷了〕。

【甩底】led¹ dei²

❶失约；不守承诺：你唔能够～呀〔你不能失约啊〕。❷失败：呢件事千祈唔好～〔这件事千万不要失败〕。❸丢脸：当堂～〔丢人现眼〕。

【甩铰】led¹ gao³

脱臼：佢只手撞～（他的胳膊被碰脱臼了）。

【甩下扒】led¹ ha⁶ pa⁴

掉下巴；下巴脱臼：笑到～咯〔笑得掉下巴了〕。

【甩甩离】led¹ led¹ léi⁴

将要脱落的样子：柜门～喇，整下佢啦〔柜门要掉了，修理一下吧〕。又叫“甩甩离离”。

【甩皮甩骨】led¹ péi⁴ led¹ gued¹

形容东西破烂不堪：边个整到我本书～嘞呀〔谁把我的书弄成破烂不

L

堪〕？

【甩身】led¹ sen¹
脱身：～唔倒〔脱不了身〕｜呢勾～喇〔这回脱身了〕。

【甩手】led¹ seo²
脱手。指将货物卖出：嗰批货～未呀〔那批货脱手了没有〕？

【甩须】led¹ sou¹
丢脸；出丑：人哋问乜都唔知，真系～〔人家问什么都不知道，真丢脸〕｜当堂～〔当场出丑〕。

【甩色】led¹ xig¹
掉色；褪色。

【甩拖】led¹ to¹
❶恋爱失败，两人分手：佢哋两个人行咗几日就～咯〔他们两个人谈了几天恋爱就告吹了〕。❷失约：真弊，佢冇嚟，～喇〔真糟糕，他没有来，失约了〕。

【甩线】led¹ xin³
脱线，绽线。衣服缝线的地方绽开：件衫～要联翻咯〔衣服绽线了，要缝好它呀〕。又叫“甩线步”。

lêd

【律师楼】lêd⁶ xi¹ leo⁴
律师事务所。

leg

【嘞】leg¹（啦握切）
眼、喉等器官受外物刺激或发炎所感到的疼痛或不舒服：眼入咗粒沙，好～〔眼睛进了沙子，很痛〕。

【嘞嘁】leg¹ keg¹（嘁，卡握切）
❶（道路）崎岖不平：条路好～，小心啲行〔路坑坑洼洼的，小心点走〕。❷说话不流利；结巴：佢读报纸鬼咁～〔他读报非常结巴〕。

【勒】leg⁶
把（屎、尿）：～臊虾仔屙尿〔给小婴儿把尿〕。

【勒特】leg⁶ deg⁶
形容黑的样子：晒到黑古～〔晒得黑不溜秋的〕｜胡须～〔胡子拉碴〕。

【簕】leg⁶（勒）
植物的刺：㓤亲～〔被刺刺着〕。

【簕窦】leg⁶ deo³（窦，读音 deo⁶）
难商量的；难打交道的；难相处的：嗰个嘢好～，揾佢都冇用〔那个家伙很难打交道，找他是不能解决问题的〕。

lég

【叻】lég¹（啦尺¹ 切）
聪明能干；棒：呢个学生真～，一点就明〔这个学生真聪明，一说就明白〕。

【叻唔切】lég¹ m⁴ qid³
形容人迫不及待地表现自己：人哋都未讲完，你就乱插嘴，咁～做乜〔人家还没有讲完你就乱插嘴，这么好表现干吗〕！

【叻马】lég¹ ma⁵
有本领；聪明能干：呢个细路儿～，会煮饭添嗜（这孩子多能干呀，还会做饭呢）。

【叻女】lég¹ nêu⁵⁻²
❶聪明的女孩子。❷聪明人。❸聪明。

【叻仔】lég¹ zei²
❶聪明的孩子。❷聪明人。❸聪明：佢好～，一年就自修完高中课程〔他很聪明，一年就自修完高中的课程〕。

【劚】lég⁶（离剧切）
用刀划开。

【坜】lég⁶（啦笛切）
畦：一～菜｜起～〔分畦；起垄〕。

【沥】lég⁶（读音 lig⁶）
珠江下游河流汊道的俗称。

lêg

【掠水】lêg⁶ sêu²
搜刮钱财。

【略略】lêg⁶ lêg⁶⁻²
稍微；大体上：～有啲似〔稍微有点像〕｜～介绍一下。

【略为】lêg⁶ wei⁴
稍微：佢哋两个～有啲似（他们两个稍微有点像）。

lei

【捩】lei²（读音 lei⁶）
拧（nǐng）；扭转：～转身〔转过身去〕｜～埋片面〔背过脸去〕。

【捩歪面】lei² mé² min⁶
转过脸去，扭转头。

【捩转头】lei⁶⁻² jun² teo⁴
转过头来；回过头来：你～睇下〔你回过头看看〕。

【捩手掉咗】lei⁶⁻² seo² diu⁶ zo²（捩，读音 lei⁶；咗，左）
反过手扔掉，表示对某样东西十分嫌弃：咁曳嘅嘢都话买，～喇〔这么次的东西还说要买，是我的话，早就把它扔了〕。

【戾偈】lei⁶⁻² gei⁶
❶（事情）不顺利，棘手：呢单嘢有啲～〔这件事有点棘手〕。❷关节感觉僵硬：我只手有啲～〔我的手有点不灵活〕。

【戾横折曲】lei⁶⁻² wang⁴ jid³ kug¹
歪曲、捏造事实：事实就系噉，唔到你～〔事实就是这样，由不得你歪曲捏造〕。

【嚟】lei⁴（黎。又音 léi⁴）
❶来：你得闲就～啦〔你有空就来吧〕｜攞张纸～〔拿张纸来〕。❷助词。用在动词后面，表示曾经发生什么事情，类似普通话的“来着”：佢头先揾你～〔他刚才找你来着〕｜啱先你讲乜嘢～呀〔刚才你说什么来着〕？❸在动词和助词“住”后面，表示按照某一动作行事：企住～〔站着罢；就站着行了〕｜坐住～倾啦〔就坐着谈吧〕。〖“嚟”在动词和助词“住”后面的格式，普通话没有相当的说法。广州人说普通话时，往往把这类句子中的“嚟”译成“来”，把上述两个例句说成“站着来”、“坐着来谈吧”，听起来十分别扭。遇到这类句子，只要把“嚟”字去掉再译成普通话就可以

了。》

【嚟得切】lei^{4} deg^{1} qid^{3}

来得及：你三点钟以前出发重～〔你三点以前出发还来得及〕。

【嚟㗎】lei^{4} ga^{3}（㗎，架）

语气词。表示强调、加重的语气：呢啲系水～〔这是水——而不是别的液体〕｜佢系队长～〔他是队长——而不是一般队员〕｜等我睇下佢系乜嘢～先〔让我看看它到底是什么东西〕。《普通话没有相当的说法。广州人说普通话时，往往把这类句子中的"嚟㗎"译成"来的"，把"呢啲系水嚟㗎"说成"这是水来的"，把"佢系队长嚟㗎"说成"他是队长来的"，等等，听起来非常别扭。遇到这类句子，只要把"嚟㗎"去掉再译成普通话就可以了。》

L

【嚟葵】lei^{4} kuag^{4}

调皮；顽皮：细蚊仔要听话啲，唔好咁～〔小孩要听话一点，不要那么顽皮〕｜呢个仔好～㗎〔这个小孩很调皮的〕。

【嚟唔切】lei^{4} m^{4} qid^{3}

来不及。"唔切"也可用于"赶唔切"、"做唔切"、"写唔切"、"洗唔切"等。

【嚟神】lei^{4} sen$^{4-2}$

来劲儿：你一表扬佢佢就～〔你一表扬他他就来劲儿〕。

【礼拜】lei^{5} bai^{3}

❶星期：～三。❷数词。过去饮食店结账时用来代替数目字"七"（原属隐语）：～毫二〔七角二分〕｜一文～〔～元七角〕。

【礼数】lei^{4} sou^{3}

礼貌；礼节：识～〔懂得礼节〕。

【礼匀】lei^{5} wen^{4}

礼貌周到：做事要讲究～。

【礼云子】lei^{5} wen^{4} ji^{2}

蟛蜞（相手蟹）的卵，味鲜美，可做菜肴。瓦罐礼云饭、礼云扒鲜笋、礼云黄布蛋等曾是广州西关名食。

【礼衣边】lei$^{5-2}$ yi^{1} bin^{1}

衣补儿；衣字旁儿（汉字偏旁"衤"）。

【利市】lei^{6} xi^{6}（读音 léi^{6} xi^{5}）

❶在农历除夕及春节期间大人给小孩的压岁钱。❷每逢红白喜事为了酬谢亲友的帮忙而赠送的钱，叫"利市钱"。❸迷信的人听了一些不吉利的话，或者看了他认为不吉利的事物之后，连声说"利市"或"大吉利市"，以避"晦气"。《"利市"古时只有"吉利"的意思。《水浒》第五回："见洒家是个和尚，他道不利市，吐了一口唾，走入去了。"广州话词义扩大了。》

【例规】lei^{6} kuei^{1}

规矩；规则：边个都要遵守～〔谁都要遵守规矩〕。

【例牌】lei^{6} pai$^{4-2}$

惯例：呢度嘅～就系噉嘅〔这里的惯例就是这样〕。｜我噉做～啦〔这样做是依照惯例的〕。

【例牌菜】lei^{6} pai$^{4-2}$ coi^{3}

饭馆当天供应的有固定标准的菜肴。

【例汤】lei^{6} tong^{1}

饭馆当天预先备好的某一种肉汤

（每天各不相同）。

【觑】lei⁶（厉）

瞟（偷看或含责备、制止意思的看）：～佢一下佢就唔敢啷〔瞟他一眼他就不敢动了〕。

léi

【篱】léi¹

晒东西用的疏筛子。

【*篱士】léi¹ xi²

通花布。〖“篱士”是英语 lace 的音译词。〗

【离行离迾】léi⁴ hong⁴ léi⁴ lad⁶（迾，辣）

❶指写字、排队等不按行列。❷引申为离谱：你提出嘅嘅问题，真系～〔你提出的问题，真是离谱〕。

【离天隔丈远】léi⁴ tin¹ gag³ zêng⁶ yün⁵

很远的地方；相隔甚远：大家住得～。

【离远】léi⁴ yün⁵

相隔很远；离得远；在远处：～就见到佢〔相隔很远就见到他〕｜油画要～至好睇〔油画要离得远才好看〕。

【篱更竹】léi⁴ gang¹ zug¹

一种细而结实的竹子，可作篱笆用。

【篱竹】léi⁴ zug¹

❶同“篱更竹”。❷一种作火把用的竹子。浸泡后作火把用的篱竹，有的农村叫“篱”léi²。

【厘戥】léi⁴ deng⁶⁻²

戥子。

【里】léi⁵

衣服的衬里，里子：用绸做～唔怕有静电〔用绸子做里子不怕有静电〕。

【㮕】léi⁵（理）

帆：扯～〔扬帆〕｜驶～〔驾船〕。

【理气】léi⁵ héi³

好管闲事：使乜你咁～呀〔用不着你多管闲事〕。

【理数】léi⁵ sou³

❶管账：揾个人～〔找个人来管账〕。❷管账人：佢做咗两年～〔他当了两年管账人〕。

【利】léi⁶

快；锋利。〖普通话也有“利”这个词，但一般只见于书面语，如“利刃”、“利剑”、“利器”等，口语只讲“快”。〗

【利便】léi⁶ bin⁶

便利：啲材料噉放，大家使用都好～〔这些材料这样放，大家使用都很便利〕。

【利叠利】léi⁶ dib⁶ léi⁶

利滚利。

【利毒】léi⁶ dug⁶

狠毒：想唔到呢个人咁～〔想不到这个人这么狠毒〕。

【利口】léi⁶ heo²

会说话（略带贬义）：呢个人好～〔这个人很会说话〕。

【脷】léi⁶（利）

舌头：猪～。〖广州话“舌”与“蚀本”（亏本）的“蚀”同音，由于忌讳而改用“吉利”、“盈利”的“利”，加月旁作“脷”。人和动物

的舌头都称“脷”。〗

【脷刮】léi⁶ guad³
刮舌子。

【脷騾騾】léi⁶ lê² lê²（騾，啦靴切）
说话含混不清，北方俗称“大舌头”：讲嘢～，听唔明〔说话不清楚，听不明白〕。

【脷苔】léi⁶ toi¹
舌苔。

lem

【¹冧】lem¹（林¹）
❶收拢：呢朵花重～埋〔这朵花还收拢着〕。❷垂下（指头发垂在额前）：你嘅头发～晒落嚟，几唔舒服呀〔你的头发都垂下来了，多不舒服啊〕。❸同“花冧”。

【²冧】lem¹（林¹）
哄；用好话说（多用于小孩）：慢慢～下佢，佢就肯去嘅嘞〔慢慢用好话劝说他，他就愿意去的了〕。

【*冧巴】lem¹ ba¹
号码；编号；门牌。〖“冧巴”是英语 number 的音译词。〗

【*冧巴温】lem¹ ba¹ wen¹
❶第一号。❷服务员的头头。〖“冧巴温”是英语 number one 的音译词。〗

【冧公头】lem¹ gung¹ teo⁴⁻²
宝盖儿；宝盖头（汉字偏旁“宀”）。

【冧篷头】lem¹ pung⁴ teo⁴⁻²
同“冧公头”。

【冧森】lem¹ sem¹
痒痒，指皮肤被轻轻触碰的感觉。

【*冧酒】lem¹ zeo²
糖酒。〖“冧酒”是英语 rum 的音译词。〗

【冧】lem³（林³）
倒塌；崩塌：嗰埲墙畀风吹～咗〔那堵墙被风吹倒了〕。

【冧档】lem³ dong³
❶垮台。❷（商号等）倒闭：生意唔好做，嗰啲铺头～咗咯〔生意不好做，那些商店倒闭了〕。

【林擒】lem⁴ kem⁴
匆忙而鲁莽；狼吞虎咽。

【林林沈沈】lem⁴ lem⁴ sem² sem²
林林总总；杂七杂八的：百货公司里头～，也都有〔百货公司里林林总总，什么都有〕。

【林林声】lem⁴ lem⁴⁻² séng¹
❶形容行动迅速的样子：几个人～一下就做完咯〔几个人呼噜哗啦就干完了〕。❷雷鸣声：你听～，要落雨咯〔你听隆隆的声音，要下雨了〕。

【林沈】lem⁴ sem²
❶形容事情拉杂或有点暧昧：讲起佢，唔知几多～嘢〔说起他，不三不四的事不知多少〕。❷什么的（不定指）；麻烦的；乌七八糟的：就噉算咯，等暇惹起啲～事就论尽啰〔就这样算了，待会儿惹起什么事就麻烦了〕。

【临急临忙】lem⁴ geb¹ lem⁴ mong⁴
急急忙忙；临时手忙脚乱：～买张票上车。

【临记】lem⁴ géi³
❶临时演员。❷票友。

【临老学吹打】 lem[4] lou[5] hog[6] cêu[1] da[2]

比喻过了学习时光，学习困难：我而家都七八十咯，～，学都难呀〔我现在都七老八十了，临老学艺学什么都难〕。

【临老入花丛】 lem[4] lou[5] yeb[6] fa[1] cung[4]

老年人寻花问柳，老不正经。

【临天光赖尿】 lem[4] tin[1] guong[1] lai[6] niu[6]

惯用语。意思是功亏一篑；接近成功时出娄子以致失败。

【临时临急】 lem[4] xi[4] lem[4] geb[1]

事情到了紧急，非处理不可的时候：平时唔温习，到考试～开夜车〔平时不温习，到考试就临时匆忙开夜车〕｜你唔事先通知，～叫我去边处揾人㖞〔你事先不通知，临时让我上哪儿去找人啊〕！

【凛】 lem[5]

沾（zhān）：～啲面粉炸鱼〔沾点面粉炸鱼〕。

【凛扰】 lem[5] dem[2]（扰，多砍切）

接连不断地：呢啲事～嚟〔这类事接连不断地出现〕。

【掭】 lem[6]（林[6]）

堆砌；架叠；摞；垛：嗰啲绍菜～得好似座山噉〔那些大白菜垛得像座山〕｜将凳～到台上面〔把椅子摞到桌子上面去〕。

lên

【嶙】 lên[1]（轮[1]）

啃（多指啃小的东西）：～榄核〔啃橄榄核〕｜～猪骨。

【嶙谆】 lên[1] zên[1]

啰里啰唆。

【伦滘糕】 lên[4] gao[3] gou[1]

一种用米粉白糖做的发糕，白色，韧而脆，以顺德伦滘圩制作的为最有名。

【轮】 lên[4]

❶排队；排队购买：好多人喺度唔知～乜嘢〔很多人在那里不知排队买什么〕｜～住嚟〔挨个儿来〕。❷阵子；阵儿：呢～〔这阵子〕｜前嗰～〔前一阵儿〕。❸量词。次；顿；趟：排演咗一～〔排演了一次〕｜闹咗一～〔骂了一顿〕。❹轮流：大家～住值班〔大家轮流值班〕。

【论尽】 lên[6] zên[6]

❶形容人举动不灵，做事常出毛病：咁～，成盆水倒泻晒〔真是笨手笨脚，整盆水都给洒了〕｜真～，又唔记得带嚟〔真马大哈，又忘了带来〕。❷不方便；麻烦；累赘：拎住咁多嘢搭车，太～喇〔拿着那么多东西坐车，太不方便了〕｜叫佢带把遮都嫌～〔叫他带把伞都嫌累赘〕。

leng

【掕】 leng[3]（啦凳切）

量词。串：一～菩提子〔一串葡萄〕｜一揪一～〔一串串的；（需要提的）一包一袋〕。

【掕掕跳】 leng[3] leng[3] tiu[3]

乱蹦乱跳：激到佢～〔气得他乱蹦

L

乱跳〕。

【棱】leng^{5}（啦亨^{5}切）
被鞭打后在皮肤上留下的伤痕：一条～〔一条鞭痕〕。

léng

【笭】léng^{1}（啦厅切）
捕鱼虾用的小竹笼：入～〔比喻中了圈套〕。

【靓嚶】léng$^{3-1}$ kéng^{1}（嚶，卡厅切）
小子；小家伙（指小孩）。

【靓仔^{1}】léng$^{3-1}$ zei^{2}
小子：呢个～做嘢好冇心机〔这小子干活很不专心〕。

【靓】léng^{3}（啦镜切）
❶漂亮；美丽：呢只花布几～〔这种花布多漂亮〕。❷好：好～嘅生油〔很好的花生油〕｜～嘢〔好东西；好货〕。

【靓爆镜】léng^{3} bao^{3} géng^{3}
非常美丽，连镜子都照得爆裂了。

【靓哥】léng^{3} go^{1}
对男服务员的美称。

【靓歌】léng^{3} go^{1}
好听的歌。

【靓妹^{1}】léng$^{3-1}$ mui$^{6-1}$
小丫头（略带轻蔑意）。

【靓姐】léng^{3} zé^{2}
大姐，对女服务员、接待员、营业员等的美称。

【靓妹^{2}】léng^{3} mui$^{6-2}$
对年轻女服务员、接待员、营业员的称呼。

【靓女^{1}】léng$^{3-1}$ nêu$^{5-2}$
黄毛丫头。又叫“靓妹”。

【靓嘢】léng^{3} yé^{5}（嘢，野）
好东西，珍贵的东西。

【靓女^{2}】léng^{3} nêu$^{5-2}$
对青年女子的一般称呼，相当于小姐、姑娘。

【靓仔^{2}】léng^{3} zei^{2}
❶漂亮的小伙子或男孩。❷指青少年的漂亮打扮：佢今日着得几～〔他今天穿得多漂亮〕。

【零】léng^{4}
放在整数或量词之后，表示有零头：十～个人〔十多个人〕｜万～文〔一万多元〕｜呢个人三十～岁〔这个人三十多岁〕｜斤～重〔一斤多重〕。

【鲮鱼】léng^{4} yü$^{4-2}$
同“土鲮鱼”。

【灵擎】léng^{4} kéng^{4}（灵，读音 ling^{4}；擎，卡鲮切）
❶灵验：呢种药真～，食咗就唔痛嘞〔这种药真灵验，服了就不痛了〕。❷技艺高明：佢耍把戏好～㗎〔他玩魔术的技术是很高明的〕。

【领当】léng^{5} dong^{3}
上当：差啲～喇〔差一点上当了〕。

【领呔】léng^{5} tai^{1}（呔，太^{1}）
领带。〖“呔”是英语 tie 的音译词。〗

【领嘢】léng^{5} yé^{5}
同“领当”。

lêng

【凉茶】lêng^{4} ca^{4}

清凉去火的药剂，有清热、消炎、利尿等作用：广东～｜王老吉～。

【凉瓜】lêng⁴ gua¹
苦瓜的别名。

【凉果】lêng⁴ guo²
用糖腌制过的水果，如糖橄榄、糖柑橘等。

【凉棚】lêng⁴ pang⁴⁻²
❶乘凉用的小棚。❷有遮阳作用的顶棚。

【凉水】lêng⁴ sêu²
清凉饮料（用凉性食物熬成的饮料）：攞绿豆煲～〔用绿豆熬汤作清凉饮料〕。

【凉爽】lêng⁴ song²
凉快：热天呢间屋好～〔夏天这所房子很凉快〕。

【凉浸浸】lêng⁴ zem³ zem³
凉飕飕。

【梁】lêng⁴
檩（房屋上托住椽子的横木）。

【量天尺】lêng⁴ tin¹ cég³
同“剑花”。

【粮】lêng⁴
工资：出～〔发工资〕｜双～〔双工资〕。

【两】lêng⁵
数词。二；两。〖“两”广州话和普通话用法略有不同：在传统度量衡单位前，普通话用“二”为多，广州话一般用“两”，如：～尺布〔二尺布〕｜～斤米〔二斤米〕｜～寸长〔二寸长〕。〗

【两份】lêng⁵ fen⁶⁻²
❶一起：呢包饼你同细佬～食啦〔这包饼你和弟弟一起吃吧〕！｜本书我哋～睇好唔好〔这本书我们一起看好吗〕？❷属于双方的；分作两份：呢间屋系～㗎〔这所房子是两家共有的〕｜呢堆嘢～啦〔这堆东西分一半给我吧〕。

【两家】lêng⁵ ga¹
❶两个；两人（同做某事）：我同你～去啦〔我和你两个去吧〕｜我哋～搬咗佢啦〔咱们俩把它搬掉吧〕。❷双方：～订个合同啦｜你哋～都唔好嘈〔你们双方都不要吵〕。

【两句】lêng⁵ gêu³
互相不一致的意见：你同佢有～都唔紧要〔你跟他意见不一致也不要紧〕｜叫佢做从来冇～嘅〔叫他做是从来没有异议的〕。

【两公婆】lêng⁵ gung¹ po⁴
两夫妻；夫妻俩。

【两公孙】lêng⁵ gung¹ xun¹
两祖孙；祖孙俩。

【两开】lêng⁵ hoi¹
❶两可：你嘅说话～嘅〔你说话模棱两可〕。❷说不定，不一定：你话你会赢，我睇～啦〔你说你会赢，我看说不定〕。

【两抠】lêng⁵ keo¹
两种东西混合在一起：黏米同糯米～｜牛奶豆浆～。

【两撇鸡】lêng⁵ pid³ gei¹
两撇胡子（诙谐的说法）。

【两婆孙】lêng⁵ po⁴ xun¹
祖母与孙子或外祖母与外孙两个。

【两婶母】lêng⁵ sem² mou⁵

L

两妯娌。即合称兄弟两人之妻。

【两睇】lêng^{5} tei^{2}

两看，两可，两种可能：呢件事结果点样，我话系～啦〔这件事结果如何，我说有两种可能〕。

【两头行】lêng^{5} teo^{4} hang^{4}

两边走来走去。

【两头蛇】lêng^{5} teo^{4} sé^{4}

搬弄是非，挑拨离间，从中图利的人。

【两头揗】lêng^{5} teo^{4} ten^{4}（揗，徒云切）

走来走去；转来转去。

【两头走】lêng^{5} teo^{4} zeo^{2}

经常来往于两地：我经常广州、深圳～〔我经常来往于广州、深圳〕。

【两爷孙】lêng^{5} yé^{4} xun^{1}

L

祖孙俩，两祖孙。

【两仔乸】lêng^{5} zei^{2} na^{2}（乸，拿^{2}）

两母子；两母女；母子俩；母女俩。

【两仔爷】lêng^{5} zei^{2} yé^{4}

两父子；父子俩。

leo

【摟】leo^{1}

❶披：～住一件雨衣〔披着一件雨衣〕。❷蒙盖：攞张台布嚟～住个茶几〔拿块桌布来把茶几蒙上〕。❸（苍蝇、蚂蚁等小昆虫）爬、停留：乌蝇～过嘅嘢唔好食〔苍蝇爬过的东西不能吃〕。

【褸】leo^{1}（楼^{1}。读音 leo^{5}）

大衣：大～｜绒～〔呢大衣〕。

【褸裙】leo^{1} kuen^{4}

❶大衣式的连衣裙。❷斗篷。小孩披的斗篷。

【褸尾】leo^{1} méi$^{5-1}$

同“后尾”。

【褸髻妹】leo^{1} yem^{4} mui$^{6-2}$（髻，吟）

❶小姑娘。❷处女（年青的）。〖髻，刘海。因小女孩多留刘海，故名。〗

【褸丘】leo^{1} yeo^{1}

衣衫破旧：狗吠～人（熟语）。

【褸席】leo^{1} zég^{6}

当乞丐。

【摟】leo^{3}（楼^{3}。读音 leo^{5}）

摇动容器，使里面的东西翻滚：将两种豆装埋落罐度，～佢几下就匀喇〔把两种豆放进罐里，摇几下就匀了〕｜～下个盒，睇下里头有冇嘢〔摇一下盒子，看里面有没有东西〕。

【瘤】leo$^{4-2}$

肿瘤；包（头部受撞击后所起的肿块）。

【楼】leo$^{4-2}$

楼房；洋房：住～｜一趸～。

【喽】leo^{3}（楼^{3}。读音 leo^{4}）

❶邀约（较随便的）：佢～我去睇电影〔他约我去看电影〕。❷劝；动员：佢～我买咗嗰部单车〔他劝我买那辆自行车〕。

【喽当】leo^{3} dong^{3}

主动邀约他人：“～唔值钱”〔熟语。主动邀约别人往往不被重视〕。

【喽口】leo^{3} heo^{2}

口吃。

【^{1}流】leo^{4}

爱打扮，赶时髦。

【^{2}流】leo^{4}

❶质量差：对鞋着咗几日就烂，真~〔这双鞋穿了几天就破了，真次〕。❷虚假的：没有价值的：消息系~嘅〔消息是不真实的〕。

【流口水】leo^{4} heo^{2} sêu^{2}

（成绩、质量）低劣：呢班学生好多~嘅〔这班学生很多人成绩是很差的〕丨乜咁~㗎，考试得五十分〔怎么这样差劲，考试只得五十分〕！丨呢停纸真~〔这种纸质量真差〕。

【流离浪荡】leo^{4} léi^{4} long^{6} dong^{6}

流浪；到处游荡。

【流流】leo^{4} leo^{4}

❶正当…时候：年初一~〔正是大年初一〕丨大清早~〔清晨时候〕丨新年~。❷（女孩子）家：女仔~。〖一般局限于以上几个用法，后面通常要接否定句或表示不吉利、不希望发生的事情的句子。例如：大清早~着咁少衫，因住冷亲〔大清早的穿那么少衣服，当心着凉〕丨年初一~咪讲呢啲〔大年初一的，别说这些〕。〗

【流料】leo^{4} liu$^{6-2}$

不可靠的消息、材料。

【流马尿】leo^{4} ma^{5} niu^{6}

流泪，哭鼻子（戏谑的说法）。

【流蚊饭】leo^{4} men^{1} fan^{6}

戏谑语。指流血：打到你~〔打到你满地找牙〕。

【流年】leo^{4} nin^{4}

指个人本年的运气：今年~唔好〔今年的运气不好〕丨我同你睇下~啦〔我跟你算一算这年的命运怎么样〕。

【流嘢】leo^{4} yé^{5}（嘢，野）

坏的、差的、次的东西：呢批货好正，唔系~〔这批货很好，不是次货〕。

【留堂】leo^{4} tong^{4}

学校处罚学生的一种手段，让学生在放学以后留在教室里。

【留得】leo^{4} deg^{1}（又读 leo$^{4-2}$）

❶宽恕；饶：~你一次。❷随便；任由：你唔好乜都~佢〔你不要什么都随便他〕。〖“留得”是“由得”yeo^{4} deg^{1} 的变音。〗

【留医】leo^{4} yi^{1}

住院治疗。

【琉璃油】leo^{4} léi^{4} yeo^{4}

指庙宇中琉璃灯的油只有薄薄的一层，下面都是水。比喻物件表面漂亮，里面则不好：你咪睇佢着得咁靓，~嘅咋〔你别看她穿得这么漂亮，其实只是表面好看而已〕。

【*楼花】leo^{4} fa^{1}

尚未建成就出卖的楼盘。

【楼面】leo^{4} min$^{6-2}$

❶酒楼、餐厅的营业厅。❷酒楼、餐厅营业厅的营业员。

【楼宇】leo^{4} yü^{5}

楼房。

【柳】leo^{5}

切成条状的肉：牛~丨鱼~。

【柳条】leo^{5} tiu$^{4-2}$

竖向的平行条纹：~布丨~衫。

【柳肉】leo^{5} yug^{6}

通脊（猪牛羊脊部的肉）。

【漏】leo⁶
遗漏；落（là）：我～咗一本书喺你屋企〔我落了一本书在你家〕｜～咗一句台词〔漏了一句台词〕。

【漏底】leo⁶ dei²
❶步枪的一种，子弹是从弹槽下面推上去的。❷露馅儿（暴露了秘密）。

【漏鸡】leo⁶ gei¹
错过了机会：呢次参观你～，下次补翻〔这次参观你错过机会，下次补〕。

【漏气】leo⁶ héi³
❶撒气：单车～喇，唔踹得〔自行车撒气了，不能骑〕。❷形容人做事拖沓：佢点咁～㗎，过咗钟重唔嚟嘅〔他怎么这样拖拉，过了时间还不来〕！

【漏罅】leo⁶ la³
❶漏缝儿：呢个桶有～，要整咯〔这个桶有漏缝儿，要修理了〕。❷漏洞；差错：佢做嘢好好心机，唔会有～嘅〔他做事很细心，不会有漏洞的〕。

【漏夜】leo⁶ yé⁶
连夜；星夜：～入城揾人〔星夜进城找人〕｜～做。

【瘘婄】leo⁶ beo⁶（婄，破沤切）
❶肥胖（指人过于肥胖，举动不灵）。❷臃肿：着咁多衫，～到死〔穿那么多衣服，臃肿得要命〕。

lêu

【踋】lêu¹（雷¹）
❶头往里钻：一头～入鱼塘〔一头扎进鱼塘去了〕。❷突然倒下：一枪打过去，嗰个敌人就～低〔一枪打过去，那个敌人就倒下了〕。❸蜷缩着身躺：～喺度做乜〔蜷在这里干什么〕。

【镙】lêu¹
旧时指一分钱的硬币，铜板。

【镙屎】lêu¹ xi²
文（指最小的钱财，相当于一分钱）：一个～都唔收〔分文不取〕｜一个～都唔值〔一文不值〕。

【雷堆】lêu⁴ dêu¹
❶形容衣着臃肿。❷举止粗俗、鲁莽。

【雷公】lêu⁴ gung¹
雷神。

【雷公火爆】lêu⁴ gung¹ fo² bao³
形容人怒不可遏，大发雷霆：今日唔知为乜佢居然～〔今天他不知为什么居然大发雷霆〕。

【*雷公轰】lêu⁴ gung¹ gueng¹
旧时指那些利息甚高而赎期很短的小当铺。

【雷公蛇】lêu⁴ gung¹ sé⁴
四脚蛇。

【擂】lêu⁴
❶揍、打。❷研磨：～茶（用砂盆和圆棍把茶叶擂烂制成的茶）。

【擂槌】lêu⁴ ceu⁴
在砂盆上擂东西用的长木棍。

【擂浆棍】lêu⁴ zêng¹ guen³
擂茶、米浆等的木棍。

【镭射唱机】lêu⁴ sé⁶ cêng³ géi¹

激光唱机。〖"镭射"是英语 laser 的音译。〗

【里便】lêu^{5} bin^{6}

里面；里头：喺～〔他在里面〕｜～开紧会〔里面正开着会〕｜～有位〔里头有位置〕。

【里底】lêu^{5} dei^{2}

同"里便"。

【累】lêu^{6}

❶连累：呢件事我怕～埋你〔这件事我怕把你也连累了〕。❷害：饮咗呢杯酒～我醉咗一晚〔喝了这杯酒害我醉了一宿〕。

【累悴】lêu^{6} sêu^{6}

憔悴；衣着不整洁。

【累人累物】lêu^{6} yen^{4} lêu^{6} med^{6}

连累别人或成了别人的累赘。

li

【哩啦】li^{1} la^{1}

多嘴；多管闲事：唔使你～〔不用你多嘴〕。

【哩哩啦啦】li^{4} li^{4} la^{4} la^{4}

动作迅速的样子：咁多人，～就做完晒咯〔那么多的人，呼噜哗啦就干完了〕。

lib

【𨋢】lib^{1}

电梯。〖英语 lift 的音译。〗

【猎】lib^{6}

捋；抚摩：～胡须。

【猎头公司】lib^{6} teo^{4} gung^{1} xi^{1}

介绍职业或人才的机构。

lid

【裂】lid^{3}（读音 lid^{6}）

裂纹：花樽有条～〔花瓶上有一道裂纹〕。

【缬】lid^{3}（读音 kid^{3}）

❶结子：绑一个～〔打一个结〕。❷节：竹～｜蔗～〔甘蔗节〕｜手指～。

lig

【叻币】lig^{1} bei^{6}

新加坡货币。

【叻埠】lig^{1} feo^{6}

新加坡。

【叻㗎】lig^{1} ga$^{3-2}$（叻，砾；㗎，架）

清漆。〖"叻㗎"是英语 lacquer 的音译词。〗

【力行鸡】lig^{6} hang^{4} gei^{1}

来亨鸡。〖"力行"是英语 leghom 的译音。〗

lim

【湓】lim^{2}

水干（广州少用）：煲水～咗咯〔锅里的水干了〕。

【敛】lim$^{5-2}$（廉^{2}）

舔：～嘴〔（用舌头）舔嘴唇〕。

lin

【*连仁】lin¹ yen²
亚麻布。〖"连仁"是英语 linen 的音译词。〗

【连随】lin⁴ cêu⁴
接着（做）；紧跟着：通知一到，货~就到〔通知一到，货物紧跟着就到〕。

【连气】lin⁴ héi³
一连；一口气地；连续：~几日〔一连几天〕｜~食咗四五碗〔连续吃了四五碗〕｜~做咗三个钟头〔一口气干了三个小时〕。

【连埋】lin⁴ mai⁴
连同；和：呢条村~细佬哥总共有百五人〔这个村庄连同小孩总共有一百五十人〕。

【连汁捞埋】lin⁴ zeb¹ lou¹ mai⁴
连菜汁也拿来拌饭。比喻全部要光、全盘接受，一点不剩。

【莲花】lin⁴ fa¹
荷花。

【莲子口面】lin⁴ ji² heo² mia⁶
圆形的面庞。

【莲子蓉口面】lin⁴ ji² yung⁴ heo² min⁶
笑脸。

【莲藕】lin⁴ ngeo⁵
藕。

【撻】lin⁵（连⁵）
❶收拾好；拿出来；放下去：~好嗰堆衫〔把那堆衣服收拾好〕｜将杠里便啲衫~出嚟〔把箱子里面的衣服拿出来〕｜唔该你将啲鸡蛋~入去〔麻烦你把那些鸡蛋放进去〕。❷搬；运（距离不远的）：成日将啲嘢~嚟~去做乜呀〔整天把东西搬来搬去干什么〕？

【脔】lin⁵⁻² （读音 lün⁵）
量词。块（长而大的）：一~肉。

【链】lin⁶⁻²
❶链子：锁~〔铁链〕｜表~。❷发条；弦（钟表弦）：上~｜钟~。

【链冚】lin⁶⁻²kem²（冚，卡砍切）
链套（自行车附件）。

ling

【铃】ling¹
小铃声。

【铃铃】ling⁴⁻¹ ling⁴⁻¹
❶小铃铛。❷道士用的法铃。

【铃铃都掉埋】ling¹ ling¹ dou¹ diu⁶ mai⁴
熟语。形容人惨败、狼狈而逃：输到佢~〔他输得狼狈不堪〕。

【铃啷】ling¹ long¹
连续的铃声：门铃~噉响都有人开门〔门铃叮当叮当响也没有人开门〕。

【焙】ling³（焙，啦庆切）
锃亮（物体表面光滑得发亮）：单车打过蜡~咗好多〔自行车上过蜡亮了很多〕。

【焙攞攞】ling³ lab³ lab³
同"攞攞焙"。

【菱粉】ling⁴ fen²
菱角粉，作芡粉用。

【零丁】ling⁴ ding¹

不是整十、整百、整千……的数：点得七千零一咁～嘅〔为什么得七千零一这样不整齐的数〕？

【零零林林】ling⁴ ling⁴ lem⁴ lem⁴

行动迅速发出的声音，也作动作迅速貌：大家～就完成晒咯〔大家很快地完成了〕。

【零舍】ling⁴ sé³

特别；分外：荔枝蜜～香｜佢搞嘅试验田～唔同嘅〔他搞的试验田分外不同〕。

【零星落索】ling⁴ xing¹ log⁶ sog³

七零八落。

【玲珑浮突】ling⁴ lung⁴ feo⁴ ded⁶

玲珑剔透。形容物件精巧、细致、清楚，有透明感和立体感。

【灵灰】ling⁴ fui¹

人的骨灰。

【灵水】ling⁴ sêu²

聪明；机敏。

【灵醒】ling⁴ xing²

聪明伶俐；反应敏捷。

liu

【了哥】liu¹ go¹（了，读音 liu⁵）

八哥。

【溜鸡】liu¹ gei¹

溜号儿（偷偷地逃跑）：一开会就想～（一开会就想溜号儿）。

【溜之趷之】liu¹ ji¹ ged⁶ ji¹（趷，吉⁶）

溜之大吉；逃走。

【溜溜逛逛】liu¹ liu¹ guang³ guang³

形容人游手好闲，无所事事的样子。

【溜人】liu¹ yen⁴

溜号儿，偷偷离去。

【寮】liu⁴⁻¹

❶简陋的小棚子：茅～｜茶～｜鸭～〔看鸭人住的小棚子〕。❷旧式小作坊：糖～〔土法榨糖作坊〕。

【寮刁】liu⁴ diu¹

长而瘦的样子：高脚～（腿又细又长）。

【寮口】liu⁴ heo²

旧时指妓院及其行业。

【撩】liu⁴⁻²

（用棍子等随便）搅；绕：～咗嗰的蟧蟧丝网落嚟〔把那些蜘蛛网绕下来〕｜～下佢，等啲糖快啲溶〔搅拌一下，让糖快点化〕。

【撩牙】liu⁴⁻²nga⁴⁻²

剔牙。

【缭繑】liu⁴⁻² kiu⁵⁻²（繑，乔²）

（字迹）潦草。

【撩（嫽）】liu⁴（辽）

招惹（多指用语言挑逗）：唔好～人哋〔别招惹人家〕｜～到佢嬲晒〔惹得他生气了〕。

【撩鬼攞病】liu⁴ guei² lo² béng⁶

比喻自找麻烦，自讨苦吃。

【撩是斗非】liu⁴ xi⁶ deo³ féi¹

惹是生非，挑拨是非。

【料】liu⁶⁻²

❶馅儿。❷比喻学问、才学、技术：呢个工程师确实有～〔这位工程师确实有才学〕。

L

【料兆】liu6 xiu6

❶实际内容；材料：汤里头有乜～〔烫里头有些什么料〕？❷供消遣的东西：成日坐住，冇乜～〔整天坐着，没什么可消遣的〕。

lo

【啰1】lo1

语气词。用于反诘：噉唔系得～〔这不就行了吗〕！

【啰气】lo1 héi3

劳神：呢啲事由得佢喇，何必咁～〔这些事随便它吧，何必这么劳神〕！

【啰啰挛】lo1 lo1 lün1（挛，读音lün4）

小孩因身体不舒服而焦躁不安或哭闹：细蚊仔成晚～〔小孩儿整夜焦躁不安〕。

【啰挛】lo1 lün1

❶小儿由于不舒服而啼哭：呢个臊虾仔咁～，梗系有病嘞〔这小婴儿闹得那么厉害，肯定是有病了〕。❷肚子不舒服的感觉：我个肚有啲～〔我的肚子有点不舒服〕。❸由于身体不舒服而在床上辗转反侧。

【啰柚】lo1 yeo6-2

屁股。

【囉】lo4-1

手提小箩；小篮子。

【螺】lo4-2

同“田螺”。

【攞】lo2（啰2）

❶拿；取：～嚟〔拿来〕｜～咗三件〔取了三件〕。❷寻找：～柴。❸介词。用；以：～刀斩〔用刀砍〕｜～佢做样〔以他作样子〕。

【攞彩】lo2 coi2

❶增光；出风头：今日你够～咯〔今天你出尽风头了〕。❷炫耀自己；自我表现。

【攞胆】lo2 dam2

❶要命：呢个任务唔完成，影响咗全局，噉唔系～〔这个任务完成不了，影响了全局，岂不是要命〕！❷大胆：噉都应承，真系～〔那样都答应，真是大胆〕。

【攞掂】lo2 dim6

取直；驾驶时把握正直的方向。

【攞景】lo2 ging2

❶找镜头。❷故意做某事给某人看以气他；趁人家失意时加以讽刺。

【攞景赠庆】lo2 ging2 zeng6 hing3

同“攞景”。

【攞口响】lo2 heo2 hêng2

形容人光说不做，只是嘴巴响而已：你讲得几好，但系唔见行动，～嗻〔你说得很好，但不见行动，说说而已〕。

【攞嚟搞】lo2 lei4 gao2（嚟，黎）

自找麻烦；做无效的劳动：你噉做等于～嗻〔你这样做等于白干〕。又叫“揾嚟搞”wen2 lei4 gao2。

【攞嚟讲】lo1 lei4 gong2

对某些不切实际的主张或计划的评语，有“纸上谈兵”、“随便说说”、“开玩笑”等意思：想三四日就筑好条基围，～嘅嗻〔想三四天就修好堤坝，随便说说罢了〕。

【攞嚟贱】lo2 lei4 jin6

同“攞嚟衰”。

L

【攞嚟辛苦】lo² lei⁴ sen¹ fu²

自找苦吃：有车唔坐，行路去，～啦〔有车不坐，走路去，自找苦吃〕。

【攞嚟衰】lo¹ lei⁴ sêu¹

自找麻烦；自讨苦吃：做埋呢啲事，唔系～〔干这些事儿，不是自讨苦吃吗〕！

【攞嚟笑】lo² lei⁴ xiu³

自己找来笑，有意逗人取乐，闹着玩儿：呢个节目冇乜意思，～嘅〔这个节目没什么意思，逗人笑而已〕。

【攞嚟做】lo² lei⁴ zou⁶

做不必做的事，没事找事，有白干的意思：呢份材料都印咗出嚟咯，你重抄佢就～啦〔这份材料已经印出来了，你还抄就白干了〕。

【攞命】lo² méng⁶

要命：真～，打烂咗眼镜添〔真要命，把眼镜打破了〕。

【攞便宜】lo² pin⁴ yi⁴

讨便宜。

【攞意头】lo² yi³ teo⁴

图个好兆头、吉利：铺头开张烧炮仗系～嘅嗻（店铺开张放鞭炮，图个好兆头罢了）。

【啰²】lo³（罗³）

语气词。❶了、啦（用在陈述句中）：开会～ | 系噉嘅～〔是这样的了〕 | 落雨～〔下雨啦〕！❷喽吧：走～。

【啰嚤】lo³ bo³（嚤，播）

语气词。表示提醒、催促：够钟～〔时间到了〕 | 冇滚水～〔开水没有了〕 | 走～〔该走了〕。

【啰咩】lo³ mé¹

语气词。表示疑问：做完～〔做完了吗〕？

【啰喂】lo³ wei²

语气词。表示提醒：去～〔该去了〕。

【啰喎】lo³ wo³

语气词。表示提醒、征询：够～〔够啦〕 | 好去～〔该去了〕。

【燶】lo³（罗³）

煳味；烧布、头发、橡胶等时发出的臭味：风炉烧咗乜嘢？乜咁～㗎〔炉子里烧了些什么？为什么一股煳味的〕？

【罗】lo⁴

语气词。表示不言而喻：我话唔系～〔我说当然不是〕 | 坐车好～〔当然是坐车好了〕 | 唔识做就学～〔不会干就学呗〕。

【罗斗】lo⁴ deo²

用来筛米粉等的器具。

【罗经】lo⁴ gang¹

罗盘，测定方向的仪器。

【罗气】lo⁴ héi³

费劲；费口舌：要说服佢真～〔要说服他真费劲〕。

【罗汉请观音】lo⁴ hon³ céng² gun¹ yem¹

众多的罗汉宴请观音，主人多，客人少。比喻多人合伙请一位客人。

【罗汉斋】lo⁴ hon³ zai¹

一种素菜，近似素什锦。

【罗伞】lo⁴ san³

L

同“罗伞帐”。

【罗伞帐】lo⁴ san³ zêng³
圆顶蚊帐。

【罗宋汤】lo⁴ sung³ tong¹
俄式番茄汤。

【萝卜】lo⁴ bag⁶
冻疮：生～〔长冻疮〕｜～好痕〔冻疮很痒〕。

【萝卜头】lo⁴ bag⁶ teo⁴
日本侵华时对日本人的蔑称。

【萝卜仔】lo⁴ bag⁶ zei²
同“萝卜头”。

【箩底橙】lo⁴ dei² cang⁴⁻²
❶下脚货；被人挑剩的东西。❷比喻质量差的东西或水平低学识少的人。

【螺丝批】lo⁴ xi¹ pei¹
螺丝刀；改锥；螺丝起子。

log

【剂】log¹（落¹）
用钳子等把硬物拔出或扭断：～牙｜～钉。

【剂咗棚牙】log¹ zo² pang⁴ nga⁴
使人无话可说：你唔收声，等阵畀人～就有得睇嘞〔你不住口，待一会儿让人扫了你的威风就有好看的〕。

【嗠嗠声】log¹ log¹ séng¹（嗠，落¹）
❶能说会道。❷名声响亮。

【咯】log³（洛）
语气词。了：打风～〔刮风了〕｜算～，咪再提～〔算了，别再提了〕。

【络¹】log³⁻²
网兜。又叫“线络”xin³ log³⁻²。

【络²】log³
用网或绳子等物在下面兜着：用条绳再～住就稳阵喇〔用一根绳子从下面兜着就稳了〕。

【络住屎窟吊颈】log³ ju⁶ xi² fed¹ diu³ géng²
比喻办事稳妥、保险：你唔使怕，～你重怕乜吖〔你不用害怕，这是最保险的了〕。

【落】log⁶
❶下：～乡｜～广州｜～本〔下本钱〕｜～车｜～雪｜呢包行李放～你度先〔这包行李放（下）在你这里〕。❷上（船）：～船〔上船〕。

【落班】log⁶ ban¹
下班。

【落边】log⁶ bin¹
同“落便”。

【落便】log⁶ bin⁶
下边，下面：～都系啲临时搭嘅茅寮〔下面都是些临时搭盖的茅屋〕。又作“落边”、“落低”、“落底”。

【落单】log⁶ dan¹
下订单。

【落定】log⁶ déng⁶
给定钱：你要做鞋就要先～至得〔你要做鞋就得先给定钱〕。

【落膈】log⁶ gag³
指吃东西后休息片刻，让食物在胃里稳定下来：啱食饱饭都未～，咪走啦〔刚吃完饭还没休息够，别跑〕！

L

【落街】log^6 gai^1

从楼上下到街上：～去买嘢（上街去买东西）。

【落降头】log^6 gong^3 teo^4

一种巫术，在东南亚地区盛行，即放蛊。

【落注】log^6 ju^3

下赌注。

【落力】log^6 lig^6

卖力；努力；认真：大家～，一下就做完｜～拍演〔认真地合作表演〕。〖“落力”是“戮力”的变音。〗

【落名】log^6 méng$^{4-2}$

署名：呢本书点样～呀〔这本书怎样署名〕？

【落楼】log^6 leo$^{4-2}$

下楼：你～睇下有冇信〔你下楼看看有没有信〕？

【落面】log^6 min$^{6-2}$

丢脸：真系～喇〔真丢脸了〕｜咪落我嘅面啦〔别丢我的脸了〕。

【落手】log^6 seo^2

下手。

【落手打三更】log^6 seo^2 da^2 sam^1 gang^1

比喻办事一开始就出差错。又叫“埋手打三更”。

【落手落脚】log^6 seo^2 log^6 gêg^3

亲自动手（做）：佢乜嘢都～做嘅〔什么事他都亲自动手做〕。

【落贴】log^6 tib^3

（为衣服）上贴边：佢高咗，条裤要～咯〔他长高了，裤子要上贴边了〕。

【落堂】log^6 tong^4

下课。

【落色】log^6 xig^1

着色。

【落雪水】log^6 xud^3 sêu^2

下冰冷的雨水，近似冻雨。

【落船】log^6 xun^4

上船（从岸上到船上）：五点～，六点开身〔五点上船，六点开船〕。

【落形】log^6 ying^4

严重消瘦以致变了样儿：病到～〔病得消瘦极了〕。

【落剩】log^6 xing^6

剩下：冇嘢～〔没有剩下东西〕｜我哋人咁多，几多嘢都冇～〔我们人那么多，有多少东西都没法剩下〕。

【落雨】log^6 yü^5

下雨。

【落雨湿湿】log^6 yü^5 seb^1 seb^1

同“落雨”。

【落雨丝湿】log^6 yü^5 xi^1 seb^1

天雨路滑；由于下雨室外到处都湿淋淋的：～，边处都唔想去〔下雨到处湿淋淋的，哪儿都不想去〕。

【落账】log^6 zêng^3

记账，登记在账上。

【落妆】log^6 zong^1

卸装：做完戏就即刻～〔演完戏就马上卸装〕。

【落足】log^6 zug^1

下够：呢煲汤～盐未呀〔这锅汤下够盐没有〕？

【落足嘴头】log^{6} zug^{1} zêu^{2} teo^{4}
尽力哄说。

loi

【来经】loi^{4} ging^{1}
月经来潮。

【来路】loi^{4} lou$^{6-2}$
外来的；进口的：～货｜～嘢〔洋货〕。

【来头】loi^{4} teo^{4}
❶架子：～大｜佢个～都几紧要〔他的架子也相当厉害〕。❷来势：睇～嚟凑啦〔看来势行事吧〕｜呢次～不小〔这次来势很猛〕。

long

L

【啷^{1}】long^{1}（郎^{1}）
象声词。钤铛的响声。

【啷箕】long^{1} géi^{1}
蕨草的一种，茎细长而硬，有芯，农村多用作柴火。

【啷捩】long^{1} lei^{2}（捩，礼^{2}）
蛮横无理地发脾气：发～〔发脾气〕。

【哴】long^{2}（郎^{2}）
涮洗：～下个面盆〔把脸盆涮一涮〕。

【哴口】long^{2} heo^{2}
漱口。

【哴口盅】long^{2} heo^{2} zung^{1}
漱口杯。

【哴釉】long^{2} yeo$^{6-2}$
❶搪瓷器皿上釉。❷形容人油嘴滑舌：佢把口～都冇咁滑〔他的嘴巴油滑得很〕。

【啷^{2}】long^{3}（郎^{3}）
垫；架（把东西放在另一物件之上）：～高个木箱〔把箱子垫高〕｜将块板～上柜顶〔把木板架在柜子顶上〕。

【啷风】long^{3} fung^{1}
兜风，挡风：三轮车车篷太～唔好踩〔三轮车车篷太兜风不好蹬〕。

【狼】long^{4}
狠；凶猛：佢打波好～〔他打球很凶狠〕。

【狼毒】long^{4} dug^{6}
狠毒。

【狼狂】long^{4} kong^{4}
狼狈；匆忙：乜搞得咁～呀〔怎么搞得这么狼狈啊〕？

【狼命】long^{4} méng^{6}
同“狼狂”。

【狼忙】long^{4} mong^{4}
匆忙；急忙；过分紧张：咁～去边呀〔这么匆忙，去哪儿呀〕？｜慢慢嚟，唔使咁～嘅〔慢慢来，用不着那么急急忙忙的〕。

【狼胎】long^{4} toi^{1}
凶；狠：食嘢唔好咁～〔吃东西不要吃得那么凶〕｜佢打人好～㗎〔他打人很狠〕。

【裉（裆）】long^{6}（浪）
裆：裤～｜横～｜直～｜开～裤。

【晾】long^{6}（浪）
❶晾晒：～衫〔晾衣服〕。❷张挂：～蚊帐〔挂帐子〕。

lou

【捞】lou¹

❶混（日子）：旧时佢喺省城～咗十几年〔过去他在广州混了十多年〕。〖带“捞”字的词条，庄重严肃的场合一般不用。〗❷搅；拌：将沙同石仔～匀佢〔把沙子和石子拌均匀〕｜～汁〔用菜汁拌米饭吃〕。❸混合；合：大家嘅嘢都～乱晒〔大家的东西都混了〕｜我同你～埋食〔我跟你合在一起吃〕。

【捞得埋】lou¹ deg¹ mai⁴

合得来。

【捞家】lou¹ ga¹

指没有正当职业，专靠偷拐诈骗过活的流氓。

【捞鸡】lou¹ gei¹

❶得到好处、利益（粗俗的说法）。❷成功；完成任务（粗俗的说法）：做埋呢下就～咯〔干完这一下就成功了〕。

【捞过界】lou¹ guo³ gai³

超越范围。比喻侵犯别人的权限。

【捞起】lou¹ héi²

发迹；高升；飞黄腾达。

【捞静水】lou¹ jing⁶ sêu²

比喻从别人不大注意的地方、或看不起的事物中，取得了很大的好处或利益。

【捞摙】lou¹ lin³（摙，连³）

❶翻来覆去搬动，折腾：你咁多～，我啲货都残喇〔你老是翻来覆去地挑拣，我的东西蔫儿了〕。❷倒腾钱以取利：揸住呢啲本钱，～几下就赚钱喇〔拿着这些本钱，倒腾几下就赚了钱〕。

【捞唔起】lou¹ m⁴ héi²

发不了财，发达不了，升不了官。比较粗俗的说法。

【捞女²】lou¹ nêu⁵⁻²

女流氓；妓女；暗娼。

【捞唔埋】lou¹ m⁴ mai⁴

合不来：佢哋两个～〔他们两个合不来〕。

【捞面】lou¹ min⁶

拌面条（面条煮熟后，用调料拌着吃）：蚝油～。

【捞偏门】lou¹ pin¹ mun⁴⁻²

❶从事不正当的职业。❷搞非法经营。❸做少人做的生意。

【捞世界】lou¹ sei³ gai³

混日子；谋生；闯江湖。

【捞水尾】lou¹ sêu² méi⁵

只在别人的后面捞到一些剩下的利益。

【捞头】lou¹ teo⁴

赚头，赚钱的可能：呢单嘢冇乜～〔这宗生意没什么赚头〕。

【捞头水】lou¹ teo⁴ sêu²

在别人前面占了先机，获利丰厚。

【捞嘢】lou¹ yé⁵

❶得到利益或便宜：呢次你真系～咯〔这回你真赚了〕。❷反语，倒霉：佢的确～咯，淋到一头水〔他的确倒霉，给淋了一头水〕。

【捞应】lou¹ ying³

因应时卖出货物而得利：今次你抓

L

住时机出手，畀你～赚咗喇〔这次你抓住时机出手，让你赚了〕。

【捞汁】lou¹ zeb¹

用菜汤汁拌饭。

【佬】lou²

❶男人；汉子（有贬意）：补鞋～〔补鞋匠〕｜猪肉～〔卖肉的〕｜外江～〔外省人〕。❷用在某些名词、形容词或动宾词组后面，构成人的称谓（亲昵的或不尊敬的称呼）：广东～｜肥～〔胖子〕｜补镬～〔补锅的〕。

【噜】lou³（啦奥切）

那：～便〔那边〕｜讲呢讲～〔说这说那〕｜嫌呢嫌～〔嫌这嫌那〕。〖“噜”lou³，广州市区要与“呢”同用，四乡可以单独用。〗

L

【芦橘】lou⁴ ged¹

枇杷果的别称。

【劳烦】lou⁴ fan⁴

烦劳；劳驾：～你去话畀大佬知〔劳驾你去告诉我哥哥〕。

【劳气】lou⁴ héi³

❶费话（多说话）；费神：你唔使咁～嘅〔你用不着那么费话〕｜使乜你咁～吖〔你何必那么费神〕。❷生气：你唔好一啲啲事就～啦〔你不必一点小事就生气〕。

【唠嘈】lou⁴ cou⁴

（说话）声音大。

【炉灰】lou⁴ fui¹

炉子里的草木灰。

【老】lou⁵

❶年纪大。❷（秤）大：呢把秤好～，人哋一斤佢至得九两〔这杆秤大，人家一斤它才九两〕。❸死〔婉辞〕。

【老伯】lou⁵ bag³

对老年男子的尊称。

【老表】lou⁵ biu²

表亲：佢两个系两～嚟㗎〔他们俩是表兄弟（姐妹）〕｜佢系我嘅～〔他是我的表亲〕。

【老波骨】lou⁵ bo¹ gued¹

老资格的球员。

【老柴】lou⁵ cai⁴

老家伙。

【老卓】lou⁵ cêg³

老练；老到（有贬意）。

【老衬】lou⁵ cen³

傻瓜；笨：真～，直路唔行行弯路〔真傻瓜，直道不走走弯道〕｜噉做～喇〔这么干笨了〕。

【老抽】lou⁵ ceo¹

精制酱油，浓度较大。

【老大】lou⁵ dai⁶⁻²

❶年老：咁～唔想去玩〔年纪那么大不想去玩了〕。❷老者；老人家：都九十几岁嘅～咯，重去玩乜吖〔都九十几岁的老人家了，还去玩什么呢〕。

【老豆（窦）】lou⁵ deo⁶

父亲（引称）。

【老定】lou⁵ ding⁶

镇定；冷静；沉住气：佢好～㗎〔他很镇定〕｜你要～啲〔你要冷静一些〕。

【老番】lou⁵ fan¹

同“番鬼佬”。

【老番睇榜第一】lou⁵ fan¹ tei² bong² dei⁶ yed¹
戏称倒数第一。

【老火靓汤】lou⁵ fo² léng³ tong¹
用文火长时间熬煮成的汤。

【老虎机】lou⁵ fu² géi¹
一种赌具，投进硬币后摁钮或者用手摇把儿，荧幕上即显示输赢情况。

【老虎蟹】lou⁵ fu² hai⁵
❶螃蟹的一种，壳上有花纹。❷表示决心大、毫不畏惧时用：～都唔怕〔天塌下来也不怕〕｜～都要去〔无论如何也要去〕｜呢次唔畀我去，～都假〔这次不让我去，说什么也不行〕！

【老虎借猪】lou⁵ fu² zé³ ju¹
歇后语，下一句是"有借无还"：话嘛，其实系想～〔说是这样，其实是想借而不还〕。

【老虎乸】lou⁵ fu² na²（乸，拿²）
❶雌老虎。❷比喻凶悍的妇人。

【老虎头上钉虱乸】lou⁵ fu¹ teo⁴ sêng⁶ déng¹ sed¹ na²
惯用语。比喻胆大包天，大致相当于普通话的"摸老虎屁股"。

【老阶】lou⁵ gai¹
❶阶级敌人。❷对憎恨的人的蔑称。

【老记】lou⁵ géi³
戏称记者。

【老狗嫩猫儿】lou⁵ geo² nün⁶ mao¹ yi¹
广东民间相传，老狗或嫩猫的肉不能吃。一些地方有"老狗嫩猫儿，食死有人知"一说。

【老举】lou⁵ gêu²
妓女。

【老举寨】lou⁵ gêu² zai⁶⁻²
妓院。

【老姑婆】lou⁵ gu¹ po⁴
老姑娘。

【老龟壳】lou⁵ gui¹ hog³
骂人语。指妓院老板或拉皮条者，即王八蛋。也说"乌龟壳"。

【老倌】lou⁵ gun¹
过去称较有名的艺人。

【老公】lou⁵ gung¹
丈夫（引称）。

【老坑】lou⁵ hang¹
老汉；老头子〔含有不尊重的意思〕。

【老坑公】lou⁵ hang¹ gung¹
同"老坑"。

【老坑婆】lou⁵ hang¹ po⁴
老年妇女；老太婆（带贬意）：我呢个～冇用咯，乜都唔识〔我这个老太婆没有用了，什么都不懂〕。

【老乡】lou⁵ hêng¹
土气，土里土气：真系～（真够土气的）。

【老糠】lou⁵ hong¹
砻糠（稻谷壳）。

【老行专】lou⁵ hong⁴ jun¹
某方面的专家、权威。

【老积】lou⁵ jig¹
老成：～仔〔举动言谈老成的少年〕｜睇佢咁～唔似七岁仔〔看他这么老成不像七岁的孩子〕。

【老契】lou⁵ kei¹
"契家佬"、"契家婆"的省称。

【老襟】lou5 kem1
连襟。
【老禽骑】lou5 kem4 ké4
形容老态龙钟的样子（略带贬意）。
【老虔婆】lou5 kin4 po4
骂人语。即鸨母。
【老辣】lou5 lad6
老练狠辣：手段～。
【老来娇】lou5 loi4 giu1
老来俏。
【老妈子】lou5 ma1 ji2
❶年老的母亲（引称）。❷家中的老妇人（可以是母亲，岳母，或其他亲戚，也可指保姆）。〖"老妈子"一词普通话现已少用，过去指女仆（含轻蔑意）。〗
【老猫烧须】lou5 mao1 xiu1 sou1
比喻有经验或技术熟练的人一时失手弄出笑话。
【老蚊公】lou5 men1 gung1
老头子。
【老蚊婆】lou5 men1 po4-2
老太婆。
【老母】lou5 mou5-2
母亲（引称）。
【老懵懂】lou5 mung2 dung2
老糊涂。
【老泥】lou5 nei4
汗垢。
【老啮啮】lou5 nged6 nged6（啮，读音 ngid6）
（人、蔬菜等）长得很老。
【老奀茄】lou5 ngen1 ké4-2（奀，银1）
比喻个子长不高而又老成的孩子。
【老藕】lou5 ngeo5
上了年纪的妇人（含轻蔑意）。
【老外】lou5 ngoi6
❶岳父，诙谐的说法。❷指"洋人"、"外国人"。
【老朋】lou5 pang4-2（朋，读音 peng4）
老朋友；知心朋友："～兼死党"〔俗语。比喻十分要好的朋友〕。
【老脾】lou5 péi4-2
脾气，诙谐的说法：佢嘅～唔系几好〔他的脾气不怎么好〕。
【老婆乸】lou5 po4 na2（乸，拿2）
老婆子〔不尊敬的称呼〕。
【老婆仔】lou5 po4 zei2
昵称年轻的妻子。
【老千】lou5 qin1
骗子。
【老实】lou5 sed6
颜色、式样比较朴素大方：呢件衫好～〔这件衣服朴素大方〕。
【老实威】lou5 sed6 wei1
颜色、式样朴素大方而较鲜艳。
【老西】lou5 sei1
戏称西装。
【老细】lou5 sei3
老板：佢系～，你系经理〔他是老板，你是经理〕｜陈先生系兴隆公司嘅～〔陈先生是兴隆公司的老板〕。
【老身】lou5 sen1
植物因生长时间长而显得成熟或结实：呢只瓜～啲，可以做种〔这个瓜老一点可以做种〕。
【老水】lou5 sêu2

干事情老练、沉着：佢好～㗎〔他干事情很老练、沉着〕。

【老水鸭】 lou⁵ sêu² ngab³

老练世故的人（诙谐的说法）。

【老太】 lou⁵ tai³⁻²

老太太的简称。

【老头子】 lou⁵ teo⁴ ji²

年老的父亲（引称）。〖普通话“老头子”一词的词义范围比广州话大，它还指年老的男子（含厌恶意）和妻子称丈夫（用于年老的）。〗

【老土】 lou⁵ tou²

土气：呢件衫太～喇〔这件衣裳太土气了〕。

【老同】 lou⁵ tung⁴

❶名字完全相同或部分相同的人。❷年龄相同的拜把子兄弟姐妹。

【老少平安】 lou⁵ xiu³ ping⁴ ngon¹

菜名，剁烂的鱼肉蒸豆腐。

【老鼠货】 lou⁵ xu² fo³

偷出来后低价出卖的货物。

【老鼠拉龟】 lou⁵ xu² lai¹ guei¹

歇后语，下一句是“冇定埋手”，意为无法下手。

【老鼠仔】 lou⁵ xu² zei²

上臂内侧的肌肉受击后凸起来的疙瘩。

【老爷】 lou⁵ yé⁴

旧时指公公（丈夫的父亲，对称）。

【老嘢】 lou⁵ yé⁵（嘢，野）

老东西；老家伙（对老人不礼貌的称呼）。

【老一脱】 lou⁵ yed¹ tud³

老一辈的人。

【老人成嫩仔】 lou⁵ yen⁴ xing⁴ nün⁶ zei²

老年人变成稚气的孩子那样。又叫“老人成细蚊”。

【老人精】 lou⁵ yen⁴ jing¹

老于世故的人；少年老成的人。

【老友】 lou⁵ yeo⁵

❶好朋友。❷老朋友（过去对一般不相识的人的称呼，江湖客多用）。❸友好；有交情：你两个真～〔你们俩真友好〕｜你噉对佢唔够～啩〔你这样对他不够朋友吧〕？

【老友记】 lou⁵ yeo⁵ géi³

老相识；老朋友。

【老友兼死党】 lou⁵ yeo⁵ gim¹ séi² dong²

铁哥们（十分要好的朋友）：我两个系～，绝对唔成问题〔我们两个是铁哥们，绝对不成问题〕。

【老友鬼鬼】 lou⁵ yeo⁵ guei² guei²

老朋友：～，有乜两句呀〔老朋友了，好说好说〕｜佢两个～，实好合作〔他俩是老朋友，一定合作得很好〕。

【老而不】 lou⁵ yi⁴ bed¹

骂人的话，即老而不死。

【老二】 lou⁵ yi⁶⁻²

戏称警察。

【老雀】 lou⁵ zêg³⁻²

老手；老谋深算的人。

【老祖】 lou⁵ zou²

祖先。

【老宗】 lou⁵ zung¹

本家（同姓的人）。

【卤味】 lou⁵ méi⁶⁻²

酱肉；卤肉。

【卤水】 lou⁵ sêu²

卤（做卤味用的调味汁）。

【橹】 lou⁵（又音 nou⁵）

秤毫：头～｜二～。

【路】 lou⁶

量词。趟；次（指沏茶或煎药的次数）：二～茶〔沏第二次的茶；煎第二次的汤药〕。

【路边店】 lou⁶ bin¹ dim³

指在公路两旁的小餐馆、小食店。

【路边蚁】 lou⁶ bin¹ ngei⁵

比喻任人践踏、欺侮的人：佢唔系～，唔好随便虾呀〔他可不是省油的灯，不能随便欺负的〕。

【路数】 lou⁶ sou³

门路。

【露】 lou⁶

折（zhē），倒腾：～冻啲滚水至饮〔把开水折（倒腾）凉了再喝〕。

【露台】 lou⁶ toi⁴

阳台。

lug

【睩】 lug¹（碌）

瞪：～咗佢一眼〔瞪了他一眼〕｜～大双眼〔瞪大了眼睛〕。

【碌（辘）】 lug¹

滚，滚打，转指拼搏：后生仔由得佢去～下都好嘅〔年轻人让他去拼搏一下也是好的〕。

【碌地】 lug¹ déi⁶⁻²

在地上打滚：佢肚痛到～〔他肚子痛得在地上打滚〕。

【碌地沙】 lug¹ déi⁶ sa¹

在地上打滚：咁大个唔好～〔这么大了，别在地上打滚〕。

【碌架床】 lug¹ ga³⁻² cong⁴

双层床；架床。

【碌柚】 lug¹ yeo⁶⁻²

柚子。

【辘】 lug¹

❶轱辘；轮子。❷量词。用于圆柱形的东西：一～蔗〔一截甘蔗〕｜一～杉〔一段杉木〕。❸滚：～铁圈｜山上～咗嚿石落嚟〔山上滚了一块石头下来〕。❹轧：～平条路〔把路轧平〕｜嗰架车差啲～亲佢〔那辆车差点儿把他轧了〕。

【六国大封相】 lug⁶ guog³ dai⁶ fungl¹ sêng³

形容场面热闹壮观。

【陆军装】 lug⁶ guen¹ zong¹

男子的一种发型，即平头。

【渌】 lug⁶（六）

（用开水或热水）烫：～鱼片〔涮鱼片〕｜～亲手指〔烫伤了指头〕。

【绿豆公】 lug⁶ deo⁶ gung¹

煮不烂的绿豆。

【绿豆沙】 lug⁶ deo⁶ sa¹

绿豆糖水。

【戮】 lug⁶

践踏；踩：公园嘅草地唔畀～〔公园里的草地不让践踏〕。

lüd

【捋手捋脚】 lüd³ seo² lüd³ gêg³

想要动武的样子：咪～，我怕咗你喇〔别打，我怕了你了〕。

lün

【挛】lün^{1}（读音 lün^{4}）

❶弯曲：呢条棍～嘅〔这根棍子是弯的〕。❷蜷缩：～埋身瞓〔蜷缩着身子睡〕。

【挛捐】lün^{1} gün^{1}

弯弯曲曲的：路又远又～〔路又远又弯曲〕。

【挛弓】lün^{1} gung^{1}

蜷缩着，弯着身。

【挛弓虾米】lün^{1} gung^{1} ha^{1} mei^{5}

形容人蜷缩的样子：佢瞓成只～噉〔他蜷缩着睡得像只虾米那样〕。

【挛毛】lün^{1} mou$^{4-1}$

❶卷发。❷卷发的人。

【挛毛钩鼻】lün^{1} mou$^{4-1}$ ngeo^{1} béi^{6}

卷毛钩鼻子，指白种人的长相。

【乱过嚿云】lün^{6} guo^{3} geo^{6} wen^{4}（嚿，旧）

形容东西十分凌乱，比云团还乱：你写嘅总结东拉西扯，真系～〔你写的总结东拉西扯，比什么都乱〕。

【恋】lün^{2}

❶滚：黏（让物体滚动着黏上别的东西）：～咗一身泥沙〔滚了一身泥沙〕｜～糖〔黏糖〕。❷卷：～包袱｜～席。

【联】lün^{4}

缝：～衫〔缝衣服〕。

【乱嚟】lün$^{6-2}$ lei^{4}（嚟，黎）

胡来；乱来；瞎闹；胡闹。

【乱龙】lün$^{6-2}$ lung^{4}

乱；乱了套；乱七八糟：大家轮住嚟睇，唔好～〔大家轮着来看，不要乱了套〕｜搞到啲书乱晒龙〔把书弄得乱七八糟〕。

【乱咁舂】lün^{6} gem^{3} zung^{1}（咁，禁）

乱碰乱踬；到处乱窜：嗰个嘢～去边度呀〔那个家伙到处乱窜蹿到哪里去了〕？

【乱立立】lün^{6} leb^{6} leb^{6}

乱糟糟。

【乱噏】lün^{6} ngeb^{1}（噏，鸦邑切）

胡说。

【乱噏风】lun^{6} ngeb^{1} fung^{1}

指人胡说八道。

【乱噏无为】lün^{6} ngeb^{1} mou^{4} wei^{4}

同“乱噏廿四”。

【乱噏廿四】lün^{6} ngeb^{1} ya^{6} séi^{3}

胡说八道；信口开河：睇下呢处系乜地方，咪～啦〔看看这里是什么地方，别胡说八道了〕。

【乱晒坑】lün^{6} sai^{3} hang^{1}

同“乱龙”。

【乱晒龙】lün^{6} sai^{3} lung^{4}

乱哄哄；乱七八糟；乱了套：几个人捣乱，搞到队伍～〔几个人捣乱，搞得队伍乱了套了〕。

【乱撞】lün^{6} zong^{6}

❶乱碰：呢个人行路唔睇人，～嘅〔这个人走路不看人，乱碰乱撞〕。❷乱蒙，胡乱猜测：畀我～撞啱咗〔让我乱蒙碰对了〕。

【乱葬岗】lün^{6} zong^{3} gong^{1}

乱坟岗。

lung

【窿】lung¹
❶窟窿；孔；洞；眼儿：老鼠～｜山～｜穿咗～〔穿了孔〕。❷量词。窝：一～蛇。

【窿罅】lung¹ la³
偏僻的地方，旮旯，角落。

【窿路】lung¹ lou⁶
门路。

【窿窿罅罅】lung¹ lung¹ la³ la³
旮旮旯旯儿（狭窄偏僻的地方）：～都要扫干净。

【龙趸】lung⁴ den²
大的石斑鱼。

【龙虎斗】lung⁴ fu² deo³
一种粤菜，用蛇和猫做主要食材。

【龙虎凤】lung⁴ fu² fung⁶
一种粤菜。用蛇、猫、鸡共同制作的菜肴。

【龙拱】lung⁴ gung²
虹。（现已少用。）

【龙精虎猛】lung⁴ jing¹ fu² mang⁵
生龙活虎。

【龙门】lung⁴ mun⁴
足球球门：佢守～好叻㗎〔他守球门很出色〕。

【龙芽豆】lung⁴ nga⁴ deo⁶⁻²
扁豆（一种菜豆）。

【龙牙蕉】lung⁴ nga⁴ jiu¹
芭蕉的一种，果实较丰满，皮薄，淡黄色。

【龙眼】lung⁴ ngan⁵
桂圆。

【龙穿凤】lung⁴ qun¹ fung⁶
飞黄腾达；交好运：终须有日～，唔通一世裤穿窿〔熟语。终归有一天会飞黄腾达，难道一辈子都这样衣衫褴褛〕？

【龙虱】lung⁴ sed¹
一种黑甲虫，生活在稻田里，能吃，可入药（可治小孩遗尿）。

【龙须菜】lung⁴ sou¹ coi³
荷兰豆的苗，豌豆尖儿。

【龙船】lung⁴ xun⁴
龙舟：斗～〔划龙船比赛〕。

【龙舟】lung⁴ zeo¹
流行于广州方言区的一种曲艺。

【龙舟节】lung⁴ zeo¹ jid³
同“五月节”。

【龙舟水】lung⁴ zeo¹ sêu²
端午节前后出现的洪水。

【杠】lung⁵（读音 gong³）
盛衣物用的大木箱；笼箱。

L

M

m

【唔】 m^4

副词。不：～系〔不是〕｜～去｜～赞成｜～知到〔不知道〕。

【唔畀面】 m^4 $béi^2$ min^{6-2}

不给面子；不赏脸：请都唔嚟，咁～〔请都不来，这么不给面子〕！

【唔傍家】 m^4 $bong^6$ ga^1

该在家的时候经常不在家，不着家：佢都～嘅，你点揾得见佢吖〔他经常不在家，你怎么能找到他呢〕！

【唔曾】 m^4 $ceng^4$

没有（用于疑问句。市区一般少用）：你去过七星岩～｜食饭～〔吃过饭没有〕？

【唔啾唔睬】 m^4 ceo^1 m^4 coi^2

不理不睬，爱理不理。

【唔臭米气】 m^4 ceo^3 mei^5 $héi^3$

比喻人幼稚、无知，不近人情。

【唔臭鯹】 m^4 ceo^3 $séng^3$（鯹，蛇镜切）

不懂事；幼稚无知；乳臭未干：佢好～嘅〔他很不懂事的〕｜咁大个仔重咁～嘅〔那么大的人了还那么不懂事〕。

【唔臭人噍】 m^4 ceo^3 yen^4 $cêu^4$（噍，除）

没有人性或不近人情：佢等钱睇病，你重克扣佢嘅工资，真系～咯〔他等钱看病，你还克扣他的工资，太不近人情了〕。

【唔打得埋】 m^4 da^2 deg^1 mai^4

合不来：佢哋两个兴趣唔同，～〔他们两个兴趣不一样，合不来〕。

【唔打紧】 m^4 da^2 gen^2

无关紧要。

【唔单只】 m^4 dan^1 ji^2

不仅：食烟～冇益，重有害添〔抽烟不仅没有好处，而且还有害处〕。

【唔嗲唔吊】 m^4 $dé^2$ m^4 diu^3

指对什么事情都无所谓、不紧不慢、爱理不理的态度。

【唔…得】 m^4…deg^1

中间插上一个动词，表示不可以或不能够，相当于普通话“动词＋不得”的格式：唔去得〔去不得〕｜唔睇得〔看不得〕｜唔坐得〔坐不得〕。〖如果“唔…得”后面还带补语，普通话则去掉“得”字，然后加补语，成“动词＋不＋补语”的格式。例如：唔离得开〔离不开〕｜唔打得烂〔打不破〕｜唔记得住〔记不住〕｜唔推得嘟〔推不动〕。〗

【唔得掂】 m^4 deg^1 dim^6

不得了；不可开交：打烂咗就～喇〔打破了就不得了了〕｜搞到～〔弄得不可开交〕。

【唔得闲】 m^4 deg^1 han^4

忙；没空；没功夫：呢排我好～〔近来我很忙〕｜你～就咪去啦

〔你没空就别去吧〕丨我～同你打牙铰〔我没功夫跟你闲扯〕。

【唔得切】 m⁴ deg¹ qid³

同“唔切”。

【唔抵】 m⁴ dei²

❶不值得；划不来：用咁多钱买一架旧车，太～喇〔用那么多钱买一辆旧车，太不值得了〕。❷不忿：觉得有啲～〔觉得有点不忿〕。

【唔抵得】 m⁴ dei² deg¹

❶忍不住：你叫佢唔做嘢，佢～嘅〔你叫他不干活，他是忍不住的〕。❷受不了：焗到一身汗，真系～〔闷得一身汗，真受不了〕。❸眼红，不服气，嫉妒：我唔抵得佢比我高〔我很眼红他比我高〕。

【唔抵得颈】 m⁴ dei² deg¹ géng²

❶气不过：睇见佢咁唔讲理，真系～〔看他这么不讲理，真气不过〕。❷不服气：错咗就承认错，唔好～〔错了就承认错，不要不服气〕。

【唔抵得佢】 m⁴ dei² deg¹ kêu⁵

同“唔抵得颈❶”。

【唔抵得谂】 m⁴ dei² deg¹ nem²（谂，稔²）

斤斤计较，不肯吃一点儿亏；不容易顺从：出嚟做嘢～点得嚟〔出来社会上工作，斤斤计较，不愿吃一点儿亏怎么行呢〕！

【唔等使】 m⁴ deng² sei²

没有用；无益：呢啲嘢～嘅〔这些东西没有用〕丨咪做埋啲～嘅嘢〔别尽干那些无益的事情〕。

【唔对板】 m⁴ dêu³ ban²

成果跟原来的设想、要求不同：你交嚟呢份材料好似～嘞喎（你交来这份材料好像跟原来设想的不同啊）。

【唔对路】 m⁴ dêu³ lou⁶

不对头：睇下睇下有啲～，即刻就走咯〔看着看着有点不对头，马上就走了〕。

【唔掂】 m⁴ dim⁶

❶不行；不妥；没解决问题：噉样做～喋〔这样做可不行〕丨呢个办法～〔这个办法解决不了问题〕。❷不顺利，情况不好：嗰单嘢～噃〔那件事情况可不妙啊〕丨呢排乜都～〔这段时间什么都不顺利〕。❸做不过来：啲嘢做～〔事情做不过来〕丨条数计～〔这数算不过来〕。❹对付不了，对某事无能为力：我搞～嘞〔我搞不了啦〕丨呢个班我搞佢～〔这个班我对付不了〕。

【唔定】 m⁴ ding⁶

说不定；没准儿（表示有某种可能，一般用在谓语之后）：话～〔说不定〕丨今日落雨都～〔今天说不定下雨〕丨如果肥料足，一亩收得八百斤都～〔如果肥料足，一亩说不定能收八百斤〕丨佢唔嚟都～〔他没准不来了〕。〖“唔定”是“话唔定”的省略，如“今日落雨都唔定”即“今日落雨都话唔定”。〗

【唔多】 m⁴ do¹

❶不多。❷不大，不怎么：～妥丨～好丨～似〔不大像〕。

【唔多唔少】 m⁴ do¹ m⁴ xiu²

❶或多或少，多少：英文我～识啲啦〔英文我或多或少懂一点吧〕。❷不多

不少：啱啱三百文，~〔刚刚三百元，不多不少〕。

【唔多妥】m⁴ do¹ to⁵

❶身体有点不舒服，不怎么舒服：唔知食错咗乜嘢，个肚~〔不知道吃错了什么东西，肚子不怎么舒服〕|今日~，要请假添〔今天不怎么舒服，要请假了〕。❷不对劲，不对头：呢件事想落都系~，千祈咪应承〔这事细想起来总觉得不对劲，千万别答应〕。

【唔到¹】m⁴ dou³⁻²

用在动词之后，表示该动作不能实现或未能完成：睇~〔看不见〕|买~。

【唔到²】m⁴ dou³

由不得：~你唔服〔你不得不服〕。

【唔到你】m⁴ dou³ néi⁵

不能由你，由不得你；轮不到你：喺人哋屋企就~乱嚟啰〔在别人家里就不能由你胡来了〕|~话事〔轮不到你做主〕。

【唔化】m⁴ fa³

固执；不开通；不觉醒。

【唔化算】m⁴ fa³ xun³

不合算；划不来：几文鸡买呢件嘢，真系~〔几块钱买这件东西，真是不合算〕。

【唔瞓得落觉】m⁴ fen³ deg¹ log⁶ gao³（瞓，训）

睡不着觉，不能安心睡觉。指人遇到麻烦事心里不安：出咗安全事故，佢~咯〔出了安全事故，他睡不着了〕|你呢一着真犀利，对手~咯〔你这一招真厉害，对手不得安神了〕。

【唔忿】m⁴ fen⁶

不服气：就噉输咗真系~〔就这样输了真不服气〕！|我就系~佢，唔啱再比过〔我就是对他不服气，要不再比一次〕。

【唔忿气】m⁴ fen⁶ héi³

不服气。

【唔啹】m⁴ gê⁴（啹，旧靴⁴切）

不服气：你批评错佢，佢好~〔你错批评了他，他很不服气〕。

【唔嫁又嫁】m⁴ ga³ yeo⁶ ga³

说不嫁人却又嫁了。指人出尔反尔，反复无常：你讲过唔做点解又做呀？真系~〔你说过不干的为什么又干呢？真是反复无常〕。

【唔合（夹）】m⁴ gab³

❶合不来：佢两个~，好难喺埋一处工作〔他俩合不来，很难在一起工作〕。❷配合得不好：呢首男女声二重唱都~嘅〔这首男女声二重唱配合得不好〕。

【唔记得】m⁴ géi³ deg¹

记不得，记不起；忘记。

【唔紧唔吊】m⁴ gen² m⁴ diu³

❶无所谓：呢个仔考试唔及格都~，真冇办法〔这孩子考试不及格都觉得无所谓，真拿他没办法〕。❷慢条斯理：人都嚟齐咯，你重~〔人都来齐了，你还慢条斯理的〕。❸无动于衷：就系隔篱火烧屋佢都~〔就算邻居着火了，他还是无动于衷〕。

【唔紧要】m⁴ gen² yiu³

不要紧；没关系：你几时还都~〔你什么时候还都没关系〕。

M

【唔够】m⁴ geo³

❶不够：～分。❷用在比较对象及动词之前，表示比较，整个结构相当于普通话“动词 + 不过 + 宾语”的格式：～我行〔走不过我〕｜～你打〔打不过你〕。❸用在比较对象及形容词之前，表示比较，相当于普通话“不如”：～你高〔不如你高〕｜～佢聪明〔不如他聪明〕。

【唔够打】m⁴ geo³ da²

打不过，敌不过。普通话有“不够打”的说法，但意思跟广州话不一样。普通话的意思是对方太弱了，我方不费吹灰之力便把他打败，打得还不过瘾，就像不够吃，不够饱一样。广州话的意思是打不过对方，侧重在说明输赢的事实：同我打？你～嘅〔跟我打？你打不过的（你输定了）〕。

【唔够胆】m⁴ geo³ dam²

胆量不够，不敢：犯法嘅嘢，边个都～做〔犯法的事，谁也不敢干〕。

【唔够钉】m⁴ geo³ déng³

❶分量不够，转指人资历威望不足：佢担任呢个职务，怕～噃〔他担任这个职务，恐怕资望不够啊〕。❷形容人轻浮、幼稚：佢成日～噉，点放心畀佢做呀〔他作风轻浮，怎么放心让他去干呢〕！

【唔够瞓】m⁴ geo³ fen³（瞓，训）

睡眠不足：晚晚开夜工，梗系～啦〔每天晚上开夜工，肯定睡眠不足了〕。

【唔够气】m⁴ geo³ héi³

气短；气不足：爬到半山腰就觉得有啲～〔爬到半山腰就觉得有点气短〕。

【唔够喉】m⁴ geo³ heo⁴

原意是吃不饱，引申作不够、不满足、不过瘾：呢只鹅食几多都好似～噉〔这只鹅吃多少都好像吃不饱似的〕｜畀咗咁多过佢重话～〔给了他那么多还说不够〕。

【唔够佢嚟】m⁴ geo³ kêu⁵ lei⁴（佢，拒；嚟，黎）

比不过他；竞争不过他：捉棋我～〔下棋我比不过他〕｜～就虚心向人哋学习〔比不过他就虚心向人家学习〕。〖“唔够佢嚟”中的第三人称代词可以根据对象不同换成第二人称代词“你”或第一人称代词“我”。〗

【唔够眼】m⁴ geo³ ngan⁵

眼睛不好使：老咗就～喇〔人老了眼睛就不好使了〕。

【唔够皮】m⁴ geo³ péi⁴⁻²

❶营业收入低于成本。❷不满足：食咗三碗重～〔吃了三碗还不满足〕。

【唔够秤】m⁴ geo³ qing³

原指斤两不足，转指人资格不够。

【唔够摄牙罅】m⁴ geo³ xib³ nga⁴ la³

熟语。形容食物少，不够塞牙缝。

【唔够运】m⁴ geo³ wen⁶

运气不够，不走运：呢次比赛抽签抽着个强手，真系～〔这次比赛抽签对着一个强手，真不走运〕。

【唔够算】m⁴ geo³ xun³

手头拮据，入不敷出。

【唔见】m⁴ gin³

❶没看见；不见：～你好耐喇〔很久没见你了〕。❷丢失：我～咗一支笔〔我丢失了一支笔〕。

【唔见得光】 m4 gin3 deg1 guong1

事情见不得人：你呢啲嘢～〔你这些东西见不得人〕。

【唔经唔觉】 m4 ging1 m4 gog3

不知不觉：～又过咗三年〔不知不觉又过了三年〕｜～就行到咗咯〔不知不觉就走到了〕。

【唔觉得点】 m4 gog3 deg1 dim2

不怎么样：呢个人表现一般啦，我～〔这个人表现一般，我觉得不怎么样〕。

【唔觉眼】 m4 gog3 ngan5

没注意：佢嚟过冇我～〔他来过没有我没注意〕｜佢今日着乜嘢衫我～〔他今天穿什么衣服我没注意〕。

【唔觉意】 m4 gog3 yi3

不留神；不小心：～扻亲个头〔不留神碰了头〕｜～倒泻盆水〔不小心洒了一盆水〕。

【唔该】 m4 goi1

请；谢谢；劳驾；借光；对不起（客套语，请求或感谢他人时用）：～你同我拎住〔请你给我拿着〕｜～借歪啲〔借光！请让开一些。——请人让路或让坐时用〕｜～你喇〔谢谢你了〕｜呢封信～你送畀老王〔这封信劳驾送给老王〕。

【唔该晒】 m4 goi1 sai3

同“唔该”。但语气更重一些，有“太感谢你了”的意思。

【唔该先】 m4 goi1 xin1

回答“吃饭没有”问话时的客套用语，有“不好意思，吃过了”的意思：甲：食饭未吖？乙：～〔甲：吃饭没有？乙：不好意思，吃过了〕。

【唔讲话】 m4 gong2 wa6

❶不说话。❷连词。且不说，别说，别说是：～你啦，你师父嚟都唔一定得〔别说是你，就是你师父来也不一定行〕。

【唔怪得】 m4 guai3 deg1

难怪：原来佢今日病咗，～冇见佢嚟〔原来他今天生病，难怪没见他来〕。

【唔怪之】 m4 guai3 ji1

同“唔怪得”。

【唔怪之得】 m4 guai3 ji1 deg1

难怪：原来佢今日病咗，～冇见佢嚟〔原来他今天生病，难怪没见他来〕。

【唔关事】 m4 guan1 xi6

否定别人认为某事发生的原因，有“与…无关”，“不是因为…”“不光是”等意思：佢呢次病～净系冷亲〔他这次病不光是因为受凉〕。

【唔过得手】 m4 guo3 deg1 seo2

财物不能经手，暗指某人在钱财方面靠不住：点解叫佢做财务？佢～嘿〔为什么让他当财务？财物不能经他手的〕。

【唔过瘾】 m4 guo3 yen5

不过瘾，不满足：音乐会咁短，～〔音乐会这么短，不过瘾〕。

【唔过制】 m4 guo3 zei3

同“唔制得过”。

【唔咸唔淡】 m4 ham4 m4 tam5

❶不痛不痒：你讲成日，~，唔知讲乜〔你说了半天，不痛不痒，不知说了些什么〕。❷半拉子：呢件事~，唔知几时至完成〔这件事才做得半拉子，不知道什么时候才完成〕。❸半像不像：你讲英语~〔你说的英语不地道〕。

【唔喺度】 m4 hei2 dou6（喺，系2）

❶不在这儿。❷婉辞。死亡。又说“唔在”。

【唔喺处】 m4 hei2 xu3

婉辞。不在；已去世。

【唔系】 m4 hei6

❶不是。❷不然：你快啲去啦，~人哋扯㗎喇〔你快点去吧，不然人家就回去了〕。❸不就；不就是；可不是（多用于反诘语气）：噉~得啰〔这不就成了吗〕｜噉~，我早就话咯〔可不是，我早就说了〕｜你想去~去啰〔你想去就去呗〕。〖“唔系”用于反诘语气时合音作 mei6。〗

【唔系嘅话】 m4 hei6 gé3 wa6-2（嘅，哥借切）

不然的话；否则：你要用功啲喇，~考试唔及格㗎〔你要用功一点儿，不然的话考试要不及格的〕。

【唔系几…】 m4 hei6 géi2

不大…；不怎么…：~快｜~似〔不大像；不怎么像〕。

【唔系噉话】 m4 hei6 gem2 wa6（噉，敢）

❶直译是“不是这么说”（回答别人感谢性的话时用），相当于“哪里，哪里”：~，你过奖喇〔哪里，哪里，您过奖了〕。❷用在形容词或少数动词和助词“到”的后面，表示较深的程度：热到~〔热得够呛〕｜闹到~〔骂得很厉害〕｜红到~〔红得没法形容〕。

【唔系喇】 m4 hei6 la3

句首词。表示改变主意：~，都系噉好〔不，还是这样好〕。

【唔系路】 m4 hei6 lou6

不对头：我听听下觉得有啲~〔我听着听着，觉得有点不对头〕。

【唔系手脚】 m4 hei6 seo2 gêg3

不是对手：你唔系佢手脚嘅喇〔你不是他的对手了〕。

【唔系嘢少】 m4 hei6 yé5 xiu2（嘢，野）

原指东西不少，转指内容丰富或分量大。

【唔系人噉品】 m4 hei6 yen4 gem2 ben2

跟别人不一样；与众不同（含贬义）：你唔好同佢讲，佢~嘅〔你不要跟他讲，他跟谁都不同〕。

【唔系就假】 m4 hei6 zeo6 ga2

对某事的看法非常肯定，有“不是才怪呢”的意思。

【唔恨】 m4 hen6

不稀罕；不想：我先~〔我才不稀罕〕｜佢~你啲嘢〔他不稀罕你的东西〕｜人人都~得嗰个虚名〔人人都不想得到那个虚名〕。

【唔开气】 m4 hoi1 héi3

形容人性格忧郁不开朗或沉默寡言。

【唔开胃】 m4 hoi1 wei6

❶胃口不好：佢发烧，有啲~〔他发烧，胃口有点不好〕。❷引申指对某些事物表示讨厌：嗰啲嘢咁唔干

净，食都～〔那些东西那么脏，吃也吃不下〕｜嗰个烂仔，我睇见佢就～〔那个流氓，我看见就讨厌〕。

【唔好】m^4 hou^2

❶不好。❷副词。不要（表示制止）：你～去自〔你先不要去〕｜～噉样讲〔不要这样说〕｜～乱车〔不要瞎吹〕。

【唔好彩】m^4 hou^2 coi^2

不走运：真系～，球飞啱啱卖晒咗〔真不走运，球赛的票刚刚卖完了〕。

【唔好搞我】m^4 hou^2 gao^2 ngo^5

同"咪搞我"。

【唔好口】m^4 hou^2 heo^2

说话刻薄，出口伤人：～嘅人点做得公关呢〔说话容易伤人的人怎么干得了公关呢〕！

【唔好老脾】m^4 hou^2 lou^5 $péi^{6-2}$

老脾：戏称人的脾气。指人脾气坏：呢个人～，你小心啲〔这个人脾气不好，你小心点〕｜乜你咁～㗎〔你脾气怎么那么坏〕？

【唔好心】m^4 hou^2 sem^1

不怀好意，心肠不好：就算佢～，我哋都要以礼相待〔就算他不怀好意，我们也要以礼相待〕｜呢个人～，大家唔好大意〔这个人心肠不好，大家不要大意〕。

【唔好天】m^4 hou^2 tin^1

天气不好，雨天或阴天：～，唔晒得嘢〔天气不好，晒不了东西〕｜听日～，唔去得野餐〔明天天气不好，去不了野炊〕。

【唔好手脚】m^4 hou^2 seo^2 $gêg^3$

手脚不干净（比喻有偷窃行为）。

【唔好话】m^4 hou^2 wa^6

连词。❶不要说，别说：～唔提醒你，呢件事唔做得 㗎〔不要说不给你提个醒，这件事干不得的〕。❷在说理时用，表示退一步的意思：～佢啦，就系要你都唔得呀〔别说是他，就是要你也不行啊〕。又说"咪话"。

【唔晓】m^4 hiu^2

❶不懂，不明白：讲解咗几次咯，佢重话～〔讲解几次了，他还说不明白〕。❷不会：煮餸你～，食就晓〔做菜你不会，吃就会〕｜呢方面嘅事冇乜嘢佢～嘅〔这方面的事没有什么是他不会的〕。

【唔好时年】m^4 hou^2 xi^4 nin^4

年景不好，年成不好：以前碰到～米就贵〔过去碰上年景不好米就贵〕。

【唔好市】m^4 hou^2 xi^5

货物滞销，不好卖：今年呢只货～〔今年这种货不好卖〕。

【唔好意头】m^4 hou^2 yi^3 teo^4

不好兆头：佢好迷信，出门跌一跤都话系～〔他很迷信，出门摔一跤都说是不好兆头〕。

【唔好意思】m^4 hou^2 yi^3 xi^3

❶不好意思；过意不去：要你使咁多钱，真～〔要你花那么多钱，真不好意思〕。❷抱歉；对不起：～，我唔得闲〔对不起，我没有空〕。

【唔知丑】m^4 ji^1 ceo^2

不害臊；没羞。

【唔知几…】m^4 ji^1 $géi^2$

…不知多…；太…了：～靓〔不知

有多漂亮〕｜～好睇〔太好看了〕。

【唔知好丑】 m4 ji1 hou2 ceo2
不识好歹。

【唔知死】 m4 ji1 séi2
不知天高地厚（不知事情的厉害或严重）：咁危险你重舂去，你都～嘅〔那么危险你还闯去，真不知天高地厚〕。

【唔知醒】 m4 ji1 séng2
睡着后不容易醒：打铜锣佢都～〔打铜锣他都醒不过来〕。

【唔知衰】 m4 ji1 sêu1
❶不知道别人讨厌自己：有女士喺度佢猛讲咸湿嘢，真～〔有女士在场他大讲黄段子，真不知道别人讨厌〕。❷不知道要倒霉：佢～，得罪咁多人〔他不知道要倒霉，得罪那么多的人〕。❸不知羞耻：佢咁下流，真系～〔他这么下流，真不知羞耻〕。

【唔只】 m4 ji2
❶不止，不仅：～咁多〔不止那么些〕｜去嗰度～一堂路〔去那里不止十里路〕。❷不但：佢～聪明，重好孝顺〔他不但聪明，还很孝顺〕｜佢～系噉讲，更重要嘅系噉做添〔他不但这样说，更重要的是这样做呢〕。

【唔志在】 m4 ji3 zoi6
不在乎：～嗰啲啦〔不在乎这一点儿了〕｜三几文～嘅〔三几块钱，不在乎的〕。

【唔自然】 m4 ji6 yin4
不舒服（婉辞）：佢好似有啲～〔他好像有点不舒服〕。

【唔自在】 m4 ji6 zoi6
同“唔自然”。

【唔精神】 m4 jing1 sen4
不舒服；生病：佢今日～〔他今天不舒服〕。

【唔净只】 m4 jing6 ji2
同“唔单只”。

【唔拘】 m4 kêu1
无所谓；没关系：几多都～〔多少都无所谓〕｜几时嚟都～〔什么时候来都没关系〕。

【唔及得】 m4 keb6 deg1
赶不上；比不上：读书你就～佢喇〔读书你就赶不上他了〕｜呢本书～嗰本书好睇〔这本书比不上那本书好看〕。

【唔理】 m4 léi5
❶不理睬：大家都～佢〔大家都不理睬他〕。❷不管：～佢点，我哋都要帮佢〔不管他怎么样，我们都要帮助他〕。❸不论：～好坏，我通通买晒佢〔不论好坏，我全都买了〕。

【唔理点】 m4 léi5 dim2
不管怎么样：～，我一定要参加〔不管怎么样，我一定要参加〕。

【唔理天胎】 m4 léi5 tin1 toi1
不管三七二十一；不顾一切。

【唔落膈】 m4 log6 gag3
膈：旧称横膈膜。食物吃进后到不了膈，即只停留在胃中，消化不了。多比喻得到某些东西、好处后受用不了：佢贪咗好多钱，但系～，畀人一检举，又呕晒出嚟〔他贪了很多钱，但是受用不了，被人家检举，全吐出来了〕。

【唔捞】m⁴ lou¹

❶不行；行不通：你唔办手续就去，~嚅〔你不办好手续就去，可不行啊〕｜噉做~嚅〔这么干行不通啊〕。❷不划算；划不来：呢件嘢咁贵，当然~啦〔这件东西这么贵，当然划不来了〕。❸不干：噉嘅事我~〔这样的事我不干〕｜~佢〔不给他干〕。

【唔埋得个鼻】m⁴ mai⁴ deg¹ go³ béi⁶

原意是"臭不堪闻"，引申为对人表示鄙视，大致相当于"一钱不值"、"没什么了不起"等意思：噉嘅人真系~啰〔这样的人真是一钱不值了〕｜佢以为自己好叻，其实~〔他以为自己很厉害，其实没什么了不起〕。

【唔嗱耕】m⁴ na¹ gang¹（嗱，拿¹）

毫不相干；不着边际：人哋问你呢样，你又讲嗰样，真系~〔人家问你这样，你又说那样，真是牛头不对马嘴〕｜你嘅文章同题目有啲~〔你的文章跟题目有点文不对题〕｜佢嘅发言空空洞洞，简直~〔他的发言空空洞洞，简直不着边际〕。

【唔嗱腩】m⁴ na¹ nam⁵

同"唔嗱耕"。

【唔嬲就假】m⁴ neo¹ zeo⁶ ga²（嬲，扭¹）

不生气才怪：你噉剃我眼眉，~嘅〔你这样让我丢人现眼，不气才怪呢〕。

【唔嬲就瓦烧】m⁴ neo¹ zeo⁶ nga⁵ xiu¹

瓦烧：指陶制的小人儿。碰到某种情况还不生气，除非他是陶制的小人儿。意思是谁都会生气。

【唔啱】m⁴ ngam¹（啱，岩¹）

❶不对：噉讲~〔这么说不对〕｜计得~〔算得不对〕。❷不合适：呢粒螺丝~〔这枚螺丝不合适〕｜~着〔不合穿〕。❸不然；要不然：~噉啦〔要不然这样吧〕｜~去罢啦〔不然去吧〕。

【唔啱偈】m⁴ ngam¹ gei²

合不来，意见不合：佢两个~〔他俩合不来〕。

【唔啱合尺】m⁴ ngam¹ ho⁴ cé¹（合尺，何奢）

步调不一致；口径不一。

【唔啱荞】m⁴ nga m¹ kiu⁴⁻²

合不来；意见不合：佢哋两个人~，倾唔埋〔他们两个人合不来，谈不拢〕。

【唔啱牙】m⁴ ngam¹ nga⁶⁻²

原指螺栓与螺母的螺纹不相啮合，比喻两人合不来，意见不合：佢哋两个人~，倾唔埋〔他们两个人合不来，谈不拢〕。

【唔怕丑】m⁴ pa³ ceo²

不怕羞，不害臊：咁细个女当住咁多生暴人唱歌佢都~〔这么小的女孩当着这么多陌生人的面唱歌她也不怕羞〕。

【唔黐家】m⁴ qi¹ ga¹（黐，雌）

黐，粘。不着家，即整天在外很少回家。

【唔似】m⁴ qi⁵

❶不像。❷不如；比不上：呢只布~嗰只布禁着〔这种布不如那种布耐穿〕。

M

【唔似样】m4 qi5 yêng6-2
不像话：佢噉做太～喇〔他这样做太不像话了〕。

【唔切】m4 qid3
来不及：赶～〔来不及〕| 抄～〔来不及抄〕| 整～〔来不及做〕。

【唔清唔楚】m4 qing1 m4 co2
❶不清不楚；不明不白。❷形容人糊里糊涂，懵懵懂懂：搞到我～〔弄得我糊里糊涂〕| 开会开到～〔开会开得糊里糊涂〕。

【唔三唔四】m4 sam1 m4 séi3
❶不三不四；不正派：唔好同啲～嘅人做朋友〔不要和不三不四的人交朋友〕。❷不伦不类：你做得～，边个同你执手尾喎〔你干得不伦不类，谁替你擦屁股呢〕？

M

【唔生性】m3 sang1 xing3（又音 m4 sang1 séng3）
❶不懂事：咁大个仔都～〔这么大的孩子还不懂事〕。❷没出息：呢个仔咁大咯，重～〔这孩子这么大了，还没什么出息〕。

【唔使】m4 sei2
副词。不用；用不着；不必：～你帮手〔不用你帮忙〕| 你～出声〔你不必作声〕。

【唔使慌】m4 sei2 fong1
❶不必害怕。❷不用担心；不必发愁：你～，佢会嚟嘅〔你不用担心，他会来的〕。❸别指望：～佢会嚟〔别指望他会来〕。

【唔使计】m4 sei2 gei3
不用说了（有不堪回首或鄙弃的情绪）：讲起旧阵时，就～咯〔说起从前呀，就不用提了〕| 讲起佢呀，～咯〔说起他呀，不用说了〕。

【唔使客气】m4 sei2 hag3 héi3
不必客气，不必拘束：随便坐，～〔随便坐，不必客气〕| 嚟到呢度就当翻到屋企，～〔来到这里就当回到家里，不必拘束〕。

【唔使恨】m4 sei2 hen6
❶不用指望：咁迟嚟重想买到票，～喇〔这么晚来还想买到票，别指望了〕。❷同“唔使计”。

【唔使指拟】m4 sei2 ji2 yi5
别指望；别梦想：想不劳而获，你就～喇〔想不劳而获，你就别指望了〕| 种嘢唔落肥就～丰收喇〔种庄稼不下肥就别指望丰收了〕| 你估佢肯帮你呀？～喇〔你以为他肯帮助你呀？别梦想了〕！〖“唔使指拟”又叫“咪使指拟”或“咪指拟”。〗

【唔使拘】m4 sei2 kêu1
别拘束；不用客气：食啦，～〔吃吧，不用客气〕。

【唔使嚟】m4 sei2 lei4（嚟，黎）
别指望：你唔好好读书想考大学，～咯〔你不好好读书就想考大学，别指望了〕。

【唔使唔该】m4 sei2 m4 goi1
不必多谢，不必客气。当别人说“唔该”表示道谢时的回应。

【唔使审】m4 sei2 sem2
不用问，明摆着的：～梗系你打烂咗〔不用问，一定是你打破了〕。

【唔使择日】m4 sei2 zag6 yed6
不必挑选日子。多用于指对方随时、

随意、习惯性地做某事：佢闹人～嚟〔他随时会骂人的〕｜你打人～，边个敢同你相处〔你随意就打人，谁敢与你相处〕！

【唔相干】 m⁴ sêng¹ gon¹

无关系；没有关系：你同佢～〔你跟他没有关系〕。

【唔信镜】 m⁴ sên³ géng³

不相信镜子。指人原不漂亮，却自以为很漂亮，不相信镜子反映出来的真实情况。比喻人过分自信、主观。

【唔声唔气】 m⁴ séng¹ m⁴ héi³

不声不响；不张扬：～坐响角落头度〔一声不吭地坐在角落里〕｜你居然～就做完啦〔你居然不声不响就干完啦〕。

【唔声唔声】 m⁴ séng¹ m⁴ séng¹

❶悄悄地：佢～噉行入嚟〔他悄悄地走进来〕。❷形容人沉默寡言，一声不吭。俗话说"～，吓人一惊"，指人平常不吭声，却可以突然说出惊人的言语，或做出惊人的举动。

【唔修】 m⁴ seo¹

表现差劲；够戗：你真系～〔你真够戗〕。

【唔受得】 m⁴ seo⁶ deg¹

接受不了，特指身体不适应某种食物或药物：我～寒凉嘅嘢〔我吃不了寒性的食物〕。

【唔衰攞嚟衰】 m⁴ sêu¹ lo² lei⁴ sêu¹（攞，罗²；嚟，黎）

没事找事儿；自找麻烦；自讨苦吃：你真系～〔你真是自找麻烦〕｜你咁唔得闲，重搵咁多嘢嚟做，真系～〔你那么忙还找那么多事来干，真是自讨苦吃〕。

【唔熟性】 m⁴ sug⁶ xing³

不懂事；不懂人情世故。

【唔睇得过眼】 m⁴ tei² deg¹ guo³ ngan⁵

看着不舒服。多用于因为别人的言行过于荒唐，叫人无法忍受，甚至要进行干涉：佢打仔打得咁狼，我哋都～〔他打儿子打得这么狠，我们都看不下去了〕。又说"睇唔过眼"。

【唔听笛】 m⁴ téng¹ dég⁶⁻²

不听调教；不听指挥；不听话：大家都～，叫我点做呢〔大家都不听话，叫我怎么做呢〕？｜唔听佢笛〔不听他的〕。

【唔妥】 m⁴ to⁵

❶不舒服：我今日精神有啲～〔我今天身体有点不舒服〕。❷不对头：呢件事噉样做～嘅〔这件事这样做不对头的〕。

【唔汤唔水】 m⁴ tong¹ m⁴ sêu²

指事情只完成半截儿：呢个商场起咗两年重系～噉〔这个商场建了两年还是半截儿工程〕。

【唔通】 m⁴ tung¹

难道：～系你〔难道是你〕？

【唔通气】 m⁴ tung¹ héi³

不知趣（指妨碍别人）：人哋开会，你哋成日嘈，太～喇〔人家开会，你们整天吵，太不知趣了〕。

【唔话得】 m⁴ wa⁶ deg¹

没有什么说的（对人或事情表示满意，提不出什么意见）：你嘅服务态度咁好，真系～咯〔你的服务态度那么好，真是没有什么说的〕。

【唔话得埋】m⁴ wa⁶ deg¹ mai⁴
同"话唔埋"。

【唔时唔候】m⁴ xi⁴ m⁴ heo⁶
不是时候；不合时宜。

【唔识】m⁴ xig¹
❶不认识：我～你。❷不会：我～唱歌。

【唔识驾步】m⁴ xig¹ ga³ bou⁶
不懂如何做；不懂人情世故；不熟悉。

【唔少得】m⁴ xiu² deg¹
少不了；少不得：～你嗰份嘅〔少不了你的〕。

【唔舒服】m⁴ xu¹ fug⁶
婉辞。不舒服，病了。

【唔输蚀（䞍）】m⁴ xu¹ xid⁶
相比之下并不差：你同佢比～㗎〔你跟他比一点也不差〕。

【唔忧】m⁴ yeo¹
不愁：～食，唔～着〔不愁吃，不愁穿〕｜～卖唔出去〔不愁卖不出去〕。

【唔要命噉】m⁴ yiu³ méng⁶ gem²
不要命地，拼命地：大家～冲过去救人〔大家拼命地冲过去救人〕。

【唔争在】m⁴ zang¹ zoi⁶
不差；不计较：～呢十文八文啦〔不差这十元八元了〕。

【唔着数】m⁴ zêg⁶ sou³
❶不划算，划不来：呢个项目谂落都系～〔这个项目细想起来还是不划算〕。❷不占便宜，吃亏：同佢拍档，实系你～〔跟他合作，肯定你吃亏〕。

【唔制】m⁴ zei³
不干；不愿意：叫佢等耐啲都～〔叫他多等一会儿都不干〕｜～就罢就〔不愿就拉倒〕。

【唔制得过】m⁴ zei³ deg¹ guo³
划不来；不划算：搞呢啲咁危险嘅嘢，～呀〔搞这些那么危险的事，划不来〕｜用咁多人工去做呢件嘢～〔花那么多人力去做这件事划不来〕。

【唔聚财】m⁴ zêu⁶ coi⁴
不舒服：周身～〔全身不舒服〕。

【唔阻你】m⁴ zo² néi⁵
客套语。告别前用，意为不耽误你的时间：～，我走喇〔不打搅你，我走了〕。

【唔在乎】m⁴ zoi⁶ fu⁴
❶不在乎：多一个少一个～〔多一个少一个不在乎〕。❷不介意：你点做佢～嘅〔你怎么干他是不介意的〕。

【唔在讲】m⁴ zoi⁶ gong²
不在话下，不必说：佢记性好就～喇，重写得一手好文章添〔他记忆力好就不在话下了，还写得一手好文章呢〕。

【唔在理】m⁴ zoi⁶ léi⁵
没道理：呢件事系你～嘅〔这件事是你没道理〕。

【唔在意】m⁴ zoi⁶ yi³
没留意；没注意。

【唔中用】m⁴ zung¹ yung⁶
❶不管用；不行：细个嗰阵唔勤力学习，到大个就～咯〔小的时候不

用功学习，长大了就不管用了〕。❷无能：呢个人好～〔这个人很无能〕。

ma

【孖】ma^{1}（妈）

❶两物黏连在一起：～手指〔六指儿〕｜两只手指～埋〔两只手指连在一起〕。❷引申作连带、合伙、会同等意思：～埋佢去〔叫他一起去〕｜我亦想～份〔我也想参加一份〕。❸成双的（连在一起的）：一只～蕉〔一个成双的芭蕉〕。❹量词。双（用于成双成对而又连在一起的东西）：一～腊肠〔一对儿香肠〕｜一～油炸鬼〔一根儿油条〕｜两樽一～噉绑住〔两瓶一对儿地捆着〕。

【孖辫】ma^{1} bin^{1}

双辫子：梳～〔留双辫子〕。

【孖疮】ma^{1} cong^{1}

痈。因痈往往有两个或多个脓头，故名。

【孖份】ma^{1} fen$^{6-2}$

合伙：佢共你～做生意咩〔他跟你合伙做生意吗〕？

【孖公仔】ma^{1} gung^{1} zei^{2}

原指两个相连的玩偶，比喻形影不离的两个人，或两人合影的半身照片。

【孖指】ma^{1} ji^{2}

六指（多出一只手指）。

【*孖展】ma^{1} jin^{2}

❶商人。〖英语 merchant 的音译。〗❷利润，赚头。〖英语 margin 的音译。〗

【孖女】ma^{1} nêu$^{5-2}$

孪生姐妹。

【孖铺】ma^{1} pou^{1}

两人同睡一床：两个人～。

【孖生】ma^{1} sang^{1}

孪生；双生。

【孖四】ma^{1} séi^{3}

两个四，即八。讥讽人“八卦”，即多管闲事。

【孖烟通】ma^{1} yin^{1} tung^{1}

原指有并排两个烟囱的火轮，现多戏称裤腿稍长的平脚内裤。

【孖仔】ma^{1} zei^{2}

孪生子；孪生兄弟：生咗一对～〔生了一对孪生子〕｜呢两个系～〔这两个是孪生兄弟〕。

【妈妈声】ma^{1} ma^{1} séng^{1}

形容用粗俗的语言骂起来：有理就讲清楚，～系唔啱嘅〔有道理就说清楚，骂街是不对的〕。

【*妈咪】ma^{1} mi^{3}

妈妈（对称、引称都可）。〖“妈咪”是英语 mammy 的音译词。〗

【*妈姐】ma$^{1-2}$ zé^{2}

女佣人。

【嘛】ma^{3}

语气助词。用于句子中停顿的地方，引起或使人注意下面的话，相当于普通话的“吗”：道理～，唔使我多讲〔道理吗，不用我多说〕｜呢件事～，等我考虑下先〔这件事吗，让我先考虑考虑〕。〖另一说 ma^{4}，相当于普通话的“嘛”。〗

M

【麻查】ma⁴ ca⁴

❶模糊；蒙胧：佢对眼一啲都唔～〔他的眼睛一点也不模糊〕｜啱瞓醒觉，对眼重有啲～〔刚睡醒，眼睛还有点朦胧〕。❷不清楚：呢件事我都有啲～〔这件事我都不太清楚了〕。

【麻风屎】ma⁴ fung¹ xi²

麻风病人的粪便，民间传说是最毒的东西。比喻最恶毒的人。

【麻骨】ma⁴ gued¹

麻秆儿。

【麻骨拐杖】ma⁴ gued¹ guai² zêng⁶⁻²

比喻没有用或靠不住的东西。

【麻甩】ma⁴ led¹（甩，啦一切）

麻雀。

【麻甩佬】ma⁴ led¹ lou²

缺德鬼。

【麻叻】ma⁴ leg¹（叻，啦尺¹切）

精明能干：呢个仔好～㗎〔这个孩子很精明能干〕。

【麻利】ma⁴ léi⁶

同"麻叻"。

【麻麻】ma⁴ ma⁴⁻²

不怎么样；勉强可以；质量不算高：呢出电影～啫〔这部影片不怎么样〕｜嗰幅画画得～啫〔那幅画画得很平常〕。

【麻麻地】ma⁴ ma⁴⁻² déi⁶⁻²（又音 ma⁴ ma⁴ déi⁶⁻²）

勉强过得去；差不多；凑合（指质量或成绩中等）：佢嘅成绩～〔他的成绩勉强过得去〕｜揾一个～嘅就得喇〔找一个差不多的就成了〕。

【麻米】ma⁴ mei⁵

❶小气；吝啬。❷刻薄；过分挑剔。

【麻石】ma⁴ ség⁶

花岗岩；花岗石。

【麻糖鸡渜】ma⁴ tong⁴ gei¹ nen¹（渜，呢恩切）

鸡的稀屎，咖啡色。

【麻通】ma⁴ tung¹

一种圆筒形的油炸面食，外面粘有芝麻。

【麻油】ma⁴ yeo⁴

芝麻油；香油。

【麻鹰】ma⁴ ying¹

老鹰。

【麻雀】ma⁴ zêg³

❶麻雀（鸟）。❷麻将（娱乐或赌博用具）。

【嫲】ma⁴（麻）

同"亚嫲"。

【嫲嫲】ma⁴ ma⁴

奶奶（小儿语）。

【马标】ma⁵ biu¹

马票，赌马的票。

【马场】ma⁵ cêng⁴

赛马场。

【马达】ma⁵ dad⁶

女流氓。

【*马伕】ma⁵ fu¹

❶养马人。❷戏称皮条客。

【马狂螂】ma⁵ kong⁴ long⁴

螳螂。

【马拉糕】ma⁵ lai¹ gou¹

一种糕点，用鸡蛋和上面粉和糖，发酵后蒸熟，近似蛋糕。

【马骝】ma⁵ leo⁴⁻¹（又音 ma¹ leo⁴⁻¹）

M

猴子：玩～〔耍猴子〕。

【马骝干】ma^{5} leo$^{4-1}$ gon^{1}（又音 ma^{1} leo$^{4-1}$ gon^{1}）

谑称长得很干瘪的人。

【马骝精】ma^{5} leo$^{4-1}$ jing^{1}（又音 ma^{1} leo$^{4-1}$ jing^{1}）

比喻活泼、调皮的小孩。

【马辰席】ma^{5} sen$^{4-2}$ zég^{5}

一种进口的细藤席，是印尼马辰所产，故名。

【马蹄】ma^{5} tei$^{4-2}$

荸荠。

【马蹄粉】ma^{5} tei^{4} fen^{2}

荸荠粉。

【马屎凭官贵】ma^{5} xi^{2} peng^{4} gun^{1} guei^{3}

指那些与权势沾亲带故的人也能依仗权势作威作福。

【马札】ma^{5} zab^{6}

❶马扎，能折叠的凳子。❷能折叠的躺椅。

【马仔】ma^{5} zei^{2}

旧时指跟随恶霸的打手、保镖。

【^{1}码】ma^{5}

❶捆牢；箍紧。❷把二物钉在一起：用钉～住两条杉〔用钉子把两条杉木钉在一起〕。

【^{2}码】ma^{5}

❶笼络；巴结：佢想～住领导〔他想巴结领导〕。❷控制住：呢班人都畀佢～住晒〔这班人都让他控制住了〕。

【码钉】ma^{5} déng^{1}

蚂蟥钉。

【码子】ma^{5} ji^{2}

❶子弹。❷天平用的铜砝码。

【码头级】ma^{5} teo^{4} keb^{1}

砖石砌成的梯级。

mad

【抹】mad^{3}

擦：～身｜～台〔擦桌子〕｜～干净个面〔把脸擦干净〕。

【抹台布】mad^{3} toi$^{4-2}$ bou^{3}

搌布；擦桌布。

【抹油】mad^{3} yeo$^{4-2}$

洗油，洗去油腻。

mag

【睍】mag^{1}（擘^{1}）

❶指球赛时盯人：一个～一个｜你～住个中锋〔你盯住那个中锋〕。❷给（试卷等）打分：畀老师～错分〔给老师打错分数〕。〖英语 mark 的音译词。〗

【擘（掰）】mag^{3}

❶撕：一张报纸～成两边〔一张报纸撕成两边〕｜～烂件衫〔撕破了衣服〕。❷叉（chà）；张（手指、两腿、嘴巴、眼睛等）：～开两只手指｜～开两只脚〔叉开腿〕｜～大个口〔张大嘴巴〕｜～大眼〔瞪着眼〕。

【擘大眼瀨尿】mag^{3} dai^{6} ngan^{5} lai^{6} niu^{6}

比喻明知不是好事，却不得已去做。

【擘口仔】mag^{3} heo^{2} zei^{2}

指靠说唱为生的人。

【擘开眼屎】mag³ hoi¹ ngan⁵ xi²

刚睡醒睁开眼。

【擘面】mag³ min⁶

撕破脸皮；闹翻。

mai

【埋】mai⁴

❶靠近：车～站｜船～岸｜叫佢～嚟〔叫他靠近这儿来〕。❷闭；合：疮～口喇〔疮合口了〕。❸用在动词后面作补语，表示趋向或成了某种样子：推～去〔推进去〕｜扫～嚟〔扫过来〕｜个盒唔合得～〔盒子合不起来〕｜放～啲〔放得靠里一点〕｜黐～一笪〔黏在一块儿〕｜缩～一嚿〔缩作一团〕。❹用在动词后面，表示扩充范围，有“连…也”、“连”、“再”、“全”等意思：攞～呢个盆入去〔连这个盆子也拿进去〕｜鼻哥都红～〔连鼻子都红了〕｜玩～呢两日先翻去〔再玩两天才回去〕｜咁多行李，你一个人搦得～咩〔那么多行李，你一个人全拿得了吗〕？❺用在动词后面，表示原来已具有相当程度了，没有必要再增加的意思：要～咁多做乜吖〔还要那么多干什么〕？

【埋便】mai⁴ bin⁶

里边（指靠里的地方）：佢坐喺～〔他坐在里边〕｜～有位。

【埋单】mai⁴ dan¹

开单；结账：食完饭至～〔吃完饭再开单〕。

【埋底】mai⁴ dei²

同“埋便”。

【埋堆】mai⁴ dêu¹

扎堆（聚合在一起）。

【埋街】mai⁴ gai¹

❶原指水上居民登陆，后指水上居民与陆上居民结婚。❷旅客从河中船上到岸上。❸妓女嫁人的代用语。

【埋柜】mai⁴ guei⁶

❶店铺晚上结算一天营业金额。❷靠近柜台（暗指抢劫）。

【埋去】mai⁴ hêu³

走过去；靠前去：你～睇睇系乜嘢〔你走过去看看是什么东西〕。

【埋席】mai⁴ jig⁶

入席。

【埋栏】mai⁴ lan⁴⁻¹

❶合伙：几个人～做生意。❷合拍；投合（用于否定义）：两个人唔～点做呀〔两个人不合拍怎么做呢〕？

【埋嚟】mai⁴ lei⁴（嚟，黎）

靠前来；过来：行～〔走近来〕｜企～〔站过来〕。

【埋笼】mai⁴ lung⁴

家禽晚上进笼。

【埋尾】mai⁴ méi⁴

收尾；煞尾；结束。

【埋口】mai⁴ heo²

（伤口）愈合：刀伤～喇〔刀伤愈合了〕。

【埋牙】mai⁴ nga⁴

打架交手。

【埋岸】mai⁴ ngon⁶

同“埋头”。

M

【埋年】mai⁴ nin⁴

靠近年底，一般指农历十二月十六以后：～咯，大家都唔得闲〔接近年底了，大家都很忙〕。

【…埋晒…】mai⁴ sai³

都；尽：讲～噉嘅嘢〔尽讲这样的东西〕｜听～又到处唱嘞〔都听了又到处去说了〕。

【埋手】mai⁴ seo²

入手；下手：唔知喺边度～好〔不知打哪儿入手好〕｜做呢件事，真系好似狗咬龟噉，冇定～〔干这件事，真像狗啃乌龟，无处下手〕。

【埋手打三更】mai⁴ seo² da² sam¹ gang¹

惯用语。一开始就出差错。又叫“落手打三更”。

【埋数】mai⁴ sou³

结账；算账。

【埋头】mai⁴ teo⁴

靠岸：船五点钟～。

【埋头埋脑】mai⁴ teo⁴ mai⁴ nou⁵

形容人沉迷于某事，埋头干某事。

【埋台】mai⁴ toi⁴

同“埋位”。

【埋位】mai⁴ wei⁶⁻²

入席；就席：请大家～。

【埋闸】mai⁴ zab⁶

店铺收市关门。

【埋站】mai⁴ zam⁶

（车船等）靠站，进站。

【埋栈】mai⁴ zan⁶⁻²

进客栈住宿。

【买水】mai⁵ sêu²

过去迷信风俗，人死了父母，儿子到河边打水叫“买水”。

【买起】mai⁵ héi²

指被人雇凶手谋害。

【买青苗】mai⁵ qing¹ miu⁴

旧时指以低价收买尚未成熟的禾苗。

【买手】mai⁵ seo²

茶楼、酒家等的采购人员。

【买水噉头】mai⁵ sêu² gem² teo⁴⁻²

（噉，敢）

形容人垂头丧气，像孝子“买水”的样子。

【卖】mai⁶

❶（报纸）登载：呢个消息琴日报纸～过〔这个消息，昨天报纸登载过〕｜今日报纸～……〔今天报纸登载……〕。❷量词。饮食业用于计算炒粉或炒面的单位：一～炒粉｜半～炒面。

【卖报纸】mai⁶ bou³ ji²

刊登在报纸上：呢件事～喇〔这件事报纸登载了〕。

【卖大包】mai⁶ dai⁶ bao¹

原指商人为了招徕顾客推销商品，在顾客购物的同时，赠送大肉包子一个，后引申为廉价出售或卖人情。

【卖风】mai⁶ fung¹

过去传说得了麻风病的女人有意通过性关系将麻风病传染给别人，自己的病就会好或减轻。这是不科学的说法，也是极不道德的行为。

【卖膏药】mai⁶ gou¹ yêg⁶

比喻人吹牛。

【卖告白】mai⁶ gou³ bag⁶

刊登广告；做广告。

【卖咸鸭蛋】mai^{6} ham^{4} ngab^{3} dan$^{6-2}$
戏指去世。

【卖口乖】mai^{6} heo^{2} guai^{1}
用甜言蜜语讨好人。

【卖剩脚】mai^{6} jing^{6} gêg^{1}（剩，读音 xing^{6}）
下脚货。

【卖招牌】mai^{6} jiu^{1} pai^{4}
厂家或商家为扩大品牌的影响而低价促销。

【卖猪仔】mai^{6} ju^{1} zei^{2}
旧时劳动人民被人口贩子诱骗到国外去做苦工，他们没有人身自由，就像牲口一样，所以叫做“卖猪仔”。

【卖穷】mai^{6} kung^{4}
旧俗，贫家妇女于农历除夕夜沿街喊叫“卖穷”，祈求来年不再贫困。

【卖懒】mai^{6} lan^{5}
旧俗除夕夜小孩在街上高喊“卖懒”，期望来年勤快。

【卖甩】mai^{6} led^{1}（甩，读音 soi^{2}）
甩掉；撇开：导游将我哋～喺呢度〔导游把我们甩在这里〕。

【卖靓】mai^{6} léng^{3}
卖俏。

【卖面光】mai^{6} min^{6} guong^{1}
用虚伪的言行去讨人喜欢；买好。

【卖武】mai^{6} mou^{5}
在街头卖艺兼卖药。

【卖生藕】mai^{6} sang^{1} ngeo^{5}
指女人故意以甜言蜜语向男人卖弄风情。

【卖手】mai^{6} seo^{2}
商品推销员。

【卖剩尾】mai^{6} xing^{6} méi^{5}
同“卖剩脚”。

【卖剩鸭】mai^{6} xing^{6} ngab^{3}
比喻话多而且声音大的人。

【卖剩蔗】mai^{6} xing^{6} zé^{3}
❶比喻剩下来没有人要的东西。❷比喻没有甜头：～，我唔要〔没有甜头我不要〕。

【卖头卖尾】mai^{6} teo^{4} mai^{6} méi^{5}
出售残余货物。

man

【攞】man^{1}（慢^{1}）
❶扣（扳机）：～鸡〔扣扳机〕。❷扶；扒（bā）：～住佢个膊头〔扶住他的肩膀〕｜～住呢块板〔扒着这块板〕。❸扳；挽回；挽救：最后又～番几分〔最后又扳回几分〕｜冇得～〔无法挽回〕｜～唔番啰〔挽救不回来了〕。

【攞车边】man^{1} cé^{1} bin^{1}
❶搭脚儿（因便免费乘车）。❷引申指沾别人的光：呢次我又～喇〔这回我又沾你的光了〕。

【攞鸡】man^{1} gei^{1}
扣扳机。

【蛮力】man^{4} lig^{6}
蛮劲儿：靠～做唔得〔靠蛮力干不行〕。

【晚】man^{5}
最末的（用于某些称谓之前，表示谦称）：～侄｜～叔｜～生。

【晚黑】man^{5} hag^{1}

同“夜晚黑”。

【晚头】man⁵ teo⁴

晚上。

【晚头黑】man⁵ teo⁴ hag¹

同“晚头”。

【晚头夜】man⁵ teo⁴ yé⁶⁻²

同“晚头黑”。

【晚禾】man⁵ wo⁴

晚造稻子。

【晚造】man⁵ zou⁶

收获期较晚的作物。一般指秋天收获的稻子：今年～收成几好〔今年晚造稻子收成不错〕。

【万大有我】man⁶ dai⁶ yeo⁵ ngo⁵

意思是愿意承担一切责任或义务，就是天塌下来也顶住：呢件事～，你即管放心啦〔这件事我承担一切责任，你大可以放心〕｜～，怕乜〔不管发生什么事，有我呢，怕什么〕！

【万字夹】man⁶ ji⁶ gab³

曲别针，回形针。

【万能老倌】man⁶ neng⁴ lou⁵ gun¹

❶什么角色都能演的演员。❷引申指多面手。

【万寿果】man⁶ seo⁶ guo²

金钩梨。

【¹慢】man⁶

❶（火）不旺；乏；文（火）：用～火炆猪肉〔用文火炖猪肉〕｜呢个风炉嘅火太～喇〔这个炉子的火太乏了〕。❷（灯火）暗：火水灯拧～啲〔煤油灯拧暗一点〕。

【²慢】man⁶

称东西时，斤两不足，秤尾下垂，北京口语叫“免”：呢嚿猪肉一斤～啲〔这块猪肉一斤免一点〕。

【³慢】man⁶

婉辞。指汽车开出后，在路上请司机暂停：叫司机～一～，有人要落车〔叫司机站一站，有人要下车〕｜有站～〔下一站请停〕。

【慢火】man⁶ fo²

烹饪时使用的比较弱的火，小火，文火：猛镬炒菜，～煎鱼〔炒菜要用热锅，煎鱼要用小火〕。

【慢下手】man⁶⁻² ha⁵ seo²

❶很可能，说不定：～打起身嚟都似〔说不定要打起来呢〕。❷万一：～唔见咗点算〔万一不见了怎么办〕？

【慢慢行】man⁶ man⁶⁻¹ hang⁴

请慢走。

【慢慢食】man⁶ man⁶⁻¹ xig⁶

请慢慢吃（首先吃完饭的人对尚未吃完的人的礼貌用语）。又作“慢慢”man⁶ man⁶⁻²。

【慢手】man⁶ seo²

动作迟缓：你咁～实赶唔切〔你动作这么慢肯定来不及〕｜一～就输咗畀佢〔动作稍微一慢就输了给他〕。

【慢爪蟹】man⁶ zao² hai⁵

动作缓慢的螃蟹，指将死的螃蟹。比喻动作缓慢的人。

mang

【嗌】mang¹

张挂；拉：～蚊帐〔挂蚊帐〕｜～一条绳晒衫〔拉一根绳子晒衣服〕｜～电线。

【嗌嗌（绷绷）紧】mang¹ mang¹ gen²

❶绷绷紧：风吹到块面～〔风把脸吹得绷绷紧〕。❷（钱）勉强够用：呢个月使用～〔这个月钱勉强够用〕｜呢啲稿费买个雪柜～啦〔这些稿费勉强买个电冰箱〕。

【蜢】mang⁵⁻²

❶蚱蜢；蚂蚱。❷常用来比喻瘦弱的人：瘦到只～噉〔瘦弱得像一只蚱蜢一样〕。

【盲】mang⁴

瞎。〖普通话的“盲”只用于“盲人”、“文盲”、“色盲”等词，看不见东西一般用“瞎”。〗

M

【盲婚哑嫁】mang⁴ fen¹ nga² ga³

包办婚姻。

【盲火】mang⁴ fo²

子弹、手榴弹等爆炸物失效，不能击发或爆炸。

【盲公】mang⁴ gung¹

瞎子（指瞎眼的男人）。

【盲公饼】mang⁴ gung¹ béng²

一种饼食，很酥香，是佛山市的特产。

【盲公开眼】mang⁴ gung¹ hoi¹ ngan⁵

形容食物非常酸，酸得连盲人的眼睛也睁开了：呢只杨桃酸到～咯〔这个杨桃酸得盲人也睁开了眼睛〕。

【盲公竹】mang⁴ gung¹ zug¹

❶盲人的拐杖。❷比喻向导或引路的人。

【盲棋】mang⁴ kéi⁴⁻²

❶错着（zhāo）（指棋子走到能被对方吃掉的位置上而没发觉）。❷不看棋盘下棋，即闭目棋。

【盲摸摸】mang⁴ mo² mo²

❶瞎摸；瞎碰：“早知灯系火，唔使～”〔俗语。早知灯是火，用不着瞎摸〕。❷情况不明：咪～就乱噏〔不要还没弄清情况就胡说八道〕。

【盲妹】mang⁴ mui⁶⁻¹

❶盲女孩。❷旧时沿街卖唱或替人按摩的盲女孩。

【盲年】mang⁴ nin⁴

农历没有立春节气的年份。

【盲眼】mang⁴ ngan⁵

瞎。

【盲婆】mang⁴ po⁴

瞎眼的女人。

【猛】mang⁵

❶（太阳）猛烈；（火）旺，冲（chòng）：热头好～〔太阳好大〕｜火太～会煮燶饭〔火太旺了会把饭煮煳了〕。❷（灯火）亮：呢盏灯太～喇〔这盏灯太亮了〕。❸旧时指官位高，势力大。❹（植物长势）旺盛：今年嘅禾生得好～〔今年的稻子长得很旺盛〕。

【猛咁】mang⁵ gem³（咁，禁）

副词。拼命地：～走〔拼命地跑〕｜～做〔拼命地干〕。

【猛镬】mang⁵ wog⁶

热锅：～炒菜。

【猛嘢】mang⁵ yé⁵（嘢，野）

旧时指官位高、势力大的人。

【猛人】mang⁵ yen⁴（咁，禁）

很有权势的人或很有来头的人。

mao

【猫刮咁嘈】 mao¹ guad³ gem³ cou⁴（咁，禁）

像猫交配似的叫唤吵闹。

【猫刮噉声】 mao¹ guad³ gem² séng¹（噉，敢）

❶像猫交配似的大声吵闹：成班人喺度～〔一群人在那里吵吵嚷嚷〕。❷形容人大声发泄不满：佢畀扣咗奖金～〔他被扣掉奖金大声发泄不满〕。

【猫纸】 mao¹ ji²

小抄儿，考试作弊的人夹带或传递的写有考试内容的纸条。

【猫乸】 mao¹ na²（乸，拿²）

雌猫。

【猫女】 mao¹ nêu⁵⁻²

幼雌猫。

【猫须】 mao¹ sou¹

戏指人上唇的两撇胡子。

【猫儿】 mao¹ yi⁴⁻¹

猫（多在儿歌里用）。

【猫样】 mao¹ yêng⁶⁻²

难看的相貌。

【猫鱼】 mao¹ yü⁴

喂猫的鱼。

【猫仔】 mao¹ zei²

小猫；小公猫。

【矛】 mao⁴

❶多用于儿童。情急乃至粗野：睇住要输嘞，佢就～喇〔看着要输了，他就发起狠来〕。❷耍赖：回棋咧，咁～嘅〔悔棋啊，这么耍赖的〕丨咁～，有人同你玩㗎〔这么耍赖，没人愿意跟你一起玩的〕。

【矛赖】 mao⁴ lan⁶⁻²

同“矛❷”。

【矛神】 mao⁴ sen⁴⁻²

因焦急而毛躁：冷静啲，～有用嘅〔冷静点，急躁是不能解决问题的〕。

【茅根竹】 mao⁴ gen¹ zug¹

广东人爱用茅根和竹蔗等煮水喝，叫“茅根竹蔗水”，据说可以去火。人们只说“茅根竹”，就是用它替代隐去的“蔗水”两个字。因“蔗水”与“借水”（即借钱）同音，“茅根竹”就作为“借钱”的代替语。

【茅山】 mao⁴ san¹

据说“茅山道士”会法术，人们就用“茅山”代称法术。现已少用。

【茅寮】 mao⁴ liu⁴⁻²

茅屋；窝棚。

【茅竹】 mao⁴ zug¹

毛竹。广东一种常见竹种，竿粗长而结实。

mé

【咩】 mé¹（摸些切）

语气词。表示疑问：系～〔是吗〕？丨你嘅～〔是你的吗〕？丨噉都得～〔这还成吗〕？丨唔通你赶佢走～〔难道你把它赶走吗〕？〖“咩”表示一般的疑问读高平调，表示反诘语气或其他意思读高降调。〗

【咩嘢】mé^{1} yé^{5}（嘢，野）
同"乜嘢"。

【孭】mé^{1}（摸些切）
背（bēi）：~朥虾仔〔背婴儿〕｜~袋〔背口袋〕。

【孭带】mé^{1} dai$^{3-2}$
背带。

【孭飞】mé^{1} féi^{1}
承担责任：佢硬系要噉做，出咗问题由佢~〔他硬要这样干，出了问题由他负全部责任〕。

【孭镬】mé^{1} wog^{6}
背黑锅：佢惹嘅麻烦要我~〔他惹的麻烦要我来背黑锅〕。

【歪】mé^{2}（摸扯切。读音 wai^{1}）
歪斜：镜架挂~咗〔镜架挂歪了〕。

【歪零歪秤】mé^{2} ling^{4} mé^{2} qing^{3}
歪歪斜斜的：你啲字写得~〔你的字写得歪歪斜斜的〕。

【歪零秤】mé^{2} ling^{4} qing^{3}
同"歪零歪秤"。

med

【乜】med^{1}（物^{1}。又音 mé^{1}）
代词。❶什么：~都唔要〔什么都不要〕｜叫~名〔叫什么名字〕？｜有~话~〔有什么说什么〕！｜为~唔出声呀〔为什么不作声〕？❷怎么：~咁快就翻嚟呀〔怎么那么快就回来了〕｜~唔见人喇〔怎么不见人了〕？｜〖"乜"作"怎么"用是"做乜"的省略。〗

【乜都假】med^{1} dou^{1} ga^{2}
❶表示意志坚决，达不到目的决不罢休：你唔畀翻我~〔你不还给我说什么也不行〕｜唔完成任务，~〔不完成任务，决不罢休〕｜佢唔公开道歉，~〔他不公开道歉，坚决不答应〕！❷表示无能为力：咁迟至嚟，~啦〔那么晚才来，白搭了〕｜佢唔同意，~啦〔他不同意，有什么办法〕！

【乜东东】med^{1} dung^{1} dung^{1}
什么东西（诙谐的说法）：唔知佢讲~〔不知他说什么〕｜里头系~呀〔里面都是些什么东西〕？

【乜鬼】med^{1} guei^{2}
什么（加重语气）：重讲~吖〔还说什么〕！

【乜鬼嘢】med^{1} guei^{2} yé^{5}
同"乜鬼"。

【乜乜】med^{1} med^{1}
什么什么：佢又话去过~地方〔他又说去过什么什么地方〕｜又话食过~，唔知真定假〔又说吃过什么什么，不知道是真是假〕。

【乜乜物物】med^{1} med^{1} med^{6} med^{6}
这样那样的；什么什么的：佢讲咗好多嘢，~，我都听烦咯〔他说了很多东西，这样那样的，我都听烦了〕｜佢成日喺背后讲人哋~，真讨厌〔他整天在背后说人家什么什么的，真讨厌〕！

【乜谁】med^{1} seu^{4}
❶谁；什么人。❷某人：我听~讲过。广州话已少用。

【乜头乜路】med^{1} teo^{4} med^{1} lou^{6}
什么来路；什么来头。

【乜说话】med^{1} xud^{3} wa^{6}

M

什么，哪里（用于客套）：～呀，啲事冇乜咁交关〔哪里哪里，事情没有那么严重〕。

【乜嘢】med^{1} yé^{5}（嘢，野。又音 mé^{1} yé^{5}）

代词。❶什么东西：个袋里头有啲～〔那个口袋里有些什么东西〕？❷什么：～人讲～话〔什么人说什么话〕| 理佢做～〔理他干什么〕| 呢架机器有～用呀〔这架机器有什么用〕？

【乜嘢话】med^{1} yé^{5} wa$^{6-2}$

❶什么说话：哪里（客套话）：～呀，小意思嗻〔说什么话，小意思罢了〕。❷什么：～，你讲嘅系乜嘢呀〔什么，你说的是什么呀〕？| ～，佢居然咁大胆〔什么，他居然这么大胆〕！

【乜人】med^{1} yen^{4}

谁。

【乜滯】med^{1} zei^{6}

助词。用在否定词和动词或形容词之后，有“（不）怎么”、“（没有）什么”、“几乎（没有）”等意思：佢唔中意～〔他不怎么喜欢〕| 呢本书唔好睇～〔这本书不怎么好看〕| 未熟～〔还不怎么熟〕| 今日冇人嚟～〔今天几乎没有什么人来〕| 冇～啰〔几乎没有了〕。

【勿歇】med^{6} hid^{3}

不断；不停：～噉做〔不停地干〕。

【物件】med^{6} gin$^{6-2}$

物品，东西，一般指用品：将台面啲～执晒落箱度〔把桌面的东西都捡到箱子里〕。

【物似主人形】med^{6} qi^{5} ju^{2} yen^{4} ying^{4}

从人所用的物品可以看到主人的形象和个性：个肥佬揸住支咁粗嘅钢笔，真系～〔那胖子拿着一支粗粗的钢笔，真是物品也像主人的样子〕。

【物有所值】med^{6} yeo^{5} so^{1} jig^{6}

❶所买的东西值得。❷所做的事情有价值。

【物业】med^{6} yib^{6}

产业（指不动产）。

【袜箍】med^{6} ku^{1}

松紧袜带。

【密底算盘】med^{6} dei^{2} xun^{3} pun^{4}

比喻那些善于对事情作精密周到打算的人（往往含贬义）。

【密啲手】med^{6} di^{1} seo^{2}

动作快点儿。

【密笼】med^{6} lung$^{4-2}$

密；严密：呢个宿舍真～，空气唔好〔这个宿舍门窗关得太严，空气不好〕。

【密密】med^{6} med^{6}

频繁地；不断地：你呢几日～出门做乜呀〔你这几天频繁出门干什么啦〕。

【密实】med^{6} sed^{6}

❶严实：呢度门好～〔这门很严实〕。❷沉默寡言：佢好～㗎，唔会乱讲话嘅〔他嘴严着呢，不会乱说的〕。

【密实姑娘】med^{6} sed^{6} gu^{1} nêng^{4}

不爱说话、不爱透露心事的女孩。

【密食当三番】med^{6} xig^{6} dong^{1} sam^{1}

fan[1]

指打麻将时连续几次的“和”，抵得上一次三番，即积小胜为大胜。

【蜜糖埕】med⁶ tong⁴ qing⁴

❶一种香瓜。❷比喻最疼爱的孩子。

【密质质】med⁶ zed¹ zed¹

密密麻麻：佢啲头发生得～嘅〔他的头发长得密密麻麻的〕｜种到～就唔好喇〔种得密密麻麻的就不好了〕。

【密斟】med⁶ zem¹

密谈：两个人唔知～啲乜嘢〔两个人不知道在谈些什么〕。

【蜜蜡】med⁶ lab⁶

蜂蜡；黄蜡。

【蜜糖】med⁶ tong⁴

蜂蜜。

M

【*蜜丝】med⁶ xi¹

小姐。〖“蜜丝”是英语 Miss 的音译词。〗

meg

【¹唛】meg¹（麦¹）

玄孙（曾孙的儿子）。

【²唛】meg¹（麦¹）

❶空罐头盒：牛奶～｜罐头～。❷量词。筒（罐头盒）：一～米〔一筒米〕。〖“唛”是英语 mug 的音译词。〗

【³唛（嘜）】meg¹（麦¹）

商标；牌号：三角～｜金钱～。〖“唛”是英语 mark 的音译词。〗

【唛头】meg¹ teo⁴

样子（有贬义）：睇佢个～似乜〔看他的样子像什么〕！

【麦豆】meg⁶ deo⁶⁻²

豌豆的一种。

【脉门】meg⁶ mun⁴

手腕脉搏搏动的地方。

【*麦皮】meg⁶ péi⁴

麦片。也说“麦片”。

【墨笔】meg⁶ bed¹

毛笔：写～字。

【*墨七】meg⁶ ced¹

窃贼。

【墨超】meg⁶ qiu¹

太阳眼镜。

【墨水笔】meg⁶ sêu² bed¹

钢笔。

【墨砚】meg⁶ yin⁶

砚台。

【墨鱼】meg⁶ yü⁴

墨斗鱼；乌贼。

【默剧】meg⁶ kég⁶

哑剧。

【癦（𪒠）】meg⁶（墨。又音 meg⁶⁻²）

痣（较大的痣）：佢个面好多～〔他脸上很多痣〕｜呢粒～咁大嘅〔这颗痣多么大呀〕？〖广州话的“癦”相当于普通话的“痣”，但普通话“痣”的词义范围比较大，它还包含广州话的“痣”（较大的“痣”）。〗

【癦屎】meg⁶ xi²

雀斑。

mei

【¹咪】mei¹

麦克风；扩音器。〖“咪”是英语 microphone 头一个音节 mi 的音译词。〗

【²咪】mei¹

❶掐（用指甲掐）：呢啲菜老到手指甲都~唔入〔这些菜老得用指甲都掐不进去〕。❷用小刀切割。❸啃书；钻研：呢个问题佢~得好深〔这个问题他钻研得很深〕。❹用功；勤奋：佢好~㗎〔他是很用功的〕。

【咪丁】mei¹ ding¹

占便宜，使上当：畀人~咯〔上人家的当了〕｜唔怕~吗〔不怕人家占便宜吗〕？现已少说。

【咪家】mei¹ ga¹

用功读书的人；爱钻研问题的人（诙谐的说法）

【咪仙】mei¹ xin¹

链霉素。〖“咪仙”是英语 streptomycin 后两个音节的译音。〗

【咪书】mei¹ xu¹

啃书本，埋头读书：就嚟考试咯，要~至得〔快考试了，要啃书本才行〕。

【迷迷懵】mei⁴ mei⁴ mung²

同“迷迷懵懵”。

【迷迷懵懵】mei⁴ mei⁴ mung² mung²

不清醒，糊里糊涂：琴晚冇瞓觉，今日成日~噉〔昨晚没睡觉，今天整天糊里糊涂的〕。

【迷你】mei⁴ néi⁵

袖珍的；小型的：~字典｜~裙〔超短裙〕。〖“迷你”是英语 mini 的音译。〗

【米花糖】mei⁵ fa¹ tong⁴⁻²

糖粘爆米花做成的块状食品。

【米粉】mei⁵ fen²

❶大米粉，即大米面。❷条状的米粉条。

【米机】mei⁵ géi¹

碾米机；碾米厂。

【米骨】mei⁵ gued¹

米心（精白的大米）。

【米气】mei⁵ héi³

米的气味，指人吃到了粮食：佢病咗，两三日唔臭~咯〔他病了，两三天没吃饭了〕｜饿咗咁耐，食翻啲粥，臭翻下~〔饿了这么久，喝点粥，让肚里有点粮食〕。

【米路】mei⁵ lou⁶

谋生的门路。

【米铺】mei⁵ pou³

粮店。

【米水】mei⁵ sêu²

泔水。

【米碎】mei⁵ sêu³⁻²

碎米。

【米通】mei⁵ tung¹

用爆米花拌糖浆制成一块块的甜食品。

【米少饭焦燶】mei⁵ xiu² fan⁶ jiu¹ nung¹（燶，农¹）

熟语。做米饭的米本来就少，偏又煮糊了。相当于“雪上加霜”。

【咪¹】mei⁵

副词。别（不要）：~郁〔别动〕｜~讲畀佢听〔别告诉他〕｜~去自〔先别去〕。

【咪搞】mei⁵ gao²

M

❶不干：呢件嘢咁湿热，～〔这件事情那么棘手，不干〕。❷别搞：细佬哥～大人啲嘢〔小孩子别动大人的东西〕。

【咪搞我】 mei^{5} gao^{2} ngo^{5}

❶别麻烦我：我周身唔得闲，～咯〔我很忙，别麻烦我了〕。❷表示拒绝干某事：叫我签名嗰，～〔叫我签名，算了吧〕！

【咪个】 mei^{5} go^{3}

不要，别：～喺处嘈生晒〔别在这里吵吵闹闹〕。

【咪个自】 mei^{5} go^{3} ji^{6}

同“咪自”。

【咪个话】 mei^{5} go^{3} wa^{6}

同“咪话”。

【咪自】 mei^{5} ji^{6}（又音 mei^{5} ju^{6}）

慢着；等一等：～，等我谂下先〔慢着，让我先想一想〕。

【咪拘】 mei^{5} kêu^{1}

❶别客气：大家咁熟，～呀〔大家这么熟，别客气了〕。❷不敢领教；不愿上当：呢件嘢～嘞〔这件事我不敢领教〕。❸别梦想：你想我同你做吖，～〔你想我替你干，别做梦了〕！

【咪话】 mei^{5} wa^{6}

别说；慢说：～系你啦，就系我都唔得呀〔别说是你了，就是我也不行啊〕。

【咪制】 mei^{5} zei^{3}

同“咪拘❷❸。”

【咪^{2}】 mei^{6}

同“唔系❸”。

méi

【尾】 méi^{1}（尾^{1}）

末尾；后：最～嗰间屋〔最末尾的那所房子〕｜佢最～离开〔他最后离开〕｜第～〔倒数第一〕。

【尾指】 méi^{1} ji$^{6-2}$

小指。

【尾二】 méi^{1} yi$^{6-2}$

倒数第二个；最后之前一个。

【尾尾屎】 méi^{1} méi^{1} xi^{2}

倒数第一（儿童用语）。

【眯】 méi^{1}

闭（嘴、眼等）：～埋双眼〔闭着眼睛〕｜～眉～眼〔眯缝着眼睛〕｜～埋个嘴〔闭着嘴巴〕。

【眯埋眼】 méi^{1} mai^{4} ngan^{5}

❶闭上眼睛。❷指死亡。

【糜】 méi^{1}

粥或米汤凉后在表面上凝成的一层皮：一浸粥～〔一层粥皮〕。

【眉豆】 méi^{4} deo$^{6-2}$

白豇豆。

【眉精眼企】 méi^{4} jing^{1} ngan^{5} kéi^{5}

❶形容人长得精明机灵：呢个后生仔生得～，好醒目〔这个小伙子长得精明能干，真棒〕！❷容貌给人一种狡猾的感觉。

【眉毛】 méi^{4} mou^{4}

眉的毛：佢有两三条～系白嘅〔他有两三根眉毛是白色的〕。〖普通话“眉毛”一词，既指整道眉也指某根眉毛。广州话对整道眉叫“眼眉”或“眼眉毛”。〗

【眉心】méi^{4} sem^{1}

两道眉毛中间。

【眉头眼额】méi^{4} teo^{4} ngan^{5} ngag^{6}

脸色：要睇人哋嘅～过日子〔要看人家的脸色过日子〕。

【微】méi^{4}

（利润）微薄：赚得好～〔赚得很微薄〕。

【微菌】méi^{4} kuen^{2}

细菌。

【微利】méi^{4} léi^{6}

利润很少：佢做嘅系～生意，冇乜钱赚嘅〔他做的是利润很少的生意，没什么钱赚的〕。

【微微】méi^{4} méi$^{4-2}$

一点儿；少许；稍微：～有啲热〔稍微有点儿热〕。

【尾】méi^{5}

❶尾巴：猪～｜猫～｜鱼～。❷末尾；最后：月～〔月底〕｜～房〔最后那个房间〕。

【尾车】méi^{5} cé^{1}

末班车。

【尾底】méi^{5} dei^{2}

❶最后面：去得迟，排队排～〔去晚了，排队排在最后〕。❷最里面（又说“里底”lêu^{5} dei^{2}）：卫生间喺～〔卫生间在最里面〕。

【尾后】méi^{5} heo^{6}

❶后来：～大家点定〔后来大家怎么决定〕？❷排列在最后：排～嗰个你识唔识〔排在最后的那个人你认识吗〕？

【尾楼】méi^{5} leo$^{4-2}$

“花尾艔”（来往于广州与江门、肇庆、梧州等地的一种客船）最靠近船尾的船舱。

【尾龙骨】méi^{5} lung^{4} gued^{1}

尾骨（脊柱的末端）。

【尾牙（禡）】méi^{5} nga^{4}

旧时商号东家在农历十二月十六宴请本店伙计，以答谢大家一年来的辛劳。这种筵席叫“尾牙”。

【尾油】méi^{5} yeo^{4}

明油（浇在炒熟后的菜肴上的油）。

【尾脽】méi^{5} zêu^{1}

鸡鸭等尾部成锥形的肉。

【未】méi^{6}

没；没有；还没；还没有；还不：呢个问题～讨论过〔这个问题没有讨论过〕｜～开始〔还没开始〕｜佢～嚟〔他还没有来〕｜～得〔还不行〕｜～够〔还不够〕。〖普通话“未”只用于文言语句里，一般口语不用“未”。广州人往往以为广州话的“未”就是普通话的“没”或“没有”，因而把“未有”、“未去”、“未批准”等说成“没有”、“没去”、“没批准”，这是错误的。一般地说，广州话的“未”相当于普通话的“还没（有）”或“没（有）”两种说法：1. “未”的后面是动词时，普通话用“还没（有）”：～去〔还没去〕｜～写〔还没写〕｜～洗〔还没有洗〕。2. “未”后面的动词带补语或者“未”的后面是形容词时，普通话可以省去“还”字，只用“没（有）”：～去过〔没去过〕｜～写完〔没写完〕｜～洗干

净〔没洗干净〕| ～熟〔没熟〕。》

【未曾】méi6 ceng4

还没有；尚未：我～见过呢个人〔我没有见过这个人〕| 工作～完就想走啦〔工作还没有完成就想走啦〕。

【未得自】méi6 deg1 ji3

暂时还不行：甲：开始未呀？乙：～〔甲：开始了吗？乙：还不行〕| 甲：饭熟未呀？乙：～〔甲：饭熟了吗？乙：还不行〕。

【未知死】méi6 ji1 séi2

不知天高地厚，不知道厉害：你都～敢虾佢，佢一拳打碎木板㗎〔你不知道厉害敢欺负他，他一拳能把木板打碎〕。

【未算】méi6 xun3

M

还不算：五百文重话～贵〔五百块钱还说不算贵〕。

【未有耐】méi6 yeo5 noi6-1

（还）早着呢：几时放假？～〔什么时候放假？早着呢〕| ～开场〔离开场时间还早〕。

【1 味】méi6

量词。❶种；样（多指中药或菜肴）：再加两～药 | 呢～餸未食过〔这样菜没有吃过〕。❷件；样（多指事情。读音多作 méi6-2）：呢～嘢得人怕〔这样的事情实在使人害怕〕。

【2 味】méi6

味道。

【味碟】méi6 dib6-2

盛酱油辣椒等调料的小碟。

【味粥】méi6 zug1

统称各种鱼粥或肉粥。

【昧水】méi6 sêu2

潜水。

【昧水舂墙】méi6 sêu2 zung1 cêng4

扎入水中，头撞墙，指冒极大的危险：为咗朋友我可以～〔为了朋友我可以两肋插刀〕| 呢件事佢～都制〔这件事冒再大的风险他也干〕。

mem

【𩠌】mem1（摸阴切。又音 ngem1）

软而烂的饭（幼儿语）：食～～〔吃饭〕。

men

【文】men1（蚊）

量词。元；块（钱）：一～几〔一元多〕| ～零两～〔块把两块钱〕。

【文鸡】men1 gei1

量词。元：一两～都要注意节约 | 三几～之嘛〔三几块钱罢了〕。

【炆】men1

炖：～猪脚〔炖猪蹄〕| ～牛腩。

【蚊髀共牛髀】men1 béi2 gung6 ngeo4 béi2

比喻两者强弱差别悬殊：你同佢比，真系～咯〔你跟他比，真是小巫见大巫了〕。

【蚊虫】men1 cung4

同“沙虫❶。”

【蚊瞓】men1 fen3（瞓，训）

字面上是“蚊子睡”的意思，用来指人行动过分缓慢，有“太晚了”、

"太迟了"等意思：而家至嚟，~喇〔现在才来，太晚了〕。

【蚊烟香】men^{1} yin^{1} hêng^{1}

❶旧时端午节为驱赶蚊虫而点的香，粗而长。❷用来驱赶蚊子的盘香或线香。

【蚊口】men^{1} heo^{2}

皮肤上被蚊子叮过的地方所起的红点。

【蚊螆】men^{1} ji^{1}（螆，兹）

蚊子、蠓虫等小飞虫的总称。

【蚊瘰】men^{1} nan^{3}

蚊子叮咬后皮肤所起的疙瘩。

【蚊帐被席】men^{1} zêng^{3} péi^{5} zég^{6}

铺盖，床上用品的统称。

【抆】men^{2}（读音 men^{5}）

揩擦：~屎〔擦屁股〕。

【抿（揾）】men^{2}（读音 men^{5}）

抹（灰沙等）；泥（涂抹）：~石灰 | ~砖罅〔泥砖缝儿〕。

【抿嘴】men$^{5-2}$ zui^{2}

紧闭着嘴巴：佢嬲到抿埋嘴唔出声〔她气得闭着嘴不吭声〕| 佢抿住嘴笑〔他闭着嘴笑〕。

【璺】men^{3}（文^{3}）

❶靠近边缘的：唔好企得咁~〔别站得太靠边儿了〕| 嗰个杯放得太~会跌落地〔那个杯子放得太靠边儿会掉下来〕。❷引申指办事由于金钱、材料或时间等不很充足，几乎不够：五文鸡买咁多嘢好~㗎〔五块钱买那么多东西是很紧的〕| 六尺布做一条裤有啲~〔六尺布做一条裤子有点儿勉强〕| 限三日完成工程，太~喇啩〔限三天完成工程，太紧了吧〕？

【璺码】men^{3} ma^{5}

同"抿"。

【璺尾】men^{3} méi^{5}

尽头；末尾：我住喺~嗰度〔我住在最尽头那里〕。

【璺璺莫莫】men^{3} men^{3} mog$^{6-2}$ mog$^{6-2}$

仅仅够。

【璺秒】men^{3} miu^{5}

同"璺"，偏于指时间紧，快要赶不上：差一分钟开车你至赶到，咁~〔差一分钟开车你才赶到，真紧张〕。

【璺莫】men^{3} mog$^{6-2}$

同"璺"，偏于指材料、金钱等方面吃紧或勉强够用：预算可以略略宽一啲，唔好咁~〔预算可以稍微宽点，不要太紧〕。

【璺呻】men^{3} sen^{3}

同"璺"。

【璺水】men^{3} sêu^{2}

同"璺莫"：呢啲木料整个柜，~啲〔这些木料做一个柜子，勉强一些〕。

【文胆】men^{4} dam^{2}

❶擅长写文章的人。❷为他人出谋划策的人。

【文化衫】men^{4} fa^{3} sam^{1}

同"文化袖"。

【文化袖】men^{4} fa^{3} sêd^{1}

短袖圆领衫（针织品）。

【*文员】men^{4} yün^{4}

职员（文职人员）。

【*文雀】men^{4} zêg$^{3-2}$

比喻扒手。

M

【民田】men^{4} tin^{4}

珠江三角洲一带指冲积形成的、地势较高的地方（形成的时间比“沙田”久）。

【纹路】men^{4} lou^{6}

❶木、石等的纹理。❷比喻事物的条理、门道：佢做嘢好有～〔他做事很有条理〕。

【闻得】men^{4} deg^{1}

听说：～你发晒达 嗬〔听说你大大地发了，是吗〕？

【闻见棺材香】men^{4} gin^{3} gun^{1} coi^{4} hêng^{1}

闻到棺材的香味了。戏称离死不远。多为老人自嘲语。

【问】men^{6}

向（介词）：我想～佢借啲钱〔我想向他借点钱〕。

【问得心过】men^{6} deg^{1} sem^{1} guo^{3}

问心无愧。

【问客劏鸡】men^{6} hag^{3} tong^{1} gei^{1}（劏，汤）

招待客人吃饭时问客人是否要杀鸡。说明主人没有诚心待客。

【问心唔过】men^{6} sem^{1} m^{4} guo^{3}

过意不去：呢次我真系～〔这次我真是过意不去〕。

【问天打卦】men^{6} tin^{1} da^{2} gua^{3}

听天由命：呢次你完全靠～咯〔这次你完全靠听天由命了〕。

【问师姑攞梳】men^{6} xi^{1} gu^{1} lo^{2} so^{1}（攞，罗^{2}）

师姑，尼姑；攞，取。向尼姑要梳子。意为找错对象。

meng

【掹（擝）】meng^{1}（盟^{1}）

❶拽；扯；拉：～断咗条绳〔把绳子拉断了〕｜咪～住我件衫〔别拽着我的衣服〕。❷拔：～胡须。

【掹（擝）草】meng^{1} cou^{2}

拔草。借指谈恋爱，因谈恋爱的人坐在草地上往往不由自主地拔草，故称。

【掹（擝）哈】meng^{1} ha^{1}

同“扯哈”、“牵哈”。

【⿰口孟鸡】meng^{1} gei^{1}

❶眼皮上的疤瘌。❷疤瘌眼儿（眼皮上有疤的人）。

【⿸疒孟】meng^{2}（盟^{2}）

暴躁；烦躁：佢好～，啷啲就闹人〔他很暴躁，动不动就骂人〕。

【⿸疒孟姜】meng^{2} gêng^{1}（⿸疒孟，吗肯切）

急躁的人。

【⿸疒孟𤺥】meng^{1} zeng^{2}（𤺥，曾^{2}）

同“⿸疒孟姜”。

【掹】meng^{3}（盟^{3}）

同“掹❶”。

【掹猫尾】meng^{3} mao^{1} méi^{5}

指二人串通一气，一呼一应地蒙骗别人。

【掹衫尾】meng^{3} sam^{1} méi^{5}

旧时指跟着改嫁的母亲到后父家的孩子。

【盟鼻】meng^{4} béi^{6}

鼻塞。

【盟笼】meng^{4} lung$^{4-2}$

❶密封住；闷住。❷闷宫（象棋术语）。

【盟塞】 meng^{4} seg^{1}

❶闭塞；孤陋寡闻。❷不明事理。

méng

【名】 méng$^{4-2}$（读音 ming^{4}）

名儿；名字：你叫乜嘢～〔你叫什么名字〕？

【𫟳】 méng^{4}（磨𫚉切）

没有；未曾。〖“méng^{4}”是“未曾”（méi^{6} ceng^{4}）的连音变化。〗

【命】 méng^{6}

引申指人（诙谐的说法）：得几只～，点做呀〔只有几个人，怎么干呀〕！｜呢度剩翻我一条～〔这里就只剩下我一个人〕。

【命丑】 méng^{6} ceo^{2}

命运不好。

【命正】 méng^{6} zéng^{3}

命运好。

meo

【踎】 meo^{1}（谋^{1}）

蹲：～低〔蹲下〕｜～喺度倾偈〔蹲在那儿闲聊〕。

【踎墩】 meo^{1} den^{1}

失业。

【踎街】 meo^{1} gai^{1}

蹲在马路旁，喻指失业。

【踎监】 meo^{1} gam^{1}

坐牢。

【谋人寺】 meo^{4} yen^{4} ji$^{6-2}$

指高价宰客的商店。

【茂（谬）】 meo^{6}

荒谬：乜你咁～嘅〔怎么你那么荒谬的〕？

【茂豆】 meo^{6} deo^{6}

土里土气、呆头呆脑的样子。

【茂寿】 meo^{6} seo^{6}

❶呆头呆脑的样子。❷穿着不合身。

mi

【咪妈烂臭】 mi^{1} ma^{1} lan^{6} ceo^{3}

形容人满口粗言秽语，不堪入耳。

【咪摸】 mi^{1} mo^{1}

做事慢；磨蹭：做嘢咁～，我怕晒你喇〔做事那么磨蹭，我真怕了你了〕。

mid

【搣（㩢）】 mid^{1}（灭^{1}）

❶捏；拧：唔好畀手指～人〔别用手指捏人家〕。❷掰：～开两边。❸撕：～烂张纸〔把纸撕破了〕。

【灭火喉】 mid^{6} fo^{2} heo^{4}

消防栓及水管。

【篾白】 mid^{6} bag^{6}

篾黄，竹子篾青以内的部分削成的篾条。

min

【面^{1}】 min$^{6-2}$

❶面子；脸面：有～｜睇佢嘅～〔看他的面子〕。❷面儿：被～｜底～。

M

【面裤】min$^{6-2}$ fu^{3}
外裤。

【面衫】min$^{6-2}$ sam^{1}
褂子；外衣。

【面头】min$^{6-2}$ teo^{4}
❶物体上部的一层：我要呢沓书～嗰本〔我要这摞书最上面的那本〕。❷物体外面的一层：佢～着一件花棉衲〔她外面穿一件花棉袄〕。

【眠干睡湿】min^{4} gon^{1} sêu^{6} seb^{1}
孩子尿床时，让孩子睡干的地方，母亲自己睡湿的地方。形容母亲爱孩子无微不至。

【棉紧身】min^{4} gen^{2} sen^{1}
紧身棉袄。

【棉褛】min^{4} leo^{1}（褛，楼^{1}）
棉大衣。

【棉衲】min^{4} nab^{6}
棉袄。

【棉胎】min^{4} toi^{1}
被套（棉被的胎）：弹～。

【绵羊】min^{4} yêng$^{4-2}$
棉被（诙谐的说法）：赶～〔拿棉被去当押〕｜赎～。

【免至】min^{5} ji^{3}
免得：你要先挂个电话翻屋企，～老婆挂念〔你要先打个电话回家，免得老婆惦记着〕。

【*免治】min^{5} ji^{6}
碎末。〖“免治”是英语 mince 的音译词。〗

【面^{2}】min^{6}
脸：洗～｜～红。

【面饼】min^{6} béng^{2}
团成饼状的熟面条。

【面鉢】min^{6} bud^{6}
同“面珠墩”。

【面青口唇白】min^{6} céng^{1} heo^{2} sên^{4} bag^{6}
形容人气色难看：大佬呢排～，唔知佢边度唔妥〔大哥最近脸青唇白，不知他哪里不舒服〕？

【面青青】min^{6} céng^{1} céng^{1}
脸色青白。

【面巾】min^{6} gen^{1}
洗脸巾；毛巾。

【面口】min^{6} heo^{2}
❶脸儿；面孔：佢个～好熟〔他很面熟〕。❷脸色；气色：呢排你个～好咗好多喇〔最近你的脸色好了很多了〕。

【面䊕䊕】min^{6} hong^{2} hong^{2}（䊕，读音 hong^{1}）
❶脸色憔悴。❷面无表情的样子。

【面红红】min^{6} hung^{4} hung^{4}
脸色发红。

【面红面绿】min^{6} hung^{4} min^{6} lug^{6}
面红耳赤。

【面珠】min^{6} ju^{1}
脸蛋儿。

【面珠墩】min^{6} ju^{1} den^{1}（墩，读音 dên^{1}）
脸蛋儿。

【面木木】min^{6} mug^{6} mug^{6}
表情麻木、呆滞。

【面懵】min^{6} mung^{2}
没趣：搞到大家～晒，冇晒瘾〔弄得大家没趣，没意思〕。

【面懵懵】min6 mung2 mung2
面无表情的样子。

【面懵心精】min6 mung2 sem1 zéng1
表面看起来糊涂，其实心里很精明。

【面皮】min6 péi4
脸皮。

【面皮厚】min6 péi4 heo5
指人不害羞、不自觉、不礼貌。

【面盆】min6 pun4-2
脸盆；洗脸盆。

【面黄黄】min6 wong4 wong4
因病弱而面色枯黄。

【面豉】min6 xi6-2
豆瓣酱。

【面豉酱】min6 xi6-2 zêng3
黄酱，豆瓣儿酱。

【面善】min6 xin6
面熟；似曾相识：嗰个人好～〔那个人很面熟〕。

【*面左左】min6 zo2 zo2
面带愠色，不愿与人打招呼。

ming

【名衔】ming4 ham4
❶职务；职称。❷名气；名望。

【名嘴】ming4 zêu2
戏指能言善辩或较有名气的媒体节目主持人。

【明】ming4
明白：我唔～系乜嘢道理〔我不明白是什么道理〕｜你～吗〔你明白了没有〕？

【明火】ming4 fo2
用猛火煮的：～白粥。

【明滚】ming4 guen2
公开诈骗。

【明虾】ming4 ha1
对虾：水浸大～。

【明渠】ming4 kêu4
阳沟。

【明穣】ming4 kuang1（穣，箍罂切）
分明：～都系你咯，你都唔承认〔分明是你了，你都不承认〕。

【明炉】ming4 lou4
在敞开式的炉子中用炭火烧烤的：～烧鸭。

【明瓦】ming4 nga5
用玻璃等透明材料做的瓦片。

【明呃】ming4 ngeg1
同“明滚”。

miu

【藐】miu2（妙2）
❶抿嘴（表示轻蔑）：～嘴。❷瞥嘴：嘴～～（嘴巴似笑非笑，表示对人冷淡）。

【藐嘴藐舌】miu2 zêu2 miu2 xid3
撇着嘴，表示对人蔑视。

【瞄】miu4
❶偷看：～咗一眼〔偷看了一眼〕｜～咗一下〔偷看了一下〕。❷随便地看：～一下就算啰〔随便地看一下就算了〕。

【妙品】miu6 ben2
本意为非常美好、精妙的东西，转指人圆滑、灵活，善于应对各种情况。

mo

【摩打】mo¹ da²
马达；发动机。〖“摩打”是英语motor的音译词。普通话译作“摩托”、“马达”或“发动机”，而“摩托”多作“摩托车”的简称。〗

【摩登瓜子】mo¹ deng¹ gua¹ ji²
葵花籽儿。

【摩度】mo¹ dou⁴
模特儿。也说“模特”。〖法语modèle的音译。〗

【*摩晞】mo¹ héi¹
安哥拉山羊毛布料。〖“摩晞”是英语mohair的音译词。〗

【摩啰差】mo¹ lo¹ ca¹
旧时对南亚地区肤色棕黑的人的蔑称。

【摩抿】mo¹ men³
做事慢，动作迟缓：你咁～，落班都做唔完〔你动作这么慢，到下班也干不完〕。

【嚤】mo¹（么）
慢；缓慢：佢行得好～〔他走得很慢〕｜食得～〔吃得慢〕。〖一般只作补语及谓语，不能作定语和状语，如“慢车”、“慢慢讲”都不能用“嚤”。〗

【嚤佗】mo¹ to⁴
（动作）缓慢；慢吞吞；不灵活：佢做嘢好～㗎〔他干活动作很慢的〕｜大家做嘢要快手啲，唔得咁～㗎〔大家干活的速度要快一些，不能那么慢吞吞的〕。

【摸】mo²
摸索着捕捉、捞取：～鱼～虾。

【摸杯底】mo² bui¹ dei²
戏称喝酒：佢一～就唔知自己姓乜咯〔他一喝起酒来就不知道自己姓什么了〕。

【摸碟底】mo² dib⁶ dei²
摸底细；了解根底隐私。

【摸埋】mo² mai⁴
随便碰到的；无论哪一个；一般的：呢种嘢～都要百零二百文〔这种东西随便哪一个都要百多二百元〕｜～都有五公斤〔一般都有五公斤〕。

【摸盲盲】mo² mang⁴ mang⁴⁻¹
捉迷藏；摸瞎子（儿童用语，蒙着眼睛捉人的游戏）。

【摸门钉】mo² mun⁴ déng¹
指到亲友家找不着人：呢次又试～〔这次又找不着人〕。

【摸酒杯底】mo² zeo² bui¹ dei²
戏称到酒楼喝酒。

【磨心】mo⁶ sem¹
石磨的轴心。比喻多方受气的人。

mog

【剥花生】mog¹ fa¹ sang¹
指陪同他人谈情说爱（诙谐的说法）。

【剥光猪】mog¹ guong¹ ju¹
❶把衣服脱得精光。❷下棋时将一方棋子吃得只剩一个“将”或“帅”。又叫“劏光猪”。

【剥皮牛】mog¹ péi⁴ ngeo⁴

橡皮鱼，即马面鱼。

mong

【¹芒】mong¹

差劲；不好：我初初以为好好，原来咁～嘅〔我最初以为很好，原来那么差劲的〕｜好～嘅咋〔很差劲的〕。

【²芒】mong¹

❶发育期间的青年男女：～仔｜～女。❷发育期间的家禽家畜：～鸡｜～猪｜～鸭。

【网¹】mong¹

指罩；套；蒙盖：攞嗰个网嚟～住啲嘢〔拿那张网子把这些东西罩上〕｜攞窟布～住嗰个石膏像〔拿块布来把石膏像蒙上〕。

【忙忙狼狼】mong⁴ mon⁴ long⁴ long⁴

焦急而匆忙的样子：睇佢～唔知去边度〔看他匆匆忙忙的不知道要到哪里去〕？

【网²】mong⁵

指用绳线等结成的捕鱼捉鸟的器具或像网的东西：鱼～｜发～｜猪膏～〔猪网膜；猪肠油〕。

【网络】mong⁵ log³⁻²

网兜。

【望微眼】mong⁶ méi⁴ ngan⁵

❶眺望极远处：～咁远〔几乎看不到的地方〕｜～都睇唔到〔用尽眼力都看不到〕。❷殷切盼望：～噉盼个仔翻嚟〔日盼夜盼地盼望儿子回来〕。

【望天打卦】mong⁶ tin¹ da² gua³

靠天吃饭：要靠主观努力，唔好～〔要靠主观努力，不要靠天吃饭〕。

mou

【毛布】mou⁴ bou³

绒布（有绒毛的棉布）。

【毛瓜】mou⁴ gua¹

“节瓜”的别名。

【毛管】mou⁴ gun²

毛孔；汗孔：吓到佢～都松晒〔吓得他毛骨悚然〕。

【毛管戙】mou⁴ gun² dung⁶（戙，洞）

毛管，这里指寒毛；戙，竖起。形容人受到较大惊吓时的样子，相当于“毛骨悚然”。

【毛管戙笃企】mou⁴ gun² dung⁶ dug¹ kéi⁵

毛骨悚然：吓得我～〔吓得我毛骨悚然〕。

【毛管松】mou⁴ gun² sung¹

毛管松开。同“毛管戙”。

【毛毛草草】mou⁴ mou⁴ cou² cou²

毛糙（做事情粗糙不细致）。

【毛髻髻】mou⁴ seng⁴ seng⁴（髻，时衡切）

毛茸茸的。

【毛水】mou⁴ sêu²

羽毛的色泽：只猫几好～〔这只猫毛色很好〕。

【无端白事】mou⁴ dün¹ bag⁶ xi⁶

无缘无故：～笑起嚟〔无缘无故笑起来〕｜～打烂佢做乜〔无缘无故把它打破了干什么〕！

【无端端】mou^{4} dün^{1} dün^{1}

无缘无故：呢个细佬哥～喊起上嚟〔这个小孩无缘无故地哭起来〕｜嗰架汽车～坏咗〔那辆汽车无缘无故地坏了〕。

【无拳（权）无勇】mou^{4} kün^{4} mou^{4} yung^{5}

比喻势单力薄：我哋～，点同佢斗得过吖〔我们势单力薄怎么能跟他们斗呢〕。

【无厘头】mou^{1} léi^{4} teo^{4}

原意为无利可图的，引申为无意义的、莫名其妙的等。又作“冇厘头”。

【无聊赖】mou^{4} liu^{4} lai^{6}

无聊；无事可干：成日坐喺屋企，真～〔整天坐在家里，真无聊〕。

M

【无无端端】mou^{4} mou^{4} dün^{1} dün^{1}

同“无端端”。

【无嚹嚹】mou^{4} na^{1} na^{1}（嚹，拿^{1}）

无缘无故：点解～就畀佢批评呀〔为什么无缘无故就被他批评了〕？

【无千无万】mou^{4} qin^{1} mou^{4} man^{6}

无数；成千上万。

【无情白事】mou^{4} qing^{4} bag^{6} xi^{6}

同“无端白事”。

【无情鸡】mou^{4} qing^{4} gei^{1}

旧时商号在农历十二月十六“尾牙”这天，东家宴请本店伙计，如果东家客气地㨃一块鸡肉给某一伙计，就意味着解雇他。这块鸡肉就叫“无情鸡”。

【无声狗】mou^{4} séng^{1} geo^{2}

歇后语，下一句是“咬死人”，比喻阴毒的人。

【无他】mou^{1} ta^{1}

没有其他什么；没有别的，没有什么缘故：我哋噉做～，只不过为你好之嘛〔我们这样做没别的，只不过为了你好罢了〕。

【无头安出脚】mou^{4} teo^{4} ngon^{1} cêd^{1} gêg^{3}

形容人无中生有，胡编乱造：呢件事系假嘅，你哋唔好～〔这件事是假的，你们不要无中生有〕。又说“冇头安出脚”。

【无头乌蝇】mou^{4} teo^{4} wu^{1} ying$^{4-1}$

比喻乱闯乱撞：睇你好似只～噉，要舂去边度〔看你像只没有头的苍蝇那样，要闯到哪儿去〕？

【无谓】mou^{4} wei^{6}

❶不必：～搞咁多嘢喇〔不必搞那么多东西了〕。❷没有意义。

【无时无候】mou^{4} xi^{4} mou^{4} heo^{6}

随时；不分昼夜：佢～都会嚟㗎〔他随时都会来的〕！｜为乜半夜打电话，～〔为什么半夜打电话，也不看白天黑夜〕。

【无印良品】mou^{4} yen^{3} lêng^{4} ben^{2}

没有商标，但价格低廉、质量过得去的商品。

【无烟大炮】mou^{4} yin^{1} dai^{6} pao^{3}

戏称吹牛吹得太离奇的人。

【舞】mou$^{5-2}$

❶弄，忙碌地干：咁多事，够得～咯〔事情这么多，够弄的了〕｜～咗成朝至～掂〔干了一个早上才干完〕。❷摆弄，鼓捣：呢单嘢任得佢去～〔这件事随他鼓捣去〕。

【冇】mou^{5}

❶没有；无：～乜事〔没有什么事儿〕｜我～书｜有～？｜～人过问｜～条件。❷副词。没；没有：～买票〔没买票〕｜佢～做乜嘢〔他没干什么〕｜佢～话过〔他没说过〕。❸副词。不（只有极少数情况）：～错｜～紧要〔不要紧〕｜呢排～落雨乜滞〔近来不怎么下雨〕。

【有把炮】 mou5 ba2 pao3

没有把握。

【有表情】 mou5 biu2 qing4

❶没有表情。❷别扭；尴尬（gān gà）（诙谐的说法）：搞到佢好～〔弄得他非常尴尬〕。

【有本心】 mou5 bun2 sem1

没良心：连老母都打，真系～咯〔连母亲都打，真没良心〕！

【有搭霎】 mou5 dab3 sab3

形容人做事无始终，不经心，大大咧咧，马虎随便：做事唔好咁～〔做事情不要那么马虎〕。

【有大有细】 mou5 dai6 mou5 sei3

没大没小，指人不分长幼尊卑：呢个人讲话～〔这个人说话没大没小的〕。

【有胆】 mou5 dam2

没有胆量：你都～嘅〔你胆子真小〕｜佢～做呢件事〔他没有胆量干这件事〕。

【有胆匪类】 mou5 dam2 féi2 lêu6

戏称没有胆量的人：噉都怕，正～〔这样都害怕，真是胆小鬼〕！

【有啖好食】 mou5 dam6 hou2 xig6

❶日子过得艰难：嗰阵时真系～呀〔那个时候日子真是艰难啊〕。❷没有得到什么好处：大家个个都好辛苦，但系～〔大家个个都挺辛苦的，但没得到什么好处〕。

【有得】 mou5 deg1

用在动词之前，相当于普通话“没有＋动词＋的”的格式：～卖〔没有卖的〕｜～睇〔没有看的〕｜～坐〔没有坐的〕。〖广州人说普通话时习惯把以上的例句说成“没有得卖”、“没有得看”、“没有得坐”，这是错误的，必须注意。〗

【有得顶】 mou5 deg1 ding2

好极了；没有什么超得过它：佢嘅手艺～〔他的工艺没人比得过他〕｜呢个球队～〔这个球队没有对手〕。

【*有得挥】 mou5 deg1 fei1

无法相比，比不上：你同佢～〔你跟他无法相比〕。

【有得倾】 mou5 deg1 king1

没有商量的余地；没门儿：呢件事～〔这件事没门儿〕｜成本要咁高就～咯〔成本要这么高，那就没有商量的余地了〕。

【有得㩒】 mou5 deg1 man1（㩒，慢1）

无法挽回；没有希望：呢场球我睇～咯〔这场球我看无法挽回了〕。

【有得弹】 mou5 deg1 tan4

没有说的（没有什么可指责的）：呢位先生态度咁好，真系～啰〔这位先生的态度那么好，真是没有说的〕｜呢啲嘢～〔这些东西没有说的〕。

【有定性】 mou5 ding6 xing3

指小孩爱玩好动，学习或做事不专心：细路仔～，叫佢做我唔放心

〔小孩不专心，叫他干我不放心〕。

【冇定准】 mou^5 ding^6 zên^2

不一定的；不固定的。

【冇度数】 mou^5 dou^6 sou^3

没准儿：多少都得，～嘅〔多少都成，没准儿〕。

【冇花冇假】 mou^5 fa^1 mou^5 ga^2

绝对是真的，没有虚假：呢个数字系真嘅，～〔这个数字是真的，没有虚假〕。

【冇份】 mou^5 fen$^{6-2}$

没有份儿：呢次集训我～〔这次集训没我的事〕｜～参加〔没参加〕。

【冇火冇猫】 mou^5 fo^2 mou^5 mao^1

形容灶冷屋清：呢间屋～好耐冇人住咯〔这房子冷冷清清的很久没有人住了〕。

M

【冇符】 mou^5 fu^4

束手无策；毫无办法；没辙儿（zhér）：呢件事，真系～喇〔这件事，真是没办法了〕。

【冇家教】 mou^5 ga^1 gao^3

缺乏家庭教育的（指小孩不懂礼貌）。

【冇解】 mou^5 gai^2

❶不像话：太～喇〔太不像话了〕。❷奇怪：真～，八点钟重未有人嚟〔真奇怪，八点了还没有人来〕。

【冇交易】 mou^5 gao^1 yig^6

没门儿；没有商量余地：噉嘅条件～〔这样的条件没有商量余地〕｜你想要咁大份，～〔你想要这么多，没门儿〕。

【冇觉好瞓】 mou^5 gao^3 hou^2 fen^3（瞓，训）

"瞓"，睡。没有一天能够睡得安然，形容内心不得安宁：整顿治安，啲贼仔～咯〔整顿治安，小偷不得安宁了〕｜收咗嗰笔贿金之后，佢一直～〔收了那笔贿金之后，他内心一直不得安宁〕。

【冇计】 mou^5 gei^3

❶不计较：大家咁熟，佢～嘅〔大家那么熟，他不会计较的〕。❷没有办法：真系～，原料唔啱用〔真没办法，原料不合用〕。

【冇几何】 mou^5 géi^2 ho$^{4-2}$

不经常；不常：你哋～嚟〔你们不常来〕｜我～出街〔我不常上街〕。

【冇几耐】 mou^5 géi^2 noi$^{6-2}$

没多久；一会儿：我嚟咗～〔我来了一会儿〕｜～佢就走咯〔没多久他就走了〕。

【冇记性】 mou^5 géi^3 xing^3

记忆力不好的；健忘的：佢好～嘅〔他很健忘〕。

【冇咁好气】 mu^5 gem^3 hou^2 héi^3

表示不屑跟对方说下去：～，唔同你讲〔没工夫，不跟你说〕。

【冇根底】 mou^5 gen^1 dei^2

❶没有家业。❷没有学问。

【冇根蔸】 mou^5 gen^1 deo^1

同"冇搭霎"。

【冇根蔃】 mou^5 gen^1 gêng^2（蔃，姜^2）

没有根底，指人没有家族、派系等势力作依靠。

【冇下扒】 mou^5 ha^6 pa^4

说话没信用；轻诺寡信。

【冇口齿】 mou^5 heo^2 qi^2

不讲信用的；无信用的：佢真～，

话过又唔算数嘅〔他真不讲信用，说过也可以不认账的〕。

【冇行】mou5 hong4
没有希望的（指没有得到某些东西的希望）：去迟咗就～喇〔去晚了就没有希望了〕。

【冇好气】mou5 hou2 héi3
没耐心；没兴趣：我～同你嘈〔我没兴趣跟你吵〕。

【冇拘论】mou5 kêu1 lên6
不讲究。

【冇厘】mou5 léi4
一点儿也没有，毫无：个嘢～用〔那家伙一点儿用处也没有〕｜做乜呀，～精神嘅〔干什么呀，无精打采的〕？

【冇厘搭霎】mou5 léi4 dab3 sab3
没有分寸；没谱儿：佢讲嘢都～嘅〔他说话都没谱儿的〕｜啯个人做嘢都～嘅〔那个人办事都没有分寸的〕。

【冇厘正经】mou5 léi4 jing3 ging1
一点也不正经。

【冇厘神气】mou5 léi4 sen4 héi3
无精打采：睇佢～嘅，好似有病〔看他无精打采的样子，似乎有病〕。

【冇厘瘾】mou5 léi4 yen5
无聊；没意思：玩呢啲嘢～〔玩这些东西没意思〕。

【冇厘瘾头】mou5 léi4 yen5 teo4
同“冇厘瘾”。

【冇理由】mou5 léi5 yeo4
❶没有道理：佢～噉做〔他没有理由这么干〕。❷不可能：佢～唔去〔他不可能不去〕。

【冇漏罅】mou5 leo6 la3
没有破绽，绝对保险。

【冇雷公咁远】mou5 lêu4 gung1 gem3 yün5
没有雷公的地方，指很远很远的地方：佢住得～，嚟呢度要好耐至到得〔他住得非常远，到这里要花很长的时间〕。

【冇了赖】mou5 liu5 lai6
没完没了；没个完：大家做得～，唔知几时完工〔大家没完没了地干，不知什么时候才完工〕。

【冇料】mou5 liu6-2
没有学问；水平低。

【冇料到】mou5 liu6-2 dou3
同“冇嘢到”。

【冇料兆】mou5 liu6 xiu6
❶没有内容：呢煲汤～嘅〔这锅汤没有什么内容〕。❷因没事做而感到无聊：一个人喺屋企，冇啲料兆〔一个人在家里，没事做太无聊了〕。

【冇来由】mou5 loi4 yeo4
没有依据；不合道理：你噉讲系～嘅〔你这么说是没有依据的〕。

【冇乜】mou5 med1
❶没有什么：我～好讲喇〔我没有什么好说的〕。❷不怎么：佢～发言〔他不怎么发言〕｜呢度～好玩〔这里不怎么好玩〕。

【冇乜点】mou5 med1 dim2
没有什么异常：我睇佢～吖〔我看他没有什么异常呀〕。

【冇乜两句】mou5 med1 lêng5 gêu3
无二话，没有不同意见的话，即互相很要好，很少争吵：我同佢～

M

〔我和他很要好〕。

【冇乜嘢】mou5 med1 yé5
没有什么：佢几好，～咯〔他挺好的，没什么了〕。

【冇乜滞】mou5 med1 zei6
❶几乎没有：盐～咯〔盐几乎没有了〕｜滚水饮到～就再煲〔开水喝得快没有了就再烧〕。❷没怎么：电影我冇睇乜滞〔电影我没怎么看〕。

【冇脉】mou5 meg6
没希望了；完了。

【冇米粥】mou5 mei5 zug1
比喻没有内容的东西，希望渺茫的事情，没有效果的动作等：呢个项目我睇系～嚟嘅〔这个项目我看是没有效果的〕。

【冇尾飞砣】mou5 méi5 féi1 to4
比喻行踪不定的人。

【冇纹路】mou5 men4 lou6
同“冇搭霎”。

【冇纹冇路】mou5 men4 mou5 lou6
同“冇纹路”。

【冇面】mou5 min6-2
丢脸：个仔唔懂事，搞到佢好～〔他的儿子不懂事，弄得他很丢脸〕。

【冇嚤耕】mou5 na1 gang1（嚤，拿1）
互不相干；毫无关系：两件事都～嘅〔两件事是不相干的〕。

【冇嚤掕】mou5 na1 leng3
没有牵连，没有关系，不沾边儿：呢件事同我冇啲嚤掕〔这件事跟我不沾边儿〕。

【冇嚤冇掕】mou5 na1 mou5 leng3
同“冇嚤掕”。

【冇牙老虎】mou5 nga4 lou5 fu2
比喻火灾。现在也用来比喻那些徒有强壮外表，但内里却十分脆弱的人：咪睇佢似个有钱佬，其实系個～，冇乜身家嘅〔别看他像个有钱人，其实是外强中干，没什么家产的〕。

【冇瓦遮头】mou5 nga5 zé1 teo4
比喻没有住的地方。

【冇挨冇凭】mou5 ngai1 mou5 beng6
无依无靠。

【冇眼界】mou5 ngan5 gai3
没眼力；看得不准。

【冇眼睇】mou5 ngan5 tei2
表示撒手不管的意思：你硬噉做，我～〔你硬要这么干，我可不管了〕！

【冇脑】mou5 nou5
没脑子；不动脑筋。

【冇皮柴】mou5 péi4 cai4
即“光棍”。指无赖、骗子等无业人员。

【冇皮蕉】mou5 péi4 jiu1
戏称粪便。

【冇谱】mou5 pou2
❶离谱；没准儿（指人做事不合常情）：佢讲话～嘅〔他说话可没准儿〕｜我话你～嘅，咁冷重去游水〔我说你真离谱，那么冷还去游泳〕。❷形容某些状态达到令人不能忍受的程度：今日热到～〔今天热得够戗〕。

【冇穿冇烂】mou5 qun1 mou5 lan6
完整无损；完好。

【冇晒表情】mou5 sai3 biu2 qing4

M

原指人因失意受刺激，心情不舒畅，而面部呆板无表情。引申指人遇到不称心时的情形。

【冇晒符】mou^{5} sai^{3} fu^{4}

完全没有办法：呢件事～喇〔这件事完全没有办法了〕。

【冇术】mou^{5} sêd^{6}

没办法：搞到我冇晒术〔弄得我毫无办法〕。

【冇世艺】mou^{5} sei^{3} ngei^{6}

没事儿干，闲着无聊：退咗休可以睇书、写作、旅游，唔会～嘅〔退休以后可以读书、写作、旅游，不会没事儿干的〕。

【冇心】mou^{5} sem^{1}

❶无心；无意：我～得罪你。❷没有感情：你对佢～嘅话就唔好去拍拖喇〔你对他没有感情的话就不要跟他谈恋爱了〕。

【冇心机】mou^{5} sem^{1} géi^{1}

没有耐心；不专心；无心：我～睇咁长嘅文章〔我没有耐心看那么长的文章〕｜我～同你倾〔我无心跟你谈〕。

【冇心肝】mou^{5} sem^{1} gon^{1}

没良心。

【冇心装载】mou^{5} sem^{1} zong^{1} zoi^{3}

不用心听讲；不在意。

【冇声气】mou^{5} séng^{1} hêi^{3}

❶没有消息：咁耐重～嘅〔那么久还没有消息〕？❷没有希望：可能～啰〔可能没希望了〕。

【冇声好出】mou^{5} séng^{1} hou^{2} cêd^{1}

没话可说，无言以对：摆出事实，佢就～〔摆出事实，他就没话可说〕｜问到佢～〔问得他没话好说〕。

【冇相干】mou^{5} sêng^{1} gon^{1}

❶不相干。❷不要紧：～，你借几耐都得〔不要紧，你借多长时间都可以〕。

【冇修】mou^{5} seo^{1}

❶毫无办法；没辙儿（zhér）：搞到佢～〔弄得他毫无办法〕｜真～〔真没辙儿〕。❷狼狈不堪：整到佢～〔整得他狼狈不堪〕。

【冇手尾】mou^{5} seo^{2} méi^{5}

形容人做事有头无尾，或者做完一件事，不收拾东西：做完嘢要执齐啲工具，唔好咁～〔干完活儿要把工具收齐，不要丢三落（là）四的〕。

【冇所谓】mou^{5} so^{2} wei^{6}

无所谓；没关系：呢啲嘢好闲嘛，要唔要都～〔这些东西无关重要，要不要无所谓〕。

【冇数为】mou^{5} sou^{3} wei^{4}

不合算；划不来。

【冇睇头】mou^{5} tei^{2} teo^{4}

没有可看的，不好看：呢部电影～〔这部电影没有什么好看的〕｜呢本杂志冇啲睇头〔这本杂志一点也不好看〕。

【冇头乌蝇】mou^{5} teo^{4} wu^{1} ying$^{4-1}$

形容人乱碰乱闯：做嘢应该有计划，唔好～噉〔做工作要有计划，不能乱碰乱闯的〕。

【冇天装】mou^{5} tin^{1} zong^{1}

指那些无法无天的人。

【冇话】mou^{5} wa^{6}

副词。从不；绝不：佢～无故缺席〔他从不无故缺席〕｜佢～呃人嘅〔他从不骗人的〕。

【冇坏嘅】mou⁵ wai⁶ gé³
没有坏处：食完饭行下，～〔吃完饭慢慢走走，没什么坏处〕｜多校对一次～〔多校对一次错不了〕。

【冇王管】mou⁵ wong⁴ gun²
没人管理。

【冇嗜好】mou⁵ xi³ hou³
无聊赖；无心情。

【冇时】mou⁵ xi⁴
无时无刻：你真系～闲〔你真是没有一刻安闲〕。

【冇时闲】mou⁵ xi⁴ han⁴
❶很忙，没有空闲时间：佢入咗嗰间公司之后就～咯〔他进了那家公司以后一直很忙〕。❷动个不停：两三岁嘅细路系～嘅〔两三岁的小孩总是好动的〕。

【冇事】mou⁵ xi⁶
没事儿，没问题：系噉做，～〔就这样干，没事儿〕｜睇你面青青噉，～吖吗〔看你脸色青青的，没什么问题吧〕？

【冇醒（省）起】mou⁵ xing² héi²
没想起；忘了：～帮你买嘢添〔忘了替你买东西〕｜～写信畀佢〔没想起要写信给他〕。

【冇性】mou⁵ xing³
❶不懂事：咁细个嘅细路～㗎，要教佢至得〔这么小的小孩是不懂事的，要教他才行〕。❷没有人性：佢真～咯，连老豆都打埋〔他真不是人，连父亲都打了〕。

【冇嘢】mou⁵ yé⁵（嘢，野）
没事儿：唔使怕，～〔不用怕，没事儿〕。

【冇嘢到】mou⁵ yé⁵ dou³
缺乏实质性的东西；没有实际利益或实际利益很少：呢个月嘅奖金～〔这个月奖金很少〕｜做得咁辛苦，其实～〔干得这么辛苦，其实没什么利益〕。

【冇嘢嚟】mou⁵ yé⁵ lei⁴
同"冇嘢到"。

【冇嘢做】mou⁵ yé⁵ zou⁶
没活干，没事可做。指失业：～就去同人打散工〔失业了就去给人家打零工〕。

【冇药医】mou⁵ yêg⁶ yi¹
无药可医，指不可救药。

【冇阴功】mou⁵ yem¹ gung¹
❶有损阴德。❷叹息别人受到恶报：真系～咯〔真造孽啊〕。

【冇人有】mou⁵ yen⁴ yeo⁵
没人能比；从未见过：个嘢恶到～〔那个家伙凶得没人能比〕。

【冇瘾】mou⁵ yen⁵
无聊；没意思；没趣：一个人喺屋企，真～〔一个人在家真无聊〕｜成日玩几～〔整天玩多没意思〕｜你噉搞法大家赚～嘅啫〔你这么干，大家落得没趣罢了〕。

【冇有怕】mou⁵ yeo⁵ pa³
用不着怕；一点儿也不怕。〖"冇有怕"原为广西"白话"而非地道的广州话，一般用作诙谐的说法。〗

【冇衣食】mou⁵ yi¹ xig⁶
❶折寿；缺德：你浪费咁多粮食，

M

真系～喇〔你浪费那么多粮食，不怕折寿〕！❷引申指忘恩负义。

【冇耳茶壶】mou⁵ yi⁵ ca⁴ wu⁴

没有耳子的茶壶。歇后语，下句是“得把嘴”，指人光说不做：做嚟睇下啦，咪做～〔干来看看吧，别光说不做〕。

【冇耳藤喼】mou⁵ yi⁵ teng⁴ gib¹（喼，劫¹）

没有手提耳子的藤箱。歇后语，下句是“靠托”，即不能提只能扛在肩上。广州话“托”又有“拍马屁”的意思，所以“冇耳藤喼”是借指善于拍马屁、阿谀奉承的人。

【冇耳听】mou⁵ yi⁵ téng¹

不想听；听不进去：呢啲是是非非我～呀〔这些是是非非我不想听〕｜我讲话你～呀〔我说话你听不进去吗〕？

【冇耳性】mou⁵ yi⁵ xing³

健忘：一阵间就唔记得，真～〔一下子就忘了，真健忘〕！

【冇益】mou⁵ yig¹

无益；没好处（多指食物或某些生活习惯对身体不好甚至有害）：食咁多花生～㗎〔吃那么多花生没有好处〕｜食完饭就即刻打篮球最～㗎〔吃完饭就马上打篮球最不健康〕。

【冇研究】mou⁵ yin⁴ geo³

没意见；没问题；无所谓（答应别人的要求时用）：～，你要就攞去啦〔没问题，你要就拿去吧〕｜你话点就点啦，～〔你说怎么样就怎么样吧，没问题〕｜我几时值班都～〔我什么时候值班都没意见〕｜点都～〔怎么都成〕。

【冇腰骨】mou⁵ yiu¹ gued¹

没骨气；靠不住（指人轻诺寡信）。

【冇揸冇拿】mou⁵ za¹ mou⁵ na⁴

同“冇揸拿”。

【冇揸拿】mou⁵ za¹ na⁴

没把握：做呢件事我真系～㗎〔做这件事我真没把握〕。

【冇爪蠄蟧】mou⁵ zao² kem⁴ lou⁴（蠄，蟧，禽劳）

比喻没有能耐的人或失去自卫能力的人。

【冇爪蟛蜞】mou⁵ zao² pang⁴ kéi⁴⁻²

同“冇爪蠄蟧”。

【冇着落】mou⁵ zêg⁶ log⁶

❶没有落实：经费重～〔经费还没有落实〕。❷没有下落：失踪三日重～〔失踪三天还没有下落〕。

【冇准】mou⁵ zên²

❶没有标准：佢做嘢～嘅〔他做事可没准儿〕。❷不可信：呢个人～嘅，咪信佢〔这个人是不可信的，别相信他〕。

【冇走鸡】mou⁵ zeo² gei¹

肯定的判断；有把握：系阿七打烂，～〔是阿七打破，绝对没错〕。

【冇走盏】mou⁵ zeo² zan²

有把握；十拿九稳：呢件事实～〔这件事一定有把握〕。

【帽襻】mou⁶ pan³

帽子上用来系紧的带子。

【雾水】mou⁶ sêu²

露水：～夫妻。

【雾水夫妻】mou⁶ sêu² fu¹ cei¹
婚姻短暂的夫妻。

mug

【怵】mug¹
猜测：畀我～中咗〔让我猜对了〕｜大家～下佢会唔会嚟〔大家猜一下他会来吗〕？

【木】mug⁶
❶木头。❷形容人呆头呆脑，无表情：乜咁～嚟〔为什么那么呆头呆脑的〕？❸艮：呢种风栗有啲～〔这种栗子有点艮〕。

【木独】mug⁶ dug⁶
愣；迟钝：啱瞓醒觉，重好～〔刚睡醒，还愣着〕｜佢瞓唔够，唔怪之得咁～啦〔他睡眠不足，怪不得那么迟钝了〕。

【木口木面】mug⁶ heo² mug⁶ min⁶
发愣，毫无表情的样子：咪～噉啦〔不要发愣了〕。

【木糠】mug⁶ hong¹
锯末。

【木筲箕】mug⁶ sao¹ géi¹
歇后语，下一句是“滴水不漏”，比喻非常吝啬，一毛不拔的人。

【木虱】mug⁶ sed¹
臭虫。

【木头公仔】mug⁶ teo⁴ gung¹ zei²
木偶。

【木鱼】mug⁶ yü⁴
❶一种木制中空的击乐器。广东音乐和曲艺用的为长方形，与通常的圆形的不同。❷广州话地区流行的一种民间说唱曲艺。

【木鱼书】mug⁶ yü⁴ xu¹
粤方言地区的一种民间唱本，专门说唱某一故事。

mui

【妹¹】mui⁶⁻¹
同“妹仔”。

【妹钉】mui⁶⁻¹ déng¹
小女孩；小丫头（有贬意）。

【妹猪】mui⁶⁻¹ ju¹
小丫头（昵称）。

【妹裙】mui⁶⁻¹ kuen⁴
女孩穿的裙子。

【妹仔】mui⁶⁻¹ zei²
婢女。

【妹²】mui⁶⁻²
妹妹：佢有两个～〔他有两个妹妹〕。

【晦】mui²（梅²）
不用牙齿嚼食：呢啲豆咁硬，伯爷婆～唔烂〔这些豆子那么硬，老太婆嚼不烂〕。

【嗍腮唔转】mui² soi¹ m⁴ jun³
嗍，用没有牙齿的牙床啃磨。指人嘴里塞满食物：你都～咯，重想要〔你把嘴都塞满了，还想要〕！

【鸫】mui⁴⁻²
囮子，用来诱捕同类鸟的鸟。引申指引人赌博者或帮人行骗者。

【梅花间竹】mui⁴ fa¹ gan³ zug¹
互相间隔着，比喻交替着生育儿女。

【梅雨天】mui⁴ yü⁵ tin¹

M

黄梅雨天。指春末夏初阴雨连绵的天气。

【梅酌】 mui⁴ zêg³

结婚酒席（一般指男方办的，现已极少用）：饮～〔喝喜酒〕。

【脢肉】 mui⁴ yug⁶

猪、牛脊背上的瘦肉，尤指里脊。

【媒】 mui⁴⁻²

媒子；托儿。

【媒人讲大话】 mui⁴ yen⁴ gong² dai⁶ wa⁶

媒人说媒时多半说夸张的话。广东俗语，后面还有一句"补镬用泥搽"，形容媒人说的假话大话就像补锅用泥土来糊一样荒诞。

【媒人公】 mui⁴ yen⁴ gung¹

男性媒人。

【媒人婆】 mui⁴ yen⁴ po⁴

媒婆。

【煤屎】 mui⁴ xi²

煤烟灰（从烟囱上落下来的烟灰）。

【霉】 mui⁴

❶糟（多指布等磨损快破了）：呢条裤着到～晒〔这条裤子穿得糟了〕。❷落泊：佢捞到～晒〔他混得很落泊〕。

【霉菜】 mui⁴ coi³

霉干菜。

【霉姜】 mui⁴ gêng¹

用盐和少量的糖腌制过的姜，作零食。

【霉香咸鱼】 mui⁴ hêng¹ ham⁴ yü⁴

腌制时间较长，鱼肉变得松散而带有一种特有香味的咸鱼。多为咸鲳鱼。

mun

【门】 mun⁴

珠江水道的出口：虎～｜蕉～｜横～｜崖～｜磨刀～｜鸡啼～。

【门角落头】 mun⁴ gog³ log¹ teo⁴⁻²

门背后墙角。

【门口狗】 mun⁴ heo² geo²

❶看门狗。❷比喻只在家里称王称霸的人（尤指儿童）。

【门扇底】 mun⁴ xin³ dei²

门背后。

【门钟】 mun⁴ zung¹

门铃。

【满盘皆落索】 mun⁵ pun⁴ gai¹ log⁶ sog³

全盘都输，不可收拾。

【满天神佛】 mun⁵ tin¹ sen⁴ fed⁶

❶指事情闹得沸沸扬扬：呢件事为乜搞到～呀〔这件事为什么搞得沸沸扬扬的〕？❷形容事情忙乱，难以招架：几件事搞到我～嗽〔几件事弄得我难以招架〕。

【满肚密圈】 mun⁵ tou⁵ med⁶ hün¹

形容人计谋多，计划周密；老谋深算：佢～，你谂佢唔过嘅〔他满肚子周密的打算，你算不过他的〕。

【满肚文章】 mun⁵ tou⁵ men⁴ zêng¹

比喻人知识丰富。

【满洲窗】 mun⁵ zeo¹ cêng¹

窗棂带木格子或木雕的窗户。旧时广州的西关大屋多装有。

【闷】 mun⁶

使人烦闷；沉闷：咪嚟～我啦〔别来烦我〕｜呢出戏～到死〔这出戏沉闷得要命〕。

【闷到抽筋】mun⁴ dou³ ceo¹ gen¹
无聊、空虚到极点：成日坐喺屋企，～〔整天待在家里，无聊透顶了〕。

mung

【蒙】mung¹
眯缝着（眼睛）。

【蒙猪眼】mung¹ ju¹ ngan⁵
小眼睛。

【蒙蒙光】mung¹ mung¹ guong¹
蒙蒙亮（天刚亮）：～就起身〔天蒙蒙亮就起床〕。

【蒙蒙松松】mung¹ mung¹ sung¹ sung¹
半醒的样子。

【懵】mung²
迷糊；昏迷；糊涂：佢热到～咗〔他热得昏迷过去了〕｜你越讲我越～〔你越说我越糊涂〕。

【懵闭闭】mung² bei³ bei³
懵懵懂懂；糊里糊涂：我唔识化学，你讲极我重系～〔我不懂化学，无论你怎么讲我还是糊里糊涂〕。

【懵口懵面】mung² heo² mung² min⁶
表情发木；发愣；呆滞。

【懵神三星】mung² sen⁴ sam¹ xing¹
糊里糊涂的人；糊涂虫。

【懵上心口】mung² sang⁵ sĕm¹ heo²
十分糊涂。

【懵盛盛】mung² xing⁶ xing⁶
同“懵上心口”。

【嚎】mung³（梦³）
烦躁：热到佢～晒〔热得他很烦躁〕｜热痱～〔痱子痒得人心里很烦躁〕。

【矇（蒙）】mung⁴
模糊：我只眼有啲～〔我的眼睛有点模糊〕。

【矇茶茶】mung⁴ ca⁴ ca⁴
❶矇矇眬眬。❷形容人糊涂。❸形容人对某事的情况不明。

N

na

【瘌（瘰）】na¹（拿¹）
疤瘌（伤口或疮平复以后在皮肤上留下的痕迹）。

【嗱】na¹（拿¹）
连词。❶跟；与：你～佢同值一个班〔你跟他同值一班〕。❷同“孖❷”。

【嗱家】na¹ ga¹
着家；待在家里：成日唔～〔整天不着家〕。

【嗱耕】na¹ gang¹
相干；关联；沾边儿：呢件事同嗰件事我睇有啲～〔这件事跟那件事

我看有点关联〕。

【嗱脷】na¹ léi⁶（脷，利）
大舌头；说话发音不清楚。

【嗱埋】na¹ mai⁴
和；同；跟：～佢一齐玩啦〔跟他一块儿玩吧〕｜我～你一个小组〔我跟你一个小组〕。

【嗱攏】na¹ neng³（攏，呢凳切）
牵扯；连带；关系：我同佢冇乜～〔我跟他没有什么牵扯〕。

【乸】na²（拿²）
❶母的（雌性动物）：十只牛有六只～。❷用在动物名称的后面，表示雌性：鸡～〔母鸡〕｜猪～〔母猪〕。

【乸形】na² ying⁴
指没有阳刚之气，言行举止像个女人的男人。

【嗱】na⁴（拿）
叹词。指物或给别人东西时用：～，单车喺嗰度〔喏，自行车在那儿〕｜～，畀你〔欸，给你〕！

nab

【笝（呐）】nab³（纳³）
一物吸附着他物。

nad

【焫】nad³（捺³）
❶灼；烫：～伤｜佢只手畀滚水～亲〔他的手给开水烫了〕。❷滚烫的：嗰个杯好～〔那个杯子很烫〕。❸枪毙（诙谐的说法）：今日～咗两个土匪〔今天枪毙了两个土匪〕。

【焫鸡】nad³ gei¹
烙铁。

nai

【褦】nai³（奶³）
连带；拖带：一架车～一个拖斗〔一辆车带一个拖斗〕｜买个电筒～两嚿电池〔买一支手电筒配（带上）两节电池〕。

【奶胆】nai⁵ dam²
乳白色的灯泡；磨砂灯泡。

【奶奶】nai⁵⁻⁴ nai⁵⁻¹
婆婆（媳妇称丈夫的母亲）。

【*奶昔】nai⁵ xig¹
牛奶和冰淇淋等的混合饮料。〖“奶昔”是英语 milk shake 的音意合译词。〗

【乃念】nai⁵ nim⁶
体念；念及：～佢以前做过啲好事，呢次就放佢一马〔体念他以前做过一些好事，这次就放过他吧〕。

nam

【揇】nam³（南³）
❶拃（张开大拇指和食指或中指量长度）：～一下张台有几长〔拃一拃这张桌子有多长〕。❷量词。拃（张开的大拇指和食指或中指指端间的距离）：呢张台有四～几长〔这张桌子有四拃多长〕。❸量词。步（大步）：呢两条柱有五～阔〔这两根柱子距离有五步宽〕。

【踹】nam³（南³。又音 lam³）
❶跨：一脚～过去。❷间隔：～日去一趟〔隔天去一次〕。

【踹光黑】nam³ guong¹ hag¹（踹，南³。又音 lam³ guong¹ heg¹）
黄昏时的天色：农忙大家都做到～至收工〔农忙时大家都干到天快黑才收工〕。

【踹日】nam³ yed⁶
隔日，隔天：呢种药要～食一次〔这种药要隔天吃一次〕。

【南北行】nam⁴ beg¹ hong⁴⁻²
❶商界同业公会。❷经营进出口贸易的私营商行。

【南风窗】nam⁴ fung¹ cêng¹
比喻港澳或海外关系。

N

【南路】nam⁴ lou⁶
习惯指广东省过去高、廉、雷、琼四州所属地方，即今湛江地区西部及海南岛北部。

【南无】nam⁴ mo⁴⁻²
念经。〖“南无”（nā mó）本是表示对佛尊敬或皈依。广州话意思有变化。〗

【南无佬】nam⁴ mo⁴ lou²
道士；巫师。

【南华李】nam⁴ wa⁴ léi⁵⁻²
李子的一种，皮浅绿带红，肉红色，味甜，爽脆，因产于广东省曲江南华寺附近而得名。

【南洋】nam⁴ yêng⁴⁻²
通常指亚洲东南部一带的半岛和群岛。

【南洋伯】nam⁴ yêng⁴ bag³
指南洋华侨（男性）。

【南乳】nam⁴ yü⁵
酱豆腐的一种，用芋头制成，红色，块儿较大，多作调味用。

【南乳花生】nam⁴ yü⁵ fa¹ sang¹
五香花生。

【南乳肉】nam⁴ yü⁵ yug⁶
同“南乳花生”。

【南枣】nam⁴ zou²
红枣的一种，个儿大，肉厚。

【蝻（蚺）蛇】nam⁴ sé⁴
蟒蛇。

【男人老狗】nam⁴ yen⁴ lou⁵ geo²
大男人；男人大丈夫：～敢作敢为。

【男人婆】nam⁴ yen⁴ po⁴
像男人似的女人。

【男仔】nam⁴ zei²
❶男孩。❷男青少年。

【男仔头】nam⁴ zei² teo⁴
男孩子：～系噉嘅咯〔男孩子是这样的了〕。

【男装柜】nam⁴ zong¹ guei⁶
矮衣柜。

【揇²】nam⁵（南⁵）
用长棍打：“一竹篙～咗一船人”〔熟语。一竹竿打了一船人——比喻不分青红皂白〕。

【腩】nam⁵
腹部的肥肉（多指牛的）。

nan

【赧¹】nan²
齁咸（过咸）。

【赧[2]】nan³（难³）

绗；绷：～被｜补厣～好至车〔补丁先绷好再轧（zá）〕。〖但绗棉衣不能称“～棉衣”。〗

【瘰】nan³（难³）

皮肤因被蚊虫叮咬或过敏所起的疙瘩。

【难抵】nan⁴ dei²

难以忍受：痛得咁犀利，真系～咯〔痛得那么厉害，真叫人难忍受啊〕！｜成日汗水淋淋，真系～〔整天汗流浃背，真难受〕。

【难顶】nan⁴ ding²

难于支持；难熬：好～〔很难支持〕｜旧时啲生活咁艰难，真系～咯〔从前那种生活那么艰难，真是难熬了〕！

【难鲠】nan⁴ keng²

❶难以下咽：口干食呢啲饼真～〔口干吃这些饼真难咽下〕。❷难啃，指难以承受，难以完成：呢个任务困难咁多，～〔这个任务困难那么多，难啃啊〕｜呢个工程我哋好～㗎〔这项工程我们很难完成〕。

【难睇】nan⁴ tei²

难看：幅画画得咁～〔那幅画画得真难看〕。

【难为】nan⁴ wei⁴⁻²

❶为难，亏待。一般带宾语：你哋要帮佢，唔好～佢〔你们要帮他，别为难他〕｜派你去嗰度工作，～你咯〔派你到那里工作，为难你了〕。❷多亏。表示感谢：～你帮我咁大忙〔多亏你帮了我这么大的忙〕。❸亏得。表示讥讽：～你噉都讲得出口〔亏得你这样也能说出口〕！

nao

【闹】nao⁶

骂：～人。

【闹交】nao⁶ gao¹

吵架。

【闹热】nao⁶ yid⁶

热闹。

neb

【凹】neb¹（粒。读音 ao¹，ao³，wa¹）

❶凹；洼：～～凸凸。❷瘪：踩～咗个乒乓波〔把乒乓球踩瘪了〕。

【粒】neb¹

❶丁儿：豆角～｜黄瓜～｜肉～。❷量词。颗；粒：一～星｜一～珠｜一～米。

【粒声都唔出】neb¹ séng¹ dou¹ m⁴ cêd¹

一句话也不说；一声不响：佢一个人坐喺度，～〔他一个人坐在那里，一句话也不说〕｜嬲到佢～〔气得他一声不响〕。

【泅】neb⁶（粒⁶）

❶涩：呢支枪有啲～，要擦油喇〔这支枪有点涩，要擦油了〕。❷黏黏糊糊的：咁凉嘅天乜你重成身～㗎〔那么凉快的天气为什么你满身还是黏黏糊糊的〕？❸同“泅懦”。

【泅口】neb⁶ heo²

❶胃口不好：呢两日～，唔想食〔这两天胃口不好，不想吃〕。❷腻，指食品含油脂多使人不想吃：肥肉好～〔肥肉很腻人〕。

【涸懦】neb⁶ no⁶

磨蹭；慢吞吞：佢做乜嘢都咁～〔他干什么都那么磨蹭〕。

【涸黐黐】neb⁶ qi¹⁻³ qi¹⁻³（黐，次。读音 qi¹）

黏黏的；黏糊糊的：啱食过蔗，只手重～〔刚吃过甘蔗，手还是黏黏的〕｜出咗一身大汗，成身～嘅〔出了一身大汗，全身黏糊糊的〕。

【涸油】neb⁶ yeo⁴⁻²

❶涩（油涩了机器）：只表～喇〔表油涩了〕。❷形容人举动不灵活，迟钝，或行动缓慢。❸同"涸懦"。

N

【呐口】neb⁶ heo²（呐，粒⁶）

食欲不振；不开胃。

neg

【喔牙】neg¹ nga⁴（喔，挪握切）

大舌头（指说话发音不清楚）。

【喔生】neg¹ sang¹

米饭夹生。

nei

【¹泥】nei⁴

碾压成泥状：将薯仔～烂〔把土豆弄成泥〕。

【²泥】nei⁴

❶泥：一坺～〔一摊泥〕。❷土：一担～〔一挑土〕｜～山｜～墙。〖普通话的"泥"和"土"，广州话一律叫"泥"。广州人说普通话时要注意区分：凡带水的称"泥"（广州话叫"泥"或"泥湴"），不带水的称"土"。〗

【³泥】nei⁴

擂；捣（使成糊状）：～烂啲番薯〔把白薯弄成泥状〕。

【泥湴】nei⁴ ban⁶（湴，办）

烂泥；稀泥。

【泥湴酱】nei⁴ ban⁶ zêng³

泥浆。

【泥尘】nei⁴ cen⁴

灰尘；尘土：张台通系～〔这张桌子满是灰尘〕｜呢度好多车行，～好大〔这里很多汽车经过，尘土很多〕。

【泥公仔】nei⁴ gung¹ zei²

泥人；泥做的玩偶。

【泥蚶】nei⁴ hem¹

蚶子。

【泥口】nei⁴ heo²

建筑工地。

【泥砖】nei⁴ jun¹

❶大土坯（用泥加稻草制成）。❷砖坯（用来烧砖的土坯）。

【泥路】nei⁴ lou⁶

土路。

【泥鯭】nei⁴ mang¹（鯭，猛¹）

生活在海边泥水中的一种鱼。

【泥尾】nei⁴ méi⁵

公共倾倒建筑废土的场地。

【泥鸭】nei⁴ ngab³

旱鸭子，一种不善游泳的鸭子，头

部有红色皮肤及肉瘤。又叫“番鸭”、“洋鸭”。

【泥水佬】nei⁴ sêu² lou²
泥瓦匠。

【泥氹】nei⁴ tem⁵（氹，徒凛切）
泥潭，泥水坑。

【泥头】nei⁴ teo⁴
建筑房屋的砖瓦沙石等的废料。

【泥肉】nei⁴ yug⁶
可耕种的土层：呢笪田～几厚呀〔这块地土层多厚啊〕！

néi

【匿】néi¹（你¹。读音 nig¹）
躲藏：冇定～〔没处躲〕｜睇你～去边度〔看你躲藏到哪里去〕？

【匿埋】néi¹ mai⁴
藏起来（指人）：你～边度我都揾得到〔你藏在哪儿我都能找到〕。

【你哋】néi⁵ déi⁶（哋，地）
你们。

【你啲人】néi⁵ di¹ yen⁴（啲，多衣切）
你们（在感情色彩上比用“你哋”疏远一些）。

【…你个头…】néi⁵ go³ teo⁴
用于动词后面，表示对某动作行为的厌恶情绪。相当于“…个屁”、“…个鬼”、“还…什么”：唱～〔唱什么唱〕！｜去～〔还去什么〕！

【你系得嘅】néi⁵ hei⁶ deg¹ gé³
你真行：细佬，～〔老弟，你真行〕！｜～，我算服咗你〔你行，我算服了你〕。

【你好嘢】néi⁵ hou² yé⁵（嘢，野）
反语。相当于普通话的“你行”“有你的”：～，认叻啦，得罪人咯〔你行，逞能吧，得罪人家了〕｜～，呢次你赢咗，下次再比过〔有你的，这次你赢了，下次再赛一次〕。

【你谂你】néi⁵ nem² néi⁵（谂，稔²）
你自己拿主意：呢啲事～嘞〔这些事情你自己拿主意好了〕｜～，咪谂过隔篱〔惯用语。你考虑你自己的事，别人的用不着你来费心〕。

【你就想】néi⁵ zeo⁶ sêng²
拒绝对方要求时的用语，大致相当于“异想天开”、“简直是开玩笑”、“你想得美”等意思：赔咁少就算啦，～〔赔这么少就算了，开玩笑〕！｜一毫子两斤，～〔一毛钱两斤，你想得美〕！

【腻口】néi⁶ heo²
因食物过于油腻而食欲不振。

nem

【谂（惗）】nem²（稔²）
想；思索；考虑：～唔掂〔想不通〕｜你～过未〔你考虑过没有〕？

【谂错隔篱】nem² co³ gag³ léi⁴
想偏了，理解错了：我知道你系～喇〔我知道你理解错了〕。

【谂掂】nem² dim⁶
想通；想清楚：等你～先至嚟揾我〔等你想通了再来找我〕。

【谂翻】nem² fan¹
回想；回忆：有时～旧时细个嗰阵

N

啲嘢〔有时回想过去小时候的事〕。

【谂翻转头】nem^2 fan^1 jun^3 teo^4

回想过去：~你当时听我话就好喇〔回想当初你听我的就好了〕。

【谂计仔】nem^2 gei$^{3-2}$ zei^2

想办法：大家一齐~，乜嘢困难都唔怕〔大家一起想办法，什么困难都不怕〕。

【谂住】nem^2 ju^6

想着；原来打算；准备：琴日我~去睇你㗎〔昨天我打算去看你的〕。

【谂嚟度去】nem^2 lei^4 dog^6 hêu^3

想来想去：我~重系自己去好〔我想来想去还是自己去好〕。

【谂落】nem^2 log^6

细想之下：我~觉得你有道理。

【谂谂下】nem^2 nem^2 ha^2

想来想去，想着想着：~总觉得边度唔妥〔想来想去总觉得什么地方有问题〕｜嗰条算术题畀我~谂通咗〔那道算术题让我想着想着想通了〕。

【谂缩数】nem^2 sug^1 sou^3

为自己打如意算盘：咪成日喺度~〔别整天为自己打如意算盘〕。

【谂头】nem^2 teo^4

❶想法：你有乜~〔你有什么想法〕。❷思考：佢好好~〔他很善于思考〕。

【谂真啲】nem^2 zen^1 di^1（啲，多衣切）

想清楚一些；好好想想：噉样做法啱唔啱，你自己~〔这样做对不对，你自己想清楚一些〕｜呢件事应该点做你~〔这件事应该怎么办你好好想想〕。

【腍】nem^4（稔^4）

❶软；松软；不硬：豆腐咁~〔豆腐那样软〕。❷（食物）烂熟：牛肉炆得好~〔牛肉炖得很烂〕。❸蔫（形容人性情软弱，不容易发脾气）。

【腍嗅嗅】nem^4 bé^4 bé^4（腍，拿吟切；嗅，啤^4）

❶软绵绵（过分软烂）：呢条路~，车唔行得〔这路软绵绵的，车走不了〕。❷同"腍善"。

【腍□□】nem^4 bég^6 bég^6

（□，罢笛切）同"腍嗅嗅"。

【腍鼻】nem^4 béi^6

因鼻塞而说话不清楚。

【腍佛】nem^4 fed^6

原指善良的菩萨，引申指善良和蔼而软弱的人。

【腍善】nem^4 xin^6

和善；和蔼（指人脾气好，不容易生气）：佢咁~，人人都中意佢〔他那么和蔼善良，人人都喜欢他〕。

【腍腌】nem^4 yim^2（腌，掩）

腹部的两侧，又叫"小腌"。

【淰】nem^6（挪任切）

❶洇：呢啲纸写字会~嘅〔这些纸写字会洇的〕。❷吸透（水分等）：佢件衫湿到~晒〔他的衣服湿透了〕。❸（睡）熟：瞓到~晒〔睡得很熟〕。❹重复出现的，连续出现的：打麻雀~左三次庄〔打麻将连续做了三次庄〕｜~二〔连续出现两个"二"〕。

【淰瞓】nem^6 fen^3（瞓，训）

睡得深；熟睡：佢真~〔他睡得真

死〕。

【淰庄】 nem⁶ zong¹
连续做庄。

nen

【涊】 nen¹
稀而带黏性的屎：鸡～〔鸡的稀屎〕｜屙～〔拉稀屎〕。

【撚】 nen²（呢忍切。读音 nin²）
❶摆弄；耍：～花〔玩弄花草〕。❷打扮：～得好靓〔打扮得很漂亮〕。❸捉弄；逗：佢好小气，唔好～佢〔他很小气，别捉弄他〕。

【撚菜】 nen² coi³
讲究烹调：你中意～吗〔你喜欢弄菜吗〕？

【撚化】 nen² fa³
捉弄；愚弄：唔好～人〔别捉弄人〕｜几个人都畀佢～晒〔几个人都让他捉弄够了〕。

【撚手】 nen² seo²
拿手：种花养鱼佢都好～〔种花养鱼他都拿手〕。

【撚嘢】 nen² yé⁵（嘢，野）
装样子，装腔作势：佢～嘅嘛，咪理佢〔他装样子罢了，别管他〕｜正经啲，唔好～喇〔正经点，别装腔作势了〕。

neng

【揇】 neng³（能³）
❶牵挂；连带；拖累：一张飞可以～两个细蚊仔〔一张票可以带两个小孩〕｜佗手～脚〔牵牵扯扯的——指因有拖累而行动不便〕。❷系：门环上面～住条绳〔门环上系着一根绳子〕。

neo

【嬲】 neo¹（扭¹）
❶生气；恼怒；发火：我噉样话佢，佢会唔会～我呢〔我这样说他，他会不会生我的气〕？｜～死〔气坏了〕。❷憎恨；恨：～到佢死〔恨死了他〕｜人人都好～嗰啲贼仔〔人人都很憎恨那些小偷〕。

【嬲爆爆（飽飽）】 neo¹ bao³ bao³
气鼓鼓的（指人）。

【扭】 neo²
❶设法弄到某些东西：我只"车"畀佢～咗啰〔我的"车"（象棋）给他弄去了〕。❷诈骗：呢个坏蛋～咗人哋好多钱〔这个坏蛋诈了人家很多钱〕。

【扭计】 neo² gei³⁻²
❶淘气；形容小孩故意闹别扭：呢个仔好～〔这孩子很淘气〕。❷出鬼点子难人；捣鬼；跟人钩心斗角。

【扭计师爷】 neo² gei³⁻² xi¹ yé⁴
专门出鬼主意的人（有贬义）。

【扭计星】 neo² gei³⁻² xing¹
淘气而爱用哭闹的办法来达到目的的孩子。

【扭计祖宗】 neo² gei³⁻² zou² zung¹
❶擅长出鬼点子、坏主意的人。❷爱哭闹、任性的小孩：呢个细蚊仔正一系～嚟㗎〔这孩子是个十足的淘气鬼〕。

N

【扭六壬】neo² lug⁶ yem⁴

处心积虑以达到某种不良的目的。

【扭纹】neo² men⁴

❶（木材）纹理不直。❷淘气（指小孩爱哭闹）：乖乖哋，唔好咁～〔乖乖的，不要闹了〕。

【扭纹柴】neo² men⁴ cai⁴

❶纹理不直的木柴。❷比喻爱哭闹或脾气蛮横的小孩。

【扭扭拧拧】neo² neo² ning⁶ ning⁶

扭扭捏捏。形容言谈举止不大方：大大方方出嚟唱支歌，唔好～噉〔大大方方出来唱一首歌，别扭扭捏捏的〕。

【扭拧】neo² ning⁶

扭捏（指羞涩不大方的姿态）。

N

【扭数】neo² sou³

算计；想坏主意。

【纽】neo²

扣子：衫～〔衣扣〕｜钉～。

【纽公】neo² gung¹

摁扣儿中凸出的一边。

【纽门】neo² mun⁴

扣眼：锁～。

【纽乸】neo² na²（乸，拿²）

摁扣儿中凹进的一边。

【纽耳】neo² yi⁵

扣襻儿。

【耨】neo⁶

❶腻（因吃油脂食物或甜食过多而发腻）：食咗几件肥肉就好～喇〔吃了几块肥肉就很腻了〕｜甜到～〔甜到发腻〕。❷引申作慢：做嘢咪咁～〔干活别那么慢〕。

【耨喉】neo⁶ heo⁴

腻；腻人：呢停饼食两个就～咯〔这种饼吃两块就腻透了〕。

【耨市】neo⁶ xi⁵

滞销：呢排白菜好～〔近来白菜很滞销〕｜呢只货质量咁差，肯定～啦〔这种货物质量这么差，肯定滞销了〕。

nêu

【女】nêu⁵⁻²

❶女儿：佢有两个～〔他有两个女儿〕。❷女孩：呢个～好聪明〔这个女孩很聪明〕。❸扑克牌中的“Q”。

【女女】nêu⁵⁻⁴ nêu⁵⁻¹

对女孩子的爱称。

【女包】nêu⁵⁻² bao¹

女孩；丫头（有贬义）。

【女人狗肉】nêu⁵ yen⁴⁻² geo² yug⁶

戏称番石榴。因为女人一般都喜欢吃它，就像男人一般都喜欢吃狗肉一样。

【女仔】nêu⁵ zei²

❶女孩；姑娘。❷指处女。

【女仔之家】nêu⁵ zei² ji¹ ga¹

姑娘家：～做嘢唔好咁冇搭霎得噪〔姑娘家做事不要那么大大咧咧的〕！

ng

【五花茶】ng⁵ fa¹ ca⁴

一种凉茶，用五种花配搭而成。

【五花腩】ng⁵ fa¹ nam⁵

五花肉。

【五行缺水】ng^{5} heng^{4} küd^{3} sêu^{2}
❶迷信的说法认为五行缺水的人注定命穷。❷缺钱，诙谐的说法。〖广州话“水”即钱。〗

【五柳鱼】ng^{5} leo^{5} yü$^{4-2}$
酸溜鱼。

【五五波】ng^{5} ng^{5} bo^{1}
球赛胜负的可能性各占一半；势均力敌。

【五颜六色】ng^{5} ngan^{4} lug^{6} xig^{1}
❶指色彩丰富。❷戏称忍受巨大折磨：佢病到～〔他病得够戗〕｜做到我～〔干得我筋疲力尽〕。

【五蛇羹】ng^{5} sé^{4} geng^{1}
粤菜之一，用金环蛇、银环蛇、过树榕、三线索和白花蛇为主熬成的羹汤。

【五桶柜】ng^{5} tung^{2} guei^{6}
五屉柜。

【五黄六月】ng^{5} wong^{4} lug^{6} yüd^{6}
指农历五六月间，黄梅、黄瓜、黄花鱼、枇杷、雄黄酒上市的时候。

【五月节】ng^{5} yüd^{6} jid^{3}
端午节。

【五爪金龙】ng^{5} zao^{2} gem^{1} lung^{4}
戏指抓东西（特别是食物）的手：攞嘢食千祈咪用～〔拿东西吃千万不要用手抓〕。

【仵作佬】ng^{5} zog^{3} lou^{2}
收殓尸体的人。

nga

【丫】nga^{1}
丫杈：树～。

【哑】nga^{2}
颜色暗淡的；无光泽的：呢只布质量几好，就系颜色太～〔这种布质量不错，就是颜色不鲜〕。

【牙】nga$^{4-2}$
❶螺纹。❷齿轮的齿。

【牙擦】nga^{4} cad^{3}
夸夸其谈；自负：咪～，做出嚟睇过至知〔别夸夸其谈，拿出行动来看看才知道〕｜咁～做乜〔那么自负干吗〕？

【牙擦擦】nga^{4} cad^{3} cad^{3}
同“牙擦”。

【牙带鱼】nga^{4} dai^{3} yü^{4}
带鱼。

【牙灰】nga^{4} fui^{1}
烧砻糠所得的白灰。

【牙铰】nga^{4} gao^{3}
下巴（下颌骨）的关节：“鸡髀打人～软”〔熟语。意思是吃了人家的嘴软〕。

【牙尖嘴利】nga^{4} jim^{1} zêu^{2} léi^{6}
尖嘴薄舌；说话犀利、不让人。

【牙罅】nga^{4} la^{3}
牙缝儿：吠～〔剔牙缝儿〕。

【牙力】nga^{4} lig^{6}
指因说话人的威望而产生的说服力：佢有～嘅，讲话有人听〔他的话没有说服力，说了没人听〕。

【牙呀仔】nga^{4} nga^{1} zei^{2}
婴儿。

【牙齿打卦】nga^{4} qi^{2} da^{2} gua^{3}
牙齿打颤。

【牙齿当金使】nga⁴ qi² dong³ gem¹ sei²

比喻说话算数，一诺千金。

【牙齿印】nga⁴ qi² yen³

仇恨；积怨：佢周围留落好多～〔他到处留下积怨〕。

【牙呀女】nga⁴ nga¹ nêu⁵⁻²

女婴。

【牙痛噉声】nga⁴ tung³ gem² séng¹（噉，敢）

形容人叫苦不迭：扣咗佢呢个月嘅奖金，～〔这个月他被扣了奖金，叫苦不迭〕｜咪～啦，损失唔系几大嘛〔别叫苦了，损失不是太大〕。

【¹ 牙屎】nga⁴ xi²

牙垢。

【² 牙屎】nga⁴ xi²

骄傲；爱出风头的。

【牙屎屎】nga⁴ xi² xi²

同“牙屎”。

【牙烟】nga⁴ yin¹

❶险；危险：差啲触电喍嘞，真系～啰〔差点儿触电了，真危险啊〕！❷可怕；恐怖：睇住佢开刀，真～〔看着他动手术，真可怕〕。❸难看；不像样（诙谐的说法）：你写啲字咁～嘅〔你写的字那么难看的〕！❹马虎；质量差：呢件嘢嘅手工太～喇〔这件东西的工艺太差了〕。

【牙鹰】nga⁴ ying¹

老鹰。“崖鹰”的变读。多叫“麻鹰”。

【牙肉】nga¹ yug⁶

牙床；齿龈。

【牙冤】nga⁴ yün¹

牙齿酸软；倒牙：我一食酸菜就～〔我一吃酸菜就倒牙〕。

【牙软】nga⁴ yün⁵

倒牙（吃了过量的酸性食物，牙神经受了刺激，有疲软感觉，咀嚼时不舒服）。

【牙斩斩】nga⁴ zam² zam²

形容人多言多语进行强辩或表现自己。

【芽菜】nga⁴ coi³

豆芽儿。

【瓦煲】nga⁵ bou¹

砂锅。

【瓦背】nga⁵ bui³⁻²

屋顶。

【瓦背顶】nga⁵ bui³⁻² déng²

同“瓦背”。

【瓦罉】nga⁵ cang¹（罉，撑）

大砂锅。

【瓦坑】nga⁵ hang¹

❶瓦垄；瓦沟。❷屋顶：“狗上～——有条路”〔歇后语。狗上屋顶——有路〕。

【瓦面】nga⁵ min⁶⁻²

房顶：狗上～——有条路〔歇后语。即有门路〕。

【瓦通纸】nga⁵ tung¹ ji²

瓦楞纸。

【瓦檐】nga⁵ yim⁴

房檐。又叫“瓦檐口”。

【瓦檐口】nga⁵ yim⁴ heo²

同“瓦檐”。

【瓦檐水】nga⁵ yim⁴ sêu²

从屋檐滴下的雨水。

【瓦渣】nga⁵ za¹

瓦砾：～岗〔瓦砾堆〕。

【瓦渣岗】nga⁵ za¹ gong¹

瓦砾堆。

【揶（閕、肥）】nga⁶

❶占：～位。❷张开：～开对脚〔张开两条腿〕。

【揶埞】nga⁶ déng⁶

占地方过大：呢张台放喺呢度太～喇〔这张桌子放在这里太占地方了〕。

【揶拃（肥膪）】nga⁶ za⁶（拃、膪，炸⁶）

❶碍事；占地方的：呢张台咁大，太～喇〔这张桌子那么大，太碍事了〕。❷臃肿：着咁大件棉袖，有啲～〔穿那么大的棉袄，有点臃肿〕。❸引申作爱霸占的，霸道：呢个人真～，占咁多位〔这个人真霸道，占这么多的位置〕。

ngab

【押²】ngab³（又音 yab³）

❶掖：～好件袖衫〔掖好衬衣〕｜～住支手枪〔掖着一支手枪〕。❷绾；卷（袖子）：～高衫袖〔绾起袖子〕｜～高裤脚〔卷起裤脚〕。

【押后】ngab³ heo⁶

延期；待以后再…：～处理。

【鸭】ngab³

男妓。

【鸭花】ngab³ fa¹

鸭苗，初孵出的小鸭。

【鸭脚粟】ngab³ gêg³ sug¹

鸡爪谷。

【鸭寮】ngab³ liu⁴

养鸭人看守鸭群用的棚子。

【鸭乸蹄】ngab³ na² tei⁴（乸，那²）

扁平足；平足：佢系～，爬山唔方便〔他平足，爬山不方便〕。

【鸭扑】ngab³ pog³

鸭骨架，鸭架子。指鸭子去了皮肉、翼、腿、内脏后的骨架子。

【鸭细芙翅（膣）大】ngab³ sei³ fu⁴ qi³ dai⁶

鸭子小内脏大。形容人年纪虽小但心计多：佢虽然人仔细细，但系～呀〔他虽然小小年纪，但是心眼多着呢〕。

【鸭肾】ngab³ sen⁵⁻²

鸭胗，作为食品的鸭胃。

【鸭食鸭】ngab³ xig⁶ ngab³

传说某人卖鸭生意惨淡，连饲料也买不起，便杀掉一些鸭子来喂养其他鸭，鸭群因此不断缩小，被称为“鸭食鸭”。比喻生意越做越小，亏损越来越大：佢间铺头而家～，睇佢撑得几耐〔他家店铺亏本越来越大，看他能支撑多久〕！

【鸭仔】ngab³ zei²

比“鸭花”大一点的小鸭。

【鸭仔听雷】ngab³ zei² téng¹ lêu⁴

对牛弹琴，比喻根本听不懂，听了毫无反应。

ngad

【餲】ngad³（压）

臊臭（尿的气味）。

【餲堪堪】ngad³ hem¹ hem¹

臊臊的（尿味）。

【扤[1]】ngad⁶（啮）

摩擦：呢条棍差唔多畀绳～断〔这根棍子差不多被绳子磨断了〕｜坐稳啲，唔好～嚟～去〔坐稳一点，别磨来磨去〕。

【扤牙】ngad⁶ nga⁴⁻²

（睡熟后）磨牙。

【啮】ngad⁶（读音 ngid⁶）

啃；蛀咬：狗～猪骨｜条柱畀虫～烂〔柱子给虫蛀烂了〕。

ngag

【鈪】ngag³⁻²（额²）

镯子：玉～｜金～｜脚～。

【逆】ngag⁶（读音 yig⁶）

逆，不顺的：～风｜～水｜～意〔违背意愿〕。

【逆意】ngag⁶ yi³

不顺从人意愿：你唔好再～咯〔你别再违背大家的意愿了〕。

【额头】ngag⁶ teo⁴

前额；脑门子。

ngai

【倕话】ngai¹ wa⁶⁻²

指客家话：客家人都讲～。

【挨凭】ngai¹ beng⁶（凭，读音 peng⁴）

依靠。

【挨街凭巷】ngai¹ gai¹ beng⁶ hong⁶

常在街头巷尾站、靠。指人无所事事，到处找人聊天：刚退休佢唔适应，成日～〔刚退休他不适应，在街边到处找人聊天〕。

【挨近】ngai¹ gen⁶

靠近；接近。

【挨晚】ngai¹ man⁵⁻¹

傍晚。

【挨年近晚】ngai¹ nin⁴ gen⁶ man⁵

靠近过年的日子。

【挨拼】ngai¹ péng¹（拼，读音 ping¹）

椅子的靠背。

【挨拼椅】ngai¹ péng¹ yi²

椅子。

【嗌】ngai³（隘。又音 ai³）

❶喊叫；叫：你～乜呀〔你喊什么〕｜～佢过嚟〔叫他过来〕｜～名〔喊名字；点名〕。❷骂：再嘈人哋就～㗎喇〔再吵闹人家就要骂的了〕。

【嗌交】ngai³ gao¹

吵架：要讲团结，唔好～〔要讲团结，不要吵架〕。

【嗌霎】ngai³ sab³

❶争吵，吵架：佢两个成日～〔他俩整天争吵〕。❷有矛盾：佢哋平时就有啲～嘅喇〔他们平日就有点矛盾的了〕。

【嗌通街】ngai³ tung¹ gai¹

爱骂街的人。

【捱】ngai⁴

熬；耐苦支持：～生～死〔熬苦〕｜～番薯〔靠白薯过活〕。

【捱更抵夜】ngai⁴ gang¹ dei² yé⁶（𠹭，训）

❶熬夜：为咗试制呢种新产品，佢经常～〔为了试制这种新产品，他经常熬夜〕。❷起早睡晚：佢经常～埋头学外语〔他经常起早睡晚埋头学外语〕。

【捱饥抵饿】 ngai⁴ géi¹ dei² ngo⁶

忍饥挨饿：旧社会穷人要～〔旧社会穷人要忍饥挨饿〕。

【捱谷种】 ngai⁴ gug¹ zung²

指没有生活来源，靠吃存粮过日子。

【捱驴仔】 ngai⁴ lêu⁴ zei²

指做牛做马，靠出卖苦力谋生。现已少说。

【捱眼瞓】 ngai⁴ ngan⁵ fen³

熬夜：今晚～都做唔完〔今晚熬夜也干不完〕。

【捱生捱死】 ngai⁴ sang¹ ngai⁴ séi²

拼死拼活；历尽艰辛：我哋～几年至有今日〔我们拼死拼活几年才有今天〕。

【捱世界】 ngai⁴ sei³ gai³

旧时指到社会上熬日子；熬苦日子。

【挨身挨势】 ngai¹ sen¹ ngai¹ sei³

用身体倚靠着别人。带厌恶情绪。

【捱夜】 ngai⁴ yé⁶⁻²

同“挨更抵夜❶”。

【捱斋】 ngai⁴ zai¹

吃素（指缺乏肉食而吃素）。

【崖鹰】 ngai⁴ ying¹

老鹰。又读作“牙鹰”。多叫“麻鹰”。

ngam

【啱】 ngam¹（岩¹）

❶合适；合意：呢件事佢去做最～〔这件事由他去做最合适〕！呢个餸好～我嘅口味〔这个菜很合我的胃口〕。❷凑巧；刚好：佢～出咗去〔他刚好出去了〕｜真～，讲佢佢就嚟〔真巧，说到他他就来了〕。❸刚；才：我～到〔我刚到〕｜佢～嚟冇几耐，情况唔熟〔他才来不久，情况不熟〕。❹该是…的时候：去都～喇〔该去了〕｜煮饭～喇〔该做饭了〕。❺合得来（即“啱偈”的省称）。

【啱偈】 ngam¹ gei⁶⁻²

投合；合得来；感情融洽：佢两个好～〔他俩很合得来〕。

【啱哄】 ngam¹ ki¹

同“啱偈”。

【啱倾】 ngam¹ king¹

谈得来；合得来。

【啱荞】 ngam¹ kiu⁴⁻²

❶同“啱倾”。❷合适：呢件衫佢着最～〔这件衣服他穿最合适〕。

【啱牙】 ngam¹ nga⁴⁻²

❶螺纹吻合：呢个丝母同嗰个螺丝～〔这个螺母跟那个螺栓吻合〕。❷指二物结合得严密：配呢个原厂嘅零件实～〔用这个原厂的零件肯定配合得好〕。❸比喻两人合得来：佢两个好～〔他们俩很合得来〕。

【啱啱】 ngam¹ ngam¹

刚刚；刚好：佢～翻咗去〔他刚刚回去了〕｜呢袋米～一百斤〔这袋米刚好一百斤〕。

【啱啱线】 ngam¹ ngam¹ xin³

刚；刚刚好；恰好：呢度～放得落

一张床〔这里刚刚好放得下一张床〕| 佢~走咗〔他刚刚走了〕| 佢嚟到~够钟〔他来到的时候刚好到点了〕。

【啱晒】 ngam¹ sai³

❶全部正确，全对：条条题都答~〔每道题目都答对了〕| 通通畀我计~〔全让我算对了〕。❷非常合适：呢件衫~我〔这件衣服非常合适我〕| ~佢嘅口味〔正合他的口味〕。❸太好了：得你参加，~啦〔你能参加，太好了〕| 佢肯支援我哋，~咯〔他愿意支援我们，太好了〕！

【啱晒合尺】 ngam¹ sai³ ho⁴ cé¹（合尺，何奢）

完全合适：畀佢住嗰间房，真系~咯〔让他住那个房间，真是完全合适了〕| 叫佢扮嗰个角色~喇〔叫他扮演那个角色最适合不过了〕。

【啱心水】 ngam¹ sem¹ sêu²

合意：你呢种做法我好~〔你这种做法很合我意〕。

【啱身】 ngam¹ sen¹

合身：件衫我着唔~〔这件衣服我穿不合身〕| 睇起嚟几~嚁〔看起来挺合身的〕。

【啱听】 ngam¹ téng¹

中听：你呢句话好~〔你这句话很中听〕。

【啱先】 ngam¹ xin¹

刚才：佢~重喺度〔他刚才还在这里〕| ~你有电话〔刚才有你的电话〕。

【啱数】 ngam¹ sou³

数目符合，不多不少：呢堆货我点过，~〔这堆货物我清点过，数目符合〕。

【岩巉】 ngam⁴ cam⁴

参差不齐；高低不平：佢嘅头发飞得咁~〔他的头发理得那么参差不齐〕。

【岩岩巉巉】 ngam⁴ ngam⁴ cam⁴ cam⁴

同“岩巉”。

ngan

【晏】 ngan³

❶晚；迟：做乜咁~至嚟呀〔干吗那么晚才来〕？| 咁~重唔去上班〔这么晚了还不去上班〕？| 三点钟至翻学太~啰〔三点才上学太迟了〕。❷午饭（农村多用）：食~〔吃午饭〕。❸介乎早饭与晚饭间的一顿小吃。

【晏觉】 ngan³ gao³

午觉：瞓~〔睡中午觉〕。

【晏昼】 ngan³ zeo³

❶中午。有时也指下午。❷午饭：食咗~未呀〔吃午饭了没有〕？

【晏昼饭】 ngan³ zeo³ fan⁶

午饭。

【研】 ngan⁴（读音 yin⁴）

❶碾；擀：~药 | ~面〔擀面〕。❷用刀在棍子等外面滚动着切：~一爽蔗〔切一截甘蔗〕。〖广州话“研”专指滚动摩擦的“碾”，一般不用于平面摩擦的“磨”。〗

【研船】 ngan⁴ xun⁴

药碾子，铁制，船状。

N

【眼】ngan5
量词。口；根；盏：一～塘〔一口池塘〕｜一～针｜一～灯。

【眼白白】ngan5 bag6 bag6
❶目光呆滞，发愣。❷眼巴巴：～畀佢走甩咗〔眼巴巴让他跑掉了〕。

【眼赤】ngan5 cég3
眼红。

【眼大睇过龙】ngan5 dai6 tei2 guo3 lung4
由于注意力不集中，看偏了：你～，呢处至系〔你看偏了，这里才是〕。

【眼凸凸】ngan5 ded6 ded6
指由于失败、愤怒、惊异而瞪大眼睛的样子：输到佢～〔输得他直瞪眼〕｜激到佢～〔气得他直瞪眼〕｜吓到佢～〔吓得他目瞪口呆〕。

【眼定定】ngan5 ding6 ding6
眼光直直地看着；两眼发愣。

【眼花花】ngan5 fa1 fa1
眼睛昏花：灯光咁黑，睇书睇到我～〔灯光那么暗，看书看得我眼睛昏花〕。

【眼瞓】ngan5 fen3（瞓，训）
困倦（想睡觉）。

【眼火爆】ngan5 fo2 bao3
看到气人的事情而十分愤怒：睇见就～啰〔一看见它就叫人非常气愤〕。

【眼火标】ngan5 fo2 biu1
气得眼里冒火。

【眼阔肚窄】ngan5 fud3 tou5 zag3
眼大肚子小（指人想多吃，但又吃不了）。

【眼枷】ngan5 ga1（又音 ngan5 ka1）
眼镜的别名。

【眼界】ngan5 gai3
眼力；准头（射击、投掷的准确性）：练～｜好～。

【眼甘甘】ngan1 gem1 gem1
形容贪婪地、目不转睛地盯着的样子：嗰个细路仔～噉睇住嗰碟糖〔那个小孩贪婪地盯着那盘糖果〕。

【眼紧】ngan5 gen2
眼红，妒忌别人：你咪～人哋〔你别妒忌人家〕。

【眼见工夫】ngan5 gin3 gung1 fu1
不复杂、看看就能掌握的技术。

【眼见心谋】ngan5 gin3 sem1 meo4
看到了心里就盘算着希望得到：你件古董收好啲，佢实会～嘅〔你那件古董要藏好点，他看见了就会想办法要的〕。

N

【眼角高】ngan5 gog3 gou1
形容人高傲：呢个人～，边个都睇唔起〔这个人眼睛长在头顶上，谁也看不起〕。

【眼盖】ngan5 goi3
眼皮。

【眼屈屈】ngan5 gued6 gued6（屈，掘）
指表示愤怒的目光。

【眼公仔】ngan5 gung1 zei2
瞳人，瞳仁。

【眼光光】ngan5 guong1 guong1
❶睁着眼睛的样子：成晚～，瞓唔着〔整个晚上睁着眼睛，睡不着〕。❷由于想着别的事情而对眼前事物视而不见的样子：佢～噉唔知喺度

谂乜，有人行到面前都唔知〔他眼睁睁的不知在想什么，有人走到面前都没发觉〕。❸形容人对眼前发生的事情一时无法应付，束手无策的样子：佢～噉，成个傻晒〔他瞪着眼睛，呆了似的〕。

【眼𥌽𥌽】 ngan⁵ lei⁶ lei⁶（𥌽，厉）

用不客气的眼睛斜着看人（目的是为了禁止人做某些事）。

【眼利】 ngan⁵ léi⁶

眼尖（很快地发现目标）：佢好～，一眼就睇出件衫有几长〔他眼力很好，一眼就看出这件衣服有多长〕。

【眼泪水】 ngan⁵ lêu⁶ séu²

泪水；眼泪。

【眼睩睩】 ngan⁵ lug¹ lug¹（睩，碌）

眼睛瞪大，表示愤怒的样子。

N

【眼唔见为净】 ngan⁵ m⁴ gin³ wei⁴ zéng⁶

俗语。❶眼不见就算干净。❷不愿意看见那些看不过眼的事情，以免生气。

【眼眉】 ngan⁵ méi⁴

眉毛。

【眼眉毛】 ngan⁵ méi⁴ mou⁴

同“眼眉”。

【眼眉毛长】 ngan⁵ méi⁴ mou⁴ cêng⁴

人老了，眉毛长得特别长，意思是等到老还得等。引申指离完成任务或达到目的还很远（有不耐烦的情绪）：织冷衫而家至开头，～啰〔打毛衣现在才刚开头，够等的〕。

【眼眉跳】 ngan⁵ méi⁴ tiu³⁻⁴

眼皮跳。

【眼尾】 ngan⁵ méi⁵

眼睛的外角：～都出皱纹咯〔眼角都出现皱纹了〕。

【眼毛】 ngan⁵ mou⁴

睫毛。

【眼蒙】 ngan⁵ mung⁴⁻¹

老眯着眼的毛病。

【眼蒙蒙】 ngan⁵ mung⁴⁻¹ mung⁴⁻¹

❶睡眼惺忪的样子：佢～好似未瞓醒噉〔他睡眼惺忪，好像还没睡醒一样〕。❷眯缝着眼睛的样子：点解你成日～㗎〔干吗你整天眯缝着眼睛〕？

【眼浅】 ngan⁵ qin²

指人小气：呢个女咁～嘅，一话就喊〔这个女孩这么小气，一说她就哭〕！

【眼蛇蛇】 ngan⁵ sé⁴ sé⁴

斜着眼睛看（不是很正派的样子）。

【眼湿湿】 ngan⁵ seb¹ seb¹

眼睛带着泪花的样子：睇见佢～噉，真系可怜啰〔看见他眼睛带着泪花的样子，真可怜呀〕！

【眼水】 ngan⁵ sêu²

眼力；准头（指对事物判断的准确性）：真好～，揾到呢个对象〔真有眼力，找到这一个对象〕。

【眼坦坦】 ngan⁵ tan² tan²

翻白眼。〖普通话的“翻白眼”兼指对人轻视的态度，广州话的“眼坦坦”则没有这个意思。〗

【眼挑针】 ngan⁵ tiu¹ zem¹

针眼，即麦粒肿（睑腺炎）。

【眼肚】 ngan⁵ tou⁵

眼泡；眼皮（多指下眼皮）。

【眼核】 ngan⁵ wed⁶（核，读音 hed⁶）

眼珠。

【眼屎】ngan5 xi2

眼眵；眵目糊。

【眼屎干净盲】ngan5 xi2 gon1 zéng6 mang4

据说盲人多眼屎，没有眼屎的不是真盲。比喻对某些事装作看不见、不想过问：对隔篱嘅事，你就～系啦〔对邻居的事，你就装作看不见得了〕。

【眼挹毛】ngan5 yeb1 mou4-1

睫毛。

【眼热】ngan5 yid6

❶眼红；妒忌：唔好睇到人哋做出成绩自己就～〔别看见人家做出成绩自己就妒忌〕。❷中医认为因上火而引起眼睛红肿。

【眼缘】ngan5 yün4

视觉的印象：一睇就有～〔一看就觉得很合适〕｜几合我～〔我看起来挺顺眼的〕。

【眼檐】ngan5 yim4

上眼皮：单～〔单眼皮〕。

【眼影】ngan5 ying2

眼睑膏（眼部化妆品之一）。

【眼冤】ngan5 yün1

指看见某种不好的东西就讨厌，就反感：呢个仔咁反斗，我一睇到佢就～〔这个孩子那么顽皮，我一看见他就讨厌〕。

【眼晰晰】ngan5 zam2 zam2

眼睛眨巴眨巴的样子。

ngang

【罂】ngang1

小瓦罐：腐乳～｜盐～。

【硬系】ngang6-2 hei6

就是；偏偏；一定；非…不可：佢～唔怕〔他就是不怕〕｜佢～要去〔他偏偏要去〕｜佢～要借嗰本书〔他非借那本书不可〕。

【硬板】ngang6 ban2

死板；不可改变的：佢嘅方法太～喇啩〔他的方法太死板了吧〕？

【硬嘣嘣】ngang6 bang1 bang1

❶食物或东西硬。❷硬着干。❸态度生硬；脾气倔强。

【硬打硬】ngang6 da2 ngang6

❶硬碰硬："石地塘铁扫把——～"〔歇后语。石场地铁扫帚——硬碰硬〕。❷实实在在的：佢月月出满勤系～嘅呀〔他月月出满勤是实实在在的〕。

【硬颈】ngang6 géng2

固执；犟（jiàng）：你听下人哋意见先，咪咁～〔你先听一下别人的意见，别那么固执〕。

【硬哃哃】ngang6 gog6 gog6（哃，角6）

硬邦邦。

【硬 咽 咽】ngang6 gueg6 gueg6（咽，跪勒切）

硬邦邦：点解呢啲面包～嘅〔为什么这些面包硬邦邦的〕？

【硬桥硬马】ngang6 kiu4 ngang6 ma5

❶形容态度坚决，手段强硬：对方～，唔好应付〔对方很强硬，不好对付〕。❷使出真本事：佢～嗽，嚟真个嗮〔他使出拿手本事，像是动真格的〕。

【硬晒軚】ngang^{6} sai^{3} tai^{5}（軚，太^{5}）
指事情闹僵了，没法转弯子，完全没有希望了：嗰件事畀佢一插手，而家～啰〔那件事情给他一插手，现在完全没有希望了〕｜呢件事～，冇法子攞啰〔这件事情闹僵了，没法挽救了〕。

【硬挣】ngang^{6} zang^{6}（挣，读音zang^{1}）
硬朗；结实：佢八十几重好～〔他八十多岁还很硬朗〕｜呢张台好～〔这张桌子很结实〕。

【硬净】ngang^{6} zéng^{6}
同"硬挣"。

ngao

N

【撓】ngao^{1}（咬^{1}）
❶搔；挠；抓：～头壳〔挠头〕｜～损咗〔抓破了（皮肤）〕。❷象声词。猫叫。

【撓痕】ngao^{1} hen^{4}
挠痒痒。

【拗胡婆】ngao$^{3-1}$ wu$^{4-1}$ po$^{4-2}$
传说中的一种怪物，大人常用来吓唬小孩。

【拗】ngao^{2}
弯折：～树枝｜～断。

【拗心白菜】ngao^{2} sem^{1} bag^{6} coi^{3}
油菜薹（青菜的一种，似油菜，种后不久便抽薹）。

【拗手瓜】ngao^{2} seo^{2} gua^{1}
❶扳胳膊（比臂力）。❷比喻较量：你想同佢～，点拗得佢过〔你想跟他较量，怎么斗得过他〕！｜拗过手瓜至知〔较量过才知（胜负）〕。

【拗腰】ngao^{2} yiu^{1}
向后弯腰。

【詏（拗）】ngao^{3}
争辩；争论：咪～嘞，到现场睇下啦〔别争论了，到现场看看吧〕｜事情已经好清楚，冇乜好～嘅〔事情已经很清楚，没什么可争辩的〕。

【詏（拗）到掂】ngao^{3} dou^{3} dim^{6}
辩论到分清是非曲直为止。

【詏（拗）颈】ngao^{3} géng^{2}
❶抬杠：佢专同我～〔他专门跟我抬杠〕。❷执拗（niù）；固执：呢个仔好～〔这孩子脾气很拗〕。

【詏（拗）撬】ngao^{3} giu^{6}
冲突；矛盾；争吵：以前有过～都要合作〔以前有过矛盾的也要合作〕。

【詏（拗）气】ngao^{3} héi^{3}
斗气：为咁小事～真系冇益嘅〔为这么一点小事斗气真划不来〕。

【詏（拗）口】ngao^{3} heo^{2}
绕嘴，绕口，读起来不顺口：佢写嘅诗真～〔他写的诗念起来真绕嘴〕。

【詏（拗）数】ngao^{3} sou^{3}
争执；讨价还价。

【詏（拗）数口】ngao^{3} sou^{3} heo^{2}
❶同"拗数"。❷争论原来讲过的事情：数清楚啲，费事以后～〔数清楚些，免得以后争论〕。

【殽】ngao^{4}
翘（qiáo）棱（木板等因由湿变干而弯曲不平）：块板干咗～晒〔那块木板干了之后翘棱了〕｜呢停木唔做得家具，将来会～嘅〔这种木头不能做家具，将来会翘棱的〕。

【殽框】ngao⁴ kuang¹
❶圆形或方形的器具变了形：呢个车辘撞到～〔这个车轱辘被撞得变了形〕。❷引申为没有希望；无法挽救；无法弥补：佢件事～咯〔他那件事儿没有希望了〕。

【熬】ngao⁴
❶长时间地煮。❷同“捱”。

【*熬底】ngao⁴ dei²
慌张，害怕。

【熬更守夜】ngao⁴ gang¹ seo² yé⁶
同“捱更抵夜”。

【咬】ngao⁵
奈何（意为“拿他怎么办”，用于否定或反诘语气）：我就系噉，你～我呀〔我就是这样，你怎么着〕？｜真系～佢唔入〔真是奈何不了他〕。

【咬唔入】ngao⁵ m⁴ yeb⁶
❶嚼不动。❷打不了（某人的）主意；占不了（某人的）便宜：佢好孤寒，你～佢嘅〔他很吝啬，你占不了他的便宜〕。

ngé

【嘢】ngé¹（挨些切）
❶象声词。小孩的哭声。❷引申作吭声或呼喊：～都唔敢～〔不敢吭一声〕｜～都冇得～〔来不及吭一声〕。

ngeb

【罨（罯、浥）】ngeb¹（鸦邑切。读音 yim²）
❶敷：～生草药｜攞湿手巾～额头〔拿湿毛巾敷前额〕。❷捂；沤：摊开啲菜，唔系会～烂㗎〔把菜摊开，要不就捂烂了〕｜除低件湿衫啦，～住容易病㗎〔脱掉湿衣服吧，捂着容易生病的〕。❸把种子放在容器内，上面用东西盖住，催它发芽：～芽菜〔发豆芽儿〕。

【罨耷】ngeb¹ deb¹（耷，多邑切）
简陋；浅窄：呢间屋咁～，点住呀〔这房子那么窄小，怎么住呢〕。

【罨汁】ngeb¹ zeb¹
❶不通风而又潮湿：呢堆禾秆太～，要打开晒下佢〔这堆稻草太潮湿，要打开晒一晒〕。❷地方窄而不整洁：呢个房间好～〔这间屋子又窄又不整洁〕。

【噏（嗫）】ngeb¹（挨急切）
胡诌；乱说：咪听佢乱～〔别听他胡说〕｜唔知佢～乜〔不知道他说些什么〕｜乱～廿四〔胡说八道〕。

【噏得出就噏】ngeb¹ deg¹ cêd¹ zeo⁶ ngeb¹
能说得出就说。形容人信口开河，有没有依据的话都说：讲话要有根据，咪～〔说话要有依据，不要信口开河〕。

【噏风】ngeb¹ fung¹
胡说八道：咪喺度～〔别在这里胡说八道〕。

【噏三噏四】ngeb¹ sam¹ ngeb¹ séi³
说三道四；妄加评论：睇清至讲，唔好～〔看清楚了再说，别说三道四〕。

【岌（砐）】ngeb⁶（五合切。读音keb¹）

上下弹动；前后摇晃：~头〔点头〕｜风吹度门~得好犀利〔风吹着门摇晃得很厉害〕。

【岌岌贡】ngeb⁶ ngeb⁶ gung³

上下不停地弹动、摇晃：张台摄唔稳，重~〔这张桌子没垫平，还摇摇晃晃〕｜唔好喺度~〔别在这儿摇来摇去〕。

【岌头】ngeb⁶ teo⁴

点头，表示同意。

【岌头岌髻】ngeb⁶ teo⁴ ngeb⁶ gei³

点头点脑：讲你就~，等一阵间又唔记得咯〔说你就点头点脑，一会儿又忘记了〕。

N

nged

【扤²】nged¹（兀¹）

❶压；塞；挤：~实〔压紧〕｜~埋几件衫入行李袋〔把几件衣服塞进行李袋里〕。❷强使：一于~佢要〔一定要他要〕｜唔好~佢食咁多〔别强迫他吃那么多〕。

【扤失】nged¹ sed¹

形容人过分计较，拘谨，不大方：呢啲小事唔使咁~嘅〔这些小事用不着那么斤斤计较〕｜佢喺生疏人面前好~嘅〔他在生人面前很拘谨〕。

ngeg

【呃（眲）】ngeg¹（厄）

骗；欺骗：真系嗰喋，~你做乜吖〔真是这样的，骗你干什么〕！｜有乜讲乜，咪~人哋〔有什么说什么，别欺骗人家〕。

【呃呃（眲眲）骗骗】ngeg¹ ngeg¹ pin³ pin³

到处行骗：有啲人冇本事，成日靠~搵食〔有些人没本事，整天靠到处行骗混日子〕｜千祈咪去~〔千万别去到处行骗〕。

【呃（眲）秤】ngeg¹ qing³

指卖东西时短斤少两，骗人钱财：卖嘢~真冇道德〔卖东西短斤少两真缺德〕｜买一斤畀佢呃咗二两秤〔买一斤短了二两〕。

【呃（眲）晒】ngeg¹ sai³

完全不知道，被蒙在鼓里：佢要结婚？~嚁〔他要结婚？我完全不知道呀〕｜呢件事真系~，我一啲都唔知〔这件事我真被蒙在鼓里，一点都不了解〕。

ngei

【吪（唲）】ngei¹（矮¹）

恳求：再~下佢会得嘅〔再恳求他一下，他会答应的〕｜“人怕~，米怕筛”（谚语）。

【吪（唲）求】ngei¹ keo⁴

同“吪”。

【吪吪（唲唲）筛筛】ngei¹ ngei¹ sei¹ sei¹

不断地恳求，央求：咪喺度~啦〔别在这里求爷爷告奶奶的〕。

【吪（唲）筛】ngei¹ sei¹

恳求：佢一味嗽~〔他一味恳求〕。

【矮吅吅】ngei² ded¹ ded¹（吅，凸¹）
矮矮的；矮墩墩。

【矮趸】ngei² den²
矮胖。

【矮凳仔】ngei² deng³ zei²
小板凳。

【矮瓜】ngei² gua¹
茄子。

【矮柜】ngei² guei⁶
矮而宽的柜子，放杂物用。

【矮细】ngei² sei³
（个子）矮小。

【矮仔多计】ngei² zei² do¹ gei³⁻²
矮子计谋多。多用作戏谑语。

【矮仔唛】ngei² zei² meg¹
戏称个子矮小的人。

【翳】ngei³
❶阴暗；昏暗：翕树将窗口遮～晒〔那棵树把窗子挡暗了〕｜咁～，想落雨咯〔天那么昏暗，快下雨了〕。❷房屋低矮使人有不舒服的感觉。❸心情烦闷；憋气：我心好～〔我心里很烦闷〕。❹气（使…生气）：畀佢～到我吖〔他把我气得（真够受）〕。

【翳焗】ngei³ gug⁶（焗，局）
闷热。

【翳气】ngei³ héi³
因受气而心情不好：咪～咯，想开啲啦〔别气了，想开点吧〕。

【翳闷】ngei³ mun⁶
❶闷热：热天想作雨，特别～〔夏天将要下雨时，特别闷热〕。❷心气不顺，心情烦闷：心口好～〔胸膛觉得很堵〕。

【翳热】ngei³ yid⁶
天气闷热。

【翳滞】ngei³ zei⁶
胃口不好的感觉：食埋咁多垃杂嘢，梗～啦〔吃了那么多的零食，胃口当然不好了〕。

【危危乎】ngei⁴ ngei⁴ fu⁴
很危险的样子：烟囱装唔稳，～想冧落嚟噉〔烟囱装不牢，像要倒下来的样子〕。

【蚁】ngei⁵
蚂蚁。

【蚁多搂死象】ngei⁵ do¹ leo¹ séi² zêng⁶
蚂蚁多了就可以咬死大象。比喻人多力量大或弱小的力量联合起来可以战胜强者。

【蚁躝噉】ngei⁵ lan¹ gem²（躝，兰¹）
像蚂蚁爬行似的。形容走得慢：你行路～，肯定赶唔切〔你走路像蚂蚁爬，肯定赶不上〕。

ngem

【媕】ngem¹
不停地耐心地劝说：～佢做〔耐心地劝他做〕｜～佢唔掂〔劝不服他〕。

【*鹌鹑】ngem¹ cên¹
比喻胆小的人。

【揞】ngem²（暗²）
捂：～住嘴笑〔捂着嘴巴笑〕｜～实唔畀人睇〔捂紧不让别人看〕。

【揞脉】ngem² meg⁶
同“把脉”。

【暗】ngem³
陪小儿入睡：佢～紧个仔瞓〔她正陪着孩子睡〕。

【暗疮】ngem³ cong¹
粉刺。

【暗渠】ngem³ kêu⁴
阴沟。

【吟沉】ngem⁴ cem⁴（吟，读音 yem⁴）
叨叨，叨唠（话多但声音不高）：咪成日喺度～啦〔别整天在这里唠唠叨叨了〕。

【扲（撢）】ngem⁴（又音 yem⁴）
掏：～袋〔掏口袋〕|～雀仔窦〔掏鸟窝〕。

ngen

N

【奀】ngen¹（银¹）
瘦小；弱小：～仔〔瘦小的孩子〕|啲菜唔落肥，唔怪得咁～啦〔青菜不施肥，怪不得那么细了〕。

【奀孀鬼命】ngen¹ niu¹ guei² méng⁶
形容十分瘦弱的样子（妇女多用）。

【奀孀孀】ngen¹ niu¹ niu¹
又高又瘦的样子：佢生得～，好似竹篙噉〔他长得又高又瘦，好像竹竿那样〕。

【奀雌雌】ngen¹ qi¹ qi¹
很瘦弱：呢个细路～，怕有虫都唔定〔这小孩很瘦弱，说不定是生虫了〕。

【奀细】ngen¹ sei³
瘦小；瘦弱：呢个仔好～〔这孩子很瘦弱〕。

【银】ngen⁴⁻²
钱（钱财）：几～一斤〔多少钱一斤〕？|要几多～至够〔要多少钱才够〕？

【银仔】ngen⁴⁻² zei²
硬币；钢镚儿。

【踬】ngen³（银³）
弹动（使东西颤动）：～跳板。

【踬脚】ngen³ gêg³
人坐着时不停地抖腿。

【踬高】ngen³ gou¹
把脚跟提起来：～脚嚟行〔提起脚跟来走路〕。

【踬踬脚】ngen³ ngen³ gêg³
坐着抖动着腿。形容人逍遥自在、悠闲自得的样子：佢而家唔使做嘢，～噉过日辰〔他现在不用工作，逍遥自在过日子〕。

【仁（银）】ngen⁴（仁，读音 yen⁴）
❶瓜果菜的种子：番茄～|冬瓜～|萝卜～〔萝卜种子〕。❷仁儿（瓜果核内的肉）：榄～〔橄榄仁儿〕|核桃～|五～月饼〔有五种瓜果仁和猪肉做馅的月饼〕。

【银包】ngen⁴ bao¹
钱包。

【银脚带】ngen⁴ gêg¹ dai³
银环蛇，背面黑色，有并列的白色横带数十个，腹面白色，尾细长而尖，昼伏夜出，毒性猛烈。

【银鸡】ngen⁴ gei¹
警笛（多音哨子，鸣警时用）

【银纸】ngen⁴ ji²
❶钞票。❷钱：畀～〔给钱〕。

【银粘】ngen⁴ jim¹

晚稻的一种，米粒细长，质量较好，类似籼稻。

【银棯】ngen⁴ nim²（棯，念²）
一种果子，大如李子，皮厚而韧，青绿色，味酸，常腌制作干果或酱料。果核有小坑，像人的脸，因而又叫“人面”。还有“杣偭”、“银面”的别名。

【银钱】ngen⁴ qin⁴⁻²
量词。元；块钱：两个～〔两元；两块钱〕｜个零～〔一元多；一块多钱〕。〖“银钱”原指银元、光洋，现在指纸币的“元”。〗

【垽】ngen⁶
沉淀物：滚水有～〔开水有沉淀物〕。

【韧筋】ngen⁶ gen¹
有耐力，有耐性，能坚持：佢做嘢好～嚟〔他干活很有耐性的〕。

【韧皮】ngen⁶ péi⁴
皮；顽皮：呢个仔真～〔这个孩子真皮〕。

【韧黐黐】ngen⁶ qi¹ qi¹（黐，痴）
韧韧的。

ngeng

【哽（硝）】ngeng²（莺²。读音geng²）
硌：～脚～到死死下〔硌脚硌得要命〕｜呢的芥兰真老，食落去～心～肺〔这些芥兰菜真老，吃了下去肚子硌得难受〕。

【哽心】ngeng² sem¹
事情堵塞在心里：呢件事谂起就～〔这件事一想起心里就堵得慌〕。

【哽】ngeng³（莺³。又音eng³）
再；更；怎么；再…（也）：～复杂嘅嘢佢都搞得掂〔再复杂的东西他都可以处理得好〕｜～好嘅待遇我都唔去〔待遇再好我也不去〕｜～好都唔使自夸〔怎么好都不要自夸〕｜一个人～叻都系有限嘅〔一个人（的能力）再能干也是有限的〕。

【嚶嚶声】ngeng⁴ ngeng⁴⁻² séng¹
❶哼哼；呻吟的声音：病到佢～〔病得他直哼哼〕。❷形容人因发牢骚而嘀嘀咕咕：佢好有意见，成日～〔他很有意见，整天嘀嘀咕咕的〕。

【哽心哽肺】ngeng² sem¹ ngeng² fei³
心里堵得厉害。

【哽耳】ngeng² yi⁵
话不中听，不顺耳。

ngeo

【勾】ngeo¹
岁（诙谐的说法）：五十几～啰〔五十多岁了〕｜佢咁老积，好似几十～噉〔他那么老成，像几十岁似的〕。

【勾佬】ngeo¹ lou²
勾引男人。

【钩手指】ngeo¹ seo² ji²
拉钩儿。两人用尾指相钩，表示守信用，不反悔。

【殴】ngeo¹
用粗棍子打：～断你脚骨。

【瓯】ngeo¹

小碗（多指用电木、塑料等制成的碗）。

【呕】ngeo^{2}

❶呕吐；吐。❷比喻退赃：贪污几多都要~翻出嚟〔贪污多少都要退出来〕。

【呕电】ngeo^{2} din^{6}

吐血（诙谐的说法）。

【沤】ngeo^{3}

❶泡浸：将竹篾掉落石灰池~下先〔先把篾片扔进石灰池泡浸〕。❷霉烂：呢啲谷嚟唔切晒，有啲~咗咯〔这些稻谷来不及晒干，有一些霉烂了〕。❸引申作长时间地熬煮：~猪潲〔煮猪食〕｜白豆要~好耐至脍〔黄豆要熬很久才烂〕。

【沤冬】ngeo^{3} dung^{1}

冬至前后连接下雨：落咁多雨，今年又~喇〔今年冬至期间雨水太多了〕。

【沤年】ngeo^{3} nin^{4}

快过年时连接不断地下雨。

【沤雨】ngeo^{3} yü^{5}

天要下雨却一直没下。

【沤仔】ngeo^{3} zei^{2}

害喜，妊娠呕吐。

【牛】ngeo^{4}

野蛮；横（hèng）：咪咁~啦，嘟啲讲打〔别那么野蛮，动不动就要动拳头〕。

【牛白腩】ngeo^{4} bag^{6} nam^{5}

同“牛腩”。

【牛百叶】ngeo^{4} bag^{3} yib^{6}

牛的蜂巢胃。

【牛髀同蚊髀】ngeo^{4} béi^{2} tung^{4} men^{1} béi^{2}

同“蚊髀共牛髀”。

【牛肠】ngeo^{4} céng$^{4-2}$

❶牛的肠子。❷牛肉卷粉。

【牛草肚】ngeo^{4} cou^{2} tou^{5}

同“牛百叶”。

【牛噉眼】ngeo^{4} gem^{2} ngan^{5}（噉，敢）

眼睛瞪得像牛眼那么大：你咪~望住我，谂下我嘅话有冇道理啦〔你别瞪着眼睛看着我，想想我的话有没有道理吧〕。

【牛颈】ngeo^{4} géng^{2}

执拗；固执己见。

【牛皋】ngeo^{4} gou^{1}

野蛮；粗野：呢个人好~㗎〔这个人很野蛮的〕｜要讲道理，唔得~㗎〔要讲道理，不能撒野〕。

【牛高马大】ngeo^{4} gou^{1} ma^{5} dai^{6}

形容人长得又高又大（有贬意）：生得~啰，重咁唔生性〔长得那么高大了，还那么不懂事〕。

【牛牯】ngeo^{4} gu^{2}

公牛。

【牛河】ngeo^{4} ho$^{4-2}$

牛肉沙河米粉的简称，即牛肉米粉。

【牛腒】ngeo^{4} jin^{2}

牛腱子，牛腿部带筋的肌肉。

【牛精】ngeo^{4} jing^{1}

野蛮；蛮不讲理：咁~嘅人实冇好下场嘅〔那么野蛮的人一定没有好下场的〕。

【牛噍牡丹】ngeo^{4} jiu^{6} mao^{5} dan^{1}

歇后语，原指品不出味道，引申为辨别不出好坏：“~——唔知味道”

〔牛嚼牡丹——品不出味道〕。

【牛力】ngeo⁴ lig⁶

牛一般的力气：佢有一身～〔他有一身牛一般的力气〕。

【牛柳】ngeo⁴ leo⁵

牛脊背两边的肌肉。

【牛奶嘴】ngeo⁴ nai⁵ zêu²

❶幼稚无知的人。❷戏称刚入行并需要人扶持的人。

【牛栏】ngeo⁴ lan⁴

牛圈（juàn）。

【牛腩】ngeo⁴ nam⁵

牛腹部的肥肉。

【牛轭】ngeo⁴ ngag⁶

牛鞅（牛拉东西时架在脖子上的器具）。

【牛扒】ngeo⁴ pa⁴⁻²

牛排（西餐菜名）。

【牛角椒】ngeo⁴ gog³ jiu¹

一种辣椒，果实大而尖。

【牛皮】ngeo⁴ péi⁴

疲软，行情停滞不前：金价～。

【牛皮灯笼】ngeo⁴ péi⁴ deng¹ lung⁴

歇后语，下一句是“点极都唔明”，既指怎么点燃都不明亮，又指怎么指点、解释都不明白。比喻愚蠢、接受能力极差的人：呢个～我讲解咗唔知几多次佢都话唔明〔这个笨家伙我解释了不知多少遍他还是说不懂〕。

【牛皮胶】ngeo⁴ péi⁴ gao¹

用牛皮或猪皮熬成的胶，可作黏合剂。

【牛皮账】ngeo⁴ péi⁴ zêng³

烂账，长期拖欠难以讨回的欠账。

【牛头裤】ngeo⁴ teo⁴ fu³

穿在外面的短裤。

【牛王】ngeo⁴ wong⁴

蛮横；横行霸道：要讲道理，咁～唔得嘅〔要讲道理，这么蛮横是不行的〕。

【牛王头】ngeo⁴ wong⁴ teo⁴

横行霸道、仗势欺人的人。

【牛屎龟】ngeo⁴ xi² guei¹

蜣螂。又叫“牛屎螂”ngeo⁴ xi² long⁴。

【牛一】ngeo⁴ yed¹

指生日（“牛一”合起来是个“生”字）：唔知佢几时～〔不知他生日是什么时候〕。

【牛油】ngeo⁴ yeo⁴

黄油（从奶油中提炼出来的油，淡黄色）。

【牛油果】ngeo⁴ yeo⁴ guo²

果黄绿色，果肉柔软而香，近似奶油。

【牛蝇】ngeo⁴ ying⁴

牛虻。

【牛乳】ngeo⁴ yü⁵

一种奶制品，将牛奶煮熟加醋，使之凝结，再压成饼状薄片，泡在盐水里，即可食用。

【牛乳饼】ngeo⁴ yü⁵ béng²

同“牛乳”。

【*牛肉干】ngeo⁴ yug⁶ gon¹

戏称香港警察给汽车司机开出的违反交通规则罚款通知。因其大小像一块牛肉干，故称。

【牛杂】ngeo⁴ zab⁶

牛杂碎。

【牛仔】ngeo^{4} zei^{2}
❶小牛犊。❷阿飞。

【牛仔裤】ngeo^{4} zei^{2} fu^{3}
一种西方和港澳地区流行、裤腿很窄的长裤。北京又叫“港裤”。

【牛棚】ngeo^{4} pang^{4}
牛圈，关牛的棚子。

【吽】ngeo^{6}（牛^{6}）
蠢笨；迟钝。

【吽哣】ngeo^{6} deo^{6}（哣，豆）
无精打采；呆滞；发呆：嗰只鸡有啲～〔那只鸡有点呆滞〕｜喺度发乜～呀〔在这里发什么呆〕？

【吽仔】ngeo^{6} zei^{2}
傻小子。

N

ngi

【啱啱牙牙】ngi^{4} ngi^{4} nga^{4} nga^{4}
支支吾吾：问乜都～嘅〔问他什么都支支吾吾的〕。

【啱啱哦哦】ngi^{4} ngi$^{4-1}$ ngo^{4} ngo^{4}
支支吾吾：你唔使～喇，我知到喇〔你不用支支吾吾了，我知道了〕。

ngo

【屙】ngo^{1}
❶排泄（大小便等）；放（屁）：～屎〔大便〕｜～尿〔小便〕｜～屁〔放屁〕｜～烂屎〔便溏〕。❷腹泻；拉稀：呢个病人～得好交关〔这个病人腹泻很严重〕｜今日～咗七次〔今天拉了七次〕。

【屙啡啡】ngo^{1} fé^{4} fé$^{4-2}$
腹泻；拉稀。

【屙痢】ngo^{1} léi^{6}
拉痢疾。

【屙尿唔上壁】ngo^{1} niu^{6} m^{4} sêng^{5} bég^{3}
俗语。旧时用来贬损妇女，骂其无能。

【屙肚】ngo^{1} tou^{5}
同“屙啡啡”。

【蛾喉】ngo^{4} heo^{4}
乳蛾，即扁桃腺肿胀。

【蛾眉月】ngo^{4} méi^{4} yüd$^{6-2}$
农历初三、初四出现的新月，形似蛾眉，故名。

【鹅公喉】ngo^{4} gung^{1} heo^{4}
公鹅的嗓子（形容声音沙哑）。

【我哋】ngo^{5} déi^{6}（哋，地）
我们；咱们：～系广东人，你哋系西藏人，～大家都系中国人〔我们是广东人，你们是西藏人，咱们大家都是中国人〕。

【饿狗抢屎】ngo^{6} geo^{2} cêng^{2} xi^{2}
❶贬称不择手段激烈竞争的丑态。❷戏称摔了个嘴啃泥。

【饿鬼投胎】ngo^{6} guei^{2} teo^{4} toi^{1}
讥讽人吃东西狼吞虎咽，急不可待的样子。又说“饿鬼托世”。

【饿过饥】ngo^{6} guo^{3} géi^{1}
饿过劲儿（指过了吃饭时间太久，反而觉得不饿了）。

【饿猫】ngo^{6} mao^{1}
比喻十分饥饿的人。

ngog

【嗰嗰脆】ngog^{1} ngog^{1} cêu^{3}

嘎崩脆。

【恶】 ngog^{3}

❶凶；恶：～狗｜～人。❷生气：唔好撩到佢～晒〔别惹得他生气了〕。❸难：呢啲事好～讲〔这些事很难说〕｜嗰条路好～行〔那条路很难走〕。

【恶补】 ngog^{3} bou^{2}

临时突击熟悉有关情况、资料等，或突击补充某方面的知识。

【恶瞓】 ngog^{3} fen^{3}（瞓，训）

睡觉不安宁（多指小孩）。

【恶搞】 ngog^{3} gao^{2}

难办：修呢啲旧电脑，好～嘅〔修理这些旧电脑，很难弄〕。

【恶亨亨】 ngog^{3} heng^{1} heng^{1}

凶凶的。

【恶鲠】 ngog^{3} keng^{2}

❶难以下咽：呢个饼都干晒，真～〔这个饼都干了，真难咽〕。❷难对付：呢件事好～呀〔这件事很难对付啊〕。

【恶噉】 ngog^{3} kig^{1}（噉，卡益切）

难对付；不好说话；难办：呢个人都几～㗎〔这个人是不好说话的〕。

【恶死】 ngog^{3} séi^{2}

❶凶恶；厉害：只狗鬼咁～，见人就想咬〔这只狗凶极了，见人就想咬〕。❷不好打交道的；故意作梗的：嗰个嘢好～，啲都唔肯帮忙〔那个家伙很不好说话，一点都不愿意帮忙〕。❸爱作恶作剧的；瞎胡闹的：咪咁～，成日整鬼人哋〔别那么瞎胡闹，整天作弄人家〕。

【恶死能登】 ngog^{3} séi^{2} neng^{4} deng^{1}

恶狠狠的：佢～噉望住我〔他恶狠狠地看着我〕。

【恶揗揗】 ngog^{3} ten^{4} ten^{4}（揗，吞^{4}）

凶凶的。

【恶爷】 ngog^{3} yé$^{4-1}$

❶恶少（指性情暴躁的小孩）。❷凶恶；霸道：闪开啲系啦，使乜咁～〔（我）让开点就是了，用不着这么凶〕｜你咁～，个个都怕咗你〔你这么霸道，谁都怕了你〕。

【恶爷头】 ngog^{3} yé$^{4-1}$ teo$^{4-2}$

同"恶爷❶"。

【恶作】 ngog^{3} zog^{3}

难办；难处理：呢单嘢都几～嚡〔这件事相当难办啊〕。

【岳丈】 ngog^{6} zêng$^{6-2}$

岳父，丈人。

【顩】 ngog^{6}（岳）

仰（头）；抬（头）：～高头〔抬头〕。

【鳄鱼头】 ngog^{6} yü^{4} teo^{4}

比喻十分凶狠横暴的恶霸。

ngoi

【蔼】 ngoi^{2}（又音 oi^{2}）

用声音哄婴儿：～朦虾仔〔哄婴儿〕。

【呆钝】 ngoi^{4} dên^{6}

愚钝。

【爱】 ngoi^{3}（又音 oi^{3}）

要：～唔～得晒〔全要得了吗〕？｜我唔～咁多〔我不要那么多〕。

【爱惜】 ngoi^{3} ség^{3}（惜，读音 xig^{1}）

疼爱。

【外便】ngoi⁶ bin⁶

外面。

【外出】ngoi⁶ cêd¹

方位词。外面：～好冷〔外面很冷〕。

【外底】ngoi⁶ dei²（又音 ngoi⁶ dei¹）

同"外便"。

【外埠】ngoi⁶ feo⁶

国外某一城市。

【外父】ngoi⁶ fu⁶⁻²

岳父；丈人。

【外父咁外】ngoi⁶ fu⁶⁻² gem³ ngoi⁶

广州话"外"、"碍"同音。指碍手碍脚。

【外家】ngoi⁶ ga¹

娘家。〖"外家"普通话是指外祖父、外祖母的家；广州话是已婚妇女称自已父母的家，即娘家。〗

【外嫁女】ngoi⁶ ga³ nêu⁵⁻²

已出嫁的女儿。

【外间】ngoi⁶ gan¹

外边，外面。

【外江】ngoi⁶ gong¹

外省的：～货｜～佬〔外省人〕。

【外江佬】ngoi⁶ gong¹ lou²

外省人。

【外卖】ngoi⁶ mai⁶

饮食行业专用语，让不在饭馆里吃饭的人买了食品带走。

【外母】ngoi⁶ mou⁵

岳母；丈母娘。

【外母乸】ngoi⁶ mou⁵ na²（乸，拿²）

戏称丈母娘。

【外皮】ngoi⁶ péi⁴

表面；表皮：呢个壶～都唔错〔这个壶表面很不错〕。

【外太公】ngoi⁶ tai³ gung¹

太老爷（母亲的祖父或外祖父）。

【外太婆】ngoi⁶ tai³ po⁴

太姥姥（母亲的祖母或外祖母）。

【碍】ngoi⁶

妨碍：我～唔～你呀〔我妨碍不妨碍你呢〕？｜唔好～住人哋〔不要妨碍人家〕。

【碍口】ngoi⁶ heo²

口吃；结巴。

【碍眼】ngoi⁶ ngan⁵

不顺眼：书柜里头放个钱罂，真～〔书柜里放着一个钱罐子，看着真不顺眼〕｜喺大厅墙上面贴张红纸，真系～〔在大厅墙壁上贴一张红纸，真不顺眼〕。

ngon

【安】ngon¹

❶捏造；编造：唔好信佢啫，佢乱～嘅〔别信他，他瞎编的〕｜生～白造〔凭空编造〕。❷强加的：唔系啫，佢～畀我嘅之嘛〔不是的，是他强加给我的罢了〕。

【安乐】ngon¹ log⁶

❶舒服；舒畅；安宁；快活：我要咗你又冇，点要得～吖〔我要了，你便没有了，我怎么要得舒服呢〕｜一想起嗰件事，我个心就好唔～〔一想起那件事，我心里就不舒畅〕。❷满足；美满：而家生老病死都有

得照顾，真系～晒啰〔现在生老病死都有照顾，真是够满足的了〕。

【安乐茶饭】 ngon^{1} log^{6} ca^{4} fan^{6}

稳定的生活来源；安稳的生活。

【安名】 ngon^{1} méng$^{4-2}$

起名；取名。

【安士】 ngon^{1} xi$^{6-2}$

盎司（十六分之一磅）。〖“安士”是英语 ounce 的音译词。〗

【安人】 ngon^{1} yen^{4}

旧时指婆婆（丈夫的母亲）。

【案底】 ngon^{3} dei^{2}

前科；犯罪记录：你查下呢个人有冇～〔你查查这个人有没有前科〕。

ngong

【䀉】 ngong^{3}（昂^{3}。又音 ngung^{3}）

酸菜变质后的气味。

【蕹菜】 ngong^{3} coi^{3}（又音 ngung^{3} coi^{3}）

空心菜。又叫“通菜”。

【仰】 ngong^{5}（昂^{5}。读音 yêng^{5}）

仰：打～瞓〔仰着睡〕｜～喺度放〔仰着放〕。

【戇】 ngong^{6}（读音 zong^{3}）

❶傻；笨；呆：佢有啲～～哋〔他有点傻头傻脑〕｜行呢条路至快喋，行嗰条咁～嘅〔走这条路近，走那一条太笨了〕。❷干事不正经；疯疯癫癫：快啲做，咪喺度～啦〔快点干，别在这儿疯疯癫癫的〕。

【戇居】 ngong^{6} gêu^{1}

傻瓜；笨蛋（形容词。训斥人时用）。

【戇居居】 ngong^{6} gêu^{1} gêu^{1}

傻头傻脑。

【戇居佬】 ngong^{6} gêu^{1} lou^{2}

傻瓜。

【戇佬】 ngong^{6} lou^{2}

❶傻瓜。❷神经有问题的人。

【戇丧】 ngong^{6} song^{3}

❶神情恍惚。❷不严肃，不正经。

ngou

【擙】 ngou^{1}（敖^{1}）

够（伸手向远处取物）：～嗰朵花落嚟〔把那朵花够下来〕｜～唔到〔够不着〕。

【擙】 ngou^{4}（敖）

摇：～树｜药水要～匀至饮〔药水要摇匀才喝〕。

ngug

【屋】 ngug^{1}

房子：一间～〔一所房子〕｜呢间～有三间房〔这所房子有三个房间〕。

【屋顶】 ngug^{1} déng^{2}

❶房子顶上：～花园。❷天花板：～有蟏蛸丝网〔天花板有蜘蛛网〕。

【屋主】 ngug^{1} ju^{2}

房东。

【屋企】 ngug^{1} kéi$^{5-2}$

家：你～有几个人？｜翻～〔回家〕。

ngung

【壅】ngung[1]（读音 yung[1]）
❶埋：生～〔活埋〕。❷培土：啲粟米要～多啲泥〔玉米要多培些土〕。❸施肥：～两次肥。

【拏（拢）】ngung[2]（挨孔切。又音 ung[2]）
推：～门 | ～人。

【拏（拢）火】ngung[2] fo[2]
烧火（指煮东西时整理灶内柴草）。

【瓮】ngung[3]
大缸。

【瓮缸】ngung[3] gong[1]
大缸。

ni

【呢】ni[1]（又音 néi[1]。读音 né[1]）
这：～几个人 | ～两年 | ～啲系乜嘢〔这些是什么〕？

【呢便】ni[1] bin[6]
这边；这一边。

【呢驳】ni[1] bog[3]
近来；这段时间；最近以来：～冇落雨〔这段时间没有下雨〕。

【呢笪】ni[1] dad[3]（笪，多压切）
❶这块地方：～田唔知卖唔卖嘅〔这块田不知道卖不卖〕 | ～坡地种花生好呀〔这块山坡地种花生好啊〕。❷这里：我喺～〔我在这里〕。

【呢单嘢】ni[1] dan[1] yé[5]
这桩事儿，这件事：～几难搞嘅噃〔这件事相当难办〕。

【呢度】ni[1] dou[6]
这里；这儿：放喺～〔放在这里〕 | ～系边度〔这儿是什么地方〕？

【呢轮】ni[1] lên[4]
❶近来：～你得闲吗〔近来你有空吗〕？❷这回；这次：～到你讲喇〔这回该你说了〕。

【呢杠嘢】ni[1] lung[5] yé[5]（嘢，野）
这种事儿：～我领过档喇〔这种事儿我上过当了〕。

【呢嗱】ni[1] na[4]（嗱，拿）
语气词。提起对方注意：～，噉做至啱〔欸，这样做才对〕。

【呢粒】ni[1] neb[1]
丁儿，把肉类、蔬菜等切成小块（有时加上花生、腰果等）炒成的菜肴。又叫“粒粒”。

【呢呢粒粒】ni[1] ni[1] neb[1] neb[1]
身上起的红色小粒：你背脊起咗好多～〔你背上起了不少小红粒〕。

【呢排】ni[1] pai[4-2]
近来；最近。

【呢世人】ni[1] sei[3] yen[4]
这一辈子：我～未着过咁靓嘅衫〔我这一辈子从未穿过这么漂亮的衣服〕。

【呢条友】ni[1] tiu[4] you[5-2]
这个人（蔑称）：～成日迟到，真冇收〔这个人整天迟到，真没办法〕。

【呢匀】ni[1] wen[4]
这回；这次。

【呢处】ni[1] xu[3]（处，又音 qu[3]）
同“呢度”。

【呢一驳】ni[1] yed[1] bog[3]

近来。

【呢一排】ni¹ yed¹ pai⁴
近来。

【呢阵】ni¹ zen⁶
这会儿；现在。

【呢阵时】ni¹ zen⁶ xi⁴
现今；这个时候。

nib

【𠺘】nib¹（镍¹）
同“凹❷”。

nig

【搦】nig¹
❶拿：～过嚟〔拿过来〕|～唔嘟〔拿不动〕。❷提：～住一个行李袋〔提着一个行李袋〕|唔该你帮我～呢樽油〔麻烦你帮我提着这瓶油〕。

nim

【拈拈苫苫】nim¹ nim¹ xim¹ xim¹
形容人吃东西时过于拘谨，不够大方。

【拈刺噉拈】nim¹ qi³ gem² nim¹
比喻事情十分容易，像拔刺那么简单：佢医呢种病～啦〔他治这种病手到病除啊〕。

【棯（稔）仔】nim¹ zei²（稔，读音 nim⁵）
桃金娘果实。桃金娘多长在山坡、岗地上，花紫红色，果实杯状，熟时紫黑色，多核，味甜可食。又叫“岗棯”、“山棯”。

【踗】nim³（念³）
踮：～起对脚〔踮起脚〕。

【黏】nim⁴
粘（zhān）贴：～信封。

【念口黄】nim⁶ heo² wong⁴⁻²
同“读口黄”。

nin

【𦟌】nin¹（年¹）
❶乳房。❷奶：食～。

【撚（捻）】nin²
❶捏：～烂咗个气球〔把气球捏破了〕|～得我咁痛〔捏得我这么疼〕。❷挤：～干嚿海绵〔把海绵挤干〕。❸卡（qiǎ）：～颈〔卡脖子〕。

【年晚】nin⁴ man⁵
农历年底（春节前一段时间）。

【年尾】nin⁴ méi⁵
年底。

【年卅晚】nin⁴ sa¹ man⁵
农历除夕。

【年生】nin⁴ sang¹
年庚（人出生的年、月、日、时辰）。

【年头】nin⁴ teo⁴
年初。

【年头年尾】nin⁴ teo⁴ nin⁴ méi⁵
指春节前后的一段时间：～系唔得闲啲嘅嘞〔春节前后总是忙点的〕。

【年宵嘢】nin⁴ xiu¹ yé⁵
过春节用的各种物品的统称。

ning

【拎】ning¹（又音 ling¹）

❶拿；取：佢～咗三件〔他拿了三件〕｜～张报纸畀佢睇〔拿张报纸给他看〕｜喺银包里便～出一张银纸〔从钱包里取出一张钞票〕。❷将；把；以：～佢做典型〔将他作典型〕｜～呢个做标准〔以这个作标准〕。❸提：～住一个皮喼〔提着一个皮箱子〕｜一手拖住仔，一手～菜篮〔一手拖着孩子，一手提着菜篮子〕。

【宁愿】 ning^{4} yün$^{6-2}$
宁可。

【拧】 ning^{6}
❶摇；晃动：～头。❷转：～过身嚟〔转过身来〕。❸旋动：～螺丝。

【拧转】 ning^{6} jun^{3}
扭；转身；旋转一百八十度：～片面〔转过脸去；转过脸来〕｜～身就走咗〔转身就走了〕。

【拧转头】 ning^{6} jun^{2} teo^{4}
❶回头；扭头：一～就睇见佢〔一回头就看见他〕。❷转身：～就走。

【拧歪面】 ning^{6} mé^{2} min^{6}
扭转脸（表示不同意）。

【拧头】 ning^{6} teo^{4}
摇头（表示厌弃或惋惜）：睇见佢就～〔看见他就摇头〕。

【拧头拧髻】 ning^{6} teo^{4} ning^{6} gei^{3}
脑袋摇来晃去。

niu

【嫋】 niu^{1}（鸟^{1}，读音 niu^{5}）
细而长：好似竹篙咁～〔像竹竿那样细长〕｜支竹仔咁～唔受力〔竹子太细受不了压〕。

【嫋高】 niu^{1} gou^{1}
（身材）瘦而高。

【嫋嫋高高】 niu^{1} niu^{1} gou^{1} gou^{1}
身材高而瘦。

【嫋瘦】 niu^{1} seo^{3}
身材瘦小：呢个女真～〔这女孩真瘦小〕。

【茑】 niu^{3}（鸟^{1}）
蔫（瓜果等因干枯而表皮萎缩）：马蹄放到～晒〔荸荠放得皮都蔫了〕｜啲菜几日冇淋水都～晒咯〔那些菜几天没有浇水都蔫了〕。

【尿急】 niu^{6} geb^{1}
憋尿。

【尿泡】 niu^{6} pao^{1}
膀胱。

【尿片】 niu^{6} pin$^{3-2}$
同“屎片”。

【尿壶】 niu^{6} wu^{4}
夜壶。

no

【挼】 no^{4}
搓；擦：～衫〔搓衣服〕。

【挪揅】 no^{4} lin^{5}
反复；折腾。

【糯米鸡】 no^{6} mei^{5} gei^{1}
一种小吃或茶点，用干荷叶包着的鸡肉糯米饭，蒸熟后出售。

【糯米糍】 no^{6} mei^{5} qi^{4}
❶糯米糍粑。❷米枝，荔枝的一种，核小肉厚，味香甜，是最好的品种

之一。

【糯米屎窟】no⁶ mei⁵ xi² fed¹

比喻一坐下就不愿意走动的人。

noi

【耐】noi⁶（又音 noi⁶⁻²）

久；长时间：一年咁～〔一年那么久〕｜冇几～〔没多久〕｜好～唔见〔好长时间没见面〕。〖“耐”在“冇几”之后一般要变作第二调（阴上）或第一调（阴平）。〗

【耐不耐】noi⁶ bed¹ noi⁶⁻²

副词。时不时：～睇次戏〔时不时看一次戏〕｜佢～都会嚟封信〔他时不时都会来一封信〕。

【耐唔耐】noi⁶ m⁴ noi⁶⁻²

同“耐不耐”。

【耐唔中】noi⁶ m⁴ zung¹

偶尔；不经常；隔一段时间：～有一次｜佢～嚟下〔他偶尔来一次〕。

【耐耐】noi⁶ noi⁶⁻²

偶尔（不经常）：我～都会去睇下佢嘅〔我偶尔也会去看看他的〕。

【耐时】noi⁶ xi⁶⁻²

同“耐耐”。

【耐中】noi⁶ zung¹

同“耐耐”。

【内鬼】noi⁶ guei²

❶内奸，吃里爬外的人。❷家贼，盗窃本单位财物的人。

【内笼】noi⁶ lung⁵⁻²

容器内部的空间：呢个箱～有几大〔这个箱子里面的容量有多大〕？

【内伤】noi¹ sêng¹

❶肺病（现已少用）。❷内脏的损伤。

【奈…乜何】noi⁶…med¹ ho⁴

怎能奈何（某人）：佢唔听你笛，你奈佢乜何〔他不听你的，你怎能奈何他〕。

nou

【脑充血】nou⁵ cung¹ hud³

脑溢血，脑出血。

【脑囟】nou⁵ sên³⁻²

囟门。

【脑囟未生埋】nou⁵ sên² méi⁶ sang¹ mai⁴

囟门还没合拢，用来讽刺人幼稚无知。

N

nün

【暖粒粒】nün⁵ neb¹ neb¹

暖暖和和：着咗件新棉衲，～〔穿了件新棉衣，暖暖和和的〕。

【嫩水】nün⁶ sêu²

指人经验少，幼稚。

【暖水袋】nün⁵ sêu² doi⁶⁻²

热水袋。

【暖水壶】nün⁵ sêu² wu⁴⁻²

热水瓶；暖水瓶。

【暖壶】nün⁵ wu⁴⁻²

暖水瓶；热水瓶。

【嫩口】nün⁶ heo²

幼稚；年纪小。

【嫩雀】nün⁶ zêg³

❶新手（初入门的人）。❷幼稚而容易上当的人。

nung

【燶】nung¹（农¹）

❶焦；煳：煮～饭〔煮煳了饭〕。❷（树叶）枯黄：树叶都晒～咗〔树叶都晒枯了〕。❸（脸色）黑：讲佢两句就～起块面〔说他两句他就黑起脸来〕。

【燶起块面】nung¹ héi² fai³ min⁶

板着脸。

【燶口燶面】nung¹ heo² nung¹ min⁶

黑着脸；板着脸。

O

o

【*柯打】o¹ da²

❶命令。❷定货单。〖“柯打”是英语 order 的音译词。〗

【哦】o⁴

叹词。表示明白、恍然大悟。

og

【喔】og⁶

叹词。啊。表示确实如此：甲：你同意佢嘅意见？乙：～〔甲：你同意他的意见？乙：啊！〕。

P

pa

【*派司】pa¹ xi⁶

❶通行证。❷通过（考试、检查等）。❸及格。❹指打桥牌时，放弃叫牌。〖“派司”是英语 pass 的音译词。〗

【怕丑】pa³ ceo²

害羞；害臊：真唔～〔真不害羞〕｜使乜～吖〔用不着害羞〕！

【怕丑草】pa³ ceo² cou²

含羞草。

【怕怕】pa³ pa³

怕；害怕：想起呢件事我真～〔想起这件事我真后怕〕。

【扒】pa⁴

划（船）：～船｜～艇仔〔划小船〕。

【扒龙船】pa⁴ lung⁴ xun⁴

端午节赛龙舟：去睇～〔去看赛龙舟〕。

【扒钱】pa⁴ qin⁴⁻²

刮钱；贪污受贿。

【扒头】pa⁴ teo⁴
超越（多用于超车，又指排队走路时赶到别人前头）。

【扒逆水】pa⁴ ngag⁶ sêu²
❶逆水行船，比喻敢于反潮流，标新立异。❷指喜欢与人争辩。

【弆（扒）】pa⁴
❶偷盗：夜晚黑要注意有坏人嚟～嘢〔晚上要注意有坏人来偷东西〕。❷引申指擅自拿别人的东西：我本书边个～咗去呀〔我的书谁拿走了〕？

pad

【*拍乸】pad¹ na⁴（乸，拿⁴）
双人舞中的舞伴，又作“派拿”。〖“拍乸”是英语 partner 的音译词。〗

【*派对】pad¹ ti⁴
舞会。〖“派对”是英语 party 的音译词。〗

【坺】pad⁶（婆辣切）
❶量词。用于软烂成糊状的东西：一～糨糊｜一～鼻涕｜一～烂湴〔一摊烂泥〕。❷象声词。软物落地声。

pag

【泊车】pag³ cé¹（泊，读音 bog⁶）
停车：呢度唔准～〔这里不许停车〕。〖“泊”是英语 park 的音译。〗

【拍】pag³
拼；并；并（合在一起）：～床〔拼床，用几块木板临时拼成一铺床〕｜两只船～住行〔两只船并着走〕｜～花阶砖〔拼砌花瓷砖〕。

【拍得过】pag³ deg¹ guo³
同“拍得住”。

【拍得住】pag³ deg¹ ju⁶
比得上：呢种恤衫～名牌货〔这种衬衣比得上名牌货〕。

【拍档】pag³ dong³
❶合作；配合：你哋两个做嘢要～先得〔你们两个做事要合作才好〕｜佢两兄弟好～〔他兄弟俩很合作〕。❷伙伴：佢系我嘅～〔他是我的伙伴〕。

【拍纸簿】pag³ ji² bou⁶⁻²
无格的本子。〖“拍”是英语 pad 的译音，“拍纸簿”是音意合译词。〗

【拍马】pag³ ma⁵
催马，策马：～都赶唔上〔快马加鞭都赶不上〕。

【拍硬档】pag³ ngang⁶ dong³
紧密地合作；紧密地配合：～办好学校｜大家要～先做得好工作㗎〔我们要紧密地配合才能把工作做好〕。

【*拍散拖】pag³ san² to¹
没有固定的相恋对象，即找临时的、随意更换的异性伴侣。

【拍心口】pag³ sem¹ heo²
直译是“拍胸膛”，意思是保证完成任务，一口承担（某工作）。

【拍手】pag³ seo²
❶合伙，协力：两个～做生意〔两人合伙做生意〕｜揾佢～做〔找他合伙干〕。❷合伙者：揾佢做～〔找

他做合伙人〕。

【拍手伙记】pag³ seo² fo² géi³

合作伙伴。又叫“拍档伙记”。

【拍手无尘】pag³ seo² mou⁴ cen⁴

指极度穷困：嗰阵时真系～〔那个时候真是一贫如洗〕。

【拍手掌】pag³ seo² zêng²

鼓掌：～欢迎。

【拍拖】pag³ to¹

原指一艘带动力的船和一艘无动力的船并排拖带着航行，引申指男女手挽手地走路。

【拍乌蝇】pag³ wu¹ ying⁴⁻¹

形容买卖冷淡。

pai

【派¹】pai³⁻¹

同“够派”。

【派²】pai³

分发；分送：成日有人喺度～广告〔整天有人在那里发广告〕。

【派街坊】pai³ gai¹ fong¹

分送给左右邻舍（大方地送给别人）。

【排¹】pai⁴⁻²

供食用的排骨的省称。不单用：牛～｜肉～〔带肉较多的排骨〕。

【排²】pai⁴（又音 pai⁴⁻²）

一段的时间：呢～好热〔最近很热〕｜重有～呀〔还有很长时间〕｜有～你等〔够你等的〕。

【排粉】pai⁴ fen²

一种干米粉，排列成排状。

【排山】pai⁴ san¹

用竹木搭的大型脚手架。

【排架】pai⁴ ga³⁻²

建筑工地上手架、支撑架、升降架的总称。

pan

【瘔】pan³

瘪（谷粒不饱满）：呢啲谷好～〔这些稻谷瘪得很〕。

【瘔蛋】pan³ dan⁶

没有受精、孵不出小鸡的蛋。

【瘔谷】pan³ gug¹

秕子（空的或不饱满的谷粒）。

pang

【¹ 搒】pang¹（烹）

撵；赶：～佢出去〔赶他出去〕！

【² 搒】pang¹（烹）

匀出（一部分）：～啲畀我〔匀点儿给我〕。

【鎊】pang¹（烹）

❶白铁罐；白铁桶：火水～〔煤油罐〕。❷平底锅。〖“鎊”是英语 pan 的音译词。〗

【鎊㝗】pang¹ lang¹（㝗，啦罂切）

象声词。啪嚓（东西落地、撞击或器物碰碎的声音）。

【棚】pang⁴

量词。❶排（用于牙齿）：一～牙｜齦开～牙〔龇牙咧嘴〕。❷用于渣滓：呢啲蔗唔甜，嚍起嚟得～渣〔这些甘蔗不甜，嚼起来只有一把蔗渣〕。

【棚架】pang⁴ ga³

脚手架。

【棚寮】pang⁴ liu⁴

竹棚；席棚；茅棚。

【棚尾拉箱】pang⁴ méi⁵ lai¹ sêng¹

比喻偷偷溜走。

【蟛蜞】pang⁴ kéi⁴⁻²

小螃蟹的一种，生活在稻田里或沟边。

pao

【抛浪头】pao¹ long⁶ teo⁴

靠虚张声势来吓唬对方：～吓唔到人〔靠虚张声势是吓唬不了人的〕。

【抛生藕】pao¹ sang¹ ngeo⁵

同“卖生藕”。

【抛水】pao¹ sêu²

扣食。买卖生猪时，过秤后刨去腹中食物的重量：呢只猪要～二十斤〔这头猪要刨去二十斤〕。

【泡¹】pao¹

量词。❶用于腮帮子：揦起～腮〔鼓起腮帮子〕。❷用于屎尿：一～尿。

【泡打粉】pao¹ da² fen²

焙粉；发粉；起子。〖“泡打”是英语 powder 的音译词。〗

【跑马射蚊须】pao² ma⁵ sé⁶ men¹ sou¹

比喻成功的可能性极小。

【炮仔】pao³ zei²

原指一种可以燃放火药、铁砂的铁制炮仗，因过去土匪常当手枪用，人们便用来代称手枪。

【炮制】pao³ zei³

整；治（多用于小孩）：佢咁百厌，等我嚟～下佢〔他那么淘气，让我来整一整他〕。

【炮仗】pao³ zêng⁶⁻²

爆竹；鞭炮：烧～〔放爆竹〕。

【炮仗领】pao³ zêng⁶⁻²léng⁵

一种衣领式样，像成串的鞭炮。

【炮仗颈】pao³ zêng⁶⁻²géng²

急性子。

【刨】pao⁴⁻²

❶礤（cǎ）床儿（把萝卜、瓜等擦成细丝的器具）。❷刨子。

【刨（口）柴】pao⁴（heo²）cai⁴

刨木料时刨出的卷状刨花和薄木片。

【刨柴】pao⁴ cai⁴

刨花。又叫“刨口柴”、“刨口”。

【刨花】pao⁴ fa¹

带黏性的木头刨成薄片，旧时妇女常用水浸泡之，其黏液用来梳头。

【刨口】pao⁴ heo²

同“刨柴”。

【刨书】pao⁴ xu¹

啃书：成日噉～〔整天地啃书〕。

pé

【啤】pé¹（破些切）

❶量词。对（用于未婚的情侣或已婚夫妇；打桥牌时的搭档或同样的牌）：一～两～（情侣）〔一对两对（情侣）〕｜等阵打桥牌我同你一～〔等一下打桥牌时我跟你作一对〕｜一～“10”。❷扑克牌：一副～。

P

〖“啵”是英语 pair 的音译词。〗

【啵牌】pé^{1} pai$^{4-2}$

扑克牌。

【躃】pé^{5}（破野切）

歪着身子，像要倒下：个醉酒佬行路～～下〔那个醉汉走路歪歪斜斜的〕｜唔好～住个身坐〔不要歪着身子坐〕。

pê

【*巴仙】pê^{3} sén^{1}

百分之一：增加三个～〔增加百分之三〕。〖“巴仙”是英语 percent 的音译词。〗

ped

【匹头】ped^{1} teo^{4}

布匹：～商店〔布店〕。

pég

【擗】pég^{6}（婆笛切）

扔；丢弃：咁揦鲊嘅嘢，快啲～咗佢〔这么脏的东西，快点扔掉它〕！

【擗炮】pég^{6} pao^{3}

扔枪，表示愤然辞职。炮，参看“炮仔”条。

【擗炮唔捞】pég^{6} pao^{3} m^{4} lou^{1}

辞职不干，愤然离去。

pei

【刬（剕）】pei^{1}（破威切）

削：～铅笔｜～菠萝皮。

【^{1}批】pei^{1}

一种有馅的西式饼食。〖“批”是英语 pie 的音译词。〗

【^{2}批】pei^{1}

承租：～十亩田。

【批荡】pei^{1} dong^{6}

抹灰（抹在墙上）：呢间屋～得真光滑〔这房子抹灰抹得真光滑〕。

【批石米】pei^{1} ség^{6} mei^{5}

用碎石粒与水泥调成灰浆抹墙。

【批头】pei^{1} teo^{4}

❶承租田地时，除租金外，另附加的若干钱财。❷承租房屋时，第一个月多交的一个月租金。

【批中】pei^{1} zung^{3}

估计到；预计到：我已经～佢会嚟㗎喇〔我已经估计到他会来的了〕｜早就～你会考上大学㗎喇〔早就预计到你会考上大学的了〕。

péi

【纰】péi^{1}

❶衣物久磨起毛变薄：条裤磨～咗咯〔裤子磨得起毛了〕。❷布料边缘松散：做衫裁开钑完骨再做至唔会～〔做衣服裁剪后锁了边再做才不会散边〕。

【纰口】péi^{1} heo^{2}

❶名词。裁剪好而未缝的衣片的边：件衫嘅～要钑么〔衣服的毛边要锁边〕。❷动词。衣服或衣片的边松散：衫脚～喇〔衣服的下襬散边了〕。

【披】péi¹
物体边沿或表面破损：张台碰～咗几度〔这桌子碰破了几处〕。

【*披头士】péi¹ teo⁴ xi⁶
甲壳虫乐队，二十世纪五六十年代英国的一支四重奏爵士乐队。〖"披头士"是英语 Beatles 的音译词。〗

【¹ 皮】péi⁴⁻²
❶皮货；皮子；皮桶子：一件～。❷皮革制成的衣服：着～〔穿皮衣服〕。

【² 皮】péi⁴⁻²
本钱；本儿：够～喇〔够本儿了〕｜舍得落～〔舍得下本钱〕。

【皮】péi⁴
量词。❶元；块钱：三几～〔三几块钱〕｜百零～〔一百多块钱〕。❷圈；层；号：呢个缸比嗰个大一～〔这个缸比那个缸大一圈〕｜买个细一～嘅瓦罉啦〔买个小一号的沙锅吧〕。

【皮草】péi⁴ cou²
皮货，裘皮及裘皮制品的总称。

【皮蛋】péi⁴ dan⁶⁻²
松花蛋。

【皮费】péi⁴ fei³
货物的运输、损耗等的费用。

【皮喼】péi⁴ gib¹（喼，劫¹）
皮箱。

【皮光肉滑】péi⁴ guong¹ yug⁶ wad⁶
皮肤嫩滑。

【皮袍】péi⁴ pou⁴⁻²
皮袄。

【皮黄骨瘦】péi⁴ wong⁴ gued¹ seo³
皮包骨（形容人瘦弱）。

【琵琶仔】péi⁴ pa⁴ zei²
演唱曲艺的少年歌女。

【脾胃】péi⁴ wei⁶
❶泛指消化器官：呢几日～唔好〔这几天肠胃不好〕。❷转指性格、脾气：佢～系差啲嘅〔他脾气确实差些〕。

【貔貅】péi⁴ yeo¹
顽皮；淘气：～仔〔淘气孩子〕。

【被窦】péi⁵ deo³（窦，读音 deo⁶）
被窝（指睡觉时掖得整齐的被子）：贡入～〔钻进被窝里〕。

【被铺蚊帐】pêi⁵ pou¹ men¹ zêng³
铺盖。

【被袋】péi⁵ doi⁶⁻²
被子的外套，袋形。

【被铺】péi⁵ pou¹
铺盖。

【被套】péi⁵ tou³
套"棉胎"的布套，没有被面被里之分。〖普通话"被套"一词的词义范围比广州话大，它既指棉被的布套，又指棉被的胎和旅行时装被褥的长方形布袋。〗

【被胎】péi⁵ toi¹
棉絮，棉被的棉花胎。又叫"棉胎"。

pen

【湓】pen⁴（贫）
噗（煮粥饭时米汤外溢）：粥～出嚟喇〔粥噗啦〕！

【频伦】pen⁴ len⁴（伦，读音 lên¹）

匆匆忙忙；手忙脚乱：慢慢都唔迟，唔使咁～〔慢慢来，用不着那么手忙脚乱〕｜使乜咁～呢〔何必那么匆匆忙忙呢〕。

【频密】pen⁴ med⁶
频繁：来往～（多用于书面）。

【频频扑扑】pen⁴ pen⁴ pog³ pog³
到处奔波：呢几日～做乜呀〔这几天到处奔波干什么呀〕？

【频婆】pen⁴ po⁴⁻²
广东常见常绿乔木，果实可食，味如栗子。又叫“凤眼果”。

【频婆面】pen⁴ po⁴ min⁶
厚脸皮。

【频扑】pen⁴ pog³
东奔西走；奔波：你呢几个月时常出差，够～喇〔你这几个月经常出差，够奔波了〕。

P

péng

【拼】péng¹
❶椅子的靠背。❷床两头的挡板。

【拼沉】péng¹ cem⁴（拼，读音 ping¹）
把对方打败；把对方比输：～佢〔打败他〕｜畀人～咗〔给人家打败了〕｜呢场波佢哋畀人～晒〔这场球赛他们全给人打输了〕。

【骿骨】péng¹ gued¹
肋骨。

【平】péng⁴（读音 ping⁴）
便宜（价钱低）：又～又靓〔又便宜又好〕。

【平沽】péng⁴ gu¹
以便宜的价钱发卖。

【平卖】péng⁴ mai⁶
低价出卖。

【呯】péng⁴（婆鲮切）
象声词。打铜锣的声音。

peo

【婄】peo³（破沤切）
❶泡；松软：～木〔泡木头〕｜松～。❷糠心：～萝卜。❸不结实：以前佢好～，风一吹就会冷亲〔以前他很不结实，风一吹就会着凉〕。❹靠不住的；无信用的：乜咁～㗎，讲过嚟又唔见人嘅〔怎么那么靠不住，说过要来又不见人影〕。

【婄腩】peo³ nam⁵
囊膪（猪腹部肥而松软的肉）。

【婄心】peo³ sem¹
糠心儿（萝卜等中心变空了）。

pid

【¹撇】pid³
溜雨水斜洒：唔好畀雨～湿啲柴〔别让雨把柴火溜湿了〕｜雨～入屋〔雨溜进屋里〕。

【²撇】pid³
刀斜着切薄片：～鱼肉。

【撇档】pid³ dong³
收摊；散伙。

【撇甩】pid³ led¹（甩，读音 soi²）
甩掉：转几个弯就将佢～咗〔拐几个弯儿就把他甩掉了〕。

【撇水片】pid³ sêu² pin³⁻²
打水漂（将瓦片擦着水面打出去）。

【撇脱】pid³ tüd³

干脆利落，不拖泥带水：做嘢要～啲至得〔做事情要干脆利落些才行〕。

pin

【偏门】pin¹ mun⁴⁻²

非正当行业或非法行业。

【片】pin³⁻²

❶同“屎片”。❷片儿：切～｜纸～。❸切成片状：将呢嚿肉～成几件薄片〔把这块肉切成几块薄片〕｜打横～至切得薄〔横着切才切得薄〕。

【片糖】pin³ tong⁴

片状的红糖。

【便宜】pin⁴ yi⁴

❶价钱低。❷不应得的利益：占～。普通话的“便宜”（biànyí）有方便合适的意思，广州话的“便宜”没有这个意思。

ping

【娉婷淡定】ping¹ ting⁴ dam⁶ ding⁶

形容女子举止文雅。

【平喉】ping⁴ heo⁴

粤剧生角所用的唱腔。

【*平安纸】ping⁴ ngon¹ ji²

婉辞。指遗嘱。

piu

【飘色】piu¹ xig¹

一种乡间传统活动，在神诞日里由小孩扮成戏曲中的人物，上街游行。

【票尾】piu³ méi⁵

❶门票、戏票等的副券。❷用过的车票等：用～报销〔拿废票报销〕｜请保留～出闸〔请保留车票通过出口〕。

【嫖赌饮吹】piu⁴ dou² yem² cêu¹

旧社会的各种恶习。常用来形容恶劣的人品。

po

【裒】po¹（破¹）

❶量词。棵；株：一～树｜呢啲树～～都咁高〔这些树棵棵都一般儿高〕。❷棵儿：呢种树生得大～〔这种树棵儿长得大〕。

【婆乸】po⁴⁻² na²（乸，拿²）

婆娘（多指老年妇女。不尊敬的称呼）。

【破】po³

劈：～柴｜～开两边。

【破柴】po³ cai⁴

劈柴。

【破柴缬】po³ cai⁴ lid³（缬，列³）

劈开柴节。比喻处理棘手事情或解决难题：派你去嗰度系要你～嘅〔派你去那里是要你解决难题的〕｜佢系～嘅高手〔他是解决棘手问题的能手〕。

【破财挡灾】po³ coi⁴ dong² zoi¹

破财免灾。

【破相】po³ sêng³

脸部受损伤，相貌被破坏。

【¹婆】po⁴

同“亚婆”。

P

【²婆】po⁴（又音 po⁴⁻²）
❶女人（不尊敬的称呼）。❷用在某些名词、形容词、动宾词组之后构成人的称谓（不尊敬的称呼）：广东～｜肥～｜湊仔～〔在家带孩子的女人〕。

【婆妈】po⁴ ma¹
年纪较大的保姆：请咗个～〔雇了一个保姆〕。

【婆㜷】po⁴ ngou¹（㜷，澳¹。又音 po⁴ ou¹）
候鸟的一种，夏天出现。“婆㜷”是它的叫声。

【婆婆】po⁴ po⁴
外祖母（儿童多用）。

【婆孙】po⁴ xun¹
奶奶或姥姥和孙子或孙女：两～去边度呀〔奶奶（或姥姥）和孙子（或孙女）俩去哪儿呀〕？

P

pog

【㬥】pog¹（扑¹）
泡儿：行到只脚起咗～〔走路走得脚都打了泡儿〕｜玻璃～｜水～。

【¹扑】pog³
❶袼褙（用糨糊粘成的厚布块）：打～。❷多层的厚纸：元宝～〔做元宝的厚纸〕。

【²扑】pog³
奔波：四围～〔到处奔波〕｜～嚟～去〔跑来跑去〕。

【扑飞】pog³ féi¹
到处找票，为购票而奔波。

【扑水】pog³ sêu²
筹钱，到处借钱：周围～〔四处筹钱〕。

【朴】pog³
❶多层纸或布粘成的厚片：纸～｜布～。❷禽类去掉皮肉、内脏、翼、脚后带少量肉的骨架：鸡～｜鸭～。

pong

【㾊头凸额】pong¹ teo⁴ ded⁶ ngag⁶（㾊，旁¹）
前额突出。

pou

【甫士】pou¹ xi²
姿势：摆好～，影个靓相〔摆好姿势，拍张好照片〕。〖“甫士”是英语 pose 的音译。〗

【*甫士咭】pou¹ xi⁶ ked¹
明信片。〖“甫士咭”是英语 postcard 的音译词。〗

【甫（铺）】pou³
量词。十里：三～路〔三十里路〕。

【铺】pou¹
量词。用于较抽象的事物：玩两～牌〔打两轮牌〕｜佢有～牛力〔他有股牛劲〕。

【脯】pou²
腌制过的瓜菜或切成块状的肉。

【谱谱摸摸】pou² pou² mo² mo²
朦朦胧胧：旧时嘅事，我～记得啲〔过去的事我朦朦胧胧记得一点儿〕。

【铺头】pou³ teo⁴⁻²
铺子；商店。

【铺仔】pou³ zei²
小店；小杂货店。
【浮²】pou⁴（蒲。读音 feo⁴）
浮：油～喺水面〔油浮在水面上〕。
【浮薸】pou⁴ piu⁵⁻²
浮萍或漂浮在水面生长的细小植物。
【浮浮盼】pou⁴ pou⁴ pan³
漂浮的样子：好多艇仔喺海面～〔很多小船在海面上漂浮着〕。
【浮头】pou⁴ teo⁴
浮在水面上；浮面儿：呢块板一落水就～〔这块木板一下水就浮上来〕｜轻嘅～，重嘅沉底〔轻的浮面儿，重的沉底〕。
【菩达】pou⁴ dad⁶
同"芙达"。
【菩提子】pou⁴ tei⁴ ji²
葡萄。
【蒲（浮）】pou⁴
在社会上闯荡、胡混。
【蒲桃】pou⁴ tou⁴⁻²
一种树果，形如蜡丸，核如弹子，肉与核之间有空隙，果熟后黄绿色，可吃。
【泡²】pou⁵（抱。读音 pao¹、pao³）
泡儿，泡沫：番枧～〔肥皂泡儿〕｜口水～。

pud

【拨】pud³（读音 bud⁶）
搧（shān）：～扇｜～火。

pug

【仆】pug¹
趴；俯卧：～低〔趴下〕｜～喺张台度〔趴在桌子上〕｜～住瞓〔趴着睡〕。
【仆街】pug¹ gai¹
骂人语。死于街上的意思。
【仆转】pug¹ jun²
反转；扣：～放｜将个面盆～过嚟〔把脸盆扣过来〕。
【仆心仆命】pug¹ sem¹ pug¹ méng⁶
形容做事尽心竭力：呢件事佢都～去做嘅嘞〔这件事他已经尽心尽力去做了〕｜佢做嘢总系～嘅〔他干事情总是尽心竭力的〕。
【仆筑路】pug¹ zug¹ lou⁶
两边低中间高的路。

pui

【配对】pui³ dêu³
❶配合成双：乒乓球比赛你哋两个～双打〔乒乓球比赛你们两个搭配双打〕。❷般配：佢两个边处～呀〔他俩哪儿般配哪〕！
【配料】pui³ liu⁶⁻²
作料儿。
【陪嫁妹】pui⁴ ga³ mui⁶⁻¹
旧时的陪嫁丫鬟。
【陪太子读书】pui⁴ tai³ ji² dug⁶ xu¹
比喻陪伴别人做与自己无关的事。
【陪月】pui⁴ yüd⁶⁻²
月嫂，伺候产妇坐月子的女佣人。
【赔汤药】pui⁴ tong¹ yêg⁶
赔偿医疗费：你打伤人要～呀〔你打伤人要赔偿医疗费〕。

pun

【判】pun³

包圆儿，把货物或剩余的货物估量着进行买卖：剩翻嘅我～埋佢嘞〔剩下的我包圆儿了〕。

【判头】pun³ teo⁴⁻²

包工头。

【拚】pun³

❶拚（pàn）；拼（豁出去）：我～咗佢，唔要喇〔我豁出去了，不要了〕｜～命。❷估价出售（只凭眼力估量着出售）：呢堆菜五毫子～畀你〔这堆菜五毛钱卖给你〕。

【拚烂】pun³ lan⁶⁻²（又音 pun³⁻² lan⁶）

撒野；撒赖；耍赖。

【拚𨈇】pun³ pé⁶（𨈇，破野切）

同"拚烂"。

【拚𨈇嚟】pun³ pé⁵ lei⁴

不顾一切地蛮干；乱来；耍赖：佢都～嘅〔他都不顾一切地蛮干的〕｜你唔得～喋〔你不能乱来〕。

【拚死】pun³ séi²

把命豁出去；冒生命危险：～食河豚（熟语）。

【拚死无大害】pun³ séi² mou⁴ dai⁶ hoi⁶

准备拼死就没有更大的危险了：～，几大就几大〔死也不怕，豁出去了〕。

【盘】pun⁴

盆子；盘子：一～水｜洗身～〔洗澡盆〕｜菜～。〖广州话"盘"和"盆"不分，有些人说普通话时经常弄错，把"一盘菜"说成"一盆菜"。"盘"和"盆"是两种不同的器皿："盘子"（pán · zi）扁而浅，相当于广州话的"碟"；"盆子"（pén · zi）大而深，如"洗碗盆"、"脸盆"等。〗

【盘满钵满】pun⁴ mun⁵ bud³ mun⁵

形容收获丰盛：佢赚到～〔他赚得腰包满满的〕。

pung

【㷫】pung¹（破空切）

❶蒙盖（尘土）：呢啲餸冇盖冚住，～晒尘啰〔这些菜没有盖盖着，蒙上尘土了〕｜～咗一头泥尘〔蒙了一头尘土〕。❷（尘土）呛人：扫地唔洒水，～到鬼噉〔扫地不洒水，呛得要命〕。

【㷫尘】pung¹ cen⁴

灰尘；尘土：呢度啲～好犀利〔这里的灰尘很厉害〕。

【碰彩】pung³ coi²

❶碰运气：要有把握至得，靠～唔系办法〔要有把握才行，靠碰运气不是办法〕。❷碰巧：～估中咗〔碰巧猜对了〕｜～买咗一个〔碰巧买了一个〕。

【碰埋头】pung³ mai⁴ teo⁴

到处见到的：而家～唔系经理就系老总〔现在随便碰到的不是经理就是老总〕。

【碰啱】pung³ ngam¹（啱，岩¹）

恰巧；刚好；碰巧：我琴晚去揾佢，～佢出咗街〔我昨晚去找他，恰巧他上了街〕｜我～亦冇〔我刚好也没有〕｜呢件事～嘅嗻〔这件事碰巧罢了〕。

【蓬蓬松松】pung4 pung4 sung1 sung1
毛发散乱的样子。

Q

qi

【趌车转】qi1 cé1 jun3
❶飞快地转动：哗，乜个水表～㗎〔啊，怎么这个水表在飞转呀〕！❷团团转。形容人转来转去或忙来忙去：几个人喺度～，搞到我头都晕〔几个人在这里转来转去，弄得我头脑发晕〕｜呢排忙到我～〔这些日子我忙得团团转〕。

【黐】qi1（痴）
❶粘（zhān）：两张纸～埋一度〔两张纸粘在一起〕。❷黏（nián）：呢啲浆糊好～〔这些糨糊很黏〕。❸沾；蹭；揩油：唔应该～人哋嘅嘢〔不应该揩人家的油〕。❹缠（紧紧地跟随）：细蚊仔成日～住大人〔小娃娃整天缠着大人〕。

【黐餐】qi1 can1
蹭饭，在亲友家吃饭以节省开支：晏昼饭喺大佬度～〔午餐在哥哥那里蹭饭〕。

【黐饭餐】qi1 fan6 can1
同"黐餐"。

【黐家】qi1 ga1
恋家。

【黐筋】qi1 gen1
骂人语。指人脑子有问题，精神不大正常。

【黐脷底】qi1 léi6 dei2（脷，利）
大舌头，说话不大清楚。

【黐脷根】qi1 léi6 gen1
同"黐脷底"。

【黐孖筋】qi1 ma1 gen1
同"黐线"。

【黐网】qi1 mong5
粘网，一种捕鱼网，让鱼卡在网眼中好像被粘着一样。

【黐乸芋】qi1 na2 wu6（乸，拿2）
连着大芋头生长的小芋头。比喻整天黏着母亲的小孩，即"跟屁虫"。

【黐泅泅】qi1 neb6 neb6（泅，粒6）
同"泅黐黐"。

【黐牙】qi1 nga4
❶黏牙：食牛奶糖～〔吃牛奶糖黏牙〕。❷引申作塞牙缝（指吃饭时菜肉等塞进牙缝）：一啲啲嘢，唔够我～〔一点点东西，不够我塞牙缝儿〕。

【黐牙黐爪】qi1 nga4 qi1 zao2
形容吃黏性的东西容易塞进牙缝或黏牙。

【黐缠】qi1 qin4
形容人们经常在一起，形影不离。

【黐身膏药】qi1 sen1 gou1 yêg6

紧紧贴在身上的药膏。比喻老是缠着母亲的孩子，即“跟屁虫”。

【黐手泅脚】qi¹ seo² neb⁶ gêg³

形容东西太黏糊：个碗～好难洗〔这个碗黏手黏脚的很难洗〕。

【黐头婆】qi¹ teo⁴ po⁴

苍耳子，外皮有刺，可粘（zhān）在人的头发上，故名。

【黐线】qi¹ xin³

本指电话线路交搭在一起，使人听不清楚。引申指人神经不健全，经常弄错事物或话不对题。（诙谐的说法）

【黐饮黐食】qi¹ yem² qi¹ xig⁶

在别人那里白喝白吃。普通话叫“蹭吃蹭喝”。

【黐总掣】qi¹ zung² zei³（掣，读音 qid³）

总开关电路短路。比喻人大脑出了问题，神经不正常。

【始终】qi² zung¹

到最后，终于：你噉搞法～唔得掂〔你这样做法最后还是不行〕｜佢哋两个嗌咗交，不过～好翻〔他们两人吵过架，不过最后还是和好了〕。

【刺身】qi³ sen¹

切成薄片供生吃的鱼、虾、蚌等的肉：龙虾～｜三文鱼～。

【池鱼】qi⁴ yü⁴⁻²

鲭鱼，一种常见的海鱼。

【茨实】qi⁴ sed⁶

芡实；鸡头米。

【匙羹】qi⁴ geng¹

调羹；羹匙；匙子。

【匙羹白】qi⁴ geng¹ bag⁶

白菜的一种，柄白色，形状像调羹，叶深绿色。

【雉鸡】qi⁴ gei¹（雉，读音 ji⁶）

野鸡；山鸡。

【雉鸡尾】qi⁴ gei¹ méi⁵

雄雉鸡的翎毛（特指戏装头饰上的长翎毛）。

【慈姑椗】qi⁴ gu¹ ding³

戏称小男孩的生殖器。

【迟】qi⁴

❶缓；慢。❷晚：嚟～咗一步〔来晚了一步〕｜点咁～至做完嚟〔怎么这么晚才干完〕？〖第❷义项普通话除个别词如“迟到”外，一般说“晚”不说“迟”。〗

【迟啲】qi⁴ di¹（啲，多衣切）

❶晚些时候，待会儿：～佢就翻嚟嘅嘞〔待会儿他就回来的〕。❷过些时候，过些日子。同“迟下”。

【迟下】qi⁴ ha⁵

过些时候；过些日子：～佢就嚟〔过些时候他就来〕。

【迟嚟先上岸】qi⁴ lei⁴ xin¹ sêng⁵ ngon⁶（嚟，黎）

比喻后来居上（含贬义）。

【迟一排】qi⁴ yed¹ pai⁴⁻²

过些日子，可以是几天、十几天，甚至几十天，但不指当天或以后的三几天。

【瓷不扻瓦】qi⁴ bed¹ hem² nga⁵

高贵的瓷器不跟普通的瓦器相碰。比喻有教养的人不宜跟蛮横的人发生摩擦。

【辞工】qi⁴ gung¹

辞去工作：佢决定～唔做〔他决定

辞去工作不干了〕｜辞咗嗰份工啦〔辞掉那份工作吧〕。

【[1]似】qi⁵

像：～到极〔像极了〕｜佢～老母〔她像母亲〕。〖普通话也有“似”这个词，但多用于文言或书面语的语句里。〗

【[2]似】qi⁵

可能：咁耐冇见过佢，唔认得都～㗎〔那么久没有见过他，认不得都可能的〕｜唔记得都～〔很可能忘了〕。

【似层层】qi⁵ ceng⁴ ceng⁴

酷似，很像是真的：佢讲得～，唔到你唔信〔他说得好像真有其事，不由你不相信〕。

【似模似样】qi⁵ mou⁴ qi⁵ yêng⁶⁻²

❶像个样子：居然～。❷很相像：佢演老工人～嚡〔他扮演老工人很像样〕！

【似样】qi⁵ yêng⁶⁻²

❶相像：佢两兄弟好～〔他两兄弟很像〕｜学得好～〔学得很像〕。❷像话：真唔～〔真不像话〕！｜你噉样搞法～咩〔你这样搞像话吗〕？

【似足】qi⁵ zug¹

与…十分像；像极了：佢～佢老豆〔他与他父亲像极了〕。

【恃】qi⁵（又音 xi⁵）

倚仗：佢～自己大力〔他仗着自己力气大〕｜唔好～自己叻〔不要仗着自己聪明能干〕。

qib

【妾侍】qib³ xi⁶

小老婆。

qid

【切】qid³

及：嚟得～〔来得及〕｜睇唔～〔来不及看〕｜做唔～〔来不及做〕。

【切菜】qid³ coi³

干萝卜丝；干苤蓝丝。

【切醋】qid³ cou³

一种醋，棕红色，多用来拌面条或沾蟹肉吃。又叫浙醋。

【切粉】qid³ fen²

一种细长的干米粉条。

【切肉不离皮】qid³ yug⁶ bed¹ léi⁴ péi⁴

比喻两者利益相关，伤害其中一个就会连及另一个。

【设若】qid³ yêg⁶

假如：～有顺风车，你去吗〔假如有顺车，你去吗〕？

qig

【彳】qig¹（彳，斥）

跛脚走路时的样子：佢只脚痛，行起路嚟有啲～～下〔他的脚痛，走起路来有点瘸〕。

【彳彳下】qig¹ qig¹ ha⁵

腿脚有毛病时走路的样子：佢脚痛，行路～〔他脚痛，走路一瘸一瘸的〕。

【摵】qig¹（戚）

❶提：～住一个袋〔提着一个袋子〕。❷揪：～住佢件衫〔揪着他的衣裳〕。

❸抽：～起膊头〔抽起肩膀〕。❹拉：～佢出嚟〔把他拉出来〕。

qim

【签（籤）】qim¹

❶用力刺：～猪。❷嫁接：～荔枝。❸剔：～牙〔剔牙缝儿〕。

【堑】qim³

小河沟。

【撍（扲）】qim⁴（潜）

❶抽（从中抽取出来）：～一支签出嚟〔抽一支签出来〕。❷拔：～猪毛〔拔猪毛〕。

【潜质】qim⁴ zed¹

潜在的素质：呢个演员好有～〔这个演员潜在素质很好〕。

qin

【千秋】qin¹ ceo¹

秋千：打～〔荡秋千〕。

【千祈】qin¹ kéi⁴

千万：～要小心〔千万要小心〕｜～唔好学坏〔千万别学坏〕！

【千千声】qin¹ qin¹ séng¹

成千成千的，以千计算：佢着嘅衫件件都系～嘅〔她穿的衣服每件（价格）都是以千元算的〕｜佢写嘅字卖出去每幅都系～嘅〔他写的字卖出去每幅都卖上千元的〕。

【浅窄】qin² zag³

窄小（多指房屋）：我间房好～〔我的屋子很小〕。

【前便】qin⁴ bin⁶

前面；前边：～就系市场〔前面就是市场〕｜佢喺～，你喺后便〔他在前面，你在后面〕。

【前尘往事】qin⁴ cen⁴ wong⁵ xi⁶

过去了的事；很久以前的事。

【前嗰轮】qin⁴ go² lên⁴

前些时候，前些日子：～我落乡调查〔前些时候我下乡调查〕｜～我好唔得闲〔前些日子我很忙〕。

【前嗰排】qin⁴ go² pai⁴⁻²

前些日子：我～出咗差〔我前些日子出差去了〕。

【前世】qin⁴ sei³

“前世唔修”的省语。

【前世唔修】qin⁴ sei³ m⁴ seo¹

迷信用语。认为前生缺乏修行，今生受到报应。现在一些人使用这个词时，虽然仍带迷信色彩，但主要是对别人痛苦的怜悯，对别人过错的责备或同情。老年妇女多用。

【前一轮】qin⁴ yed¹ lên⁴

同“前嗰轮”。

【前一排】qin⁴ yed¹ pai⁴⁻²

同“前嗰轮”。

【前日】qin⁴ yed⁶

前天。

【钱七】qin⁴ ced¹

❶老爷车。❷旧机器。

【钱银】qin⁴⁻² ngen⁴⁻²

钱；钱财。

【钱罂】qin⁴ ngang¹

扑满（供儿童储蓄用的瓦器）。

【缠身缠势】qin⁴ sen¹ qin⁴ sei³

整天纠缠搅扰。

qing

【青春痘】qing¹ cên¹ deo⁶⁻²
粉刺。

【*青春片】qing¹ cên¹ pin³⁻²
指以青少年现实生活为题材的影视片。

【青口】qing¹ heo²（青，又音 céng¹）
贻贝，一种浅海产的贝类。去壳晒干后称淡菜。

【青靓白净】qing¹ léng³ bag⁶ zéng⁶（青，又音 céng¹）
清秀、白皙而漂亮：个姐姐仔～〔那小姑娘又白又漂亮〕。

【青莲色】qing¹ lin⁴⁻²xig¹
藕荷色。

【清补凉】qing¹ bou² lêng⁴⁻²
一种汤料，里面有薏米、淮山、茨实、桂圆肉、百合、莲子、沙参、玉竹、京柿等药材。有人放糖作夏天的清凉饮料。

【清减】qing¹ gam²
消瘦：病咗一场，～咗好多〔病了一场，消瘦了许多〕。

【清景】qing¹ ging²
清雅；雅致：呢种花布好～〔这种花布很清雅〕。

【清光】qing¹ guong¹
精光，一点也不剩：畀佢食～〔让他吃个精光〕。

【清捞白熠】qing¹ lao¹ bag⁶ sab⁶
清汤寡水，没有什么味道。

【清盘】qing¹ pun⁴⁻²
清理账目。

【清数】qing¹ sou³
勾销债务。

【清甜】qing¹ tim⁴
（菜肴）味道鲜美而清淡。

【清汤寡水】qing¹ tong¹ gua¹ seu¹
清淡无味的汤，比喻没有油水。

【清暑】qing¹ xu²
去暑气；去火。

【称呼】qing¹ fu¹
打招呼：见面都唔～一声〔见面都不打个招呼〕。

【秤】qing³
❶提；拎；抽起：一手将佢～起身〔一手把它提起来〕｜佢～住一袋嘢〔他提着一袋东西〕。❷量词。挂；嘟噜：一～锁匙〔一嘟噜钥匙〕。

【秤头】qing³ teo⁴
被称东西的分量：～足。

【称身】qing³ sen¹
（衣服）合身；合乎身份。

【成数】qing¹ sou³
本指百分率，引申指可能性，成功率：～高〔可能性大〕｜～低〔不大可能成功〕｜冇乜～〔希望不大〕。

【埕】qing⁴
坛子。

【埕埕塔塔】qing⁴ qing⁴ tab³ tab³
❶坛坛罐罐。❷因“埕”与“情”谐音，又引申为“儿女情长”的意思（多带贬意）。

【情愿】qing⁴ yun⁶⁻²
宁可：～行路唔愿坐车〔宁可走路，不愿坐车〕。

qiu

【*超值】qiu[1] jig[6]

❶超过原来的价值。❷东西的价值超过其价格，即便宜的意思。

【潮】qiu[4]

时尚，新潮。

【潮气】qiu[4] héi[3]

骚（多指女子举止轻佻）。

【潮流兴】qiu[4] leo[4] hing[1]

时尚流行；时兴：今年～着长裙。

【潮人】qiu[4] yen[4]

追求时尚的人。

【潮州粥】qiu[4] zeo[1] zug[1]

指米粒刚煮熟的粥。

Q

qu

【柱趸】qu[5] den[2]

柱石。

【柱侯酱】qu[5] heo[4] zêng[3]

一种调味酱，多作红烧牛腩用。

qud

【撮】qüd[1]

飞窜的声音：只老鼠～一声就揖入窿〔老鼠刺棱一下就钻进洞里〕。

qun

【穿】qun[1]

❶破（穿孔）：督～张纸〔把纸戳破了〕｜打～个玻璃窗〔打破了玻璃窗户〕。❷通：打～条隧道〔打通这条隧道〕。

【穿煲】qun[1] bou[1]

原指瓦埕穿了窟窿，盛物即漏，引申为秘密的事情败露了：搞阴谋实会～嘅〔搞阴谋一定会暴露的〕｜呢单嘢一旦～，噉就够晒大镬〔这件事一旦泄露出去，问题可就严重了〕。

【穿柜桶底】qün[1] guei[6] tung[2] dei[2]

比喻管钱的人盗窃、贪污钱款，监守自盗。

【穿窿】qun[1] lung[1]

❶孔；眼；窟窿：件衫有个～〔衣服上有个窟窿〕。❷穿孔：裤～喇〔裤子穿孔了〕。

【穿心边】qun[1] sem[1] bin[1]

竖心旁（汉字偏旁“忄”〕。又叫“竖心边”、“企心边”。

【村佬买大鞋】qün[1] lou[2] mai[5] dai[6] hai[4]

村佬：对乡下人的不尊重称呼。嘲笑某些乡下人贪便宜，东西买大的觉得值。

【[1]串】qun[3]

拼写外文单词：你个英文名点～呀〔你的英文名字怎么拼写〕？

【[2]串】qun[3]

嚣张，傲慢：你咪咁～，会有人治你嘅〔你别嚣张，会有人制服你的〕｜个后生仔好～〔那个年轻人很傲慢〕。

【串埋】qun[3] mai[4]

串通；合谋：你哋想～嚟呃人呀〔你们想串通起来骗人吗〕？

【串女】qun[3] nêu[5-2]

闲游散荡、行为不端正的女青少年；女阿飞流氓。

【串仔】qun³ zei²
闲游散荡、行为不端正的男青少年；男阿飞流氓。

【全盒】qun⁴ heb⁶⁻²
多格子的糖果饼食盒子，过年时用以招待客人。

S

sa

【卅】sa¹
三十，是“三”sam¹跟“十”seb⁶的合音，慢读时变成sa¹ a⁶。“卅”后面往往带个位数，约数或量词：～五岁｜～几个人｜～张纸。

【沙¹】sa¹
珠江三角洲或江边的小块平坦陆地。多用作地名：大坦～｜黄布～。

【沙茶酱】sa¹ ca⁴ zêng³
潮州人常用的调味酱。

【沙尘】sa¹ cen⁴
形容人轻浮，骄傲，好出风头，爱夸夸其谈或爱炫耀自己：后生仔唔好咁～〔年轻人不要那么轻浮骄傲〕。

【沙尘白霍】sa¹ cen⁴ bag⁶ fog³
同“沙尘”。

【沙虫】sa¹ cung⁴
❶孑孓（蚊子的幼虫）；跟斗虫。❷方格星虫，生活在海滨泥沙中，可以吃。

【沙胆】sa¹ dam¹
斗胆。

【沙甸鱼】sa¹ din¹ yü⁴⁻²（甸，读音din⁶）
沙丁鱼。

【沙葛】sa¹ god³
豆薯，又叫葛薯。它的块根皮黄白色，味清甜，可生吃或做菜吃。又叫“凉薯”。

【沙谷米】sa¹ gug¹ mei⁵
同“西米”。〖“沙谷”是英语sago的音译。〗

【沙河粉】sa¹ ho⁴ fen²
熟米粉条，较宽。原产地为广州沙河，现其他地方制作的这种粉条也叫“沙河粉”，在特定场合甚至可简称“河粉”或“河”：炒河粉｜炒牛河〔炒牛肉粉条〕。

【*沙展】sa¹ jin²
❶警察巡官。❷英军中士。〖“沙展”是英语sergeant的音译词。〗

【沙冚】sa¹ kem²（冚，卡砍切）
自行车轱辘上的防沙盖。

【*沙律】sa¹ lêd⁶⁻²
沙拉（有蔬菜、肉类的冷盘）。〖“沙律”是英语salad的音译词。〗

【沙梨】sa¹ lêi⁴⁻²
糖梨。梨的一种，皮茶褐色，有淡黄小点，肉比鸭梨粗，水分没有鸭梨多，但味较甜。

【沙梨笃】 sa¹ léi⁴ dug¹
指猪后臀肉。

【沙虱】 sa¹ sed¹
甘薯的象鼻虫，专危害甘薯，使甘薯变辛辣而不能吃。

【沙声】 sa¹ séng¹
声音破，沙哑：呢两日～，唔唱得歌〔这两天声音沙哑，不能唱歌〕。

【沙坦】 sa¹ tan²
河边可种水草的沙地。

【沙田】 sa¹ tin⁴
专指珠江三角洲大片而平坦的冲积成的耕地。在某些情况下可简称"沙"：住民耕沙〔住在民田地区到沙田耕作〕丨高沙丨低沙。

【沙田柚】 sa¹ tin⁴ yeo⁶⁻²
柚子的一种，略呈葫芦状，质量最好，原产广西容县沙田地区，因而得名。

【沙士】 sa¹ xi²
一种汽水。〖"沙士"是英语 sarsaparilla 的音译。〗

【沙屎虫】 sa¹ xi² cung⁴
孑孓，即蚊子的幼虫。

【沙士坚】 sa¹ xi⁶ gin¹
雪克斯金细呢。〖"沙士坚"是英语 sharkskin 的音译。〗

【沙蝉】 sa¹ xim⁴
蝉；知了：～壳〔蝉蜕〕。

【沙井】 sa¹ zéng²
渗井。

【砂煲】 sa¹ bou¹
沙锅。

【砂煲兄弟】 sa¹ bou¹ hing¹ dei⁶
惯用语。指结帮拜把的人，因为他们"同捞同煲"（一起混，一起生活），故称。

【砂煲罂罉】 sa¹ bou¹ ngang¹ cang¹（罉，撑）
瓶瓶罐罐；坛坛罐罐；锅碗瓢盆：成间房都系～〔满屋子都是坛坛罐罐〕丨唔好碰嗰啲～〔别动那些锅碗瓢盆〕。

【砂盆】 sa¹ pun⁴
擂东西用的瓦盆。

【纱】 sa¹
同"云纱"。

【纱纸】 sa¹ ji²
❷一种柔软而坚韧的纸，类似毛头纸：～扇丨～糊灯笼。❷指学历文凭。

【耍把戏】 sa² ba² héi³
俗称表演魔术。

【耍得】 sa² deg¹
了得，有本事：佢唱歌好～〔她唱歌很了得〕丨佢支笔好～〔他的笔很了得（他很能写文章）〕

【耍花枪】 sa² fa¹ cêng¹
比喻夫妇间开玩笑或情侣间打情骂俏：人哋两公婆～，你咪多管闲事〔人家两夫妇开玩笑，你别多管闲事〕。

【耍功夫】 sa² gung¹ fu¹
练武功，打拳：佢日日去武馆～〔他天天去武馆练武功〕丨佢～好叻嘅〔他打拳打得很好〕。

S

【耍手】 sa² seo²

摆手。

【耍手兼拧头】 sa² seo² gim¹ ning⁶ teo⁴

习惯语。摆手加上摇头，表示坚决不同意：你叫佢做乜都~〔你叫他做什么都坚决不干〕。

【耍太极】 sa² tai³ gig⁶

原指打太极拳，比喻用软办法推托：你唔同意就罢啦，使乜同我~呢〔你不同意也就罢了，何必用软拖的办法来对我呢〕！

【*洒家】 sa² ga¹

形容本领强、技术好，在行。

【沙²】 sa³（读音 sa¹）

（声音）破；沙哑：声喉~〔嗓子沙哑〕。

【挲（抄）】 sa³

挓挲；奓（张开）：~开只手〔挓挲着手〕｜呢条裙太~喇〔这条裙子太爽奓了〕。

【沙哩弄铳】 sa⁴ li¹ lung⁶ cung³（沙，读音 sa）

鲁莽、轻率；莽撞：佢做嘢~㗎〔他做工作很鲁莽轻率的〕。

【沙沙滚】 sa⁴ sa⁴ guen²（沙，读音 sa¹）

咋咋呼呼的；粗心大意；不踏实：做嘢要踏踏实实，咪~〔干工作要扎扎实实，不要咋咋呼呼的〕。

sab

【霎¹】 sab³⁻¹

拍摄；快拍：~咗一个镜头〔拍了一个镜头〕｜~咗两张〔拍了两张〕。

【霎²】 sab³

眨：~一~眼｜一~眼就唔见〔一眨眼就不见〕。

【霎（搔）】 sab³

（嗓子）沙哑：讲到声喉都~晒〔说得嗓子都沙哑了〕。

【霎气】 sab³ héi³

孩子淘气，不听话或多病，致使大人操心、生气：嗰个仔成日病，真~〔那个孩子整天生病，真叫人操心〕。

【霎眼】 sab³ ngan⁵

眨眼，转眼：~就唔见咗佢〔转眼就不见了他〕。

【霎眼娇】 sab³ ngan⁵ giu¹

乍看起来好像很漂亮（指女人）。

【霎戆】 sab³ ngong⁶

傻瓜；混账（责备人行动不合常情时用）：你~啦，咁热重着棉衲〔你真傻瓜，那么热还穿棉衣〕｜真~〔真混账〕！

【霎时】 sab³ xi⁴

刹那：霎时间。

【熠（烚）】 sab⁶（霎⁶）

熬；煮（多指长时间地煮或煮大块的东西）：~番薯〔煮白薯〕｜~猪潲〔煮猪食〕。

【熠(烚)熟狗头】 sab⁶ sug⁶ geo² teo⁴

煮熟的狗头，形容人笑得龇牙咧嘴：笑到好似~嗽〔笑得龇牙咧嘴〕。

sad

【杀起】sad³ héi²

下决心去干，坚决完成（某一任务）：呢个任务我哋组几大都～〔这个任务我们组无论如何都要完成它〕。

【*杀手】sad³ seo²

❶刽子手；杀人凶手。❷受雇杀人的人。❸克星。

【杀摊】sad³ tan¹

结束：嗰件工作已经～咯〔那件工作已经结束了〕。

【杀食】sad³ xig⁶

顶用；管用：呢个螺丝好～〔这个螺丝很管用〕。

S

【煞掣】sad³ zei³（掣，读音 qid³）

刹车：红灯，快啲～〔红灯，快点刹车〕！

【煞科】sad³ fo¹

收场下台：睇佢点～〔看他怎样收场〕。

【撒散】sad³ san²

（派人）分散：～人去揾佢〔派人分散去找他〕。

sag

【胻】sag³（梳客切）

量词。边；块：一人坐一～〔一人坐一边〕｜一个西瓜切四～〔一个西瓜切四块〕。

sai

【¹嘥】sai¹（晒¹）

❶浪费；糟蹋：翻一次工就～好多钱〔返工一次就浪费很多钱〕｜又～咗一部车〔又糟蹋了一辆车子〕。❷错过（机会）：咁好嘅机会～咗〔这么好的机会给错过了〕。

【²嘥】sai¹（晒¹）

故意贬低；诋毁；讽刺；挖苦：～到佢一钱不值〔把他贬得一钱不值〕｜唔应该～人哋〔不应该诋毁人家〕。

【嘥气】sai¹ héi³

白费劲；不切实际的：咁曳嘅料想做家具，～啦〔这么次的木料想用来做家具，白费劲的〕。

【嘥口水】sai¹ heo² sêu²

白费唇舌：同你讲我都嫌～呀〔跟你说我都嫌白费唇舌〕。

【嘥晒】sai¹ sai³

错过了机会，感到可惜：咁好嘅机会错过咗，真系～〔这么好的机会错过了，多可惜呀〕！

【嘥心机】sai¹ sem¹ géi¹

费神，费心思：做呢样嘢好～㗎〔做这工作是很费神的〕。

【嘥心机挨眼瞓】sai¹ sem¹ géi¹ ngai⁴ ngan⁵ fen³（瞓，训）

费力不讨好；费神：做呢啲嘢真系～呀〔做这些活儿真是费力不讨好啊〕。

【嘥声坏气】sai¹ séng¹ wai⁶ héi³

白费口舌：你同佢拗直程系～〔你跟他争论简直是白费口舌〕。

【嗺挞】sai¹ tad³

浪费；糟蹋：唔应该～米饭〔不应该糟蹋米饭〕。

【*晒士】sai¹ xi²

大小；尺寸。〖"晒士"是英语 size 的音译词。〗

【¹晒】sai³

❶用在动词或形容词后面，表示"全"、"都"、"完"、"光"、"了"的意思（动词和"晒"之间还可以插进否定副词"唔"或结构助词"得"，表示否定或肯定）：讲～畀佢听〔全告诉他了〕｜大家出～嚟〔大家全都出来了〕｜睇～本书〔看完这本书〕｜鱼畀猫食～喇〔鱼给猫吃光了〕｜面部红～〔脸都红了〕。❷放在表示感谢意义的动词后面，有加强语气的作用：唔该～〔太感谢了〕。

【²晒】sai³

炫耀，显摆，自夸：以前嗰啲嘢有乜值得～呀〔过去那些东西有什么值得夸耀的〕｜佢又唔知喺度～乜嘞〔他又不知在那里显摆什么了〕。

【晒命】sai³ méng⁶

❶炫耀自己境遇好、有福气：佢见人就～〔他一碰到别人就炫耀自己〕。❷躺着休息：大家都去做嘢，你就喺度～〔大家都去工作，你却躺在这里休息〕。

【晒】sai³

❶曝晒。❷洗（照片）：～相〔洗相片〕。

【晒棚】sai³ pang⁴⁻²

同"天棚"。

【晒书柜】sai³ xu¹ guei⁶

掉书袋。指人说话写文章喜欢引经据典，卖弄才学：佢好中意～嘅〔他说话喜欢掉书袋〕。

【晒嘢】sai³ yé⁵（嘢，野）

自夸，炫耀自己：咪喺度～啦〔别在这里夸耀自己了〕。

【晒月光】sai³ yüd⁶ guong¹

戏指恋人夜间外出谈情说爱。

sam

【三八】sam¹ bad³

❶指喜欢议论别人的女人。❷指喜欢打听别人事情或喜欢管闲事的女人。

【三板斧】sam¹ ban² fu²

❶二把刀（技术不高的人）：佢就系～，冇乜料嘅〔他就是二把刀，没有什么本事的〕。❷仅有的一点本事：～都出齐咯〔所有本事都用尽了〕。

【三步揦（擸）埋两步】sam¹ bou⁶ la²（lab³）mai⁴ lêng⁵ bou⁶（揦，啦²；擸，蜡³）

三步并作两步（形容走动快捷）。

【三茶两饭】sam¹ ca⁴ lêng⁵ fan⁶

指日常饮食。广州的茶楼每天早、午、晚有三次茶市，嗜好饮茶的人可以去三次茶市饮茶吃饭。

【三花】sam¹ fa¹

烧酒的一种，经过三次蒸馏而成，酒精的含量较高：从化～｜桂林～。

【三分六银】sam¹ fen¹ lug⁶ ngen⁴

抗日战争时的一种银币，面值为半

角。因当时银币一元重量为七钱二分，一角为七分二厘，半角即为三分六厘。也叫“三分六”或“斗令”。

【三幅被】sam¹ fug¹ péi⁵
原意为用三幅布做成的棉被套子，引申为表示翻来覆去都是差不多的内容，没有什么新鲜的东西：搞嚟搞去都系～〔搞来搞去都是老样子，没有什么新的东西〕。

【三及第】sam¹ geb⁶ dei⁶⁻²
❶同“及第粥”。❷指烟了又夹生而且烂的饭（诙谐的说法）。

【三脚凳】sam¹ gêg¹ deng³
❶比喻靠不住的东西。❷比喻让人摔跤的小陷阱：噉即系畀～人坐啫〔这就是存心让人家摔跤罢了〕。

S

【三脚鸡】sam¹ gêg³ gei¹
指广州市市面出租的机动三轮车。

【三脚猫】sam¹ gêg³ mao¹
比喻那些乍看起来像个人才，而实际上没有什么本事的人。就像三条腿的猫那样，蹲着还像个样子，一走动就露短了。

【三脚猫功夫】sam¹ gêg³ mao¹ gung¹ fu¹
比喻蹩脚的本事。

【三几】sam¹ géi²
不多的数量，多指三至五个之间：有～个人｜住～日啦〔住三四天吧〕。

【三九两丁七】sam¹ geo² lêng⁵ ding¹ ced¹
形容人数很少：今日好冷，街上得～人〔今天很冷，街上人很少〕｜我哋组得～人，唔做得乜嘢〔我们组才三几个人，干不了什么事〕。

【三九唔识七】sam¹ geo² m⁴ xig¹ ced¹
形容人不大认识其他人。

【三姑六婆】sam¹ gu¹ lug⁶ po⁴
❶比喻不务正业的女人。❷比喻喜欢搬弄是非的女人。

【三下五落二】sam¹ ha⁶ ng⁵ log⁶ yi⁶
三下五除二，形容动作敏捷：我～就搞掂咯〔我三下五除二就搞妥了〕。

【三口两脷】sam¹ heo² lêng⁵ léi⁶
（脷，利）
指人说话善变，言而无信：呢个人～，唔好信呀〔这个人言而无信，别相信他〕。

【三口六面】sam¹ heo² lug⁶ min⁶
三方面；各方面：～都要讲清楚。

【三行仔】sam¹ hong⁴ zei²
泥水匠、木匠、油漆匠的总称（现已少用）。

【三字经】sam¹ ji⁶ ging¹
比喻粗话、脏话。

【三朝】sam¹ jiu¹
特指结婚后的第三天。粤俗这天新娘要回娘家，叫“三朝回门”或“回门”。

【三朝两日】sam¹ jiu¹ lêng⁵ yed⁶
同“三长两短”，指不测之事：至怕有乜～揦手唔成势〔就怕有什么三长两短时措手不及〕。

【三尖八角】sam¹ jim¹ bad³ gog³
物体棱角很多；图形不规则：呢嚿石～，冇乜用〔这块石头形状不规则，没什么用〕。

【三鯬鱼】sam¹ lei⁴ yü⁴
鲥鱼。

【三两下手势】sam¹ lêng⁵ ha⁵ seo² sei³
形容人处理某些事情不费吹灰之力：～就做低佢〔几下子就把他打倒〕。

【三六九】sam¹ lug⁶ geo²
旧指街头巡警，含贬意。原是话剧及电影《七十二家房客》中一位旧巡警的绰号。

【三六香肉】sam¹ lug⁶ hêng¹ yug⁶
狗肉。〖三加六是九；广州话“九”与“狗”同音，故名。〗

【三唔识七】sam¹ m⁴ xig¹ ced¹
同“三九唔识七”。

【*三文治】sam¹ men⁴ ji⁶
夹肉面包。〖“三文治”是英语 sandwich 的音译词。〗

【三鸟】sam¹ niu⁵
鸡、鸭、鹅三种家禽的总称：～成群。

【三扒两拨】sam¹ pa⁴ lêng⁵ bud⁶
形容吃饭快，三两下子就吃完。转指做事快的样子：佢～就食完〔他三两下子就吃完〕｜佢～做完咗，唔知质量点样〔他三两下子干完了，不知质量怎样〕？

【三蛇】sam¹ sé⁴
指用来泡酒或做菜肴的三种蛇（一般为金环蛇、银环蛇、过树榕或眼镜蛇）。

【三蛇羹】sam¹ sé⁴ geng¹
用“三蛇”熬成的羹汤。

【三手两脚】sam¹ seo² lêng⁵ gêg³
形容人办事麻利：叫佢嚟做，～就做完咯〔叫他来做，一下子就做完了〕。

【三衰六旺】sam¹ sêu¹ lug⁶ wong⁶
灾祸与幸福的事，多指祸害或倒霉事：人人都会碰到～嘅〔人人都会碰上祸福的〕｜万一有个～，大家都会帮你嘅〔万一有个三长两短，大家都会帮助你的〕。

【三岁定八十】sam¹ sêu³ ding⁶ bad³ seb⁶
指人的性格小时候怎么样，长大直到老也就怎么样。

【三推四搪】sam¹ têu¹ séi³ tong²
推推搪搪；一再推搪。

【三黄鸡】sam¹ wong⁴ gei¹
本地优良肉用鸡种之一，其肉鲜嫩，因毛、嘴、脚都是黄色而得名。

【三黄四月】sam¹ wong⁴ séi³ yüd⁶
青黄不接（指早稻成熟前的一段时间）。

【三索线】sam¹ sog³ xin³
三索锦蛇，一种无毒蛇，民间多叫红头蛇或草蛇。

【三日两头】sam¹ yed⁶ lêng⁵ teo⁴
经常：～去探下佢〔三天两头地去探望一下他〕。

【三叶膶】sam¹ yib⁶ yên⁶⁻² （膶，润⁶⁻²）
形容人言行举止有点傻气，不同于常人。

【三只手】sam¹ zég³ seo²
小偷。

【衫】sam¹
❶上衣；衣裳：着～〔穿衣裳〕｜钉～纽〔钉衣扣〕。❷衣服：车～

S

〔用缝纫机做衣服〕｜联一脱～〔做一套衣服〕。

【衫刷】 sam¹ cad³⁻²
洗刷衣服的刷子。

【衫袋】 sam¹ doi⁶⁻²
衣袋，衣兜。

【衫裤】 sam¹ fu³
同"衫❷"。

【衫架】 sam¹ ga³⁻²
衣架：木～｜塑料～。

【衫脚】 sam¹ gêg³
下摆（上衣最下面的部分）：联～〔缝下摆〕。

【衫裙】 sam¹ kuen⁴
连衣裙。

【衫里】 sam¹ léi⁵
衣服里子。

S

【衫尾】 sam¹ méi⁵
上衣的后摆。

【衫纽】 sam¹ neo²
扣子：布～｜有机玻璃～。

【衫袖】 sam¹ zeo⁶
衣袖；袖子。

san

【山】 san¹
❶山多而偏僻：嗰度好～嘅〔那里山很多又偏僻〕｜嗰度～过呢度〔那里比这里更多山更偏僻〕。❷坟墓：一挂～〔一座坟墓〕｜拜～〔扫墓〕。

【山草药】 san¹ cou² yêg⁶
草药：揾～〔找草药〕｜执～〔抓草药〕｜～铺〔草药店〕。

【山兜】 san¹ deo¹
滑竿（一种简便的轿子，由二人抬着走）。

【山坟】 san¹ fen⁴
坟墓。

【山货店】 san¹ fo³ dim³
山货铺。卖用竹子、木头、苘麻、陶土等制成的日用品的铺子。也说"山货铺"。

【山坑】 san¹ hang¹
山沟；山谷。

【山坑水】 san¹ hang¹ sêu²
山溪；山涧：村前有一条～。

【山鸡】 san¹ gei¹
野鸡。

【山猪】 san¹ ju¹
野猪。

【山卡罅】 san¹ ka¹ la³⁻¹
山旮旯。

【山蜞】 san¹ kéi⁴
旱蚂蟥。

【山窿】 san¹ lung¹
山洞：大～｜捐～〔钻山洞〕。

【山窿山罅】 san¹ lung¹ san¹ la³
❶大山沟；山沟间（泛指）。❷偏僻的山地：呢度系～嘅地方〔这里是偏僻的山地〕。

【*山埃】 san¹ ngai¹
氰化钾（学名 potassium cyanide）。

【山棯】 san¹ nim¹（棯，念¹）
同"棯仔"。

【山水有相逢】 san¹ sêu² yeo⁵ sêng¹ fung⁴

后会有期。

【山瑞】 san¹ sêu⁶

鳖的一种，生活在溪流中，肉可吃。

【山塘】 san¹ tong⁴

小型水库（山边围堵成的水库）。

【山寨厂】 san¹ zai⁶ cong²

家庭作坊式的小工厂，多位于偏僻地带。

【闩】 san¹

关（门、窗等）：随手～门｜～埋度窗〔把窗关上〕。〖普通话的“闩”一般只用于门；广州话的“闩”则使用范围要广些，例如：～门、～窗、～铺、～掣（关上开关）、～闸（关上闸门）等。〗

【闩门】 san¹ mun⁴

关门。〖普通话的“闩门”一般指在屋内把门用闩插上；广州话的“闩门”则指一般的关门〔掩门〕，不管从屋内或屋外关，有没有用闩插上。〗

【闩铺】 san¹ pou³

❶店铺晚上打烊关门。❷店铺倒闭、停业。

【散工】 san² gung¹

❶零工；零活儿：揾～做〔找零活儿做〕。❷零工（做零活儿的人）：当～。

【散纸】 san² ji²

零票；零钱：畅～〔破零票〕｜冇～续〔没有零票找换〕。

【散卖】 san² mai⁶

零售。

【散银】 san² ngen⁴⁻²

零钱。

【散使】 san² sei²

零用：攞啲钱嚟做～〔拿些钱来做零用〕。

【散收收】 san² seo¹ seo¹

松松散散；未经组织的：呢包嘢包得～，叫人点拎呢〔这包东西包得松松散散，叫人怎么拿呢〕？｜啲材料～，好难整理〔这些材料散散的，很难整理〕。

【散手】 san² seo²

本领；本事；技能：就算你有两度～亦唔好牙擦〔就算你有两下子，也别骄傲〕。

【散仔】 san² zei²

游手好闲的人。

【散】 san³

指某些寒性药物或食物有败火的作用，吃多了会使身体虚弱。

【散春】 san³ cên¹

（鱼虾等）产卵。

【散档】 san³ dong³

散伙；结束：旅行团～咯〔旅行团散伙了〕｜展览馆琴日～〔展览馆昨天结束了〕。

【散更锣】 san³ gang¹ lo⁴

更夫在黎明时分敲的锣声。比喻到处散布小道消息的人。

【散水】 san³ sêu²

源自黑话，指罪犯作案后逃离现场。引申为分头离去或逃命。

【伞帐】 san³ zêng³

圆顶蚊帐。

【孱】 san⁴

❶体质衰弱：病咗一场，身子好～

〔病了一场，身体很弱〕。❷差劲；无能：冇你咁～〔没你那么差劲〕！｜噉都做唔嚟，真～〔这样的事都干不了，真没本事〕！

【潺】san⁴

❶黏液：鲶鱼成身～〔鲶鱼满身黏液〕。❷麻烦：搞到一身～〔惹得许多麻烦〕｜“黄鳝上沙滩，唔死一身～”〔歇后语，比喻做一件事情，不但得不到好处，反而招惹了许多麻烦〕。

【潺菜】san⁴ coi³

落葵；胭脂菜（煮熟后有黏液）。

sang

【¹生】sang¹

活：呢条鱼重～〔这条鱼还活着〕｜死老虎当～老虎打。

【²生】sang¹

长（zhǎng）：～疮｜～晒草〔长满了草〕｜～虱乸〔长虱子〕。

【³生】sang¹（又音 séng¹）

“先生”的省说：李～〔李先生〕｜呢位～想要啲乜嘢呢〔这位先生想要点什么呢〕？

【生暴】sang¹ bou⁶⁻²

陌生；面生：细蚊仔见到～人就怕〔小娃娃见到陌生人就害怕〕｜呢个人有啲～〔这个人有点儿面生〕。

【生抽】sang¹ ceo¹

酱油的一种，一般晒制，颜色比较淡，味道比较鲜。

【生菜】sang¹ coi³

青菜的一种，叶子脆，易烂，可以生吃。

【生菜包】sang¹ coi³ bao¹

用“生菜”叶子裹着饭菜的团子。

【生草药】sang¹ cou² yêg⁶

草药（新鲜的或未经加工的干品）。

【生葱熟蒜】sang¹ cung¹ sug⁶ xun³

葱要吃生的，大蒜要吃熟的。广东民间的烹调习惯。

【生虫】sang¹ cung⁴

患寄生虫病。

【生虫拐杖】sang¹ cung⁴ guai² zêng⁶⁻²

比喻不能依靠或靠不住的人。

【生定】sang¹ ding⁶

命中注定。常引申为“只有”、“惟有”等意思：呢件事～系佢做至合适〔这件事惟有他来做才合适〕。

【生花】sang¹ fa¹

鲜花。

【生飞蠀】sang¹ féi¹ ji¹（蠀，兹）

长口疮。

【生粉】sang¹ fen²

芡粉；淀粉。

【生胶】sang¹ gao¹

透明胶（一种浅黄色或乳白色半透明状的橡胶）：～鞋〔透明胶作底的鞋〕。

【生鸡】sang¹ gei¹

未阉过的公鸡：老～｜～仔〔小公鸡〕。

【生鸡特】sang¹ gei¹ deg⁶

旧时戏称多妾的男人。

【生鸡精】sang¹ gei¹ jing¹

色情狂；色狼。

【生鸡熟鸭】sang¹ gei¹ sug⁶ ngab³

鸡可以吃略有一点生的，鸭要吃熟的。广东民间的饮食习惯。

【生鸡仔】 sang1 gei1 zei2

戏称好色的男青年。

【生干精】 sang1 gon1 jing1

❶柑橘等水果失去水分：呢啲柑～咯，唔好食〔这些橘子都干了，不好吃〕。❷指人干瘦。

【生骨大头菜】 sang1 gued1 dai6 teo4 coi3

指长有硬纤维的大头菜。歇后语，下一句是“种坏”，谐音“纵坏”，比喻娇宠坏了的孩子。

【生鬼】 sang1 guei2

诙谐、生动：嗰个“杂”好～㗎〔那个丑角很诙谐〕。

【生滚】 sang1 gun2

（鱼肉粥、猪肝粥或肉汤等）现点现做：～鱼片粥。

【生果】 sang1 guo2

水果：～铺〔水果店〕。

【生螆】 sang1 ji1（螆，兹）

❶生皮肤病（多指像疥疮一类的皮肤病）：～狗〔癞皮狗〕。❷植物长微小的寄生虫（指蚜虫等）：椰菜～〔洋白菜长了蚜虫〕。

【生螆猫】 sang1 ji1 mao1

皮肤上长了寄生虫的猫。

【生螆猫入眼】 sang1 ji1 mao1 yeb6 ngan5

比喻一见钟情。

【生癪】 sang1 jig1（癪，积）

疳积病：～仔〔有疳积病的小孩〕。

【生冷】 sang1 lang5

未经煮熟的瓜菜、水果等：胃痛唔食得～嘢〔胃痛吃不得生的和凉的东西〕。

【生冷杠】 sang1 lang5 gong3

剩饭结了块变硬。

【生缬】 sang1 lid3（缬，列1）

活结，容易解开的结子。

【生猛】 sang1 mang5

❶精力充沛；生龙活虎：咁大年纪嘅人重咁～〔那么大年纪的人还那么生龙活虎〕。❷活的：～海鲜〔活海鲜〕。❸勇猛：老虎咁～〔像老虎那么勇猛〕。

【生猛海鲜】 sang1 mang5 hoi2 xin1

活蹦乱跳的海鲜。

【生勾勾】 sang1 ngeo1 ngeo1

❶活活的：嗰条鲩鱼重～嘅〔那条草鱼还是活的〕｜田鸡劏开肚重～嘅〔青蛙开了肚子还是活的〕。❷不熟；生的：呢啲猪肉～，点食得呀〔这些肉不熟，怎么能吃呢〕？

【生安白造】 sang1 ngon1 bag6 zou6

胡诌；瞎编：要实事求是，唔好～〔要实事求是，不要瞎编〕。

【生壅】 sang1 ngung1

活埋。

【生沙淋】 sang1 sa1 lem4

患了泌尿系统结石病。

【生晒】 sang1 sai3

用在动词之后，表示动作不断重复，令人厌烦：催～〔老催着〕｜讲～〔老在说〕｜嘈～〔吵个不停〕。

【生蛇】 sang1 sé4

患带状疱疹。

【生鉎】 sang1 séng3（鉎，蛇镜切）

铁器生锈：～刀唔磨唔利〔生了锈的刀不磨不锋利〕。

【生水】sang¹ sêu²
同"¹肾"。

【生水芋头】sang¹ sêu² wu⁶ teo⁴
❶煮熟后硬滑而不面的芋头。❷比喻傻里傻气，不机灵或神经不大正常的人。

【生劏】sang¹ tong¹（劏，汤）
活着宰杀。

【生乌鸡】sang¹ wu¹ gei¹
衣服上长了黑色小霉点。

【生性】sang¹ xing³（又音 sang¹ séng¹）
懂事：呢个仔好～〔这个小孩很懂事〕｜唔～〔不懂事〕。

【生人霸死地】sang¹ yen⁴ ba³ séi² déi⁶
熟语。指霸占着地方而不作为。

【生人唔生胆】sang¹ yen⁴ m⁴ sang¹ dam¹
形容人胆小：咁大个仔重怕黑，真系～〔这么大了还怕黑，真胆小〕。

【生人勿近】sang¹ yen⁴ med⁶ gen⁶
形容人极为凶恶，不宜接近：呢个嘢好恶㗎，～呀〔这个家伙凶着呢，不要惹他〕。

【生油】sang¹ yeo⁴
❶花生油。❷生的油。

【生意骨】sang¹ yi³ gued¹
精通做生意的人。

【生意佬】sang¹ yi³ lou²
买卖人；商人。

【生盐】sang¹ yim⁴
大盐；粗盐（未经熬制的原盐）。

【生鱼】sang¹ yu⁴⁻²
乌鳢；乌鱼；黑鱼："～治塘虱"〔熟语。黑鱼能制服胡子鲶——喻一物降一物〕。

【生肉包】sang¹ yug⁶ bao¹
用生猪肉末做馅的包子，蒸熟后吃。

【生借】sang¹ zé³
以高利息借款：～无门。

【¹省】sang²
"省城"的简称，特指广州："～港大罢工"｜～港澳〔广州、香港、澳门〕。

【²省】sang²
间苗；除去或摘去（叶子等）：～芥菜仔〔间芥菜苗〕｜～几荚菜叶〔摘去几片菜叶〕。

【省镜】sang² géng³
形容女子非常漂亮，不必去照镜子：呢个亲妹够晒～喇〔这女孩够漂亮的〕。

【省港旗兵】sang² gong² kéi⁴ bing¹
戏指香港及广东的不法分子串通作案的团伙。

【省城】sang² séng⁴
广州。本义是"省会"，在广东特指广州。

【揞】sang²（生²）
❶用沙、灰或肥皂等刷洗：～面盆〔刷洗脸盆〕｜嗰笪油迹～唔甩〔那块油垢刷不掉〕。❷引申作训斥：～一轮〔训斥一顿〕。❸（用球）打：畀人～咗个波饼〔让人家用球打了一下〕。

【揞牛王】sang² ngeo⁴ wong⁴
强取或强占别人的东西；勒索。

【揞黄鱼】sang^{2} wong^{4} yü$^{4-2}$

招摇撞骗；勒索。

sao

【稍为】sao^{2} wei^{4}

稍微，指数量不多或程度不深。〖普通话多说“稍微”，广州话口语一般说“稍为”，少说“稍微”。〗

【哨牙】sao^{3} nga^{4}

龇牙，上门牙外露。

【潲】sao^{3}

猪食：沤猪～〔煮猪食〕。

【潲水】sao^{3} sêu^{2}

泔水。

【捎】sao^{4}（哨^{4}）

❶不问自取；拿走：乱～人哋嘅嘢系唔得㗎〔随便拿走别人的东西是不行的〕。❷吃掉：番薯畀山猪～晒〔白薯给野猪吃光了〕。

【捎街猪】sao^{4} gai^{1} ju^{1}

戏称喜欢在街上到处溜达的小孩。

【睄】sao^{4}（哨^{4}）

眼睛很快地向某目标一扫：～佢一眼〔扫他一眼〕｜一眼～过去〔一眼瞟过去〕。

sé

【些少（小）】sé^{1} xiu^{2}

一点儿；一些：有～唔习惯〔有一点儿不习惯〕｜有～缺点〔有一些缺点〕。

【*些厘酒】sé^{1} léi^{1} zeo^{2}

雪利酒（一种葡萄酒）。〖“些厘”是英语 sherry 的音译。〗

【赊数】sé^{1} sou^{3}

赊账。

【*写字楼】sé^{2} ji^{6} leo^{4}

商行的办公楼。

【写包单】sé^{2} bao^{1} dan^{1}

打保票：呢件事你敢～咩〔这件事你敢打保票吗〕？

【写单】sé^{2} dan^{1}

在餐馆、食肆用餐后叫服务员结账。也叫“埋单”或“结数”、“睇数”。

【写意】sé^{2} yi^{3}

惬意。惬，广州话读音 hib^{6}，跟普通话差别较大。人们使用这个书面词时，往往模仿普通话读音把“惬”读成 sé^{2} 音，并写成“写”字。这样“惬意”就变成“写意”，成了广州话的方言词，有称心、满意、舒服等意思：呢度风凉水冷，喺呢度住够晒～咯〔这里空气清新，气候温和，在这里住真够惬意的〕。

【写真】sé^{2} zen^{1}

原指照着人或相片画像，后指裸照或拍裸照。

【泻】sé^{2}

倾洒（液体溢出）：～咗啲出嚟〔洒了一点出来〕。

【卸肩装】sé^{3} gin^{1} zong^{1}

无袖或露肩的女装。

【卸膊】sé^{3} bog^{3}

撂挑子（把肩上的东西放下）。

【蛇】sé^{4}

懒：应该积极工作，咪咁～〔应该积极工作，别那么懒〕。

【蛇都死】sé^{4} dou^{1} séi^{2}

❶比喻后果严重：你噉做～啦〔你这么做，什么都完了〕。❷形容太晚，太迟了：等得你嚟～喇〔等得你来太晚了〕。

【*蛇】sé⁴
非法入境者。

【*蛇窟】sé⁴ fed¹
收藏非法入境者的地方。

【蛇果】sé⁴ guo²
原产自美国的一种紫红色苹果。〖“蛇果”是英语 delicious 音译词“地厘蛇果”的简称。〗

【*蛇客】sé⁴ hag³
非法入境者。

【蛇喱眼】sé⁴ léi¹ ngan⁵
同“斜喱眼”。

【蛇皮袋】sé⁴ péi⁴ doi⁶⁻²
尼龙编织袋。

【蛇头】sé⁴ teo⁴
专门从事接引非法入境者的人。

【蛇头鼠眼】sé⁴ teo⁴ xu² ngan⁵
贼头贼眼。

【蛇头鼠脑】sé⁴ teo⁴ xu² nou⁵
同“蛇头鼠眼”。

【蛇王】sé⁴ wong⁴
❶同“蛇”条。❷懒惰的人：佢正一～嚟㗎〔他真是个懒人〕。

【蛇鼠一窝】sé⁴ xu² yed¹ wo¹
一群坏人；一丘之貉：呢几个都系～〔这几个都是一丘之貉〕。

【蛇仔】sé⁴ zei²
❶在港澳称跟随无牌照的汽车沿途招呼搭客上下车的人。❷汽车司机的助手（不尊敬的说法）。

【*社工】sé⁵ gung¹
“社会工作者”的简称。指义务为群众服务的人员。

【社公】sé⁵ gung¹
社神。

【社坛】sé⁵ tan⁴
祭祀社神的地方。

sê

【唦】sê⁴（薯靴⁴切）
东西从上往下滑：喺斜坡～咗落嚟〔从斜坡上滑了下来〕｜～滑梯〔溜滑梯〕。

【捈】sê⁴（薯靴⁴切）
顺手拿走别人的东西：我本书畀人～咗去〔我的书让人偷偷拿走了〕。

seb

【湿包】seb¹ bao¹
菠萝蜜、榴莲等果实中果肉属湿而软的一种（与“干包”相对）。

【湿柴】seb¹ cai⁴
原指湿的木柴，用来比喻国民党政府当年在大陆发行的钞票。当时由于滥发钞票，造成通货恶性膨胀，物价飞涨，这些钞票就像烧不着的湿木柴那样没用。

【湿气】seb¹ héi³
空气中的水汽：住楼下～重〔住一楼比较潮湿〕。

【湿泅泅】seb¹ neb⁶ neb⁶（泅，挪合切）
湿漉漉；湿淋淋：淋到成身～〔淋

得全身湿漉漉的〕。

【**湿淰淰**】seb¹ nem⁶ nem⁶（淰，拿任切）

湿漉漉；湿透：出汗出到件衫都～咯〔出汗出得衣裳都湿透了〕。

【**湿身**】seb¹ sen¹

❶身上沾了水。❷与坏事有牵连。

【**湿水**】seb¹ sêu²

沾了水的：～炮仗｜～狗。

【**湿水鸡**】seb¹ sêu² gei¹

落汤鸡，比喻全身湿透的人。

【**湿水橄核**】seb¹ sêu² lam⁵⁻² wed⁶

湿了水的橄榄核，又硬又滑。1. 比喻好动、难以管控的孩子。2. 比喻滑头、善于投机的人。

【**湿水炮仗**】seb¹ sêu² pao³ zêng⁶⁻²

沾了水的爆竹，比喻脾气极好不会发火的人。

【**湿湿碎**】seb¹ seb¹ sêu³

同"湿碎"。

【**湿碎**】seb¹ sêu³

零碎；琐碎：材料好～，未做得结论〔材料太零碎，还做不了结论〕。

【**湿星**】seb¹ xing¹

零碎，琐碎：嗰啲～嘢，唔好要咯〔那些琐碎东西，不要了吧〕｜材料咁～，唔能够讲明问题〔材料这么零碎，不能够说明问题〕。

【**湿热**】seb¹ yid⁶

同"湿滞"。

【**湿滞**】seb¹ zei⁶

❶肠胃不适；消化不良；也指某些食物能使人引起肠胃不适的性质：佢有啲～〔他有点消化不良〕｜呢啲嘢好～㗎〔这些东西很伤胃的〕。❷不顺利；多梗阻；不好办；难对付：嗰件事好～〔那件事情很不好办〕。

【**十八廿二**】seb⁶ bad³ ya⁶ yi⁶

十八到二十二岁。形容人很年轻：你咪以为你重系～咁后生〔你别以为你还是很年轻〕。

【**十指孖埋**】seb⁶ ji² ma¹ mai⁴（孖，妈）

十个指头连在一起，形容人不会干活：你真系～噉，乜都唔会做〔你的手真笨，什么都不会做〕。

【**十字锄**】seb⁶ ji⁶ co⁴

镐。又叫"鹤嘴锄"。

【**十万九千七**】seb⁶ man⁶ geo² qin¹ ced¹

形容很多；数目庞大：你同佢相差～啦〔你跟他相差十万八千里〕。

【**十问九唔应**】seb⁶ men⁶ geo² m⁴ ying³

老不答话（"九"与"狗"同音，把不吭声的人比作狗）。

【**十五十六**】seb⁶ ng⁵ seb⁶ lug⁶

❶形容心神不定：我个心～，好唔安乐〔我的心七上八下的，很不舒服〕。❷形容拿不定主意的心情：对呢件事我～，唔知点好〔对这件事我左右为难，不知怎样好〕。

【**十三点**】seb⁶ sam¹ dim²

半疯不癫的；二百五：呢个嘢正～〔这家伙真是二百五〕。

【**十成九**】seb⁶ xing⁴ geo²

很可能；八九不离十：～系佢搞个咯〔十有八九是他搞的〕。

S

【十成十】 seb^6 $qing^4$ seb^6

表示十分肯定对某事的判断：佢～唔会嚟〔他极有可能不来〕。

【十成着咗九成】 seb^6 $qing^4$ $zêg^6$ zo^2 geo^2 $qing^4$

很可能；十拿九稳：呢件事一定得，～〔这件事没问题，十拿九稳〕丨我谂～系你〔我想很可能是你〕。

【十冤九仇】 seb^6 $yün^1$ geo^2 seo^4

指冤仇深重：大家又唔系～，使乜咁恶呢〔大家又不是有深仇大恨，何必那么凶呢〕。

【十挣九伤】 seb^6 $zang^6$ geo^2 $sêng^1$ （挣，读音 $zeng^1$）

挣，撑、吃过量。无节制饮食，多伤肠胃。

【十足】 seb^6 zug^1

❶非常相似：呢对孖仔连讲话、动作都似到～〔这对双胞胎兄弟连讲话、动作都非常相似〕丨佢嘅打扮～个大老板〔他的打扮极像一个大老板〕。❷完美：工夫做到～〔工作做得很完美〕。

【十足十】 seb^6 zug^1 seb^6

十足的；地地道道的：呢个人～系个坏蛋〔这个人是个十足的坏蛋〕。

sed

【失惊无神】 sed^1 $géng^1$ mou^4 sen^4

原意为受惊吓后神色变异的样子，今多作"冷不防"、"突然"用：～走咗个人入嚟，吓我一跳〔冷不防跑进来一个人，吓我一跳〕丨今日～撞到佢〔今天突然碰见他〕。

【失觉】 sed^1 gog^3

❶没注意；没留意：～撞亲你，唔好意思〔没注意碰了你，对不起〕。❷初次见面时的客套话，表示尊敬对方：～，李先生。

【失口】 sed^1 heo^2

❶走嘴；失言：酒后～。❷病得不能说话。

【失礼】 sed^1 lei^5

❶礼貌不周。❷客气话。不像样子；不成敬意：啲咁多嘢，～晒〔一点点东西，不成敬意〕丨献丑嘅嘛，～，～〔献丑罢了，不像样子，不像样子〕。

【失礼人】 sed^1 lei^5 yen^4

丢人；丢人现眼：真系～咯〔真丢人〕丨成日出洋相，唔怕～〔整天出洋相，不怕丢人现眼〕。

【失礼死人】 sed^1 lei^5 $séi^2$ yen^4

同"失礼人"，但更强调一些。这里"死"表示失礼的程度深。

【失失慌】 sed^1 sed^1 $fong^1$

同"慌失失"。

【失蹄】 sed^1 tei^4

打前失（驴、马因前蹄没站稳而跌倒或要跌倒）："人有错手，马有～"（熟语）。

【失拖】 sed^1 to^1

❶被拖的船分离了。❷失约。❸错过机会，不能参与。

【失威】 sed^1 wei^1

丢人现眼；丢人。

【失魂】 sed^1 wen^4

❶慌张（有贬意）：咁～做乜吖〔那么慌张干什么〕？❷魂飞魄散：

吓到佢～〔吓得他魂飞魄散〕。❸精神恍惚：睇佢有啲～〔看他有些精神恍惚〕。

【失魂鱼】sed¹ wen⁴ yü⁴⁻²

形容人惊慌失措或莽撞得像受惊的鱼那样：瘟咁舂，～噉〔瞎碰乱撞的，像条受惊的鱼〕。

【失运】sed¹ wen⁶

不走运；倒霉。

【失匙夹万】sed¹ xi⁴ gab³ man⁶

比喻很难从父亲那里要到钱的富家子。

【失音】sed¹ yem¹

❶因喉部有病而讲不出话或说话声音沙哑。也说“失声”。❷失去音信：佢～好耐咯〔他很久没有音信了〕。

【失真】sed¹ zen¹

不相称，不搭配：上面着西装下面着波鞋，～喇〔上面穿西服下面穿球鞋，太不相称了〕｜西式大厅门口挂副对联，～啩〔西式大厅门口挂上一副对联，不搭配吧〕？

【虱乸】sed¹ na²（乸，拿²）

虱子。

【虱乸春（橁）】sed¹ na² cên¹

虮子（虱子的卵）。

【虱乸担枷】sed¹ na² dam¹ ga¹

比喻要受到十分严厉的惩处。

【膝头】sed¹ teo⁴

膝盖。

【膝头大过髀】sed¹ teo⁴ dai⁶ guo³ béi²

形容人骨瘦如柴。

【膝头哥】sed¹ teo⁴ go¹

同“膝头”。

【实】sed⁶

❶结实；紧：肉好～〔肌肉很结实〕。❷硬：呢啲饼好～，咬都咬唔入〔这些饼很硬，啃也啃不动〕｜呢笪地真～，锄极都锄唔入〔这块地真硬，怎么锄也锄不进去〕。❸一定；准；肯定：我估佢～嚟〔我估计他一定来〕｜噉～冇错〔这样准没错〕｜～唔系〔肯定不是〕。❹用在某些动词之后，表示动作在进行着或持续：睇～书〔看着书〕｜跟～佢〔紧跟着他〕｜叫～你都唔嚟〔老叫你都不来〕。

【实斧实凿】sed⁶ fu² sed⁶ zog⁶

千真万确：呢件事系～嚟嘅〔这件事千真万确〕。

【实啯啯】sed⁶ gueg⁶ gueg⁶（啯，跪勒切）

硬邦邦：呢笪地～嘅〔这块地硬邦邦的〕｜嗰啲馒头发唔起，～嘅〔那些馒头发不起，硬邦邦的〕。

【实行】sed⁶ heng⁴

❶就是：～系噉啦〔就是这样吧〕。❷当然；自然：噉样做～好啦〔这么做当然好了〕。❸同“实❸”。

【实笼】sed⁶ lung⁴⁻²

❶实心的。❷体质强壮的。

【实牙实齿】sed⁶ nga⁴ sed⁶ qi²

❶确确实实（说过）：呢句话你～讲过〔这句话你确确实实说过的〕。❷说得千真万确：你讲得～，边个都信〔你说得千真万确，谁都信〕。

【实情】sed⁶ qing⁴

❶实在；敢情：～好啦〔这实在

好〕。❷其实；实际情况：～系噉嘅〔其实是这样的〕。

【实稳】sed6 wen2
一定；定准；保险：～去〔一定去〕｜～冇错〔保险没错〕。

【实食冇黐牙】sed6 xig6 mou5 qi1 nga4（黐，痴）
惯用语。完全有把握；十拿九稳：佢去完成呢项任务，～啦〔他去完成这项任务，完全有把握的〕。

【实枳枳】sed6 zed1 zed1（枳，读音ji2）
塞得很紧很满的样子。

【实净】sed6 zéng6
结实：佢嘅身体好～〔他的身体很结实〕。｜地基打得好～〔地基打得很瓷实〕。

S

sêd

【1 恤】sêd1
❶塞子：酒樽～〔酒瓶塞子〕。❷塞：攞个恤嚟～实个樽〔拿个塞子把瓶子塞紧〕。❸门闩；插销：呢度门钉两个～至稳阵〔这扇门要钉两个插销才牢靠〕。❹闩：～住门瞓〔闩上门睡〕。

【2 恤】sêd1
投篮：～波〔投篮球〕｜～中一个波得两分〔投中一球得两分〕。〖“恤”是英语 shoot 的音译词。〗

【恤发】sêd1 fad3
用发夹把头发卷起来，使它弯曲成波浪形。〖“恤”是英语 set 的译音。〗

【裇（恤）衫】sêd1 sam1
衬衣。〖“裇”是英语 shirt 的译音。〗

【术】sêd6
❶魔术，障眼法，伎俩：睇下佢出乜嘢～〔看看他要什么伎俩〕。❷办法，计谋：呢次冇～嘞〔这次没办法了〕。

seg

【塞】seg1
曾孙。

【塞车】seg1 cé1
交通堵塞：前面～｜～嚟迟咗两个字〔由于交通堵塞，晚到了十分钟〕。

【塞窦窿】seg1 deo6 lung1
骂人语。该死的。

【塞古盟憎】seg1 gu2 meng4 zeng1
“瞎鼓盲等”的讹音。意为：❶对情况不清楚，难以判断：呢件事我～，冇办法处理〔这件事我对情况一点也不了解，没办法处理〕。❷毫无思想准备，以致措手不及：我～接受任务，一啲思想准备都冇〔我糊里糊涂接受任务，一点思想准备都没有〕。

ség

【惜】ség1（读音 xig1）
❶喜爱；疼；爱惜：佢好～佢个仔〔他很疼他儿子〕。❷惯；姑息：细佬哥畀你～坏咗喇〔小孩给你惯坏了〕。

【惜身】séĝ³ sen¹（惜，读音 xig¹）

❶爱护身体，善于养生。❷婉辞，怕死。

【石】séĝ⁶

❶量词。石（dàn）；十斗。❷钻：十七~手表。

【石春（橻）】séĝ⁶ cên¹

卵石。

【石灰箩】séĝ⁶ fui¹ lo⁴

比喻到处做坏事、到处留有污点秽迹的人。

【*石狗公】séĝ⁶ geo² gung¹

❶鱼的一种。❷外表装扮得很像大亨的穷光蛋。

【石级】séĝ⁶ keb¹

台阶：落~〔下台阶〕。

【*石罅米】séĝ⁶ la³ mei⁵

比喻只肯在女人身上花钱的人。

【石螺】séĝ⁶ lo⁴⁻²

山涧、小溪里的螺蛳，尖塔形。

【石米】séĝ⁶ mei⁵

建筑上用来抹墙或地板用的经加工的碎石：~批荡。

【石山】séĝ⁶ san¹

石头山；园林或盆景上的假石山。

【石屎】séĝ⁶ xi²

石屑；碎石。

【石屎楼】séĝ⁶ xi² leo⁴⁻²

用钢筋、水泥、碎石建成的楼房。

【*石屎森林】séĝ⁶ xi² sem¹ lem⁴

比喻林立的钢筋混凝土高楼大厦。含贬意。

【石屎头脑】séĝ⁶ xi² teo⁴ nou⁵

比喻人头脑僵化，死板顽固。

sêg

【勺】sêg¹

❶酒提、油提（打酒、油等的器具）。❷量词。提：一~油。

【削（嘲）】sêg³

❶（肌肉）松弛；不结实：多啲运动肌肉先唔会~〔多一点运动肌肉才不会松弛〕。❷稀软：浆糊煮得太~〔褴糊煮得太稀〕。

【削膊】sêg³ bog³

溜肩膀。

【削撻撻】sêg³ dad³ dad³（撻，达¹）

软软的；（肌肉）很松弛：病到佢~〔病得他肌肉都松软极了〕。

【削坺坺】sêg³ péd⁶ péd⁶

稀稀烂烂的：萝卜糕蒸得~〔萝卜糕蒸成稀稀烂烂的〕。

【削仔】sêg³ zei²

讲究穿着打扮、油头粉面、轻浮而清瘦的年轻人。

sei

【西饼】sei¹ béng²

西式点心。

【西斜】sei¹ cé⁴

西晒：呢个窗向西，下昼~〔这个窗户朝西，下午西晒〕。

【西斜热】sei¹ cé⁴ yid⁶

西晒，因西晒而感到热：呢间房有~〔这屋子有西晒〕。

【西纸】sei¹ ji²

外币。

【西芹】sei¹ ken⁴⁻²
西洋芹菜。

【西兰花】sei¹ lan⁴ fa¹
绿菜花。

【西米】sei¹ mei⁵
一种用葛粉做的食品，细圆粒，像碎米。又叫“洋西米”、“沙谷米”，多作甜食。

【西文】sei¹ men⁴
外文（现已少用）。

【西南二伯父】sei¹ nam⁴ yi⁶ bag³ fu⁶⁻²
惯用语。指见到青少年干坏事采取袖手旁观、纵容甚至怂恿态度的老人。

【西水】sei¹ sêu²
西江洪水（广东西江泛滥时叫“西水大”）。

S

【西人】sei¹ yen⁴
西方人；洋人。

【西洋菜】sei¹ yêng⁴ coi³
广东一种常见的蔬菜，蔓生，叶细，种在水田里。

【西装】sei¹ zong¹
❶西服：一脱～〔一套西服〕。❷分头（男子的一种发型）：留～。

【西装裤】sei¹ zong¹ fu³
西裤。

【西装友】sei¹ zong¹ yeo⁵⁻²
穿西服的人（有贬意）。

【茜】sei¹
金鱼藻，水生草本植物，鱼类食料。又叫“金鱼茜”。

【犀飞利】sei¹ féi¹ léi⁶
厉害，程度较深。

【犀利】sei¹ léi⁶
厉害：真系～〔真是厉害〕。

【筛】sei¹
❶筛子。❷筛：～米。❸摇摆；摇晃：咪～嚟～去啦〔别摇来晃去的〕！❹淘汰：唔符合条件嘅就～出去〔不符合条件的就淘汰出去〕丨～咗一轮〔淘汰过一遍〕。

【筛波】sei¹ bo¹
旋转球：开个～〔发个旋转球〕。

【筛箕】sei¹ géi¹
同“筛”❶。

【筛身】sei¹ sen¹
摇身（多指小孩撒娇时摇身）。

【筛身筛势】sei¹ sen¹ sei¹ sei³
同“筛身”。

【使】sei²
❶使唤：自己嘟手，唔好～人〔自己动手，不要使唤别人〕。❷花（钱）：～咗好多钱〔花了很多钱〕。❸使用：借支笔畀我～下〔借支笔给我用一下〕。❹要；需要：～唔～我去〔需要我去吗〕？

【使得】sei² deg¹
❶有能力；有办法；能干：呢个工程师好～〔这位工程师很能干〕。❷行（xíng）：样样都～。❸见效；奏效：呢樽药好～〔这瓶药很见效〕。

【使费】sei² fei³
费用：呢次～唔少啩〔这次费用不少吧〕？

【使颈】sei² géng²
使性子；耍脾气；赌气：有意见可以提，唔好～〔有意见可以提，不要使性子〕丨～系唔得㗎〔要脾气是不行的〕。

【使𫖯】 sei^{2} léi^{5}（𫖯，理）
操纵船帆：顺风～〔顺风使舵〕。

【使妈】 sei^{2} ma^{1}（又音 sei^{2} ma$^{1-2}$）
旧指女佣人。

【使乜】 sei^{2} med^{1}（乜，物^{1}）
❶何必：～咁麻烦〔何必那么麻烦〕丨你～咁客气〔你何必那么客气〕。❷用不着；不需要：～你理〔用不着你管〕丨～你多嘴〔不需要你多嘴〕。

【使乜讲】 sei^{2} med^{1} gong^{2}
❶表示非常肯定，相当于普通话“那还用说”：～，肯定你唔啱〔那还用说，肯定你不对〕。❷不必再说：～，系你唔啱嘅〔不必再说了，是你不对的〕。❸表示不可辩驳的事实：～，佢以前读书比你叻得多〔说实在的，他过去念书比你聪明得多〕。

【使牛】 sei^{2} ngeo^{4}
用牛犁田、耙田：会～〔会犁田耙田〕丨佢好识～〔他很会犁田耙田〕。

【使婆】 sei^{2} po$^{4-2}$
老妈子；老妈儿（女仆）。

【使钱】 sei^{2} qin$^{4-2}$
花钱；用钱：做乜都要～〔做什么都要花钱〕。

【使铜银夹大声】 sei^{2} tung^{4} ngen$^{4-2}$gab^{3} dai^{6} séng^{1}
形容人无理争三分，靠嗓门大来压人。

【使横手】 sei^{2} wang^{4} seo^{2}
请别人代自己干伤害别人的事，如雇打手等：你因住佢～〔你当心他雇打手害你〕。

【使用】 sei^{2} yung^{6}
❶动词。使人员、器物、资金等为某种目的服务：正确～资金。❷名词。费用；开支（一般指家庭的）：一个月要几多～〔一个月要多少费用〕？丨～好大〔开支很大〕。

【洗白白】 sei^{2} bag^{6} bag^{6}
洗澡（对小孩用语）。

【洗大饼】 sei^{2} dai^{6} béng^{2}
戏称在餐馆洗碗碟。

【洗袋】 sei^{2} doi^{6}
赌博把口袋的钱输精光：你去赌实畀人～〔你去赌博肯定让你输个精光〕丨喺赌场～翻嚟〔在赌场输光了回来〕。

【洗粉】 sei^{2} fen^{2}
洗衣粉；肥皂粉。

【洗衫板】 sei^{2} sam^{1} ban^{2}
搓板。

【洗衫枧】 sei^{2} sam^{1} gan^{2}（枧，拣）
洗衣服用的肥皂。

【洗湿个头】 sei^{2} seb^{1} go^{3} teo^{4}
理发前先把头洗湿。比喻事情开始了，不得不干下去：都～咯，做完佢罢啦〔都已经开始了，还是把它做完吧〕。

【洗身】 sei^{2} sen^{1}
洗澡。

【洗水衫】 sei^{2} sêu^{2} sam^{1}
常穿的衣服；日常换洗的衣服。

【洗肚】 sei^{2} tou^{5}

清肠胃（去掉肠胃里的油腻）。

【驶】sei^{2}

驾驶；开（车）：~汽车 | ~电单车〔开摩托车〕。

【世伯】sei^{3} bag^{3}

对父辈朋友的尊称。

【世界】sei^{3} gai^{3}

❶日子：几十年~ | 而家真系好~咯〔现在日子真是好啊〕。❷生活，生计：捞~〔混生活；谋生计；闯江湖〕| 叹~〔享受生活，享清福〕。❸赚钱或进取的机会〔前景好：去嗰度打工大把~㗎〔去他那里打工有的是发展机会〕| 你重后生，以后大把~〔你还年轻，以后很有前途〕。❹财产，财富：佢老豆剩落大把~〔他父亲留下很多财产〕。

【世界波】sei^{3} gai^{3} bo^{1}

有世界水平的球技，引申指高水平。

【世界轮流转】sei^{3} gai^{3} lên^{4} leo^{4} jun^{3}

世界上的事情是经常变化的，现在所处的优势或劣势地位都有可能逆转。

【世界尾】sei^{3} gai^{3} méi^{5}

❶运气到末尾了：嗰间公司~咯，平啲顶咗佢啦〔那间公司没落了，便宜点盘下来吧〕。❷过时了；不时兴了：呢个款式~咯〔这个款式过时了〕。

【世界仔】sei^{3} gai^{3} zei^{2}

指那种善于交际应酬的人。

【世泥】sei^{3} nei^{4}

形容人迷信而诸多忌讳。

【世艺】sei^{3} ngei^{6}

指供消遣的活动：退咗休玩啲乜嘢~呀〔退了休之后，有些什么消遣活动〕？

【世叔】sei^{3} sug^{1}

对父辈朋友的尊称。

【世侄】sei^{3} zed^{6}

对晚一辈的年轻人比较文雅的称呼，有时略带贬意。

【细】sei^{3}

小：~雨 | ~只〔个儿小〕| ~仔〔最小的男孩〕。

【细半】sei^{3} bun^{3}

一小半：我要~就够。

【细床】sei^{3} cong^{4}

单人床。

【细胆】sei^{3} dam^{2}

胆小：佢唔算~〔他不算胆小〕。

【细豆芽菜】sei^{3} deo$^{6-2}$ nga^{4} coi^{3}

绿豆芽儿。

【细个】sei^{3} go^{3}

❶个儿小。❷年纪比较小（对小孩子说）：大个唔好虾~，~又唔好虾大个〔年纪大的不要欺负年纪小的，年纪小的也不要欺负年纪大的〕。

【细个嗰阵】sei^{3} go^{3} go^{2} zen^{6}

同"细时"。

【细个仔】sei^{3} go^{3} zei^{2}

小孩子：~嗰阵〔小时候；童年时代〕。

【细姑】sei^{3} gu^{1}

小姑子，丈夫的妹妹。用于背称。也叫"姑仔"。

【细工】sei^{3} gung^{1}

小工，做杂活的人。

【细佬】 sei^{3} lou^{2}

❶弟弟（引称）：你～几大喇〔你弟弟多大〕？❷老弟：～，噉搞唔得㗎〔老弟，这样搞可不行啊〕！❸兄弟（自称）：～失礼晒，多多原谅〔兄弟我失礼了，请多包涵〕。

【细佬哥】 sei^{3} lou^{2} go^{1}

❶小孩；小朋友（爱称）：呢个～好叻〔这个小朋友真棒〕。❷孩子：佢有两个～〔他有两个小孩〕。

【细佬哥头】 sei^{3} lou^{2} go^{1} teo$^{4-2}$

❶指做事毛躁，像个小孩子似的人：咁大个人嘞，重好似～噉〔年纪那么大的人了，还像小孩子似的〕。❷愣小子：佢系～嚟㗎〔他是个愣小子〕。❸指喜欢跟小孩子在一起的年轻人。

【细路】 sei^{3} lou^{6}

❶同“细路仔”。❷小孩儿。

【细路女】 sei^{3} lou^{6} nêu$^{5-2}$

小女孩；小姑娘。

【细路仔】 sei^{3} lou^{6} zei^{2}

小男孩。

【细妈】 sei^{3} ma^{1}

同“细姐”。

【细蚊仔】 sei^{3} men^{1} zei^{2}

❶小孩；娃娃（爱称）：幼儿园嘅～真得意〔幼儿园的娃娃真逗人〕。❷孩子：你有几个～〔你有几个孩子〕？〖“细蚊仔”快读时往往变成“渗（sem^{3}）蚊仔”。〗

【细妹】 sei^{3} mui$^{6-2}$

妹妹：我两个～都读紧中学〔我的两个妹妹都在上中学〕。

【细粒】 sei^{3} neb^{1}

颗粒细小；个子矮小：呢个仔生得好～〔这孩子长得个子很小〕。

【细婆】 sei^{3} po^{4}

妾。

【细细个】 sei^{3} sei^{3} go^{3}

个子小小的；年纪很小：你重系～，好好读书〔你还是很小，好好读书〕。

【细婶】 sei^{3} sem^{2}

丈夫弟弟的妻子（用于引称）。

【细餸】 sei^{3} sung^{3}

菜量小；省吃（指吃菜）：佢好～㗎〔他吃菜吃得很少〕。

【细时】 sei^{3} xi$^{4-2}$

小的时候：佢～好跳皮〔他小的时候很淘气〕。

【细食】 sei^{3} xig^{6}

食量小；吃得少：好似猫咁～〔像猫那样吃得少〕。

【细姐】 sei^{3} zé^{2}

庶母。

【细只】 sei^{3} zég^{3}

个子小，个儿小：我要最～嗰只〔我要最小的那只〕｜只只都咁～嘅〔每只都那么小的〕｜强仔生得好～〔小强长的个子很小〕。

【势】 sei^{3}

怎么也…；万万（没）…；无论如何也…：我～估唔到会噉嘅〔我万万没想到会这样〕。

【势估唔到】 sei^{3} gu^{2} m^{4} dou^{3}

从未料到；确实估计不到：～佢咁坏〔从未料到他这么坏〕｜～佢嚟呢一手〔确实估计不到他出这一招〕。

【势凶】sei³ hung¹
同“势凶夹狼”。使用时前面常有副词“咁”、“真’、“十分”等。

【势凶夹狼】sei³ hung¹ gab³ long⁴
❶来势凶狠猛烈：睇佢～，想食人噉〔看他来势汹汹的样子，要把人吃掉似的〕。❷胃口或野心非常大：你想一下就起十幢楼，真系～〔你想一下子就建十幢楼房，真是胃口大〕。❸指某些事情做得过分：食嘢唔好～得㗎〔吃东西不要狼吞虎咽〕！

【势色】sei³ xig¹
情势：我睇～有啲唔啱〔我看情势有点不对劲〕。

【噬】sei⁶
咬：畀狗～咗一啖〔给狗咬了一口〕。

【誓愿】sei⁶ yun⁶
发誓：系就系，唔系就唔系，～都冇用〔是就是，不是就不是，发誓也没有用〕。

【誓愿当食生菜】sei⁶ yun⁶ dong³ xig⁶ sang¹ coi³
比喻随便起誓但从不履行。

séi

【死】séi¹
❶用在形容词或词组和结构助词“到”的后面，表示极度：热到～〔热得要命〕｜嬲到～〔生气得很〕｜难睇到～〔难看得要命〕。❷拼命：～咁做〔拼命干〕｜～咁咪〔拼命读书〕。

【死畀你睇】séi² béi² néi⁵ tei²
表示事态严重，陷入困境：呢次如果失败就～咯〔这次如果失败就完蛋了〕。

【死铲】séi² can²
骂人的话。该死的。

【死肠直肚】séi¹ cêng⁴ jig⁶ tou⁵
直肠子，比喻性情耿直：呢个人～，唔会交际〔这个人直肠子，不会交际〕。

【死得人多】séi² deg¹ yen⁴ do¹
❶比喻惨败：今次佢哋～咯〔这次他们败得真惨〕。❷比喻问题严重：呢匀查佢嘅账，～咯〔这次查他的账，可严重了〕。

【死党】séi² dong²
❶效忠于某人或某小团体的亡命之徒。❷老朋友；要好的朋友。

【死火】séi² fo²
❶发动机发生故障灭了火：汽车～喇〔汽车灭了火〕。❷事情遇到困难、梗阻，没有成功的希望：嗰件事～喇，点算呢〔那件事没有希望了，怎么办呢〕？❸糟糕：～喇，唔见咗锁匙〔糟糕了，钥匙不见了〕！

【死鸡撑饭盖】séi² gei¹ cang¹⁻³ fan⁶ goi³
同“死鸡撑硬脚”。

【死鸡撑硬脚】séi² gei¹ cang¹⁻³ ngang⁶ gêg⁶
形容人理亏仍要强辩，或明知自己错了仍坚持错误：错就承认，唔好～咯〔错就承认，不要强辩了〕｜分明系你唔啱，重～〔分明是你错了，还坚持错误〕！

【死咁】séi² gem³（咁，禁）
❶拼命地：～打｜～做｜～喊〔不停地哭〕。❷很；极；非常：汤～咸｜～难睇〔非常难看〕。

【死梗】séi² geng²
死定了；肯定要失败。指后果十分严重：呢回～咯〔这回死定了〕｜明知唔得夹硬要做，实～啦〔明知不行还硬要去做，肯定失败的〕。

【死估估】séi² gu⁴ gu⁴（估，读音 gu²）
❶呆板；不灵活：做嘢灵活啲，唔好～〔做事情灵活一点，不要那么呆板〕。❷毫无生气的；一动不动的；不活跃的：坐喺度～做乜，出去玩下啦〔坐在这里发愣干吗，出去玩一下吧〕！

【死鬼】séi² guei²
❶加在人名或人的称谓的前面，表示这个人已经去世。❷有时作骂人语。

【死过翻生】séi² guo³ fan¹ sang¹
❶遭遇大难而脱险：佢大病一场，真系～〔他大病一场，捡回一条命了〕。❷死去活来：畀人打到～〔让人打得死去活来〕。

【死悭死抵】séi² han¹ séi² dei²
尽量节俭又拼命苦干。

【死直】séi² jig⁶
僵死。比喻事情无法挽救。

【死…烂…】séi²… lan⁶…
拼死拼活地：佢死做烂做又点样〔他拼死拼活地干又怎么样〕？

【死剩把口】séi² jing⁶ ba² heo²
❶形容人光会说三道四：你系唔系～呀，讲个唔停〔你是不是只会说话，说个没完〕。❷形容人无理强辩：冇理由重～嘅〔没有理由还强辩〕。

【死桥】séi² kiu⁴⁻²
❶绝招：估唔到你有两度～噃〔想不到你也有两手绝招〕。❷馊主意：你嘅～真害人〔你的馊主意真害人〕。

【死绝种】séi² jud⁶ zung²
骂人的话。意指对方全家死绝，只剩下被骂者一人。

【死䊆】séi² lê²（䊆，啦靴切）
死死纠缠：法律规定唔得，你～都冇用〔法律规定不行，你怎么纠缠都没用〕。

【死擂】séi² lêu⁴
拼命地干；非常卖力：佢做嘢～㗎〔他干活是非常卖力的〕。

【死𢵧】séi² lid³
❶死结。❷比喻难以解决的矛盾、问题：呢个～边个都难解〔这个难题谁都难解〕。

【死佬】séi² lou²
混蛋；坏家伙（骂男人的话）。

【死妹钉】séi² mui⁶⁻¹ déng¹
死丫头。

【死女包】séi² nêu⁵⁻² bao¹
同“死妹钉”。

【死硬撑】séi² ngang⁶ cang³
同“死鸡撑硬脚”。

【死牛一便颈】séi² ngeo⁴ yed¹ bin⁶ géng²
形容人脾气犟，坚持己见，不听劝告。

S

【死缠烂打】séi² qin⁴ lan⁶ da²
胡搅蛮缠；纠缠不休：佢一味～，唔答应都唔得〔他一直胡搅蛮缠，不答应都不行〕。

【死蛇烂鳝】séi² sé⁴ lan⁶ xin⁵
形容人懒懒散散的样子：成日好似～噉有乜出息吖〔整天懒洋洋的有什么出息〕！

【死实】séi² sed⁶
❶无可挽救；不能逆转。❷不松软（指食物等）。❸颜色暗淡。

【死死地气】séi² séi² déi⁶ héi³
同"死死气"。

【死死下】séi² séi² ha⁶⁻²
❶要命；够戗（用在动词、形容词、词组和结构助词"到"的后面，表示程度相当深）：痛到～〔痛得要命〕｜瘡到～〔累得够戗〕｜打到佢～〔把他打得够戗〕｜激到～〔气得要命〕。❷无精打采；没有生气：睇佢～噉〔看他无精打采的样子〕。

【死死气】séi² séi² héi³
❶形容勉强地、被迫地、无可奈何地干某事：爸爸发火喇，佢至～噉去〔爸爸火儿了，他才勉强地去〕。❷垂头丧气地：睇佢～噉翻嚟，实唔成功嘞〔看他垂头丧气地回来，一定不成功〕。又作"死死地气"。

【死死实实】séi² séi² sed⁶ sed⁶
同"死实"❷❸。

【死心不息】séi² sem¹ bed¹ xig¹
不死心：失败几次重～〔失败几次还不死心〕。

【死剩种】séi² xing⁶ zung²
同"死绝种"。

【死人】séi² yen⁴
❶用在名词前面作骂人语（非真骂），相当于普通话的"死"：～肥佬〔死胖家伙〕｜～张三。❷糟糕：～喇，锁匙唔见咗〔糟糕，钥匙不见了〕！

【死人兼冧屋】séi² yen⁴ gim¹ lem³ ngug¹（冧，林³）
比喻一再倒霉，祸不单行。

【死人头】séi² yen⁴ tou⁴
骂人语。大致相当于普通话的"该死的"：你个～乱噏啲乜嘢〔你这个该死的家伙都胡说些什么〕！

【死仔干】séi² zei² gon¹
咒骂瘦小的男青年。

【四边四便】séi³ bin¹ séi³ bin⁶
四周；周围。

【四便】séi³ bin⁶
四周；周围：～一样长｜～都有树｜～都有人。

【四点六企】séi³ dim² lug⁶ kéi⁵
❶办事按规矩、有条理而且要求严格：佢系一个～嘅人，就系死板啲〔他是一个严格按规矩办事的人，就是死板点〕。❷整齐、清洁：呢间办公室～嚡〔这间办公室整齐洁净呀〕。

【四块半】séi³ fai³ bun³
指棺材。

【*四方辫顶】séi³ fong¹ bin¹ déng²
指把很多钱白费在并不真心爱自己的女人身上的男人。

【四方嚿】sei³ fong¹ kuag¹（嚿，箍黑切）

四方框框。

【四方木】séi^{3} fong^{1} mug^{6}
原指六面体木块，因它踢一踢才会动一下，用以比喻不灵活不主动的人。

【四方竹】séi^{3} fong^{1} zug^{1}
一种茎方皮青的竹子。

【四方鸭蛋】séi^{3} fong^{1} ngab^{3} dan$^{6-2}$
比喻稀奇古怪的东西。

【四脚爬爬】séi^{3} gêg^{3} pa^{4} pa^{4}
爬行，多用于婴儿。

【四脚蛇】séi^{3} gêg^{3} sé^{4}
蜥蜴之类小爬行动物的统称。

【四九仔】séi^{3} geo^{2} zei^{2}
黑社会组织三合会的成员。

【四季豆】séi^{3} guei^{3} deo$^{6-2}$
扁豆（豆荚作蔬菜）。

【四两戥千斤】séi^{3} lêng^{2} deng^{6} qin^{1} gen^{1}
用四两的秤砣来压千斤的东西。普通话叫“四两压千斤”。

【四两铁】séi^{3} lêng^{2} tid^{3}
戏称手枪。

【四万噉口】séi^{3} man^{6} gem^{2} heo^{2}
嘴巴像“四万”那样。麻将牌上“四万”的“四”像人张开口露出牙齿笑。形容人高兴得合不拢嘴：佢欢喜到～〔他高兴得合不拢嘴〕。

【四眼】séi^{3} ngan^{5}
戴眼镜的（不礼貌的说法）。

【四眼狗】séi^{3} ngan^{5} geo^{2}
对戴眼镜的人的侮辱性称呼。

【四眼佬】séi^{3} ngan^{1} lou^{2}
戴眼镜的人（不礼貌的说法）。

【四平八正】séi^{3} ping^{4} bad^{3} zéng^{3}
❶端端正正。❷整整齐齐。

【四处】séi^{3} qu^{3}
到处；周围。

【四四六六】séi^{3} séi^{2} lug^{6} lug^{6}
指人办事得体、合乎规矩。

【四围】séi^{3} wei^{4}
❶四周：学校～都有门口。❷到处：我～都揾过〔我到处都找过〕。

【四邑】séi^{3} yeb^{1}
指广东省的新会、台山、开平、恩平及江门市（江门原属新会）。

【四淫齐】séi^{3} yem^{4} cei^{4}
“四淫”指嫖、赌、饮、吹（抽鸦片）。指人什么恶习都沾染上了：个嘢～嚟喋〔那家伙什么恶习都染上了〕。

【四正】séi^{3} zéng^{3}（正，读音 jing^{3}）
端正：佢嘅字写得好～〔他的字写得很端正〕｜摆得好～〔摆得很端正〕。

【四周】séi^{3} zeo^{1}
到处：就喺屋里头嘅，～揾下啦〔就在房子里的，到处找找吧〕｜公园里面～都揾过喇〔公园里到处都找过了〕。

【四周围】séi^{3} zeo^{1} wei^{4}
同“四周”。

sem

【心躁】sem^{1} cou^{3}
烦躁。

【心大心细】sem^{1} dai^{6} sem^{1} sei^{3}

S

形容犹疑不决，拿不定主意：佢而家重～〔他现在还是拿不定主意〕。

【心地】sem¹ déi⁶⁻²

心眼儿：佢确实好～〔她心眼儿的确好〕｜呢个人～唔系几好〔这个人心眼儿不大好〕。

【心多】sem¹ do¹

多心：唔使咁～〔不用那么多心〕。

【心多多】sem¹ do¹ do¹

三心二意；拿不定主意：暑假嚟嘞，佢又想做呢样，又想做嗰样，～噉，唔知做乜嘢好〔暑假到了，他又想干这，又想干那，三心二意，不知干什么好〕。

【心火】sem¹ fo²

火气。人们认为烦躁、容易发脾气都是由此而来。

S

【心火盛】sem¹ fo² xing⁶

烦躁：呢两日佢～，咪惹佢〔这两天他很烦躁，别惹他〕。

【心灰】sem¹ fui¹

灰心：佢噉对我，我心都灰晒咯〔他这样对我，我太灰心了〕。

【心机】sem¹ géi¹

❶精神；心血：做呢件嘢真嗤～〔做这件事真费神〕｜嗰件事嗤咗好多～〔那件事费了很多心血〕。❷心情：冇咁好～〔没那么好心情〕｜玩到冇晒～读书〔玩得无心念书〕。

【心甘】sem¹ gem¹

甘心。

【心甘命抵】sem¹ gem¹ méng⁶ dei²

心甘情愿；自愿：我系～嘅〔我是心甘情愿的〕。

【心惊胆跳】sem¹ géng¹ dam² tiu³

心惊胆战。

【心肝椗】sem¹ gon¹ ding³

心肝宝贝儿。

【心肝唔搭（嚟）肺】sem¹ gon¹ m⁴ dab³（na¹）fei³

❶形容人缺乏情感。❷形容人神魂失落、心不在焉。

【心挂挂】sem¹ gua³ gua³

牵肠挂肚：佢一个人去咁远路，使人成日～〔他一个人去那么远的地方，总叫人牵肠挂肚的〕。

【心滚】sem¹ guen²

冒火：碰到噉嘅事，唔～就假〔碰到这样的事，不冒火才怪呢〕｜睇见佢我就～〔看见他我就冒火〕。

【心口】sem¹ heo²

心窝；胸：～痛｜激到佢扰～〔气得他捶胸〕。

【心气痛】sem¹ héi³ tung³

心窝部位痛；胃痛。

【心知肚明】sem¹ ji¹ tou⁵ ming⁴

心里有数：呢件事你～〔这件事你心里有数〕。

【心照】sem¹ jiu³

心照不宣：两家～就得咯〔双方心照不宣就可以了〕。

【心懵面精】sem¹ mung² min⁶ zéng¹

看起来好像很聪明，其实很糊涂、愚蠢。与“面懵心精”相反。

【心罨】sem¹ ngeb¹（罨，邪邑切）

心情郁闷：冇件嘢掂，真系好～〔没有一件事顺利，很郁闷啊〕。

【心翳】sem¹ ngei³

❶胸部发闷。❷心里不痛快：谂起

呢件事就～咯〔想起这件事心里就不痛快〕。

【心怕】 sem¹ pa³

担心：我～会摸门钉〔我担心会吃闭门羹〕。

【心抱】 sem¹ pou⁵

儿媳妇：娶～ | ～仔〔小媳妇〕。〖“心抱”是“新妇”的变音。〗

【心清理静】 sem¹ qing¹ léi⁵ jing⁶

心平气和：大家要～噉讨论〔大家要心平气和地讨论〕。

【心实】 sem¹ sed⁶

寒心；失望：佢见个仔学成噉，真系～咯〔他看见儿子学成这个样子，真够寒心的〕 | 大家心都实晒〔大家非常失望〕。

【心想事成】 sem¹ sêng² xi⁶ xing⁴

想干什么都成功，万事如意。

【心水】 sem¹ sêu²

❶心意：合～。❷头脑：佢～好清〔他头脑很清醒〕。

【心水清】 sem¹ sêu² qing¹

头脑清醒；有心思：佢心水好清〔他头脑很清醒〕 | 佢～，谂得周到〔他有心思，想得周到〕。

【心爽】 sem¹ song²

心情愉快；舒畅。

【心淡】 sem¹ tam⁵

❶心灰意冷：唔成功都唔使～吖〔不成功也用不着心灰意冷〕。❷（对某人）失去了感情；不寄予希望：对佢好～〔对他不寄予希望〕。❸不感兴趣；提不起兴趣：我对嗰啲嘢好～〔我对那些东西不感兴趣〕。

【心甜】 sem¹ tim⁴

痛快；满意：大家都～。

【心痛】 sem¹ tung³

❶心疼：我使钱多就～。❷珍爱：呢个茶壶我最～咯〔这个茶壶我最珍爱〕。

【心思思】 sem¹ xi¹ xi¹

惦念着；老是想着（某事）：～去玩〔老想着去玩〕 | 佢病咗重～想住厂里便嘅嘢〔他病了还惦念着厂里的事儿〕。

【心头高】 sem¹ teo⁴ gou¹

志向远大；心气高：佢自细就～〔他从小就心气高〕。

【心适】 sem¹ xig¹

❶舒心：样样都唔使忧，～咯〔什么都不用担忧，舒心啊〕！❷常用于反话，心里舒服：你睇，搞搦咗，你～啦〔你看，弄糟了，你舒服了吧〕！

【心息】 sem¹ xig¹

灰心；不寄予希望：讲极佢都唔听，我都～咯〔怎么说他都不听，我也灰心了〕。

【心郁郁】 sem¹ yug¹ yug¹（郁，郁）

指动了心很想做某些事情但还没有行动的状态：我～，都好想去㗎〔我动了心，也很想去〕。

【心足】 sem¹ zug¹

感到满足，知足：而家嘅待遇，我好～咯〔现在的待遇，我很满足了〕。

【深笔字】 sem¹ bed¹ ji⁶

繁体字。

【森树】 sem¹ xu⁶

苦楝树。

【审】sem^{2}

撒：~芝麻 | ~古月粉〔撒胡椒面儿〕。

【渗井】sem^{3} zéng^{2}

沙井（排泄污水的井）。

【甚至无】sem^{6} ji^{3} mou^{4}

甚至；退一步来说；就算是：买到头二等船票固然好，~买三等都可以〔买到头二等船票当然好，就是买到三等的也可以〕| 如果对集体有利，~个人蚀底啲都唔怕〔如果对集体有利，就算是个人吃点亏也不怕〕。

sen

S

【申】sen^{1}

折合：十亩~成几多平方米？

【辛苦】sen^{1} fu^{2}

❶辛劳，劳苦。❷感到难受：想咳又咳唔出，好~〔想咳嗽又咳不出来，真难受〕| 我睇佢病得好~〔我看他病得很难受〕| 热得好~〔热得很难受〕。

【辛苦揾嚟自在食】sen^{1} fu^{2} wen^{2} lei^{4} ji^{6} zoi^{6} xig^{6}（揾，稳；嚟，黎）

辛苦挣来的钱应该舒舒服服地享受。

【身家】sen^{1} ga^{1}

❶财产；家财：百万~ | 好多~〔很多财产〕。❷个人的全部家当：佢嘅~就系呢几个喼喇〔他的全部家当就是这几个箱子了〕。

【身（娠）纪】sen^{1} géi^{2}

身孕：有~〔有孕〕。

【身跟】sen^{1} gen^{1}

身边；旁边：要有人喺你~至得〔要有人在你身边才行〕。

【身娇肉贵】sen^{1} giu^{1} yug^{6} guei^{3}

身体娇贵。

【身焸】sen^{1} hing^{3}（焸，庆）

发烧；体温高：琴晚佢有啲~〔昨天晚上他有点儿发烧〕。

【身子】sen^{1} ji^{2}

身体：最近~几好吗〔最近身体挺好吧〕？

【身水身汗】sen^{1} sêu^{2} sen^{1} hon^{6}

浑身大汗淋漓：睇佢走到~〔看他跑得满身是汗〕| ~嘅，去边处嚟呀〔满身都是汗，上哪儿去了〕？

【身位】sen^{1} wei$^{6-2}$

❶身体占据的位置：前锋畀人食住~〔前锋让人占据了位置〕。❷身体的长度或宽度：第一名快过第二名半个~。

【新出】sen^{1} cêd^{1}

新上市的：~嘅梗系贵啲嘅嘞〔新上市的肯定是贵一点了〕。有时特指新上市的瓜果蔬菜。

【新簇簇】sen^{1} cug^{1} cug^{1}

很新：呢张银纸重~嘅〔这张钞票还挺新的〕。

【*新地】sen^{1} déi^{6}

在顶部加有压碎的水果、果汁、核果等的冰淇淋。〖“新地”是英语 sundae 的音译词。〗

【新家嫂】sen^{1} ga^{1} sou^{2}

新娶的儿媳妇。

【新历年】sen^{1} lig^{6} nin^{4}

❶元旦；阳历新年。❷阳历；新历：按～计，今日二十号〔按阳历算，今天是二十号〕。

【新郎哥】sen¹ long⁴ go¹
新郎。

【新闻纸】sen¹ men⁴ ji²
报纸（现已少用）。

【新年流流】sen¹ nin⁴ leo⁴ leo⁴
大过年的，大新年的：细路仔～着靓啲〔小孩子大过年的穿漂亮点〕｜～咪讲啲唔利市嘅话〔大新年的别说不吉利的话〕。

【新年头】sen¹ nin⁴ teo⁴⁻²
农历正月初一至元宵节期间：～好热闹。

【新妇仔】sen¹ pou⁵ zei²
旧时指童养媳。

【新妇酒】sen¹ pou⁵ zeo²
喜酒，结婚的喜宴：饮～〔喝喜酒〕｜喺边度摆～呀〔在哪里设喜宴呀〕？

【*新潮】sen¹ qiu⁴
“新潮流”的简称。一般指在生活上，如衣着、行为等方面比较“开放”，追求时髦的做法；也指在男女关系上不严肃的态度。

【新屎坑】sen¹ xi² hang¹
歇后语，后半段是“三日香”或“三日新”。〖“屎坑”即厕所。新厕所比较干净，一般人大小便总喜欢到新厕所去，但新厕所过不了几天即变脏了，人们对它的兴趣也随之而消失，所以用“新屎坑”来比喻人贪新鲜，或者比喻爱好、兴趣不稳定。〗

【新鲜滚热辣】sen¹ xin¹ guen² yid⁶ lad⁶
新鲜的；刚发生的（诙谐的说法）：呢件事～，系人都知到〔这件事才发生不久，谁都知道〕。

【新人】sen¹ yen⁴⁻²
新娘。

【新扎】sen¹ zad³
最近走红的（影视演员）。

【新仔】sen¹ zei²
新手或新来的加盟者。

【呻】sen³（读音 sen¹）
❶呻吟：～下就舒服啲〔哼哼一下就舒服一点〕。❷叹；慨叹：自己～笨〔自叹愚蠢〕。

【呻笨】sen³ ben⁶
由于做了蠢事而自怨：佢发现畀人呃咗，猛咁～〔他发现被人家骗了，大骂自己糊涂〕｜呢次你唔去实会～〔这次你不去（事后）肯定要后悔〕。

【神】sen⁴
不正常；出了故障：架车～咗，要整至得〔车子坏了，要修理才行〕｜我嘅表～起上嚟一日快两个钟头〔我的表不正常的时候一天快两小时〕。

【神化】sen⁴ fa³
神妙；神乎其神：唔好将佢讲得咁～〔不要把他说得神乎其神〕。

【神福】sen⁴ fug¹
供过神的猪肉：散～〔把供过神的猪肉分送给众人〕。

【神经】sen⁴ ging¹
同“发神经”。

【神经病】sen^{4} ging^{1} béng^{6}
同“发神经”。

【神经佬】sen^{4} ging^{1} lou^{2}
神经不正常的人。

【神高神大】sen^{4} gou^{1} sen^{4} dai^{6}
形容人个头很高大，健壮：佢大佬生得~，好似大力士噉〔他哥哥长得又高又大，好像一个大力士那样〕。

【神棍】sen^{4} guen^{3}
以装神弄鬼为职业骗钱的人。

【神主牌】sen^{4} ju^{2} pai$^{4-2}$
神主；牌位。

【神主牌都会唨】sen^{4} ju^{2} pai$^{4-2}$ dou^{1} wui^{5} yug^{1}（唨，郁）
比喻人走了大运。

【神楼】sen^{4} leo^{4}
神龛（供神像或祖宗牌位的阁子）。

【神心】sen^{4} sem^{1}
原意是迷信的人敬奉神灵的诚意，现在引申为对事情专心致志、有恒心、有毅力，诚心：朝朝跑步，咁~〔每天早上跑步，这么有恒心〕｜咁~，专门嚟睇佢〔这么诚恳，专门来看望他〕。

【神神地（哋）】sen^{4} sen$^{4-2}$ déi$^{6-2}$
❶有点不正常：呢架机器~嘿〔这部机器有点不正常〕。❷有点神经不正常：呢个细路仔有啲~〔这个小孩有点神经不正常〕。

【神神化化】sen^{4} sen^{4} fa^{3} fa^{3}
神经有点不正常、行为有点令人捉摸不定的样子。

【神神经经】sen^{4} sen^{4} ging^{1} ging^{1}
神经有点不正常的样子。

【神台桔】sen^{4} toi^{4} ged^{1}
歇后语，下一句是“阴干”，指人的身体或企业每况愈下。

【神仙数】sen^{4} xin^{1} sou^{3}
比喻账目混乱，只有神仙才算得出来的糊涂账。

【神仙肚】sen^{4} xin^{1} tou^{5}
不用吃饭的肚子：咁耐都冇饭食，你以为系~咩〔这么久都没有饭吃，你以为是“神仙肚”吗〕？〖广州人称那些与众不同的器官时，往往用“神仙”来称呼，如称走远路都不大感到累的腿为“神仙脚”等。〗

【神仙鱼】sen^{4} xin^{1} yü$^{4-2}$
一种热带鱼。

【神嘢】sen^{4} yé^{5}（嘢，野）
❶有毛病的用品等：呢部收音机系~嚟㗎〔这台收音机是坏的〕｜都系啲~边个要呀〔都是些破烂货谁要啊〕！❷转指神经不大正常的人，言行怪异的人。

【神又系佢，鬼又系佢】sen^{4} yeo^{6} hei^{6} kêu^{5}，guei^{2} yeo^{6} hei^{6} kêu^{5}
比喻那些装着慈善面孔来害人的恶人。

【晨咁早】sen^{4} gem^{3} zou^{2}
大清早。

【晨早流流】sen^{4} zou^{2} leo^{4} leo^{4}
大清早的。

【晨运】sen^{4} wen^{6}
晨练。

【¹ 倀（肾）】sen⁵
艮。指芋头、马铃薯、莲藕等含淀粉较多的东西，煮熟后硬而滑、不面的性质：～芋头。

【² 倀（肾）】sen⁵
比喻人呆板、不机灵：你真～，系要噉样做，唔会改变～下咩〔你真呆板，一定要这么干，不会改变一下吗〕！〖“肾”与“神神化化”的“神”音近，这里用近音双关作比喻。〗

【倀（肾）人】sen⁵ yen⁴
傻瓜。

【倀（肾）仔】sen⁵ zei²
傻瓜。

sên

【徇】sên¹
申斥；责备：佢畀老豆～咗一餐〔他被父亲臭骂了一顿〕。

【笋嘢】sên¹ yé⁵（嘢，野）
好东西：佢以为捞到乜嘢～，点知得个吉〔他以为捞到什么好东西，谁知是一场空〕。

【信肉】sên³ yug⁶
信瓤儿。

【纯情】sên⁴ qing⁴
纯真；爱情忠贞：呢个女仔好～〔这女孩很纯真〕。

【驯品】sên⁴ ben²
性情柔和温顺：呢个青年仔好～〔这个小伙子性情很温和〕。

【顺得哥情失嫂意】sên⁶ deg¹ go¹ qing⁴ sed¹ sou² yi³
熟语。相当于“左右为难”，不能两全其美。

【顺档】sên⁶ dong³
顺利：呢件事好～〔这件事很顺利〕。

【顺风车】sên⁶ fung¹ cé¹
顺路车：行咗一半路，搭上咗～〔走了一半路，搭上了顺路车〕。

【顺风旗】sên⁶ fung¹ kéi⁴
比喻无主见、随大流、见风使舵的人。

【顺风驶㓦】sên⁶ fung¹ sei² lêi⁵（㓦，理）
比喻顺着趋势来行事；顺水推舟。

【顺风顺水】sên⁶ fung¹ sên⁶ sêu²
办事顺利：一路～，生意兴隆。

【顺景】sên⁶ ging²
顺利；景况好：希望你年年～。

【顺口】sên⁶ heo²
❶随口（说）：我～讲嘅嗻〔我随口说说罢了〕。❷（话语）流畅：背书背得好～〔背书背得滚瓜烂熟〕。

【顺摊】sên⁶ tan¹
同“顺档”。

【顺头顺路】sên⁶ teo⁴ sên⁶ lou⁶
极为顺利：做呢几件事都～〔做这几件事极为顺利〕。

seng

【擤】seng³

S

❶刺痛（指被火灼伤或滚烫的东西烫伤后的感觉）。❷心疼；痛惜：公家嘅嘢坏咗啲啲，佢都～到乜鬼嘁〔公家的东西损坏了一点点，他都心疼得不得了〕。

【擤甩边髀】seng³ led¹ bin¹ béi²（甩，啦一切）
心疼；舍不得：用咁多钱买呢件嘢，真系～〔花那么多钱买这件东西，真心疼〕！

séng

【腥曷（鶡）】séng¹ hod³
腥臭：一䬃～嚿〔一股腥臭味儿〕｜只狗～到死〔那只狗腥臭得要命〕。

【腥闷】séng¹ mun⁶
❶腥臭。❷引申指讨人嫌：做人咪咁～至得〔做人别那么讨人嫌才行〕。

【腥鰛鰛】séng¹ wen¹ wen¹
腥腥的：捉过鱼只手～〔捉过鱼的手腥腥的〕。

【声】séng¹（读音 xing¹）
❶声音：好细～〔声音很小〕。❷说；说话：一句话都唔～〔一句话都不说〕｜佢成日都唔～嘅〔他整天都不说话〕。❷吭（kēng）声：冇人敢～〔没人敢吭声〕。❷响（用在重叠象声词的后面）：呼呼～｜隆隆～。

【声大夹冇准】séng¹ dai⁶ gab³ mou⁵ zên²
指人说话声音大但内容错误。

【声大夹恶】séng¹ dai⁶ gab³ ngog³
形容人声音大态度凶恶。

【声都唔声】séng¹ dou¹ m⁴ séng¹
一声不吭：佢坐喺角落头～〔他坐在角落里一声不吭〕。

【声气】séng¹ héi³
希望：有冇～〔有没有希望〕｜有～喇〔有希望了〕｜冇晒～〔一点希望都没有〕。

【声喉】séng¹ heo⁴
❶嗓子：唱到～都沙晒〔唱得嗓子都沙哑了〕。❷嗓门：佢嘅～真大〔他的嗓门真大〕。

【声喉坼】séng¹ heo⁴ cag³
嗓子严重沙哑。

【声沙】séng¹ sa¹
嗓音沙哑。

【声谈】séng¹ tam⁴
口音，带有某种地方口音。

【醒瞓】séng² fen³（瞓，训）
惊醒；警醒（指人睡着后容易醒来）：佢好～，嘟啲都知〔他很警醒，一动就知道〕。

【鉎（鉎）】séng³（蛇镜切）
❶锈：生～｜呢张刀生晒～〔这把刀长满了锈〕。❷铁锈（味）：臭～嚿〔臭铁锈味儿〕。

sêng

【相睇】sêng¹ tei²
相（xiāng）亲。

【相思】sêng¹ xi

黄雀。

【相食】sêng^{1} xig^{6}

两个物体十分吻合而扣合紧密：呢个螺母同螺丝好～〔这个螺母跟那个螺丝很吻合〕。

【相宜】sêng^{1} yi^{4}

便宜：收费好～〔收费很便宜〕。

【相与】sêng^{1} yu^{5}

❶商量：佢好～嘅〔他好商量的〕。❷相处：呢个人好难～嘅〔这个人是很难相处的〕。

【相就】sêng^{1} zeo^{6}

❶将就；谦让：唔该～下〔请让一下〕。❷引申指对方帮忙关照：～下啦，借你个手机用下〔请关照一下，把你的手机借来用一下〕。

【商家佬】sêng^{1} ga^{1} lou^{2}

商人。

【双房】sêng^{1} fong$^{4-2}$

旅馆里有两张床的房间：开一间～〔开一间双铺间〕。

【双封】sêng^{1} fung^{1}

双幅（指布的宽度）：～布。

【双粮】sêng^{1} lêng^{4}

双薪。

【双毫】sêng^{1} hou^{4}

清朝至民国初年铸造的一种银币，上有“贰毫”字样，面值二角。

【双蒸】sêng^{1} jing^{1}

烧酒的一种，经过两次蒸馏而成，酒精含量较低，又叫“双蒸酒”。

【双企人】sêng^{1} kéi^{5} yen^{4}

双人旁（汉字偏旁“彳”）。

【双眼檐】sêng^{1} ngan^{5} yem^{4}（檐，读音 yim^{4}，xim^{4}）

双眼皮。

【双皮奶】sêng^{1} péi$^{4-2}$ nai^{5}

甜奶酪。

【双窬墙】sêng^{1} yu$^{4-2}$ cêng^{4}

双层砖的墙。

【相（像）】sêng$^{3-2}$

相片；照片：晒两张～〔洗两张照片〕｜半身～｜风景～。

【想唔…都几难】sêng^{2} m^{4}…dou^{1} géi^{2} nan^{4}

不…不行；非…不可：想唔噉做都几难〔不这样干都不行〕｜想唔去都几难〔非去不可〕。

【想话】sêng^{2} wa^{6}

打算；正想：我～去揾你〔我正想去找你〕｜老张～组织大家去旅行。

【想坏脑】sêng^{2} wai^{6} nou^{5}

很伤脑筋：呢单嘢确实～〔这件事的确伤脑筋〕。

【想食人只车】sêng^{2} xig^{6} yen^{4} zég^{3} gêu^{1}

比喻人过分贪心。

【赏面】sêng^{2} min$^{6-2}$

赏脸。

【相底】sêng^{3} dei^{2}

底片（照片的底版）。

【常惯】sêng^{4} guan^{3}

通常；惯常。

【上得山多遇着虎】sêng^{5} deg^{1} san^{1} do^{1} yü^{6} zeg^{6} fu^{2}

比喻冒险的事干多了，终会出问题。

【上镜】sêng⁵ géng³
指照出来的相片或图像比本来的样子好看。

【上契】sêng⁵ kei³
认干亲。

【上链】sêng⁵ lin⁶⁻²
（给钟表）上发条，上弦。

【上落】sêng⁵ log⁶
❶上下：住七楼～唔方便〔住七楼上下不方便〕。❷（在两地之间）来往：一个喺广州，一个喺北京，～几唔方便呀〔一个在广州，一个在北京，来往多不方便啊〕。

【上铺】sêng⁵ pou³
打烊（商店晚上收市关门）。

【上心】sêng⁵ sem¹
❶用心，放在心上：老板交带嘅事，佢都敢唔～〔老板交代的事，他居然敢不放在心上〕。❷在意，在乎：佢对你好～㗎〔他很在乎你的〕。

【上数】sêng⁵ sou³
记账。

【上堂】sêng⁵ tong⁴
上课：八点钟～｜上咗三堂〔上了三课〕。

【上便】sêng⁶ bin⁶
上面：放喺～〔放在上面〕｜楼～有定〔楼上有地方〕。

【上嗰轮】sêng⁶ go² lên⁴
同"上排"。

【上高】sêng⁶ gou¹
上面（高处）：花樽放喺柜～〔花瓶放在柜子上面〕｜瓦背顶～〔屋顶上面〕。

【上下】sêng⁶ ha⁶⁻²
❶将近；快要：～天光咯〔将近天亮了〕｜佢嘅病～好喇〔他的病快要好了〕。❷左右；大约；大概：廿五个～〔二十五个左右〕｜三个月咁～至翻嚟〔大概三个月才回来〕。〖"上下"作"将近、快要"用时，一般用在数量词或其他词的前面；表示"大概、大约"时，用在数量词或其他词的后面。〗

【上五寸下五寸】sêng⁶ ng⁵ qun³ ha⁶ ng⁵ qun³
小腿骨正面中间的一段：畀佢踢中我嘅～，痛到我碌喺度〔给他踢中我的小腿骨，疼得我滚在地上〕。

【上排】sêng⁶ pai⁴⁻²
前些日子：～你去咗边度〔前些日子你到哪里去了〕？

【上汤】sêng⁶ tong¹
高汤。

【上算】sêng⁶ xun³
❶合算，值得。❷高明：你呢个主意～〔你这个主意高明〕。

【上一轮】sêng⁶ yed¹ lên⁴
同"上排"。

【上一排】sêng⁶ yed¹ pai⁴
同"上排"。

【上杂】sêng⁶ zab⁶
上水（猪牛羊等的心、肝、肺）。

【上昼】sêng⁶ zeo³
上午：～上堂，下昼自习〔上午上课，下午自习〕。

seo

【收】seo¹

藏：嗰啲嘢～喺边度〔那些东西藏在哪里〕？

【*收得】seo^{1} deg^{1}

收入好；卖座：呢部影片～〔这部影片卖座〕｜呢场波唔系点～〔这场球赛收入不大好〕。

【收档】seo^{1} dong^{3}

❶收摊儿：五点钟就～。❷结束（诙谐的说法）：就快～咯〔快要结束了〕。❸收起来：你嗰杠嘢快啲～啦〔你那一套快点收起来吧〕！

【收科】seo^{1} fo^{1}

收场：睇你点～〔看你怎么收场〕。

【收工】seo^{1} gung^{1}

❶结束田间或工地的工作。❷下班。

【收行水】seo^{1} hang^{4} seu^{2}

车匪路霸设卡勒索过往车船及旅客。

【收口】seo^{1} heo^{2}

❶伤口愈合。❷闭嘴；住嘴：讲咁耐，～啦〔说那么久了，闭嘴吧〕。

【收规】seo^{1} kuei^{1}

非法收取营业保护费。

【收埋】seo^{1} mai^{4}

❶藏起来：你～唔好畀人睇见〔你藏起来，别让别人看见〕。❷收藏：～好多古董。❸收拾好：食完饭要～啲碗碟〔吃过饭要收拾碗筷〕。

【收买佬】seo^{1} mai^{5} lou^{2}

收买破烂的；收买旧货者。

【收慢火】seo^{1} man^{6} fo^{2}

把炉灶的火力减弱：煲呢啲汤水滚之后再～〔煮这种汤水开了之后要用小火〕。

【收尾】seo^{1} méi$^{5-1}$

最后；后来：～大家都同意｜佢～先嚟〔他最后才来〕｜～点呀〔后来怎么样〕？

【收银员】seo^{1} ngen^{4} yün$^{4-2}$

商店里的收款员。

【收盘】seo^{1} pun$^{4-2}$

商店倒闭，结束营业。

【收山】seo^{1} san^{1}

形容一个人从事某种职业一段时间后不再做了。同“收档❷❸”。

【收心养性】seo^{1} sem^{1} yêng^{5} xing^{3}

把散漫的心思收起来，静心颐养性情：你呢排～唔出去玩喇〔你近来收起心思不出去玩儿了〕？

【收声】seo^{1} séng^{1}

❶停止哭泣。❷停止说话。

【收收柄柄】seo^{1} seo^{1} béng^{3} béng^{3}

形容人把什么东西都收藏起来：使乜～呢，我唔会要你嘅〔何必东藏西藏呢，我不会要你的〕。

【收手】seo^{1} seo^{2}

停手；住手：快啲～〔快点住手〕。

【收数】seo^{1} sou^{3}

收账。

【收台】seo^{1} toi$^{4-2}$

❶吃完饭把桌子收拾好。❷赌局收了。

【收线】seo^{1} xin^{3}

挂断或切断正在通话的电话。

【收收散】seo^{1} seo^{1} san^{2}

同“散收收”。

【收热头】seo^{1} yid^{6} teo$^{4-2}$

太阳西下：～咯，就快天黑咯〔太阳下山了，天快黑了〕｜而家天热，好迟至~〔现在是夏天，太阳很晚才下山〕。

【修整】seo¹ jing²

修理：~钟表｜~水喉〔修理水龙头〕。

【修游】seo¹ yeo⁴

从容不迫；慢慢地：够钟喇，重咁~〔到点了，还那么慢腾腾〕！｜够时间，修修游游去都未迟〔时间足够，慢慢去也不忙〕。〖“修游”本为“优游”，因“优”与“忧”同音忌讳而改读。普通话的“优游”用于书面语，指“生活悠闲”，与广州话不同。〗

【羞家】seo¹ ga¹

羞；羞人：咁大个重着开裆裤，真~〔这么大的孩子还穿开裆裤，真羞〕！

S

【手】seo²

❶人体上肢前端拿东西的部分：拍~。❷胳膊：衫袖长过~〔袖子比胳膊长〕｜递高只~〔举起胳膊〕。❸量词。多用于使人为难、害怕，或人所忌讳的事情：呢~嘢几得人惊㗎〔这类事情相当使人害怕的〕｜嗰~嘢好难办嚡〔那种事情很难处理啊〕。

【手板】seo² ban²

手掌；手心：~好厚｜打~〔打手心〕。

【手板心】seo² ban² sem¹

手心。

【手板堂】seo² ban² tong⁴

手心。

【手臂】seo² béi³

胳膊：~好粗碌〔胳膊很粗〕。

【手车】seo² cé¹

旧时指人力车。现在多叫“车仔”。

【手抽】seo² ceo¹

手提篮（多指用藤或草编制的）：藤~。

【手重】seo² cung⁵

❶口重（菜肴放盐过多）。❷指打人时用劲：佢打仔都好~〔他揍儿子真狠〕。

【手多】seo² do¹

指人好动别人的东西。

【手多多】seo² do¹ do¹

形容多手多脚，爱乱摸乱弄的：最讨厌细路仔~〔最讨厌小孩子多手多脚〕。

【手袋】seo² doi⁶⁻²

手提包。

【手甲】seo² gab³

指甲：剪~。

【手脚】seo² gêg³

❶武功；使用武功：唔使两下~就打败佢咯〔用不了几下子就把他打败了〕。❷对手：佢唔系你嘅~〔他不是你的对手〕。

【手脚唔好】seo² gêg³ m⁴ hou²

手脚不干净，指人有偷东西的习惯：佢以前系~，而家改咗嘞〔他过去是爱偷东西，现在改了〕。

【手巾】seo² gen¹

毛巾：洗面~〔洗脸毛巾〕。

【手巾仔】seo¹ gen¹ zei²

手绢：攞~抹汗〔拿手绢擦汗〕。

【手紧】seo² gen²

❶拮据，手头缺钱：呢排我好～〔这阵子我很缺钱〕。又说“手头紧”。❷花钱节俭：佢平日好～，唔系乱使钱嘅人〔他平日很节俭，不是乱花钱的人〕。

【手瓜】seo² gua¹
胳膊；上臂：～起趼〔上臂肌肉成块状突出〕。

【手瓜起脹】seo² gua¹ héi² jin²（脹，展）
胳膊显出腱子，比喻强壮有力。

【手瓜硬】seo² gua¹ ngang⁶
比喻实力雄厚：佢～，你点斗得过佢嘅〔他实力雄厚，你怎么能斗得过他〕。

【手骨】seo² gued¹
❶上肢的骨头。❷胳膊：打出条～〔露出胳膊〕。❸引申指靠山或后台：佢嘅～好硬〔他的后台很硬〕。

【手工】seo² gung¹
手艺；技艺，也泛指木工等的工艺。

【手气】seo² héi³
运气，多用于打牌、摸彩和赌博等。

【手痕】seo² hen⁴
❶手痒；跃跃欲试：睇见人哋画画，佢就～咯〔看见人家画画，他就手痒了〕。❷多手：咁～做乜吖，乜都搞〔这样多手干什么，什么东西都要动〕！

【手指公】seo² ji² gung¹
拇指；大拇指：跄起～〔跷起大拇指〕。

【手指指】seo² ji² ji²
指指点点：成日～，好冇礼貌〔整天指指点点，真没礼貌〕。

【手指罅】seo² ji² la³
手指缝儿。

【手指罅疏】seo² ji² la³ so¹
比喻花钱大手大脚，没有什么积蓄。

【手指尾】seo² ji² méi⁵⁻¹
小指；小拇指：～咁大〔小指那么小〕。

【手指模】seo² ji² mou⁴
指模；指印：打～〔按指印〕。

【手指拗入唔拗出】seo² ji² ngao² yeb⁶ m⁴ ngao² cêd¹
熟语。指人在利益上总是向着自己一方，相当于“胳膊向里不向外”。

【手扣】seo² keo³
手铐。

【手链】seo² lin⁶⁻²
手腕上戴的链状饰物。

【手袜】seo² med⁶
手套：尼龙～｜冷～〔毛线手套〕。

【手尾】seo² méi⁶
余下来的工作：呢个工程重有啲～〔这项工程还有些没有完的工作〕。

【手纹】seo² men⁴
手掌、手指纹路的总称。

【手眼】seo² ngan⁵
手腕骨头突出的地方（即桡骨、尺骨下端鼓起之处）。

【手硬】seo² ngang⁶
❶手僵：冷到～〔冻得手僵了〕。❷有能耐；有本事（含贬意）：“各人～各人扒”肯定会损害集体。

【手坳】seo² ngao³
肘窝（肘关节向里面凹下去的部分）。

S

【手艺】seo² ngei⁶

❶技能；技艺：有门~，去边度都唔怕〔身怀一门技艺，到哪儿都不怕〕。❷工作；事情：呢排冇乜~〔最近没什么事〕。

【手势】seo² sei³

❶手艺；花样：佢真好~，嗰件冷衫织得几靓〔她的手艺真好，那件毛衣打得很漂亮〕丨 撚~〔弄花样〕。❷运气（指抓阄等的）：佢~几好，一下就执到咗〔他的运气相当好，一下子就捡到了〕。

【手信】seo² sên³

探亲访友时随身携带的礼物：带~丨买啲生果点心做~〔买些水果点心做礼物〕。

【手疏】seo² so¹

手松：使钱~嘅话几多都唔够使〔花钱手松的话多少也不够花〕。

【手爽】seo² song²

花钱大方。

【手松】seo² sung¹

❶手头宽裕：等我~嗰阵时再买〔等我手头宽裕点的时候再买〕。又说“手头松”。❷花钱随便：佢好~，见到中意嘅嘢唔理等唔等使，想买就买〔他花钱很随便，看到喜欢的东西不管有用没用，想买就买〕。

【手揗脚震】seo² ten⁴ gêg³ zen³（揗，吞⁴）

原意是手脚发抖，引申为惊慌失措，不知所措或手脚不灵（技术不熟练）：吓到佢~〔吓得他手脚发抖〕丨使乜~吖〔何必惊慌失措〕！丨佢做嘢~嘅〔他干活笨手笨脚的〕。

【手头紧】seo² teo⁴ gen²

同“手紧”❶。

【手头松】seo² teo⁴ sung¹

手头宽裕。同“手松”❶

【手停口停】seo² ting⁴ heo² ting⁴

熟语。意即一停止工作就没有饭吃。

【手影机】seo² ying² géi¹

照相机（现已少用，一般说“影相机”）。

【手软】seo² yün⁵

手发酸。形容手部不停反复做某个动作而感到累：打字打到~〔打字打到手发酸〕丨如果呢个项目做成，保证你数钱数到~〔如果这个项目做成功，保证你数钱都数不过来〕。

【手踭】seo² zang¹（踭，争）

肘；胳膊肘子：因住~撞亲人〔小心胳膊肘子撞了人〕。

【手掣】seo² zei³（掣，读音 qid³）

手闸：揸~〔捏闸〕。

【手枕】seo² zem²

手上磨起的趼子。

【手袖】seo² zeo⁶

套袖。

【手作】seo² zog³

手艺：~好丨~功夫。

【手作仔】seo² zog³ zei²

做手艺的人。

【守门口】seo² mun⁴ heo²

看门。比喻看家。也说“睇门口”。

【守清】seo² qing¹

守寡。

【首本】seo² bun²

❶同“首本戏”。❷比喻拿手本事：写隶书系佢嘅～〔写隶书是他的拿手本事〕。

【首本戏】seo² bun² héi³

❶演员最拿手的剧目：呢出戏系佢嘅～〔这出戏是他最拿手的〕。❷又指成名作或代表作。

【首唔先】seo² m⁴ xin¹

首先，一些人的口头禅，意思同“首先”。

【首尾】seo² méi⁵

❶内情；底细；来龙去脉：呢件事我唔知～〔这件事我不知道底细〕。❷始终：做嘢要有～至得〔办事要有始有终才行〕。❸手续：呢件事乜～咁多呀〔这件事的手续怎么那么多〕。

【秀才手巾】seo³ coi⁴ seo² gen¹

歇后语，下一句是“包书（输）”。

【瘦】seo³

指锅等铁制器皿因缺乏油脂而呈生锈的样子：呢只镬沤过潲，都～晒咯〔这个锅煮过猪食，全都生锈了〕。

【瘦骨赖柴】seo³ gued¹ lai⁴ cai⁴

骨瘦如柴。

【瘦骨仙】seo³ gued¹ xin¹

戏称骨瘦如柴的人。

【瘦骨如柴煲碌竹】seo³ gued¹ yü⁴ cai⁴ bou¹ lug¹ zug¹

同“瘦骨仙”。

【瘦擘擘】seo³ mag³⁻¹ mag³⁻¹

同“瘦骨如柴、瘦蜢蜢”。

【瘦蜢蜢】seo³ mang⁵⁻² mang⁵⁻²（又音 seo³ mang¹ mang¹）

瘦瘦的：佢～噉，唔知系唔系生虫〔他瘦瘦的，不知是不是长了寄生虫〕？

【瘦削】seo³ sêg³

瘦弱；（肌肉）干瘪：佢啱啱病好，重好～〔他刚刚病好，还很瘦弱〕。

【瘦身】seo³ sen¹

❶减肥，刻意把自己的身体瘦下来。❷比喻机构、规模、投资等方面的削减。

【仇家】seo⁴ ga¹

仇人。

【仇口】seo⁴ heo²（仇，读音 ceo⁴）

积怨：佢哋以前有～〔他们过去有积怨〕。

【愁默默】seo⁴ meg⁶ meg⁶

忧愁郁闷而不说话的样子。

【受】seo⁶

❶接纳：“两头唔～中间～”〔熟语。双方不要，第三者要〕｜～唔～我玩〔接受不接受我一起玩〕？❷忍受（某种遭遇）：～苦。❸遭到：～批评。❹指人的身体适应某种药物或食物的性能：呢种病唔～得寒〔这种病不能吃寒凉的东西〕｜唔～得热气嘢〔吃不了热性的东西〕。

【受茶礼】seo⁶ ca⁴ lei⁵

婚嫁时女方接受男家的聘礼。

【受力】seo⁶ lig⁶

❶能够承受重压：簕竹做扁担好～〔簕竹做扁担很能承受重压〕｜呢条木做方唔～〔这根木料做木方受不了重压〕。❷承受重压：呢条梁都几～㗎〔这根梁负荷相当重〕。

【受落】seo⁶ log⁶

接受下来：呢种款式大家都几～〔这种款式大家都愿意接受〕。

【受唔起】 seo⁶ m⁴ héi²

消受不了。

【受唔住】 seo⁶ m⁴ ju⁶

吃不消：挨通宵我怕你～〔熬通宵我怕你吃不消〕。

【受纳】 seo⁶ nab⁶

接受（礼物）。

【受人二分四】 seo⁶ yen⁴ yi⁶ fen¹ séi³

指受雇于人，虽然酬劳不高，也只能为人办事：～，唔做唔得呀〔受雇于人，不干不行啊〕。

【寿】 seo⁶

傻笨：人哋揿你都唔知，真～〔人家作弄你还不知道，真傻〕。

【寿板】 seo⁶ ban²

棺材；棺木板。

【寿癦】 seo⁶ meg⁶（癦，墨）

老人斑；寿斑。

【寿头】 seo⁶ teo⁴

傻瓜。

【寿星公】 seo⁶ xing¹ gung¹

寿星（长寿的人）：“～吊颈——嫌命长”〔歇后语。寿星上吊——嫌命长。喻人玩命〕。

【寿仔】 seo⁶ zei²

傻瓜；白痴。

sêu

【尿】 sêu¹（虽）

把（尿）：～牙呀仔屙尿〔把小娃娃尿尿〕｜～下佢〔把一把他〕。〖“尿”普通话读 suī 时只作名词；广州话读 sêu¹时只作动词。〗

【衰】 sêu¹

❶倒霉；糟糕：真～，又打烂咗〔真倒霉，又打破了〕｜～晒，唔见咗锁匙〔糟糕透了，钥匙不见了〕。❷缺德；讨厌（形容人作风、态度不好）：～鬼〔缺德鬼；讨厌鬼〕｜边个咁～，整到呢度咁污糟〔谁那么讨厌，弄得这里那么脏〕！❸下贱：～得你咁交关〔你下贱得这么厉害〕。❹爱骂时用语，相当于“讨厌”、“坏”等意思：行开啲啦，咁～〔走开点，这么讨厌〕！❺坏的，差的，次的：买埋啲～嘢〔尽买些破烂东西〕。❻居下风，落后；失败：我从来冇～过〔我从来没有落后过〕｜呢次唔～得㗎〔这次是不能失败的〕｜最后～咗〔最后黄了〕。

【衰多口】 sêu¹ do¹ heo²

因为嘴多而招致麻烦：你～，因住得罪人〔你爱嚼舌头，当心得罪人〕。

【衰到爆】 sêu¹ dou³ bao³

倒霉极了；糟糕透了。

【衰到加零一】 sêu¹ dou³ ga¹ ling⁴ yed¹

比最坏还要坏。极言坏的程度深：呢个人～〔这个人坏透了〕。

【衰到贴地】 sêu¹ dou³ tib³ déi⁶

❶倒霉透了：呢排～〔这阵子倒霉透了〕。❷坏透了：呢个人～〔这个人坏透了〕。

【衰格】 sêu¹ gag³

人格低下；缺德：我睇佢唔会咁～啩〔我看他不至于那么缺德吧〕。

【衰鬼】sêu^{1} guei^{2}
骂人的话，女性多用，多数不是真骂。坏家伙，讨厌鬼，缺德鬼：个～唔知去咗边度〔那坏家伙不知去了什么地方〕｜行快啲啦，～〔走快点吧，讨厌鬼〕｜个～好乞人憎〔那缺德鬼很叫人讨厌〕。

【衰鬼豆】sêu^{1} guei^{2} deo^{6}
非恶意地骂人的话（儿童多用），相当于“讨厌鬼”、“坏东西”、“坏家伙”。

【衰公】sêu^{1} gung^{1}
骂男人的话，相当于“缺德鬼”、“坏家伙”、“讨厌鬼”、“下流鬼”。

【衰过偷猫】sêu^{1} guo^{3} teo^{1} mao^{1}
形容人没出息。

【衰女】sêu^{1} nêu$^{5-2}$
骂女孩子的话，语气可轻可重，相当于“讨厌的女孩”、“坏女孩”或“调皮的女孩”。

【衰女包】sêu^{1} nêu$^{5-2}$ bao^{1}
同“衰女”。

【*衰牌】sêu^{1} pai$^{4-2}$
不体面的东西。

【衰婆】sêu^{1} po$^{4-2}$
骂女人的话，相当于“缺德的女人”、“坏女人”、“讨厌的女人”、“下流的女人”。

【衰神】sêu^{1} sen^{4}
非恶意的骂人的话，相当于“坏家伙”、“倒霉鬼”。

【衰收尾】sêu^{1} seo^{1} méi^{5}
事情快到结束才出问题。

【衰衰哋】sêu^{1} sêu^{1} déi^{2}（哋，地^{2}）
尽管不好也…；不管怎么说也…：～佢都系你大佬，唔得唔理佢〔不管怎么说他也是你的哥哥，不能不理睬他〕。

【衰衰噉】sêu^{1} sêu^{1} gem^{2}（噉，敢）
讨厌；坏（多用于爱骂）：咪啦，～〔别这样，讨厌〕｜行开啲啦，～〔走开，（你）真坏〕！

【衰衰累累】sêu^{1} sêu^{1} lêu^{4} lêu^{4}
形容人猥琐，衣着寒碜。

【衰嘢】sêu^{1} yé^{5}（嘢，野）
❶破东西；次品。❷丑事；缺德事：唔好做埋咁多～〔别做那么多缺德事〕。❸缺德鬼。❹迷信的人指不吉祥的事物。

【衰人】sêu^{1} yen^{4}
非恶意的骂人的话，相当于“坏家伙”、“倒霉鬼”。

【衰样】sêu^{1} yêng$^{6-2}$
倒霉的样子；寒酸的相貌：睇佢嘅～唔慌发达〔看他倒霉的样子准不会发达〕。

【衰仔】sêu^{1} zei^{2}
骂男孩子的话，语气可轻可重，相当于“兔崽子”、“调皮鬼”、“浑小子”。

【^{1}水】sêu^{2}
汤（某些食物或药物加水熬成的饮料）：绿豆～｜萝卜～｜冬瓜皮煲～。

【^{2}水】sêu^{2}
量词。❶乘船往返一次：由广州坐船去梧州，一～要几日〔由广州坐船到梧州，往返一次要几天〕？❷新

S

衣服浸洗次数：呢件新衫洗一～就甩色喇〔这件新衣裳洗一次就掉色了〕。

【³水】sêu²

水平低；质量差；程度差：我打波好～㗎〔我打球打得很不好〕｜～货〔质量差的货物〕。

【⁴水】sêu²

钱；钱钞：磅～〔给钱〕｜回～〔退钱〕｜补～〔补助费〕。

【⁵水】sêu²

谋生的行当、门径。带黑话性质：你食边支～呀〔你吃哪门子饭〕？｜呢条～唔食得㗎〔这行饭是不能吃的〕！

【水兵对水手】sêu² bing¹ dêu³ sêu² seo²

俗语。比喻竞技双方水平都很低：呢场波～，冇乜睇头〔这场球赛双方水平都很低，没什么看头〕。

【水煲】sêu² bou¹

烧开水用的壶，一般为金属制。

【水草】sêu² cou²

"咸水草"的省称。

【水大】sêu² dai⁶

涨潮（潮水上涌）。

【水蛋】sêu² dan⁶⁻²

鸡蛋羹：蒸～。

【水斗】sêu² deo²

同"³水"。

【水豆腐】sêu² deo⁶ fu⁶

嫩豆腐；南豆腐。

【水窦】sêu² deo⁶

穿过道路或堤坝的孔道，用以通水或挡水。

【水货】sêu² fo³

❶假冒伪劣产品。❷走私货。

【水曱甴】sêu² gad⁶ zad⁶（曱，旧辣切；甴，扎⁶）

同"龙虱"。

【水脚】sêu² gêg³

❶路费：去海南岛要几多～〔到海南岛去要多少路费〕？❷运费：行李要收～钱。

【水紧】sêu² gen²

❶缺钱；手头紧。❷黑话。指情况不妙，风声紧。

【水干】sêu² gon¹

❶退潮（潮水下落）。❷比喻缺钱。

【水鸡】sêu² gei¹

落汤鸡：淋到～噉〔淋得像个落汤鸡〕。

【水瓜】sêu² gua¹

无棱的丝瓜。

【水鬼尿】sêu² guei² niu⁶

比喻汤、茶、饮料等淡而无味。

【水鬼人情】sêu² guei² yen⁴ qing⁴

顺水人情或不值得做的人情。

【水过鸭背】sêu² guo³ ngab³ bui³

比喻听说话、学知识时漫不经心，没有留下一点儿印象。

【水客】sêu² hag³

❶专门靠来往国内外或省内外替别人携带钱物，赚取酬金为生的人。❷靠水路运输贩运货物为业的人。

【水鞋】sêu² hai⁴

雨鞋。

【水蟹】sêu² hai⁵

一种外表大，内里没有多少肉的螃蟹。比喻徒有外表而无能力的人。

【水喉】sêu² heo⁴

水龙头：修整～〔修理水龙头〕|拧实～〔把水龙头拧紧〕。

【水喉水】sêu² heo⁴ sêu²

自来水（相对于井水）。

【水喉铁】sêu² heo⁴ tid³

铁制的自来水管。

【水喉通】sêu² heo⁴ tung¹

水管。

【水喉掣】sêu² heo⁴ zei³（掣，读音 qid³）

水龙头。

【水壳】sêu² hog³

水瓢；勺儿：攞～揮水〔拿瓢儿舀水〕|木～〔木瓢〕|铁～〔铁勺〕。

【水哄】sêu² hung⁶

衣物沾水干后留下的痕迹。

【水螆】sêu² ji¹（螆，兹）

水蚤等水中浮游生物。

【水迹】sêu² jig²

水碱；水锈。

【水静河飞】sêu² jing⁶ ho⁴ féi¹

形容环境清幽，冷冷清清。应是“水尽鹅飞”的音变（鹅，指天鹅）。

【水抠油】sêu² keo¹ yeo⁴

水掺油。比喻合不来，关系恶劣：佢两个好似～噉，成日嗌交〔他们两个水火不相容，整天吵架〕。

【水律】sêu² lêd⁶⁻²

乌梢蛇，一种无毒蛇，干品中药叫“乌蛇”。

【水流柴】sêu² leo⁴ cai⁴

❶江河里漂流下来的木柴。❷比喻到处流浪的盲流人员。❸比喻外地到本地落户的人员。

【水路】sêu² lou⁶

路程（含水路和陆路）：咁远嘅～要好多水脚㗎〔这么远的路程，要很多路费的〕。

【*水马蹄】sêu² ma⁵ tei⁴⁻²

谐谑语。谐音“死界你睇”或“死过你睇”，意为事态严重了、陷进困境了、肯定要失败了。

【水尾】sêu² méi⁵

❶剩余的东西；残货：呢啲～冇几多人要〔这些残货没多少人要〕|唔好净系留翻～畀人哋〔不要光留给人家挑剩的东西〕。❷比喻剩下不多的利益：迟嚟捞～〔来迟的只能获得残羹剩饭〕。❸比喻剩下不多的机会：而家～咯，冇乜油水咯〔机会已接近尾声，没什么油水可捞了〕。

【水尾嘢】sêu² méi⁵ yé⁵（嘢，野）

挑剩的东西。

【水磨功夫】sêu² mo⁴⁻² gung¹ fu¹

很花时间，须耐心细致地做的活儿。

【水磨砖】sêu² mo⁴ jun¹

一种经过精细加工平滑的青砖。

【水鸭】sêu² ngab³

野鸭。

【水垽】sêu² ngen⁶

容器内液体的沉积物。

【水牌】sêu² pai⁴⁻²

❶商店里的记事牌子。❷旧时称饭馆或食堂里的菜牌。

S

【水炮】sêu² pao³
消防车上灭火用的高压水龙头，形似炮。

【水皮】sêu² péi⁴
同“³水”。

【水泡】sêu² pou⁵（泡，读音 pao³）
❶水泡儿。❷救生圈。

【水厕】sêu² qi³
抽水马桶或蹲式抽水便坑。

【水柿】sêu² qi⁵⁻²
柿子的一种，扁圆形，成熟后黄色，用石灰水浸泡数天后才能吃。

【水蛇春（𧊅）咁长】sêu² sé⁴ cên¹ gem³ cêng⁴
像水蛇蛋那么长。形容某些事物过长，长得使人厌烦：呢个电话～〔这个电话太长了〕｜佢作啲报告都～〔他每次做报告都非常长〕。

【水洗都唔清】sêu² sei² dou¹ m⁴ qing¹
俗语。相当于普通话“跳进黄河也洗不清”。

【水氹】sêu² tem⁵（氹，徒凛切）
水坑。

【水头】sêu² teo⁴
❶洪峰。❷婉辞。钱：呢几日～有啲紧〔这几天手头有点紧〕。

【水塘】sêu² tong⁴
山塘；小水库。

【水桶袋】sêu² tung² doi⁶⁻²
形如桶的背囊。

【水横枝】sêu² wang⁴ ji¹
栀子树。

【水围基】sêu² wei⁴ géi¹
天井、井台、洗刷台等处砌有拦水用的凸起边沿。

【水汪】sêu² wong¹
希望不大的；渺茫的；不大落实的：一啲措施都冇，呢个计划噉唔系好～〔一点措施都没有，这个计划岂不是很不落实〕？｜揾佢去办呢件事，都系好～嘅咯〔找他去办这件事，成功的可能性是不大的〕。

【水汪汪】sêu² wong¹ wong¹
❶同“水汪”。❷形容质量差、水平低：呢批货～嘅〔这批货质量很差〕。

【水乌月黑】sêu² wu¹ yüd⁶ heg¹
形容没有月亮的夜晚室外漆黑。

【水壶】sêu² wu⁴⁻²
❶热水瓶（盛热水用的）。❷军用水壶；行军壶。

【水色】sêu² xig¹
形势、风声：～唔对，松啦〔形势不对劲，走吧〕。

【水线】sêu² xin³
电源负极线；回路线。

【水嘢】sêu² yé⁵
质量差的东西。

【水烟带】sêu² yin¹ dai³
一种吸烟用具，铜制。普通话叫“水烟袋”。“带”是普通话“袋”字的谐音。〖普通话“水烟袋”包括广州话所指的“水烟带”和“水烟筒”。〗

【水烟筒】sêu² yin¹ tung⁴
一种吸烟用具，一般用一段竹子制成。俗称“大碌竹”。普通话叫“水烟袋”。〖普通话“水烟袋”包括广州话所指的“水烟筒”和“水

烟带”。】

【**水鱼**】sêu² yü⁴⁻²

❶甲鱼；鳖。❷戏称容易上当的有钱人。

【**水嗻嗻**】sêu² zé⁴ zé⁴（嗻，遮）

物品里含有大量水分：你啲猪肉～嘅，一睇就系吹过水嘞〔你的猪肉水汪汪的，一看就是注过水了〕。

【**水浸**】sêu² zem³

被水淹：嗰度～〔那里被水淹〕。

【**水浸眼眉**】sêu² zem³ ngan⁵ méi⁴

形容情势危急：都～，你重唔走〔都火烧眉毛了，你还不走〕。

【**水圳**】sêu² zen³

水渠：修～。

【**水咗**】sêu² zo²

糟了，黄了，失败了，没有希望了：嗰单嘢～，咪提咯〔那件事黄了，别提了〕。

【**碎纸**】sêu³ ji²

零票；零钱：冇～续〔没有零票找换〕。

【**碎湿湿**】sêu³ seb¹ seb¹

非常零碎：封信撕到～，唔知乜内容〔信已经撕得很碎，不知什么内容〕｜啲材料～，好难整理〔材料很零碎，很难整理〕。

【**碎吟吟（翻翻）**】sêu³ yem⁴ yem⁴

碎碎的：嗰张纸撼到～〔那张纸撕得碎碎的〕｜嗰啲布～，冇乜用〔那些布碎碎的，没有什么用〕。

【**谁不知**】sêu⁴ bed¹ ji¹

谁知；原来（表示发现真实情况）：你以为你最快，～人哋重快过你〔你以为你最快，谁知人家比你还快〕｜～佢系我嘅同乡〔原来他是我的同乡〕。

SO

【**唆摆**】so¹ bai²

唆使：你自己要有主意，咪听人～至得〔你自己要有主意，别听别人唆使才行〕。

【**梳**】so¹

量词。用于香蕉、子弹等成排的东西：一～香蕉｜一～子弹〔一排子弹〕。

【**梳菜**】so¹ coi³

大头菜的一种，形状像萝卜，常切成像梳子的片状腌制，故名。未切成片状的，叫“冲菜”。

【**梳打**】so¹ da²

苏打；碳酸钠。〖“梳打”是英语soda 的音译词。〗

【**梳打埠**】so¹ da² feo⁶

戏称澳门。澳门多赌场，人进去往往输光，就像被苏打水洗过那么干净。

【**梳化**】so¹ fa³⁻²

沙发。〖“梳化”是英语 sofa 的音译。〗

【**梳化床**】so¹ fa³⁻² cong⁴

弹簧床；席梦思床。

【***梳乎厘**】so¹ fu⁴ léi⁴

蛋奶酥。〖“梳乎厘”是英语 souffle的音译词。〗

【**梳起**】so¹ héi²

同“自梳”。

【**梳起唔嫁**】so¹ héi² m⁴ ga³

S

同“自梳”。

【疏】so¹

稀；少：佢嗰处我去得好～〔他那里我去得很少〕。

【疏乎】so¹ fu⁴

舒服。〖“疏乎”是英语 soft 的音译。〗

【疏肝】so¹ gon¹

畅快。

【疏𨋢】so¹ la³

间隙，相隔的空间：摆密啲，～唔好大〔摆密一点，间隙不要大〕。

【疏嘞𠺘】so¹ lag³ kuag³（嘞，啦客切；𠺘，箍客切）

疏疏的；稀稀疏疏的（有贬意）：啲竹种得～，唔好睇〔这些竹子种得稀稀疏疏的，不好看〕｜佢啲头发～噉〔他的头发稀稀疏疏的〕。

【疏冷冷】so¹ lang¹ lang¹

稀疏的样子；稀稀松松：件冷衫织得～噉，唔好睇〔这件毛衣织得稀稀松松的，不好看〕。

【疏篱】so¹ léi¹（篱，读音 léi⁴）

疏眼的竹筛。

【疏哩大𠺘】so¹ li¹ dai⁶ kuag³

（在平面上分布得）稀稀拉拉；空余的地方很多：呢条栏杆嘅图案～唔好睇〔这道栏杆的图案稀稀拉拉不好看〕。

【疏寥寥】so¹ liu¹ liu¹

稀稀疏疏的样子：点解啲菜种得～噉嘅〔为什么那些菜种得稀稀疏疏的〕？

【疏门】so¹ mun⁴⁻²

少有的；不常见的。

【疏爽】so¹ song²

豪爽；慷慨；仗义疏财。

【疏堂】so¹ tong⁴

堂（兄弟姐妹）：～兄弟｜～姐妹。

【锁链】so² lin⁶⁻²

锁东西用的链子。

【锁镣】so² liu⁴

手铐。

【锁匙】so² xi⁴

钥匙：单车～〔自行车钥匙〕。

【傻出唔傻入】so⁴ cêd¹ m⁴ so⁴ yeb⁶

形容人在要付出时装傻，在有收入时却一点也不傻。

【傻夹㥶】so⁴ gab³ sen²

又傻又愚蠢：噉你都应承佢，真系～咯〔那样你也答应他，真是又傻又蠢啊〕。

【傻更】so⁴ gang¹

傻；傻瓜：人哋撚你都唔知，正～〔人家捉弄你都不知道，真傻瓜〕｜冇人有咁～嘅〔没有人那么傻的〕！

【傻更更】so⁴ gang¹ gang¹

同“傻更”。

【傻佬】so⁴ lou²

傻瓜。

【傻傻更更】so⁴ so⁴ gang¹ gang¹

傻里傻气；傻头傻脑的。

【傻傻戇戇】so⁴ so⁴ ngong⁶ ngong⁶（戇，读音 zong³）

呆头呆脑的样子。

【傻人】so⁴ yen⁴

傻瓜（多在挨骂时用）。

【傻仔】so⁴ zei²

傻小子；傻瓜。

【傻仔水】 so⁴ zei² sêu²

酒（某些人对酒的戏称）：喂，饮咗几多～呀〔喂，喝了多少酒啦〕？

sog

【𢱕（搸）】 sog¹（梳剥切）

（用小棍儿等）敲打：唔好攞筷子～细路仔头壳〔不要用筷子敲小孩的脑袋〕。

【𢱕𢱕（搸搸）脆】 sog¹ sog¹ cêu³

嘎巴脆。

【索】 sog³

❶绳索（一般指大绳子）：攞条～嚟绑住〔拿条绳来缚紧〕。❷活套：打个～索住〔打个活套套上〕。❸套；勒：～住只狗〔把狗套上〕｜～实条皮带〔把皮带勒紧〕。

【索嘢】 sog³ yé⁵

同“索油”。

【索油】 sog³ yeo⁴

指抱着不良动机有意接近妇女，从中占便宜的行为。

【塑胶】 sog³ gao¹（塑，读音 sou³）

塑料：～拖鞋｜～花。

【¹嗍】 sog³

吸：～水｜～咗一啖烟〔吸了一口烟〕。

【²嗍】 sog³

小睡：晏昼要～翻一觉〔中午要小睡一会儿〕。

【嗍气】 sog³ héi³

❶喘气：爬咗两步山，猛咁～〔爬了两步山，拼命喘气〕。❷引申作吃力，费劲，够戗：好～〔很吃力〕｜真～〔真费劲〕｜一个人拎咁多嘢够你～啦〔一个人拿那么多东西，真够戗〕。

soi

【腮】 soi¹

腮帮子：掬起泡～〔鼓起腮帮子〕。

song

【桑拿浴】 song¹ na⁴ yug⁶

蒸气浴。〖“桑拿”是英语 sauna 的音译。〗

【桑枣】 song¹ zou²

桑葚，桑树的果实。

【¹爽】 song²

❶脆：呢种梨好～〔这种梨很脆〕。❷软滑；轻松利落：洗完头，头发真～〔洗过头，头发真软滑〕。❸痛快；舒服；过瘾：冲过凉灵舍～嘅〔洗过澡特别舒服〕｜头先打场波真～〔刚才打那场球真痛快〕｜玩呢啲游戏真系～〔玩这种游戏真是过瘾〕。〖普通话的“爽”不单独使用。〗

【²爽】 song²

量词。截（用于甘蔗）：一～蔗。

【爽脆】 song² cêu³

❶脆：黑皮蔗好～〔黑皮甘蔗很脆〕。❷干脆；干脆利落：佢做嘢好～〔他做事情很干脆〕｜做嘢应该～啲，唔好拖泥带水〔做工作应该干脆点，不要拖泥带水〕。

【爽口】 song² heo²

S

（食物吃着时感觉）脆：呢碟猪肚炒得好～〔这碟猪肚炒得挺脆〕。

【爽汗】 song² hon⁶

衣物不粘身：呢种布做衫～〔这种布料做衣服不粘身〕｜尼龙衫唔～嘅〔尼龙衣服粘身〕。

【爽利】 song² léi⁵

兴奋；振作；精神好：精神～。

【爽身】 song² sen¹

使身体感觉爽快。

【爽神】 song² sen⁴

使人精神振奋：赢咗波，大家都好～〔赢了球，大家都很振奋〕。

【爽手】 song² seo²

❶手感好（用手抚摸东西时，感觉很软滑舒服）：丝发被面摸起嚟最～〔丝绸被面摸着手感最好〕。❷利索：佢做嘢好～〔他干活很利索〕。

【丧】 song³

❶（心）散；（心）野：玩到～晒〔玩得心都散了〕。❷傻；不正经；疯疯癫癫的样子：～仔〔傻子〕｜咪咁～啦，正经啲做〔别那么不正经，用心点干吧〕！

sou

【酥】 sou¹

一种饼食或点心或糖果，松而脆：核桃～｜花生～｜榴莲～｜萝卜～｜千层～。

【酥皮】 sou¹ péi⁴⁻²

一种点心皮，用水面糅合油面做成：～面包｜～蛋挞。

【¹臊（苏）】 sou¹

分娩；生（孩子）：佢啱啱～咗一个仔〔她刚生了一个男孩〕。〖“臊”只在临产时或在月子里才用。一般谈生孩子多用“生”，如“佢生过两个仔女”〔她生过两个孩子〕，不能用“臊”。〗

【²臊】 sou¹

膻：羊肉鬼咁～〔羊肉膻极了〕｜“～～哋都系羊肉”〔熟语。羊肉虽然膻，但终究它还是羊肉——比喻某些事物乍看起来不怎么样，但它是有分量、有水平的〕。

【臊（苏）虾】 sou¹ ha¹

婴儿；小娃娃。

【臊（苏）虾女】 sou¹ ha¹ nêu⁵⁻²

女婴儿。

【臊（苏）虾仔】 sou¹ ha¹ zei²

❶男婴儿。❷婴儿。

【臊堪堪】 sou¹ hem¹ hem¹

膻膻的；臊臊的（像狐臭的气味）。

【臊毛】 sou¹ mou⁴

胎发。

【臊鼠】 sou¹ xu²

鼹鼠，有臊臭气，白天看不见东西，晚上活动。

【骚】 sou¹

理睬：冇人～佢〔没有人理睬他〕｜～都唔～一下〔理都不理一下〕。

【骚扰】 sou¹ yiu⁵

打扰：～晒，真对唔住〔打扰了，真对不起〕。

【骚扰晒】 sou¹ yiu² sai³

客气话。打搅了；打扰了。

【苏州过后有艇搭】 sou¹ zeo¹ guo³

heo^{6} mou^{5} téng^{5} dab^{3}

比喻机会错过了不可复得：好机会唔好错过，～嘿〔好机会不要错过了，过了这个村就没有这个店了〕。

【数白榄】sou^{2} bag^{6} lam$^{5-2}$

一种粤语曲艺，一边敲木鱼一边说押韵的唱词。近似北方的快板儿，但节奏较慢。

【须刨】sou^{1} pao$^{4-2}$

刮脸刀。

【数碟底】sou^{2} dib^{6} dei^{2}

比喻揭露别人的隐私。

【数碗数碟】sou^{2} wun^{2} sou^{2} dib^{6}

一一数落：我将佢嘅衰嘢～讲晒出嚟〔我把他的丑事一五一十数出来〕。

【扫】sou$^{3-2}$

小笤帚：揾把～嚟扫下〔找把小笤帚来扫一下〕。

【扫把】sou^{3} ba^{2}

扫帚；笤帚：椰衣～｜棕衣～。

【扫把星】sou^{3} ba^{2} xing^{1}

❶彗星，扫帚星。❷骂人话。指那些给人们带来祸害的人。

【扫货】sou^{3} fo^{3}

抢购东西：嗰间超市清仓，去～咯〔那间超市清仓，去抢购东西吧〕。

【扫灰水】sou^{3} fui^{1} sêu^{2}

粉刷墙壁。

【扫尾】sou^{3} méi^{5}

做完最后的工作：剩落啲工夫，麻烦你哋～啦〔剩下的工作，麻烦你们干完它吧〕。

【数】sou^{3}

❶数目。❷账；账目：埋～〔结账〕｜赊～〔赊账〕。❸数学题：计埋条～至瞓〔算好这道数学题才睡〕。

【数簿】sou^{3} bou$^{6-2}$

账本。

【数口】sou^{3} heo^{2}

价钱；条件；要求：～讲未掂〔价钱还没谈妥〕｜去同佢讲～〔去跟他讲条件〕。

【数尾】sou^{3} méi^{5}

零头；零数：几百文唔够一个～〔几百元不够一个零头〕。

【数还数路还路】sou^{3} wan^{4} sou^{3} lou^{6} wan^{4} lou^{6}

熟语。在钱财账目上不能含糊：～，买嘢嘅钱一定要畀翻你〔借归借，送归送，买东西的钱一定要还给你〕。

sug

【叔记】sug^{1} géi^{3}

对不相识的中年男子的称呼。

【叔公】sug^{1} gung^{1}

叔祖（父亲的叔叔）。

【叔婆】sug^{1} po^{4}

叔祖母（父亲的婶母）。

【叔仔】sug^{1} zei^{2}

小叔子；丈夫的弟弟（引称）。

【宿】sug^{1}

❶馊：饭～咗〔饭馊了〕｜隔夜餸～晒〔隔夜的菜全馊了〕。❷酸臭（指汗臭味）：出咁多汗，成身都～晒〔出那么多汗，全身都酸臭了〕。

【宿包】sug¹ bao¹
指满身汗臭味的人（诙谐的说法）。

【宿堪堪】sug¹ hem¹ hem¹
婴儿的奶臊气味重；人的汗臭味重。

【粟米】sug¹ mei⁵
玉米；玉蜀黍：～粉〔玉米面〕。

【缩髆】sug¹ bog³
耸肩膀。

【缩骨】sug¹ gued¹
形容人诡计多端，自私自利。

【缩骨遮】sug¹ gued¹ zé¹
折叠伞。

【缩开啲】sug¹ hoi¹ di¹（啲，多衣切）
躲开点：～，唔好阻路〔躲开点，不要挡道〕。

【缩埋一嚿】sug¹ mai⁴ yed¹ geo⁶（嚿，旧）
缩作一团：瞓觉咪～〔睡觉别缩作一团〕｜痛得佢～〔痛得他缩作一团〕。

【缩埋一字角】sug¹ mai⁴ yed¹ ji⁶ gog³
缩在一个角落里；躲在一边：吓到佢～〔吓得他缩在一个角落里〕。

【缩沙】sug¹ sa¹
临阵退缩；打退堂鼓：碰到困难，千祈唔好～〔碰到困难，千万不要退缩〕。

【缩水】sug¹ sên²
抽（指衣服、布料浸水后尺寸短了）：嗰只布好～〔那种布下水后抽得厉害〕。

【缩数】sug¹ sou³
（打）小算盘：咪谂埋咁多～〔不要打那么多小算盘〕。

【缩头龟】sug¹ teo⁴ guei¹
比喻胆怯懦弱的人。

【熟】sug⁶
蔫（指瓜果等因受摩擦揉捏而变软烂）：黄瓜玩～咗就唔好食嘅嘞〔黄瓜玩蔫了就不好吃了〕。

【熟品】sug⁶ ben²
大家耳熟能详的，非常熟悉的：佢嘅讲话都系～，冇啲新嘢〔他的讲话都是老生常谈，没有一点新意〕。

【熟档】sug⁶ dong³
熟悉；内行：呢件事佢好～〔这件事他很内行〕。

【熟客仔】sug¹ hag³ zei²
熟客。

【熟口熟面】sug⁶ heo² sug⁶ min⁶
❶老相识：大家～有问题唔怕讲呀〔大家那么熟了，有什么问题不要怕说出来嘛〕。❷面熟；似曾相识：头先嗰个人～啲，好似见过嗬〔刚才那个人有点面熟，好像见过〕。

【熟行】sug⁶ hong⁴
内行；在行；熟练：你做乜嘢最～〔你干什么最内行〕？｜做生意我唔～〔做生意我不在行〕。

【熟落】sug⁶ log⁶
熟；熟练：做呢啲事佢最～〔做这些事他最熟练〕。

【熟面口】sug⁶ min⁶ heo²
面善，似曾相识：头先嗰个人好～，一时想唔起系边个〔刚才那个人很面善，一时想不起是谁〕。

【熟食档】sug⁶ xig⁶ dong³
出售各种熟肉的店铺或摊点。

【熟性】sug⁶ xing³

S

❶熟悉人情世故，通情达理：佢都几～嘅〔他是很通情达理的〕。❷旧时指贿赂。

【熟人买烂镬】sug[6] yen[4] mai[5] lan[6] wog[6]
熟语。从熟人那里买到的锅是破的，意为熟人之间的交易更容易受骗被宰。

【熟盐】sug[6] yim[4]
精盐（原盐溶化后除去杂质，熬干再结晶的盐）。

【熟烟】sug[6] yin[4]
制过的烟丝。

【赎参】sug[6] sem[1]
用钱财换回被绑架的人。

sung

【松】sung[1]
溜走（诙谐的说法）：冇事干就～喋喇〔没事儿就溜了〕｜早就～咗咯〔早就溜了〕。

【松啲】sung[1] di[1]（啲，多衣切）
比某数略多一点：三点～〔三点钟过一点儿〕｜呢个人五十～啦〔这个人五十挂零儿〕。

【松化】sung[1] fa[3]
酥；酥脆：～莲子｜～合桃酥〔酥香的桃酥〕。

【松骨】sung[1] gued[1]
❶按摩的一种方法，双手合拢或者轻握拳头，打击身体各部位。❷揍；打（诙谐的说法）：你身痕想我同你～呀〔你皮肤痒痒想我揍你一顿吗〕？

【松糕】sung[1] gou[1]
一种点心，以米粉、红糖加水经发酵后蒸熟，近似北方的发糕。

【松毛狗】sung[1] mou[4] geo[2]
长毛狗；狮子狗。

【松毛松翼】sung[1] mou[4] sung[1] yig[6]
比喻人得意洋洋的样子：佢一受到表扬就～嘞〔他一受到表扬就得意忘形〕。

【松撇撇】sung[1] péd[6] péd[6]
松松的；松松散散：呢包行李绑得～〔这包行李绑得松松散散的〕。

【松焙】sung[1] peo[3]（焙，破沤切）
松软；暄：佢嘅肉好〔他的肌肉很松软〕｜呢底糕蒸得好～〔这盘糕蒸得很暄〕。

【松人】sung[1] yen[4]
溜走；溜号儿；开小差；走（诙谐的说法）：八点钟以前边个都唔准～〔八点以前谁也不准溜号儿〕｜唔好睇就～〔不好看就走〕｜佢松咗人咯〔他开小差走了〕。

【怂】sung[2]
怂恿：唔好受人～〔别受人怂恿〕｜你～佢去边度〔你怂恿他去哪里〕？

【送】sung[3]
就〔随同着某些东西一齐吃〕：咸蛋～粥｜花生～酒｜山楂片～茶〔山楂片就汤药吃〕。

【送口果】sung[3] heo[2] guo[2]
服药后用来消除口中药味的果脯。

【餸】sung[3]（送）
菜（就饭的菜）：买～｜整～〔做菜〕｜四碟～〔四盘菜〕。

【餸菜】sung[3] coi[3]
菜肴：你煮嘅～真好味〔你做的菜

肴味道真好〕。

【餸脚】 sung³ gêg³

吃剩的菜肴。

【鳙鱼】 sung⁴ yü⁴

花鲢鱼；胖头鱼。

T

ta

【他条】 ta¹ tiu⁴

❶稳重；沉着：佢做事够晒～〔他做事非常稳重〕。❷指工作清闲、生活舒适、环境好等：每周先至六节课，几～嚅〔每周才六节课，够清闲了〕。

tab

【¹ 塔】 tab³

❶宝塔。❷一种底宽口小的坛子。

【² 塔】 tab³

❶套：～埋支笔〔把笔套上〕。❷动词。锁：～实度门〔把门锁上〕。❸〔又音 tab³⁻²〕名词。锁。

【³ 塔】 tab³

马桶（“屎塔”的简称）。

【塌地】 tab³ déi⁶

非常（形容事情到了极点）：输到～〔输得一塌糊涂〕｜衰到～〔坏极了〕｜穷到～〔穷得一无所有〕。

tad

【挞¹】 tad¹

发动（机器）：你～着部车先〔你先把车发动起来〕。〖“挞”是英语 start 的音译。〗

【挞²】 tad³⁻¹

一种馅露在外面的西式饼食。〖“挞”是英语 tart 的音译词。〗

【¹ 挞】 tad³

❶趿拉：唔好～住对鞋〔不要趿拉着鞋〕。❷伸：～脷〔伸舌头〕。

【² 挞】 tad³

矮而张开：～口碗〔口大身矮的碗〕。

【³ 挞】 tad³

骗（指骗钱财）：～钱。

【挞定】 tad³ déng⁶

舍弃定金以取消原有的购买约定。

【挞沙鱼】 tad³ sa¹ yü⁴⁻²

比目鱼。

【挞数】 tad³ sou³

赖账。

【挞头】 tad³ teo⁴

光头；秃脑袋。

tai

【呔】 tai¹（太¹）

轮胎；车带。〖“呔”是英语 tyre 的音译词，普通话用“胎”。〗

【袂】tai¹（太¹）
领带。〖“袂”是英语 tie 的音译词。〗

【太】tai³⁻²
“太太”的省略。对已婚女性的尊称，要在前面加上其丈夫的姓氏：陈～〔陈太太〕。

【太公】tai³ gung¹
❶曾祖父。❷祖先。

【太过】tai³ guo³
太；过于：你睇得～严重喇〔你看得太严重了〕｜病啱啱好，唔使～勤力〔病刚好，不必过于用功〕。

【太空人】tai³ hung¹ yen⁴
戏称妻子及家人移居国外，自己留下照管生意业务的人。

【太子爷】tai³ ji² yé⁴⁻²
❶少东家。❷转指那些好吃懒做的年轻人。

【太嫲】tai³ ma⁴（嫲，麻）
曾祖母。

【太平铺】tai³ ping⁴ pou¹
通铺。

【太婆】tai³ po⁴
❶曾祖母。❷曾祖母以上的女性祖辈。

【太空褛】tai³ hung¹ leo¹（褛，楼¹）
登山服；羽绒服。

【太爷】tai³ yé⁴
同“太公”。

【舦（軚）】tai⁵（太⁵）
舵：摆～。

【軚（舦）】tai⁵（太⁵）
汽车的方向盘；舵：揸～〔驾驶汽车〕｜左～车，右～车。

tam

【贪得意】tam¹ deg¹ yi³
❶好奇：细佬哥好～〔小孩很好奇〕。❷闹着玩儿：做就正经做，咪～〔干就好好地干，别闹着玩儿〕。

【贪口爽】tam¹ heo² song²
❶随便说说：我～嘅，唔好介意〔我随便说说罢了，别介意〕。❷为了消遣而随便吃些小零食。

【贪靓】tam¹ léng³
爱美；好打扮。

【贪威识食】tam¹ wei¹ xig¹ xig⁶
贪图虚荣，讲究享受。

【探】tam³
❶试；量（体温）：～热〔量体温〕。❷探望：我第日去你屋企～你〔我以后到你家探望你〕。

【探家】tam³ ga¹
探亲；回家探望亲属。

【*探盘】tam³ pun⁴⁻²
摸底；试探。

【探热】tam³ yid⁶
量体温。

【探热针】tam³ yid⁶ zem¹
体温计；体温表。

【痰罐】tam⁴ gun³
❶痰盂。❷便盆。

【痰塞肺眼】tam⁴ seg¹ fei³ ngan⁵
形容人糊里糊涂，懵懵懂懂。

【痰上颈】tam⁴ sêng⁵ géng²
痰往上涌，呼吸困难。

T

【燂】 tam⁴（谭）

烧烤：～猪毛〔烧猪毛〕。

【淡口】 tam⁵ heo²

未加盐腌制的，如鱼虾等：～鱼干 | ～虾米 | ～豆豉。

【淡茂茂】 tam⁵ meo⁶ meo⁶

（味道）淡淡的。

【淡灭灭】 tam⁵ mid⁶ mid⁶

同"淡茂茂"。

tan

【¹摊】 tan¹

❶凉（liàng）（指凉饮料、食品等）：粥太焫，～冻啲至食〔粥太烫，凉凉一点再喝〕。❷四肢自然地伸着仰卧：瘡到佢～喺张床度〔累得他直直地躺在床上〕。

【²摊】 tan¹

同"番摊"。

【摊档】 tan¹ dong³

摊儿：卖鱼有几个～。

【摊冻】 tan¹ dung³

凉凉；放凉：粥要～至食〔粥要凉凉了再喝〕。

【摊直】 tan¹ jig⁶

死（诙谐的说法）。

【摊尸】 tan¹ xi¹

骂人话。挺尸，责备别人在床上躺着不起。

【瘫】 tan²（读音 tan¹）

瘫痪。

【坦】 tan²

水边狭长的平地：～田。

【叹】 tan³

❶享受；休息：佢一味识～，大家都话佢〔他就是会享受，大家都责备他〕| ～下先〔先休息一下再说〕| ～茶〔品茶；上茶馆悠闲地吃茶点〕。❷享福；舒服：而家老人真～〔现在老年人真享福〕。

【叹茶】 tan³ ca⁴

悠闲地喝茶，细细地品茗：老豆喺阳台度～〔老爸在阳台悠闲地喝茶〕| 食完饭叹翻杯茶先〔吃完饭细细地喝杯茶吧〕。

【叹记】 tan³ géi³

舒坦：无忧无虑地享受。

【叹世界】 tan³ sei³ gai³

享清福。

【¹弹】 tan⁴

❶指责：唔了解情况就咪乱～人哋〔不了解情况就不要乱指责人家〕。❷批评："会～唔会唱"〔会弹唔会唱——双关语，形容人只会批评别人，自己则办不到〕。

【²弹】 tan⁴

给予好处；分惠：有乜好嘢～啲嚟啦〔有什么好东西分点过来吧〕。

teb

【蹹】 teb¹（拖急切）

❶小昆虫跳跃的声音。❷青蛙跳跃的样子：蛤蚂～～噉跳〔青蛙一蹦一蹦地跳〕。

【蹹蹹掂】 teb¹ teb¹ dim⁶（掂，店⁶）

妥妥当当；有条不紊：佢真会安排，也都搞得～〔她真会安排，什么都搞得妥妥当当〕。

【蹹蹹冚】teb¹ teb¹ hem⁶（冚，堪⁶）
两物吻合；两物配合十分适当：呢张相片镶入嗰个镜架～，唔大唔细〔这张照片镶入那个镜框刚刚好，不大不小〕。

tég

【踢爆】tég³ bao³
揭穿；揭破秘密：嗰件丑事卒之畀人～咗〔那件丑事终于被人揭穿了〕｜人哋嘅隐私，你～佢做乜〔人家的隐私，你干吗揭破它〕？

【踢窦】tég³ deo³（窦，读音 deo⁶）
指丈夫和别的女人非法同居，妻子到其住地去捣乱。

【踢脚】tég³ gêg³
办事情陷入了窘境：好得佢嚟帮手，唔系都几～〔幸亏他帮忙，要不就很难办〕。

【踢着脚】tég³ zêg⁶ gêg³
随意碰到的：呢度～都系大学生〔这里随便碰到的都是大学生〕。

tei

【梯级】tei¹ keb¹
楼梯的台阶：呢堂楼梯有十三个～〔这道楼梯有十三级〕。

【梯横】tei¹ wang⁶
梯子的横杠。

【锑】tei¹
铝。〖广州话地区一般人往往把日常使用的铝制品说成锑制品，如铝锅叫“锑煲”，铝勺子叫“锑壳”，铝盆叫“锑盆”等；但指非日用制品时，“铝”、“锑”不相混，如铝锭、铝粉、铝合金不叫“锑锭、锑粉、锑合金”。〗

【锑煲】tei¹ bou¹
铝锅；钢精锅。〖广州话地区一般人把铝误认为锑，除把“铝锅”叫“锑煲”外，余类推。〗

【睇】tei²
看；瞧：～戏｜～书｜～得起。

【睇白】tei² bag⁶
断定（多用于事情发生之后）：我～佢会喺会上发言嘅〔我断定他会在会上发言的〕｜我～佢唔嚟嘅嘞〔我（早就）断定他不来的了〕。

【睇病】tei² béng⁶
找医生治病：去医院～。

【睇差一皮】tei² ca¹ yed¹ péi⁴
判断不够准确。

【睇得紧】tei² deg¹ gen²
看得太重；看不开：钱银嘅嘢，咪咁～〔钱财这东西，别看不开〕｜佢就系名利方面睇得好紧〔他就是名利方面看得太重〕。

【睇得过】tei² deg¹ guo³
❶值得看：呢出戏～〔这出戏值得看〕。❷看得过去。形容事情做得还算不错，差强人意：佢嘅画虽然系初学，但系～〔他的画虽然是初学的，但是看得过去〕。

【睇定】tei² ding⁶
看准：你～至买〔你看准了再买〕。

【睇得过眼】tei² deg¹ guo³ ngan⁵
同“睇得过”❷。

【睇东睇西】 tei² dung¹ tei² sei¹
东看西看，东张西望。

【睇到衡】 tei² dou³ heng⁴
❶盯得很紧：嗰个嫌犯你要～〔那个犯罪嫌疑人你要紧紧盯着〕。❷防卫得很严密：珠宝展览嘅保安～〔珠宝展览的保安员防卫得很严密〕。

【睇化】 tei² fa³
对世事看透了，因而对什么事都采取无所谓的态度：呢啲事都睇到化咯〔这些事情都看透了〕｜佢～咗咯，乜都唔理〔他都看透了，什么都不理〕。

【睇法】 tei² fad³
看法。

【睇更】 tei² gang¹
看更；守夜。

T

【睇高兴】 tei² gou¹ hing³
看热闹：花车游行，带细路仔去～〔花车游行，带小孩去看热闹〕。

【睇见眼冤】 tei² gin³ ngan⁵ yün¹
看到就反感、讨厌：个衰嘢，～咯〔那个讨厌鬼，看见他我就反感〕。

【睇起上嚟】 tei² héi² sêng⁵ lei⁴（嚟，黎）
看起来；看上去：呢个人～唔错〔这个人看上去不错〕。

【睇开】 tei² hoi¹
想开：～啲啦〔想开点吧〕。

【睇好】 tei² hou²
乐观，看好：我几时都系～嘅〔我什么时候都是乐观的〕｜对呢件事我系～嘅〔对这件事我是乐观的〕。

【睇起】 tei² héi²
看得起：大家都几～佢嚟〔大家都很看得起他的〕。也说“睇得起”。

【睇症】 tei² jing³
医生诊治病人：一日睇二三十个症〔一天治疗二三十个病人〕｜医生喺度～，唔得闲〔医生正在替病人治病，没空〕。

【睇住嚟】 tei² ju⁶ lei⁴
等着瞧：你～，以后同你算账〔你等着瞧，以后跟你算账〕。

【睇球】 tei² keo⁴
看球赛。一般指观看足、篮、排球比赛。也说“睇打球、睇波、睇打波”。

【睇嚟凑】 tei² lei⁴ ceo³
看着办〔看具体情况而定〕：呢单嘢成唔成好难讲，～啦〔这件事成功不成功很难说，看着办吧〕｜而家话唔埋，～啦〔现在说不定，到时再说吧〕。

【睇落】 tei² log⁶
看上去：呢个～唔错〔这个看上去不错〕。

【睇老婆】 tei² lou⁵ po⁴
相亲（男方看女方）。

【睇唔入眼】 tei² m⁴ yeb⁶ ngan⁵
❶同“睇唔过眼”。❷看不上眼：呢度啲嘢质量太差，我通通～〔这里的东西质量太差，我通通看不上眼〕。

【睇唔过眼】 tei² m⁴ guo³ ngan⁵
看不过眼；看不惯：嗰啲靓仔嘅打扮我～〔那些小青年的打扮我看不惯〕。

【睇脉】 tei² meg⁶

❶中医治病：李医生喺里便睇脉〔李医生在里面替人家治病〕。❷找医生诊治（一般指中医）：去医院～。

【睇门口】 tei^{2} mun^{4} heo^{2}

❶看（kān）门儿。❷指家庭中备下常用药物等以防不测。

【睇啱】 tei^{2} ngam^{1}（啱，岩^{1}）

看上，看中：～边样就买啦〔看上哪一样就买吧〕｜我～嘅嗰套衫畀人买咗咯〔我看中的那套衣服让人家买去了〕。

【睇牛】 tei^{2} ngeo^{4}

放牛；牧牛。

【睇钱紧】 tei^{2} qin$^{4-2}$ gen^{2}

把钱看得极重要：唔好太～〔不要把钱看得太重〕｜佢就系～〔他就是把钱看得太重〕。

【睇穿】 tei^{2} qun^{1}

看穿；看透：我～佢杠嘢〔我看透他的那一套花招〕。

【睇实】 tei^{2} sed^{6}

紧盯着：你～佢〔你紧盯着他〕。

【睇死】 tei^{2} séi^{2}

❶看透：大家都～佢〔大家都看透他了〕。❷断定（多用在事情发生之前）：我～佢听日唔嚟，信唔信呀〔我断定他明天不来，相信吗〕？

【睇相】 tei^{2} sêng^{3}

相面。

【睇上眼】 tei^{2} sêng^{5} ngan^{5}

看上：呢啲嘢你睇得上眼吗〔这些东西你看得上眼吗〕？

【睇衰】 tei^{2} sêu^{1}

蔑视；小看；看不起：对犯咗错误嘅人要帮助，唔好～佢〔对犯了错误的人要帮助，不要看不起他〕。

【睇水】 tei^{2} sêu^{2}

把风；放风。

【睇水色】 tei^{2} sêu^{2} xig^{1}

分析某事物的形势：呢件事唔做自，要睇下水色再定〔这件事暂且不做，要看看形势再定〕｜～唔系几对路嚸〔看形势不大对劲啊〕。

【睇数】 tei^{2} sou^{3}

❶结账；算账（指在饮食店里顾客用餐后，服务员计算账目）。❷引申为承担责任：如果出咗事，边个～〔如果出事，谁承担责任〕？

【睇餸食饭】 tei^{2} sung^{3} xig^{6} fan^{6}（餸，送）

量入为出；量力行事。

【睇淡】 tei^{2} tam^{5}

对某些问题已看得不那么重要：大家对呢啲事都～晒咯〔大家对这些事都不感兴趣了〕｜我早就～晒咯〔我早就看透一切了〕。

【睇头】 tei^{2} teo$^{4-2}$

模仿别人行事：如果有人破例，我就～〔如果有人破例，我就跟着干〕。

【睇头睇尾】 tei^{2} teo^{4} tei^{2} méi^{5}

照料大小杂事：工地要揾人～至得〔工地要找人照料大小杂事才行〕。

【睇天】 tei^{2} tin^{1}

❶看天老爷脸色，即依赖气象条件：呢度啲田冇办法引水，唯有～系啦〔这里的田无法引水，只好看天老爷了〕。❷引申指无能为力，等待命运安排：生意咁淡我都冇办法，～啦

〔生意这么淡我也没办法，看天老爷吧〕。

【睇田水】tei² tin⁴ sêu²
看管水田的灌溉情况。

【睇小】tei² xiu²
小看；轻视。

【睇夜】tei² yé⁶
守夜；晚间守卫。

【睇医生】tei² yi¹ sang¹
看病：佢去咗～〔他看病去了〕｜睇咗两次医生就好嘞〔看了两次病就好了〕。

【睇真】tei² zen¹
看清楚：～未呀〔看清楚没有〕？｜～啲〔看清楚一点〕｜睇唔真〔看不清楚〕。

【睇准起筷】tei² zên² héi² fai³
比喻看准时机再开始行动。

【睇中】tei² zung³
看中，看上：～咗佢〔看中了他〕｜～嗰套屋〔看上那套房子〕。

【剃刀帮】tei³ dou¹ bong¹
理发师傅用来蹭擦剃刀的皮带。

【剃刀门楣】tei³ dou¹ mun⁴ méi⁴
指过去摆在街边专门兑换外币、银圆，从事金融投机活动的小钱庄。这些小钱庄利用进出差价进行中间剥削，每进出一次它都要刮去一笔，故名。

【剃光头】tei³ guong¹ teo⁴
❶剃光头发。❷比喻比赛中一分未得或一无所获。❸比喻下棋时除王（将、帅）外所有棋子被对手吃光。

【剃面】tei³ min⁶
刮脸。

【剃眼眉】tei³ ngan⁵ méi⁴
使人当场出丑。

【剃须】tei³ sou¹
刮胡子。

【提子】tei⁴ ji²
“葡提子”的简称，即葡萄。

【＊提水】tei⁴ sêu²
提词。

tem

【諗】tem³（拖暗切）
哄骗（多用于小孩）：～细蚊仔〔哄小孩〕｜咪听佢～〔别听他的甜言蜜语；别上他当〕。

【諗鬼食豆腐】tem³ guei² xig⁶ deo⁶ fu⁶
以名不副实的事物骗人：你唔好信呀，佢～咋〔你不要相信，他是骗人的〕。

【諗人欢喜】tem³ yen⁴ fun¹ héi²
哄人高兴。

【冧冧圈】tem⁴ tem⁴ hün¹（冧，驼含切）
❶圆圈：围成一个～〔围成一个圆圈〕。❷团团（围住）：～围住佢哋〔把他们团团围住〕。

【冧冧转】tem⁴ tem⁴ jun³（又音 dem⁴ dem⁴ jun³）
团团转：急到佢～〔急得他团团转〕。

【氹（凼、窞）】tem⁵（徒凛切）
坑：水～｜尿～｜泥～｜一～水。

ten

【吞枪】 ten¹ cêng¹
用枪自杀。

【吞拿鱼】 ten¹ na⁴ yü⁴⁻²
金枪鱼。〖“吞拿”是英语tuna的音译。〗

【*吞𦢊】 ten¹ pog¹（𦢊，扑¹）
❶偷懒。❷磨洋工。

【氽】 ten²（吞²）
翻转（里外翻过来）：～猪肠｜将个猪肚～过嚟洗〔把猪肚翻过来洗〕｜～转眼皮。

【褪】 ten³
❶退：～十步｜～后啲〔退后一点〕。❷移动；挪：你张凳～过去一啲〔你的凳子挪过去一点〕。

【褪肠头】 ten³ cêng⁴ teo⁴
脱肛。

【褪軚】 ten³ tai⁵（軚，太⁵）
退缩；打退堂鼓：都未开始就想～㖞〔还没有开始就居然打起退堂鼓了〕。

【揗】 ten⁴（吞⁴）
❶受惊发抖：吓到我～晒〔吓得我发抖〕。❷徘徊；走动：～嚟～去〔转来转去〕。

【揗鸡】 ten⁴ gei¹
惊慌失措。

【揗揗震】 ten⁴ ten⁴ zen³
直打哆嗦；不停地颤动：一有人上楼嚟张台就～〔一有人上楼，桌子就颤个不停〕。

teng

【藤菜】 teng⁴ coi³
同“潺菜”。

【藤喼】 teng⁴ gib¹（喼，劫¹）
藤箱。

【藤条】 teng⁴ tiu⁴⁻²
细长的藤鞭。

téng

【听出耳油】 téng¹ cêd¹ yi⁵ yeo⁴
指音乐、歌曲等十分动听：呢支歌～咯〔这支歌十分动听〕。

【听价唔听斗】 téng¹ ga³ m⁴ téng¹ deo²
买东西时只看货价不注意分量，因而容易上当。比喻人看问题不够全面。

【听教】 téng¹ gao³
听从教导；听话（多指儿童）。

【听讲】 téng¹ gong²
听说：～佢去咗北京〔听说他去了北京〕。

【听讲话】 téng¹ gong² wa⁶
同“听讲”。

【听过隔篱】 téng¹ guo³ gag³ léi⁴
听错了：呢次咪～喇〔这次可别听错了〕。

【听闻】 téng¹ men⁴
同“听过隔篱”。

【听闻讲】 téng¹ men⁴ gong²
同“听讲”。

【听筒】téng^{1} tung$^{4-2}$
听诊器。

【艇】téng^{5}
小船：扒～〔划船〕。

【艇家】téng^{5} ga^{1}
水上人家（一般指疍民）。

【艇仔】téng^{5} zei^{2}
❶小船。❷借高利贷的介绍人。

【艇仔粥】téng^{5} zei^{2}
一种粥品，内有海蜇、熟肉及其他作料，因在小船上卖，故名。

teo

【偷薄】teo^{1} bog^{6}
削薄；去薄（头发）。

【偷步】teo^{1} bou^{6}
❶赛跑时不等裁判员发令即抢先起跑。❷比喻在某项政令、措施正式实施前抢先行动。

【偷鸡】teo^{1} gei^{1}
❶没有正当理由的缺席；开小差：未开完会佢就～去街〔会还没有开完，他就开小差上街去了〕｜佢～冇嚟开会〔他缺席没有来开会〕。❷旷课；逃学：佢冇偷过鸡〔他没逃过学〕。❸患疟疾（现已少说）。

【偷呃拐骗】teo^{1} ngeg^{1} guai^{2} pin^{3}
偷盗、诈骗、拐卖人口等坏事的总称：佢做埋啲～嘅嘢实冇得好死〔他尽干些盗窃拐骗的坏事肯定没有好下场〕。

【偷师】teo^{1} xi^{1}
偷学别人的技术、手艺等。

【唞】teo^{2}（偷^{2}）
歇；休息：大家～下先啦〔大家先歇一会儿吧〕｜～喇〔休息吧；睡觉吧〕！

【唞凉】teo^{2} lêng^{4}
乘凉。

【透大气】teo$^{3-2}$ dai^{6} héi^{3}
深沉或急促地呼吸。

【透气】teo$^{3-2}$ héi^{3}
❶呼吸。❷呼气：透咗一啖气〔呼了一口气〕。❸叹气。

【透过】teo^{3} guo^{3}
通过：我～老王识得佢〔我通过老王认识他〕。

【透火】teo^{3} fo^{2}
生火；引火；拢火。

【透炉】teo^{3} lou^{4}
生炉子。

【透心凉】teo^{3} sem^{1} lêng^{4}
寒心；非常失望。

【头^{1}】teo$^{4-2}$
样子（多指具体事物）：睇佢成个贼佬嘅嘅～〔看他像个贼似的〕｜大家都睇你嘅～喇〔大家都看你的了〕。

【头^{2}】teo^{4}
量词。边，用于家庭：我要照顾两～家〔我要照顾两边的家〕。

【头崩额裂】teo^{4} beng^{1} ngag^{6} lid^{6}
头破血流：打到～〔打得头破血流〕。

【头车】teo^{4} cé^{1}
首班车。

【头赤（头刺）】teo^{4} cég^{3}
头痛。

【头大】teo^{4} dai^{6}

麻烦；费踌躇：呢次～咯〔这次麻烦了〕｜搞到头都大晒〔弄得麻烦透了〕。

【头大冇脑】 teo⁴ dai⁶ mou⁵ nou⁵

没有头脑：讲得咁清楚你都唔懂，真系～咯〔说得那么清楚你都不懂，真是没有头脑〕。

【头啖汤】 teo⁴ dam⁶ tong¹

第一口汤。比喻最先得到利益、最早抢得有利机会：佢喺本地最早做房地产生意，饮咗～，赚咗大钱〔他在本地最早做房地产生意，抢得先机，赚了大钱〕。

【头耷耷（瘩瘩）】 teo⁴ deb¹ deb¹

❶低着脑袋。❷垂头丧气的样子。

【头耷耷（瘩瘩），眼湿湿】 teo⁴ deb¹ deb¹，ngan⁵ seb¹ seb¹（耷，多急切）

头低垂着，眼含泪花。形容沮丧的样子。

【头掂】 teo⁴ dim⁶（掂，店⁶）

有条理：搞得好～〔搞得很有条理〕。

【头风】 teo⁴ fung¹

头痛病。

【头㷫】 teo⁴ hing³（㷫，庆）

发烧；头痛脑热。

【头壳】 teo⁴ hog³

脑袋；头：搉～〔敲脑袋〕。

【头壳顶】 teo⁴ hog³ déng²

❶头顶：佢～结个大蝴蝶〔她头顶打个大蝴蝶结〕。❷头顶上：雀喺你～飞〔鸟在你头顶上飞着〕。

【头蜡】 teo⁴ lab⁶

发蜡。

【头锣】 teo⁴ lo⁴

开场锣鼓。

【头落】 teo⁴ log⁶⁻¹

第一个儿子。

【头路】 teo⁴ lou⁶

头发的分隔缝儿。

【头尾】 teo⁴ méi⁵

前后：～五日〔前后五天〕｜～三年。

【头面】 teo⁴ min⁶

首饰。

【头毛】 teo⁴ mou⁴⁻¹

头发（现已少用）：你嘅～好飞嘞〔你的头发该理了〕。

【头泥】 teo⁴ nei⁴

头垢。

【头牙（头禡）】 teo⁴ nga⁴

农历正月初二，商家每年第一个祭祀财神土地的禡日。

【头拧拧】 teo⁴ ning⁶ ning⁶

不停地摇头（表示不同意或不满意的意思）：问佢乜都～〔问他什么都摇头〕。

【头顎顎】 teo⁴ ngog⁶ ngog⁶（顎，岳）

❶抬起脑袋东张西望的样子。❷仰着脑袋（含贬意）。

【头皮】 teo⁴ péi⁴

头皮屑。

【头㾆】 teo⁴ peo³（㾆，破沤切）

头疼；因碰到困难、烦恼引起头脑发胀：呢件嘢问题咁多，真～〔这件事问题这样多，真头痛〕｜嗰道题搞到我头都㾆晒〔那道习题弄到我头都胀了〕。

【头牲】 teo⁴ sang¹

T

家禽家畜的总称。

【头水】teo⁴ sêu²

第一批：呢啲系今年嘅～荔枝〔这些是今年（上市）的第一批荔枝〕。

【头厅】teo⁴ téng¹

家居的第一个厅。

【头头】teo⁴ teo⁴⁻²

❶开头；最初：～我哋乜都唔会〔开始我们什么都不会〕。❷刚才：～佢嚟过〔刚才他来过〕。

【头头掂掂】teo⁴ teo⁴ dim⁶ dim⁶

有条有理：乜都搞得～〔什么都搞得有条有理〕。

【头头尾尾】teo⁴ teo⁴ méi⁵ méi⁵

某一件事中的零碎工作。

【头头碰着黑】teo⁴ teo⁴ pung³ zêg⁶ heg¹

处处碰壁；事事不遂愿。

【头先】teo⁴ xin¹

刚才。

【头一】teo⁴ yed¹

最先的，最前的，第一的：～日〔第一天〕｜～个〔第一个〕｜～次〔首次〕｜～排〔前面一排〕。

【头长仔】teo⁴ zêng² zei²

长（zhǎng）子。

【头肿眼牕】teo⁴ zung² ngan⁵ dêu³

脸面浮肿。

【投注】teo⁴ ju³

❶下赌注。❷买彩票。

【投入】tou⁴ yeb⁶

进入某种角色。

têu

【推搪】têu¹ tong⁴⁻²

推托；推辞。

ti

【*T 裇】ti¹ sêd¹（T，他衣切）

针织化纤有领汗衫。〖“T”是英文字母。“裇”是英语 shirt 的译音。〗

tib

【*贴士】tib¹ xi²

❶预测性结果。❷内幕消息。❸小账；小费。〖贴士”是英语 tips 的音译词。〗

【贴】tib³

衣服的贴边：落～〔给衣服加贴边〕。

【贴错门神】tib³ co³ mun⁴ sen⁴

指二人互不理睬，合不来。

【贴钱买罪受】tib³ qin⁴ mai⁵ zêu⁶ seo⁶

花钱讨苦吃。例如到某个地方游玩，花了钱却享受不到乐趣，反而吃苦受累。

【贴身膏药】tib³ sen¹ gou¹ yêg⁶

贴在身上的膏药，不易脱去。比喻整天缠着别人的人，跟屁虫。

【贴堂】tib³ tong⁴

把学生的优秀作业贴在课室墙壁上作示范。

【贴现】tib³ yin⁶

金钱上的补贴。

tid

【铁笔】tid³ bed¹

钢钎。

【铁枝】tid³ ji¹

铁条儿（多指窗户、栏杆等的防护铁条）。

【铁沙梨】tid³ sa¹ léi⁴

比喻那些非常吝啬、视财如命的人。

【铁鉎】tid³ séng³（鉎，蛇镜切）

铁锈。

【铁线】tid³ xin³⁻²

铁丝。

【铁闸】tid³ zab⁶

铁栅栏；防盗门。

【铁嘴鸡】tid³ zêu² gei¹

嘴巴很厉害的人。

tig

【剔手边】tig¹ seo² bin¹

剔手旁；提手旁（汉字偏旁“扌”）。

tim

【添】tim¹

❶用在谓语或宾语之后或子的末尾，有扩充范围或递进的作用，相当于“再”：攞啲嚟～啦〔再拿一些来吧〕｜重嚟两个人～至够〔再来两个人才够〕｜放电影～呀〔还放电影呢〕。❷语气词。表示强调，往往用在“重…”的后面：人哋重有意见～〔人家还有意见呢〕！｜话佢重笑～〔说他还笑呢〕｜噉搞法重嚹～〔这么搞法更糟糕〕！｜佢叫我讲你听，我唔记得咗～〔他叫我告诉你，我忘了〕。

【添补】tim¹ bou²

增加；增补。

【添饭】tim¹ fan⁶

盛饭（指盛第二次以后的）。

【甜】tim⁴

鲜美：呢碟鱼好～〔这碟鱼很鲜〕。

【甜耶耶】tim⁴ yé⁴ yé⁴

甜丝丝；甜津津。

【甜曳曳】tim⁴ yei⁴ yei⁴

同“甜耶耶”。

【甜酒】tim⁴ zeo²

江米酒，酒酿。

【甜竹】tim⁴ zug¹

甜腐竹。

【掭】tim⁵

蘸：～好支笔〔蘸好毛笔〕｜～豉油。

T

tin

【天脚底】tin¹ gêg³ dei²

天边；天涯海角：你走到～都要捉你翻嚟〔你逃到天边也要把你抓回来〕。

【天光】tin¹ guong¹

天亮。

【天光早】tin¹ guong¹ zou²

清早，大清早。

【天妇罗】tin¹ fu⁵ lo⁴

一种日本风味食品，将鱼虾和蔬菜加上面粉油炸而成。

【天光大白】tin¹ guong¹ dai⁶ bag⁶

❶天大亮：～喇，好起身喇〔天大亮了，该起床了〕。❷大白天：～都

敢做呢啲嘢〔大白天也敢干这种事〕！

【天光圩】tin¹ guong¹ hêu¹

天亮以前进行交易的集市。珠江三角洲有的集市有此习惯。

【天光星】tin¹ guong¹ xing¹

启明星。

【天口】tin¹ heo²

天时；天气；气温：～热｜～熋〔气温高；天气热〕。

【天开眼】tin¹ hoi¹ ngan⁵

上天有眼。

【天矇光】tin¹ mung¹ guong¹

天刚亮。

【天矇矇光】tin¹ mung¹ mung¹ guong¹

天矇矇亮。

【天拿水】tin¹ na⁴ sêu²

稀释剂；稀料。〖"天拿"是英语 thinner 的音译。〗

【天鹅绒】tin¹ ngo⁴ yung⁴⁻²

丝绒：～布幕。

【天棚】tin¹ pang⁴⁻²

晒台（楼房屋顶上的露天平台）。

【天生天养】tin¹ sang¹ tin¹ yêng⁵

人生了下来总能活下去。

【天台】tin¹ toi⁴⁻²

房顶晒台。

【天时】tin¹ xi⁴

天气；气候：～唔好〔天气不好；天气反常〕。

【天时旱】tin¹ xi⁴ hon⁵

❶天旱：而家～，抽水机好有用〔现在天旱，抽水机很有用〕。❷旱季：修咗呢个水库，～就唔怕喇〔修了这个水库，旱季就不怕了〕。

【天时冷】tin¹ xi⁴ lang⁵

❶冷的时候：～就喺屋企炙火〔冷的时候就在家烤火〕。❷冬天：呢度～都唔使着棉衲〔这里冬天也不用穿棉袄〕。

【天时暑热】tin¹ xi⁴ xu² yid⁶

天气炎热。

【天时热】tin¹ xi⁴ yid⁶

❶热的时候。❷夏天。

【天仙局】tin¹ xin¹ gug⁶

美人计；用色情手段的骗局。

【天阴】tin¹ yem¹

阴天；天色转阴。

【天阴阴】tin¹ yem¹ yem¹

天色阴沉沉的：～噉，好似要落雨咯〔天阴沉沉的，像是要下雨了〕。

【天一半地一半】tin¹ yed¹ bun³ déi⁶ yed¹ bun³

形容手上的东西洒落太多。常指小孩吃饭饭粒洒落遍地。

【天然白虎汤】tin¹ yin⁴ bag⁶ fu² tong¹

戏称西瓜。

【天井】tin¹ zéng²

房屋内的露天空地。

【田】tin⁴

❶地（种庄稼的土地）。❷专指水田。

【田鸡】tin⁴ gei¹

大青蛙。

【田鸡东】tin⁴ gei¹ dung¹

几个人凑钱吃东西。

【田鸡局】tin⁴ gei¹ gug⁶

同“田鸡东”。

【田基】tin^4 géi^1

田埂；田塍。

【田螺】tin^4 lo$^{4-2}$

长在田里的螺蛳。

【田螺魔】tin^4 lo$^{4-2}$ mo^1

蜗牛。

【田螺厣】tin^4 lo$^{4-2}$ yim^2（厣，掩）

螺蛳的盖。

【填命】tin^4 méng^6

抵命，偿命：杀人要～。

ting

【听暇】ting^1 ha$^{6-1}$

❶过一会儿；待一会儿：～嚟啦〔过一会儿来吧〕｜我～话过你知〔我待一会儿告诉你〕。❷倘若；万一；要是：～佢嚟唔切去点算呀〔万一他来不及去怎么办〕？｜～佢唔肯呢〔要是他不愿意呢〕？

【听朝】ting^1 jiu^1

明天早上；明早。

【听朝早】ting^1 jiu^1 zou^2

同“听朝”。

【听晚】ting^1 man$^{5-1}$

明天晚上；明晚。

【听晚黑】ting^1 man^5 heg^1

同“听晚”。

【听晚夜】ting^1 man^5 yé^6

同“听晚”。

【*听尼士】ting^1 ni^1 xi^6

网球。〖“听尼士”是英语 tennis 的音译词。〗

【听日】ting^1 yed^6

明天。

【听早】ting^1 zou^2

明早。

【停】ting$^{4-2}$

量词。样；种（指某一品种）：呢～谷种好〔这种稻种好〕｜呢～唔错〔这个品种不错〕。

【听】ting^3

等着；听候：国家唔富强就～挨打〔国家不富强就会等着挨打〕｜你唔温习功课，考试就～衰〔你不温习功课，考试就等着倒霉〕。

【听殃】ting^3 yêng^1

等着遭殃，等着倒霉：得罪佢，你就～咯〔得罪了他，你就等着倒霉吧〕｜边个乱嚟边个～〔谁乱来谁遭殃〕。

【停口】ting^4 heo^2

住嘴，住口：坐落嚟咁耐你讲咁耐，好～啰嚸〔坐下来那么久你说了那么久，该住嘴了〕｜佢食嘢冇停过口〔他吃东西没有停过〕。

tiu

【挑】tiu^1

叹词。原为粗鲁词，但语音稍变，表示轻蔑或不满意。

【挑通眼眉】tiu^1 tung^1 ngan^5 méi^4

形容人十分精明（含贬义）。

【跳槽】tiu^3 cou^4

比喻人离开原来的单位到别的地方工作。

【*跳楼货】tiu^3 leo$^{4-2}$ fo^3

低价贱卖的商品（即低于成本出售的商品，致使商家亏本而被迫自杀之意）。

【*跳楼价】tiu3 leo4-2 ga3
降得非常厉害的售价。

【跳扎】tiu3 zad3
活泼；活蹦乱跳。

【跳皮】tiu3 péi4
淘气；调皮。

【粜】tiu3
卖粮（指卖原粮）：～谷。

【条】tiu4
量词。❶条；根。❷把：一～锁匙〔一把钥匙〕。❸个（用于人，有贬意）：嗰～友仔〔那个小子〕。

【条气唔顺】tiu4 héi3 m4 sên6
内心不忿；不服气；吞不下那口气。

T

to

【拖】to1
在热水中略烫一烫：晒菜干要先用滚水～过啲白菜至晒〔晒干菜要用开水把白菜略烫一烫才拿去晒〕。

【拖板】to1 ban2
活动插座。

【拖地】to1 déi6
❶用拖把擦地。❷衣服等过长而触及地面。

【拖艔】to1 dou6-2（艔，度2）
由机动船牵引的客船。

【*拖肥糖】to1 féi4 tong4-2
一种由熬糖、奶油等做成的黏性糖果。〖“拖肥”是英语 toffee 的音译词，又作“太妃”。〗

【拖卡】to1 ka1
拖斗，卡车的拖车。

【拖落水】to1 log6 sêu2
拉下水。比喻引诱别人参与做坏事：佢系畀人～嘅〔他是被人拉下水的〕。

【拖落氹】to1 log6 tem5（氹，徒凛切）
拉下泥坑。比喻引诱别人做坏事或使其染上恶习不能自拔：佢咁烂赌系畀人～嘅〔他沉迷赌博是被人引诱的〕。

【*拖马】to1 ma5
找人来帮忙。特指打群架时召人增援。又叫“班马”。

【拖手仔】to1 seo2 zei2
同“拉手仔”。

【拖油瓶】to1 yeo4 ping4
旧时指妇女带着子女改嫁。是歧视性的说法。

【拖友】to1 yeo5-2
正在谈恋爱的男女。

【佗】to4
❶负荷。❷怀孕：～仔〔怀小孩〕｜佢～人有六个月咯〔她怀孕有六个月了〕。

【佗归仔】to4 guei1 zei2
旧时指母亲改嫁所带来的孩子。是歧视性的说法。

【佗累】to4 lêu6
拖累；牵累：我怕～大家。

【佗手褦脚】to4 seo2 neng3 gêg3（褦，啦凳切）

拖住手脚，成了累赘：有个细路～，做事好唔方便〔有个小孩拖住手脚，做事很不方便〕。

【佗衰】to⁴ sêu¹

牵累；拖累：～人〔牵累了别人〕｜成组畀佢～晒〔全组让他给拖累了〕。

【佗衰家】to⁴ sêu¹ ga¹

❶败家。❷败家子：呢个仔正一～〔这个孩子真是败家子〕。

【佗仔】to⁴ zei²

怀孕；怀上孩子。

【砣表】to⁴ biu¹

挂表。

【*陀地】to⁴ déi⁶⁻²

指黑社会所收取的保护费。

【陀陀拧】to⁴ to⁴⁻² ning⁶

晕头转向：呢排忙到我～〔最近忙得我晕头转向〕。

【驼背夹直】to⁴ bui³ gab³ jig⁶

硬把驼背弄直了，比喻让人做为难的事。

【妥当】to⁵ dong³

❶全部完成；安排妥善：间屋装修～晒咯〔房子全部装修好了〕｜啲嘢通通做～咯〔事情全部做好了〕。❷由于妥善安排而感到心情舒畅：佢而家～啦，仔女都出晒身咯〔他现在可舒畅了，儿女都工作了〕。

tog

【托】tog³

❶用手掌承着。❷扛（káng）：～枪｜～大杉〔扛杉木〕。❸“托大脚”的简称：“冇耳藤喼——靠～”〔歇后语。没有提手的藤箱——靠托〕。

【托大脚】tog³ dai⁶ gêg³

拍马屁。

【托赖】tog³ lai⁶

❶托福；有赖于：呢次得奖都系～大家〔这次得奖是托大家的福啊〕。❷拜托：呢件事就～老兄喇〔这件事就拜托您了〕。

【托手踭】tog³ seo² zang¹（踭，争）

❶掣肘（比喻阻挠别人做事）：你想点就点，我断唔会～嘅〔你想怎么着就怎么着，我绝对不会妨碍你〕。❷拒绝支援或帮助别人：呢件事请佢帮手，点会～呀〔这件事情请他帮忙，怎么会拒绝呢〕！

【*托水龙】tog³ sêu² lung⁴

代人付款不把钱付出、代人收款不把钱交给原主，通通自己吞没。

【托塔都应承】tog³ tab³ dou¹ ying¹ xing⁴

扛马桶都答应，比喻无论如何都答应。

toi

【胎痣】toi¹ ji³

胎记。

【台】toi⁴⁻²

桌子；案子。

【台布】toi⁴ bou³

❶桌布，铺桌子用。❷擦桌布。

【台脚】toi⁴ gêg³

桌子腿。

【台面】toi⁴ min⁶⁻²
桌面。

【台台凳凳】toi⁴ toi⁴ deng³ deng³
桌椅板凳。

tong

【汤底】tong¹ dei²
锅底（熬汤的基本配料）。

【汤汤水水】tong¹ tong¹ sêu² sêu²
泛指一切的汤：乜嘢～都要饮至好〔无论什么汤都要喝才好〕。

【汤药】tong¹ yêg⁶
❶汤剂，即用中药熬成的汁液。❷医药费：打伤人要赔～嘿〔打伤人要赔偿医药费的〕丨佢赔咗几多～〔他赔偿了多少医药费〕?

【汤药费】tong¹ yêg⁶ fei³
同"汤药"❷。

【汤丸（圆）】tong¹ yün⁴⁻²
元宵。

【劏】tong¹（汤）
❶宰杀：～鸡丨～猪丨～鱼。❷剖开；切开：～西瓜。

【劏白鹤】tong¹ bag⁶ hog⁶
戏指因醉酒而呕吐。

【劏车】tong¹ cé¹
把汽车拆成零件。

【劏光猪】tong¹ guong¹ ju¹
比喻下象棋时棋子全被对方吃光。

【劏客】tong¹ hag³
宰客；敲诈顾客。

【劏死牛】tong¹ séi² ngeo⁴
拦路抢劫。

【烫斗】tong³ deo²
熨斗。

【糖】tong⁴⁻²
糖果：水果～丨牛奶～。〖红糖、白糖、冰糖、沙糖、方糖、糖粉、糖果等的"糖"读 tong⁴〗

【趟】tong³
顺着推、摸过去：一～过去就摸到一个西瓜〔一摸过去就摸到一个西瓜〕丨～虾〔用小网顺着河底捞虾〕。

【趟栊】tong³ lung⁴⁻²
横推的栅栏（多设在大门，紧贴门外）。

【趟声】tong³ séng¹
假咳（现已少用）。

【唐山】tong⁴ san¹
华侨称祖国。

【唐人】tong⁴ yen⁴
中国人；华人。

【唐装】tong⁴ zong¹
中式男女便服。

【¹堂】tong⁴
量词。❶架；座：一～磨丨一～碓。❷顶：一～蚊帐。❸张：一～渔网。❹节：一～课。

【²堂】tong⁴
量词。十里：一日行七～路〔一天走七十里路〕。

【堂费】tong⁴ fei³
法院的诉讼费。

【堂倌】tong⁴ gun¹
旧时红白喜事，被临时雇用的操办各种事务的人。

T

【堂吃】tong⁴ yag³（吃，衣客切）
在餐馆买食品后就在店堂内吃（与外卖相对）。

【溏心】tong⁴ sem¹
腌制的蛋类尚未熟透，蛋黄还在半凝结的状态。

【塘壆】tong⁴ bog³
水塘的堤岸。

【塘底石】tong⁴ dei² ség⁶
池塘底的石块。比喻要等到水（即钱）没有了以后才看到，指要到没有钱的时候才来（借钱）的人。

【塘蝞】tong⁴ méi¹（蝞，尾¹）
❶蜻蜓。❷无篷小船。

【塘虱】tong⁴ sed¹
胡子鲶（一种无鳞鱼，有角，像小鲶鱼，灰黑色）。

【塘鱼】tong⁴ yü⁴
在水库或池塘里养殖的鱼。

【糖果】tong⁴ guo²
沾上糖作零食的各类瓜果、坚果等，如莲子沾、核桃沾、糖冬瓜等。

【糖寮】tong⁴ liu⁴
乡村榨蔗煮糖的土作坊。

【糖黐豆】tong⁴ qi¹ deo⁶⁻²（黐，雌）
糖浆黏上豆子。比喻两人关系密切，形影不离。

【糖水】tong⁴ sêu²
甜食。

【糖水铺】tong⁴ sêu² pou³
甜食店。

【糖环】tong⁴ wan⁴
一种油炸食物，用秈米粉或糯米粉做成，形状像铜钱。

【淌】tong⁵
液体因摇动而从容器内溢洒出来：小心咪～泻〔当心别洒了〕｜碗汤～晒出嚟〔汤全漾出来了〕。

tou

【土狗】tou² geo²
蝲蝲蛄；蝼蛄（一种害虫，褐色，有翅，能掘地，专咬农作物的根）。

【土鲮鱼】tou² léng⁴ yü⁴⁻²
一种广东特有的淡水鱼，人工养殖。又叫“鲮鱼”。

【土佬】tou² lou²
世居本地的人。

【土炮】tou² pao³
戏称本地产的酒。

【土谈】tou² tam⁴
地方话；土话：呢度嘅～同广州话有啲唔同〔这里的土话跟广州话有点不同〕。

【土鱿】tou² yeo⁴
干鱿鱼。婉辞，“干”字不吉利，改为“土”。

【淘】tou⁴
泡（用水、汤等泡着饭一起吃）：～饭｜～茶〔用茶水泡饭〕。

【淘古井】tou⁴ gu² zéng²
旧时指男子与年龄较大或有点资财的寡妇相好或结婚。

【绹】tou⁴（掏）
❶拴（牛马等）：～牛｜～住只羊〔把羊拴上〕。❷绑：～住度门〔把门绑上——以绳代锁〕。

【肚煲】tou⁵ bou¹

腹部，多指小孩的。

【肚赤（刺）】tou5 cég3

肚子疼。一般指因大笑而引起的肚子疼：佢两三句话就使到大家笑到～〔他两三句话就使得大家笑到肚子疼〕。

【肚肶】tou5 dem1（肶，多阴切）

肚子（多指小孩的）。

【肚兜】tou5 deo1

兜肚。

【肚糠（粠）】tou5 hong2

肚子缺少油水。

【肚腩】tou5 nam5

肚皮；腹部；肚囊儿。

【肚脍】tou5 nem4（脍，拿吟切）

肚子不舒服（多指将要腹泻时的感觉）：琴晚食多咗，今日～〔昨夜吃多了，今天肚子不舒服〕。

【肚屙】tou5 ngo1

拉稀；腹泻。

【肚饿】tou5 ngo6

饿；肚子饿：我好～〔我的肚子很饿了〕。

tüd

【脱】tüd3

量词。❶套；身（用于衣服）：一～衫｜同细蚊仔做～衫〔给小孩做一身衣服〕。❷辈分；代：两～人。

tün

【团年】tün4 nin4

家人在农历除夕团聚吃年饭。

【断码】tün5 ma5

衣物仅存一个号码或仅有一件。

【断尾】tün5 méi5

（病）彻底治愈，不再复发：食咗几剂药就～咯〔吃了几服药就全好了〕。

【断市】tün5 xi5

脱销。

tung

【1 通】tung1

❶全（整个）：听到呢个消息，～城都欢呼起嚟〔听到这个消息，全城都欢呼起来〕｜～屋都欢喜〔全家都高兴〕。❷合理，对：你咁样做，～唔～〔你这样做，对吗〕？

【2 通】tung1

管子：水喉～〔自来水管〕｜胶～〔塑料管；橡胶管〕｜双～单车〔双梁自行车〕。

【通菜】tung1 coi3

“蕹菜”的别名。

【通掂】tung1 dim6（掂，店6）

通顺：佢嘅文章写得好～〔他的文章写得很通顺〕。

【通街】tung1 gai1

满街。

【通街通巷】tung1 gai1 tung1 hong6

到处；满世界：呢件事～都知到啦〔这件事满世界都晓得了〕。

【通关鼻】tung1 guan1 béi6

鼻梁平直的鼻子。

【通气】tung1 héi3

形容能通情达理；体贴人，照顾别人，不妨碍别人：佢好～嘅，睇见人哋有困难就嚟帮手〔他很体贴人，见人家有困难就来帮忙〕｜如果你～就咪去〔如果你知趣就别去〕｜～啲啦〔将就点吧〕！

【通拉】tung¹ lai¹
平均：每个月～有千零文收入〔每个月平均有千把块钱收入〕。

【通窿】tung¹ lung¹
❶穿孔的：呢埲墙～嘅〔这面墙壁是穿孔的〕。❷通畅：呢条铁管～唔～㗎〔这根铁管是通的吗〕？

【通处】tung¹ qu³
到处；处处。

【通笼】tung¹ lung⁴⁻²
同"通窿"。

【通心】tung¹ sem¹
空心：条柱系～嘅〔柱子是空心的〕｜～粉〔一种空心的粉条〕。

【通水】tung¹ sêu²
通风报信。

【通透】tung¹ teo³
透彻：你想得真～。

【通天晓】tung¹ tin¹ hiu²
无所不知的人。

【通胜】tung¹ xing³
通书；历书。〖"书"与"输"同音，有迷信思想的人认为不吉利，改用"胜"。〗

【桶裙】tung² kuen⁴（𧙕，桶）
❶衬裙。❷窄而无褶的裙子。

【疼】tung³
亲；吻：～一啖〔亲一下〕。

【疼惜】tung³ ség³（惜，读音 xig¹）
宠爱；呵护：亚嫲好～佢〔奶奶很宠爱他〕。

【痛脚】tung³ gêg³
❶同"鸡脚"。❷容易被对手攻击的弱点。

【同】tung⁴
❶连词。和；跟：佢～我都系广州人〔他和我都是广州人〕。❷介词。跟：我～佢讲咗咯〔我跟他说了〕。❸介词。给；替：我～佢站岗〔我替他站岗〕｜～我攞本书嚟〔给我拿本书来〕。

【同居】tung⁴ gêu¹
❶同住一所房子的邻居。❷同住在一起。或特指同异性住在一起。

【同捞同煲】tung⁴ lou¹ tung⁴ bou¹
一起混，一起生活；患难与共：大家～，有乜所谓嚟〔大家在一起混，计较什么呢〕。

【同埋】tung⁴ mai⁴
连词。和；与：广州～北京｜工业～商业嘅发展都好好〔工业和商业的发展都很好〕。

【同屋】tung⁴ ngug¹
同住一所（或一套）房子的邻居。

【同屋主】tung⁴ ngug¹ ju²
同"同屋"。

【桐油灰】tung⁴ yeo⁴ fui¹
油灰；泥子。

【筒】tung⁴
饼子（麻将牌的一种花色）。

【童子鸡】tung⁴ ji² gei¹
笋鸡（毛还没有长全的鸡）。

T

【铜盘】tung4 pun4-2

旋子（蒸盘，蒸米粉或糕点用的金属盘子，多为铜制）。

【铜银】tung4 ngen4-2

假银圆。

【铜仙】tung4 xin1

铜元；铜板。〖“仙”是英语 cent 的音译。〗

W

wa

【哇鬼】wa1 guei2

调皮鬼，淘气鬼。用于小孩。

【蛙人】wa1 yen4

潜水员。

【搲】wa2（蛙2）

抓：~损个面〔抓破了脸皮〕。

T、W

【搲痕】wa2 hen4

抓痒。

【搲银】wé2 ngen4-2

赚钱，捞钱，诙谐的说法。

【搲子】wa2 ji2

小孩玩小石子游戏，玩法很多。

【搲烂块面】wa2 lan6 fai3 min6

❶撕破脸皮，比喻闹翻：佢两个已经~咯〔他们俩已撕破脸皮闹翻了〕。❷比喻不讲情面：佢办事就系亲戚都敢~嘅〔他办事就是亲戚也不讲情面的〕。

【华埠】wa4 feo6

海外大城市中的华人聚居的地方，即唐人街或中国城。

【哗】wa4

叹词。表示惊讶：~，咁多人呀〔唷，那么多人哪〕！| ~，飞机飞得真低。

【话】wa6

❶说：人人都~你好 | 有碗~碗，有碟~碟〔有什么说什么〕。❷劝说；责备：你~下佢啦〔你说他一下吧〕| 你噉样做，人哋实~你〔你这样干，人家一定说你〕。❸告诉：我~畀你知啦〔我告诉你吧〕| ~畀我听〔告诉我〕。❹看〔观察并加以判断〕：你~点好呢〔你看怎么办才好〕？| 我~佢唔错〔我看他不错〕。

【话得埋】wa6 deg1 mai4

可以预料的：呢啲嘢~嘅咩〔这些事怎么可以预料的呢〕!

【话低】wa6 dei1

同“话落”。

【话定】wa6 ding6

说好；说定：大家~五点钟集中。

【话咁快】wa6 gem3 fai3

很快；说话就得：唔使你等几耐，~〔不用你等多久，说话就得〕。

【话咁易】wa6 gem3 yi6

❶非常容易：做呢样嘢，~啦〔干这件事，非常容易〕。❷说倒容易：乜条件都冇，~咩〔什么条件都没

有，说倒容易〕。

【话口未完】 wa⁶ heo² méi⁶ yün⁴
话音未落：～佢已经走咗〔话音未落，他已经走了〕。

【话知佢】 wa⁶ ji¹ kêu⁵
不管他；管他呢：佢想点就点，～〔他想怎么着就怎么着，管他呢〕。

【话知你】 wa⁶ ji¹ néi⁵
告诉你吧（有声明不管的意思）：你点搞都唔关我事，～呀〔我先告诉你，你怎么搞都与我无关〕。

【话落】 wa⁶ log⁶
交代；吩咐：你～畀佢听未呀〔你交代给他了没有〕？｜佢～畀佢个仔㗎喇〔他吩咐他的儿子了〕｜冇～乜嘢〔没吩咐什么〕。

【话唔定】 wa⁶ m⁴ ding⁶
同“话唔埋”。

【话唔埋】 wa⁶ m⁴ mai⁴
说不定；没准儿；难以预料的：一日生产几多就～咯〔一天生产多少就说不定了〕｜听日落唔落雨就～咯〔明天下不下雨就说不定了〕｜呢啲事的确系～嘅〔这些事的确是难以预料的〕。

【话名】 wa⁶ méng⁴⁻²
名义上；应（yīng）名儿：佢～系我哋组嘅人，其实好少嚟〔他名义上是我们这个组的人，其实很少来〕｜佢～系中学毕业〔他应名儿是中学毕业〕。

【话明】 wa⁶ ming⁴
❶事先声明：我～唔去喇〔我早已声明不去了〕。❷明白地告诉：你要～畀大家知先得㗎〔你要告诉大家知道才行啊〕。

【话明你知】 wa⁶ ming⁴ néi⁵ ji¹
明白告诉你：～我唔同意 㗎〔明白告诉你，我是不同意的〕。

【话冇咁快】 wa⁶ mou⁵ gem³ fai³
说都没有那么快：～佢就食完喇〔这么快就吃完了〕？

【话你知】 wa⁶ néi⁵ ji¹
同“话知你”。

【话晒】 wa⁶ sai³
说什么（也是）；不管怎么说（仍然）：佢～都系你大佬吖〔不管怎么说他毕竟是你的哥哥嘛〕。

【话三话四】 wa⁶ sam¹ wa⁶ séi³
❶说三道四：自己做得好，人哋就唔会～〔自己做得好，人家就不会说三道四〕。❷说话不着边际：讲正题啦，咪～咯〔说正题吧，别漫无边际地乱扯了〕。

【¹话实】 wa⁶ sed⁶
说定（肯定地说清楚）：你～几时嚟呀〔你说定什么时候来〕？｜你～几多就几多啦〔你说定多少就多少吧〕｜我～唔去喇〔我肯定不去了〕。

【²话实】 wa⁶ sed⁶
不停地劝说；极力劝阻：～佢都唔听〔怎么说他就是不听〕｜细佬哥要～佢至得〔小孩要说着他点儿才行〕。

【话头醒尾】 wa⁶ teo⁴ xing² méi⁵
形容人机灵、聪明，能够举一反三：佢系叻仔，～嘅〔他是聪明人，能够举一反三〕。

【话事】 wa⁶ xi⁶
作主；说了算：而家我哋工人自己

～〔现在我们工人自己作主〕｜呢个队边个～〔这个队谁作主〕？

【话事偈】 wa^{6} xi^{6} gei$^{6-2}$

正如…所说：老张～〔正如老张所说〕。

【话是话】 wa^{6} xi^{6} wa^{6}

口头禅。虽然话是这样说；话又说回来：～嗻，点都系唔好嘅〔虽然话是这样说，（但是这样做）怎么说都是不好的〕。

【话斋】 wa^{6} zai^{1}

同"话事偈"。

【话嗻】 wa^{6} zé^{1}（嗻，遮）

用于句首，有"说是这么说"、"尽管这样"的意思：～，都系好麻烦嘅〔尽管这样，还是很麻烦的〕。

【话中】 wa^{6} zung^{3}

说准了，说对了：我～喇咩，佢就系噉嘅人〔我说对了吧，他就是这样的人〕｜畀我～咗，佢果然系行嗰条路嚟〔让我说准了，他果然是走那条路来〕。

W

wad

【挖肉】 wad^{3} yug^{6}

割自己的肉。常用以形容吝啬者：叫佢捐啲钱赈灾，重惨过挖佢嘅肉〔让他捐点钱赈灾，他比被人割肉还痛苦〕。

【挖肉补疮】 wad^{3} yug^{6} bou^{2} cong^{1}

比喻做了错事、蠢事后，又花费更多的成本弥补损失。

【挖肉攞疮生】 wad^{3} yug^{6} lo^{2} cong^{1} sang^{1}（攞，罗^{2}）

讥笑人没事惹事。

【滑】 wad$^{6-2}$

鱼、猪、牛等的肉绞碎后加调料制成的肉酱，做丸子用：鱼～｜牛肉～。

【滑蕨】 wad^{6} güd^{6}（蕨，读音 küd^{3}）

蕨苗（可以吃）。

【滑捋捋】 wad^{6} lüd$^{3-1}$ lüd$^{3-1}$

滑溜溜：黄鳝～嘅〔黄鳝滑溜溜的〕。

【滑牙】 wad^{6} nga$^{4-2}$

勚（yì）：螺丝钉滑咗牙〔螺丝扣勚了〕。

【滑牛】 wad^{6} ngeo$^{4-2}$

炒滑牛肉；滑溜牛肉。

【滑潺潺】 wad^{6} san^{4} san^{4}

滑溜溜（指某些黏液）：～好似鼻涕噉〔滑溜溜的像鼻涕一样〕。

【滑揗揗】 wad^{6} ten^{4} ten^{4}（揗，吞^{4}）

滑溜溜（指油多而滑）。

【滑溜】 wad^{6} leo^{6}

光滑：个头梳得几～〔头发梳得真光滑〕｜细蚊仔皮肤好～〔小孩子的皮肤真光滑〕。

【滑脱脱】 wad^{6} tüd$^{3-1}$ tüd$^{3-1}$

滑滑的；滑溜溜的。

wag

【啯（嚄）】 wag^{1}（画^{1}）

能说会道〔有贬意〕：嗰把嘴真～〔那张嘴真会说〕。

【啯啯（嚄嚄）】 wag^{1} wag^{1}（画^{1}）

呱呱（指说话声音响亮；形容人爱

说话)：成日口～〔整天呱呱叫〕。

【画鬼脚】wag⁶ guei² gêg³

一种类似抓阄的游戏。〖又叫“揿鬼脚”。〗

【画公仔画出肠】wag⁶ gung¹ zei² wag⁶ cêd¹ cêng⁴

比喻说得过分露骨，把忌讳的或不必说的也说出来了。

【画耳上墙】wag⁶ yi⁵ sêng⁵ cêng⁴

形容人无心听取：佢都～，一于懒睬〔他根本无心听取，不理不睬〕｜大家要用心记住，咪～〔大家要用心记牢，别不听〕。

【*划花口面】wag⁶ fa¹ heo² min⁶

指通过散布谣言等手段暗中损害别人的形象。

【划坏钟馗】wag⁶ wai⁶ zung¹ kuei⁴

形容人相貌丑陋难看。

wai

【*歪乌连】wai¹ wu¹ lin¹

小提琴。〖“歪乌连”是英语 violin 的音译。〗

【淮山】wai⁴ san¹

山药；薯蓣(多指切成干片的)。

【淮盐】wai⁴ yim⁴

椒盐(花椒炒制过后磨碎加上盐制成)。

【槐枝】wai⁴ ji¹

荔枝的一种，是最普通的品种，可以烤晒成荔枝干。

【坏到加零一】wai⁶ dou³ ga¹ ling⁴ yed¹

比喻坏到透顶。

【坏骨】wai⁶ gued¹

淫秽的；下流的；意识不良的。

【坏鬼】wai⁶ guei²

坏的；不良的：唔好讲埋啲～嘢〔不要尽说那些乌七八糟的事儿〕｜你啲～习惯要改嘞〔你的坏习惯可要改了〕。

wan

【湾】wan¹

❶水流弯曲的地方。珠江三角洲一带多用作地名：荔枝～(在广州)｜铜锣～(在香港)｜黑沙～(在澳门)。❷停泊：～艇｜呢度～得好多船〔这里能停泊很多船〕。

【玩】wan²(玩，读音 wun⁶)

捉弄；耍弄；糊弄：你唔好随便～人呀〔你别随便糊弄别人啊〕｜你想～边个〔你想糊弄谁〕？

【玩出火】wan² cêd¹ fo²

因不认真而出现麻烦：咪乱嚟，因住～〔别乱来，当心闯祸〕。

【玩马骝】wan² ma⁵ leo⁴⁻¹

耍猴子。

【玩新人】wan⁴⁻² sen¹ yen⁴⁻²

闹新房。

【玩嘢】wan² yé⁵

耍手段。转指玩弄人：你噉做即系～嗻〔你这样做是在玩弄人罢了〕！｜佢唔系诚心想合作，～嗻〔他不是诚心想合作，玩手段罢了〕。

【玩完】wan² yün⁴

❶结束(一次游戏)；干完(一件事)。❷中断(爱情)：行咗半年就

~咯〔谈了半年的恋爱就吹了〕。❸比喻死去。

【挽】wan$^{5-2}$

❶提；提溜（dī liū）：~水｜~住个手抽〔提溜着一个手提篮〕。❷挎：佢只手~住个箩〔她的胳膊挎着一个小提箩〕。

【挽鞋】wan^{5} hai^{4}

提鞋。为人提鞋表示做他的仆人：输畀你就同你~〔（如果）输给你就替你提鞋〕｜~都唔要呢种人呀〔给我提鞋都不要这种人啊〕。

【挽油瓶】wan^{5} you^{4} ping^{4}

妇女带着孩子改嫁。

【还】wan^{4}

连词。用在两个重复的名词、动词、形容词或代词之间，表示要区分两种不同的东西或情况：雪~雪，冰~冰，唔系一样嘅嘢〔雪是雪，冰是冰，不是一样的东西〕｜好嘅~好嘅，烂嘅~烂嘅，分开放〔好的归好的，烂的归烂的，分开放〕｜你~你，我~我，点能混为一谈呢〔你是你，我是我，怎么能够混为一谈呢〕！

【还神】wan^{4} sen^{4}

对神还愿。

【挽手】wan^{5} seo^{2}

提梁。

【鲩鱼】wan^{5} yü^{4}

草鱼；青鱼。

wang

【吰】wang^{1}（横^{1}）

砸锅；吹；出娄子；坏事（败事）：呢次又搞~晒〔这次又砸锅了〕｜差啲畀佢搞~咗〔差点儿给他坏了事〕｜佢两个早就~晒〔他们俩早就吹了〕。

【横嘣嘣】wang^{4} bang^{1} bang^{6}

❶横着：张长凳~噉拃住个门口〔这条长凳横着放挡着门口〕｜唔好~噉行〔不要横着走〕。❷形容人蛮横，蛮不讲理。

【横财就手】wang^{4} coi^{4} zeo^{6} seo^{2}

横财到手；发了横财。

【横掂】wang^{4} dim^{6}

副词。反正；横竖：~都冇用咯，掉咗佢啦〔反正都没有用了，把它扔了吧〕｜~都系一式〔反正都是一样〕。

【横街窄巷】wang^{4} gai^{1} zag^{3} hong$^{6-2}$

小街小巷。

【横九掂十】wang^{4} geo^{2} dim^{6} seb^{6}

❶横竖都是一样：~都系噉嘅啦，怕乜〔反正都是这样，怕什么〕。❷无论如何：你~都要同我做埋佢〔你无论如何都要给我干完〕。

【横脷】wang^{4} léi^{6}（脷，利）

沙肝：猪~。

【横门】wang^{4} mun$^{4-2}$

侧门；旁门。

【横丫肠】wang^{4} nga^{1} cêng$^{4-2}$

❶阑尾（即一般人所说的“盲肠”）。❷比喻想头多、坏主意多：我直肠直肚，冇乜~嘅〔我心直口快，没什么别的想头的〕｜佢~多咗啲〔他的想头多了点〕。

【横丫路】wang^{4} nga^{1} iou^{6}

岔路。

【横额】wang^{4} ngag$^{6-2}$

❶横批。❷横匾。

【横手】wang^{4} seo^{2}

❶以不正当手段来伤害人：最怕佢出～〔最怕他使用不正当的手段伤人〕。❷受雇替人行凶者。

【横水艔】wang^{4} sêu^{2} dou$^{6-2}$（艔，度$^{6-2}$）

渡船（供渡河用的船）。

【横】wang^{6}

连接两边的短横木：梯～｜椅～。

wé

【嘢】wé^{5}（华野切）

❶垮（指衣服过于柔软，穿着挺不起来）。❷咧开：成日～起个嘴〔整天咧开嘴巴〕｜件衫～晒〔衣服咧开了〕。

wed

【屈】wed^{1}

❶弄弯；撅：～铁线〔弯铁丝〕｜～断咗〔撅断了〕。❷扭：～亲只脚〔扭伤了脚〕。❸绕：～去后便〔绕到后边去〕。❹蜷缩（身体）：佢～埋嗰个角落头度〔他蜷缩在角落里〕｜成日～喺屋企做乜〔整天蹲在家里干什么〕！❺冤屈；冤枉：冇人～你承认〔没有人冤屈你承认〕。

【屈亲】wed^{1} cen^{1}

扭伤；崴：～条腰｜只脚～咯〔脚崴了〕。

【屈气】wed^{1} héi^{3}

憋气（有怨气发泄不出）。

【屈尾十】wed^{1} méi^{5} seb^{6}

比喻掉头：一个～走咗〔一掉头溜掉了〕。

【屈闷】wed^{1} mun^{6}

心中憋气发闷。

【*屈蛇】wed^{1} sé^{4}

用小船偷运非法入境者进入香港。

【*屈水】wed^{1} sêu^{2}

勒索。

【屈头鸡】wed^{1} teo^{4} gei^{1}

孵不出壳的鸡（蛋内已成鸡，但不出壳）。

【屈头鸡仔】wed^{1} teo^{4} gei^{1} zei^{2}

同“屈头鸡”。

【屈质】wed^{1} zed^{1}

❶局促；拥挤（指房屋等不宽敞）：呢间房太～喇〔这屋子太局促了〕｜台椅摆得唔齐整，觉得灵舍～〔桌椅板凳摆得不整齐，觉得特别拥挤〕。❷憋闷：冇事做，喺屋企鬼咁～〔没事干，在家憋得慌〕。

【煀（爩）】wed^{1}（屈）

熏：～鸡｜蚊｜烟～眼。

【核】wed^{6}（读音 hed^{6}）

核儿；籽儿：榄～〔橄榄核儿〕｜西瓜～〔西瓜籽儿〕。

【搰】wed^{6}（鹘）

晃动：～嚟～去〔晃来晃去〕｜～一～支香〔把香晃～晃〕。

【鹘突】wed^{6} ded^{6}

❶冒失；鲁莽；愣：事先未通知就去揾人，怕～过头〔事先没通知就

W

去找人，怕太冒失了〕｜呢个人有啲～〔这个人有点愣〕。❷难看；肉麻：呢啲字写得真～〔这些字写得真难看〕。

wei

【威】wei¹

美；漂亮（指小孩的衣着）：呢件衫仔真～〔这件小衣裳真漂亮〕｜确系～。

【威化饼】wei¹ fa³ béng²

维夫饼干（以面粉、蛋、牛奶等制成的饼食）。〖"威化"是英语 wafer 的译音。〗

【威猛】wei¹ mang⁵

人的外表显得威风强壮：睇佢几高大～〔看他多高大雄壮〕。

【威水】wei¹ sêu²

❶鲜艳：好～嘅被面〔很鲜艳的被面〕。❷醒目：嗰幅画好～〔那幅画很醒目〕。❸神气（因穿了合身而美观的衣服而显得精神饱满）：佢着起呢件衫灵舍～〔他穿起这件衣服格外神气〕。

【威士】wei¹ xi²

废棉纱头。〖"威士"是英语 waste 的音译词。〗

【威吔】wei¹ ya²（吔，衣哑切）

钢丝。〖"威吔"是英语 wire 的音译词。〗

【委实】wei² sed⁶

确实：～系我买嘅〔确实是我买的〕。

【位】wei⁶⁻²

位置；座位：啱啱够～〔座位刚刚够〕。

【喂】wei³⁻²

常用于句末，表示疑问：人呢～〔人呢〕？｜唔知系唔系呢～〔不知道是不是呢〕？

【为】wei⁴

计算成本：呢啲嘢～起嚟几多钱〔这些东西算起来多少钱〕？｜呢啲砖～五文一百〔这些砖成本五块钱一百块〕。

【为得过】wei⁴ deg¹ guo³

划得来：唔～〔划不来〕｜加工费五文～〔加工费五块钱划得来〕。

【为唔过】wei⁴ m⁴ guo³

划不来；不合算：你嘅开支大，～〔你的开支大，划不来〕。

【为皮】wei⁴ péi⁴⁻²

❶成本：做呢个柜～要几多钱〔做这个柜子成本要多少钱〕？❷成本高的：小规模生产太～喇〔小规模生产成本太高了〕。

【…为真…】wei⁴ zen¹

…才是；…才是对的：瞓觉～〔睡觉才是〕｜食嘢～〔吃东西才是对的〕。

【惟独是】wei⁴ dug⁶ xi⁶

只是；只不过：呢度乜都好，～冬天太冷〔这里什么都好，只是冬天太冷〕。

【唯有】wei⁴ yeo⁵

❶只有：～佢唔肯〔只有他不愿意〕。❷只好：冇办法，我～噉做〔没办法，我只好这样做〕｜～我嚟做系啦〔只好我来做算了〕。

【[1]围】wei⁴

量词。桌（用于酒席）：两～梅酌〔两桌喜酒〕。

【[2]围】wei⁴

❶屯；村子：呢条～有两个姓〔这个村子有两个姓〕。❷珠江三角洲地区用堤围围起来的大片田地。

【围壆】wei⁴ bog³

堤围，堤坝。

【为口奔驰】wei⁶ heo² ben¹ qi⁴

为了糊口而奔跑劳碌。

【为乜】wei⁶ med¹〔乜，物¹〕

为什么：你～唔去〔你为什么不去〕？

【为乜嘢】wei⁶ med¹ yé⁵

同“为乜”。

【为食】wei⁶ xig⁶

馋；嘴馋：～仔〔嘴馋的小孩〕。

【为食猫】wei⁶ xig⁶ mao¹

馋鬼（多指小孩）；馋猫：呢个正一～〔这个真是馋猫〕。

【为咗】wei⁶ zo²（咗，左）

为了：～实现四个现代化，要努力学习。〖“为咗”是根据普通话“为了”对译出来的词，会上发言或读报时多用。〗

【卫生麻雀】wei⁶ sang¹ ma⁴ zêg³

不赌钱或仅是小输小赢的麻将。

【卫生衣】wei⁶ sang¹ yi¹

绒衣。

wen

【瘟咁】wen¹ gem³

昏头昏脑地；一个劲儿地：咪～春〔别乱闯〕｜你唔使～做〔你不必一个劲儿地干〕。

【瘟瘟沌沌】wen¹ wen¹ den⁶ den⁶

迷迷糊糊，不大清醒，有点昏晕的样子。

【揾】wen²（稳）

❶找：～边个〔找谁〕？｜～乜嘢〔找什么〕？❷介词。用：～盐腌｜～水洗｜～刀切。

【揾笨】wen² ben⁶

骗人；骗；讨便宜：佢想～〔他想骗人〕｜注意人哋揾你笨〔注意人家骗你〕｜你揾唔到我笨〔你骗不了我〕｜想～呀〔想讨便宜吗〕？

【揾餐食餐】wen² can¹ xig⁶ can¹

挣一顿吃一顿。形容穷苦人的生活状态。又叫“餐揾餐食”。

【揾大乡里】wen² da⁶ hêng¹ léi⁵

同“揾老衬”。

【揾丁】wen² ding¹

骗人（指利用别人的愚昧而欺骗）。

【揾工】wen² gung¹

找工作。

【揾嚟辛苦】wen² lei⁴ sen¹ fu²（嚟，黎）

自找辛苦劳累：搬嚟搬去，～嘅嗻〔搬来搬去，自找辛苦罢了〕。

【揾朝唔得晚】wen² jiu¹ m⁴ deg¹ man⁵

有上顿没下顿。

【揾嚟】wen² lei⁴

自找；自讨：你即系～做〔你等于白干〕｜～嬲〔自寻烦恼〕｜～衰〔自讨倒霉〕。

【揾两餐】wen² lêng⁵ can¹

混口饭吃：我哋都系～嘅嘛〔我们只不过混口饭吃罢了〕。

【揾老衬】wen² lou⁵ cen³
骗人；使人上当受骗；使人吃亏（粗俗的说法）。

【揾老婆】wen² lou⁵ po⁴
讨老婆；找对象。

【揾窿路】wen² lung¹ lou⁶
找门路。

【揾米路】wen² mei⁵ lou⁶
找活路，找生活出路。

【揾钱】wen² qin⁴⁻²
❶挣钱：两个人～三个人食饭〔两个人挣钱三个人生活〕。❷谋生：靠做工～｜出外便～〔外出谋生〕。

【揾世界】wen² sei³ gai³
谋生；找生活：出门～咯〔出门谋生去了〕。

【揾食】wen² xig⁶
❶觅食。❷谋生：旧时穷人～艰难〔过去穷人谋生困难〕。

【揾嘢做】wen² yé⁵ zou⁶（嘢，野）
找工作；找职业。

【揾着数】wen² zêg⁶ sou³
找便宜：你想嚟～呀，第度啦〔你想来找便宜吗，到别处去吧〕。

【稳阵】wen² zen⁶
稳重；稳当：佢做嘢好～〔他做事很稳重〕｜放喺夹万就最～啦〔放在保险柜里就最稳当了〕｜张台唔～㗎〔桌子不稳〕。

【揾周公】wen² zeo¹ gung¹
戏称睡觉：佢早就去～咯〔他早就睡觉了〕。

【揾】wen³（温³）
❶圈（牲畜、家禽等）：夜晚要～好啲畜生〔晚上要把牲口圈好〕。❷监禁；关：～住啲俘虏先〔先把俘虏关起来〕｜～入黑房〔关进黑房〕。

【匀】wen⁴
❶遍（用在动词之后作补语）：嗰本书我揾～书架都冇〔那本书我找遍了书架都没有〕｜咁多资料都睇～晒〔那么多资料都看遍了〕｜行～全国〔走遍全国〕。❷量词。次：去过两～｜一人读一～｜每～都系佢第一〔每次都是他第一〕。

【匀巡（循）】wen⁴ cên⁴
匀称；均匀：个个都系咁大，好～〔每个都一般儿大，很匀称〕｜撒谷种要撒得好～㗎〔撒谷种要撒得很均匀〕。

【云纱】wen⁴ sa¹
广东云纱；香云纱（丝织品，有黑色和本色两种颜色，有图案花纹）。

【云石】wen⁴ ség⁶
大理石（因云浮产的在本省最有名，故称）。

【云吞】wen⁴ ten¹
馄饨。

【云吞面】wen⁴ ten¹ min⁶
馄饨面条（馄饨加面条煮在一起的面食）。

【云耳】wen⁴ yi⁵
木耳。

【晕浪】wen⁴ long⁶
❶晕船。❷形容某些男人见了女色后神魂颠倒的样子。

【晕酡酡】wen⁴ to⁴ to⁴

W

头发昏，有旋转的感觉：琴晚瞓唔好，今早成朝～〔昨夜睡不好，今天早上总是昏沉沉的〕。

【魂魄唔齐】wen⁴ pag³ m⁴ cei⁴
魂飞魄散，形容人十分惊恐：吓到佢～〔把他吓得魂飞魄散〕。

【魂精】wen⁴ zéng¹（精，读音 jing¹）
太阳穴。

【魂头】wen⁴ teo⁴
灵魂，魂儿：睇佢冇咗～噉〔看他丢了魂儿似的〕｜你失咗～呀，乱咁舂〔你丢了魂儿吗，乱闯乱撞〕！

【混吉】wen⁶ ged¹
徒劳无功；无效的劳动（多指帮忙而不起作用）：你要帮手就好好哋做，唔好喺度～〔你要帮忙就好好干，别在这儿瞎摆弄〕。

【运】wen⁶
❶绕道：～路行〔绕道走〕｜～嗰便好行啲〔绕那边儿走好一点〕｜～上海去北京。❷从；打：～边度去近啲〔打哪儿去近一点〕？〖广州话的“运”和普通话的“从”用法不一样。“运”是动词或者用作介词，“从”是介词。“从上到下”，“从南到北”广州话都不能用“运”，但可以用“由”：“由上到下”、“由南到北”。〗

【运脚】wen⁶ gêg³
运费。

【运滞】wen⁶ zei⁶
❶运气不好：～起上嚟，饮滚水都鲠颈〔运气一不好，喝开水都会噎着〕。❷倒霉：你话几～吖，差两个字都赶唔到〔你说多倒霉呢，差十分钟都赶不到〕！

wén

【輼仔】wén¹ zei²
十四座位的旅行车。〖“輼”（wén¹）是英语 waggon 的音译。〗

weng

【啵】weng⁶（宏⁶）
圈儿（用于条状的圈儿）：水上面一～一～噉几好睇（水上面一圈儿一圈的很好看）｜月光有个～，想落雨咯〔月亮周围有个晕圈，想下雨了〕。

wi

【喴哗鬼震】wi¹ wa¹ guei² zen³
（喴，蛙衣切）
喧哗嘈杂。

wing

【永世】wing⁵ sei³
一辈子：喺海南岛～都睇唔到雪〔在海南岛一辈子都看不到雪〕｜呢件事我～都记得〔这件事我一辈子都忘不了〕。

【抆】wing⁶（泳）
扔：～咗佢〔把它扔了〕。

【抆头】wing⁶ teo⁴
摇头。

wo

【¹ 窝】wo¹

铆（指用锤子把铆钉打紧）：～一眼钉〔铆一口钉〕。

【² 窝】wo¹

特指把整个生鸡蛋打在滚开的汤、粥等之内煮熟的烹饪方法：我中意食～蛋饭〔我喜欢吃整个生鸡蛋打在里面的饭〕｜～只蛋落汤度〔打一个鸡蛋到汤里〕。

【窝钉】wo¹ déng¹

铆钉。

【喎（喎）】wo³

语气助词。用于陈述句末。❶使表达的意思带上感情色彩，相当于普通话的“啊、呀、啦”：系～，我谂起身嘞〔对啊，我想起来了〕｜啲餸味道唔错～〔这菜味道不错呀〕｜记住咯～〔记住啦〕。❷表示对事实的确认：相当于普通话的“呢”：佢唔喺度～〔他不在这里呢〕。

【禾】wo⁴

稻子；稻苗；禾苗：种～｜割～。

【禾杈】wo⁴ ca¹

一种用来叉稻草的农具，长柄的一端有两个略弯的长齿。

【禾杈髀】wo⁴ ca¹ béi²

叔伯兄弟（姐妹）的关系：佢两个唔系亲生兄弟，系～嚟㗎〔他们俩不是亲兄弟，而是叔伯兄弟〕｜佢系我嘅～大佬〔他是我的堂兄〕。

【禾虫】wo⁴ cung⁴⁻²

轮沙虫，红色，体扁长，可以吃，生殖季节雌雄合群游入有潮水涨落的稻田或淡水河里。

【禾花雀】wo⁴ fa¹ zêg³

一种田间小鸟，学名黄胸鹀，类似麻雀。秋凉时成群飞来广东各地，啄食谷粒，为害很大。

【禾秆】wo⁴ gon²

稻草。

【禾秆草】wo⁴ gon² cou²

同“禾秆”。

【禾秆冚珍珠】wo⁴ gon² kem² zen¹ ju¹（冚，卡砍切）

熟语。稻草盖着珍珠。意指有钱的人表面上装得很穷的样子，也指珍贵的东西被掩盖在不惹人注目的外表之下。

【禾镰】wo⁴ lim⁴

镰刀。

【禾熟啷头】wo⁴ sug⁶ gem² teo⁴

形容人打瞌睡时头下垂的样子。

【禾田】wo⁴ tin⁴

稻田。

【禾塘】wo⁴ tong⁴

晒场（上面铺有灰沙的场地，晒谷物用）。

【禾桶】wo⁴ tung²

旧时水稻脱粒用的农具，状为圆形大木桶。

【禾雀】wo⁴ zég³

一种小鸟，旧时有人驯养来叼签卜卦。

【禾造】wo⁴ zou⁶

❶水稻的一茬。❷水稻的收成。❸水稻收割前后的一段时间。

W

【和过】wo⁴ guo³

原指不分胜负，引申为平局、收支平衡。

【和味】wo⁴ méi⁶

佳味；美味（多指小食品）。

【和暖】wo⁴ nün⁵

温；温和：冲凉水～就得咯〔洗澡水温的就行了〕。

【和事酒】wo⁴ xi⁶ zeo²

为调解纠纷或表示和好而设的酒席。

【喎】wo⁵（窝⁵）

语气词。❶表示反诘的语气：畀晒你～〔你以为全部都给你吗〕？｜系啰～〔才不是呢〕！❷表示转达别人的意见：佢叫你翻去～〔他叫你回去〕｜佢话噉唔好～〔他说这样不好呢〕。❸表示惊讶、嫌弃：你睇佢咁勤力～〔你看他多用功啊〕｜咁贵～，我唔买〔那么贵，我不买〕｜哎吔，咁深～〔哎唷，那么深哪〕！❹表示争辩（语气较婉转）：你走～，梗快过我行啦〔你跑了嘛，当然比我走快了〕。〖“喎”的声调末尾略降，第❸、❹两义项也可以读第4调（阳平）。第❷义项如转达者本人也同意转达的内容，一般读第3调（阴去），有与对方商量的意思。〗

【喎妥】wo⁵ to⁵

不实际；不可靠；糟糕：乜呢件事搞得咁～〔怎么这件事情搞得这么糟糕〕？｜佢做嘢好～嘅，你唔好靠佢〔他做事很不实际，你不要依靠他〕。

【搗（腡）】wo⁵（窝⁵）

❶（蛋类）变坏：～蛋｜呢只鸡蛋～咗〔这个鸡蛋坏了〕。❷引申指事情弄坏了，北京口话叫“娄”（lóu）：呢次又～晒〔这次又娄了〕。

wog

【鑊】wog⁶

铁锅（一般用生铁铸成，炒菜或煮饭用）。

【鑊铲】wog⁶ can²

锅铲。

【鑊底噉面】wog⁶ dei² gem² min⁶

形容人黑着脸，满脸怒色。

【鑊气】wog⁶ héi³

用大火炒菜时，菜肉中所带的油香气味。

【鑊捞】wog⁶ lou¹

锅底烟子（锅底黑烟灰）。

wong

【枉】wong²

白白地；徒劳地：真系～做咯〔真是白干了〕｜～你行咗一次添〔真白白地让你走了一趟〕｜～做人〔白活了〕。

【枉费】wong² fei³

白白耗费：你教佢呀，～心机啦〔你教他，白费力气了〕。

【惶】wong²（读音 wong⁴）

❶惊惶失措；慌张（多指牲畜）：赶到只鸡～晒〔把那只鸡赶得惊惶失措〕。❷（机械等）难以控制：我部单车车头好～〔我的自行车车

头不好控制〕。

【王】wong$^{4-2}$

扑克中的“K”。

【王老五】wong^{4} lou^{5} ng^{5}

单身汉。

【黄】wong^{4}

成熟：禾～咯〔稻子熟了〕丨木瓜重未～乜滞〔木瓜还不怎么熟〕。

【*黄大仙】wong^{4} dai^{6} xin^{1}

比喻乐意满足别人要求的人。道教著名神仙黄初平，人称黄大仙。香港黄大仙祠享有盛名，民间传说黄大仙有求必应，所以有这样的比喻。

【黄花筒】wong^{4} fa^{1} tung$^{4-2}$

黄花鱼：～咸鱼〔咸黄花鱼〕。

【黄蜂】wong^{4} fung^{1}

马蜂。

W

【黄蜂窦】wong^{4} fung^{1} deo^{3}（窦，读音 deo^{6}）

马蜂窝。

【黄猄（麖）】wong^{4} géng^{1}

麂子。

【黄狗毛】wong^{4} geo^{2} mou$^{4-1}$

同“黄狗头”。

【黄狗头】wong^{4} geo^{2} teo^{4}

金毛狗，多年生大型蕨类，地下茎粗大，外有黄色绒毛，去皮后可以吃，也可以入药。

【黄瓜酸】wong^{4} gua^{1} xun^{1}

酸黄瓜。

【黄蠄（犬）】wong^{4} hün^{2}（蠄，读音 hin^{2}）

蚯蚓。

【黄蜞】wong^{4} kéi^{4}

蚂蟥。

【黄禽禽】wong^{4} kem^{4} kem^{4}

黄得暗淡难看。

【黄绿医生】wong^{4} lug^{6} yi^{1} sang^{1}

庸医（指医术不高明，靠行医骗钱的医生）。

【黄马褂】wong^{4} ma^{5} gua^{3}

指皇亲国戚。比喻受到企业或其他单位负责人宠信重用的人。

【黄面婆】wong^{4} min^{6} po^{4}

旧时男人指自己住在乡下的妻子（含贬意）。

【黄毛】wong^{4} mou$^{4-1}$

黄头发：～仔〔黄头发的年轻人〕。

【黄泥】wong^{4} nei^{4}

黄土。

【黄芽白】wong^{4} nga^{4} bag^{6}

大白菜。

【*黄牛】wong^{4} ngeo^{4}

指炒卖戏票、车船票等的黑社会分子。

【黄牛党】wong^{4} ngeo^{4} dong^{2}

同“黄牛”。

【黄泡髧熟】wong^{4} pao^{1} dem^{3} sug^{6}（髧，多暗切）

形容人脸色萎黄，浮肿的样子。

【黄泡仔】wong^{4} pao^{1} zei^{2}

患浮肿病的人（有贬意）。

【黄皮】wong^{4} péi$^{4-2}$

一种树果，皮黄或黄褐色，味酸甜，核多。

【黄粟】wong^{4} sug^{1}

黍子；黄米。

【黄熟】wong^{4} sug^{6}

(脸色）萎黄：佢个面口好～，唔知有乜病〔他的脸色很黄，不知有什么病〕。

【黄糖】wong⁴ tong⁴
红糖。

【黄黄瘀瘀】wong⁴ wong⁴ yü² yü²
形容某些东西不新鲜或不好看。

【黄丝蚁】wong⁴ xi¹ ngei⁵
黄色的小蚂蚁。

【黄净】wong⁴ zéng⁶
黄得均匀而漂亮。

【往年时】wong⁵ nin⁴ xi⁴
往年：呢度～都几热闹嘅〔这里往年是相当热闹的〕。

【往时】wong⁵ xi⁴⁻²
从前；过去：～佢唔系噉样嘅〔过去他不是这个德性的〕。

【往日】wong⁵ yed⁶
同“往时”。

【往阵】wong⁵ zen⁶
同“往阵时”。

【往阵时】wong⁵ zen⁶ xi⁴⁻²
同“往时”。

【旺】wong⁶
❶热闹；繁华：嗰条街好～〔那条街很热闹〕。❷生意兴隆：呢间铺头真～〔这家商店生意真好〕。❸旺盛（如旺季、旺月等，与普通话同）。

【旺菜】wong⁶ coi³
淡菜，即贻贝肉的干品。因生意忌“淡”，人们反其意而叫“旺”。

【旺铺】wong⁶ pou³
繁华地段的店铺；生意兴隆的店铺：～出租。

【旺市】wong⁶ xi⁵
生意兴隆，市场兴旺。

【旺月】wong⁶ yüd⁶
旺季，生意兴旺的时期。

wu

【污(乌)糟】wu¹ zou¹
肮脏。

【污(乌)糟邋遢】wu¹ zou¹ lad⁶ tad³
❶肮脏（比“污糟”语气加强一些）。❷下流：讲埋晒啲～嘢做乜〔老说那些下流的东西干什么〕！

【污(乌)糟猫】wu¹ zou¹ mao¹
比喻满身肮脏的孩子。

【乌啄啄】wu¹ dêng¹ dêng¹（啄，多香切）
❶一点不懂；莫名其妙：听佢讲完我重系～〔听他说完了我还是一点不懂〕。❷不了解；不知情：对呢件事，我完全～〔对这件事，我完全不了解〕。

【乌灯黑火】wu¹ deng¹ hag¹ fo²
黑灯瞎火（一点儿亮也没有）。

【乌东东】wu¹ dung¹ dung¹
同“乌啄啄”。

【乌鸡】wu¹ gei¹
衣服上的霉斑（黑色斑点）：生～〔起霉〕。

【乌龟】wu¹ guei¹
替卖淫的女人拉客的男人。

【乌口乌面】wu¹ heo² wu¹ min⁶
同“黑口黑面”。

【乌榄（杬）】wu¹ lam⁵⁻²

洋橄榄；齐墩果（成熟后紫黑色，烫熟去核腌制晒干后叫“榄角”，作咸菜用，果仁可以榨油）。

【乌褴苟褛】 wu^{1} lam^{4} geo^{2} leo^{5}

形容衣衫褴褛：唔好诈穷嘞，而家着得～噉做乜嗝〔别装穷了，现在穿得破破烂烂的干吗〕？

【乌喱单刀】 wu^{1} léi^{1} dan^{1} dou^{1}

糊里糊涂；一塌糊涂。

【乌喱马扠】 wu^{1} léi^{1} ma^{5} ca^{5}（扠，茶^{5}）

形容字写得乱七八糟。

【乌劣劣】 wu^{1} lüd^{1} lüd^{1}（劣，读音 lüd^{3}）

黑黑的（黑得发亮）：佢嘅头发～，真好睇〔他的头发黑黑的，真好看〕。

【乌龙】 wu^{1} lung$^{4-2}$

糊涂（不负责任，错漏百出）：你做事唔好咁～至得㗎〔你做事不要那么糊涂才行〕。

【乌龙球】 wu^{1} lung$^{4-2}$ keo^{4}

足球比赛，防守队员误将球打进本队球门。

【乌龙王】 wu^{1} lung$^{4-2}$ wong^{4}

糊涂虫。

【乌眉瞌睡】 wu^{1} mei^{4} heb^{1} seu^{6}

打瞌睡；昏昏欲睡：个个都～噉，系唔系琴晚打牌呀〔个个都昏昏欲睡的，是不是昨晚打牌了〕？

【乌墨墨】 wu^{1} meg^{6} meg^{6}

同“乌啄啄”。

【乌面猫】 wu^{1} min^{6} mao^{1}

比喻满脸肮脏的小孩子。

【乌头】 wu^{1} teo^{4}

❶鲻鱼，常见的食用海鱼。❷比喻精神萎靡不振的人。

【乌啥啥】 wu^{1} sê^{4} sê^{4}（啥，蛇靴^{4}切）

同“乌啄啄”。

【乌嘢】 wu^{1} wé^{5}（嘢，华野切）

怪物。形容蓬头垢面的样子：睇佢似晒只～噉〔看他煞像一只怪物〕。

【乌蝇】 wu^{1} ying$^{4-1}$

苍蝇。

【乌卒卒】 wu^{1} zêd^{1} zêd^{1}

头发乌黑发亮的样子。

【糊仔】 wu$^{4-2}$ zei^{2}

用米粉煮成糊状，供婴儿食用。

【偽（伍）低】 wu^{3} dei^{1}（偽，乌^{3}）

俯下：～头〔低头〕｜～条腰〔向下弯腰〕。

【胡天胡帝】 wu^{4} tin^{1} wu^{4} dei^{3}

胡闹；乱搞乱闹：呢班细路喺度～，搞得大家都唔安宁〔这些小孩在这里乱打乱闹，弄得大家都不安宁〕。

【胡混】 wu^{4} wen^{6}

❶胡闹。❷混日子。

【胡胡混混】 wu^{4} wu^{4} wen^{6} wen^{6}

庸庸碌碌：～又一年。

【湖水蓝】 wu^{4} sêu^{2} lam^{4}

湖绿（淡绿色）。

【葫芦】 wu^{4} lou$^{4-2}$

虚假的东西（多指言语）：咪信佢啲～嘢〔别相信他吹牛〕。

【葫芦王】 wu^{4} lou$^{4-2}$ wong^{4}

爱吹牛撒谎的人。

【胡鬑须】 wu^{4} lim^{4} sou^{1}

络腮胡子。

【胡须】 wu^{4} sou^{1}

胡子。

【胡须公】 wu⁴ sou¹ gung¹

大胡子（胡子多而长的人）。

【胡须勒特】 wu⁴ sou¹ leg⁶ deg⁶

胡子满脸的样子：呢个人～，真肉酸〔这个人满脸胡子，真难看〕。

【胡须佬】 wu⁴ sou¹ lou²

大胡子。

【胡须刨】 wu⁴ sou¹ pao⁴⁻²

同“须刨”。

【芋荚】 wu⁶ hab³（荚，读音 gab³）

芋头的叶柄，腌制后可作菜食用。

【芋乸】 wu⁶ na²（乸，拿²）

大芋头。因其身上往往附生着小芋头，像母亲带着小孩，故称。

【芋仔】 wu⁶ zei²

小芋头。

【护国菜】 wu⁶ guog³ coi³

一种以甘薯叶为主要原料做的羹。

wui

【¹煨】 wui¹

把食物埋在炭火中烤熟。

【²煨】 wui¹

用炮打：用大炮～佢〔用大炮轰他〕|～佢几炮〔打他几炮〕。

【回】 wui⁴

退：～货|～礼〔退回部分贺礼〕。

【回南】 wui⁴ nam⁴

指天气由冷转暖或刮南风，空气湿度大：～天|大～|呢两日～，地都湿晒〔这两天刮南风反潮，地有点湿〕。

【回水】 wui⁴ sêu²

退钱。

【回佣】 wui⁴ yung²

回扣：要收百分之三嘅～〔要收百分之三的回扣〕。

【会弹唔会唱】 wui⁵ tan⁴ m⁴ wui⁵ cêng³

会弹琴但不会唱。“弹”又指抨击、批评。比喻人只会批评、指责别人而不会做事。

【会错意】 wui⁶ co³ yi³

误解；误会：我～，其实我亦都系同意你嘅意见嘅〔我误会了，其实我也是同意你的意见的〕。

wun

【碗头饭】 wun⁵ teo⁴ fan⁶

用大碗盛放的盖浇饭。

【碗碗碟碟】 wun² wun² dib⁶ dib⁶

锅碗瓢盆。

【换膊】 wun⁶ bog³

扛、挑、抬东西时换肩。

【换转】 wun⁶ jun³

调换：～你嚟做啦〔调换让你来做吧〕。

【换马】 wun⁶ ma⁵

戏指组织、机构等更换某个岗位成员。

X

xi

【司马秤】xi¹ ma⁵ qing³
一种旧的秤，比市秤大。

【私伙局】xi¹ fo² gug⁶
民间乐社。

【私家】xi¹ ga¹
私人的：～车〔私人汽车〕｜～医生。

【私己】xi¹ géi²
私房钱。

【私隐】xi¹ yin²
隐私（不愿公开的个人私事）。

【思缩】xi¹ sug¹
拘束；不大方：大方啲，唔好咁～〔大方一点，不要那么拘束〕。

【思思缩缩】xi¹ xi¹ sug¹ sug¹
❶拘束：佢一见到生暴人就～嘅〔他一见到陌生人就很拘束的〕。❷蹑手蹑脚：有人喺嗰度～，唔知搞乜嘢〔有人在那里蹑手蹑脚，不知搞什么名堂〕？❸因寒冷而蜷缩：冻就着番件衫，唔好喺度～〔冷就穿衣服，别在这儿缩成一团〕。

【思疑】xi¹ yi⁴
怀疑：我总～佢搞咗乜嘢鬼〔我总怀疑他搞了什么鬼〕｜成日～人哋系唔啱嘅〔整天怀疑人家是不对的〕。

【师姑】xi¹ gu¹
尼姑。

【师奶】xi¹ nai⁵⁻¹
原指师母，或稍有社会地位的人的妻子，后来用作对一般年纪稍大的妇人的尊称。

【师太】xi¹ tai³⁻²
师母；师娘。

【师爷】xi¹ yé⁴
❶指专门出计谋的人。❷比喻多谋而有点老夫子味道的人。❸形容那种我行我素有点迂腐的性格。

【丝发】xi¹ fad³
丝绸；绸缎（现已少用）：～戏服〔绸缎戏服〕。

【丝瓜】xi¹ gua¹
有棱丝瓜。〖普通话也有“丝瓜”一词，兼指有棱丝瓜和无棱丝瓜。广州话称无棱丝瓜为“水瓜”。〗

【丝瓜络】xi¹ gua¹ log³
老丝瓜的瓤。可入药，或用来洗刷器具。

【丝苗】xi¹ miu⁴
一种优质晚稻，米粒细长，饭香而软滑可口。

【丝母】xi¹ mou⁵⁻²
螺母；螺帽。

【斯文淡定】xi¹ men⁴ dam⁶ ding⁶
形容人举止文雅大方，说话从容得体：呢个女系大家闺秀，认真～〔这个女孩是大家闺秀，确实文雅大方〕。

【撕票】xi¹ piu³
土匪绑架人质，勒索不遂后，把人质杀掉。

【狮头鹅】xi¹ teo⁴ ngo⁴
鹅的一种，体型大，头上肉瘤高起。

【狮子擘大口】xi¹ ji² mag³ dai⁶ heo²
狮子大开口。比喻要价太高，或条件太苛刻：你～，边个敢同你买嘢啯〔你狮子大开口，谁敢买你的东西呀〕！

【蛳蚶】xi¹ hem¹
蚶子，即瓦垄子或瓦楞子。

【屎】xi²
差劲；水平低；没本事：咁～嘅〔那么差劲的〕！｜～棋〔臭棋；棋艺很差〕。

【屎波】xi² bo¹
❶球艺低。❷引申作水平低；差劲：佢做嘢冇咁～嘅〔他干活不会这么差劲的〕｜咁～，实考唔到啦〔水平这么低，肯定考不上了〕。

【屎虫】xi² cung⁴
粪蛆。

【屎斗】xi² deo²
❶差劲：噉都唔会，咁～〔这样都不会，真差劲〕。❷质量差：呢停货咁～，边个要呀〔这种货物质量这么差，谁要呀〕？

【屎窟】xi² fed¹
屁股：打～。

【屎窟窿】xi² fed¹ lung¹
肛门；屁股眼儿。

【屎急】xi² geb¹
大便憋；有便意。

【屎计】xi² gei³⁻²
❶不高明的见解、计谋。❷鬼主意；馊主意；诡计：一肚～〔一肚子鬼主意〕。

【屎军师】xi² guen¹ xi¹
低能的参谋。

【屎坑】xi² hang¹
大便处；厕所。

【屎坑计】xi² hang¹ gei³⁻²
馊主意；拙劣的计谋：你啲～呃唔到人〔你的馊主意骗不了人〕。

【屎棋贪食卒】xi² kéi⁴ tam¹ xig⁶ zêd¹
棋艺不高的人贪吃卒子。形容无大志的人只能做些小事。

【屎桥】xi² kiu⁴⁻²
馊主意；不高明的计谋：净出埋晒啲～，有用〔尽出些馊主意，没用〕。

【屎眼】xi² ngan⁵
肛门。

【屎片】xi² pin³⁻²
尿布：押～〔掖尿布〕｜换～。

【屎塔】xi² tab³
马桶：倒～。

【屎塔盖】xi² tab³ goi³
马桶盖子。谑称理得不好的发型。

【屎氹关刀】xi² tem⁵ guan¹ dou¹
（氹，徒凛切）
歇后语，后一句是"闻（文）唔闻得，舞（武）唔舞得"，形容人没有本事，干什么都不行。

【屎艇】xi² téng⁵
运粪便的小船。比喻低贱而简陋的东西：你搞唔好就龙船唔够～快

〔你弄不好就龙船赛不过龚艇了〕| 顺风~，快夹臭〔熟语。多用来评价文章，虽然写得快，但质量低劣〕。

【试工】xi³ gung¹
试用被雇用者。

【试过】xi³ guo³
曾经有过；曾经出现过：我前个月~屙肚，好厉害〔我上月拉过肚子，很严重〕| 呢度未~落雪〔这里没下过雪〕。

【试味】xi³ méi⁶
尝味（做菜肴时尝一尝）。

【试身】xi³ sen¹
试衣（买衣服时试穿一下）。

【时不时】xi⁴ bed¹ xi⁴
有时；常常：佢~都会嚟下嘅〔他有时会来一下〕| ~见佢嚟〔常常见他来〕。

【时菜】xi⁴ coi³
当令的菜蔬。

【时款】xi⁴ fun²
时髦的款式。

【时候】xi⁴ heo⁶
❶时间：够~咯〔时间到了；到点了〕| ~唔够〔时间不够〕| 赶~。❷某事发生的时间；事情、过程或情况经过的时间：而家系乜~喇，重唔郁身〔现在什么时候了，还不动身〕？

【时症】xi⁴ jing³
流行病。

【时哩沙啦】xi⁴ li⁴ sa⁴ la⁴（沙，读音 sa¹；啦，读音 la¹）
形容事情进展快捷：人手多，~就做好喇〔人手多，呼噜哗啦就干完了〕。

【*时唛】xi⁴ meg¹（又音 xi⁴ mag¹。唛，麦¹）
时髦；漂亮：乜你咁讲~嘿〔为什么你那么讲究时髦〕？〖“时唛”是英语 smart 的音译词，现已少用。又作“士唛”。〗

【时文】xi⁴ men⁴
❶旧时婚礼上主持人念的成套的吉祥话语。❷话语：你哋讲乜嘢~呀〔你们说些什么呀〕？| 我同你讲句~〔我跟你说句话〕。

【时年】xi⁴ nin⁴
年成；年头儿：今年~好。

【时辰钟】xi⁴ sen⁴ zung¹
时钟（现已少用，现在多叫“钟”）。

【时辰八字】xi⁴ sen⁴ bad³ ji⁶
生辰八字（人出生的年、月、日、时，各用干支表示，共八个字）

【时时】xi⁴ xi⁴
常常：~锻炼身体 | ~都喺度〔常常都在这儿〕。

【市道】xi⁵ dou⁶
市面；市场状况：今年~几好〔今年市场情况不错〕。

【市况】xi⁵ fong³
同“市道”。

【士巴拿】xi⁶ ba¹ na²
扳手；扳子。〖“士巴拿”是英语 spanner 的音译词。〗

【*士啤軚】xi⁶ bé¹ tai¹（軚，太¹）
备用轮胎。比喻胖人腰部隆起的一圈肥肉。〖“士啤軚”是英语 spare tyre 的译音。〗

【*士钵袖】xi^{6} bud^{1} sêd^{1}
运动衣。〖“士钵袖”是英语 sports shirt 的音译词。〗

【士担】xi^{6} dam^{1}
邮票。〖“士担”是英语 stamp 的音译词。〗

【士的】xi^{6} dig^{1}
手杖；拐棍。〖“士的”是英语 stick 的音译词。〗

【*士多】xi^{6} do^{1}
指贩卖香烟、水果、罐头及其他零碎日用品的小商店。〖“士多”是英语 store 的音译词。

【*士多啤梨】xi^{6} do^{1} bé^{1} léi^{2}
草莓。〖“士多啤梨”是英语 strawberry 的音译词。〗

【士叻】xi^{6} lig^{1}（叻，砾。读音 lég^{1}）
虫胶，红色结晶，半透明，溶于酒精，可作假漆。〖“士叻”是英语 slick 的音译词。〗

【士挞胆】xi^{6} tad^{1} dam^{2}
启辉器；起动器。〖“士挞胆”中的“士挞”是英语 starter 中 start 的译音。〗

【*侍仔】xi^{6} zei^{2}
多指旅馆里招呼客人的人员。

【事不离实】xi^{6} bed^{1} léi^{4} sed^{6}
强调确有其事，事情确实如此，不容抵赖的意思；你亲口同我讲过嘅，～嘛〔你亲自跟我说过的，事情确实是这样嘛〕｜～，佢唔赖得去嘅〔事实就是这样，他是抵赖不了的〕。

【事急马行田】xi^{6} geb^{1} ma^{5} hang^{4} tin^{4}
比喻事情紧急，不择手段（象棋的“马”行日字形，不应行田字形）。

【事干】xi^{6} gon^{3}
事儿；事情：有～〔没事儿〕｜为乜～嗌交〔为什么事情吵架〕?

【事关】xi^{6} guan^{1}
因为，由于：我今日一定要去佢屋企，～有好多急事要请教佢〔我今天一定要上他家去，因为有许多急事要向他请教〕｜点解我唔做呢?～我唔高兴〔为什么我不干呢？因为我不高兴〕。

【事例】xi^{6} lei^{6}
规矩；俗例；先例。

【事头】xi^{6} teo$^{4-2}$
店员对老板、东家、掌柜的称呼。

【事头婆】xi^{6} teo^{4} po^{4}
老板娘。

【事因】xi^{6} yen^{1}
表示因果关系。因为：～我唔识开车，追唔到佢〔因为我不会开车，追不上他〕。

【是必】xi^{6} bid^{1}
也许；一定：佢咁耐都唔嚟，～有乜嘢事咯〔他那么久都不来，也许有什么事了〕｜你噉话咁，佢～唔高兴咯〔你这样说他，他一定不高兴了〕。

【是但】xi^{6} dan^{6}
随便：～买一件〔随便买一件〕｜～叫一个人去。

【是非啄】xi^{6} féi^{1} dêng^{1}（啄，读音 dêg^{3}）
是非篓子；爱搬弄是非的人。

【是非窦】xi^{6} féi^{1} deo^{3}（窦，读音 deo^{6}）
同“是非啄”。

【豉油】xi⁶ yeo⁴
酱油：～鸡｜～碟〔酱油碟子〕。

【豉油樽枳】xi⁶ yeo⁴ zên¹ zed¹
酱油瓶塞。用其既咸又湿的情况形容人下流。广州话"咸湿"是下流、淫秽的意思。

【豉汁】xi⁶ zeb¹
豆豉汁（指捣碎的豆豉）：～排骨｜～鱼。

【莳田】xi⁶ tin⁴
插秧。

【莳禾】xi⁶ wo⁴
插秧。

【视乎】xi⁶ fu⁴
看…而定；取决于：呢件事点处理要～你嘅态度〔这件事怎么处理要看你的态度而定〕。

X

xib

【摄（楔）】xib³
❶掖；插；塞（把薄的东西插进缝里）：～蚊帐〔掖蚊帐〕｜将呢张纸～入门罅度〔把这张纸插进门缝里〕｜～牙罅〔塞牙缝〕。❷垫：～高张台〔把桌子垫高一点〕。❸被外界的冷空气入侵：琴晚畀冷风～咗一下，好似冻亲〔昨晚让冷风吹了一下，好像着了凉〕。

【摄青鬼】xib³ céng¹ guei²
比喻行踪飘忽、行为诡秘的人。

【摄电】xib³ din⁶
同"闪电"。

【摄牙罅】xib³ nga⁴ la³
塞牙缝。形容吃的东西太少：得两片牛肉，唔够我～〔只有两片牛肉，不够我塞牙缝〕。

【摄石】xib³ ség⁶
磁石。

【摄铁】xib³ tid³
磁铁：～吸住好多钉仔〔磁铁吸着许多小钉子〕。

xid

【蚀（赔）】xid³（读音 xig⁶）
亏损；损耗：一斤～咗二两〔一斤亏损了二两〕｜～晒喇〔全亏损了〕｜刀用得耐就～〔刀用久了就磨损〕｜鞋踭～晒喇〔鞋跟全磨平了〕。

【蚀（赔）本】xid⁶ bun²
亏本：～生意｜～货｜蚀晒大本〔亏了大本〕。

【蚀（赔）底】xid⁶ dei²
吃亏：为大众做事唔好怕～〔为大家服务不要怕吃亏〕｜一个换一个唔会～〔一个换一个不会吃亏〕。

xig

【*式】xig¹
冲浪舞；摇摆舞。〖"式"是英语 shake 的音译词。〗

【*色狼】xig¹ long⁴
色鬼；淫虫。

【色水】xig¹ sêu²
颜色；色泽：你中意乜嘢～〔你喜欢什么颜色〕？

【色士风】xig¹ xi⁶ fung¹

一种铜制的管乐器。〖"色士风"是英语 saxophone 的音译词。〗

【色仔】xig¹ zei²

色子。一种游戏用具或赌具。

【息香】xig¹ hêng¹

红或黄色细线香，拜神或熏香用。

【息口】xig¹ heo²

利率：今日～几多〔今天利率多少〕？

【息心】xig¹ sem¹

死心；不再想（某事）。

【饰柜】xig¹ guei⁶

❶橱窗。❷用来陈列饰物或手工艺术品的柜子。

【适值】xig¹ jig⁶

正好：～你开紧会〔正好你在开会〕。

【适啱】xig¹ ngam¹（啱，岩¹）

❶刚才：～你讲过〔刚才你说过〕。❷刚好；合适：呢条裙你着最～喇〔这条裙子你穿最合适了〕。

【识】xig¹

❶认识；懂：我～佢〔我认识他〕｜～字｜你～几种外文？❷会（能够；善于）：我～唱京戏｜又～游水又～打波〔又会游泳又会打球〕。

【识得】xig¹ deg¹

❶认识：我～你。❷懂得；知道：你就～食〔你就懂得吃〕。

【识啲唔识啲】xig¹ di¹ m⁴ xig¹ di¹

一知半解。

【识弹唔识唱】xig¹ tan⁴ m⁴ xig¹ cêng³

比喻人只会批评别人而自己却不会做。

【识性】xig¹ xing³

❶懂事（多用于儿童）。❷有出息（多用于年轻人）。

【识穿】xig¹ qun¹

识破：～敌人嘅阴谋〔识破敌人的阴谋〕。

【识定（埞）】xig¹ déng⁶

认识目的地和到达的路线：佢屋企我唔～〔他家我不知道在哪里〕｜大家～嘅啦〔大家都知道地点了吧〕？

【识嘢】xig¹ yé⁵（嘢，野）

❶懂事；懂人情世故：噉就睇你识唔～嘞〔这就看你懂不懂事喽〕。❷识货：都系你～〔还是你识货〕。

【识精】xig¹ zéng¹（精，读音 jing¹）

耍小聪明；取巧。

【识做】xig¹ zou⁶

❶懂人情世故：喺呢方面佢好～嘅〔在这方面他是很懂人情世故的〕。❷知道该怎么做：呢件事你～㗎啦〔这件事你知道怎么做了吧〕？

【食】xig⁶

❶吃：～饭｜～药｜～得〔能吃〕。❷喝（粥）：～粥。❸抽（烟）：～烟。❹卡紧：螺丝～死咗，拧唔开〔螺丝卡死了，拧不开〕。❺堵住（位置）：你～住个位，对方就冇办法嘞〔你堵着位置，对方就没办法了〕。❻生活：揾～〔找生活，谋生〕。❼膳食：煮～〔做饭〕｜搭～〔搭伙〕｜～宿自理。❽得到；受到：～鸡蛋〔得零分〕｜～猫面〔受到难堪对待〕。

【食霸王饭】xig⁶ ba³ wong⁴ fan⁶

在饭馆用餐后强行不付款。

【**食白果**】xig⁶ bag⁶ guo²

形容白费功夫，没有收获：今日又~嘞〔今天又白费功夫了〕。

【**食北风**】xig⁶ beg¹ fung¹

同“食西北风”。

【**食波饼**】xig⁶ bo¹ béng²

被球击中：佢食咗两个波饼〔他被球击中了两次〕。〖“波”是英语 ball 的译音。〗

【**食餐饱**】xig⁶ can¹ bao²

吃个够：碰到新出荔枝~〔碰上新上市的荔枝就吃个够〕。

【**食七噉食**】xig⁶ ced¹ gem² xig⁶（噉，敢）

旧俗，人死后每过七天丧家都要祭奠亡灵，届时有些人会前来祭奠，并吃一顿饭，叫“食七”。这里用来形容人白吃白喝，也讥笑人狼吞虎咽的样子。

【**食长粮**】xig⁶ cêng⁴ lêng⁴

旧时指享受领退休金养老的待遇。

【**食错药**】xig⁶ co³ yêg⁶

比喻人言行反常：三更半夜大声唱歌，~咩〔深更半夜大声唱歌，吃错了药吗〕？

【**食大茶饭**】xig⁶ dai⁶ ca⁴ fan⁶

靠着不义之财来过奢侈的生活。

【**食大餐**】xig⁶ dai⁶ can¹

参加宴会。

【**食得咸鱼抵得渴**】xig⁶ deg¹ ham⁴ yü⁴ dei² deg¹ hod³

意为做某件事也要同时做好承受负面后果的思想准备：我噉做会得罪人，冇办法，~系啦〔我这样做会得罪人，没有办法，我只好认了〕。

【**食得禾米多**】xig⁶ deg¹ wo⁴ mei⁵ do¹

指人经常收取不义之财：呢个人~至有今日〔这个人大贪不义之财才有今天的下场〕。

【**食冻柑**】xig⁶ dung³ gem¹

用冰冷的手触及别人的皮肤以取乐。

【**食豆腐**】xig⁶ deo⁶ fu⁶

指对女性进行性骚扰。

【**食档**】xig⁶ dong³

小吃摊儿。

【**食饭大过天**】xig⁶ fan⁶ dai⁶ guo³ tin¹

吃饭比天还大，是最重要的事情。

【**食火药**】xig⁶ fo² yêg⁶

形容人脾气暴躁，极易发火：食咗火药咩？啷啲就闹人〔吃枪药了吗？动不动就骂人〕！｜佢今日脾气咁火爆，梗系~嘞〔他今天脾气这么暴躁，肯定是吃枪药了〕。

【**食家**】xig⁶ ga¹

美食家。

【**食夹棍**】xig⁶ gab³ guen³

两面受气；两面受打击：噉样做等于叫我~嘅嗻〔你这样做岂不是要我两面不讨好〕。

【**食夹搦**】xig⁶ gab³ nig¹

吃过了还要拿走。形容人贪心。

【**食九大簋**】xig⁶ geo² dai⁶ guei²

旧时宴席以九个簋盛九样菜肴为最隆重。指吃丰盛的大餐。

【**食贵米**】xig⁶ guei³ mei⁵

骂人不干活光会吃，而且吃量很大，把米都吃贵了。

【**食谷种**】xig⁶ gug¹ zung²

吃老本。

【食过翻寻味】xig^{6} guo^{3} fan^{1} cem^{4} méi^{6}

熟语。吃过了回味起来还想吃。比喻得到好处还想再来。

【食闲口】xig^{6} han^{4} heo^{2}

吃零食。

【食自己】xig^{6} ji^{6} géi^{2}

靠自己的力量：都系～稳阵啲〔还是靠自己稳妥点儿〕。

【食莲子羹】xig^{6} lin^{4} ji^{2} geng^{1}

吃黑枣儿（诙谐的说法，指被枪决）。

【食螺蛳】xig^{6} lo^{4} xi^{1}

比喻说话时突然语塞。

【食唔化】xig^{6} m^{4} fa^{3}

骂人顽固不化。

【食孖圈】xig^{6} ma^{1} hün^{1}

❶旧时老师批改学生作业，认为学生习字本上哪个字写得好，就在字旁加一红圈，特别好的加两圈。得到两圈叫"食孖圈"。比喻受到表彰、赞赏。❷指旧时抽一种孖圈牌子的香烟。

【食猫面】xig^{6} mao^{1} min^{6}

❶挨骂；被申斥：呢次一定会～咯〔这次准会挨骂了〕。❷使人难堪：佢唔会畀你～嘅〔他不会使你难堪的〕。〖"食猫面"原作"识貌面"。人生气翻脸时，板起面孔，给对方难堪，叫"畀个貌面佢识"，后讹为"畀个猫面佢食"，简作"食猫面"。〗

【食味】xig^{6} méi^{6}

味道：呢间饭馆啲餸几好～〔这家饭馆的菜味道相当好〕。

【食无情鸡】xig^{6} mou^{4} qing^{4} gei^{1}

比喻被解雇。参看"无情鸡"条。

【食五指果】xig^{6} ng^{5} ji^{2} guo^{2}

挨栗暴，即被人用弯曲的指节敲打脑袋。

【食晏】xig^{6} ngan^{3}

吃午饭（农村多用）。

【食生菜】xig^{6} sang^{1} coi^{3}

比喻事情容易办：办呢件事易过～啦〔办这件事比吃生菜还容易啦〕。

【食塞米】xig^{6} seg^{1} mei^{5}

斥责人做事糊涂白吃饭：咁大个仔重唔识计数，真系～咯〔这么大了还不会算数，真是白吃饭〕。

【食筛】xig^{6} sei^{1}

吃转球。（打乒乓球、排球用语。）

【食死猫】xig^{6} séi^{2} mao^{1}

背黑锅（指被冤枉）：边个都唔会畀你～嘅〔谁也不会给你背黑锅的〕！

【食西北风】xig^{6} sei^{1} beg^{1} fung^{1}

喝西北风。指没有东西吃，挨饿。

【食神】xig^{6} sen^{4}

口福：你真有～。

【食水】xig^{6} sêu^{2}

❶吃水，即船身入水的深度：呢只船～好浅〔这艘船吃水很浅〕。❷从经手的钱款中公开或不公开地吞没一部分：钱经佢手，梗要畀佢食啲水喋喇〔钱经过他的手，肯定要让他克扣一些的〕｜佢要食两成水？狼啲啩〔他要扣取百分之二十？太狠了吧〕！

【食水太深】xig^{6} sêu^{2} tai^{3} sem^{1}

X

要价太高：手续费要收几百文，系唔系～喇〔手续费要收几百元，是不是要价太高了〕？

【*食拖鞋饭】xig^{6} to^{1} hai^{4} fan^{6}
指专靠与自己有密切关系的女人卖色相过活的人。

【食土鲮鱼】xig^{6} tou^{2} léng^{4} yü$^{4-2}$
旧时戏称主人收女佣人为妾。

【*食皇家饭】xig^{6} wong^{4} ga^{1} fan^{6}
戏指坐牢。

【食枉米】xig^{6} wong^{2} mei^{5}
同“食塞米”。

【食糊（和）】xig^{6} wu$^{4-2}$
打麻将的用语，指某一方的牌合乎赢局的要求。

【食碗面反碗底】xig^{6} wun^{2} min$^{6-2}$ fan^{2} wun^{2} dei^{2}
比喻忘恩负义；向恩人造反。

【食屎屙饭】xig^{6} xi^{2} ngo^{1} fan^{6}
骂人不近人情，没良心，是畜生：佢将老豆赶出门，真系～咯〔他把父亲赶出门，真不是人〕！

【食屎食着豆】xig^{6} xi^{2} xig^{6} zêg^{6} deo^{6}
俗语。本来不好的事情，碰巧又遇到好的机会。又比喻得到意外收获（含贬义）。

【食肆】xig^{6} xi^{3}
酒楼、饭馆等各种饮食点的总称。

【食夜粥】xig^{6} yé^{6} zug^{1}
戏称学武术：佢食过两年～〔他学过两年武术〕。

【食人口水溦】xig^{6} yen^{4} heo^{2} sêu^{2} méi^{1}
同“执人口水溦”。

【食人唔䂻骨】xig^{6} yen^{4} m^{4} lê^{1} gued^{1}（䂻，啦靴切）
形容人凶狠，克扣剥削厉害。

【食人只车】xig^{6} yen^{4} zég^{3} gêu^{1}
意为从对方身上获取过分的利益。

【食软饭】xig^{6} yün^{5} fan^{6}
指男人靠女人养活。

【食诈糊（和）】xig^{6} za^{3} wu$^{4-2}$
打麻将时把未“和”的牌当作和了。比喻判断错误或弄虚作假：其实佢系～咋〔其实他是作假骗人的〕。

【食杂】xig^{6} zab^{6}
吃荤：你哋食斋定～〔你们吃素还是吃荤〕？

【食斋】xig^{6} zai^{1}
❶吃素：去斋菜馆～〔去素菜馆吃素〕。❷指信佛修行：佢～好耐咯〔她信佛修行很久了〕。

【食滞】xig^{6} zei^{6}
吃腻了；消化不良。

【食咗草龙】xig^{6} zo^{2} cou^{2} lung^{4}
形容人说个不停。草龙是喂养鸟的虫子，鸟儿吃了会唱得欢。

【食咗人碗茶】xig^{6} zo^{2} yen^{4} wun^{2} ca^{4}
❶旧俗，女子接受男方茶礼即为订婚。❷比喻曾经受过别人的恩惠。

【食粥】xig^{6} zug^{1}
喝粥。

xim

【闪电】xim^{2} din^{6}
打闪：又行雷又～〔又打雷又打闪〕。

【闪煐】xim^{2} léng^{6}（煐，靓^{6}）

同“闪电”。

【闪缩】 xim² sug¹

鬼祟。

【闪闪炩】 xim² xim² ling³（炩，啦庆切）

平滑得锃亮：你对皮鞋擦得～〔你的皮鞋擦得锃亮〕。

【闪闪缩缩】 xim² xim² sug¹ sug¹

躲躲闪闪，形容害怕别人看见的样子：你唔好～噉，要大大方方噉入去〔你不要躲躲闪闪的，要大大方方地进去〕。

xin

【仙】 xin¹

铜子儿；铜圆。〖“仙”是英语 cent 的音译词。〗

【仙屎】 xin¹ xi²

铜子儿；铜圆；子儿：五个～｜一个～都唔值〔一个子儿都不值〕。〖“仙屎”是英语 cents 的音译词。〗

【¹先】 xin¹

副词。再；才：落咗班～去〔下了班再去〕｜学习完～去玩〔学习完才去玩〕｜谂好晒～写〔想好了再写〕｜搞咗三年～完成〔搞了三年才完成〕。〖另外，“先”广州话与普通话都有作“时间上在前”的意思用，但是普通话把它放在动词之前，广州话把它放在动词之后：你走～〔你先走〕｜等我睇下～〔让我先看一下〕。〗

【²先】 xin¹

前：～晚｜～排〔前些时候〕。

【³先】 xin¹

称东西时秤尾翘起（斤两略多）：一斤～啲〔一斤高一点〕｜称～咗啲〔称多了点〕。

【先不先】 xin¹ bed¹ xin¹

❶首先：你～做个样睇下〔你首先做个样子来看看〕。❷抢先：我哋都未同意，你～就去咯〔我们都没有同意，你就抢先去了〕。❸早先：我～同你讲过嘅喇〔我早先跟你说过了〕。

【先嗰轮】 xin¹ go² lên⁴（嗰，哥²）

同“先嗰排”。

【先嗰排】 xin¹ go² pai⁴⁻²

前些时候；前些日子：～我落咗乡〔前些日子我下了乡〕｜～唔见你〔前些日子见不到你〕。

【先该】 xin¹ goi¹

早应该，本来应该。用于讲述过去了的事情，往往带后悔情绪：搞成噉样，～我自己做〔搞成这个样子，早应该我自己干〕｜～留住佢哋〔本应留住他们〕。

【先好耐】 xin¹ hou² noi⁶

很久以前，很早以前：～呢处系一片空地〔很久以前这里是一片空地〕｜佢～嚟过一次〔他很早以前来过一次〕。

【先至】 xin¹ ji³

同“¹先”。

【先排】 xin¹ pai⁴

同“先嗰排”。

【先生】 xin¹ sang¹

❶老师。❷对一般人的尊称。❸医生。❹引称自己的丈夫或称别人的

丈夫。

【先使未来钱】xin¹ sei² méi⁶ loi⁴ qin⁴
寅吃卯粮。

【先头】xin¹ teo⁴
刚才：～佢嚟过，啱走冇几耐〔刚才他来过，才走不久〕。〖又作“头先”、“求先”。〗

【先时】xin¹ xi⁴
以前：～我哋住喺呢度〔以前我们住在这里〕｜～生活好艰难，而家就好咯〔以前生活很艰难，现在就好了〕！

【先先】xin¹ xin¹
❶早先：～你系点讲嘅〔早先你是怎么说的〕？❷刚才：～佢嚟搵过你〔刚才他来找过你〕。

X

【先一轮】xin¹ yed¹ lên⁴
同“先嗰排”。

【先一排】xin¹ yed¹ pai⁴⁻²
前些时候：～佢嚟过〔前些时候他来过〕。

【鲜菇冧】xin¹ gu¹ lem¹（冧，林¹）
刚长出来的鲜草菇或蘑菇。

【鲜蚝】xin¹ hou⁴
新鲜的生牡蛎：～滚汤〔鲜牡蛎汆汤〕。

【鲜甜】xin¹ tim⁴
鲜（味道鲜美）：清蒸鱼真～〔清蒸鱼真鲜〕。

【线报】xin³ bou³
“线人”所提供的情报。

【线步】xin³ bou⁶
❶针脚：～好密〔针脚很密〕。❷缝在衣物上的线：呢只鞋甩咗～〔这只鞋开绽了〕。

【线络】xin³ log³⁻²
网兜。

【线路板】xin³ lou⁶ ban²
印刷电路板。

【线辘】xin³ lug¹
线轴；木纱团：白～｜黑～。

【线眼】xin³ ngan⁵
接受任务潜伏侦察的人。

【线衫】xin³ sam¹
汗衫（针织品）。

【线人】xin³ yen⁴
接受任务为警方提供情报的人。

【蹁】xin³（扇）
❶打滑：～咗一脚〔滑了一脚〕｜地好湿，因住～咗落去〔地很湿，当心滑了下去〕。❷摔（因滑而摔）：～咗一跤〔摔了一跤〕。

【蹁脚】xin³ gêg³
脚下打滑：河边石头好～〔河边石头很滑〕。

【蹁西瓜皮】xin³ sei¹ gua¹ pé⁴
让人踩着西瓜皮滑倒。比喻暗中使人中圈套：佢畀人～，输得好惨〔他中了别人的圈套，输得很惨〕。

【骟鸡】xin³ gei¹
阉过的公鸡。

【骟生】xin³ sang¹
阉割未彻底的禽畜（多指公鸡）。

【煽情】xin³ qing⁴
❶煽动情绪。❷煽动情欲。

【善款】xin⁶ fun²
为福利慈善事业的捐款。

【善静】xin⁶ jing⁶

沉静，文静，温文尔雅。

【善长仁翁】xin6 zêng2 yen4 yung1
指捐钱做善事的人。

xing

【升】xing1
掴：～咗佢一巴〔掴了他一巴掌〕。

【升降机】xing1 gong3 géi1
旧称垂直上下的电梯。

【升气球】xing1 héi3 keo4
气球。

【星加坡】xing1 ga3 bo1
新加坡。

【星君】xing1 guen1
调皮捣蛋。

【星君仔】xing1 guen1 zei2
小胡闹；调皮捣蛋的小孩。

【星期美点】xing1 kéi4 méi5 dim2
茶楼每星期更换一次花样的咸甜点心。现在也指新花样的点心。

【星铁】xing1 tid3
镀锌铁；白铁；马口铁。〖“星”是英语 zine 音译。〗

【煋】xing1
皮肤被蒸汽熏烫：煲滚水，～亲只手〔煮开水，让蒸汽烫伤手了〕。

【醒】xing2
❶聪明伶俐；机灵：呢个学生好～〔这个学生很聪明伶俐〕。❷了不起；帅；神气：好似好～嗽〔好像很了不起那样〕｜着起呢套军服几～〔穿起这套军服多神气〕。

【醒定】xing2 ding6
注意；当心：～啲，过独木桥喇〔注意着点，过独木桥了〕｜今晚放哨要～啲〔今天晚上放哨要当心些〕。

【醒觉】xing2 gog3
注意，留心：我唔～佢有冇参加嚅〔我没留意他有没有参加〕。

【醒目】xing2 mug6
❶聪明伶俐；机灵：佢好～㗎〔他很聪明伶俐〕｜呢个仔好～〔这个孩子很机灵〕。❷形象明显，容易看清：嗰块招牌好～〔那块招牌很鲜明〕。

【*醒目仔】xing2 mug6 zei2
机灵鬼。

【醒神】xing2 sen4
同“醒”。

【醒水】xing2 sêu2
警觉；觉察：佢好～，嘟啲都知到〔他很警觉，动一下都知道〕｜覷佢两眼重唔～〔瞟他两眼还不觉察〕。

【醒胃】xing2 wei6
指某些食物能使人增进食欲：食咗酸黄瓜真～〔吃了酸黄瓜真开胃〕。

【醒狮】xing2 xi1
民间有喜庆事时常舞动的狮形道具，因其外形精神威猛，故称：请队～嚟助兴〔请一队舞狮子的来助兴〕。

【绳】xing4-2
绳子。

【胜瓜】xing3 gua1
丝瓜。〖广州话的“丝”与“输赢”的“输”音近（有的地方两字同音），有些人因忌讳而改用“胜利”的“胜”。〗

X

【圣诞花】xing³ dan³ fa¹
一品红。俗称“猩猩木”。

【成】xing⁴（又音 séng⁴）
❶成事；成功；定了：我拜托你嗰件事～唔～呀〔我拜托你的那件事成事了没有〕？❷满；整个：～街都系人〔满街都是人〕｜～个买〔整个买〕。❸几乎；将近：～尺长〔几乎一尺长〕｜嚟咗～十个人〔来了将近十个人〕。

【成整】xing⁴ jing²
完整：买只鸡就～啲，好过买湿碎嘢〔买只鸡就像个样儿一点，比买零星的东西好〕。

【*成盘】xing⁴ pun⁴⁻²
成交。

【成世】xing⁴ sei³（又音 séng⁴ sei³）
一生；一辈子：～唔出门〔一辈子没有出过门；一生不出门〕｜～挨饥抵冷，而家享福咯〔一辈子挨饿受冷，现在可享福了〕。

【成身蚁】xing⁴ sen¹ ngei⁵
同“周身蚁”。

【成日】xing⁴ yed⁶（又音 séng⁴ yed⁶）
❶整天：今日我～喺屋企〔今天我整天在家〕。❷老是：～都咁懒〔老是这么懒〕。❸老半天：等咗～咯〔等了老半天了〕。

【承闻】xing⁴ men⁴
客套语，听说。

【承您贵言】xing⁴ néi⁵ guei³ yin⁴
承蒙您的良好祝愿。用于接受别人对自己祝愿，表示感谢并希望这一祝愿实现。

【承惠】xing⁴ wei⁶
多承惠顾。用于售货员或服务员在收钱时对付款顾客表示谢意。有人说“盛惠”。

【诚心】xing⁴ sem¹
存心；故意：你噉做系～捣乱嘅啫〔你这样做，是故意捣乱罢了〕。

【盛】xing⁶
表示不定指，一般用于“又…又盛”的句式。“…”是形容词或动词（有时动词带宾语）。表面上“盛”与形容词或动词并列，实际上是强调形容词或动词本身或它所表示的情况。“又…又盛”相当于普通话“又…又什么的”：呢两朝又冷又～〔这两天早上又冷又什么的〕｜佢真客气，又斟茶又～〔他真客气，又倒茶又什么的〕｜冇人冇～，点讨论呢〔没有人，怎么讨论呢〕？

【盛惠】xing⁶ wei⁶
同“多谢”。

xiu

【消滞】xiu¹ zei⁶
消食：～药｜开胃～｜山楂麦芽最～。

【宵（消）夜】xiu¹ yé⁶⁻²
❶吃夜宵：今晚～｜有啲乜嘢～吖〔吃夜宵有些什么〕？❷夜宵（名词）：唔食就留番做～啦〔不吃就留着作夜宵吧〕。

【烧】xiu¹
❶放（枪、爆竹等）：～枪｜～炮仗〔放鞭炮〕。❷烤：～鸭｜～鸡。

【烧肠】xiu¹ cêng⁴⁻²
一种食品，猪肠衣内填塞猪肉烧烤

而成，相当于北方的“腊肠”或“香肠”。

【**烧骨**】xiu¹ gued¹

烧猪的骨头：～粥。

【**烧腊**】xiu¹ lab⁶

泛称烤制的肉食和腊制的肉食。

【***烧冷灶**】xiu¹ lang⁵ zou³

比喻讨好或帮助失势的要人或可能会得势的人，期望在他得势之时获得好处。

【**烧味**】xiu¹ méi⁶⁻²

烧烤肉食的总称。

【**烧腩**】xiu¹ nam⁵

烧猪中肚腹部分的肉。

【**烧鸭**】xiu¹ ngab³

烤鸭。

【**烧鹅**】xiu¹ ngo⁴⁻²

烤鹅。

【**烧台炮**】xiu¹ toi⁴ pao³

戏称生气时拍桌子。

【**烧坏瓦**】xiu¹ wai⁶ nga⁵

歇后语，下一句是“唔入遝”，意为不能跟其他瓦片叠在一起。比喻不合群的人或指不够资格被列入某一范围。

【**烧衣**】xiu¹ yi¹

旧俗，农历七月十四把彩纸衣、纸钱等烧给死者，并用食品祭奠。

【**烧乳猪**】xiu¹ yü⁵ ju¹

烤小猪。

【**烧肉**】xiu¹ yug⁶

烤猪肉。

【**潇湘**】xiu¹ sêng¹

秀气；苗条：“抵冷贪～”〔熟语。为了显示自己长得秀气而情愿忍受寒冷，少穿衣服〕｜呢对鞋做得好～〔这双鞋做得很秀气〕｜着起呢件衫灵舍～〔穿起这件衣服特别苗条〕。

【***小巴**】xiu² ba¹

小型公共汽车。〖“巴”即“巴士”，是英语 bus 的音译词。〗

【**小肠气**】xiu² cêng⁴ héi³

疝气，即腹股沟疝。

【**小家种**】xiu² ga¹ zung²

指吝啬、小气的人。

【**小鬼升城隍**】xiu² guei² xing¹ xing⁴ wong⁴

比喻小人得势。

【**小气**】xiu² héi³

小心眼儿；气量窄。

【**小学鸡**】xiu² hog⁶ gei¹

小学生（诙谐的说法）。

【***小强**】xiu² kêng⁴

戏称蟑螂。

【**小心无大错**】xiu² sem¹ mou⁴ dai⁶ co³

凡事小心谨慎就不会出现重大的差错。

【**小数怕长计**】xiu² sou³ pa³ cêng⁴ gei³

小小的数目加在一起就成大数，相当于“积少成多”。

【**小肚**】xiu² tou⁵

❶小肚子（人的小腹）。❷做菜肴用的猪、牛、羊等的膀胱。

【**小儿科**】xiu² yi⁴ fo¹

❶医院里诊治儿童病人的部门。❷小意思：呢单嘢系～嘅啫，好简单嘅〔这件事小意思，很简单的〕。❸幼稚：搞呢啲嘢佢重系～〔干这类事情他还很幼稚〕。

【小𦡆】xiu^{2} yim^{2}（𦡆，掩）

肋下（腹部的两侧）：～痛〔腹部两侧痛〕。〖又叫“脍𦡆”。〗

【小造】xiu^{2} zou^{6}

小年，蔬果等收成较少的年份。

【少块膶】xiu^{2} fai^{3} yên$^{6-2}$（膶，闰$^{6-2}$）

少块肝，形容人缺心眼，傻乎乎的。

【少食】xiu^{2} xig^{6}

意为很少抽烟，即不抽烟。作谢绝别人让烟的礼貌用语。

【少少】xiu^{2} xiu^{2}

一点儿；一点点：畀～就够咯〔给一点儿就够了〕｜～之嘛〔一点点罢了〕。

【少】xiu^{3}

对丈夫的兄弟的当面称呼，前面需加上排行：大～〔丈夫的大哥〕｜三～〔丈夫的三哥或三弟〕。“少”是“少爷”的省称。

【少奶】xiu^{3} nai$^{5-1}$

少奶奶（多指年轻的妇女）。

【笑赤（刺）肚】xiu^{3} cég^{3} tou^{5}

笑得肚子都痛了。

【笑大人口】xiu^{3} dai^{6} yen^{4} heo^{2}

让人把嘴巴都笑大了。形容事情十分可笑。

【笑到辘地】xiu^{3} dou^{3} lug^{1} déi^{6}

笑到滚地。形容笑得很厉害。

【笑口噬噬】xiu^{3} heo^{2} sei^{4} sei^{4}（噬，读音 sei^{6}）

龇牙咧嘴的；咧着嘴的假笑（含贬意）：咪睇佢～，其实冇啲真心〔别看他龇牙咧嘴地笑，其实一点儿真心实意也没有〕。

【笑口吟吟】xiu^{3} heo^{2} yem^{4} yem^{4}

微笑的样子。

【笑口枣】xiu^{3} heo^{2} zou^{2}

开口笑（一种油炸点心，用面粉、糖和在一起，揉成球状，表面黏上芝麻，油炸后裂开）。

【笑甩棚牙】xiu^{3} led^{1} pang^{4} nga^{4}（甩，读音 soi^{2}）

笑掉了大牙：呢个字都读错，真系畀人～〔这个字也念错，真是让人笑掉了大牙了〕。

【笑微微】xiu^{3} méi^{1} méi^{1}

微笑的样子；笑眯眯的。

【笑笑口】xiu^{3} xiu^{3} heo^{2}

微笑：佢～噉讲〔他微笑着说〕。

【笑吟吟】xiu^{3} yem^{4} yem^{4}

笑嘻嘻：男男女女都～。

【绍菜】xiu^{6} coi^{3}

同“黄芽白”。

【绍酒】xiu^{6} zeo^{2}

绍兴黄酒；料酒。

【肇菜】xiu^{6} coi^{3}

同“绍菜”。

【肇实】xiu^{6} sed^{6}

肇庆产的芡实。

xu

【书馆】xu^{1} gun^{2}

旧时指学校。

【书友】xu^{1} yeo$^{5-2}$

旧时指同学。

【舒展】xu^{1} jin^{2}

宽阔；宽敞。

【输】 xu¹

以某物打赌（一般用打赌）：你要同我输赌，你话～乜嘢〔你要跟我打赌，你说用什么打赌〕？

【输白地】 xu¹ bag⁶ déi⁶

输精光。

【输到贴地】 xu¹ dou³ tib³ déi⁶

输得很惨；彻底输了。

【输赌】 xu¹ dou²

打赌：你唔信，我同你～〔你不信，我跟你打赌〕。

【输蚀（賒）】 xu¹ xid⁶

❶差劲；差：你以为我～过佢呀〔你以为我比他差吗〕？｜佢唔～过人㗎〔他一点也不比人差〕。❷吃亏：佢乜都唔肯～〔他什么都不肯吃亏〕｜几大都唔～〔无论如何也不要吃亏〕。

【输少当赢】 xu¹ xiu² dong³ yéng⁴

赌博多半要输，输得少就等于赢了。比喻在困难的条件下损失少就算胜利了。

【暑亲】 xu² cen¹

中暑。夏天因气温过高而得病。

【鼠】 xu²

❶偷：防止贼仔～嘢〔防止小偷偷东西〕。❷偷偷拿走（诙谐的说法）：我张凳边个～咗去〔我的凳子谁拿走了〕？

【鼠摸】 xu² mo¹

小偷：我哋呢度治安好，唔见过乜嘢～〔我们这里治安很好，没有见过什么小偷〕。

【处】 xu³（读音 qu³）

处（chù）；地方：一班学生分两～考试〔一班学生分两个地方考试〕｜边个喺～〔谁在这儿〕？｜我喺同学～温习功课〔我在同学家里温习功课〕。

【薯】 xu⁴

笨（有贬意）：～头～脑｜佢一啲都唔～〔他一点儿也不笨〕。

【薯钝】 xu⁴ dên⁶

愚笨；蠢；不灵活。

【薯莨】 xu⁴ lêng⁴

一种用薯莨作染料染成的绸子，质地粗糙而结实，夏天穿用。又叫“薯莨绸”。

【薯佬】 xu⁴ lou²

蠢笨、迟钝的人。

【薯头】 xu⁴ teo⁴

❶笨：佢好～㗎〔他是很笨的〕。❷笨蛋；笨家伙。

【薯头薯脑】 xu⁴ teo⁴ xu⁴ nou⁵

蠢笨、迟钝的样子。

【薯仔】 xu⁴ zei²

马铃薯；土豆。

【竖葱】 xu⁶ cung¹

倒立；拿大顶。

【树大有枯枝】 xu⁶ dai⁶ yeo⁵ fu¹ ji¹

比喻在某一群体内总会有个别的败类。

【树尾】 xu⁶ méi⁵

树梢。

【树头】 xu⁶ teo⁴

树根；树墩：挖～｜坐喺～上面〔坐在树墩上〕。

【树仔头】 xu⁶ zei² teo⁴

树桩盆景中的树木部分。

xud

【雪^{1}】xud^{3}

❶雪：落～〔下雪〕。❷冰：滑～〔溜冰〕｜一嚿～〔一块冰〕。❸冰镇；冻：攞嚿雪嚟～住啲鱼〔拿块冰把鱼镇上〕｜～猪〔冻猪肉〕｜～虾〔冻虾〕｜番薯叶～到黑晒〔白薯叶子冻得全黑了〕。〖广东大部分地区不下雪，广州话里冰雪不分，人造冰也叫“雪”。同样，口语中很多与冰有关的东西都叫“雪”。〗

【雪^{2}】xud$^{3-1}$

叹词。呻吟声：痛到～～声。

【雪藏】xud^{3} cong^{4}

冰镇：～西瓜｜～汽水。

【雪蛤】xud^{3} geb^{1}

哈什蚂，蛙的一种，产于东北各地。

【雪蛤膏】xud^{3} geb^{1} gou^{1}

哈什蚂油（哈什蚂腹内脂肪状的物质）。

【雪糕】xud^{3} gou^{1}

冰淇淋：朱古力～〔巧克力冰淇淋〕。

【雪糕批】xud^{3} gou^{1} pei^{1}

用冰淇淋原料制作成的一种冰棍，形状略扁平。

【雪糕筒】xud^{3} gou^{1} tung$^{4-2}$

蛋筒冰淇淋。

【雪柜】xud^{3} guei^{6}

冰箱：将啲猪肉放入～度〔把那些猪肉放进冰箱里面〕。

【雪珠】xud^{3} ju^{1}

冰雹；雹子：落～〔下雹子〕。

【雪猪】xud^{3} ju^{1}

冻猪肉。

【雪屐】xud^{3} kég^{6}

冰鞋（四个轱辘的旱冰鞋）：滑～〔滑冰〕。

【雪梨】xud^{3} léi^{4}

鸭梨：天津～。

【雪褛】xud^{3} leo^{1}

皮猴儿；棉猴儿；毛皮大衣。

【雪帽】xud^{3} mou$^{6-2}$

风雪帽（毛绒帽子）。

【雪批】xud^{3} pei^{1}

“雪糕批”的省略。

【雪水】xud^{3} sêu^{2}

❶冰冷的水。❷冻雨（天气特别寒冷时下的雨）。

【雪条】xud^{3} tiu$^{4-2}$

冰棍儿：牛奶～。

【雪油】xud^{3} yeo^{4}

润滑油；黄油（作润滑剂用的矿物油）。

【雪耳】xud^{3} yi^{5}

银耳；白木耳。

【雪种】xud^{3} zung^{2}

氟利昂（冰箱、空调机用的制冷剂）。

【说话】xud^{3} wa^{6}

话：乜嘢～都讲晒咯，佢就系唔听〔什么话都说完了，他就是不听〕｜你重有乜嘢～好讲〔你还有什么话好说〕？

xun

【孙】xun^{1}

孙子。

【酸】xun¹

用醋等腌制过的瓜果蔬菜或加上比较多的醋烹制的菜肴：黄瓜～｜萝卜～｜排骨～｜猪脚～。

【酸姜】xun¹ gêng¹

用醋等腌制过的姜。

【酸姜竹】xun¹ gêng¹ zug¹

插酸姜等零食的小竹棍，吃完姜就扔掉。比喻无用的人。

【酸枝】xun¹ ji¹

一种硬木，紫红色，木质坚硬，用来制作名贵家具：～台椅｜～床。

【酸微草】xun¹ méi⁴⁻¹ cou²

酢浆草，一种野生植物，匍匐茎，掌状复叶，共三片，小叶倒心形，有酸味，繁殖力很强，可入药。

【酸微微】xun¹ méi⁴⁻¹ méi⁴⁻¹

酸溜溜：呢啲杨桃唔够熟，有啲～嘅〔这些杨桃不很熟，有点酸溜溜的〕｜～嘅山楂〔酸溜溜的山楂〕。

【酸宂宂】xun¹ dem¹ dem¹（宂，多阴切）

酸溜溜；酸不溜丢（含贬义）。

【酸微仔】xun¹ méi⁴⁻¹ zei²

雀梅藤。常野生在山坡上及路旁，广州有用它作盆景的。果成熟时紫红色，味酸。

【酸梅】xun¹ mui⁴⁻²

梅子。

【酸宿】xun¹ sug¹

汗臭的气味。

【酸宿烂臭】xun¹ sug¹ lan⁶ ceo³

难闻的酸臭味。

【酸宿餲臭】xun¹ sug¹ ngad³ ceo³（餲，压）

由身体发出的多种臭味（尤指汗臭及尿臭等）。

【酸软】xun¹ yün⁵

酸痛。

【损】xun²

（皮肤）损伤；破损：擦～咗浸皮〔擦破了一层皮〕。

【损烂】xun² lan⁶

破损：呢啲系处理品，有些少～〔这些是处理品，有一点破损〕。

【损手烂脚】xun² seo² lan⁶ gêg³

手脚损伤；手脚破损：呢啲药只系医～〔这些药只能医治手脚破损〕。

【损友】xun² yeo⁵

对自己有坏影响的朋友。

X

【蒜子】xun³ ji²

蒜瓣儿。

【蒜子肉】xun³ ji² yug⁶

田鸡大腿上的肉，因像蒜瓣儿，故名。

【蒜心】xun³ sem¹

蒜苔；蒜苗。

【蒜头】xun³ teo⁴

大蒜。〖普通话也有“蒜头”一词，但口语多叫“蒜”或“大蒜”。〗

【算度】xun³ dog⁶

盘算和考虑：呢个问题比较复杂，要认真～下至得〔这个问题比较复杂，要好好考虑才行〕。

【算死草】xun³ séi² cou²

指十分吝啬、计较、善于打小算盘的人。

【算数】xun³ sou³
算了；罢了；拉倒：唔要就～〔不要就拉倒〕｜唔肯就～〔不肯就算了〕｜咁热，唔去就～喇〔那么热，不去就罢了〕。

Y

ya

【吔吔乌】ya⁴ ya⁴ wu¹（吔，宜霞切）
最差的（与"顶呱呱"相反）。

【*也文也武】ya⁵ men⁴ ya⁵ mou⁵
耀武扬威。

【廿】ya⁶（又音 yé⁶）
二十：～四｜～八岁｜十零～岁〔十多二十岁〕｜～几个人。〖"廿"是"二"跟"十"的合音。〗

【廿四孝】ya⁶ séi³ hao³
戏称非常孝顺的人：～女婿｜～心抱〔孝顺媳妇〕。

【廿四向】ya⁶ séi³ hêng³
注意力不集中，动向多变，目的无定：佢都～嘅，冇人知佢到底要做乜〔他主意多变，没有谁知道他到底要干什么〕。也说"卅六向"。

yab

【押²】yab³（衣鸭切）
ngab³ 的又音。

yag

【喫】yag³（衣客切）
吃：～饭｜～乜嘢呀〔吃什么〕？｜好～〔好吃〕。

yai

【踹】yai²（读音 cai²）
❶踩：行路～死蚁〔走路（像）踩死蚂蚁（似的）——比喻走得太慢〕。❷骑（车）：～单车〔骑自行车〕。

yam

【蘸】yam⁵（蘸，宜览切）
蘸；沾：白切肉～豉油〔白切肉蘸酱油〕｜～墨水。

yang

【撑】yang³（衣逕切）
蹬：～一脚｜～开度门〔蹬开这门〕。

X Y

yé

【爷】 yé⁴

父亲；爹：两仔～〔两父子〕。

【爷孙】 yé⁴ xun¹

祖父或外祖父和孙子：两～去边处呀〔爷爷（姥爷）和孙子去哪儿啦〕？

【椰菜】 yé⁴ coi³

洋白菜；卷心菜；圆白菜。

【椰菜花】 yé⁴ coi³ fa¹

菜花。

【椰壳】 yé⁴ hog³

椰树果实的硬壳，可以制作用具、工艺品等。

【椰衣】 yé⁴ yi¹

椰子外壳的纤维：～扫把。

【野鸡】 yé⁵ gei¹

❶非正式的；不合标准的：～大学（指过去某些私立大学）。❷低级妓女；私娼。

【野猫】 yé⁵ mao¹

指有姘夫的女人。

【野味】 yé⁵ méi⁶⁻²

可作菜肴的野生动物。

【野仔】 yé⁵ zei²

私生子。

【惹】 yé⁵

❶传染：伤风咳会～畀人㗎〔伤风咳嗽会传染给人的〕｜佢～咗一身癞渣〔他传染上了一身疥疮〕。❷引起；产生：食糖水易～痰〔喝糖水容易生痰〕。❸挑逗；招；撩拨：佢都想喊咯，咪～佢喇〔他都想哭了，不要逗他了〕。

【惹官非】 yé⁵ gun¹ féi¹

招惹上官司；吃官司：快啲将钱还畀佢，咪～〔快点把钱还给他，免得吃官司〕。

【惹屎上身】 yé⁵ xi² sêng⁵ sen¹

招惹麻烦。

【惹是惹非】 yé⁵ xi⁶ yé⁵ féi¹

招惹是非，惹是生非：呢个仔总系喺外面～〔这孩子总是在外面招惹是非〕。

【¹嘢】 yé⁵（野）

❶东西；货：有～睇〔有东西看〕｜平～〔便宜货〕。❷活儿；事情：做～〔干活儿〕｜讲～。❸家伙（指人及物，指人时有贬意）：呢个～真唔听话〔这家伙真不听话〕｜买油要带～嚟装〔买油要带家伙盛〕。

【²嘢】 yé⁵（野）

量词。下（比较活用）：打咗两～〔打了两下〕｜一～就扑过嚟〔一下就扑过来〕。

【夜】 yé⁶

晚：好～至瞓〔很晚才睡〕｜咁～重嘈乜呀〔这么晚了还嚷嚷什么〕！｜九点钟开会～过头喇〔九点钟开会太晚了〕。〖“夜”，普通话作名词，广州话可作名词，也可作形容词。〗

【夜啲】 yé⁶ di¹（啲，多衣切）

原意是“晚一点”的意思，一般作坚决拒绝对方的要求时的用语，并带有讽刺的味道：你重想好似旧时嗷虾人呀，～啦〔你还想像以前那么欺负人吗，妄想〕！｜你想揦番去呀，～啦〔你想拿回去吗，办不到〕！

【夜工】yé^{6} gung^{1}
夜班工作：今晚要翻～〔今晚要上夜班〕。

【夜学】yé^{6} hog^{6}
夜校：读～。

【夜麻麻】yé^{6} ma$^{4-1}$ ma$^{4-1}$
❶深夜；很晚了：～重唔瞓做乜嘢吖〔那么晚还不睡干什么〕？❷黑夜（指无灯月光亮之夜）：～唔好去咯〔晚上黑黑的，别去了〕。

【夜晚】yé^{6} man^{5}
晚上；夜里：～好静〔晚上很安静〕。

【夜晚黑】yé^{6} man^{5} hag^{1}
同“夜晚”。

【夜游鹤】yé^{6} yeo^{4} hog$^{6-2}$
池鹭。又叫“夜游”。

【夜游神】yé^{6} yeo^{4} sen^{4}
夜猫子（比喻晚上活动的人）：佢惯咗做～，晚晚两三点至瞓〔他习惯了做夜猫子，每天晚上要两三点才睡〕。

yeb

【眲眼】yeb^{1} ngan^{5}
眨眼：～佢就走咗〔眨眼他就走了〕。

【入】yeb^{6}
❶进：放～柜桶〔放进抽屉〕。❷把东西存放在容器里：饼干～起佢就唔会腍〔饼干装起来就不会反潮〕｜啲啲药片～落呢个樽度〔那些药片放进这个瓶子里头〕。

【入边】yeb^{6} bin^{1}
同“入便”。

【入便】yeb^{6} bin^{6}
里头；里边（靠里的地方）：佢坐喺～〔他坐在里头〕｜麻包放喺～，箩放喺开便〔麻包放在里边，箩筐放在外边〕。

【*入册】yeb^{6} cag^{3}
入狱。源自黑话。

【入沓】yeb^{6} dab^{6}
❶言行合乎情理：你呢啲话边处～吖〔你这些话哪里合情理呢〕？❷相投：佢两个就系～〔他俩就是合得来〕。

【入伙】yeb^{6} fo^{2}
迁进新居：你几时～呀〔你什么时候搬进新居去住〕？

【入味】yeb^{6} méi^{6}
指煮食物或腌制东西时，配料的味道进入食物内部，吃着觉得味道可口。

【入墙柜】yeb^{6} cêng^{4} guei^{6}
壁柜；壁橱。

【入笭】yeb^{6} léng^{1}（笭，啦厅切）
进入竹笼。比喻中圈套、上当。

【入心】yeb^{6} sem^{1}
印象、感受进入心坎里：我嘅说话你要记～呀〔我的话你要牢记啊〕。

【入水】yeb^{6} sêu^{2}
灌水，上水：入满水〔灌满水〕。

【入数】yeb^{6} sou^{3}

入账；登账：呢批嘢～未㗎〔这批东西入账了没有〕？

【入围】yeb⁶ wei⁴

❶达到某种标准；进入中奖范围：呢个球队预赛～咯〔这个球队在预赛中通过了〕｜佢买三张马票有两张～〔他买三张马票有两张中奖〕。❷被录取：呢次招收工人，佢～咯〔这次招收工人，他被录取了〕。

【入息】yeb⁶ xig¹

收入：唔知一个月有几多～呢〔不知一个月有多少收入〕？

【入肉】yeb⁶ yug⁶

（刺激、损失）程度深：痛到～。

【入罪】yeb⁶ zêu⁶

定罪。

【翕手】yeb⁶ seo²

招手：～叫佢嚟〔招手喊他来〕。

yed

【一】yed¹

放在某些重叠的单音形容词中间，表示"很"的意思，这样的结构一般作补语：揿到实～实〔摁得紧紧的〕｜扮到靓～靓〔打扮得很漂亮〕｜搽到红～红〔涂抹得十分红〕。〖有时"一"字消失，前面的形容词变读作第二调。例如"红一红"变读为 hung⁴⁻² hung⁴，"慢一慢"变读为 man⁶⁻² man⁶。〗

【一把火】yed¹ ba² fo²

怒不可遏；怒火中烧；无名火起：提起佢我就～〔一提起他我就无名火起〕｜畀佢激到～〔给他气得不得了〕。

【一把嘴】yed¹ ba² zêu²

❶形容人话多：大家坐埋，就系佢～〔大家聚在一起，就是他话多〕。❷能言善辩：佢～㗎，你唔够佢讲嘅〔他能言善辩的，你说不过他的〕。

【一便】yed¹ bin⁶

一边儿…：～睇，～听〔一边儿看，一边儿听〕。

【一本通书睇到老】yed¹ bun² tung¹ xu¹ tei² dou³ lou⁵

比喻守旧、迂腐、死板。

【一𩘹𡁻】yed¹ bung⁶ cêu⁴（𩘹，罢哄切；𡁻，除）

一股气味：呢处有～，好难闻〔这里有一股味，很难闻〕。

【一沉百踩】yed¹ cem⁴ bag³ cai²

指某人一旦倒霉，众人都来欺负。

【一抽一掕】yed¹ ceo¹ yed¹ leng³（掕，啦凳切）

一串串的（一般指提着的东西）：菩提子～真系多啰〔葡萄一串串的真多呀〕｜佢买咗咁多嘢，～嘅〔他买了这么多东西，手提溜着一包一包的〕。

【一大早】yed¹ dai⁶ zou²

大清早：～去边处呀〔大清早上哪儿去啊〕？

【一担担】yed¹ dam³ dam¹

半斤八两：佢两个一个懒，一个贪食，都系～咯〔他们两个一个懒，一个贪吃，都是半斤八两了〕。

【一等一】yed¹ deng² yed¹

最好的；顶尖儿的；超级的：呢度

嘅服务真系～喇〔这里的服务是一流的〕。

【一窦喽】yed¹ deo³ leo³（窦，读音 deo⁶）
一窝一窝的；整整一窝：～仔女〔一窝子女〕。

【一堆趺】yed¹ dêu¹ lêu¹（趺，雷¹）
一堆堆的；成堆成堆的：粪要～噉放〔粪要成堆成堆地放〕。

【一啲】yed¹ di¹
❶一点儿：有～就够。❷通通；全部：佢～都要埋〔他全部都拿去了〕｜～都唔啱〔一点也不对〕。

【一啲啲】yed¹ di¹ di¹
❶一点点：味精放～就够。❷表示因情况不同而异：～啦，有好有坏〔各有各的情况，有好也有坏〕。

Y

【一度】yed¹ dou⁶
一次；一番：咖啡～〔喝一番咖啡〕｜西装～〔穿一身西装〕｜风流～〔快活一阵子〕。

【一峒都冇】yed¹ dung⁶ dou¹ mou⁵（峒，洞）
原意指打牌全部输光，引申作“毫无办法”、“一钱不值”的意思：畀佢搞到～〔给他弄到毫无办法〕｜畀人闹到～〔给人家骂得一钱不值〕。

【一家便宜两家着数】yed¹ ga¹ pin⁴ yi⁴ lêng⁵ ga¹ zêg⁶ sou³
双赢（做一件事双方都得到好处）。

【一家大细】yed¹ ga¹ dai⁶ sei³
全家老小。

【一脚踢】yed¹ gêg³ tég³
❶独自干某事，没有助手：呢度乜嘢都系我～〔这里什么事情都是我一个人干〕。❷全；通通：呢啲嘢～买晒佢啦〔这些东西全部买去吧〕！

【一脚牛屎】yed¹ gêg³ ngeo⁴ xi²
形容人土气。

【一鸡死，一鸡鸣】yed¹ gei¹ séi², yed¹ gei¹ ming⁴
指在事物的发展中，总是优胜劣汰，商店有倒闭的也有开张的，但生意总有人去做。

【一嚿饭】yed¹ geo⁶ fan⁶（嚿，旧）
形容人笨拙无能、不灵活（诙谐的说法）：佢好似～噉，乜都唔会做〔他像个饭桶似的，什么都不会干〕。

【一嚿溜】yed¹ geo⁶ leo⁶
一块块的；一团团的：佢成身起咗～嘅嘢〔他全身长了一块块的东西〕。

【一嚿云】yed¹ geo⁶ wen⁴
❶糊里糊涂；迷迷糊糊：你做乜～噉喋，咁清楚嘅道理你都唔明白〔你干吗糊里糊涂的，这么明显的道理你都不懂〕。❷指人说话杂乱，使听者摸不着头脑：佢讲得～噉，我都唔知佢讲乜〔他说话乱七八糟，我不知道他要说什么〕。

【一嚿水】yed¹ geo⁶ sêu²
戏称一百元。也说“一尺水”。

【一句讲晒】yed¹ gêu³ gong² sai³
❶总而言之：～，我唔同意噉做〔总而言之，我不同意这么做〕。❷表示不容解释、不必多说：～，就噉决定喇〔不必多说了，就这么决定〕。

【*一句钟】yed¹ gêu³ zung¹
一个钟头；一个小时。

【一哥】yed¹ go¹

❶第一把手（某个单位、部门的最高领导人。不严肃的说法）。❷争强好胜的人；从不承认失败的人。

【一个饼印】yed¹ go³ béng² yen²

形容两个东西彼此酷似，像用一个模子做出来的：佢两兄弟真系～噉〔他两兄弟就像一个模子做出来的〕。

【一个对】yed¹ go³ dêu³

一昼夜：佢～都未瞌过眼〔他一昼夜都没有合过眼〕｜呢啲药顶得～〔这些药能顶一昼夜〕。

【一个骨】yed¹ go³ gued²

四分之一，如果指时间就是一刻钟，指重量就是四分之一磅，指长度就是四分之一英尺：五点～〔五点一刻〕｜～牛油〔四分之一磅牛油〕。〖“骨”是英语 quarter 的音译词。〗

【一个字】yed¹ go³ ji⁶

五分钟：两点～〔两点五分〕。〖“一个字”相当于普通话的五分钟，“两个字”是十分钟，其余类推。有时省去后面两字，只剩下一个数字，如：两点四〔两点二十分〕｜六点十〔六点五十分〕。〗

【一个二个】yed¹ go³ yi⁶ go³

一个个；每个：～听住，我有话讲〔每个人都听着，我有话说〕｜～都出晒去〔一个个都出去了〕。

【一个钟】yed¹ go³ zung¹

一个小时；一个钟头。

【一下】yed¹ ha⁵

一下子。

【一系】yed¹ hei⁶

要吗…；或者：～坐车，～坐船｜～你嚟，～我去搵你〔或者你来，或者我去找你〕。

【一口价】yed¹ heo² ga³

铁定的价；不二价。

【一壳眼泪】yed¹ hog³ ngan⁵ lêu⁶

一把眼泪；泪涟涟；伤心落泪：提起呢件事就～咯〔提起这件事就伤心落泪了〕。

【一支公】yed¹ ji¹ gung¹

一个人（诙谐的说法，指男性）：得佢～喺屋企〔只有他一个人在家〕｜～去睇戏冇瘾〔一个人去看戏没意思〕。

【一自…】yed¹ ji⁶

一边儿…：唔好～行路～睇书〔不要一边儿走路一边儿看书〕。

【一自自】yed¹ ji⁶ ji⁶

逐渐地：睇见嗰只股票～噉涨，真系开心咯〔看见那个股票逐渐地涨，真是高兴啊〕｜个仔～大，衫都唔啱着咯〔儿子一天天长大，衣服都不合穿了〕。

【一字咁浅】yed¹ ji⁶ gem³ qin²

道理非常浅显：噉重使指点咩，～〔这还用指教吗，道理这样浅〕｜～，边个都识啦〔这不是明摆着吗，谁都知道啦〕。

【一字角】yed¹ ji⁶ gog³

角落（泛指）：缩埋～〔缩在角落里〕。

【一字马】yed¹ ji⁶ ma⁵

劈叉，两腿伸直向相反的两边分开，臀部着地。

【一住…】yed¹ ju⁶

同“一自…”。

【一箸夹中】 yed¹ ju⁶ gab³ zung³

比喻一下子就猜中或者一下子抓住关键所在，解决了问题。

【一砖豆腐想升仙】 yed¹ jun⁶ deo⁶ fu⁶ sêng² xing¹ xin¹

吃了一块豆腐就以为修炼成仙。比喻人一知半解就以为了不起，或急于求成，想一步登天。

【一㖡掕】 yed¹ kueng³ leng³

❶成串的东西：～锁匙〔一大串钥匙〕。❷引申为全部的：我～买晒〔我一股脑儿买了〕。

【一理通，百理明】 yed¹ léi⁵ tung¹，bag³ léi⁵ ming⁴

懂得一个事理，其他的可以触类旁通。

【一轮】 yed¹ lên⁴

❶一段时间；一阵子：呢～你去边呀〔这一段时间你到哪里去了〕？❷一顿；一番：畀人话咗～〔让人说了一顿〕。

【一乐也】 yed¹ log⁶ ya⁵

形容遇事快乐，心情舒畅：退咗休，每日湊孙、钓鱼、捉棋，～咯〔退休以后，每天带孙子、钓鱼、下棋，真舒畅啊〕！

【一路】 yed¹ lou⁶

❶一贯；一向：佢～都唔食烟嘅〔他一向都不抽烟的〕。❷一边…：～行～谂嘢〔一边走一边想东西〕。

【一路路】 yed¹ lou¹ lou⁶

逐渐地：～冷咯。

【一辘杉】 yed¹ lug¹ cam³

原指一根杉木，因“杉”是硬邦邦的死物，后用来比喻呆板，不灵活的人。

【一辘葛】 yed¹ lug¹ god³

形容人愚笨、死板、不灵活：用脑想想嘛，～噉〔动脑筋想想嘛，像个木头人似的〕！

【一辘木】 yed¹ lug¹ mug⁶

同“一辘杉”。

【一辘薯】 yed¹ lu¹ xu⁴

同“一辘葛”。

【一窿蛇】 yed¹ lung¹ sé⁴

比喻一伙坏人；一丘之貉：佢几个都系～〔他们几个都是一丘之貉〕。

【一唔系】 yed¹ m⁴ hei⁶

同“一系”。

【一唔系嘅话】 yed¹ m⁴ hei⁶ gé³ wa⁶⁻²

同“唔系嘅话”。

【一马还一马】 yed¹ ma⁵ wan⁴ yed¹ ma⁵

一事归一事。

【一味】 yed¹ méi⁶⁻²

总是；只是；一个劲儿：～挂住玩〔总是惦记着玩儿〕｜～做，也都唔理〔一个劲儿地干活，别的都不管〕｜佢～喺度画画，边度都唔去〔他只是在那里画画，什么地方都不去〕｜～靠吓〔只是靠吓唬人〕。〖普通话也有“一味”一词，但口语用得少，意思是“单纯地”，用法与广州话也不完全相同。〗

【一面屁】 yed¹ min⁶ péi³

（被人骂得）满面羞惭：畀人闹到～〔给人骂得满面羞惭〕。

【一凹一凸】 yed¹ neb¹ yed¹ ded⁶

凹凸不平；坑坑洼洼：条路～，真难行〔这路坑坑洼洼的，真难走〕。

【一粒神】 yed¹ neb¹ sen⁴⁻²

一角；一毛钱（诙谐的说法。两毛钱叫“两粒神”，余类推）。

【一粒色】yed¹ neb¹ xig¹
形容人的个子小：你～噉就想学人打排球啦〔你个子这么小就想学打排球〕？

【一粒嘢】yed¹ neb¹ yé⁵（嘢，野）
同“一粒神”。

【一额汗】yed¹ ngag⁶ hon⁶
形容心情紧张或惊慌的样子：急得我～｜你紧张到～〔你紧张得满头大汗〕。

【一岩一窟】yed¹ ngam⁴ yed¹ fed¹
高低不平；坑坑洼洼：你个头剪得～噉〔你的头发剪得坑坑洼洼的〕。

【一眼关七】yed¹ ngan⁵ guan¹ ced¹
一眼关照到前、后、左、右、上、下、中七个方面，比喻要照顾、注意到很多方面的事情。

【一眼睇晒】yed¹ ngan⁵ tei² sai³
一目了然；一览无遗：写得好清楚，我～咯〔写得很清楚，我一目了然了〕｜公司就呢几个人，～〔公司就这么几个人，一览无遗〕。

【一眼针有两头利】yed¹ ngan⁵⁻² zem¹ mou⁵ lêng⁵ teo⁴ léi⁶
熟语。意为事物总是有利也有弊，或者人不可能每一方面都突出，各种利益不能兼得。

【一轮嘴】yed¹ lên⁴⁻² zêu²
滔滔不绝地说，多指花言巧语：认错啦，咪～辩驳咯〔认错吧，别花言巧语辩解了〕。

【一匹布咁长】yed¹ ped¹ bou³ gem³ cêng⁴
形容事情复杂，一言难尽，说来话长：呢件事讲起来～〔这件事说来话长〕。

【一坺迾】yed¹ pad⁶ lad⁶（坺，婆辣切；迾，辣。又音 yed¹ péd⁶ léd⁶）
一摊摊的（指糊状物）：将啲泥搞到～噉〔把烂泥搞得一摊摊的〕。

【一拍行】yed¹ pag³ hang⁴
并排走；肩并肩地走：两只船～｜佢两个～〔他俩肩并肩地走〕。

【一拍两散】yed¹ pag³ lêng⁵ san³
双方散伙。

【一排】yed¹ pai⁴
一段时间：我要有～至还，得吗〔我要过一段时间才还，行吗〕？

【一排□】yed¹ pai⁴ lai⁴（□，罗鞋切）
一排一排的；成排成排的：摆成～噉〔摆成一排一排的〕｜呢啲屋～都油咗灰水〔这些房子成排成排都刷了白灰水〕。

【一泡气】yed¹ pao¹ héi³
一肚子气：激到我～噉〔气得我一肚子气〕。

【一皮】yed¹ péi⁴
❶一圈，一围：呢个缸比嗰个缸大～〔这个缸比那个缸大一圈〕｜呢排我瘦咗～〔这段时间我瘦了一圈〕。❷（相差）一个等级：你同佢差咗～〔你跟他相差一个等级〕。❸戏称一元钱。

【一仆一辘】yed¹ pug¹ yed¹ lug¹
跌跌撞撞地；连滚带爬地：吓到佢～噉走〔吓得他连滚带爬地跑〕。

【一撇嘢】yed¹ pid³ yé⁵

一千圆（诙谐的说法，因“千”字头一笔是撇。二千圆叫“两撇嘢”余类推）。

【一盘水】yed¹ pun⁴ séu²
一万圆（诙谐的说法）。

【一碰三斗油】yed¹ pung³ sam¹ deo² yeo⁴
形容人脾气火爆，稍有不顺即发脾气：呢个人你咪惹佢，~〔这个人你别惹他，一碰就会发火〕。

【一次过】yed¹ qi³ guo³
一次性（只此一次）：今年~收五百文卫生费〔今年一次性收五百元卫生费〕。

【一实】yed¹ sed⁶
一定；肯定；准：~系咯〔一定是了〕｜我睇佢~唔制〔我看他肯定不干〕｜你噉样答~冇错〔你那样回答准没错〕。

Y

【一世人】yed¹ sei³ yen⁴
一辈子：我~未见过。

【一身筋】yed¹ sen¹ gen¹
形容辛苦：呢几日做到我~〔这几天做得我疲惫不堪〕。

【一身蚁】yed¹ sen¹ ngei⁵
形容招惹了不少麻烦：做呢件事一定会惹到~〔做这件事一定会惹到很多麻烦〕。

【一身潺】yed¹ sen¹ san⁴
（惹出了）一大堆麻烦。

【一身腥】yed¹ sen¹ séng¹
比喻满身麻烦：搞到我~〔弄得我满身麻烦〕。

【一身松】yed¹ sen¹ sung¹
一身轻松：完成晒工作就~咯〔完成了工作就一身轻松了〕。

【一手一脚】yed¹ seo² yed¹ gêg³
继续独自干某件事，完成某项工作：等我~做埋佢啦〔（这件事是我干过的）让我继续把它干完吧〕！

【一梯两伙】yed¹ tei¹ lêng⁵ fo²
楼房每层只有两家住户。

【一头…】yed¹ teo⁴…
一边儿…：佢~煮饭~睇书〔他一边儿做饭一边儿看书〕。

【一头半月】yed¹ teo⁴ bun³ yüd⁶
半个月左右：呢次要~至翻嚟〔这回要半个月左右才能回来〕。

【一头家】yed¹ teo⁴ ga¹
家庭的大小事务：一个人担~真唔容易呀〔一个人负责一个家的事务真不容易啊〕。

【一头家务】yed¹ teo⁴ ga¹ mou⁶
一摊子家务事：我~，唔顾得其他咯〔我一摊子家务事，管不了其他了〕。

【一头雾水】yed¹ teo⁴ mou⁶ sêu²
糊里糊涂；不了解情况：呢件事我都~，唔知头共尾〔这件事我不清楚，不知首尾〕。

【一头烟】yed¹ teo⁴ yin¹
❶形容人非常忙：忙到我~〔忙得我够戗〕。❷同“一头雾水”。

【一天光晒】yed¹ tin¹ guong¹ sai³
问题全解决了，出现大好局面：佢肯帮忙，噉就~喇〔他愿意帮忙，就什么问题都解决了〕｜呢回~〔这下子局面全好了〕。

【一条气】yed¹ tiu⁴ héi³
❶一股劲；一口气：今日我~走咗

两堂路〔今天我一口气走了二十里路〕。❷气坏了：畀佢激到我～嗰〔他把我气坏了〕。❸气喘吁吁：趯到我～〔跑得我气喘吁吁〕。

【一肚核】yed¹ tou⁵ wed⁶（核，读音 hed⁶）

满腹心计：呢个仔～呀〔这孩子心眼可多呢〕。

【一镬泡】yed¹ wog⁶ pou⁵（泡，读音 pao³）

比喻事情搞糟了，不可收拾。

【一镬熟】yed¹ wog⁶ sug⁶

❶毕其功于一役。❷一伙人一起覆灭；一起完蛋。

【一镬粥】yed¹ wog⁶ zug¹

一团糟；乱糟糟：畀你搞到～嗰〔让你搞得一团糟〕。

【一时半时】yed¹ xi⁴ bun³ xi⁴

一时半会儿：呢件事～做唔晒〔这件事一时半会儿做不完〕。

【一时三刻】yed¹ xi⁴ sam¹ heg¹

一下子；立刻：～要做完，点得呀〔立刻要做完，怎么行呢〕？

【一时一样】yed¹ xi⁴ yed¹ yêng⁶

经常变化，一天一个样：规则～，叫人点做呀〔规则变来变去，叫人怎么做呢〕。

【一时时】yed¹ xi⁴⁻² xi⁴

❶一时一时的；一个时候一个时候：～唔同嘅〔一个时候一个时候不同的〕。❷有时：佢嘅病，～啦〔他的病，时好时坏〕。

【一式】yed¹ xig¹

一样：边个做都系～〔谁做都一样〕｜你嗰又唔系～〔你这样还不是一样〕！

【一息间】yed¹ xig¹ gan¹

过一会儿；待会儿。

【一一二二】yed¹ yed¹ yi⁶ yi⁶

一五一十；逐一：你要～讲晒出嚟〔你要一五一十全部都说出来〕。

【一日】yed¹ yed⁶

总之：～都系佢唔好〔总之都是他不好〕｜～都怪我系啦〔总之都怪我就是了〕。

【一日到黑】yed¹ yed⁶ dou³ hag¹

❶一天到晚：～都唔得闲〔一天到晚都没空〕。❷总之；归根结底：～都系佢唔好〔总之都是他不对〕｜～都系佢作怪〔归根结底是他在搞鬼〕。

【一样米养百样人】yed¹ yêng⁶ mei⁵ yêng⁵ bag³ yêng⁶ yen⁴

意为人吃的米虽然都一样，但却有各种各样的人。

【一于】yed¹ yü¹

❶坚决：～唔畀佢去〔坚决不让他去〕｜我～唔制〔我坚决不答应〕。❷一定要；怎么也…：～揾到佢为止〔一定要找到他为止〕｜～要做好佢〔怎么也要把它做好〕。❸就…：～嗰话啦〔就这样办吧〕｜～系嗰啦〔就这样吧〕。

【一只狗】yed¹ zég³ geo²

同"一只狸"。

【一只积】yed¹ zég³ jig¹

同"一只狸"。

【一只屐】yed¹ zég³ kég⁶

形容人垂头丧气的情态：畀人闹到～嗰〔被人家骂得垂头丧气〕。

【一只狸】yed^{1} zég^{3} léi$^{4-2}$
形容人劳累过度的样子：呢排做到我~嗽〔这阵子干活累得我够戗〕。

【一只乙】yed^{1} zég^{3} yüd^{3}
同“一只狸”。

【一就一，二就二】yed^{1} zeo^{6} yed^{1}，yi^{6} zeo^{6} yi^{6}
❶一是一，二是二；是什么就是什么。❷实事求是；该怎么办就怎么办。

【一嘴油】yed^{1} zêu^{2} yeo^{4}
比喻人能言善道：佢~，你讲唔过佢嘅〔他能言善道的，你说不过他的〕。

【一竹篙揇沉一船人】yed^{1} zug^{1} gou^{1} nam^{5} cem^{4} yed^{1} xun^{4} yen^{4}（揇，南^{5}）
比喻不分青红皂白牵连无辜。

【一族】yed^{1} zug^{6}
指某一类人：上班~ | 食烟~〔抽烟的人〕。

【一盅两件】yed^{1} zung^{1} lêng^{5} gin^{6}
一盅茶，两块点心（指广州地区人们到茶楼吃茶点的习惯）。

【一阵^{1}】yed^{1} zen$^{6-2}$
同“一阵间”。

【一阵^{2}】yed^{1} zen^{6}
❶一阵子；一会儿：落咗~雨〔下了一阵子雨〕| 起咗~风〔起了一阵风〕| 大家笑咗~〔大家笑了一会儿〕。❷一段时间：呢件事大家嘈过~嘅嘞〔这件事大家议论过一段时间的了〕。

【一阵间】yed^{1} zen^{6} gan^{1}
❶一会儿：等~我就去 | 行~就到〔走一会儿就到〕| ~就唔见咗〔一会儿就不见了〕。❷待一会儿（表示假设）：~佢唔认账点算〔待一会儿他不认账怎么办〕？

【一张嘢】yed^{1} zêng^{1} yé^{5}（嘢，野）
一元；一块钱（诙谐的说法）：今餐啱啱使咗~〔这一顿饭刚好花了一块钱〕。

【日】yed^{6}
量词。天：五~ | 行咗两~路〔走了两天路〕| 边~开会〔哪一天开会〕？

【日本仔】yed^{6} bun^{2} zei^{2}
日本侵华时期，对日本人的称呼。

【日光日白】yed^{6} guong^{1} yed^{6} bag^{6}
光天化日。

【日字凳】yed^{6} ji^{6} deng^{3}
单人做的板凳。

【日头】yed^{6} teo$^{4-2}$
❶太阳：出~喇〔太阳出来了〕。❷白天：~返工，夜晚返学〔白天工作，晚上上学〕。

【日日】yed^{6} yed^{6}
天天；每天：~都要学习〔每天都要学习〕。

yêg

【若果】yêg^{6} guo^{2}
如果。

【若然】yêg^{6} yin^{4}
同“若果”。

【若然之】yêg^{6} yin^{4} ji^{1}
同“若然”。

【约】yêg^{3}

小胡衕（比较少用，一般多称“街”或“巷”）：龙溪首～｜宝源中～。

【约莫】 yêg^{3} mog$^{6-2}$

大概：呢个房～有十五平方〔这个房间大概有十五个平方〕。

【药材铺】 yêg^{6} coi^{4} pou$^{3-2}$

中药铺。

yei

【曳】 yei^{5}（又音 yei^{4}。读音 yei^{6}）

❶劣；次；赖；差：～货〔劣货〕｜～嘢〔次东西〕｜好嘅～嘅都分一啲〔好的赖的都分一点〕｜佢嘅成绩唔～〔他的成绩不差〕。❷淘气：佢细个嗰阵最～喇〔他小的时候最淘气了〕。

【曳猪】 yei^{5} ju^{1}

坏孩子。多用于称呼自己的孩子，含亲切、疼爱色彩。

yem

【音柜】 yem^{1} guei^{6}

音箱。

【阴】 yem^{1}

❶暗害：小心畀坏人～咗你〔当心给坏人暗害了你〕。❷阴险：嗰条友仔好～㗎〔那个家伙很阴险〕。

【阴疮】 yem^{1} cong^{1}

长在腋下、腹股沟等不在明处的疮。

【阴毒】 yem^{1} dug^{6}

指人阴险毒辣。

【阴干】 yem^{1} gon^{1}

❶把湿的东西放在阴凉处风干。❷引申指人体因有某种疾病而慢慢消瘦。

【阴功】 yem^{1} gung^{1}

❶原意是迷信的人认为人在世间做了好事，在阴间可以记功，叫“有阴功”，做了坏事叫“冇阴功”。现在“冇阴功”省略作“阴功”，是“残忍”、“造孽”等意思：你真～咯，无情白事打死只狗〔你真造孽，无缘无故打死了一只狗〕。❷转用作可怜：佢跌崩个头，真～咯〔他摔破了头，真可怜〕。

【阴枝】 yem^{1} ji^{1}

果树上不见阳光的徒长枝。

【阴翳】 yem^{1} ngei^{3}

阴暗；阴云密布；阴沉沉。

【阴湿】 yem^{1} seb^{1}

阴险；狡猾。

【阴声细气】 yem^{1} séng^{1} sei^{3} héi^{3}

小声小气：佢讲亲嘢都系～〔他说话经常都是小声小气〕。

【阴司纸】 yem^{1} xi^{1} ji^{2}

纸钱儿，迷信用品。

【阴阴冻】 yem^{1} yem^{1} dung^{3}

天气阴暗而寒冷。

【阴阴（吽吽）食】 yem^{1} yem^{1} xig^{6}

原意是细细嚼，慢慢吃，现在是以食物逗引小孩时的用语。

【阴阴笑】 yem^{1} yem^{1} xiu^{3}

自己偷偷地微笑。

【阴瘀】 yem^{1} yü^{2}

❶指人性格内向，不开朗：佢系～啲，不过冇乜坏肚肠〔他是内向一点，不过没有什么坏心肠〕。❷做事

不光明正大：公司嘅事唔好咁～，要公开透明啲〔公司的事不要偷偷摸摸的，要公开透明点〕。

【阴骘】 yem¹ zed¹

阴德：唔好咁冇～〔不要这么缺德〕｜积啲～啦〔积点阴德吧〕。

【阴骘事】 yem¹ zed¹ xi⁶

缺德事；亏心事：做埋咁多～唔好呀〔做那么多亏心事可不好啊〕。

【髧】 yem⁴⁻¹（阴）

刘海儿（女孩额前的短发）。

【饮】 yem²

喝：～酒｜～水。

【饮饱食醉】 yem² bao² xig⁶ zêu³

酒足饭饱。

【饮杯】 yem² bui¹

喝一杯（酒）：大家～〔大家干杯〕｜咁大嘅喜事，～啦〔这么大的喜事，喝一杯吧〕。

【饮茶】 yem² ca⁴

❶喝茶。❷喝开水。❸在茶馆喝茶吃点心。

【饮大咗】 yem² dai⁶ zo²

婉辞，意为酒喝多了。

【饮得】 yem² deg¹

能喝；酒量好：佢好～〔他酒量很大〕。

【饮得杯落】 yem² deg¹ bui¹ log⁶

意为解决问题了，可以开怀痛饮了。

【饮姜酒】 yem² gêng¹ zeo²

广东习俗，妇女分娩后，在月子里要吃大量姜醋，弥月时也以醋煮姜蛋及猪蹄款客，宴客一般叫“请饮（酒）”，所以“饮姜酒”等于喝满月酒，也指妇女分娩。

【饮水底】 yem² sêu² dei²

同“饮水尾”。

【饮水尾】 yem² sêu² méi⁵

比喻只能从别人得利之余获取微利。

【饮头啖汤】 yem² teo⁴ dam⁶ tong¹

❶率先尝试；最早获利。❷拔取头筹。

【饮筒】 yem² tung⁴⁻²

吸管（吸饮料用的小塑胶管）。

【饮胜】 yem² xing³

干杯：一齐～〔一起干杯〕｜我哋大家～佢〔我们大家干了它〕。

【饮咗门官茶】 yem² zo² mun⁴ gun¹ ca⁴

迷信的人认为喝了拜门神的茶会大笑不止。引申指人笑口常开：你成日笑，系唔系～呀〔你整天笑个不停，是不是喝了“门官茶”〕？

【渗】 yem³（读音 sem³）

❶渗透：雨水～晒落地〔雨水渗到地下面去〕。❷灌溉：赶水～田〔引水灌田〕。

【渗田】 yem³ tin⁴（渗，读音 sem³）

用水灌田。

【檐口】 yem⁴ heo²（檐，读音 yim⁴）

❶屋檐。又叫“瓦檐”。❷屋檐下：企喺～度〔站在屋檐下〕。

【任…唔嬲】 yem⁶…m⁴ neo¹

（任你）随意…；尽可以…：两毫一件，任拣唔嬲〔两毛钱一件，任君挑选〕｜摆晒出嚟，任睇唔嬲〔全摆出来，尽可以看个够〕｜展览会说明书任攞唔嬲〔展览会说明书可以随意拿〕。

yen

【因】 yen¹

❶因为：你～乜唔参加呀〔你因为什么不参加〕？❷估算：你～一下，睇钱够唔够〔你估算一下，看钱够不够。

【因何】 yen¹ ho⁴

为什么（书面语多用）。

【因住】 yen¹ ju⁶

❶当心；留心：你嗰条棍～揼亲人〔你的那根棍子当心打着人〕｜～跌落去〔当心摔下去〕｜～打烂咗〔当心打破了〕。❷估量着：唔使秤喇，～咁上下就得啦〔不用称了，估量着大体差不多就行了〕。

【因住嚟】 yen¹ ju⁶ lei⁴

小心点；当心点：路唔好行，你～〔路不好走，你当心点儿〕。

【因由】 yen¹ yeo⁴

原因：唔知系乜～呢〔不知是什么原因呢〕？

【忍】 yen²

憋着；忍着：～屎～尿。

【忍颈】 yen² géng²

忍气吞声；忍受：同佢做事，你唔～都唔得〔跟他打交道，你不忍气也不行〕。

【忍尿】 yen² niu⁶

憋尿。

【忍手】 yen² seo²

想干某事，但忍着不干：我好想接嗰单工程，最后重系～咗〔我很想接那宗工程，最后还是忍着不干〕。

【忍屎】 yen² xi²

憋大便。

【印水纸】 yen³ sêu² ji²

吸墨纸。

【人】 yen⁴

别人；人家：你唔好畀～睇见〔你不要给别人看见〕｜～噉做，你噉做啦吗〔人家这么做你也这么做嘛〕。

【人板】 yen⁴ ban²

品质良好、堪称模范的人。

【人蠢冇药医】 yen⁴ cên² mou⁵ yêg⁶ yi¹

人智力低下不可用药来治，多用于指责做事不动脑筋的人。

【人哋】 yen⁴ déi⁶

人家；别人：虚心向～学习｜要多关心～。

【人多口杂】 yen⁴ do¹ heo² zab⁶

❶人多议论多、意见多：呢度～，唔好办事〔这里人多议论多，不好办事〕。❷人多难以保密：～好难保密嘅〔人多嘴杂是很难保密的〕。

【人多手脚乱】 yen⁴ duo¹ seo² gêg³ lün⁶

指人多不容易协调，办事显得忙乱。

【人多熠狗都唔脍】 yen⁴ do¹ sab⁶ geo² dou¹ m⁴ nem⁴（熠，霎⁶；脍，拿吟切）

意为人多意见多，难以办事。

【人间蒸发】 yen⁴ gan¹ jing¹ fad³

同“人间消失”。

【人间消失】 yen⁴ gan¹ xiu¹ sed¹

从世界上消失了。指某人失踪了，或不露面了：呢两个月佢～咯〔这两个月不见他露面了〕。

【人结人缘】 yen⁴ gid³ yen⁴ yün⁴

俗语。每个人都有他自己的人缘。又说“人合（gab³）人缘”。

【人讲你又讲】 yen⁴ gong² néi⁵ yeo⁶ gong²

人云亦云：～，啱唔啱你都唔知到〔人云亦云，对不对你都不知道〕。

【¹人工】 yen⁴ gung¹

工资：一日有两文～〔一天有两元工资〕｜支～〔发工资〕。

【²人工】 yen⁴ gung¹

❶工夫：花～｜冇～去做〔没工夫去做〕。❷工艺：个柜～几好呀〔这个柜子的工艺不错呀〕。

【人客】 yen⁴ hag³

客人：佢屋企嚟咗三个～〔他家来了三位客人〕。

【人精】 yen⁴ jing¹

老于世故、十分精明的人。

【人嚟】 yen⁴ lei⁴

来人哪！

【人老精鬼老灵】 yen⁴ lou⁵ zéng¹ guei² lou⁵ léng⁴

俗语。人老阅历深因而变得精明。相当于“姜还是老的辣”：～，你扭佢唔过嘅〔姜还是老的辣，你算计不过他的〕。

【人面】 yen⁴ min⁶⁻²

同“银稔”。

【人尾】 yen⁴ méi⁵

人群里的最下层；工作、环境中最不好的状态：都系工作，冇话乜嘢～嘅〔都是工作，不能说什么是低下的〕。

【人面熟】 yen⁴ min⁶ sug⁶

认识的人多；有许多熟人：～，好做好多〔熟人多，容易做得多〕｜唔系话～就得㗎〔不是说认识人多就能行的〕。

【*人蛇】 yen⁴ sé⁴

非法入境者。

【人细鬼大】 yen⁴ sei³ guei² dai⁶

比喻年纪不大却懂得成年人的事。

【人心肉做】 yen⁴ sem¹ yug⁶ zou⁶

人心是肉做的，意指人应有同情心，将心比心；人是有恻隐之心的：佢咁可怜，大家会帮佢嘅，～吖嘛〔他这么可怜，大家会帮助他的，人应有同情心嘛〕。

【人瑞】 yen⁴ seu⁶

寿星，指特别长寿的人。

【人头猪脑】 yen⁴ teo⁴ ju¹ nou⁵

蠢笨；笨蛋：你真系～，咁简单嘅数都唔识计〔你真笨，这么简单的数都不会计算〕。

【人头涌涌】 yen⁴ teo⁴ yung² yung²

形容人很多，很拥挤：节日街上～。

【人话】 yen⁴ wa⁶

人家说：～嗰度啲叉烧包好食〔人家说那里的叉烧包好吃〕｜～你又话〔人家说你也跟着说〕。

【人事】 yen⁴ xi⁶⁻²

指亲友间能够凭借的关系，利用这种关系可以取得某些利益或方便，大致相当于普通话的“人情”、“情面”、“靠山”等意思：考学校靠讲～点得㗎〔考学校靠讲人情怎么行〕｜要讲原则性，有～都唔得〔要讲原则性，有靠山也不行〕。

【人一世物一世】yen4 yed1 sei3 med6 yed1 sei3

人生几何（意思是人生很快过去，像物件很快就会烂掉一样，带有消极意味）：谂咁长做乜吖，～〔考虑那么长远干什么，人生几何〕。

【人日】yen4 yed6-2

民俗农历正月初七为人的生日。

【人有三衰六旺】yen4 yeo5 sam1 sêu1 lug6 wong6

意为每个人都可能碰到盛衰、顺利与挫折的状况，不必过于计较。安慰别人时用。

【人妖】yen4 yiu1

在日常生活中扮作女人的男人，或指变性人（男变女）。

【*人渣】yen4 za1

社会渣滓，败类（骂人的话）。

【人仔细细】yen4 zei2 sei3 sei3

年纪小小：咪睇佢～，好叻㗎〔别看他年纪小小的，聪明着呢〕。

【杧 楯】yen4 min6-2（又读 yen4 nim6-2）

同“银稔”。

【引】yen5

❶导火线；引线。❷引诱：你个仔唔好畀人～坏晒呀〔你的儿子不要让人引诱坏了〕。

【瘾】yen5

❶特别深的嗜好。❷兴趣：呢啲事我冇～〔对于这些事，我一点儿兴趣都没有〕。

【瘾头】yen5 teo4

同“瘾”。

yên

【膶】yên6-2（闰6-2）

婉词。广州话“肝、竿”与“干瘪”的“干”同音，因忌讳而把它们改为“丰润”的“润”（一般写作“膶”）。因此把“猪肝”、“鸡肝”叫“猪膶”、“鸡膶”；“豆腐干”叫“豆腐膶”，甚至“担竿”〔扁担〕也叫“担膶”。

【膶肠】yên6-2 cêng4-2

用猪肝与猪肉制成的香肠。

【闰】yên6

❶滋润：～肺｜～喉。❷给少许好处：有时要～下佢嘅〔有时要打点他一下才行〕。

yêng

【抰1】yêng1（央。又音 yêng2）

推让：边个要都好，唔好～嚟～去咯〔谁要都好，不要推来让去了〕。

【抰2】yêng2（央2）

抖：～干净张床单〔把床单抖干净〕｜你嗰杠嘢我要～晒出嚟〔你的老底我要抖搂出来〕。

【羊牯】yêng4 gu2

公羊，比喻傻瓜。

【羊咩】yêng4 mé1

羊：好多～｜～咁乖〔像绵羊那么乖〕。

【羊咩须】yêng4 mé1 sou1

山羊胡子。

【羊咩屎】yêng4 mé1 xi2

颗粒状的粪便。

【洋货铺】yêng⁴ fo³ pou³⁻²
百货商店（现已不用）。

【洋剪】yêng⁴ jin²
理发用的剪刀。

【洋楼】yêng⁴ leo⁴⁻²
洋房：一沓～〔一座洋房〕。

【洋磁】yêng⁴ qi⁴
搪瓷：～碟〔搪瓷盘子〕｜～面盆〔搪瓷脸盆〕。

【洋西米】yêng⁴ sei¹ mei⁵
西米、西谷米。可煮成甜食。又叫“西米”、“沙谷米”。

【洋烛】yêng⁴ zug¹
洋蜡；蜡烛；矿烛。

【养白兔】yêng⁵ bag⁶ tou³
指女人包养年轻男子。

Y

【养眼】yêng⁵ ngan⁵
有利于眼睛保健；看上去舒服；好看：绿色好～｜呢几个女仔好～〔这几个女孩挺好看的〕。

【酿】yêng⁶
把肉末和其他配料塞在豆腐或鱼、肠子、瓜里面弄熟：～豆腐｜～鱼｜～猪肠｜～节瓜。

yeo

【优悠自在】yeo¹ yeo⁴ ji⁶ zoi⁶
闲适自在：退咗休就～咯〔退了休就悠然自在了〕｜佢而家好～〔他现在很闲适自在〕。

【忧】yeo¹
❶愁；忧虑：而家唔～食，唔～着〔现在不愁吃，不愁穿〕｜唔使～〔不用愁〕。❷担心：你～佢唔嚟咩〔你担心他不来吗〕？｜你～佢唔会〔你还担心他不会〕！

【优】yeo¹
把裤子、袜子往上提：～裤｜～袜。

【友】yeo⁵⁻²
家伙（含轻蔑意）：嗰条～〔那个家伙〕。

【友仔】yeo⁵⁻²zei²
小子（含轻蔑意，多指青少年）。

【幼】yeo³
细：～沙｜～冷〔细毛线〕｜呢条绳好～〔这根绳子很细〕。

【幼稚园】yeo³ ji⁶ yun⁴⁻²
幼儿园（现已少用）。

【幼细】yeo³ sei³
❶细：呢只布好～〔这种布很细〕。❷精细：呢个篮织得好～〔这个篮子编得很精细〕。

【忧心】yeo¹ sem¹
操心；担心：唔使你～〔用不着你操心〕。

【幼滑】yeo³ wad⁶
细滑，手感润滑：呢只粉好～〔这种粉很细滑〕。

【由】yeo⁴（又音 yeo⁴⁻²）
任由；随便：唔好乜都～佢〔不要什么都任由他〕｜～你住几耐都得〔随便你住多久都行〕。

【由得】yeo⁴ deg¹（又音 yeo⁴⁻²deg¹）
同“由”。

【油】yeo⁴
油（上油）；漆（上漆）；刷：～桐

油｜将门～成红色〔把门漆成红色〕｜～过一次叻㗎〔漆过一次清漆〕｜张台～过未〔桌子上过漆没有〕？｜～灰水〔刷灰水〕。〖普通话的“油”一般指用油涂抹，不指用漆、石灰等涂抹。〗

【油䭔】 yeo⁴ dêu¹

同“煎堆”。

【油甘子】 yeo⁴ gem¹ ji²

一种野果，果形如玻璃弹球，浅绿色，味酸涩，吃后甘甜，能解渴。

【油角】 yeo⁴ gog³⁻²

油炸饺子。广州地区人民春节期间制作的食品。有两种：一种是用糯米粉作皮，豆沙白糖作馅，炸熟后软而韧；一种是用面粉作皮，花生、芝麻、椰子丝和白糖作馅，炸熟后酥而脆。〖又叫“角仔”。〗

【油器】 yeo⁴ héi³

油炸食物的统称。

【油香饼】 yeo⁴ hêng¹ béng²

一种油炸面饼，味甜，无馅。

【*油脂】 yeo⁴ ji¹

“油脂”原为20世纪70年代末期美国拍摄的一套电影在港放映时的中文译名。影片中的男女主角一度成为青少年的偶像，因而他们在影片中的舞姿及服饰也就为青少年所模仿，成为一种流行于青少年中的社会风气。在服饰方面有所谓“油脂装”，舞蹈则有所谓“油脂舞”，而仿效电影中男女主角服饰的青少年则被称为“油脂仔”、“油脂女”。

【油鰦】 yeo⁴ ji¹

皮肤病的一种，阴囊表皮刺痒（中医叫“绣球风”）。

【油纸遮】 yeo⁴ ji² zé¹

纸伞。

【油渍】 yeo⁴ jig¹

油的污迹。

【油占（粘）米】 yeo⁴ jim¹ mei⁵

一种优质晚稻米，米粒细长，成饭后有油香味。

【油煎饼】 yeo⁴ jin¹ béng²

同“油香饼”。

【油漏】 yeo⁴ leo⁶

灌油用的漏斗。

【油潞】 yeo⁴ lou⁶

油提，卖油时量油的器具。

【油麦菜】 yeo⁴ meg⁶ coi³

长叶莴苣，类似苦麦菜，但不苦。

【油淰淰】 yeo⁴ nem⁶ nem⁶（淰，挪任切）

油淋淋的（吸透了油）：油炸鬼啱炸好，重～嘅〔油条刚炸好，还油淋淋的〕。

【油麦】 yeo⁴ meg⁶

长叶莴苣。

【油瓶女】 yeo⁴ ping⁴ nêu⁵⁻²

妇女改嫁所带的女孩子。是歧视性的说法。

【油瓶仔】 yeo⁴ ping⁴ zei²

妇女改嫁所带的孩子。又叫“佗归仔”。是歧视性的说法。

【油润】 yeo⁴ yên⁶

润滑而有光泽：面色～。

【油耳】 yeo⁴ yi⁵

指经常分泌黄色黏液的耳朵。

【油膉𠹭】 yeo⁴ yig¹ cêu⁴（膉，益；

嚾，除）
哈喇味儿。

【油炸鬼】 yeo4 za3 guei2
油条：一孖～〔一根油条〕。

【油炸蟹】 yeo4 za3 hai5
指横行霸道的人。

【油䲡】 yeo4 zêu1（䲡，追）
花鳗。

【油嘴】 yeo4 zêu2
偏食（好的东西才吃）。

【游车河】 yeo4 céi ho4-2
乘车游览；兜风。

【游埠】 yeo4 feo6
到外地游历。

【游离浪荡】 yeo4 léi4 long6 dong6
游手好闲；无所事事。同“流离浪荡”。

Y

【游刑】 yeo4 ying4
游街示众（已少用）。

【游水】 yeo4 sêu2
游泳：学～｜识～〔会游泳〕。

【犹自可】 yeo4 ji6 ho2
还算可以；尚且可以：你噉讲～〔你这么说还算可以〕。

【犹如】 yeo4 yü4
好像；好比：两个人好起上嚟～糖黐豆〔两个人好起来好比糖黏豆子〕。

【有把炮】 yeo5 ba2 pao3
有把握：呢个任务我～完成〔这个任务我有把握完成〕。

【有宝】 yeo5 bou2
对某些事物表示轻蔑时的用语：真～〔真稀罕〕！｜乜嘢咁～〔什么东西那么了不起〕？

【有贼心冇贼胆】 yeo5 cag6 sem1 mou5 cag6 dam2
形容人想做坏事又不敢去：你唔使怕，佢～嘅〔你不必害怕，谅他没有那么大的胆量〕。

【有突】 yeo5 ded6
有余（比原定的数量多）：个盆咁细，倒一桶水落去就够～咯〔这个盆子那么小，倒一桶水下去就足够有余了〕。

【有得】 yeo5 deg1
有…的：～卖〔有卖的〕｜～你睇〔有你瞧的〕｜呢本书～借吗〔这本书有外借的吗〕？

【有得㩒】 yeo5 deg1 man1（㩒，蛮1）
可以挽救；有挽救的可能。

【有得震冇得瞓】 yeo5 deg1 zen3 mou5 deg1 fen3（瞓，训）
担惊受怕；只有怕的份儿：佢成日提心吊胆，～咯〔他整天提心吊胆，担惊受怕〕。

【有定啦】 yeo5 ding6-2 la1
当然有；肯定有（用于回答十分肯定的问题）。

【有多】 yeo5 do1
富余；超过（某一数量）：一百～｜我够～〔我足够而且还富余〕。

【有分数】 yeo5 fen1 sou3
有数；有主意；心里有底；胸有成竹：呢件事我自～〔这件事我心中有数〕。

【有份】 yeo5 fen6-2
❶有一份；参与其中：呢次大家都～〔这次大家都有份〕。❷有可能：

你敢去，杀咗你都～〔你敢去，准把你宰了都有可能〕。

【有符咈】yeo⁵ fu⁴ fid¹（咈，科必切）

有办法，有本事：你～搞掂佢吗〔你有办法搞好它吗〕？｜睇佢有乜嘢符咈〔看他有什么妙法〕。

【有风驶尽𨋍】yeo⁵ fung¹ sei² zên⁶ léi⁵（𨋍，里）

比喻人做事不留余地，或者得理不让人。

【有交易】yeo⁵ gao¹ yig⁶

可以进行买卖；成交：一文～〔一块钱可以买到东西〕。引申为可以打交道，有来往：我同佢哋两家～〔我跟他们互有来往〕。

【有几何】yeo⁵ géi² ho⁴⁻²

同“冇几何”一样，表示“不经常”的意思，但“冇几何”多用于陈述句，“有几何”则多用于反诘句。

【有咁大个头戴咁大顶帽】yeo⁵ gem³ dai⁶ go³ teo⁴ dai³ gem³ dai⁶ déng² mou⁶⁻²

比喻量力而为。

【有咁…得咁…】yeo⁵ gem³ … deg¹ gem³ …

说多…有多…：呢度嘅环境真系有咁好得咁好〔这里的环境真是说多好有多好〕｜呢碟菜有咁咸得咁咸〔这碟菜说多咸有多咸〕。

【有根蔃】yeo⁵ gen¹ gêng²（蔃，姜²）

有来历；有来头。

【有古怪】yeo⁵ gu² guai³

有玄机，有变数，有蹊跷：呢件事可能～〔这件事可能有蹊跷〕｜我睇佢真系～嘅〔我看他真有捉摸不透之处〕。

【有骨】yeo⁵ gued¹

（说话）带刺儿：佢嘅话～嘅〔他的话带刺儿的〕｜讲话～唔好〔说话带刺儿不好〕。

【有限】yeo⁵ han⁶

❶指某些事物的性质、程度不是很理想，说话人对它抱有轻视甚至否定的态度：坐呢架车快极都～啦〔坐这辆车再快也快不了多少〕。❷一点点；不多：佢高过我～嘿咋〔他比我高一点点罢了〕。〖普通话“有限”一词，侧重表示数量方面；而广州话则多指性质、程度方面，二者用法不同。〗

【有限公司】yeo⁵ han⁶ gung¹ xi¹

戏称东西不多，水平不高：我睇佢不过系～嘅嗻〔我看他的水平不过如此而已〕。

【有气冇定（埞）唞】yeo⁵ héi³ mou⁵ déng⁶ teo²（唞，偷²）

忙得没有地方歇气：呢排我做到～〔近来我忙得喘不过气来〕。

【有口齿】yeo⁵ heo² qi²

有信用；说话算数。

【有行】yeo⁵ hong⁴

有希望（指有可能得到某些东西）：买电影票咁多人排队，你睇～冇〔买电影票那么多的人排队，你看有希望吗〕？｜唔一定～〔不一定有希望〕。

【有姿势冇实际】yeo⁵ ji¹ sei³ mou⁵ sed⁶ zei³

只有花架子而不实用；中看不中用：呢种功夫～〔这种功夫中看不中用〕。

【有血性】 yeo^{5} hüd^{3} xing^{3}

有种。

【有之】 yeo^{5} ji^{1}

可能：佢唔记得都～㗎〔他忘掉了也是可能的〕。

【有辣有唔辣】 yeo^{5} lad^{6} yeo^{5} m^{4} lad^{6}

比喻有利有不利：做事情梗系～嘅喇〔做事情肯定是有利有不利的〕。

【有礼数】 yeo^{5} lei^{5} sou^{3}

有礼貌：佢几～嘅〔他很有礼貌〕丨噉就显得我哋～〔这样就显得我们有礼貌〕。

【有理冇理】 yeo^{5} léi^{5} mou^{5} léi^{5}

不管有理没有理；不管怎样：～都要做。

【有两度】 yeo^{5} lêng^{5} dou^{6}

有两下子（本领等）。

【有料】 yeo^{5} liu$^{6-2}$

❶有学问；有本事。❷有内容；有价值的资讯。

【有料到】 yeo^{5} liu$^{6-2}$ dou^{3}

❶有实质性的内容：呢个报告～〔这个报告有内容〕。❷有价值。❸有本事。

【有料兆】 yeo^{5} liu^{6} xiu^{6}

❶有内容：呢篇文章虽然短，但系～嘸〔这篇文章虽然短，但是有内容啊〕。❷因有事情干而不觉得无聊：佢想学绣花，平日有啲料兆〔她想学绣花，这样日常就有点事情干了〕。

【有路】 yeo^{5} lou^{6}

有门道；有来路；有背景。

【有路数】 yeo^{5} lou^{6} sou^{3}

有线索；有途径。

【有慢】 yeo^{5} man^{6}

"有站慢"的省略，是"下一站请停车"的意思。

【有乜冬瓜豆腐】 yeo^{5} med^{1} dung^{1} gua^{1} deo^{6} fu^{6}

有什么三长两短。

【有乜话乜】 yeo^{5} med^{1} wa^{6} med^{1}

有什么说什么。

【有米】 yeo^{5} mei^{5}

得到实际利益。

【有味】 yeo^{5} méi^{6}

❶馊（食物变了味）：呢碟包都～喇〔这碟包子已经馊了〕。❷下流的；低级趣味的：～电影。

【有纹有路】 yeo^{5} men^{4} yeo^{5} lou^{6}

有条理；头头是道：佢做起嘢嚟～，真唔错〔他做起事来头头是道，很不错〕。

【有面】 yeo^{5} min$^{6-2}$

有脸面；有地位、名望。

【有毛有翼】 yeo^{5} mou^{4} yeo^{5} yig^{6}

比喻人已经成长或可以独立发展了。

【有冇搞错】 yeo^{5} mou^{5} gao^{2} co^{3}

习惯语。本意为"搞错了没有"，使用时，往往用作委婉地对别人的意见、言论、行为提出异议：咁早就嚟，～呀〔这么早就来，不对吧〕？丨咁简单嘅都唔识，～呀〔这么简单的都不懂，不会吧〕？

【有嗱揇】 yeo^{5} na^{1} neng^{3}（嗱，拿^{1}；揇，啦登切）

有牵连；有关系：呢件事同佢~〔这件事跟他有关系〕｜佢哋唔相识，点会~〔他们不认识，怎么会有牵连〕？

【有你冇我】 yeo^5 néi^5 mou^5 ngo^5

你死我活：为咗一间屋，大家争到~噉〔为了有一所房子，大家争得你死我活〕。

【有谂头】 yeo^5 nem^2 teo^4（谂，稔^2）

❶有头脑；善于思考：呢个人好~〔这个人很有头脑〕。❷（事情）值得思考、深究。

【有牙冇眼】 yeo^5 nga^4 mou^5 ngan^5

形容人开怀大笑的样子。

【有眼睇】 yeo^5 ngan^5 tei^2

明摆着的事；大家都看见：呢件事大家都~啦〔这件事大家都看见了〕。

【有蚁】 yeo^5 ngei^5

奇怪：呢个人真~〔这个人真奇怪〕。

【有排】 yeo^5 pai^4

还有很长时间：~未轮到〔还有很长时间才轮到〕｜~等〔够等的了〕。

【有便宜唔使颈】 yeo^5 pin^4 yi^4 m^4 sei^2 géng^2

本来是自己不满意、不高兴的事情，但由于有利，也就不再计较地干下去了。

【有钱佬】 yeo^5 qin^4 lou^2

有钱人，富人，大款。

【有杀冇赔】 yeo^5 sad^3 mou^5 pui^4

指果断地对付，绝不宽恕姑息。

【有术】 yeo^5 sêd^6

有办法：呢件事边个~〔这件事谁有办法〕？

【有心】 yeo^5 sem^1

对别人的问候（言语或行动）表示感谢时的用语，一般独用，也可在前面加上副词"真"、"真系"、"确系"等在句中作谓语。

【有心机】 yeo^5 sem^1 géi^1

耐心，用心；能集中精力：佢做呢啲嘢好~ 㗎〔他做这样的事很用心的〕｜佢读书几~ 㗎〔他读书很专心致志〕。

【有心冇肺】 yeo^5 sem^1 mou^5 fei^3

形容人不动脑筋，没心没肺。

【有心冇神】 yeo^5 sem^1 mou^5 sen^4

不专心；精神不集中。

【有身己】 yeo^5 sen^1 géi^2

有孕；怀孕。

【有神冇气】 yeo^5 sen^4 mou^5 héi^3

有气无力；无精打采：睇你~噉，系唔系琴晚失眠呀〔看你无精打采的样子，是不是昨晚失眠了〕？

【有声气】 yeo^5 séng^1 héi^3

有消息；有着落；有希望（指某些事情有发生的希望）：几时去参观，~吗〔什么时候去参观，有消息吗〕？｜托你买嘅书，~未〔托你买的书，有着落了吗〕？

【有数为】 yeo^5 sou^3 wei^4

划得来：呢单生意~〔这笔生意划得来〕。

【有弹有赞】 yeo^5 tan^4 yeo^5 zan^3

有批评的也有赞扬的：对呢项改革~〔对这项改革有批评的也有赞扬的〕。

【有头冇尾】yeo^5 teo^4 mou^5 méi^5

（做事情）有始无终：你做事总系～，要人帮你执手尾〔你做事总是有始无终，要人帮你擦屁股〕。

【有头威，冇尾阵】yeo^5 teo^4 wei^1，mou^5 méi^5 zen^6

俗语。意指虎头蛇尾。

【有头有路】yeo^5 teo^4 yeo^5 lou^6

❶有条理：老李办事～。❷有来头：我睇佢系～嘅〔我看他是有来头的〕。

【有头有尾】yeo^5 teo^4 yeo^5 méi^5

有始有终：做事要～至得〔做事要有始有终才行〕。

【有头有面】yeo^5 teo^4 yeo^5 min$^{6-2}$

有地位有声誉：佢系本地～嘅人物〔他是本地有地位有声誉的人物〕。

【有拖有欠】yeo^5 to^1 mou^5 him^3

意为所借钱物迟早一定清还：呢笔钱你唔使慌，总之系～〔这笔钱你不必担心，总之迟早一定会还的〕。

【有剩】yeo^5 xing^6

有剩余，有富余：呢箩苹果分畀小朋友，够重～添〔这筐苹果分给小朋友，不但足够还有剩余〕。

【有爷生冇乸教】yeo^5 yé^4 sang^1 mou^5 na^2 gao^3（乸，拿^2）

指小孩缺乏家庭教育。

【有嘢】yeo^5 yé^5

有本事而表现出了不起的样子：你以为你好～咩〔你以为自己很有本事吗〕？｜恃住佢～睇唔起人〔仗着他有本事瞧不起人〕。

【有嘢到】yeo^5 yé^5 dou^3

有所收获；得到利益：参观呢个展览会，我觉得～〔参观这个展览会，我觉得有所收获〕｜呢次～喇，老板真系发奖金喇〔这次有好事了，老板真的发奖金了〕。

【有一排】yeo^5 yed^1 pai^4

有相当一段时间。口语一般说成“有排”。

【有瘾】yeo^5 yen^5

❶过瘾；有趣：捉棋最～〔下棋最有意思〕｜打波最～〔打球最过瘾〕。❷有意思（对对方的离奇行为或态度表示轻蔑时用）：呢啲嘢系你嘅？真～嘞〔这些东西是你的？真有意思〕！

【有样学样】yeo^5 yêng$^{6-2}$ hog^6 yêng$^{6-2}$

不分好坏，见什么就学什么；见谁就学谁。

【有型有款】yeo^5 ying^4 yeo^5 fun^2

似模似样；像个样子。

【有腰骨】yeo yiu^1 gued^1

有诚信的，值得信赖的：佢系～嘅，托畀佢冇错嘅〔他是值得信赖的，托付给他没有错〕。

【有揸拿】yeo^5 za^1 na^4

有把握：呢件事我～〔这件事我有把握〕。

【有着落】yeo^5 zêg^6 log^6

❶有下落：佢～喇，我揾到佢嘅地址喇〔他有下落了，我找到他的地址了〕。❷落实了，东西有可靠来源了：需要嘅原料～嘞〔需要的原料有可靠来源了〕。

【有着数】yeo^5 zêg^6 sou^3

有便宜可占：呢单嘢～，制得过〔这件事有便宜，干得过〕。

【有阵时】 yeo5 zen6 xi4

有时候：～我睇见佢〔有时候我看见他〕。

【有咗】 yeo5 zo2

有了喜：佢～喇〔她有了喜了〕。

【有咗肚】 yeo5 zo2 tou5

怀孕了，有孕了。也说“有身己”。

【又】 yeo6

❶也：我～去。❷怎么：～会嘅〔怎么会呢〕？

【又点话】 yeo6 dim2 wa6

有“（就依了你）又有什么问题”，“又怎么着”的意思，表示一种毫不在乎的态度：去就去啦，～吖〔去就去吧，又怎么着〕！｜畀你唔系畀你罗，～吖〔给你就给你吧，又有什么呢〕！

【又系噃】 yeo6 hei6 bo3（噃，播）

表示一种醒悟后的肯定，相当于“可又是”、“是啊”、“啊，是的”：～，确系噉噃〔是啊，确实是这样啊〕！

【又唔系】 yeo6 m4 hei6

还不是：～噉〔还不是这样〕！“唔系”往往合音作 mei6。

【又乜又物】 yeo6 med1 yeo6 med6

又这个又那个：你讲得太多喇，～我都唔记得晒咯〔你说得太多了，又这个又那个，我都记不全了〕。

【又呢又噜】 yeo6 ni1 yeo6 lou3

又这样又那样：佢成日喺度～，真讨厌〔他整天在这里絮絮叨叨，真讨厌〕。

【又翳又谛】 yeo6 ngei3 yeo6 dei3

极尽冷嘲热讽之能事。

【又腥又闷】 yeo6 séng1 yeo6 mun6

对别人的诸多挑剔表示不满、讨厌情绪：佢喺度诸多挑剔，真系～〔他在这里诸多挑剔，真让人烦闷讨厌〕。

【又话】 yeo6 wa6

不是说（…吗）：～去公园点解又唔去呀〔不是说到公园的，怎么又不去了〕？｜～请佢嚟嘅〔不是说请他来的吗〕？

【又屎又巴闭】 yeo6 xi2 yeo6 ba1 bei3

既没有本事又咋呼。

【又试】 yeo6 xi3

又：啱啱学过～唔记得〔刚刚学过又忘记了〕｜佢～嚟搵你喇〔他又来找你了〕。

【右便】 yeo6 bin6

右面；右边。

【右手边】 yeo6 seo2 bin1

右手那一边，右面：我企喺你～〔我站在你右边〕｜出咗大门～就系〔出了大门右面就是了〕。

【右手便】 yeo6 seo2 bin6

同“右便”。

yêu

【锥】 yêu1（读音 zêu1）

❶钻；刺；扎：～一个窿〔钻一个窟窿眼儿〕。❷锥子：鞋～。

【锥耳】 yêu1 yi5

在耳朵扎孔，以便戴耳环等装饰品。

【锥仔】 yêu1 zei2

❶锥子。❷锥栗。

【汭】 yêu5（读音 yêu6）

植物或疮疖分泌出来的黏液或浆液：番薯～〔白薯浆〕| 流～| 疮～。

yi

【衣车】yi1 cé1

缝纫机：华南牌～。

【衣剪】yi1 jin2

裁剪衣料等用的大剪子。

【医病】yi1 béng6

治病：佢正话同人～〔他刚在替人治病〕。

【*医生纸】yi1 sang1 ji2

医生开出的证明，多指病假单。

【依家】yi1 ga1

“而家”的变音。

【伊捞七】yi1 lou1 ced1

口头禅。一般来说：～都唔好制〔一般来说都不好答应〕。〖又叫“伊拉七”。〗

【伊面】yi1 min6

伊府面。

【*伊士】yi1 xi2

酵母。〖“伊士”是英语 yeast 的音译词。〗

【依傍】yi1 bong6

依靠。

【依时依候】yi1 xi4 yi1 heo6

按时；准时：～上班 | ～嚟到〔准时到〕。

【依足】yi1 zug1

完全依赖着某人；全部按对方的要求办事：就～你嘞，又点样吖〔全依了你了，又怎么样〕？

【咿唔大呻】yi1 ng4 dai6 sen3（呻，读音 sen1）

大声呻吟，大声叫苦：叫佢多做啲嘢，佢就～〔叫他多做点事，他就叫苦连天〕。

【咿沃】yi1 yao1（沃，衣敲切）

随便；儿戏：你噉样安装太～喇〔你这样安装太儿戏了〕。

【咿挹】yi1 yeb1

形容人不正派，不严肃，行为不轨（一般指男女关系）。

【咿咿揖揖】yi1 yi1 yeb1 yeb1

行为偷偷摸摸的样子：你两个匿埋～做乜〔你们俩躲起来偷偷摸摸的干什么〕？

【咿咿嘟嘟】yi1 yi1 yug1 yug1

动来动去。

【咿嘟】yi1 yug1（嘟，郁）

❶动来动去：静啲，咪咁～〔安静一点，别动来动去〕！❷三长两短；风吹草动；动静：如果佢有乜～，我就唯你是问〔如果他有什么三长两短，我就唯你是问〕| 有乜～嚟话我知〔有什么动静就来告诉我〕。

【姨】yi4-1

❶母亲的妹妹。❷阿姨（小孩对一般青年妇女的称呼）。〖普通话的“姨”兼指母亲的姐姐和妹妹。广州话的“姨”专指母亲的妹妹或者比母亲年纪小的妇女；母亲的姐姐叫“姨妈”。〗

【姨仔】yi4-1 zei2

小姨子（妻子的妹妹）。

【齮】yi1（衣）

咧嘴：佢成日～开嘴笑〔他整天咧

着嘴笑〕。

【䶧牙嘣哨】 yi¹ nga⁴ bang⁶ sao³

（䶧，衣；嘣，波硬切）

咧着嘴；张着嘴笑：成日～咁开心〔整天张着嘴巴笑那么高兴〕。

【咦】 yi²

叹词。表示惊讶：～！乜咁多人呀〔嗬！为什么人那么多〕？

【倚凭】 yi² beng⁶（凭，读音 peng⁴）

❶依靠：我就～你啦。❷靠山：失咗～〔失去靠山〕。

【倚傍】 yi² bong⁶

依靠：佢细细个就冇咗～〔他从小就失去依靠〕｜呢度我人生路不熟，～边个〔在这里我人地生疏，依靠谁呀〕？

【椅】 yi²

椅子：担张～嚟〔拿一把椅子来〕。

【椅垫】 yi² din³

坐垫。

【椅笼】 yi² lung⁴⁻²

一种婴幼儿坐具。

【意粉】 yi³ fen²

意大利面条。

【意头】 yi³ teo⁴

兆头（迷信的人指吉利或不吉利的征兆）：好～〔吉利〕｜唔好～〔不吉利〕。

【意意思思】 yi³ yi³ xi³ xi³

似乎有意，又下不了决心：话买汽车，又～啵〔说买汽车，又下不了决心〕。

【而家】 yi⁴ ga¹

现在：～几点钟｜～唔同旧时咯〔现在跟过去不同了〕。

【而字噉手】 yi⁴ ji⁶ gem² seo²

比喻伸出耙子一样的手想捞取财物。

【儿嬉】 yi⁴ héi¹

不牢固的；不结实的；不可靠的：呢张凳好～，唔坐得㗎〔这张凳子很不牢固，不能坐〕！｜做嘢咁～都得嘅咩〔做事情那么不可靠能行吗〕？

【宜得】 yi⁴ deg¹

想；巴不得：大家都～你成功｜佢就～你快啲扯〔他就巴不得你快点走〕。

【宜咿哦啊】 yi⁴ yi¹ ngo⁴ ngo¹

咿咿吖吖（幼儿学语声或话语不清声）。

【宜咿哦哦】 yi⁴ yi¹ ngo⁴ ngo⁴

❶同“宜咿哦啊”。❷啰啰嗦嗦；喋喋不休：佢成日喺度～，烦到死〔他整天在这里啰啰唆唆，叫人烦死了〕。

【姨表】 yi⁴ biu²

双方母亲是姐妹的亲戚关系。

【姨妈】 yi⁴ ma¹

姨母（专指母亲的姊姊。母亲的妹妹叫“亚姨”）。

【姨妈姑爹】 yi⁴ ma¹ gu¹ dé¹

泛指众亲属。

【姨甥】 yi⁴ sang¹

姊妹互相称对方的儿子。

【姨甥女】 yi⁴ sang¹ nêu⁵⁻²

姐妹的女儿。

【姨丈】 yi⁴ zêng⁶⁻²

姨父。

【移船就㴝】yi4 xun4 zeo6 hem3
移动船只靠近码头。比喻采取主动配合对方：人哋都～咯，我哋就顺水推舟罢啦〔人家主动迁就，我们就顺水推舟吧〕。

【耳】yi5
❶耳朵。❷把（ba4）子；提把；提手：藤喼～〔藤箱提手〕｜茶壶～〔茶壶把〕。

【耳背】yi5 bui6
耳朵有点聋；耳朵不大好使。

【耳鸡】yi5 gei1
耳屏，耳朵前边的一小块突起，有保护耳朵眼的作用。

【耳骨硬】yi5 gued1 ngang6
不容易听取别人的意见：佢～，唔肯听人讲〔他比较固执，不愿意听人家的意见〕。

【耳匭】yi5 guei2
指中耳以内：～响〔耳鸣〕｜～痛〔耳内疼〕。

【耳后见腮】yi5 heo6 gin3 soi1
腮部突出，从背后可以见到腮帮子。

【耳珠】yi5 ju1
耳垂。

【耳窿】yi5 lung1
耳孔。

【耳门】yi5 mun4
耳朵眼入口的地方。

【耳性】yi5 xing3
记性：～唔好〔记性不好〕｜有～〔没有记性〕。

【耳仔】yi5 zei2
耳朵。

【耳仔窿】yi5 zei2 lung1
耳朵眼儿；耳孔。

【耳仔㖫】yi5 zei2 yug1
耳朵动，形容人吃得香：呢碟菜食到佢～呀〔这碟菜他吃得真带劲〕。

【以心为心】yi5 sem1 wei4 sem1
将心比心。

【二八天】yi6 bad3 tin1
二月或八月的天气，指冷暖交替的季节：～，乱穿衣（熟语）。

【二打六】yi6 da2 lug6-2
形容人水平低或做工低劣：你呢啲装修工系～嘅〔你这些装修工太次了〕。

【二花面】yi6 fa1 min6-2
是粤剧里的一种行当，多为主持正义、好打抱不平的角色，引申指好打抱不平的人。

【二花面颈】yi6 fa1 min6-2 géng2
二花脸的脾气。形容人有抱打不平的性格，有正义感。

【二分四】yi6 fen1 séi3
旧时对打工者的俗称。在使用银元的年代，一般打工者的日工资通常是二分四厘，人们就用“二分四”代称打工者。

【二架梁】yi6 ga3 lêng4
指好管闲事而又帮不上忙的人，喜欢参与与自己不相干的纷争的人：佢好热心，就系经常做～〔他很热心，只不过经常帮不上忙〕｜人哋嗌交，你唔好做～〔人家争吵，你不要去参与〕。

【二偈】yi6 gei2（偈，读音 gei6）
二副（轮船上负责驾驶工作的二把

手）。

【二奶】yi^{6} nai$^{5-1}$

妾。

【二奶命】yi^{6} nai$^{5-1}$ méng^{6}

二奶，妾。比喻在地位、利益分配等方面总是低人一等：点解分配畀我哋嘅资金特别少，唔通我哋系～〔为什么分配给我们的资金特别少，难道我们低人一等〕！

【二奶仔】yi^{6} nai$^{5-1}$ zei^{2}

❶庶子（妾所生的儿子）。❷引申指被歧视的人。

【二五仔】yi^{6} ng^{5} zei^{2}

❶跑腿的。❷保镖、打手等。

【二撇鸡】yi^{6} pid^{3} gei^{1}

八字胡子。

【二世祖】yi^{6} sei^{3} zou^{2}

原指蜀汉刘禅（阿斗）。他承继帝位后，昏庸腐化，不懂守业，终致亡国。后引申泛指不务正业、挥霍家产的败家子。

【二手】yi^{6} seo^{2}

接替别人干过的工作。

【二手货】yi^{6} seo^{2} fo^{3}

别人用过的东西。

【二叔】yi^{6} sug^{1}

❶父亲的二弟。❷对警察的戏称。

【二叔婆】yi^{6} sug^{1} po$^{4-2}$

过去泛指上了年纪的妇女。

【二跳四】yi^{6} tiu^{3} séi^{3}

原为赌博术语，人们以此作相关语，形容人被打或心急得跳了起来：我打到佢～〔我把他打得乱蹦乱跳〕。

【二人世界】yi^{6} yen^{4} sei^{3} gai^{3}

夫妇或恋人两人独自相处，形成一个小天地。

【二烟】yi^{6} yin^{1}

抽鸦片烧剩的烟渣再加上烟膏翻熬而成，旧时供缺钱的烟客抽吸。

【二仔底】yi^{6} zei^{2} dei^{2}

比喻底子不好，基础差，实力弱，没有什么真本事。

【易过食生菜】yi^{6} guo^{3} xig^{6} sang^{1} coi^{3}

比喻十分容易：写个对～啦〔写个对联太容易了〕。

【易过借火】yi^{6} guo^{3} zé^{3} fo^{2}

形容事情不会有什么困难，任务很容易完成：呢件事～〔这件事容易得很〕。

【*易之执】yi^{6} ji^{1} zeb^{1}

容易办到的事：你件事～啦〔你那件事好办〕。〖“易之执”是英语 easy job 的译音。〗

【易话为】yi^{6} wa^{6} wei^{4}

好商量；好说：呢件事～〔这件事好商量〕。

【异相】yi^{6} sêng^{3}

难看（与众不同）：飞个噉嘅头，几～呀〔剪这样的发式，多难看呀〕！

【义工】yi^{6} gung^{1}

义务工作者；志愿者。

yib

【醃】yib^{3}（读音 yim^{1}）

❶腌：～咸鸭蛋。❷侵蚀；腐蚀（酸性或碱性的东西侵蚀别的东西）：呢啲药水会～烂锑盆㗎〔这种药水

会把铝盆腐蚀坏的〕｜石灰水～脚。

【靨】yib³（靨，业³）
掖：～蚊帐｜～衫袖。又叫 ngab³。

yid

【糍】yid³（éd³）
糯米粉做成的一种类似糍粑的点心。扁形，有馅，用竹叶夹着蒸熟。农村多用。

【热痱】yid⁶ fei⁶⁻²
痱子：生～〔长痱子〕。

【热裤】yid⁶ fu³
特别短的内裤。

【热饥冷饱】yid⁶ géi¹ lang⁵ bao²
广东民间对待疾病经验，发烧时要饥饿，发冷时要吃饱。

【*热狗】yid⁶ geo²
夹有西红柿片、香肠等的餐包。〖"热狗"是英语 hot dog 的意译词。〗

【热气】yid⁶ héi³
上火（上焦热）：佢喉咙痛，～都唔定〔他嗓子疼，说不定是上火了〕｜油器最～喋〔油炸东西（吃了）最上火的了〕。

【热气饭】yid⁶ héi³ fan⁶
❶比喻将来可能引起麻烦的工作。❷比喻不容易做的工作。

【热癪】yid⁶ jig¹（癪，积）
积食；内热：有～容易感冒〔有内热容易感冒〕。

【热辣辣】yid⁶ lab⁶ lad⁶
❶很热：～重着咁多衫〔（天气）那么热还穿这么多衣服〕。❷很烫：碗汤～，唔饮得自〔汤很烫，还不能喝〕。

【热腥】yid⁶ séng¹⁻³
晴天里突然下阵雨所激发出的气味。

【热头】yid⁶ teo⁴⁻²
同"日头"。

【热天】yid⁶ tin¹
夏天。

【热滞】yid⁶ zei⁶
消化不良；上火：食呢啲嘢好～〔吃这些东西很容易上火〕。

yig

【抑或】yig¹ wag⁶
或者；还是：星期一～星期二都得〔星期一或者星期二都行〕｜睇电影～睇戏都冇研究〔看电影或者看戏都没意见〕。

【益】yig¹
（对……）有利；有益处；有好处：呢个水库最～呢条村咯〔这个水库对这条村益处最大〕｜呢件事～咗佢〔这件事有利于他〕｜你哋唔要就～晒佢〔你们不要就便宜了他了〕。

【脸】yig¹（益）
哈喇味儿（含油的食物变坏后的味道）：腊肉放得耐就会～〔腊肉放得久了就会有哈喇味儿〕。

【亦】yig⁶
也：佢～系〔他也是〕｜噉样～得〔这样也行〕｜佢～想参加呢个会〔他也想参加这个会〕。

【亦都】yig⁶ dou¹
也；同样地：我～有理由｜我～赞

成。

【亦即系】 yig6 jig1 hei6

也就是；就是：菩提子～葡萄。

【翼】 yig6

翅膀：鸡～｜飞机～。

yim

【腌尖】 yim1 jim1

爱挑剔的；吹毛求疵的：佢唔算～〔他不算挑剔〕｜佢买嘢好～嘅〔他买东西很爱挑剔的〕。

【腌尖麻米】 yim1 jim1 ma4 mei5

形容人爱挑剔，言语刻薄。

【腌尖腥闷】 yim1 jim1 séng1 mum6

因太啰唆、太挑剔、太讲究而令人讨厌。

【阉】 yim1

❶算计：因住有人～你〔当心有人算计你〕。❷宰（客）：呢间餐馆～得好犀利〔这家饭馆宰客宰得可厉害了〕。

【靥】 yim2（掩）

❶螺蛳的口盖；螃蟹的腹盖：田螺～｜蟹～。❷遮盖物（比较小的）：冇～鸡笼〔没有门儿的鸡笼〕｜袋～〔口袋盖儿〕。

【掩掩抰抰】 yim2 yim2 yêng2 yêng2

❶由于灯光明暗、有物摇曳遮挡等原因，使所看见的东西时隐时现：风吹树叶，树后面嗰盏路灯～〔风吹树叶，使得树后面那盏路灯时明时灭〕。❷指对事情又想掩盖又没有掩盖好：你中意佢就向佢表白，唔使～噉嘅〔你喜欢他就向他表白，用不着遮遮掩掩的〕。

【魇】 yim2（掩）

痂：疮结咗～〔疮结了痂了〕。

【厌】 yim3

腻烦：听得多就～晒咯〔听多了就腻了〕｜睇极都唔～〔怎么看也不腻〕。

【盐仓阶砖】 yim4 cong1 gai1 zun1

比喻淫秽、好色的人。

【盐仓土地】 yim4 cong1 tou2 déi6-2

歇后语，下一句是“咸湿公”，即猥亵好色之徒。

【盐焗鸡】 yim4 gug6 gei1（焗，局）

一种带咸味的白切鸡。把宰好的小母鸡用纱纸包好，放在有炒热粗盐的锅内焖烤至熟，或者直接把鸡加上盐及调料后用锅蒸熟。

【盐（檐）蛇】 yim4 sé4-2

壁虎；蝎虎。

【嫌命长】 yim4 méng6 cêng4

形容人不重视生命。多用于劝阻别人冒险：咁危险你都去，～咩〔这么危险你也要去，想死吗〕！

【嫌钱腥】 yim4 qin4-2 séng1

形容人不重视钱财。多用于指人对应该获得或容易获得的钱财不要或不想要：应得嘅钱你唔要，～呀〔应该得到的钱你不要，难道是嫌它肮脏吗〕？

yin

【烟】 yin1

❶烟（火烟）。❷水蒸气：水滚就有～〔水开了就有水蒸气〕。❸烟气浓：烧乜嘢咁～呀〔烧什么东西烟

那么浓呀〕？❹熏：～到佢眼泪都出埋〔熏得他眼泪都流出来了〕。

【烟铲】yin¹ can²

烟鬼。

【烟尘】yin¹ cen⁴

扬起的灰尘；尘土：～滚滚〔尘土飞扬〕｜一埲～〔一股尘土〕。

【烟杠】yin¹ gong³

烟鬼（抽大烟烟瘾重的人）

【烟骨】yin¹ gued¹

烟叶柄及叶脉。

【烟灰罂】yin¹ fui¹ ngang¹

烟灰缸。

【烟灰盅】yin¹ fui¹ zung¹

同"烟灰罂"。

【烟子】yin¹ ji²

英寸（已少用）：五个～〔五英寸〕。〖"烟子"系英语 inch 的音译词。〗

【烟精】yin¹ jing¹

烟鬼。

【烟头】yin¹ teo⁴⁻²

烟屁股；烟蒂。

【烟通】yin¹ tung¹

烟囱。

【烟士】yin¹ xi²

扑克牌中的"A"。〖"烟士"是英语 Ace 的音译词。〗

【烟屎】yin¹ xi²

❶烟具中积存的烟垢、烟油。❷加在姓或名字之前，称呼烟瘾过重的人：～陈。

【烟屎喉】yin¹ xi² heo⁴

由于抽烟过量而致声音沙哑、音调异常。

【烟屎牙】yin¹ xi² nga⁴

抽烟人发黄的牙齿。

【烟友】yin¹ yeo⁵⁻²

抽大烟的人（也指抽一般烟的人）。

【烟仔】yin¹ zei²

香烟；纸烟：一包～〔一盒香烟〕｜食～〔抽香烟〕。

【胭脂脚】yin¹ ji¹ gêg³⁻²

柚子的一种，肉粉红色，味酸。

【胭脂红】yin¹ ji¹ hung⁴

番石榴的一个品种，皮上有像胭脂红的颜色。

【蔫韧】yin¹ yen⁶

❶韧：牛筋咁～〔像牛筋那么韧〕。❷缠绵；绸缪（指男女关系）。

【演艺界】yin² ngei⁶ gai³

统指从事文艺表演事业的团体及个人。

【演嘢】yin² yé⁵

自我炫耀；卖弄：你唔使喺度～喇〔你不要在这里炫耀了〕。

【躽胸凸肚】yin² hung¹ ded⁶ tou⁵

腆着胸脯，挺着肚子，比喻很神气的样子。

【燕梳】yin³ so¹

保险。〖"燕梳"是英语 insure 的音译词。〗

【弦索】yin⁴ sog³

弦乐器（只在一定场合下使用）：玩～〔弹奏弦乐器〕｜～奏得好好听嚅〔弦乐器奏得很好听〕。

【然之后】yin⁴ ji¹ heo⁶

然后：你食饭先，～冲凉〔你先吃

饭，然后洗澡〕。

【现银】yin⁶ ngen⁴⁻²

现金：～交易 | ～生意。

【现时】yin⁶ xi⁴

现在（一般多用“而家”或“家下”）。

【现暂】yin⁶ zam⁶

到目前为止：～重未有得卖〔到目前为止还没有卖的〕。

ying

【应】ying¹

抽缩：～起个鼻哥〔抽缩着鼻子〕|～起眉头。

【应分】ying¹ fen⁶

应该：呢啲系我～做嘅〔这些是我应该做的〕| 呢笔钱～大家出〔这笔钱应该大家出〕。

【应承】ying¹ xing⁴

答应：几大都唔～〔无论如何也不答应〕|～咗就要做〔答应了就要做〕。

【鹰爪】ying¹ zao²

灌木的一种，花像鸟爪，绿色，有香味。

【映丑】ying² ceo²

❶相映之下显得丑陋：你着得咁异相，同你行埋一拍都～我呀〔你穿得这么离奇古怪，跟你走在一起连我也显得丑陋了〕。❷连累而损害（名声、风气等）：你唔守信，～咗公司声誉〔你不守信用，损害了公司声誉〕。

【映衰】ying² sêu¹

坏的事物混在好的事物当中会让人产生错觉，好像好的东西也是坏的了：全班都畀佢～晒喇〔全班的形象都让他给败坏了〕。

【影】ying²

❶照：～相。❷反射日光：攞个镜对住日头～人〔拿个镜子对着太阳照射别人〕。

【影相】ying² sêng³⁻²

照相。

【影相机】ying² sêng³⁻² géi¹

照相机（现已少用）。

【应节】ying³ jid³

为适应节日的要求而上市出售：呢批货系用嚟～嘅〔这批货是适应节市用的〕。

【形款】ying⁴ fun²

款式。

【认住】ying⁶⁻⁴ ju⁶

一种心理作用，心里想着某种情况，就好像这种情况真实存在。

【认低威】ying⁶ dei¹ wei¹

服输；甘拜下风：比过至知，咁容易～嘅咩〔比赛过才知道（谁胜谁负），这么容易就服输了么〕？

【认叻】ying⁶ lég¹

好胜逞强；自以为了不起：你唔使～，嚟试一下啦〔你不用逞强，来试试看吧〕。

【认细佬】ying⁶ sei³ lou²

同“认衰仔”。

【认衰仔】ying⁶ sêu¹ zei²

自认无能，甘拜下风：唔好～呀〔不要自甘堕落啊〕。

【认真】ying⁶ zen¹（又音 ying⁶⁻² zen¹）

确实；真是：呢两日～热。

yiu

【夭】yiu¹
剔；挑；抠；挖：～牙罅〔剔牙〕｜～浆糊〔抠糨糊〕｜～耳屎〔挖耳屎〕。

【腰骨】yiu¹ gued¹
❶腰；腰杆子：～痛｜～硬。❷引申作骨气：佢系有～嘅人〔他是有骨气的人〕｜冇～〔没有骨气〕。

【要颈唔要命】yiu³ géng² m⁴ yiu³ méng⁶
为了闹意气而不惜性命。

【要靓唔要命】yiu³ léng³ m⁴ yiu³ méng⁶
为了使身体显得苗条漂亮而不顾身体健康，宁可少穿衣服或者做整容手术。

【要面】yiu³ min⁶⁻²
要面子：佢～你就畀面佢〔他要面子你就给他面子〕。

【饶让】yiu⁴ yéng⁶
退让。

yü

【于是乎】yü¹ xi⁶ fu⁴
于是。广州地区口语常用。

【¹瘀】yü²
❶瓜菜等因受揉擦挤压而损伤：菜叶～咗就会烂〔菜叶擦伤了就会变烂〕。❷出淤血：膝头哥跌到～咗〔膝盖摔得出淤血了〕。

【²瘀】yü²
❶（事情）糟了：呢件事畀佢搞～咗〔这件事让他搞糟了〕。❷损，挖苦，讽刺：佢成日～我〔他老是损我〕。❸窝囊：啲都唔识，真～〔这也不懂，真窝囊〕。❹倒霉，倒运，背：呢排好～〔这阵子真背〕。❺出丑，丢脸：今次真～〔这次真出丑了〕。

【瘀黑】yü² hag¹
因淤血而发黑。

【瘀皮】yü² péi⁴
同“瘀❺”。

【鱼春（樁）】yü⁴ cên¹
鱼子，即鱼的卵。

【鱼蛋】yü⁴ dan⁶⁻²
鱼肉丸子。

【*鱼蛋妹】yü⁴ dan⁶⁻²mui⁶⁻¹
出卖色相的少女。

【鱼花】yü⁴ fa¹
鱼秧子。

【鱼腐】yü⁴ fu⁶
鱼肉泥加鸡蛋清用油炸成豆泡儿状的食品。

【鱼笱】yü⁴ geo²
一种捕鱼笼，用竹篾编成，进口像个漏斗，鱼进去后不能自己出来：攞～去装鱼〔拿捕鱼笼子去捕鱼〕。

【鱼栏】yü⁴ lan⁴⁻¹
旧时的鱼类购销店。

【鱼露】yü⁴ lou⁶
海鱼用盐腌渍时分泌出来的汁液，经加工而成的调味品。

【鱼尾云】yü⁴ méi⁵ wen⁴

年纪大的人眼角的皱纹。

【鱼腩】yü4 nam5

❶鱼腹部的肉。❷比喻势力弱的队伍。❸比喻容易被人欺压诈骗的人。

【鱼皮花生】yü4 péi4 fa1 sang1

一种小食品，花生仁外裹上面粉和调味品烘烤而成。

【鱼鳔】yü4 pog1（鳔，朴1）

鱼鳔。

【鱼生】yü4 sang1

生鱼片：～粥。

【鱼头云】yü4 teo4 wen4

❶鱼脑及鱼头内白色螺旋纹状的组织。❷形容东西的颜色不均匀。

【鱼肚】yü4 tou5

作菜肴用的鱼鳔。

【鱼滑】yü4 wad6-2

鱼肉加上调味品和水后搅成酱状的鱼肉泥。

【鱼云】yü4 wen4-2

鱼脑。〖又叫“鱼头云”。〗

【鱼获】yü4 wog6-2

鱼白（公鱼肚内的精子）。

【鱼丝袋】yü4 xi1 doi6-2

尼龙丝网兜。

【鱼油】yü4 yeo4

鱼肝油。

【鱼丸】yü4 yün4-2

鱼肉丸子。又叫“鱼蛋”。

【*娱记】yü4 géi3

专门报道娱乐圈内消息的记者。

【娱乐圈】yü4 log6 hün1

从事演唱、表演以及节目主持的人员所组成的总体。

【余泥】yü4 nei4

建筑工地的杂土。

【愚钝】yü6 dun6

脑子不灵活，反应迟钝：佢系～啲，但系人几忠直〔他是笨点，但是人很忠厚老实〕。

【雨粉】yü5 fen2

毛毛雨。

【雨粉粉】yü5 fen2 fen2

细雨纷飞：今日～噉，唔晒得被咯〔今天细雨纷飞的，不能晒被子了〕。

【雨水天】yü5 sêu2 tin1

❶下雨天：今日～唔方便出门〔今天下雨不方便出门〕。❷雨季。有时专指黄梅雨季节。

【乳猪】yü5 ju1

小猪：烧～〔烤小猪〕。

【雨褛】yü5 leo1

雨衣。

【雨溦】yü5 méi1（溦，读音 méi4）

毛毛雨：落～〔下毛毛雨〕。

【雨溦溦】yü5 méi1 méi1

烟雨蒙蒙的样子：春天时时都系～噉嘅〔春天经常都是雨蒙蒙的样子〕。

【雨毛】yü5 mou4-1

毛毛雨。

【乳鸽】yü5 geb3-2

幼鸽子。

【与共】yü5 gung6

和（多作书面语）：青瓜～豆角，都要种啲〔黄瓜和豆角都要种一点〕。

【与及】yü[5] keb[6]

以及（多作书面语）：足球、篮球～排球我都会打〔足球、篮球以及排球我都会玩〕。

【预】yü[6]

❶预计；估计；计划在内：～佢哋出五千文〔预计他们出五千元〕|～埋我份〔把我的一份也计划在内〕。❷留（空）：呢处要～宽啲〔这里要留空一点〕|计划～松啲好〔计划留有余地好些〕。

【预算】yü[6] xün[3]

❶打算，计划：你哋～几时出发〔你们打算什么时候出发〕？❷预料，估算：我～佢呢次会考上大学〔我预料这次他能考上大学〕。

【预早】yü[6] zou[2]

预先；提早：～讲我知〔预先告诉我〕|～通知佢〔提早通知他〕。

【遇时】yü[6] xi[4]

不时，时常：佢～会嚟帮下手〔他常常会来帮帮忙〕。

yüd

【月】yüd[6-2]

❶月亮。用于口语，也说“月光”。❷月饼的省称，一般不单用：双黄连蓉～|五仁肉～。

【月大】yüd[6] dai[6]

大月：呢个月～，有三十一日〔这个月大月，有三十一天〕。〖普通话农历有三十天的月份又叫“大建”或“大尽”。〗

【月份牌】yüd[6] fen[6] pai[4]

日历。

【月供】yüd[6] gung[1]

分期付款购买房屋或汽车等付了首期款之后，每月所交的款项。

【月光】yüd[6] guong[1]

月亮。

【月尾】yüd[6] méi[5]

月底。

【月头】yüd[6] teo[4]

月初。

【月小】yüd[6] xiu[2]

小月：下个月～，得三十日〔下一个月小月，才三十天〕。〖普通话农历只有二十九天的月份也叫“小建”或“小尽”。〗

【越发】yüd[6] fad[3]

更加；更；越：你越讲佢，佢～得戚〔你越说他，他越得意洋洋〕|呢几日～唔得闲〔这几天更加没空〕。

【越南鱼】yüd[6] nam[4] yü[4]

罗非鱼。又叫“非洲鲫”。

yug

【哪】yug[1]（郁）

❶动：咪～〔别动〕！|风吹到树身都～埋〔风吹得树干都动了〕|只脚痹到唔～得〔腿麻得动不了〕。❷碰；弄：唔好～我嘅嘢〔不要弄我的东西〕。

【哪不得其正】yug[1] bed[1] deg[1] kéi[4] jing[3]

动弹不得。

【哪亲】yug[1] cen[1]

动不动：唔好～就嗌交〔不要动不动就吵架〕｜佢～就睇医生食药〔他动不动就去看病吃药〕。

【嘟啲】yug¹ di¹

动不动：佢～就喊〔她动不动就哭〕。

【嘟动】yug¹ dung⁶

动；活动；走动；动静：呢张台有啲～〔这张桌子有点动〕｜坐得耐要～下至得〔坐的时间长了要活动一下才行〕。

【嘟下】yug¹ ha⁵

动不动：佢以为冇佢唔得，～就话唔做〔他以为缺少他不行，动不动就要撂挑子〕。

【嘟乜嘟】yug¹ med¹ yug¹

动不动。

【嘟身嘟势】yug¹ sen¹ yug¹ sei³（身体）

动个不停。

【嘟手】yug¹ seo²

❶动（用手触碰）：咪～〔别动（我的东西）〕！❷动手（开始）：呢件事要快啲～至得〔这件事要赶快动手才行〕。

【嘟手嘟脚】yug¹ seo² yug¹ gêg³

动手动脚。

【嘟嘟贡】yug¹ yug¹ gung³

动个不停，动来动去；乱动：人哋写字你唔好喺度～〔人家写字你不要在这儿动个不停〕｜成日～做乜呀〔整天动来动去干什么〕？

【嘟嘟下】yug¹ yug¹ ha⁵⁻²

一动一动的：条鱼重有啲～〔鱼还有点儿动〕。

【玉荷包】yug⁶ ho⁴ bao¹

荔枝的一种，果大肉厚，味香甜。

【玉糠】yug⁶ hong¹

细糠（舂米后筛出来的糠）。

【玉鈪】yug⁶ ngag⁶⁻²

玉镯子。

【肉】yug⁶

瓤；心儿：信～〔信封里面的信〕｜枕头～〔枕心儿〕。

【肉赤（肉刺）】yug⁶ cég³

同“肉痛”。

【肉紧】yug⁶ gen²

紧张；心情烦躁；干着急：使乜咁～〔用不着那么紧张〕｜佢呢几日好～〔他这几天心情很烦躁〕｜睇见佢咁唔生性，真～〔看他这样不懂事，真叫人干着急〕｜咁～佢做乜呀〔这样为他焦急干什么〕？

【肉蟹】yug⁶ hai⁵

一种多肉的螃蟹。

【肉粒】yug⁶ neb¹

肉丁。

【肉碎】yug⁶ sêu³

肉末儿。

【肉痛】yug⁶ tung³

心疼：我最中意嘅呢件衫烧穿咗个窿，好～㗎〔我最喜欢的这件上衣烧了一个洞，是很心疼的〕。

【肉滑】yug⁶ wad⁶⁻²

肉末加上调味品和水后搅成的酱状肉泥。

【肉酸】yug⁶ xun¹

❶肉麻；难看：呢个相影得太～〔这张照片照得太难看〕。❷夹肢窝

或肋下等处被搔痒的感觉：佢㩒得我鬼咁～〔他胳肢得我怪痒痒的〕。

yün

【冤】yün¹
腐臭（像臭鸡蛋那种味）：揾鸡蛋臭到～〔臭鸡蛋臭得要命〕。

【冤崩烂臭】yün¹ beng¹ lan⁶ ceo³
臭气熏天：潲水缸有只死老鼠，搞到～〔泔水缸里有只死老鼠，搞得臭气熏天〕。

【冤臭】yün¹ ceo³
腐臭。

【冤口冤面】yün¹ heo² yün¹ min⁶
愁眉苦脸的样子；晦气倒霉的样子：成日～，唔知做乜〔整天愁眉苦脸的，不知为什么〕。

【冤气】yün¹ héi³
难以忍受：我睇见你就～咯〔我看见你就难受了〕。

【冤厉（戾）】yün¹ lei²（厉，读音 lei⁶）
冤枉：唔准你～好人〔不许你冤枉好人〕！

【渊】yün¹
酸痛：行得路多，两只脚好～〔走路太多，两条腿很酸痛〕。

【渊痛】yün¹ tung³
同"渊"。

【鸳鸯】yün¹ yêng¹
不同颜色或式样的一对：你对鞋系～嘅〔你的鞋不是一对的〕。

【玄坛噉面】yün⁴ tan⁴ gem² min⁶
像玄坛那样的脸色。形容人黑着脸，满脸不高兴：有唔同意见你就讲，咪～〔有不同意见你就说，别黑着脸〕。〖玄坛，指玄武，中国古神话中北方之神，黑脸，穿黑衣，打黑旗。〗

【芫茜】yün⁴ sei¹（茜，读音 xin³。又音 yim⁴ sei¹）
芫荽；香菜。

【原煲】yün⁴ bou¹
连砂锅一起端上桌的饭菜：～水鱼饭〔整锅的甲鱼焖饭〕｜～酿豆腐。

【原本】yün⁴ bum²
原来；本来：我～唔识得佢〔我本来不认得他〕｜～产量好低，而家翻咗一番〔原来产量很低，现在翻了一番〕。

【原底】yün⁴ dei²
同"原本"。

【原子笔】yün⁴ ji² bed¹
圆珠笔（已少用）。

【原子粒】yün⁴ ji² neb¹
晶体管：～收音机。

【原嚟】yün⁴ lei⁴
原来。

【原汁原味】yün⁴ zeb¹ yün⁴ méi⁶
❶做菜时，使用调料不盖过主菜的味道，用水很少，使菜肴突出地保持主菜原来的味道。❷引申指事物保持着原有的风味、天然的风貌，极少加工、雕饰。

【原装】yün⁴ zong¹
原封：～货。

【原盅】yün⁴ zung¹
用瓷盅炖成的菜肴：～燕窝。

【圆揼揼】yün⁴ dem⁴ dem⁴（揼，

杜含切）

圆溜溜：呢个西瓜～〔这个西瓜圆溜溜的〕。

【圆揼哚】yün⁴ dem⁴ dê⁴（揼，杜含切；哚，杜靴⁴切）

同"圆揼揼"。

【圆轱辘】yün⁴ gu¹ lug¹

圆鼓鼓的：呢个袋装到～噉〔这个口袋装得圆鼓鼓的〕。

【圆辘辘】yün⁴ lug¹ lug¹

形容物体圆圆的，用于圆柱体、球体。

【圆蹄】yün⁴ tei⁴⁻²

猪肘子：炖～。

【圆眼】yün⁴ ngan⁵

龙眼；桂圆。

【圆肉】yün⁴ yug⁶

干的桂圆肉。

【铅笔刨】yün⁴ bed¹ pao⁴⁻²

铅笔转刀。

【宛】yün⁵（读音 yün²）

秤盘的重量：呢把秤几两～〔这把秤秤盘有几两重〕？

【软揸揸】yün⁵ dad³ dad³（揸，达³）

软弱无力；软软的：病到佢～〔病得他软弱无力〕｜呢条担挑～嘅〔这根扁担软软的〕。

【软脚蟹】yün⁵ gêg³ hai⁵

❶比喻不能走远路的人。❷比喻遇到事惊慌失措的人。

【软赖赖】yün⁵ lai⁴ lai⁴

软绵绵：今日好瘡，成身～〔今天很累，全身软绵绵的〕。

【软皮蛇】yün⁵ péi⁴ sé⁴

疲疲沓沓，对什么都无所谓的人。

【软熟】yün⁵ sug⁶

柔软：呢停绸仔好～〔这种丝绸很柔软〕。

【软荏荏】yün⁵ yem⁴ yem⁴

软绵绵。

【薳】yün⁵（远）

植物的嫩茎：菜～〔嫩菜苔〕。

【愿】yün⁶

愿意：你～同我合作吗〔你愿意跟我合作吗〕？

【愿赌服输】yün⁶ dou² fug⁶ xu¹

既然参加赌博，输了就要认。比喻既然参与做某事，有了不良后果也不后悔。

yung

【绒】yung⁴⁻²

呢绒；料子：～裤〔呢子裤〕｜～衫〔呢子上衣〕｜着～褛〔穿料子大衣〕。

【佣】yung²

佣金；回扣：需要几多～〔要多少佣金〕？

【拥趸】yung² den²

球迷；影迷（某一球队、球星或影星、歌星的崇拜者）。

【涌²】yung²（读音 yung⁵）

抢：冚唪呤畀佢哋～晒〔统统都给他们抢光〕。

【容乜易】yung⁴ med¹ yi⁶

多容易；没多困难：单系细路仔去，～出问题呀〔光是小孩子去，多容易出问题呀〕！｜绑得咁松，～畀佢走咗〔捆得那么松，多容易让它跑掉〕｜呢件事咁简单，～呀〔这件事这么简单，有多困难呢〕！

【蓉】yung⁴

❶稀巴烂（碎而烂）：舂到佢～晒〔把它舂得稀巴烂〕。❷像泥的东西：蒜～｜椰～。

【蓉蓉烂烂】yung⁴ yung⁴ lan⁶ lan⁶

破破烂烂：将本书整到～，点睇吖〔把书弄得破破烂烂，怎么看呢〕！

【榕树须】yung⁴ xu⁶ sou¹

榕树的气根。

【浓】yung⁴（蓉。读音 nung⁴）

❶密；茂密：呢棯荔枝真～〔这棵荔枝真茂密〕｜佢啲头发好～〔他的头发很密〕。❷酽；味厚：呢杯茶好～〔这杯茶很酽〕。

【用神】yung⁶ sen⁴

❶用意：捉错～〔领会错了别人的用意〕。❷费神：画呢幅画好～〔画这幅画很费神〕。

Z

za

【揸】za¹

❶抓；拿；握：一手～住〔一手抓着〕｜能～笔又能～枪〔能拿笔又能拿枪〕｜～起拳头〔握着拳头〕。❷捏：～掣〔捏闸〕。❸把握住；不放过：～紧时间｜～住时机。❹特别注意，加强领导：～工业｜～农业｜～四个现代化。❺掌管：呢项工作系佢～嘅〔这项工作是他掌管的〕。❻驾驶；开（车）：～拖拉机〔开拖拉机〕。

【揸车】za¹ cé¹

驾驶汽车；开车：你几时学会～〔你什么时候学会开车〕？

【揸大葵扇】za¹ dai⁶ kuei⁴ xin³

做媒；当红娘。

【揸咈】za¹ fid¹（咈，科必切）

管事；掌握权力。

【揸鸡脚】za¹ gei¹ gêg³

抓住把柄；抓小辫子：你唔好畀人～呀〔你不要被人家抓住把柄啊〕。

【揸颈】za¹ géng²

❶受气；忍气吞声：做呢啲工作好～嘅〔干这些工作很受气〕。❷气人（令人生气）：真～。

【揸颈就命】za¹ géng² zeo⁶ méng⁶

忍气吞声地顺从眼前的境遇。

【揸拿】za¹ na⁴

把握：呢件事我有几分～〔这件事我有几分把握〕｜冇乜～〔没有什么把握〕。

【揸手】za¹ seo²

掌管：呢啲图书系佢～嘅〔这些图书是他掌握的〕。

【揸軚】za¹ tai⁵（軚，太⁵）

掌舵。引申为当领导、掌权：呢度边个～呀〔这里谁当领导〕？

【揸痛脚】za^1 $tung^3$ $gêg^3$
同“揸鸡脚”。

【揸二摊】za^1 yi^6 tan^1
同“执二摊”。

【揸腰】za^1 yiu^1
细腰；（上衣）腰身收窄：你件衫要～至好睇〔你这件衣服腰身要收窄才好看〕。

【揸正嚟做】za^1 $zéng^3$ lei^4 zou^6
秉公办事。

【揸庄】za^1 $zong^1$
拥有决断权；做主。

【渣】za^1
残渣；碎渣：咸鱼～ | 菜～。

【鲊】za^2
质量差；水平低：呢啲产品乜咁～㗎〔这些产品的质量为什么那么差〕？ | 佢好～㗎〔他的水平很低〕。

【鲊斗】za^2 deo^2
同“鲊”。

【鲊皮】za^2 $péi^4$
同“鲊斗”。

【咋[1]】za^3
语气词。表示提醒或肯定、声明，相当于普通话的“仅仅（只、才）…呢（啊）”：得五个位～〔只有五个位子呢〕 | 学咗三个月～〔才学了三个月呢〕 | 得番我一个喺度～〔只剩下我一个人在这儿呢〕！

【痄腮】za^3 soi^1
腮腺炎：生～〔患腮腺炎〕。

【炸面】za^3 min^6
同“油炸鬼”。

【诈嗲】za^3 $dé^2$
撒娇：你重细个咩，成日～〔你还小吗，整天撒娇〕！

【诈谛】za^3 dei^3
装蒜；假装；装作：你唔使～，我早就知到咯〔你不用装蒜，我早就知道了〕 | ～睇唔见〔装作看不见〕。

【诈癫扮傻】za^3 din^1 ban^6 so^4
装疯卖傻。

【诈癫纳福】za^3 din^1 nab^6 fug^1
通过装傻来占取便宜。

【诈假意】za^3 ga^{2-1} yi^{3-1}
假装；闹着玩：～睇唔到〔假装看不见〕 | ～嘅啫，唔使理佢〔闹着玩的，别理他〕。

【诈奸】za^3 gan^1
耍奸；耍滑；耍赖；赖皮：唔得～㗎〔不能耍奸的〕 | 边个～就唔同佢玩〔谁耍滑就不跟谁玩〕。

【诈娇】za^3 giu^1
撒娇：咁大个仔重～喎〔这么大的孩子还撒娇呢〕。

【诈唔知】za^3 m^4 ji^1
装作不知道。

【诈懵】za^3 $mung^2$
装糊涂：唔好～喇，呢件事你清清楚楚嘅〔别装糊涂了，这件事你是清清楚楚的〕。

【诈戆】za^3 $ngong^6$
装傻；装糊涂：你要负责㗎，咪～咯〔你要负责的，别装傻了〕。

【诈傻】za^3 so^4
装傻：你～都唔过得呢关嘅嘞〔你装傻也过不了这一关的〕。

【诈傻扮懵】za^3 so^4 ban^6 $mung^2$

装糊涂。

【诈傻纳福】za³ so⁴ nab⁶ fug¹
同"诈癫纳福"。

【诈和】za³ wu⁴⁻²
麻将术语。和（hú），指牌张结构符合规定。将未和的牌当已和亮出，是为"诈和"。引申指将未成功、不成功误当成成功：我估话搞掂咗，点知系～添〔我以为做好了，谁知弄错了〕。

【诈诈谛谛】za³ za³ dei³ dei³
同"诈谛"，但多作状语。

【咋²】za⁴
语气词。表示疑问（多用于对数和量有疑问），相当于普通话的"才（仅仅，只）……吗"：佢十岁～〔他才十岁吗〕？｜你一个人嚟～〔仅仅你一个人来吗〕？｜一斤铁得咁细嚿～〔一斤铁才这么小块吗〕？

【¹拃】za⁶
阻拦；堵塞：攞树枝～实条路〔拿树枝把路拦着〕｜～住门口，唔畀啲鸡入嚟〔把门口堵上，不让鸡进来〕。

【²拃】za⁶
量词。把：一～米〔一把米〕｜一～泥〔一把土〕｜"跌倒揦～沙"〔熟语。摔倒后抓回一把沙子——比喻失败后在某些方面补回轻微的得益以挽回面子〕。

【拃乱歌柄】za⁶ lün⁶ go¹ béng³
打断别人的话。

zab

【札（劄）】zab³
❶登记（账目）：～流水账。❷计算：～一～佢，睇啱唔啱〔计算一下，看对不对〕。

【札马】zab³ ma⁵
两腿叉开微弯地站立，作骑马姿势，即"札马步"。

【札码字】zab³ ma⁵ ji⁶
苏州码子，即Ⅰ、Ⅱ、Ⅲ、Ⅹ……

【札数】zab³ sou³
登记数目，入账。

【鈒骨】zab⁶ gued¹（鈒，闸）
（衣服）锁边。

【¹闸】zab⁶
❶栅栏；门：铁～。❷剪票口；验票口：出～｜入～。

【²闸】zab⁶
倾侧；倾斜：～埋一边〔向一边倾斜〕。

【闸口】zab⁶ heo²
旧时指村口所建限制出入的闸门。引申指其他为限制出入而建的建筑物或设施：喺～度剪票〔在出口处剪票〕｜过咗～就到喇〔过了闸门就到了〕。

【闸住】zab⁶ ju⁶
打住；停止：～，咪讲呢啲〔打住，别说这些〕。

【闸侧】zab⁶ zeg¹
侧着；侧放：～张凳坐〔侧着凳子坐〕｜皮喼～放〔皮箱侧着放〕。

【噍】zab⁶（集）
象声词。嚼东西的声音：食到～～声〔吃得咂咂地响〕。

【¹杂】zab⁶

杂碎；下水（家畜、家禽的内脏）：猪～｜牛～｜鸡～。

【²杂】zab⁶

❶荤食：一斋两～〔两荤一素〕｜佢唔食～〔他不吃荤〕。❷荤的：～菜。

【³杂】zab⁶

粤剧中的丑角。

【*杂差】zab⁶ cai¹

❶过去指勤杂人员。❷香港指便衣警探。

【杂柴】zab⁶ cai⁴

松树柴以外的木柴。

【杂货铺】zab⁶ fo³ pou³

副食品商店。

【杂架摊】zab⁶ ga³ tan¹

卖杂货、古玩的地摊。比喻杂乱无章的地方。

【杂罨嘢】zab⁶ ngeb¹ yé⁵（罨，鸦邑切）

零食。

【杂种仔】zab⁶ zung² zei²

骂人语。狗杂种。

zad

【¹扎】zad³

❶惊醒：啱啱瞓着就～醒〔刚睡着就惊醒〕｜吓到佢～起〔吓得他跳起来〕。❷惊跳〔小孩睡熟时惊跳〕。

【²扎】zad³

❶捆：揾条绳～住佢〔拿绳子捆着它〕。❷量词。束：一～花〔一束花〕｜一～面〔一扎面条儿〕。

【扎粉】zad³ fen²

捆成小扎的细条干米粉。又叫“扎仔粉”。

【扎脚】zad³ gêg³

缠脚。

【扎脚婆】zad³ gêg³ po⁴⁻²

小脚女人。

【扎起】zad³ héi²

指演员红了。

【扎炮】zad³ pao³

饿饭；饿肚子；勒紧裤带。

【扎醒】zad³ séng²

惊醒；突然醒来：唔知做乜，瞓瞓下又～〔不知怎的，刚睡着又惊醒〕。

【扎扎跳】zad³ zad³ tiu³

活蹦乱跳：啲虾好生猛，只只都～嘅〔这些虾很新鲜，每只都活蹦乱跳的〕。

【扎仔粉】zad³ zei² fen²

比较细的干粉条，一般扎成一小捆儿。

zag

【窄】zag³

❶狭窄：马路～。❷瘦（衣服）：呢条裤～过头〔这条裤子太瘦了〕｜瘦人着～衫〔瘦人穿瘦衣裳〕。

【窄搣搣】zag³ mid¹⁻⁶ mid¹⁻⁶（搣，威真）

窄窄的；（衣服）瘦瘦的：呢间房～〔这间屋子窄窄的〕｜佢件衫～，好难睇〔他那件衣服瘦瘦的，很难看〕。

Z

【责（矺）】zag³

压：～实啲〔压紧一点〕｜攞嚿石～住佢〔拿块石头压着它〕。

【责（矺）袋】zag³ doi⁶⁻²

随身带着钱备用：有几文～就得嘞〔有几块钱随身备用就行了〕。

【择使】zag⁶ sei²

❶不好使用：呢架机器好～㗎〔这台机器很不好用〕。❷麻烦；难办：嗰件嘢好～㗎〔那件事儿够麻烦的〕。

【择食】zag⁶ xig⁶

偏食；挑吃：唔好整成～嘅习惯〔不要养成偏食的习惯〕｜呢个细蚊仔唔系几～〔这个小孩不怎么挑吃〕。

zai

【斋】zai¹

❶素食：食～〔吃素〕｜一～三杂〔三荤一素〕。❷素的：～汤〔素汤〕。

【斋菜】zai¹ coi³

统称烹制素菜肴的主料，如香菇、木耳、腐竹、粉丝、黄花菜等。

【斋啡】zai¹ fé¹

不加牛奶的咖啡。

【斋姑】zai¹ gu¹

带发修行的女子。

【斋卤味】zai¹ lou⁵ méi⁶⁻²

素什锦。

【斋堂】zai¹ tong⁴

❶过去一些带发修行、长年吃素的妇女集中居住的地方。❷指佛寺中供应素食的地方。

zam

【斩】zam²

❶砍：上山～柴〔上山砍柴〕｜～断一橛〔砍断一截〕。❷转用作买（烤鸭、叉烧、烧肉等熟肉）：～一文叉烧翻嚟〔买一块钱叉烧回来〕｜～一斤烧肉〔买一斤烧肉〕。❸被卖方索取高价；宰：呢间铺头～人出名呀〔这家商店以宰客出名〕。

【斩到一颈血】zam² dou³ yed¹ géng² hüd³

❶被卖方宰得很厉害：两千文嘅手机你用咗五千文去买，你畀人～咯〔两千块的手机你用五千块去买，你让人宰得太厉害了〕。❷被人严重欺骗或勒索：畀人呃咗十万文，真系斩到我一颈血咯〔让人骗了十万元，真是损失惨重呀〕！

【斩犯】zam² fan⁶⁻²

骂人语。将被杀头的罪犯。

【斩件】zam² gin⁶

（把熟的鸡、鸭、鹅等菜肴）剁成块儿：～后上台〔剁成块儿后上桌〕。

【斩缆】zam² lam⁶

比喻与原来相爱的人一刀两断。

【斩料】zam² liu⁶⁻²

熟后需要剁成块儿的肉食，如白切鸡、烧鹅、烧鸭、烧肉等。

【斩头截尾】zam² teo⁴ jid⁶ méi⁵

掐头去尾。

【㫰下眼】zam² ha⁵ ngan⁵

一眨眼（形容时间极短）：～唔见咗佢，唔知去咗边〔一眨眼就不见了他，不知去了哪里〕｜嗰个魔术师～就变咗只鹅出嚟〔那个魔术师一眨眼就变了一只鹅出来〕｜～就过咗三年〔一眨眼就过了三年〕。

【晰眉晰眼】zam² méi⁴ zam² ngan⁵（晰，斩）
挤眉弄眼；眉来眼去。

【晰眼】zam² ngan⁵
眨眼。

【錾刀】zam⁶ dou¹
雕刻用的刀。

zan

【嬻】zan²（盏）
❶好：唔～〔不好〕。❷妥当：你噉做唔系几～嘅〔你这样做不怎么妥当吧〕？❸惬意；有意思：去嗰度玩几～㗎〔到那里玩挺有意思的〕。

【嬻鬼】zan² guei²
好；美好。

【嬻嘢】zan² yé⁵
❶好东西：呢啲系～嚟㗎〔这是好东西啊〕！❷好：～，今晚食大餐〔好啊，今晚吃大餐〕。

【¹赞】zan³
称赞；夸奖：佢嘅服务态度咁好，人人都～佢〔他的服务态度那么好，人人都称赞他〕｜你唔好～佢喇〔你别夸奖他了〕。

【²赞】zan³
❶淬火（金属等烧红后突然放入水中）：～下把刀〔把刀淬一淬〕。❷热的东西突然受冷刺激：～镬〔炝锅〕｜白撞雨会～坏人〔有炽热的太阳时，突然下阵雨，容易使人生病〕。

【灒】zan³
淬水：～水。

【赚】zan⁶⁻²
❶徒找；白（费劲）：搬来搬去～麻烦〔搬来搬去徒找麻烦〕｜搞嚟搞去，～做〔搞来搞去，白费劲〕。❷只能得到（不理想的结果）；只能落得（某种下场）：你乱发表意见，～人家笑话你〔你乱发表意见，只能让人家笑话你〕。｜做呢啲嘢～人闹嘅嗻〔干这些事，只落得人家骂罢了〕。

【赚得】zan⁶⁻² deg¹
同"赚（zan⁶⁻²）"。

【赚搞】zan⁶⁻² gao²
白搭；徒劳：都未有把握就做，～嘅嗻〔都还没有把握就做，不是白干嘛〕。

【赚嘥气²】zan⁶⁻² sai¹ héi³（嘥，晒¹）
白费口舌；白费劲：唔同你讲咁多，～呀〔不跟你说那么多，白费劲〕！

【赚衰】zan⁶⁻² sêu¹
自找倒霉：你做埋呢啲嘢畀人哋闹，～啦〔你尽干这些事让人家骂，真是自找倒霉了〕。

【赚头蚀尾】zan⁶ teo⁴ xid⁶ méi⁵
一种生意经，即开始卖东西时可多赚些钱，但卖残货时要贱卖。借指做事时为了总体利益可在获得较大利益之后，局部上要让别人得点好处。

zang

【¹争】zang¹

差；欠；缺；短：～两个人｜佢～你两文〔他欠你两块钱〕｜重～啲乜嘢〔还缺些什么〕？

【²争】zang¹

偏袒；袒护；向着：我边个都唔～〔我谁也不偏袒〕｜～住佢〔向着他〕｜"舅父打外甥，打死冇人～"〔熟语。舅父打外甥，打死了也无人敢劝——说明做舅父的权力极大〕。

【争交】zang¹ gao¹

同"嗌交"。

【争唔落】zang¹ m⁴ log⁶

不值得加以袒护。

【争天共地】zang¹ tin¹ gung⁶ déi⁶

相差十万八千里；有天壤之别：我同你比真系～咯〔我跟你比真是差别太大了〕。

【争在】zang¹ zoi⁶

取决于；（差别）在于：大家都同意，～你喇〔大家都同意，现在取决于你了〕。

【踭】zang¹（争）

肘；跟；踵：手～〔肘〕｜脚～〔脚跟〕｜鞋～〔鞋跟〕。

【¹挣】zang⁶（读音 zang¹）

挤；撑；塞：～爆个袋〔挤破了口袋〕｜唔好～咁饱〔别撑那么饱〕｜～满晒〔塞满了〕。

【²挣】zang⁶

靠劳力得到的报酬。

zao

【抓】zao²

缠绕；捆扎：呢张凳嘟嘟贡，揾啲铁线嚟～住佢先稳阵〔这把椅子摇摇晃晃的，拿点铁丝把它捆着才平稳〕｜揾条绳～实嗰两条棍〔拿根绳子把那两条棍子捆好〕。

【找晦气】zao² fui⁵ héi³

寻衅生事：呢个人好似系嚟～嘅〔这个人好像是来寻衅生事的〕。

【找数】zao² sou³

找钱。

【找续】zao² zug⁶

找换：十文咁大张冇法～〔十块钱那么大的票子，找不开〕｜畅几文散纸嚟～〔兑几块钱的零票来找换〕。

【罩（蔊）】zao³

过油（用油炸一炸）：肉片攞油～过至炒〔肉片过一过油再炒〕｜～花生〔油炸花生〕。

【棹】zao⁶

❶划（船）；摇（桨）：～艇〔划船〕｜～桨。❷桨（长的）：攞支～嚟〔拿支桨来〕。

【棹脚】zao⁶ gêg³

瘸腿拖地行走的样子。

【棹忌】zao⁶ géi⁶

❶忌：感冒最～就系食油器〔感冒最忌吃油炸食物〕。❷糟糕；倒霉；麻烦：真～，打烂个碗添〔真糟糕，把碗打破了〕｜畀佢知到就～咯〔给他知道就麻烦了〕｜佢病咗，真

~〔他病了，真倒霉〕！

zé

【姐】zé$^{2-1}$

用来称呼平辈妇女。一般从名字中截取一个字，然后加上“姐”：芳～｜珍～。〖如果名字加“姐”，而“姐”字读本调，即 zé^{2}，则是对女佣人的叫法。〗

【*啫喱】zé^{1} léi$^{1-2}$

果子冻。〖“啫喱”是英语 jelly 的音译词。〗

【嗻^{1}】zé^{1}

语气词。表示申辩、反驳（比较婉转）：噉亦得～〔这样也行嘛〕！｜大家都系一样～〔大家都是一样的〕｜话～〔说是这么说〕。

【遮】zé^{1}

伞：布～｜钢骨～〔钢丝作支架的雨伞〕。

【遮骨】zé^{1} gued^{1}

雨伞的支架。

【遮瞒】zé^{1} mun^{4}

隐瞒：你咪～我，我一清二楚嘅〔你别隐瞒我，我是清清楚楚的〕。

【遮手影】zé^{1} seo^{2} ying^{2}

背光；写字时手影落在纸上要写字的地方。

【姐手姐脚】zé^{2} seo^{2} zé^{2} gêg^{3}

形容人干活不肯出力，慢条斯理，斯斯文文，像个小姐：你哋～噉打算做到几时〔你们慢吞吞的，打算做到什么时候〕？｜佢～唔做得呢啲粗重工〔他斯斯文文的，干不了这些粗活〕。

【姐姐噉手】zé$^{2-4}$ zé$^{2-1}$ gem^{2} seo^{2}

手部动作像小姐似的，讽刺人过于斯文不会干体力活：睇你～，重系等我嚟做啦〔看你动起手来像个小姐，还是让我来干吧〕。

【姐姐仔】zé$^{2-4}$zé$^{2-1}$ zei^{2}

同“大姐仔”。

【借过】zé^{3} guo^{3}

同“借歪”zé^{3} mé^{2}。

【借壳】zé^{3} hog^{3}

新的公司控权人借用原公司的名称，继续经营。

【借转】zé^{3} jun^{3}

借；暂借。

【借歪】zé^{3} mé^{2}（歪，读音 wai^{1}）

借光；让一让：唔该～一下〔对不起请让一让〕。

【借歪啲】zé^{3} mé^{2} di^{1}（歪，摸扯切）

借光；劳驾（客套语，请人让路时用）：唔该～〔借光，借光〕！

【借尿遁】zé^{3} niu^{6} dên^{6}

借口去小便偷偷溜走。

【借水遁】zé^{3} sêu^{2} den^{6}

同“借尿遁”，为避“尿”字粗俗而改用“水”字。

【借头借路】zé^{2} teo^{4} zé^{3} lou^{6}

千方百计寻找借口：佢～都话要去〔他千方百计找借口要去〕。

【借屎遁】zé^{3} xi^{2} dên^{6}

借口上厕所而溜走。

【借一借】zé^{6} yed^{1} zé^{3}

同“借歪”、“借歪啲”。

【借意】zé^{3} yi^{3}

趁机；借故：佢～大喊一场〔他趁机大哭一场〕。

【借借】zé^{3} zé^{3}

借光借光。

【蔗】zé^{3}

甘蔗。

【蔗鸡】zé^{3} gei^{1}

从甘蔗节上长出来的芽。

【蔗荚】zé^{3} hab^{3}（荚，读音 gab^{3}）

甘蔗叶。

【嗻^{2}】zé^{4}

淬火、炝锅的声音。

zê

【咀】zê^{1}（咀，揸靴切）

❶叫喊的声音，引申指话多：嘴～～｜～声〔哇啦哇啦地叫〕。❷喋喋不休：你咪成日～住我〔你别整天喋喋不休地烦我〕。

【朘朘】zê^{4}zê^{1}（朘，揸靴^{4} 切；朘，揸靴切）

小男孩的生殖器。

zeb

【汁】zeb^{1}

❶浓汤（菜肴里的汁液，量较少）：鸡～｜牛肉～。❷汁液（挤压出来的）：蔗～〔甘蔗汁〕｜姜～。

【汁都捞埋】zeb^{1} dou^{1} lou^{1} mai^{4}

比喻全部都吃光或拿光：原来好多嘅，点就畀佢～〔原来是很多的，怎么就给他全拿光了〕？

【^{1}执】zeb^{1}

❶捡；拾：～到支钢笔〔拾到一支自来水笔〕。❷收拾：～行李。❸拿；握：～笔写字。❹抓（药）：～两剂药。❺生（孩子）（婉辞）：佢啱啱～咗个女〔她刚刚生了一个女孩〕。❻接生：佢专门同人哋～腺虾仔〔她专门帮人家接生〕。

【^{2}执】zeb^{1}

量词。撮：一～米｜一～毛。

【执包袱】zeb^{1} bao^{1} fug^{6}

收拾行装。意为被解雇或离去：我住一个月就～走人〔我住一个月就走〕。

【执茶】zeb^{1} ca^{4}

抓药。

【执筹】zeb^{1} ceo$^{4-2}$

抓阄儿：～分戏票〔抓阄儿分戏票〕。

【执地】zeb^{1} déi$^{6-2}$

捡破烂儿。

【执地仔】zeb^{1} déi^{6} zei^{2}

捡破烂的小孩。

【执豆噉执】zeb^{1} deo$^{6-2}$gem^{2} zeb^{1}

比喻做某事轻而易举。

【执到宝】zeb^{1} dou$^{3-2}$bou^{2}

比喻获得大的好处：今日你又～喇〔今天你又拣到大便宜了〕。

【执到正】zeb^{1} dou^{3} zéng^{3}

❶仪表、环境等收拾得整整齐齐。❷坚决秉公办事，不徇私情。

【执翻条命】zeb^{1} fan^{1} tiu^{4} méng^{6}

死里逃生；大难不死。

【执福】zeb^{1} fug^{1}

意外获益。

【执鸡脚】zeb¹ gei¹ gêg³

同“捉鸡脚”。

【执怪】zeb¹ guai³

见怪；责怪。

【执字粒】zeb¹ ji⁶ neb¹

捡铅字排版。

【执笠】zeb¹ leb¹

倒闭：嗰间铺头执咗笠好耐喇〔那家商店倒闭很久了〕。

【执漏】zeb¹ leo⁶

修理瓦漏。

【执生】zeb¹ sang¹

弥补缺陷：出咗问题你自己去～啦〔出了问题你自己去补救吧〕。

【执拾】zeb¹ seb⁶

收拾；拾掇：宿舍里便要～得齐整啲〔宿舍里面要收拾得整齐一些〕｜～好行李。

【执死鸡】zeb¹ séi² gei¹

同“执死鸡仔”。

【执死鸡仔】zeb¹ séi² gei¹ zei²

❶得到意外的好处或便宜的东西。❷买退票（包括车船票及戏票）。

【执手尾】zeb¹ sou² méi⁵

收拾；清理善后工作：收齐啲工具，唔好要人哋嚟～〔把工具收拾好，不要让人家来收拾〕。

【执头码】zeb¹ teo⁴ ma⁵

立头功；拔头筹：畀你抢先～咯〔让你抢先拔头筹了〕。

【执头执尾】zeb¹ teo⁴ zeb¹ méi⁵

收拾、整理零碎东西：你要搞得齐整啲，冇人同你～㗎〔你要搞得整齐一点，没人给你收拾的〕。

【执尸】zeb¹ xi¹

收拾死尸。

【执私】zeb¹ xi¹

没收私货。

【执事】zeb¹ xi⁶

❶操办红白喜事的人。❷形容人小气、心胸狭窄。

【执式】zeb¹ xig¹

小气，不放过他人微小的缺点或意见：佢呢个人好～㗎〔他这个人很小气的〕。

【执输】zeb¹ xu¹

形容人在比赛或竞争中占下风，吃亏，比人差一等：做嘢唔好～过人先得㗎〔干工作不能比人差才行〕｜去迟咗就～晒喇〔去晚了就吃亏了〕。

【执药】zeb¹ yêg⁶

同“执茶”。

【执人口水濑】zeb¹ yen⁴ heo² sêu² méi⁴⁻¹

形容人没有主见，人云亦云；拾人牙慧：自己应该有主见，唔能够成日～〔自己应有主见，不能老是人云亦云〕。

【执赢】zeb¹ yéng⁴

形容人在比赛或竞争中占上风，占了便宜：实系佢～啦〔准是他占上风了〕｜你咁高，睇打波实你～啦〔你那么高，看球赛一定你占便宜了〕。

【执二摊】zeb¹ yi⁶ tan¹

接受别人用过的东西：我呢件衫系～嘅〔我这件上衣是别人穿过给我

Z

的〕。

【执仔】zeb¹ zei²

接生。

【执仔婆】zeb¹ zei² po⁴⁻²

助产士；接生婆（俗称）。

【执正】zeb¹ zéng³

按原则办；秉公办理：你要～嚟做呀〔你要秉公办理啊〕。

zed

【¹ 枳】zed¹（读音 ji²）

❶随便放：是佢～喺度〔随便放在这儿〕｜唔好～喺张台度〔别随便放在桌子上〕。❷塞进：～入柜桶〔塞进抽屉里〕｜唔好乜都～入行李袋〔不要什么都塞进行李袋里〕。❸塞子：樽～〔瓶塞〕。

【² 枳】zed¹

用话语质问、指责、顶撞，使对方说不出话：～到佢口哑哑〔他被质问得说不出话来〕｜人哋一讲话佢就～过嚟〔人家一说话他就用话堵你〔不让别人说话〕。

【枳饱】zed¹ bao²

塞饱（含贬义）：我～个肚先〔我先塞饱肚子〕｜～未呀〔塞饱了没有〕？

【枳饱挣胀】zed¹ bao² zang⁶ zêng³

塞饱吃撑：睇佢～就摊喺度〔看他吃饱撑饱了就躺在那儿〕。

【质素】zed¹ sou³

素质。

【质地】zed¹ déi⁶⁻²

质量（一般用于纺织品或器皿）。

【侄】zed⁶

侄子；侄儿。

【侄心抱】zed⁶ sem¹ pou⁵

侄媳妇。

【侄仔】zed⁶ zei²

侄子。

【窒】zed⁶

❶害怕；恐慌：畀佢吓到～晒〔给他吓得很害怕〕｜你唔使～呀〔你不用害怕呀〕。❷突然停止：～咗一下〔停了一下〕。

【窒脚】zed⁶ gêg³

走路时突然停一下。

【窒口窒舌】zed⁶ heo² zed⁶ xid⁶

结结巴巴；语无伦次：睇佢讲话～，一定有鬼〔看他说话结结巴巴，一定有鬼〕。

【窒手】zed⁶ seo²

突然停手或缩手。

【窒手窒脚】zed⁶ seo² zed⁶ gêg³

缩手缩脚：冻到佢～〔冷得他缩手缩脚〕｜你大胆做，唔使～嘅〔你大胆干，用不着缩手缩脚〕。

zêd

【卒之】zêd¹ ji¹

终于：～完成任务｜～打赢咗〔终于打赢了〕。

【捽（擳）】zêd¹

搓；擦；揉：～老泥〔搓汗垢〕｜～唔甩〔擦不掉〕｜～下只脚就唔痛啦〔把脚揉一揉就不痛了〕。

【蟀】zêd¹（读音 sêd¹）

蟋蟀：斗～。

zeg

【*仄纸】zeg¹ ji²
支票。〖又叫“银仄”或“仄”。“仄”是英语 check 的译音。〗

【侧边】zeg¹ bin¹
旁边：学校～有间工厂〔学校旁边有一家工厂〕｜坐喺～〔坐在旁边〕。

【侧便】zeg¹ bin¹
同“侧边”。

【侧膊】zeg¹ bog³
❶斜肩。❷指推卸责任：你咪想～呀〔你别想推卸责任〕。

【侧跟】zeg¹ gen¹
旁边；附近：佢成日都喺我～〔他整天都在我的旁边〕。

【侧侧膊】zeg¹ zeg¹ bog³
斜着肩，想闪身溜走的样子：佢～想松人〔他想闪身溜走〕。

zég

【啫】zég¹
语气词。表示肯定、劝告（比较婉转，女孩子多用）：唔系～〔不是的〕｜佢呃你～〔他骗你的〕｜唔好去～〔不要去啊〕！

【啫屐】zég¹ kég⁶
夹克（现已少用）。〖“啫屐”是英语 jacket 的音译词。〗

【炙火】zég³ fo²
烤火。

【只】zég³
量词。❶只；个：一～鸡｜一～鞋｜一～桶〔一个桶〕｜一～古仔〔一个故事〕。❷头：一～猪〔一头猪〕｜一～大笨象〔一头大象〕。❸种；类：呢～布色水几好〔这种布颜色不错〕｜呢～米好曳〔这种米很赖〕。❹首；支：唱～歌仔〔唱一首歌〕。〖广州话“只”与“个”基本上相通，除指人以外，凡指具体的东西，用“个”的地方大都可以用“只”。但是“个”往往不能代替“只”，如“一只鞋”、“一只船”……中的“只”不能用“个”来代替。〗

【*只抽】zég³ ceo¹
一对一打斗；单挑。

【只手遮天】zég³ seo² zé¹ tin¹
一手遮天。指倚仗权势，瞒上欺下，独断独行。

【只手只脚】zég³ seo² zég³ gêg³
只有自己一个，没有任何人帮忙：得我～，唔做得乜嘢嘅〔只有我孤单一人，干不了什么〕。

【席摄底】zég⁶ xib³ dei²
席子底下：报纸放喺～度〔报纸放在席子底下〕。

zêg

【雀】zêg³⁻²
鸟儿：一只～。〖“雀”在复音词的第一个音节多读原调 zêg³，如：～窦〔鸟窝〕。〗

【*雀局】zêg³⁻² gug⁶
打麻将。

【雀鸫】zêg³ mui⁴⁻²
用以诱捕其同类的鸟。

【雀仔】zêg³ zei²
❶泛称小鸟。❷小男孩的生殖器。

【着】zêg³
穿：～衫 | ～裤 | ～袜。

【着瓦靴】zêg³ nga⁵ hê¹
被人弄得尴尬境地而难堪。

【¹着】zêg⁶
对；有理：呢件事系佢唔～嘅〔这件事是他不对的〕| 边个～就帮边个〔谁对就帮谁〕。

【²着】zêg⁶
逐一：～件做 | ～个～个数〔一个一个地数；逐个数〕。

【³着】zêg⁶
❶受到：你系唔系～鬼迷呀〔你是不是被鬼迷了〕？❷合算；合时宜：而家荔枝最～得食喇〔现在吃荔枝最合时宜了〕。❸占：一人～一半。

【⁴着】zêg⁶
❶点燃；（灯烛等）亮了：点～支蜡烛 | ～咗灯未〔亮灯了没有〕？❷接通电源：电脑重～紧〔电脑还通着电〕。

【着紧】zêg⁶ gen²
❶加紧：～啲做〔加紧点干〕。❷在乎；着急：我唔～〔我不在乎；我不着急〕。

【着力】zêg⁶ lig⁶
❶吃力：呢件工佢做得好～〔这活儿他干得很吃力〕。❷努力，下力气，用心：你～做好佢啦〔你用心做好它吧〕。

【着数】zêg⁶ sou³
便宜；有利；合算：唔好贪～〔不要贪便宜〕| 佢最～喇〔他最有利了〕| 呢个办法最～〔这个办法最合算〕。

【着升唔着斗】zêg⁶ xing¹ m⁴ zêg⁶ deo²
总有不合适的地方，到这里合适了，那边又不合适：细路仔翻学，嗰间学校师资好啲但系太远，呢间近但系校风差啲，真系～，唔知读边间好〔小孩上学，那所学校师资好但是太远，这所近但是校风差点，真是不能样样合适，不知上哪所好〕。

【着意】zêg⁶ yi³
留意；边度有房出租，同我～下〔哪里有房屋出租，帮我留意一下〕。

zei

【剂】zei¹
量词。用于中药药剂：食咗三～药就好嘞〔吃了三服药就好了〕。

【挤】zei¹
放：书～喺边度〔书放在哪里〕？| 柜桶～住好多嘢〔抽屉里放着很多东西〕。

【挤逼】zei¹ big¹
十分拥挤。

【挤低】zei¹ dei¹
放下：就～喺呢度〔就放在这里〕。

【挤塞】zei¹ seg¹
因拥挤而堵塞。

【挤拥】zei¹ yung²
❶拥挤：礼拜日公园好～㗎〔星期天公园是很拥挤的〕。❷丰富（诙谐

的说法)：展览品真～〔展览品真丰富〕。

【仔】 zei²

❶儿子：佢有两个～〔他有两个儿子〕。❷男孩：呢个～真叻〔这个男孩真聪明〕。❸用在某些名词之后，表示细小或爱称：鸡～〔小鸡儿〕｜樽～〔瓶儿〕｜歌～〔歌儿〕｜亚雄～〔阿雄〕。❹用在某地名之后，指某个地方的人（有贬义)。❺用在某些名词或动词后面，表示某些特定的人群或个体：客～〔客户，顾客｜耕～〔佃户〕｜工～〔打工者〕。

【仔大仔世界】 zei² dai⁶ zei² sei³ gai³

熟语。儿孙自有儿孙福。

【仔乸】 zei² na²（乸，拿²）

母子：两～〔母子俩〕。

【仔乸生意】 zei² na² sang¹ yi³

家庭式的小生意。

【仔女】 zei² nêu⁵⁻²

儿女；孩子：你有几个～｜佢个个～都好叻㗎〔他的每一个孩子都很能干〕。

【仔细老婆嫩】 zei² sei³ lou⁵ po⁴ nün⁶

儿子幼小妻子年轻。表示有家庭后顾之忧。

【仔爷】 zei² yé⁴

父子；父亲和他的子女：两～〔两父子；爷儿俩〕。

【¹制】 zei³

限制：～水〔自来水定时供应；定量供水〕｜～瘾〔某种爱好或癖嗜受到限制〕。

【²制】 zei³

愿意；干：我同你换～唔～〔我跟你换，愿意不愿意〕？｜边个都～〔谁都愿意〕｜唔～〔不愿意；不干〕。

【制得过】 zei³ deg¹ guo³

划得来：你认为～就做〔你认为划得来就干〕。

【济军】 zei³ guen¹

原指旧军阀龙济光的军队，因为他们在广东地区横行霸道，“济军”便成为“蛮横”一词的同义语（多指青少年)。

【祭五脏庙】 zei³ ng⁵ zong⁶ miu⁶

戏称吃东西，填饱肚子。

【掣】 zei³（读音 qid³）

❶电钮；开关闸：撳～〔按电钮〕｜电灯总～〔电灯总开关〕。❷车闸：单车～〔自行车车闸〕。❸刹（车)：～住架车〔把车刹住〕。

【滞】 zei⁶

❶消化不良；腻：细佬哥食得太多容易～〔小孩吃得太多了容易消化不良〕｜食～咗〔吃腻了〕。❷难消化：肥猪肉好～㗎〔肥猪肉是很难消化的〕。❸迟钝；不灵活：做嘢要快啲，唔好咁～手～脚〔干事情动作要快点，不要那么迟钝〕。

【滞鸡】 zei⁶ gei¹

形容人迟钝，不灵活；笨头笨脑。

【滞口】 zei⁶ heo²

食欲不振：呢两日好～〔这两天胃口很不好〕。

【滞市】 zei⁶ xi⁵

滞销。

Z

zem

【针】 zem¹
（蚊虫等）叮咬；蜇：呢度啲蚊～人零舍痕〔这里的蚊子叮人特别痒〕。

【针鼻削铁】 zem¹ béi⁶ ség³ tid³
❶形容极为节俭。❷形容获利甚微。❸形容过分克扣剥削。

【针波】 zem¹ bo¹
跳球〔打篮球的专门术语〕。〖“针波”是英语 jump ball 的译音。现已少用，多说“跳球”。〗

【针黹】 zem¹ ji²
针线活儿。

【针唛】 zem¹ meg¹
卷烟（诙谐的说法）：烟仔都冇我嘅～好〔香烟都没有我的卷烟好〕。

【针筒】 zem¹ tung⁴⁻²
注射器。

【砧板蚁】 zem¹ ban² ngei⁵
歇后语，下一句是“有食必到”，比喻那些有饮食机会从不放过的人。

【¹斟】 zem¹
倒；往容器里倒：～茶〔倒茶〕｜～豉油〔倒酱油〕。〖普通话“斟”这个词多用于茶、酒等，其他一般用”倒”〗

【²斟】 zem¹
商谈；商量：有啲事想同你～一下〔有些事想跟你商量一下〕。

【斟盘】 zem¹ pun⁴⁻²
谈判；商议（多指作交易）：佢两个人喺嗰度～〔他两人在那里商议〕｜点解你哋琴日～斟噉耐嘅〔干吗你们昨天商议那么久〕？

【¹枕】 zem²
趼子：手～｜脚～。

【²枕】 zem²
罩：鱼～｜鸡～｜～鱼。

【枕长】 zem² cêng⁴
经常；长期：～有人嚟〔经常有人来〕｜～有钱使〔长期有钱花〕。

【枕住】 zem² ju⁶
同“枕长”。

【枕头包】 zem² teo⁴ bao¹
方面包，味咸。

【枕头袋】 zem² teo⁴ doi⁶⁻²
枕头套。

【枕住嚟做】 zem² jü⁶ lei⁴ zou⁶
连续不断地做。

【浸¹】 zem³
量词。层：一～花生衣〔一层花生衣〕｜甩咗一～皮〔掉了一层皮〕。

【浸过咸水】 zem³ guo³ ham⁴ sêu²
比喻在国外读过书。

【浸²】 zem⁶（读音 zem³）
❶下沉：～底。❷溺：～死。

【浸猪笼】 zem⁶ ju¹ lung⁴
旧时某些农村宗法势力对违反族规的人用猪笼套住投入水中淹死。

【浸死鸭乸】 zem⁶ séi² ngab³ na²
形容时间过长：～咁耐〔时间太长，连母鸭也淹死了〕。

【沉²】 zem⁶（读音 cem⁴）
❶下沉：～底。❷淹；溺：～死。

【朕（𠺝）】 zem⁶ 量词。❶股：一～嚿〔一股味儿〕。❷阵：一～风。

zen

【*珍宝机】zen¹ bou² géi¹

大型喷气客机。〖“珍宝”是英语 jumbo 的音译。〗

【珍珠咁真】zen¹ ju¹ gam³ zen¹

像珍珠那样真实。比喻千真万确。

【肾肝】zen¹ gon¹

禽类的胃和肝的总称。

【真】zen¹

❶不假。❷确实：～好。❷清楚：睇唔～〔看不清楚〕｜睇～下〔看清楚一点〕。

【真家伙】zen¹ ga¹ fo²

真格儿的；认真的；真的东西：我支枪系～㗎〔我的枪是真的〕｜我唔想～同你打〔我不想动真格儿的跟你打〕。

【真金白银】zen¹ gem¹ bag⁶ ngen⁴⁻²

❶强调“钱”：呢个系我～买翻嚟嘅〔这个是我用钱买回来的〕。❷强调真正有价值。

【真个】zen¹ go³

真的；实在的：～唔系我〔真的不是我〕。

【圳】zen³

❶水沟；水渠：开～〔开水渠〕。❷多用于地名：深～｜～口。

【震】zen³

发抖；哆嗦；颤动：佢只手有啲～〔他的手有点发抖〕｜冷到～晒〔冷得打哆嗦〕。

【震揗揗】zen³ ten⁴ ten⁴

同“揗揗震”。

【震震贡】zen³ zen³ gung³

动来动去；动个不停：唔好成日～呀〔别老是动来动去〕｜呢个细蚊仔成日～〔这个小孩整天动个不停〕。

【阵床】zen⁶ cong⁴

架设床铺。

zên

【樽】zên¹

❶瓶子：酒～｜玻璃～。❷量词。瓶：一～油｜一～酒。

【樽颈】zên¹ géng²

❶瓶颈。❷比喻交通道路狭窄的地段。❸比喻妨碍解决问题的关键之处。

【樽领】zên¹ léng⁵

上衣长的竖领。

【樽枳】zên¹ zed¹（枳，质）

瓶塞儿；软木塞儿。

【尽地】zên⁶ déi⁶⁻²

尽（jǐn）着（用尽全部）：呢嚿布得六尺长，你～做啦〔这块布只有六尺长，你尽着这块布做吧〕！

【尽地一煲】zên⁶ déi⁶⁻² yed¹ bou¹

孤注一掷：“缸瓦全打老虎——～”（歇后语）。

【尽心尽肺】zên⁶ sem¹ zên⁶ fei³

竭诚竭力，全心全意：佢对事业够～咯〔他对事业说得上竭诚竭力了〕。

【尽人事】zên⁶ yen⁴ xi⁶

尽主观努力；尽人道主义最大努力：呢个病人好严重，要～去抢救〔这个人病得很严重，要尽人道主义去抢救〕。

zeng

【憎】zeng¹
恨；讨厌：我～到佢鬼噉〔我把他恨透了〕。

【憎人富贵嫌人穷】zeng¹ yen⁴ fu³ guei³ yim⁴ yen⁴ kung⁴
对富贵的人嫉妒，对贫穷的人厌恶。

【睁眉突眼】zeng¹ méi⁴ ded⁶ ngan⁵
吹胡子瞪眼。

【赠闭】zeng⁶ bei³
嘈杂，吵闹。

【赠庆】zeng⁶ hing³
在高兴场面凑热闹。

zéng

【精】zéng¹（读音 jing¹）
❶机灵；聪明：呢个细路仔好～㗎〔这个小朋友很机灵〕。❷形容人爱耍小聪明，自私，取巧：做嘢要老老实实，唔好咁～至得〔做工作要老老实实，不要那么取巧才行〕。

【精出骨】zéng¹ cêd¹ gued¹
形容人十分善于为自己打算，非常自私而狡猾。

【精乖】zéng¹ guai¹
聪明伶俐。

【精乖伶俐】zéng¹ guai¹ ling⁴ léi⁶
同"精乖"。

【精归左】zéng¹ guei¹ zo²
聪明过了头。

【精甩辫】zéng¹ led¹ bin¹
同"精出骨"。

【精叻】zéng¹ lég¹（叻，啦尺¹切）
聪明能干：呢个后生仔好～㗎〔这个年青人很聪明能干〕。

【精埋一便】zéng¹ mai⁴ yed¹ bin⁶
专把聪明用在做坏事或为自己打算上。

【精仔】zéng¹ zei²
❶投机取巧的人。❷同"精❷"。

【正】zéng³（读音 jing³）
好；美：呢个厂嘅产品好～〔这个厂的产品挺好的〕｜呢度风景真～〔这里的风景真美〕。

【正斗】zéng³ deo²（正，读音 jing³）
❶正牌（货）；地道（货）：呢啲瓷器系江西景德镇嘅～货〔这些瓷器是江西景德镇的正牌货〕。❷引申作好、美：呢间工厂嘅产品真～〔这家工厂的产品真好〕｜越秀山嘅风景真～〔越秀山的风景真美〕。

【正牌】zéng³ pai⁴
正宗的；真正的。

【正晒】zéng³ sai³
表示十分满意时的用语。相当于"正好"、"再好不过了"。

【正嘢】zéng³ yé⁵（嘢，野）
好的东西；质量高的东西。

zêng

【张】zêng¹
量词。张；把；顶；条：一～纸｜一～刀〔一把刀〕｜一～蚊帐〔一顶蚊帐〕｜一～椅〔一把椅子〕｜一～被单〔一条被单子〕。

【张飞颈】 zêng¹ féi¹ géng²
火爆的脾气。

【将】 zêng¹
介词。把：~佢分开〔把它分开〕｜~嗰件衫洗干净〔把那件衣裳洗干净〕。〖普通话表示处置的“把字结构”，广州话多用“动词 + 宾语”的格式来表达，如“把衣服洗干净”一般多说“洗干净件衫”。〗

【将近】 zêng¹ gen⁶
快要：船~开身咯〔船快要开了〕｜~天光咯〔快天亮了〕。

【仗】 zêng³
量词。次；回；趟：睇过一~〔看过一次〕｜呢~又系佢第一〔这一回又是他第一〕｜去一~。

【胀泵泵】 zêng³ bem¹ bem¹
胀鼓鼓的：呢个袋挣到~噉〔这个口袋撑得胀鼓鼓的〕。

【胀卜卜】 zêng³ bug¹ bug¹
膨胀得凸起来的样子：细蚊仔个肚~，唔知系唔系生癪〔小孩的肚子胀得凸起来，不知是不是生疳积病〕？

【酱园铺】 zêng³ yün⁴ pou³
专卖各种酱料的店铺。

【丈人佬】 zêng⁶ yen⁴ lou²
岳父的俗称。背称。

【丈人婆】 zêng⁶ yen⁴ po⁴
岳母的俗称。背称。

【象拔】 zêng⁶ bed⁶
象鼻子。

【橡筋】 zêng⁶ gen¹
❶松紧带。❷橡皮筋（条形橡胶）。

【橡筋箍】 zêng⁶ gen¹ ku¹
橡皮筋；猴皮筋。

zeo

【周不时】 zeo¹ bed¹ xi⁴
同“周时”。

【周街】 zeo¹ gai¹
满街：~都系人〔满街都是人〕。

【周支无日】 zeo¹ ji¹ mou⁴ yed⁶
无日无夜。

【周至】 zeo¹ ji³
❶周到：照顾得好~〔照顾得很周到〕。❷整齐：要着得~啲〔要穿得整齐点〕。

【周年旺相】 zeo¹ nin⁴ wong⁶ sêng³
祝福语。全年兴旺。

【周身】 zeo¹ sen¹
全身：专治~骨痛。

【周身八宝】 zeo¹ sen¹ bad³ bou²
形容人本领技能多：呢个人~乜都得〔这个人本领多，什么都行〕。

【周身刀冇张利】 zeo¹ sen¹ dou¹ mou⁵ zêng¹ léi⁶
比喻什么都会一点，但没有专长：我~，做乜都唔够专〔我什么都会一点但没有专长〕。

【周身唔聚财】 zeo¹ sen¹ m⁴ zêu⁶ coi⁴
比喻全身不舒服。

【周身屎】 zeo¹ sen¹ xi²
❶比喻作恶多端而臭名远扬。❷比喻惹得一身麻烦。

【周身蚁】 zeo¹ sen¹ ngei⁵
比喻惹了很多麻烦。

Z

【周身瘾】 zeo¹ sen¹ yen⁵
形容人对什么都感兴趣。

【周时】 zeo¹ xi⁴
经常；随时：佢～都关心大家〔他经常都关心大家〕｜～都喺度〔经常都在这里〕。

【周时无日】 zeo¹ xi⁴ mou⁴ yed⁶
经常；时常；没有一天不……。

【周质】 zeo¹ zed¹
心烦意乱；心绪不宁。

【¹走】 zeo²
跑：慢慢行，唔使～〔慢慢走，不用跑〕｜嗰只老鼠～甩咗〔那只老鼠跑掉了〕。〖广州话的"走"基本上相当于普通话的"跑"，但是表示"离去"这个意思时，广州话和普通话都用"走"，如"佢走咗"〔他走了〕。广州人说普通话时要防止犯类推的错误，不要把"佢走咗咯"对译成〔他跑了〕。〗

【²走】 zeo²
逃跑；逃避（灾难）：～警报｜～西水〔逃避西江的洪水〕｜～日本仔〔逃避日本兵〕。

【走白地】 zeo² bag⁶ déi⁶
奔逃：枪一响，敌人就～〔枪一响，敌人就逃了〕。

【走兵遇着贼】 zeo² bing¹ yü⁶ zêg⁶ cag⁶
逃避兵乱却遇上强盗。比喻为躲这一难却遇上另一难。

【走宝】 zeo² bou²
失去利益、机会等。

【走单】 zeo² dan¹
在饭馆吃饭后不结账就偷偷溜走。

【走趯】 zeo² dég³（趯，笛³。读音 tig¹）
❶走动：有病就好好休息，唔好成日走走趯趯〔有病就好好休息，不要整天走动〕。❷奔波；跑腿：佢成日为大家～〔他整天为大家跑腿〕。

【走第九】 zeo² dei⁶ geo²
名列第九，意思是名列最后。形容人差劲，什么都不如别人：呢次你真系～咯〔这次你真的是最糟糕的了〕。

【走电】 zeo² din⁶
跑电；漏电。

【走法律罅】 zeo² fad³ lêd⁶ la³
钻法律空子。

【走埠】 zeo² feo⁶
走江湖。

【走夹唔唞】 zeo² gab³ m⁴ teo²（唞，偷²）
拼命跑；没命地跑。

【走鸡】 zeo² gei¹
❶失去机会：唔好～呀〔不要失去机会〕。❷跑掉：吼住佢，唔好畀佢～〔守着他，别让他跑掉〕。

【走记】 zeo² géi³
走；离去。

【走警报】 zeo² ging² bou³
躲避敌机空袭。

【*走鬼】 zeo² guei²
无牌小贩，因为他们一见警察来即奔跑。

【走学】 zeo² hog⁶
走读。

【走红】 zeo² hung⁴
走红运。

【走甩】 zeo² led¹

跑掉；逃脱。

【走甩鸡】zeo² led¹ gei¹

❶逃脱了；跑掉了：只猫～咯〔猫跑掉了〕。❷躲过了关口：呢次畀佢～添〔这次居然让他过了关口了〕。❸错过了机会：呢次机会～，真可惜〔这次机会给错过了，真可惜〕。

【走甩身】zeo² led¹ sen¹

同“走甩鸡”❶❷。

【走路】zeo² lou⁶⁻²

逃亡；逃跑：有个坏分子想～，畀我哋捉番嚟〔有个坏家伙想逃跑，给我们抓了回来〕。

【走唔起】zeo² m⁴ héi²

跑不快；跑不动。

【走味】zeo² méi⁶

气味跑掉：樽酒唔塞实就会～喇〔这瓶酒不塞紧就会跑味了〕。

【走难】zeo² nan⁶

逃难。

【走水】zeo² sêu²

同“起水”。

【走数】zeo² sou³

有意赖账。

【走投】zeo² teo⁴⁻²

离去；离开：睇见唔对路，佢就～咯〔看看不对劲，他就离去了〕。

【走运】zeo² wen⁶

运气不好。由于普通话的影响，有人用来表示运气好的意思。因此“走运”这个词容易产生歧义。一般用“走晒运”、“走衰运”来表示运气不好，用“行运”、“行大运”来表示运气好。

【走人】zeo² yen⁴

走；溜：唔睇就～〔不看就走〕｜佢早就～咯〔他早就溜了〕。

【走油】zeo² yeo⁴

过油（鱼肉等在正式烹调前用油略炸一下）。

【走雨罅】zeo² yü⁵ la³

趁下雨的间歇赶路。

【走盏】zeo² zan²

松动；回旋的余地：时间冇乜得～〔时间（安排）很紧〕。

【走精便】zeo² zéng¹ bin⁶

为了自己利益处处耍小聪明。

【走走趯趯】zeo² zeo² dég³ dég³（趯，笛³）

到处奔波；走来走去：成日～，都唔知搞乜〔整天走来走去，都不知道搞些什么〕。

【酒板】zeo² ban²

样品酒。原酒的小型装。

【酒饼】zeo² béng²

酒药。

【酒店】zeo² dim³

旅馆；旅店。

【酒家】zeo² ga¹

大饭店；饭庄；餐厅。

【酒楼】zeo² leo⁴

酒家；饭馆。

【酒漏】zeo² leo⁶

用来灌酒的漏斗。

【酒潞】zeo² lou⁶

酒提，酒类零卖时，用来量酒的器具，带有长柄，同“酒勺”。

【酒米】zeo² mei⁵

粉刺。

【酒咽】 zeo^2 neb^1（咽，粒。又音 zeo^2 nib^1）

酒涡；笑靥。

【酒渣】 zeo^2 za^1

醪糟，糯米甜酒的渣滓。

【酒糟鼻】 zeo^2 zou^1 béi^6

酒渣鼻。

【皱纸】 zeo^3 ji^2

有皱纹的纸。

【绉纱】 zeo^3 sa^1

一种丝织品，表面有皱纹。

【就】 zeo^6

❶将要：～到。❷迁就：你大个，～下佢〔你年纪大，迁就他一下〕。

【就快】 zeo^6 fai^3

快要：～得嘞〔快要好了〕。

Z

【…就假】 zeo^6 ga^2

否定前面的话，相当于“…才怪呢”：你唔想屋企～嘅〔你不想家才怪呢〕。

【就脚】 zeo^6 gêg^3

顺路；方便到达：你出街～嘅话，唔该同我买樽醋翻嚟〔你上街如果顺路的话，麻烦帮我买一瓶醋回来〕｜嗰间餐馆啲嘢几好食，可惜唔多～〔那家餐馆的东西很好吃，可惜不大方便去〕。

【就惯姿势】 zeo^6 guan^3 ji^1 sei^3

惯于迁就某一姿势，比喻迁就某一不良习惯：你～就好难改。

【就系】 zeo^6 hei^6

就是：人哋～勤力〔人家就是用功〕｜～佢〔就是他〕。

【就至】 zeo^6 ji^3

副词。刚刚；刚：老师～喺度开会〔老师刚刚在这里开会〕｜～讲过又唔记得啦〔刚刚说过又忘了〕｜～去咗〔刚去了〕。

【就正】 zeo^6 jing^3

刚才；刚刚：佢～重喺度〔他刚才还在这里〕。

【就嚟】 zeo^6 lei^4（嚟，黎）

快；快要：～开学嚟喇〔快要开学了〕｜佢～四十岁咯〔他快四十岁了〕。

【就手】 zeo^6 seo^2

顺利：工作好～〔工作很顺利〕。〖普通话“就手”一词是“顺手”的意思，如“就手关门”就是顺手关门，与广州话“就手”一词不同。〗

【就话】 zeo^6 wa^6

还说得过去；还算可以：叫个仔送嚟～嗻，你亲自送嚟就太客气喇〔叫孩子送来还可以，你亲自送来就太客气了〕。

【…就真】 …zeo^6 zen^1

…才是要紧的；…才是对的：肚饿喇，食饭～〔肚子饿了，吃饭才是要紧的〕｜我话行嗰边～〔我说走那一边才是对的〕。

【就正话】 zeo^6 zéng^3 wa^6

同“就正”。

zêu

【追瘦】 zêu^1 seo^3

表示对某事紧追不放，务必达到目的：你讲咗唔做，唔怪得人哋～你啦〔你说过又不兑现，难怪人家紧追不放〕｜借咗资料要按时归还，否则～〔借去的资料要按时归还，否则催促不停〕。

【嘴】zêu²

❶嘴巴。❷亲吻：～一啖〔亲一下〕。

【嘴吵吵】zêu² miu² miu²

用嘴巴表示轻蔑或不满的样子：睇佢～噉，唔知有乜意见〔看他撇着嘴，不知有什么意见〕。

【嘴斂斂】zêu² lim⁵⁻² lim⁵⁻²

舌头舔嘴巴，垂涎欲滴的样子。

【嘴滑】zêu² wad⁶

形容人很会说话，能言善辩。

【嘴咀咀】zêu² zê¹ zê¹（咀，揸靴切）

贫嘴薄舌。

【最多】zêu³ do¹

顶多；大不了：～唔要系啦〔顶多不要就是了〕。

【最多唔系】zêu³ do¹ m⁴ hei⁶

同"最多"。

【最尾】zêu³ méi⁵

❶时间上最后的：边位～到嘅〔谁最后到的〕？❷位置上最末的：呢排座位系～嘅〔这排座位是最后的〕。

【最面】zêu³ min⁶⁻²

同"面头"。

【最面头】zêu³ min⁶⁻² teo⁴

同"面头"。

【醉猫】zêu³ mao¹

戏称喝醉了酒的人。

【醉酒】zêu³ zeo²

喝醉了。

【醉酒佬】zêu³ zeo² lou²

醉汉。

【坠】zêu⁶

❶垂：成裔荔枝～晒落嚟〔整棵荔枝垂了下来〕。❷拽：～断条绳〔把绳子拽断了〕。

【坠火】zêu⁶ fo²

去火（中医指消除身体里的火气）。

zo

【左便】zo² bin⁶

左边。

【左近】zo² gen⁶⁻²

❶附近：学校～有间医院｜我住喺工厂～〔我住在工厂附近〕。❷上下；左右：五十斤～｜七十岁～。

【左口鱼】zo² heo² yü⁴⁻²

鳎目鱼。

【左口左面】zo² heo² zo² min⁶

满脸不高兴的样子：佢唔知做乜嘢，成日～〔他不知为什么，整天一脸不高兴〕。

【左手边】zo² seo² bin¹

左手那一边，左面：你～系边位〔你的左边是谁〕？｜～第二个路口〔左面第二个路口〕。

【左手便】zo² seo² bin⁶

左边。

【左吠】zo² yao¹（吠，衣敲切）

❶左撇捩（左手比右手灵活）：佢～，唔做得呢啲嘢〔他左撇捩，干不了这些工作〕。❷左撇子：佢系～，用左手揸筷子〔他是左撇子，

用左手拿筷子〕。

【咗】zo² （左）

助词。用在动词后，表示动作已经完成，相当于普通话的“了”：佢嚟～〔他来了〕｜完成～任务｜洗干净～件衫先〔先把衣服洗干净〕。

【阻】zo²

❶阻拦；挡：～住佢〔拦着他〕｜唔该你将你架车驶开啲，唔好～住个路口〔麻烦你把你的车子开过一点，别挡着路口〕。❷妨碍：唔好～住人哋开会〔不要妨碍着人家开会〕｜～手～脚〔碍手碍脚〕。

【阻定（埞）】zo² déng⁶

碍事儿：呢架车停喺呢度好～〔这辆车停在这里很碍事儿〕。

【阻三阻四】zo² sam¹ zo² séi³

妨碍着；阻挠着。

【阻头阻路】zo² tou⁴ zo² lou⁶

❶阻碍着；挡道：呢度好多人出入，你唔好～〔这里很多人出入，你不要挡道〕。❷妨碍着；碍手碍脚：大家咁唔得闲，你唔好喺度～啦〔大家这么忙，你不要在这里碍手碍脚了〕。

【阻头阻势】zo² teo⁴ zo² sei³

同“阻三阻四”。

【阻滞】zo² zei⁶

障碍；麻烦：办呢件事唔会有～嘅〔办这件事不会有麻烦的〕。

【坐】zo⁶

放：木箱就～喺个角落头啦〔木箱就放在角落里吧〕！｜煲～喺风炉度〔锅放在炉子上〕。〖坐”读 co⁵ 时与普通话相同。〗

【坐低】zo⁶ dei¹

放下：～啲嘢啲下先啦〔把东西放下歇一歇吧〕！

【坐定粒六】zo⁶ ding⁶ neb¹ lug⁶

同“坐梗”。

【坐梗】zo⁶ geng²

固定；十拿九稳；稳拿：呢次评选先进工作者佢～有份〔这次评选先进工作者他肯定有份〕。

【坐实】zo⁶ sed⁶

肯定；认定；稳拿：呢份工～系佢做嘅〔这项工作肯定是他干的了〕｜呢次比赛你哋～冠军喇〔这次比赛你们稳拿冠军了〕。

【坐㩟】zo⁶ xib¹ （㩟，摄¹）

自行车的鞍子。

【坐一望二】zo⁶ yed¹ mong⁶ yi⁶

在有把握得到一样东西的情况下，希望还得到另一样东西。

【坐二望一】zo⁶ yi⁶ mong⁶ yed¹

稳居第二位，还要努力争取第一位。

【座地扇】zo⁶ déi⁶ xin³

放在室内地上的有立柱有底座的电扇。

【座火】zo⁶ fo²

去火：～粥｜食生豆腐～〔生吃豆腐去火〕。

【座钟】zo⁶ zung¹

放在室内地上的大型时钟，一般有长摆。〖普通话“座钟”是相对“挂钟”说的，指摆在桌子上的时钟，与此不同。〗

【助成】zo⁶ xing⁴

帮助完成。

zog

【[1]作】 zog^3 (zog^6)

❶强取；敲竹杠：本书畀人～咗去〔我的书被人拿走了〕。❷干掉：～咗佢〔把他干掉〕。

【[2]作】 zog^3

编造：呢份人乜都～得出嚟〔这号人什么都能编得出来〕。

【作病】 zog^3 béng^6

发病：佢想～睇嘞〔看来他要发病了〕。

【作大】 zog^3 dai^6

夸大事实，大事宣扬。

【作反】 zog^3 fan^2

造反。

【作福】 zog^3 fug^1

摆设祭品以求神灵偿愿。

【作渴】 zog^3 hod^3

口渴；烦渴：发烧就～。

【作牙（禡）】 zog^3 nga^4

广州旧俗。商号于农历每月的初二、十六两个"禡日"，以较丰盛的菜肴酬谢本店财神土地，也让伙计们吃一顿，叫"作牙"。正月初二叫"开牙"，十二月十六叫"尾牙"。老板往往在"尾牙"解雇伙计。

【作呕】 zog^3 ngeo^2

❶要呕吐：食咗啲唔干净嘅嘢，想～〔吃了不干净的东西，想吐〕。❷恶心（ě xin）：睇佢打扮得咁难睇，真～〔看她打扮得那么难看，真恶心〕。

【作死】 zog^3 séi^2

❶找死（骂人语）。❷捣蛋：你咪咁～〔你别那么捣蛋〕。

【作雨】 zog^3 yü^5

天将下雨。

【作状】 zog^3 zong^6

装模作样；装腔作势：讲话唔好咁～〔说话别那么装腔作势〕｜你越～人哋越睇唔起你〔你越装模作样，人家越瞧不起你〕。

【昨日】 zog^6 yed^6

昨天。

【[1]凿】 zog^6

用指节敲打：～头壳〔敲脑袋〕｜～门。

【[2]凿】 zog^6

❶偷；强取：畀人～咗一件衫〔给人家偷了一件衣裳〕。❷干掉：～咗佢〔把他干掉〕！❸敲（多指敲竹杠）：～咗佢一餐茶〔敲他请了一次客吃茶点〕。

zoi

【灾瘟】 zoi^1 wen^1

骂人语。指带来灾祸和瘟疫的人。

【再…过】 zoi^3…guo^3

重来一次：再做过〔重新做〕｜再试过〔再试一次〕｜再去过〔再去〕。

【再试】 zoi^3 xi^3

再，动作再重复一次：今次唔得，你～搞过啦〔这次不行，你再搞一次吧〕｜你如果～犯错，就要开除喇〔如果你再犯错误，就要被开除了〕。

【在生】 zoi6 sang1

活着：佢重～〔他还活着〕｜佢～嗰阵好威 㗎〔他活着的时候很威风的〕。

【在心】 zoi6 sem1

记在心上：我会～嘅，你放心啦〔我会记在心上的，你放心吧〕。

zong

【庄口】 zong1 heo2

办理货物出口业务的私营商业机构。

【1装】 zong1

盛（chéng）；装：～饭｜～唔落〔盛不下〕｜～住嘢〔装着东西〕。

【2装】 zong1

诱捕（用机关、器具、陷阱等捕捉）：～老鼠｜～山猪〔诱捕野猪〕。

【装弹弓】 zong1 dan6 gung1

设圈套：因住人哋～害你〔当心人家设圈套害你〕。

【装饭】 zong1 fan6

盛饭。

【装假狗】 zong1 ga2 geo2

装蒜；伪装；弄虚作假：唔好～呃人〔别弄虚作假骗人〕。

【装香】 zong1 hêng1

插香；献香。

【装身】 zong1 sen1

穿好的衣服来包装自己。

【装起个降】 zong1 héi2 go3 gong6

摆起架势：唔使～噉同人嘈〔用不着摆起架势跟人家吵〕。

【䁯】 zong1（装）

❶探头看：～下佢喺唔喺里便〔看一下他在不在里面〕。❷窥视；偷看：唔好喺门罅～人哋〔不要在门缝偷看人家〕。

【撞鬼】 zong6-2 guei2

❶活见鬼（骂人的话）：真～〔真是活见鬼〕｜你～咩，点解乱嚟嚟〔你真是活见鬼，怎么胡来〕！❷倒霉：～，唔见咗添〔倒霉，丢了〕！｜～，又出猫仔咯〔倒霉，又出差错了〕。

【撞衫】 zong6 sam1

两个人（多指娱乐圈知名人士）在公众场合穿着相同或相近款式、颜色的衣服。

【状棍】 zong6 guen3

唆使别人打官司自己从中取利的坏人。

【*状师】 zong6 xi1

律师。

【状元红】 zong6 yün4 hung4

荔枝的一种，颜色鲜红，味香，肉脆而甜。

【撞】 zong6

❶碰；闯：～亲头壳〔碰着脑袋〕｜乱～。❷胡乱猜测；蒙〔mēng〕：呢次畀佢～对咗〔这次给他蒙对了〕。❸迎，向来人的方向走去：我去～下佢〔我去迎一迎他〕。

【撞板】 zong6 ban2

❶碰钉子；出娄（lóu）子；失败：呢次～啰〔这次出娄子了〕｜试验几次都～〔试验几次都失败了〕。❷糟糕；倒霉：真～，又整烂咗〔真糟糕，又弄坏了〕！

【撞彩】zong⁶ coi²

碰运气：靠～系唔得嘅〔靠碰运气是不行的〕｜要靠主观努力，唔好靠～〔要靠主观努力，不要靠碰运气〕。

【撞火】zong⁶ fo²

❶火儿；生气。❷习惯认为，凉性中药要在早晚空腹时服用，如中午服了，就会“撞火”。

【撞口卦】zong⁶ heo² gua³

小孩子碰巧说对了某事。

【撞口撞面】zong⁶ heo² zong⁶ min⁶

（多次地）碰见：成日～，好熟〔整天见面，很熟〕。

【撞见】zong⁶ gin³

遇见；碰见：喺门口～佢〔在门口遇见他〕｜头先我～你大佬〔刚才我碰见你哥哥〕。

【撞棍】zong⁶ guen³

骗子。

【撞面】zong⁶ min⁶

见面；碰见：～都冇句话〔见面都没说一句打招呼的话〕。

【撞啱】zong⁶ ngam¹（啱，岩¹）

同“碰啱”。

【撞死马】zong⁶ séi² ma⁵

比喻横冲直撞的人。

【撞手神】zong⁶ seo² sen⁴

碰运气（一般用于与手的动作有关的方面，如抓阄、赌博等）。

【撞头】zong⁶ teo⁴

双方擦肩而过：你嚟我往，大家～都冇见到〔你来我往，大家擦肩而过都没有看见〕。

zou

【糟质】zou¹ zed¹

❶糟蹋；不爱惜（物）：唔好～啲嘢啦〔不要糟蹋东西〕。❷刻薄；不爱护（人）：佢成日都～个细路仔〔他老是刻薄那个小孩〕。

【早排】zou² pai⁴⁻²

前一段时间；前些日子：～我去咗北京〔前些日子我到北京去了〕。

【早晨】zou² sen⁴

❶早上好：～〔早上好〕！❷早：你今日嚟得咁～呀〔你今天来得这么早〕！

【早晨流流】zou² sen⁴ leo⁴ leo⁴

大清早的：～要着够衫至好〔大清早的要穿够衣服才好〕｜～碰到啲噉嘅嘢〔大清早的碰到这样的事情〕！

【早唞】zou² teo²（唞，头²）

❶早点休息，即“晚安”。❷骂人语。早点儿歇着去吧，即快点完蛋吧。

【早轮】zou² lên⁴

同“早排”。

【早禾】zou² wo⁴

早稻，春季插秧的稻子。

【早时】zou² xi⁴

❶早先；原来：呢度～有间屋〔这里原来有一所房子〕。❷刚才：～有人揾你〔刚才有人找你〕。

【早一轮】zou² yed¹ lên⁴

同“早排”。

【早一排】zou² yed¹ pai⁴⁻²

Z

同“早排”。

【早造】zou² zou⁶
指春季插秧的稻子，夏季收获。

【灶窟】zou³ fed¹
灶膛。

【灶君】zou³ guen¹
灶神；灶王爷。

【灶虾】zou³ ha¹
灶马，类似小蟋蟀，但没有翅膀，头小，生活在阴暗的地方，夜间常在灶旁叫。

【灶头】zou³ teo⁴
锅台；灶台。

【造】zou⁶
❶蔬菜瓜果等上市正盛的时期：黄瓜～｜荔枝～｜过～｜末～。❷量词。茬：一～禾｜一年两～。

【*造马】zou⁶ ma⁵
❶在赛马中舞弊，使内定的马获胜。❷引申指在各类选举中舞弊，使内定的人获胜。

【造势】zou⁶ sei³
制造气氛；营造氛围。

【做】zou⁶
演出；放映：礼堂有戏～｜今晚～乜戏〔今晚演什么戏〕？

【做把戏】zou⁶ ba² héi³
耍把戏。

【做百啰】zou⁶ bag³ lo¹
为婴儿庆贺出生百日。

【做丑人】zou⁶ ceo² yen⁴
出面做得罪人的事：你真精，揾我嚟～〔你真油，让我来做得罪人的人〕。

【做七】zou⁶ ced¹
旧俗人死后每隔七天丧家要在灵前祭奠一次，以超度亡灵。

【做胆】zou⁶ dam²
❶当做胆儿：畀个水缸你～，你都唔敢〔就算拿个水缸当做胆儿，你也不敢〕。❷壮胆，撑腰：有佢～你怕乜呀〔有他壮胆你怕什么〕！

【做得】zou⁶ deg¹
❶可以做；干得了：呢件事我～〔这件事我干得了〕。❷肯干；卖力：你真～。

【做得嚟】zou⁶ deg¹ lei⁴
能够做，干得了：呢啲事佢～嘅〔这些事他能够做的〕｜乜佢都话～〔什么他都说干得了〕。

【做低】zou⁶ dei¹
干掉；搞垮：～两个坏蛋〔干掉两个坏蛋〕。

【做冬】zou⁶ dung¹
过冬至节，是民间一个相当隆重的节日。

【*做家庭工】zou⁶ ga¹ ting⁴ gong¹
外干活儿（把活儿领回家里干）。

【做鬼都唔灵】zou⁶ guei² dou¹ m⁴ léng⁴
干什么都不行：佢噉嘅衰样，～啦〔他这德行，干什么都不行啊〕。

【做鬼做马】zou⁶ guei² zou⁶ ma⁵
还能做什么，做什么鬼。指事情做不成了：要乜冇乜，～咩〔要什么没什么，还能做什么呀〕！

【做工夫】zou⁶ gung¹ fu¹
❶干活儿：唔～点有饭食〔不干活儿哪有饭吃〕。❷干工作：我要～，

唔得闲〔我要干活儿，没空〕。

【做功课】zou⁶ gung¹ fo³

比喻事先做好收集资料、调查情况等准备工作：为咗呢次谈判，佢做咗唔少功课〔为了这次谈判，他做了不少准备工作〕。

【做光面工夫】zou⁶ guong¹ min⁶ gong¹ fu¹

做表面工夫：做嘢要实在一啲，唔好净系～〔做事要实在些，不要光做表面工夫〕。

【做戏】zou⁶ héi³

演戏：学～｜今晚礼堂～。

【做戏噉做】zou⁶ héi³ gem² zou⁶

像演戏那样表演。形容人装样子敷衍：上级嚟检查，佢就～应付〔上级来检查，他就做做样子应付〕。

【做好心】zou⁶ hou² sem¹

做善事；出于好心办事：我～帮佢，点知佢反口咬人〔我出于好心帮助他，谁知他反而赖我〕。

【做好做丑】zou⁶ hou² zou⁶ ceo²

好歹；不管采取什么手段：～要佢服从〔好歹要他服从〕。

【做正行】zou⁶ jing³ hong⁴⁻²

做正当行业，干正当职业。

【做唔嚟】zou⁶ m⁴ lei⁴

不能够做，干不了：做呢啲工要专门技术，我～〔做这些工要专门技术，我干不了〕｜我唔系唔肯做，而系～〔我不是不愿做，而是干不了〕。

【做埋】zou⁶ mai⁴

❶做完：～至好走〔做完了才能走〕｜重有啲手尾，～佢啦〔还有一点收尾工作，干完它吧〕。❷总是做：佢～啲衰嘢，肯定冇好收场〔他尽干那些缺德事，肯定没有好下场〕。

【做乜】zou⁶ med¹（乜，么一切）

❶干什么：你系～㗎〔你是干什么的〕？❷为什么；干吗；怎么：～唔嚟〔为什么不来〕？｜～唔出声〔干吗不作声〕？｜～你唔去呀〔怎么你不去〕？〖“做乜”即“做乜嘢”的省略。〗

【做乜家伙】zou⁶ med¹ ga¹ fo²

干什么：你日头～，搞到要夜晚加班〔你白天干什么去，弄得晚上要加班〕？

【做乜嘢】zou⁶ med¹ yé⁵

❶干什么：佢喺度～〔他在干什么〕？❷为什么：～佢唔嚟〔为什么他不来〕？又说“做乜”。

【做磨心】zou⁶ mo⁶ sem¹

比喻处在为难的境地，各方的关系难以处理。

【做牙（禡）】zou⁶ nga⁴

同“作牙（禡）”。

【做爱】zou⁶ ngoi³

婉辞，指男女之间进行性行为。〖英语 make love 的意译。〗

【做世界】zou⁶ sei³ gai³

指干行凶、偷盗、劫掠等勾当：出去～〔出外干抢劫等勾当〕｜畀人～〔给人干掉〕｜做佢世界〔把他干掉〕。〖“做世界”一般中间嵌进人称代词“你”、“佢”、“佢哋”等，即“把…干掉”的意思。〗

【做骚】zou⁶ sou¹

作秀，表演、演出。〖“骚”是英语

show 的音译。】

【做缩头乌龟】 zou⁶ sug¹ teo⁴ wu¹ guei¹

比喻人胆小怕事，遇事退缩。

【做嘢】 zou⁶ yé⁵

❶干活；工作：～就唔好倾偈〔干活就不要聊天〕。❷就业；参加工作：你嘅仔～未呀〔你儿子工作了没有〕？

【做二架梁】 zou⁶ yi⁶ ga³ lêng⁴

管闲事。参看“二架梁”条。香港有人说成“做架梁”。

【做咗手脚】 zou⁶ zo² seo² gêg³（咗，左）

被别人暗中搞了小动作。

【做庄】 zou⁶ zong¹

比喻当总管：呢度系佢～〔这里是他当总管〕。

【做庄口】 zou⁶ zong¹ heo²

做出口生意。

zug

【竹】 zug¹

❶竹子：呢几ʼ～几靓〔这几棵竹子很好〕！❷竹竿：攞支～嚟晾衫〔拿根竹竿来晾衣服〕。

【竹白】 zug¹ bag⁶

篾黄，竹子的里层，较软，可以编织器物。

【竹青】 zug¹ céng¹

带外皮的竹篾；刮出的竹子上的薄皮。

【竹笪】 zug¹ dad³（笪，多压切）

粗竹片编成的大块席子，围起来可囤放粮食等，平铺可晾晒物品。

【竹鸡】 zug¹ gei¹

❶长在竹节上的嫩芽。❷秧鸡，一种鸟，体型比鸡小，春天多在稻田里不停地叫。

【竹杠】 zug¹ gong³

用整段毛竹做的棍子，挑东西用。口语多说成“竹升”。

【竹壳】 zug¹ hog³

竹箨，随着竹子成长而脱落的弧形硬皮。

【竹篙】 zug¹ gou¹

竹竿。

【竹枝】 zug¹ ji¹

❶小竹子；竹子的分枝。❷用竹子做成的细棍儿：揾啲～嚟做棉签〔拿些小竹棍儿来做棉签〕。

【竹纸】 zug¹ ji²

一种白纸，常用来练习毛笔字。

【竹织鸭】 zug¹ jig¹ ngab³

比喻没有心肝的人。

【竹织批荡】 zug¹ jig¹ pei¹ dong⁶

一种简易的建筑方法，盖房子时，墙用竹片或木片搭成，上面抹上灰沙。

【竹战】 zug¹ jin³

打麻将。

【竹门木门】 zug¹ mun⁴ mug⁶ mun⁴

比喻双方门不当户不对。

【竹纱】 zug¹ sa¹

府绸：～衫裤〔府绸衣服〕。

【竹芯】 zug¹ sem¹

尚未展开的针状的嫩竹叶。

【竹丝鸡】 zug¹ xi¹ gei

一种白毛黑皮的鸡。又叫“黑肉鸡”。

【竹升】zug¹ xing¹
大竹杠。〖“杠”与“降”，同音，迷信的人忌讳“降”字，因而改用“升”来代替。〗

【*竹升妹】zug¹ xing¹ mui⁶⁻¹
比喻生在中国而长在外国，对中国文化和外国文化都不大了解的华人女子。

【*竹升仔】zug¹ xing¹ zei²
比喻生在中国而长在外国，对中国文化和外国文化都不大了解的华人男子。

【竹茹】zug¹ yü⁴
从竹竿上刮下来的细竹丝。

【竹蔗】zug¹ zé³
一种甘蔗，秆细，皮硬，青色，多用来榨汁或煮水喝。

【捉错用神】zug¹ co³ yung⁶ sen⁴
同“表错情”。

【捉虫入屎窟】zug¹ cung⁴ yeb⁶ xi² fed¹
同“捉蛇入屎窟”。

【捉鸡脚】zug¹ gei¹ gêg³
抓住弱点；抓住可被利用的把柄。

【捉字虱】zug¹ ji⁶ sed¹
抠字眼儿；挑字眼儿：佢呢个人最中意～〔他这个人老爱抠字眼儿〕。

【捉棋】zug¹ kéi⁴⁻²
下棋：～比赛。

【捉匿匿】zug³ néi¹ néi¹
捉迷藏。又说“伏匿匿”、“伏儿人”。

【捉蛇入屎窟】zug¹ sé⁴ yeb⁶ xi² fed¹
意思是自找麻烦。

【捉痛脚】zug¹ tung³ gêg³
揭短；揭疮疤；抓到要害问题：我唔使捉人哋嘅痛脚〔我不必揭人家的疮疤〕。

【捉黄脚鸡】zug¹ wong⁴ gêg³ gei¹
指捉拿闯入别人室内调戏妇女的好色之徒。

【捉羊牯】zug¹ yêng⁴ gu²
占人便宜；随意宰割别人。

【捉儿人】zug¹ yi⁴⁻¹ yen⁴⁻¹
捉迷藏：细路仔好中意～〔小孩很喜欢捉迷藏〕。

【捉用神】zug¹ yung⁶ sen⁴
揣度别人的用意。

【俗品】zug⁶ ben²
俗气；粗俗。

【俗骨】zug⁶ gued¹
俗气。

【俗例】zug⁶ lei⁶
风俗习惯；习俗。

【逐啲】zug⁶ di¹（啲，多衣切）
一点一点地；逐一：唔好心急，～做〔不要焦急，一点一点地干〕。

【浊】zug⁶
呛（qiāng）：慢慢饮，唔好畀水～亲〔慢慢喝，别给水呛了〕。

【¹续】zug⁶
接（线）：～线｜～番条冷〔把毛线接上〕。

【²续】zug⁶
找钱（买卖时找零钱）：～钱｜有散纸～〔没有零钱找〕。

zung

【中】zung¹
中人：你嚟做～〔你来做中人〕。

【中学鸡】zung¹ hog⁶ gei¹
中学生（诙谐的说法）。

【中褛】zung¹ leo¹
中大衣，长及膝盖。

【中亭】zung¹ ting⁴⁻²
中等：呢啲货最多算～啦〔这些货最多算中等吧〕。

【中意】zung¹ yi³
❶喜欢；喜爱：～唱歌｜佢好～细蚊仔〔他很喜爱小孩〕。❷合意；满意：拣到～为止〔挑选到合意为止〕。又作“锺意”。

Z

【中中地】zung¹ zung¹ déi⁶⁻²
中等；中不溜：佢嘅成绩系～啦〔他的成绩算中等吧〕。

【中中等等】zung¹ zung¹ deng² deng²
一般化；中等；凑合：呢次考试成绩～啦〔这次考试成绩还算凑合〕｜工厂剧团嘅水平多数系～嘅嗻〔工厂剧团的水平多数是很一般的〕。

【忠直】zung¹ jig⁶
忠厚耿直：呢个人几～呀〔这个人相当忠厚老实〕。

【忠心】zung¹ sem¹
忠诚：佢对老板都算～喇〔他对老板也算忠诚的了〕。

【终之】zung¹ ji¹
到底；到后来；最后：你～系嚟喇〔你到底还是来了〕。

【终须】zung¹ sêu¹
终归：只要坚持试验，～会成功嘅〔只要坚持试验，终归会成功的〕｜“～有日龙穿凤”〔熟语。意思是终归会有出头之日或终归会有好日子〕。

【舂】zung¹
❶杵：～咗佢一拳〔杵了他一拳〕。❷闯：乱咁～〔乱闯〕。❸坠；栽：成个人～落去〔整个人坠下去〕｜敌机～咗落嚟〔敌机栽了下来〕。

【舂墙】zung¹ cêng⁴
❶用红土拌上石灰等捣实筑墙。❷用头撞墙。

【舂坎】zung¹ hem²
舂米用的石臼。

【舂米公】zung¹ mei⁵ gung¹
一种昆虫，黑色，形状像细腰蜂，尾部不停地上下摇动。

【舂杵】zung¹ qu⁵
舂米用或捶砸席草用的粗木杵。

【舂瘟鸡】zung¹ wen¹ gei¹
❶形容人走路不稳，乱冲乱撞，像发瘟鸡那样：醉酒佬行路似～噉〔醉汉走路像瘟鸡那样〕。❷比喻做事情无计划，盲目乱来：做嘢唔得～噉嚟〔干工作不能瞎搞一气〕。

【钟】zung¹
时间，指通过钟表显示的时间：就快够～咯〔就快到点了〕｜过咗～你至到，迟晒咯〔过了时间你才到，太晚了〕。

【钟数】zung¹ sou³
时间：够～喇〔到时间了〕｜睇～〔看时间〕。

【总言之】zung² yin⁴ ji¹

表示带结论性的肯定：～呢度唔畀通过〔不用多说，这里不让通过〕。

【粽〔糉〕】zung³⁻²

粽子：裹蒸～｜咸肉～｜枧水～〔碱水粽子〕。

【纵】zung³

宠；溺爱：唔好～坏细佬哥〔不要宠坏小孩〕｜佢老豆好～佢〔他父亲很溺爱他〕。

【中招】zung³ jiu¹

❶比喻中计、上当：我哋差啲～咯〔我们差一点上当了〕。❷戏称遇到小的祸害。

【重（仲）】zung⁶

❶还（hái）：～未够钟〔还未到点〕｜～等乜嘢〔还等什么〕？❷更加：今年收成～好｜你表扬咗佢，佢～积极啲添〔你表扬了他，他更积极了〕。

【重（仲）加】zung⁶ ga¹

更；更加：我话噉～好添〔我说这样还更加好呢〕。

【重（仲）兼】zung⁶ gim¹

而且还：自己唔对～闹人〔自己不对而且还骂人〕。

【重（仲）估】zung⁶ gu²

还以为；满以为：我～你唔同意添〔我还以为你不同意呢〕。

【重（仲）系】zung⁶ hei⁶

❶还是；仍然：～以前噉样〔还是以前那样〕。❷总是：我经常提醒佢，佢～唔听〔我经常提醒他，他总是不听〕。

【重（仲）冇咁嬲】zung⁶ mou⁵ gem³ neo¹（嬲，扭¹）

还不如…：坐车咁逼，行路～啦〔坐车那么拥挤，还不如走路呢〕。

附一 广州话音系说明

一、声 母

广州话有十九个声母，列表如下：

b ［p］	p ［p‘］	m ［m］	f ［f］		w ［w］
d ［t］	t ［t‘］	n ［n］		l ［l］	
z （j） ［tʃ］	c ［q］ ［tʃ‘］		s （x） ［ʃ］		y ［j］
g ［k］	k ［k‘］	ng ［ŋ］	h ［h］		
gu ［kw］	ku ［k‘w］				

声母例字：

b	bɑ^1	巴	bin^1	边
p	pɑ^1	趴	pin^1	偏
m	mɑ^1	妈	min^4	眠
f	fɑ^1	花	féi^1	飞
w	wɑ^1	蛙	wing^4	荣
d	dɑ^1	打	din^1	癫
t	tɑ^1	他	tin^1	天
n	nɑ^4	拿	nin^4	年
l	lɑ^1	啦	lin^4	连
z	zɑ^1	渣	zo^2	左
j	ji^1	资	ju^1	猪
c	cɑ^1	叉	céng^1	青（青菜）
q	qi^1	雌	qing^1	青（青年）
s	sɑ^1	沙	so^1	梳
x	xi^1	思	xu^1	书
y	yɑ^5	也	yü^1	于
g	gɑ^1	家	gin^1	坚
k	kɑ^1	卡	kung^4	穷
ng	ngɑ^1	丫	ngeo^4	牛
h	hɑ^1	虾	hin^1	牵
gu	guɑ^1	瓜	guo^2	果
ku	kuɑ^1	夸	kuei^1	亏

声母说明：

（1）b、d、g 分别是双唇、舌尖、舌根不送气的清塞音，相当于国际音标的［p］、［t］、［k］。这三个音与普通话大体相同。英语音节的开头没有这些音。英语的 b、d、g 是不送气的浊塞音，而 p、t、k 是送气的清塞音，都与广州话不同。只有出现在 s 之后英语的 p、t、k 才变成不送气的清塞音，与广州话的这三个音接近。如 speak（说）、stand（站）、sky（天空），其中 s 后的 p、t、k 都不送气。

（2）p、t、k 是送气的 b、d、g，相当于国际音标的［pʻ］、［tʻ］、［kʻ］。这三个音与普通话、英语都大体相同。

（3）m、n、ng 是与 b、d、g 同部位的鼻音，相当于国际音标的［m］、［n］、［ŋ］。m、n 这两个音与普通话、英语都相同。ng 这个声母普通话没有。在连读的时候，因为语音同化的关系，普通话偶尔会出现这个声母，如"东安"、"平安"中的"安"，有一个近似 ng 的声母。英语没有以 ng 起头的音节。

（4）f 是唇齿清擦音，相当于国际音标的［f］。这个音与普通话、英语相同。

（5）l 是舌尖边音，相当于国际音标的［l］。这个音与普通话、英语相同。

（6）h 是喉部清擦音，相当于国际音标的［h］，与英语的 h 相同。普通话没有这个声母。汉语拼音方案的 h 是代表普通话的舌根清擦音［x］，发音部位比广州话的要前一些。说普通话的人发这个音时要把舌根放松，像呵气的样子即可发出来。

（7）z 和 j，c 和 q，s 和 x 是相同的声母，是混合舌叶清塞擦音和擦音，相当于国际音标的［tʃ］、［tʃʻ］、［ʃ］。本来只用 z、c、s 一套即可，为了使广州话注音与普通话注音在形式上接近，便于互学，我们把出现在 i、ü 两个元音之前的 z、c、s 改用 j、q、x，出现在其他元音之前则仍用 z、c、s。

普通话没有相当于广州话 z、c、s 的声母。这三个声母大概在普通话舌尖音 z、c、s 与舌面前音 j、q、x 之间。英语没有与广州话 z（或 j）相当的音，但有与广州话 c（或 q）和 s（或 x）相近似的音，如 charge（记账）、she（她）中的 ch［tʃʻ］和 sh［ʃ］，分别近似广州话的 c（或 q）、s（或 x），但广州话的发音部位比英语的还要靠前一些。

（8）w、y 属半元音，发音时略带摩擦，相当于国际音标的［w］、［j］。这两个音与英语的 w、y 相同。普通话没有这两个声母。汉语拼音方案的 w、y 属元音性质，没有摩擦成份。

（9）gu、ku 是圆唇化的舌根音 g、k，相当于国际音标的［kw］、［kʻw］。发音时双唇收拢，g 和 u 或 k 和 u 要同时发出。u 在这里是表示圆唇的符号，属声母部分，不是元音，不属介音性质。这两个声母与以 u 开头的韵母相拼时省去表示圆唇的符号 u，如"姑"是 gu + u，"官"是 gu + un，只记作 gu^1 和

gun^1。“箍”是 ku + u，只记作 ku^1。但并不是说“姑”、“官”、“箍”等字的声母是 g、k。在说广州话的人看来，“姑”、“官”等字与“瓜”、“关”、“光”等字的声母相同而与“家”、“艰”、“江”等字的声母不同，前者属 gu 声母，后者属 g 声母。试比较下面两组字：

孤 gu + u	寡 gu + a	孤 gu + u	家 g + a
观 gu + un	光 gu + ong	观 gu + un	江 g + ong
冠 gu + un	军 gu + en	管 gu + un	紧 g + en

左栏两字的声母相同，右栏两字的声母各不相同。

再从声母与韵母的结合关系看，也说明上面的看法是正确的。广州话的 gu、ku 两个声母跟韵母的结合关系与 w 这个声母完全一致。凡是能跟 w 相拼的韵母都能跟 gu 或 ku 相拼（ku 声母的字少，有些音节无字），凡是不跟 w 相拼的韵母也不跟 gu、ku 相拼。据统计，跟 w 和 gu、ku 相拼的韵母有如下 18 个：

	w –		gu –	
a	wa^1	蛙	gua^1	瓜
ai	wai^6	坏	guai^1	乖
an	wan^1	弯	guan^1	关
ang	wang^4	横	guang^6	逛
ag	wag^6	划	guag^3	掴
ei	wei^1	威	guei^1	龟
en	wen^1	温	guen^1	军
eng	weng^4	宏	gueng^1	轰
ed	wed^1	屈	gued^1	骨
ing	wing^4	荣	guing^2	炯
ig	wig^6	域	guig^1	虢
o	wo^1	窝	guo^2	果
ong	wong^2	枉	guong^2	广
og	wog^6	获	guog^3	国
u	wu^1	乌	g(u)u^1	姑
ui	wui^1	煨	k(u)ui^2	溃
un	wun^6	换	g(u)un^1	官
ud	wud^6	活	k(u)ud^3	括

上表的“乌”字是声母 w 加韵母 u，“姑”字应该是声母 gu 加韵母 u。同样，“溃”字是声母 ku 加韵母 ui。所以，尽管为了简便省去了表示圆唇声母的符号

u，“姑”、“溃”、“官”、“括”等字的声母也应看作是圆唇声母 gu 或 ku，而不是 g、k。

广州话中有些原属 gu、ku 声母 o、og、ong 韵母的字，如“过、郭、广、矿、狂……”现在有好些人（特别是青少年）读作 go^{3}、gog^{3}、gong^{2}、kong^{3}、kong^{4}……消失了圆唇作用，这种现象可能会成为一种发展趋势。

（10）从历史上看，广州话有一个零声母（即古影母开口“一”、“二”等的字，现在有些人读作元音开头），广州有部分人习惯把它读成舌根鼻音 ng［ŋ-］，如“丫”ɑ^{1}、“埃”ɑi^{1}①、“坳”ɑo^{3}、“晏”ɑn^{3}、“罂”ɑng^{1}、“鸭”ɑb^{3}、“压”ɑd^{3}、“鈪”ɑg^{3}、“欧”eo^{1}、“庵”em^{1}、“莺”eng^{1}、“握”eg^{1}、“疴”o^{1}、“澳”ou^{3}、“安”on^{1}、“肮”ong^{1}、“恶”og^{3}、“瓮”ung^{3}、“屋”ug^{1} 等字，又可以读成 ngɑ^{1}、ngɑi^{1}、ngɑo^{3}……这种读法又是一个普遍的趋势。

与上述现象相反，广州和香港有部分人（特别是香港的青少年）把 ng 声母的字（主要是来自中古疑母阳调类的字）读作零声母，如“牙、牛、偶、眼、我、外……”

二、韵　母

广州话有五十三个韵母，另外还有三个是用于外来词或象声词或形容词后缀等音节的韵母（这三个韵母没有字音，出现频率又比较少，在下表中加括号）列表如下：

元音 音尾	ɑ[ɑ]		é[ε]	i[i]	o[ɔ]	u[u]	ü[y]	ê[œ]	
－i	ɑi[ai]	ei[ɐi]	éi[ei]		oi[ɔi]	ui[ui]			
－u	ɑo[au]	eo[ɐu]		iu[iu]	ou[ou]			êu[øy]	
－m	ɑm[ɑm]	em[ɐm]	(ém)[εm]	im[im]					m[m̩]
－n	ɑn[ɑn]	en[en]		in[in]	on[ɔn]	un[un]	ün[yn]	ên[øn]	
－ng	ɑng[ɑŋ]	eng[ɐŋ]	éng[εŋ]	ing[Iŋ]	ong[ɔŋ]	ung[ʊŋ]		êng[œŋ]	ng[ŋ]
－b	ɑb[ɑp]	eb[ɐp]	(éb)[εp]	ib[ip]					
－d	ɑd[ɑt]	ed[ɐt]	(éd)[εt]	id[it]	od[ɔt]	ud[ut]	üd[yt]	êd[øt]	
－g	ɑg[ɑk]	eg[ɐk]	ég[εk]	ig[ik]	og[ɔk]	ug[ʊk]		êg[œk]	

① “埃”本读 oi^{1}，但现在广州人习惯读 ɑi^{1}。

韵母例字：

a	[ɑ]	ba3	霸	na4	拿
ai	[ɑi]	bai3	拜	dai3	带
ao	[ɑu]	bao3	爆	nao4	锚
am	[ɑm]	dam1	担	tam1	贪
an	[ɑn]	ban1	班	dan1	丹
ang	[ɑŋ]	pang1	烹	lang5	冷
ab	[ɑp]	dab3	答	tab3	塔
ad	[ɑt]	bad3	八	dad3	达
ag	[ɑk]	bag3	百	pag3	拍
ei	[ɐi]	bei1	跛	dei1	低
eo	[ɐu]	deo1	兜	teo1	偷
em	[ɐm]	bem1	泵	lem4	林
en	[ɐn]	beng1	宾	ten1	吞
eng	[ɐŋ]	beng1	崩	deng1	灯
eb	[ɐp]	neb1	粒	leb1	笠
ed	[ɐt]	bed1	不	ded6	凸
eg	[ɐk]	beg1	北	deg1	德
é	[ɛ]	mé1	咩	dé1	爹
éi	[ei]	béi1	悲	déi6	地
(ém)	[ɛm]	gém1	“输”（指球赛）		
éng	[ɛŋ]	béng2	饼	déng1	钉
(éb)	[ɛp]	géb1	“鸭叫声”		
(éd)	[ɛt]	kéd1	“女孩笑声”		
ég	[ɛk]	bég3	壁	dég6	笛
i	[i]	ji1	脂	qi1	痴
iu	[iu]	biu1	标	diu1	丢
im	[im]	dim2	点	tim1	添
in	[in]	bin1	边	din1	癫
ing	[iŋ]	bing1	兵	ding1	丁
ib	[ip]	dib6	叠	tib3	帖
id	[it]	bid1	必	tid3	铁
ig	[ɪk]	big1	逼	dig6	敌
o	[ɔ]	bo1	波	do1	多
oi	[ɔi]	doi6	代	toi1	胎
ou	[ou]	bou1	煲	dou1	刀

on	[ɔn]	gon¹ 干	ngon⁶ 岸
ong	[ɔŋ]	bong¹ 帮	dong¹ 当
od	[ɔt]	god³ 喝	god³ 割
og	[ɔk]	bog³ 驳	dog⁶ 铎
u	[u]	fu¹ 夫	wu¹ 乌
ui	[ui]	bui¹ 杯	pui³ 配
un	[un]	bun¹ 般	pun¹ 潘
ung	[ʊŋ]	pung³ 碰	dung¹ 东
ud	[ut]	bud⁶ 勃	pud³ 泼
ug	[ʊk]	bug¹ 卜	dug¹ 督
ü	[y]	ju¹ 朱	qu⁵ 柱
ün	[yn]	dün¹ 端	jun¹ 专
üd	[yt]	düd⁶ 夺	jud⁶ 绝
ê	[æ]	hê¹ 靴	lê¹ 䜺（吐出）
êu	[øy]	dêu¹ 堆	têu¹ 推
ên	[øn]	dên¹ 敦	lên⁴ 轮
êng	[œŋ]	nêng⁴ 娘	lêng⁴ 良
êd	[øt]	lêd⁶ 律	zêd¹ 卒
êg	[œk]	dêg³ 啄	lêg⁶ 略
m	[m]	m⁴ 唔	
ng	[ŋ]	ng⁴ 吴	ng⁵ 五

韵母说明：

(1) 广州话有 a、e、é、i、o、u、ü、ê 八个元音，除了 e 之外，其余七个元音都能单独作韵母。

(2) 元音 a（包括单元音 a 和带韵尾的 a）是长元音。ai、ao 中的韵尾 i、o（实际音值是 u）很短。a、ai、ao、an、ang 几个韵母与普通话的大致相同。

(3) 元音 e 不能单独作韵母，相当于国际音标的 [ɐ]，发音时口腔比 a 略闭，舌头也稍为靠后，而且时间短促，可以看作短的 a。但这两个元音经常出现在相同的条件之下，对立非常明显，因此，a [a] 与 e [ɐ] 是两个不同的元音音位。普通话没有 e [ɐ] 这个音，gen “根”、geng “更” 中的 e [ə] 近似广州话的 [ɐ]，但开口度没有 e [ɐ] 大。英语 gun（枪）、but（但是）中的 u 与广州话的 e [ɐ] 近似，但舌位没有 e [ɐ] 那么靠前。由于 e [ɐ] 是个非常短的元音，ei、eo 两韵中的韵尾 i 和 o（实际音值是 u）就显得长。

(4) 元音 é 除了在 éi 中是短元音，开口度较闭，相当于国际音标的 [e] 之外，其余各韵中的 é 都是长元音，开口度也较大，相当于国际音标的 [ε]。ém、éb、éd 三个韵母只出现在口语里，含这个韵母的音节都是有音无字的。

（5）元音 i 的读音与普通话的 i 大致相同。i、iu、in 中的 i 是长元音。ing、ik 中的 i 是短元音，开口度稍大，比国际音标的［ɪ］还要开一点，接近［e］。广州话的 ing 与普通话的 ing 有明显的不同。

（6）元音 o 的读音比普通话的 o 开口度大，相当于国际音标的［ɔ］，但 ou 中的 o 较闭，相当于国际音标的［o］。除 ou 外，其余各韵中的 o 都是长元音。

（7）元音 u 的读音与普通话的 u 大致相同，相当于国际音标的［u］，u、ui、un、ud 各韵中的 u 是长元音，前面三个韵母与普通话的 u、uei（ui）、uen（un）大致相同。ung、ug 两个韵中的 u 是短元音，开口度稍大，比国际音标的［ʊ］还要开一点，接近［o］。广州话的 ung 与普通话的 ung 有明显的不同。

（8）元音 ü 的读音与普通话的 ü 大致相同，相当于国际音标的［y］，单元音 ü 以及带韵尾的 ü 都是长元音。

（9）元音 ê 相当于国际音标的［œ］，是圆唇的［ɛ］，普通话和英语都没有这个音。法语 neuf（九）中的 eu 近似广州话的 ê。ê、êng、êg 三个韵母中的 ê 是长元音，êu、ên、êd 三个韵母中的 ê 是短元音，也较闭，相当于国际音标的［ø］，近似法语 neveu“侄子”中的 eu。

（10）m、ng 是声化韵母，是单纯的双唇鼻音和舌根鼻音，能自成音节，不与其他声母相拼，相当于国际音标的［m］、［ŋ］。

（11）以塞音-b［-p］、-d［-t］、-g［-k］为韵尾的韵母，普通话没有。英语虽有以-p、-t、-k、-b［-b］、-d［-d］、-g［-g］为收尾的音节，但与广州话的不同。广州话的塞音韵尾-b、-d、-g 不破裂（没有除阻），发音时只作发这些音的姿势而不必发出这些音，如 ɑb 韵，先发元音 ɑ，然后双唇突然紧闭，作发 b 的姿势即停止，其余类推。

（12）上面八个元音之中，é、i、o、u、ê 各有两个音值：é［ɛ］、［e］，i［i］、［I］，o［ɔ］、［o］，u［u］、［ʊ］，ê［œ］、［ø］，由于每个元音的两个音值出现的条件各不相同，可以互补，两个音值只作一个音位处理。

广州话的 m、n、ng 韵尾本来是分得很清楚的，但是现在香港有不少青少年把部分原属 ng 韵尾的字读成 n 韵尾。例如“电灯”的“灯”deng¹ 读成“墩”den¹，“匙羹”的“羹”geng¹ 读成“根”gen¹，“学生”的“生”sɑng¹ 读成“山”sɑn¹，“文盲”的“盲”mɑng⁴读成“蛮”mɑn⁴。

三、声 调

广州话有六个舒声调，三个促声调。根据韵尾的不同，广州话的音节可分两类：韵尾为-i、-u（-o）、-m、-n、-ng 的和不带任何韵尾的，叫舒声韵；韵尾为-b、-d、-g 的叫促声韵（又叫入声韵），出现舒声韵的声调叫舒声调，出现促声韵的声调叫促声调（又叫入声）。中古汉语的平、上、去、入四声在广州话已各分化为二，即阴平、阳平、阴上、阳上、阴去、阳去、阴入、阳入。另外，阴入里头又因为元音的长短，分化为两个声调，一个是原来的阴入（又叫上入），一个叫中入。这样，广州话目前一共有九个声调。列表如下：

调类	舒声调						促声调		
	阴平	阳平	阴上	阳上	阴去	阳去	阴入	中入	阳入
调值	˥˧$_{53}$ ˥$_{55}$	˩$_{11}$	˧˥^{35}	˩˧$_{13}$	˧$_{33}$	˨$_{22}$	˥^{55}	˧$_{33}$	˨$_{22}$
例字	分 思	坟 时	粉 史	愤 市	训 试	份 士	忽 式	发 锡	佛 食

声调说明：

（1）上面的调号本来把“阴类调”的作单数调，“阳类调”的作双数调比较合适（即阴平、阳平、阴上、阳上、阴去、阳去、阴入、阳入、中入分别作1、2 、3 、4 、5 、6 、7 、8 、9 调），但广州话拼音方案声调的次序已经用1、2 、3 表示阴平（和阴入）、阴上、阴去（和中入），用4 、5 、6 表示阳平、阳上、阳去（和阳入），这里采用广州话拼音方案标音，调号也采用与之相同的办法。列表如下：

调号	1	2	3	4	5	6
调类	阴平 阴入	阴上	阴去 中入	阳平	阳上	阳去 阳入
例字	分 fen^1 忽 fed^1	粉 fen^2	训 fen^3 发 fad^3	坟 fen^4	愤 fen^5	份 fen^6 佛 fed^6

（2 ）第1 调包括阴平和阴入两类声调。阴平有高降˥˧^{53}和高平弋 ˥$_{55}$两个调值。除少数字只读高平调以外，大部分的字都可以读高降调，或者兼读高降和高平两个调值（详后）。高降调有点像普通话的去声（第4 声），高平调与普通话的阴平（第1 声）相同。元音的长短影响入声调值的长短。广州话的阴入一般只出现短元音韵，所以阴入的调值应描写作短的 ˥$_{55}$。由阴入分化出来的中入只出现长元音，但在近几十年来，一般人的口语里，一些由短 ɑ 构成韵母的阴入字有变读长 ɑ 的趋势，而声调仍然是高平调，因而阴入除了有一个短的高平 ˥$_{55}$之外，又增加了一个长的高平 ˥$_{55}$。如“黑”、“握”、“测”、“乞”等字，原来读 heg^1、eg^1（或 $ngeg^1$）、ceg^1、hed^1，属短阴入，现在口语一般又读 hag^1、ag^1（或 $ngag^1$）、cag^1、had^1，属长阴入。后一种读法元音都是长的 ɑ，声调也比前面一种读法长，其他长元音韵母出现在这个声调的字都属长阴入调。

（3）第2 调属阴上调，调值是高升˧˥$_{35}$，与普通话的阳平相当。在说话时，第3 、4 、5 、6 等调往往可以变读为高升调（详后）。

（4）第3 调阴去和中入，调值是中平˧$_{33}$，中入是从阴入分化出来的一个调类。属于这个调类的字原来都是长元音韵，但由于有些字与阴入有对立，如“必”bid^{1}，“鳖”bid^{3}；“戚”qig^{1}，“赤”qig^{1}（口语 cég^{3}），所以中入已从阴入分化出来，另成一个调类了。和阴入相似，这个属长元音出现的中入也有少数字是短元音韵的，如上面的“赤”字，作读书音时（如“赤米”）读 cég^{3}，是长的中入。

（5）第 4 调阳平的调值是低平˩$_{11}$，快读时稍微有点下降，但一般以低平调为标准。第 5 调阳上的调值是低升˩˧$_{13}$，或稍高一点，接近升˨˦$_{24}$，近似普通话上声的后半截。

（6）第 6 调包括阳去和阳入两类声调，调值是次低平˨$_{22}$。严格地说，阳入也有长短两个调值，凡出现长元音韵母（ɑb、ɑd、ɑg、ég、ib、id、od、og、ud、üd、êg）的属长阳入调，出现短元音韵母（eb、ed、eg、ig、ug、êd）的属短阳入调，如“狭”hɑb^{6}、“辣”lɑd^{6}、“额”ngɑg^{6}、“石”ség^{6}、“叶”yib^{6}、“别”bid^{6}、“学”hog^{6}、“活”wud^{6}、“月”yüd^{6}、“药”yêg^{6} 等属长阳入调，“合”heb^{6}、“日”yed^{6}、“墨”meg^{6}、“敌”dig^{6}、“六”lug^{6}、“律”lêd^{6} 等属短阳入调。考虑到阴入、阳入长短两个调的调值高低相同，只是长短不同，而调的长短是由元音的长短引起的，属条件变读，因此可以把它们看作一个调的两个变体。

（7）阴平调的两个调值，即高降˥˧$_{53}$ 和高平˥$_{55}$ 的分合问题，曾经有过各种论述。主要有两种意见，一是认为阴平调的两个调值已经分化为两个不同的调类；一是认为这两个调值是一个调类的两个变体。

附二　广州话普通话字音对照表

一、本表的字以《新华字典》（1971 年版）所收的字为限，异体字一般不收。

二、本表是供懂广州话字音的人查阅普通话读音用的。左边一栏是广州话音，右边一栏是普通话音。广州话一个音，普通话分读几个音的，例字分作几行排列。如广州话 ba¹ 这个音，普通话分读 bā 和 bà 两个音，例字排成两行：

ba¹	bā	巴芭岜疤笆粑吧（象声词）叭
	bà	爸

上面九个字，广州话都读 ba¹ 一个音，但普通话分读 bā 和 bà 两个音。

三、整个字表的排列次序，是以广州话的韵母为纲（次序见《广州话音系说明》里的韵母表），同一韵母的字，按声母次序排列（声母次序按拉丁字母表次序排列，无声母的音在前），同韵同声的字按声调的次序排列。

四、一个字有两个以上的读音，如意义或用法不同，则分别在后面加注或举例，注语或例子外加括号“（　）”。

五、某些字音，广州话如属“又读”或“话音”的，则在字后分别用㊀、㊁标明。还有少数字，广州话某个读法本来是错读，但一般人已习惯了，这种读音在该字的后面加㊂标明。

a

广州话	普通话	字
a^{1}	ā	啊（叹词）锕
	yā	丫哑（咿～）桠鸦呀
a^{2}	á	啊（叹词）
	yǎ	哑痖
a^{3}	ā	阿（词头）
	yà	亚挜娅垭氩
	ya	呀
ba^{1}	bā	巴芭岜疤笆粑吧（象声词）叭
	bà	爸
ba^{2}	bǎ^{3}	把（～持）靶钯
	bà	把（刀～）
ba^{3}	bà	坝霸灞壩欛
ba^{6}	bà	罢䶕
	ba	吧（助词）
ca^{1}	chā	叉（鱼～）杈（农具）差（～错）喳（打～～）
	chá	叉（挡住）
	chǎ	蹅
	chà	杈（树～）差（～不多）
ca^{2}	chǎ	镲
ca^{3}	chǎ	叉（～腿）
	chà	汊衩岔诧侘姹
ca^{4}	chā	馇
	chá	茶搽垞茬查（检～）槎嵖
da^{1}	dā	哒（叹词）
	dá	打（十二个）
da^{2}	dǎ	打
fa^{1}	huā	花华（古同“花”）
fa^{3}	huà	化
ga^{1}	gā	嘎（～巴）
	gá	尜噶
	jiā	加伽（～倻琴）枷珈痂迦笳耞茄（雪～）跏袈嘉家傢镓葭
ga^{2}	gǎ	生嘎（同“生”）尕
	jiǎ	假（真～）贾（姓）嘏㊋槚
ga^{3}	gā	咖（～喱）
	jià	价假（休～）驾架嫁稼
	kā	咖（～啡）
gua^{1}	guā	瓜呱（象声词）胍
gua^{2}	guǎ	寡剐
gua^{3}	guà	卦挂诖褂
ha^{1}	hā	哈（笑～～）铪
	hǎ	哈（～达）
	hà	哈（～什蚂）
	xiā	虾
ha^{4}	há	蛤（～蟆）
	xiá	遐霞瑕
ha^{5}	xià	下（量词）
ha^{6}	shà	厦（大～）
	xiá	暇
	xià	下（上～）夏厦（～门）
ka^{1}	kā	擖喀（～擦，象声词）
	kǎ	卡（～车）咔佧
	ké	挌
ka^{3}	qiǎ	卡（关～）
	qià	髂
kua^{1}	kuā	夸
	kuǎ	垮
	kuà	跨
kua^{2}	kuǎ	侉
kua^{3}	kuà	胯挎
la^{1}	la	啦
la^{3}	lǎ	喇
	xià	罅
ma^{1}	mā	妈嬷
	ma	吗（助词）

广州话	普通话	字
ma^{3}	ma	嘛(文)吗(文)
ma^{4}	má	麻痳蟆
	ma	嘛
	me	嚜
ma^{5}	mǎ	马吗（～啡）玛码蚂（～蚁）犸
	ma	嘛（之～）(文)
ma^{6}	mà	蚂（～蚱）骂
na^{1}	nā	那（姓）
na^{3}	na	哪（助词）
na^{4}	ná	拿镎
	nà	娜（人名）
	né	哪（～吒）
na^{5}	nǎ	哪（～里）
	nèi	哪（～些）
	nà	那（～么）
	něi	那（～个）
nga^{1}	yā	丫(文)桠(文)鸦(文)
nga^{2}	yǎ	哑(文)痖(文)
nga^{3}	yà	亚(文)挜(文)娅(文)垭(文)氩(文)
nga^{4}	yá	牙芽蚜伢岈釾衙
nga^{5}	wǎ	瓦佤
	yǎ	雅
nga^{6}	yà	讶迓（迎～）砑御
pa^{1}	pā	趴葩
pa^{3}	pà	怕
pa^{4}	bā	扒（～住）
	bà	耙（～地）
	pá	扒（～土）爬杷琶耙（～子）筢掱
sa^{1}	sā	仨
	sà	卅
	shā	沙（～石）痧砂纱莎（地名）鲨裟
	shà	沙（摇动）
	sha	挲（挓～）
sa^{2}	sǎ	洒
	shà	啥
	shuǎ	耍
sa^{3}	shà	嗄
sa^{4}	shā	沙（～～滚）
ta^{1}	tā	它他她铊
	tán	怹
wa^{1}	āo	凹(文)
	huá	哗（喧～）
	wā	哇（象声词）洼蛙
	wá	娃
	wa	哇（助词）
	wāi	喎
wa^{2}	huà	画(文)
wa^{4}	huā	哗（象声词）
	huá	华（中～）骅铧哗（～众取宠）
	huà	桦
wa^{5}	huái	踝
wa^{6}	huà	话华（姓）画
ya^{5}	yě	也
ya^{6}	niàn	廿(话)
za^{1}	chā	馇
	chá	碴
	zá	咱（～家）
	zán	咱（～们）
	zhā	挓查（姓）揸喳（象声词）渣楂（山～）猹奓（地名）齇皻咋（～呼）吒（人名）
	zhuā	抓(文)抯（打）
za^{2}	zhǎ	鲊鲝

za^3	zǎ	咋（怎么）
	zhá	炸（～糕）
	zhǎ	拃砟苲
	zhà	乍诈咋（～舌）柞（县名）炸（～弹）痄蚱榨蛇奓（张开）醡蜡（古祭神）溠咤
za^6	chuài	膪

ai

ai^1	āi	唉（叹词，应声）挨（依次）埃娭哎
ai^3	ài	隘嗳（叹词，表懊恼）唉（叹词，表伤感）
bai^1	bāi	掰
bai^2	bǎi	摆捭
bai^3	bài	拜
	pài	湃
bai^6	bài	败
cāi	cāi	猜
	chāi	差（出～）钗
	chuāi	搋
cai^2	cǎi	踩
	chuāi	揣（～手）
	chuǎi	揣（～测）
	chuài	踹闧揣（挣～）
cai^3	chài	瘥虿
	chuài	啜（姓）
cai^4	chái	柴豺侪
dai^1	dāi	呆㊋
dai^2	dǎi	歹傣
dai^3	dài	带戴襶
dai^6	dà	大（～小）
	dài	大（～夫，医生）
fai^3	kuài	快块筷哙
	kuǐ	傀
gai^1	jiā	佳
	jiē	皆喈楷（～树）偕阶街秸痎
	kǎi	锴
	xié	偕
gai^2	jiě	解（～放）
gai^3	gà	尬
	jiè	介价（旧指传事的人）疥界芥（～菜）蚧戒诫届解（押送）
	xiè	廨
$guai^1$	guāi	乖
$guai^2$	guai	拐枴
	kuǎi	蒯
$guai^3$	guài	怪
hai^1	hāi	咳（叹词）
	kāi	揩
hai^4	hái	孩骸
	xié	鞋谐偕㊋
hai^5	hài	骇
	xiè	邂蟹懈
hai^5	xiè	械解（姓）廨㊋澥瀣薤
kai^2	kǎi	楷（～书）锴㊋
$kuai^5$	kuǎi	擓
lai^1	lā	拉
	la	鞡
lai^3	lài	癞
lai^6	lài	赖濑籁
	lèi	酹㊖
mai^4	mái	埋霾
mai^5	mǎi	买
	mai	荬
mai^5	mài	卖迈劢
nai^5	nǎi	乃奶氖鼐艿

广州话	普通话	字
nai^{5}	nài	褦
ngai^{1}	āi	挨（依次）(又)
ngai^{3}	ài	隘(又)
ngai^{4}	ái	挨（～打）捱
	yá	涯崖睚
ngai^{6}	ài	艾砹
	yì	乂刈
pai^{1}	pài	派（～头）
pai^{3}	pài	派（党～）湃(又)
pai^{4}	pái	排棑俳徘(又)牌簰
sai^{2}	xǐ	徙蓰屣玺葸
sai^{3}	shài	晒
sai^{5}	shì	舐
tai^{3}	dǎi	傣(俗)
	dài	贷
	tài	太汰钛肽态酞泰
wai^{1}	wāi	歪崴（地名）
wai^{4}	huái	怀淮槐櫰
wai^{6}	huài	坏
yai^{2}	chuài	踹(又)
zai^{1}	zhāi	斋
zai^{3}	zhài	债瘵
zai^{6}	zhài	寨擦砦
	zì	眦（睚～）

ao

广州话	普通话	字
ao^{1}	āo	凹
ao^{2}	ǎo	拗（弯折）
ao^{3}	ào	坳垇拗（～口）
	niù	拗（执～）
	yào	靿
bao^{1}	bāo	包胞苞孢
	bào	鲍
bao^{2}	bǎo	饱
bao^{3}	bào	爆
bao^{6}	bāo	龅
cao^{1}	chāo	抄钞剿（～说）
cao^{2}	chǎo	吵炒
cao^{3}	chào	耖
cao^{4}	cháo	巢
gao^{1}	jiāo	交茭郊胶峧蛟鸡鲛姣（美好）
gao^{2}	gǎo	搞
	jiǎo	佼狡皎绞饺铰(又)搅
gao^{3}	jiāo	教（～书）
	jiào	教（～导）较校（～对）窖觉（睡～）铰滘漖斠
hao^{1}	hǒu	吼(又)
	jiào	酵
	kāo	尻
	kǎo	烤(又)
	qiāo	敲硗
	xiāo	哮虓猇
hao^{2}	kǎo	考拷栲烤
	qiǎo	巧
hao^{3}	xiào	孝
hao^{6}	xiào	校（学～）效
kao^{3}	kào	靠铐
lao^{4}	lāo	捞（打～）
mao^{1}	māo	猫
mao^{4}	máo	矛茅蟊蝥锚茆
mao^{5}	mǎo	卯泖昴铆峁
	mǔ	牡
mao^{6}	mào	貌
nao^{4}	máo	锚(又)
	náo	挠蛲(又)铙呶猱硇猱
nao^{6}	nào	闹淖
ngao^{2}	ǎo	拗（弯折）

ngao³ ào 拗㊀
ngao⁴ xiáo 淆崤
yáo 肴爻
ngao⁵ yǎo 咬
pao¹ pāo 抛泡（豆腐～）脬
pào 泡（灯～）
pao² pǎo 跑（～步）
pao³ bào 趵豹
pào 炮（枪～）泡（～沫）疱
pao⁴ bào 刨（～木）
páo 刨（挖掘）咆庖狍匏跑（虎～泉）炮（～烙）
sao¹ shāo 梢鞘（鞭～）捎筲蛸艄
sao² shāo 稍
sao³ shào 哨潲
zao¹ cháo 嘲
zao² zhǎo 爪（～牙）找
zhuā 抓
zhuǎ 爪（～子）
zao³ zhào 罩笊
zao⁶ zhào 棹（船～）

am

cam¹ cān 参（～加）骖
chān 搀掺
cam² cǎn 惨篸
cam³ chàn 忏
shā 杉
shān 杉
cam⁴ cán 蚕惭
chán 谗巉馋
dam¹ dān 耽眈躭酖聃担（～心）儋
dam² dǎn 胆
dam³ dàn 担（～子）
dam⁶ dǎn 赕
dàn 啖氮淡（冷～）淡萏
gam¹ gān 尴
jiān 监（～督）缄
gam² jiǎn 减
gam³ jiàn 监（国子～）鉴
ham² hǎn 阚（虎声）㘎
ham³ hàn 喊㘎㊀
kàn 阚（姓）
ham⁴ hán 函涵
xián 咸衔
ham⁵ hàn 菡
kǎn 槛（门～）
ham⁶ hàn 憾㊀撼㊀
xiàn 陷馅
lam⁴ lán 蓝篮褴婪岚
lam⁵ lǎn 揽览榄漤罱
lam⁶ jiàn 舰
kǎn 槛㊂
lǎn 缆
lǎn 滥
nam⁴ nān 囡
nán 南楠喃男
nǎn 蝻
rán 蚺
nam⁵ nǎn 腩
ngam⁴ ái 癌
yán 岩
sam¹ cǎn 穇
sān 三叁弎
shān 衫钐芟
tam¹ tān 贪
tam² tǎn 菼
tam³ tàn 探
tam⁴ tán 谈痰郯覃（深）潭谭昙壜坛淡（～台，姓）

广州话	普通话	字
	yín	蟫
tam^{5}	dàn	淡(话)
zam^{1}	qiān	鹐
	zān	簪糌
zam^{2}	zhǎ	眨(话)
	zhǎn	斩崭崭黵
zam^{3}	zhàn	湛蘸
zam^{6}	zàn	暂錾
	zhàn	站

an

广州话	普通话	字
an^{2}	ǎn	俺
an^{3}	yàn	晏
ban^{1}	bān	班斑瘢瘢颁攽
ban^{2}	bān	扳（～手）
	bǎn	板版阪坂舨
ban^{6}	bàn	办扮瓣
	pán	爿(又)
can^{1}	cān	餐
can^{2}	chǎn	产浐铲
	chàn	刬
can^{3}	càn	灿粲璨孱
	chǎn	骣
	chàn	羼
can^{4}	cán	残
dan^{1}	dān	丹单（～双）弹箪郸
dan^{2}	dàn	旦（花～）
dan^{3}	dàn	旦（元～）诞瘅
	tǎn	钽
dan^{6}	dǎn	掸（拂）
	dàn	但弹（～弓）惮蛋疍
fan^{1}	fān	番（～茄）幡翻蕃（同“番”）
fan^{2}	fǎn	反返
fan^{3}	fàn	泛畈贩
fan^{4}	fān	藩帆
	fán	凡矾钒蕃（～盛）蹯膰燔璠樊烦繁（～华）
fan^{6}	bàn	瓣(又)
	fàn	犯范饭范梵
gan^{1}	jiān	间（中～）奸奸艰菅
gan^{2}	jiǎn	柬拣茧碱硷笕简裥锏（古兵器）趼(话)
	jiàn	涧(又)
gan^{3}	jiǎn	裥(又)
	jiàn	谏间（离～）涧锏（轴～）
guan^{1}	guān	关鳏瘝矜（古同“鳏”）纶
guan^{3}	guàn	惯掼
	huàn	擐
han^{1}	qiān	悭
han^{4}	xián	闲娴鹇痫
han^{6}	xiàn	限
lan^{4}	lán	兰拦栏阑澜谰斓镧
lan^{5}	lǎn	懒
lan^{6}	làn	烂
man^{4}	mán	蛮蔓（～菁）谩（欺～）鳗鬘
man^{5}	wǎn	晚
man^{6}	mán	馒
	màn	曼漫慢谩（～骂）幔墁熳镘缦
	wàn	万蔓（瓜～）
nan^{4}	nán	难（困～）
nan^{5}	nǎn	赧
nan^{6}	nàn	难（灾～）
ngan^{3}	yán	晏(又)
ngan^{4}	yán	颜研（碾）(话)

ngan5	yǎn	眼
ngan6	yàn	雁赝
pan1	bān	扳（~回）
	pān	攀
pan3	pàn	盼袢襻鋬
san1	shān	山舢珊栅（~极）删姗跚潸
	shuān	闩拴栓
san2	sǎn	散（松~）馓
san3	cuàn	篡
	sǎn	伞
	sàn	散（分~）
	shàn	汕讪疝
	shuàn	涮
	xiān	氙(俗)
san4	chān	潺孱（~弱）
tan1	tān	摊滩瘫坍
tan2	dá	妲(俗)
	dǎn	疸
	tān	瘫(俗)
	tǎn	坦袒忐毯
tan3	tàn	炭碳叹
tan4	tán	坛（天~）弹（~琴）檀
wan1	wān	弯湾
wan2	wǎn	绾
wan4	hái	还（~有）
	huán	环寰鬟澴圜（围绕）镮嬛还（~给）
	wán	顽玩（~耍）
wan5	huàn	鲩
	wǎn	挽
wan6	huàn	幻宦患漶豢
zan2	zǎn	昝趱攒（积~）
	zhǎn	盏
zan3	zàn	赞瓒
zan6	zhàn	绽栈
	zhuàn	赚撰馔
	zuàn	攥

ang

ang1	yīng	罂
cang1	chēng	撑瞠铛（平底锅）
cang4	chén	橙（橙子）
	chéng	枨橙（橙树）
gang1	gēng	更（三~半夜）耕
gang3	gàng	筻
guang6	guàng	逛
hang1	hāng	夯（打~）
hang4	xíng	行（~路）
	kēng	坑
kuang1	kuāng	框(又)筐(又)
	kuàng	眶(又)框(又)
lang5	lěng	冷（~热）
mang4	máng	盲
mang5	měng	猛蜢锰艋勐
mang6	mèng	孟
ngang1	yīng	罂(又)
ngang6	yìng	硬
pang1	pēng	烹
pang4	péng	彭澎蟛膨棚硼鹏
pang5	bàng	棒
sang1	shēng	生（~活）牲笙甥
sang2	shěng	省（~市）眚
wang4	héng	横（~行）
wang6	hèng	横（~逆）
zang1	zhēng	争（~取）睁挣（~扎）
zang2	zhèng	诤
zang6	zhèng	挣（~脱）

ab

粤音	普通话	字
ab^3	yā	鸭押（划～）
cab^3	chā	插锸
dab^3	dā	答（～应）搭褡嗒（象声词）耷
	dá	答（问～）瘩
dab^6	tā	踏（～实）
	tà	沓踏遝
gab^3	hé	饸
	jiā	夹（～生）浃（汗流～背）
	jiá	夹（～衣）颊荚蛱铗郏
	jiǎ	岬胛钾
	qiā	袷
hab^3	qiā	掐
	xiā	呷
hab^6	kè	嗑
	qiè	箧
	xiá	侠峡硖狎匣狭
lab^6	lā	邋垃
	lá	砬
	là	腊（～肉）蜡（～烛）镴
	lì	立（又）
nab^6	nà	呐纳衲钠肭
$ngab^3$	yā	鸭（又）押（划～）（又）
sab^3	sǎ	靸
	sà	飒
	sè	涩（又）
	shà	霎歃箑
tab^3	tā	塌溻褟
	tǎ	溚（煤～）塔鳎
	tà	嗒（～然）榻蹋漯（水名）拓（搨）
	ta	遢（邋～）
zab^3	zā	匝咂
	zá	砸
	zhǎ	眨
zab^6	jí	集
	xí	习嶍袭隰
	zá	杂
	shí	什（～物）（俗）
	zhá	闸牐铡
	zhà	栅（～栏）
	zhě	褶（又）

ad

粤音	普通话	字
ad^3	è	遏
	yā	压押（～金）
	yà	揠
bad^3	bā	八捌
cad^3	cā	擦礤嚓（象声词）
	cǎ	礤
	chā	嚓（喀～）
	chá	察
	shuā	刷（～子）唰
	tǎ	獭
dad^3	dá	笪怛妲靼
dad^6	dā	嗒（象声词）
	dá	达
	da	繨
fad^3	fā	发
	fǎ	法砝
	fà	发珐
gad^3	gá	钆轧（挤，查封）
	jiá	恝戛
$guad^3$	guā	刮括（搜～）
had^1	qǐ	乞（又）
lad^3	là	瘌鬎

lad6	lá	拉（用刀～）
	là	剌（乖～）辣邋（～遢）[话]
mad3	mō	抹[话]
	mǒ	抹（～煞）
	mò	抹（～石灰）
nad6	nà	捺
ngad3	yā	压[又]押（～金）[又]
ngad6	niè	啮[又]
	qì	迄[又]讫[又]
sad3	chà	刹（～那）
	sā	撒（～网）
	sǎ	撒（～种）潵
	sà	萨
	shā	杀刹（～车）煞（同“杀”、“刹”）铩
	shà	煞（凶～）
	shuà	刷（～白）
tad3	dá	鞑
	tā	趿
	tà	挞汰闼
	ta	遢（邋～）[话]
wad3	wā	空（同“挖”）挖
	wò	斡
wad6	huá	滑猾
zad3	zā	扎（缠束）拶
	zhā	扎（～针）哳
	zhá	扎（～挣）札轧（～钢）
	yà	扎（～棉花）

ag

ag1	è	扼[又]厄[又]呃[又]
	wò	握
ag3	è	轭
bag1	pò	迫（逼～）[又]
bag3	bāi	掰
	bǎi	佰百（千～）
	bó	百（～色）伯爽
bag6	bái	白
	bó	帛鲌踣
	bo	卜（萝～）
cag1	cè	测[又]恻[又]
cag3	ce	策册
	chāi	拆
	chǎi	踳
	chè	坼
	zhà	栅
cag6	zéi	贼鲗
gag3	gé	革（～命）鬲（河名）滆嗝隔膈镉格胳[又]骼
guag3	guāi	掴
	guó	掴[又]
hag1	hēi	黑[又]
	kè	克[又]刻[又]
hag3	hè	吓（恐～）赫
	kā	喀
	kè	客
	xià	吓（～人）
kag3	kè	绀
lag3	lei	嘞（助词）
mag3	bò	擘掰[话]
ngag1	è	扼[又]
	wò	握[又]
ngag3	è	轭[又]
ngag6	é	额
	nì	逆[话]

pag^1	pā	啪
pag^3	bó	舶(义)
	bò	檗
	pà	帕
	pāi	拍
	pò	珀粕魄（魂～）
wag^6	huā	砉（象声词）
	huá	划（～火柴）搳划（～算）
	huà	划（～分）画（笔～）
	huō	騞
	huò	或惑
yag^3	chī	吃（喫）
	yà	猰
zag^3	zé	笮（姓）迮舴责啧赜箦
	zhǎi	窄
zag^6	zá	砸(义)
	zé	泽择
	zhāi	摘
	zhái	宅翟（姓）
	zhé	谪磔
	zhí	踯
	zhì	掷

ei

ei^1	āi	哎(话)
ei^2	ǎi	矮
ei^3	yì	翳缢
bei^1	bǒ	跛
bei^3	bì	闭蔽
bei^6	bài	稗
	bì	敝弊币陛狴薜毙
cei^1	qī	妻（～子）凄萋郪栖（～身）
cei^3	chì	傺
	qī	沏
	qì	妻（古以女嫁人）砌
	qiè	切（一～）
cei^4	qí	齐蛴
	qi	荠（荸～）
cei^5	jì	荠（～菜）
dei^1	dī	氐（古民族名）低羝
	zhī	胝(义)
dei^2	dǐ	氐（根本）诋底坻柢砥抵骶邸
dei^3	dì	帝谛禘碲蒂缔(义)
dei^6	dǎi	逮（～老鼠）
	dài	逮（～捕）埭
	dì	弟第递棣
	lì	隶
	tì	悌
fei^1	huī	挥晖辉翚珲（瑗～）徽麾隳
fei^2	fèi	痱(话)
fei^3	fèi	费镄沸痱肺废芾（蔽～）
fei^6	fèi	痱吠狒
gei^1	jī	鸡笄
gei^3	jì	计继髻蓟罽
gei^3	jì	偈（和尚唱词）
guei^1	guí	归圭硅鲑闺龟（乌～）妫瑰（～丽）皈瓌
guei^2	guǐ	鬼宄轨匦诡晷庋簋
guei^3	guī	瑰（玫～）
	guǐ	癸
	guì	贵桂鳜炅（姓）刿桧（树名）
	jì	季悸
guei^6	guì	跪柜
	kuì	匮蒉馈篑
hei^4	xī	兮奚傒蹊（小路）鼷

hei^6	xì	系盻禊
kei^1	jī	稽（～留）嵇
	qī	蹊（～跷）溪
	xī	溪豯
kei^2	qǐ	启棨綮稽（～首）
kei^3	qì	契（～约）
kuei^1	kuī	规窥亏岿盔
kuei^2	kuǐ	跬
kuei^3	kuì	愧
kuei^4	kuí	葵揆暌睽逵馗夔隗（姓）
	qī	畦
	xié	携
lei^4	lí	黎藜犁黧
lei^5	lí	蠡（贝壳瓢）
	lǐ	礼澧醴鳢逦蠡（地名）
lei^6	lì	丽俪厉励疠粝砺蛎荔例
mei^1	mǐ	米（公尺）
mei^4	mái	霾(又)
	mī	眯（～缝）
	mí	迷谜醚
mel^5	mǐ	米（谷～）眯（尘土入眼）敉弭脒
mel^6	mèi	袂
nei^4	ní	泥（～土）坭
ngei^2	ǎi	矮(又)
ngei^3	yì	缢(又)翳(又)
ngei^4	ní	倪鲵猊麑霓
	wēi	巍危
	wé^1	嵬
ngei^5	wěi	隗（姓）
	yǐ	蚁舣
ngei^6	nì	睨
	wěi	伪
	wèi	魏
	yì	毅艺呓诣羿蓺

pei^1	pī	批
sei^1	shāi	筛
	xī	西硒栖（～～，心不安定的样子）茜（芫～）粞恓（～惶）氥犀樨
sei^2	shǐ	使（～用）驶
	xǐ	洗（～手）枲
sei^3	shì	世贳势
	xì	细
	xù	婿
sei^6	shì	誓逝筮噬
tei^1	tī	梯锑鹈
tei^2	dì	睇
	tī	体（～己）
	tǐ	体（～育）
tei^3	dí	髢
	dì	缔
	tì	涕剃绨（线～）屉嚏薙替
tei^4	dī	堤提（～防）
	tí^2	提（～高）题騠醍绨（丝织品）鹈蹄啼荑（草）
tei^5	dì	娣
wei^1	wēi	威葳崴（山高）逶萎（衰落）委（～蛇）
wei^2	huǐ	虺毁
	kuì	喟
	wěi	委（～员）诿萎（枯～）痿猥唯（～～诺诺）卉
wei^3	huì	秽荟
	wèi	畏喂尉（军衔）慰蔚（～蓝）
wei^4	wéi	为（行～）沩惟唯（～物）帷维潍桅围涠帏闱

		违韦圩（～田）
	yí	遗
wei^{5}	huì	讳
	wéi	韦(又)
	wěi	伟炜玮苇纬韪
wei^{6}	huì	慧彗蔧槥恚惠憓蕙蟪僡
	wèi	为（～了）位胃渭猬谓遗（～赠）卫
yei^{6}	yè	曳
	yì	㹭
	zhuāi	拽（扔）
	zhuǎi	跩
	zhuài	拽（拉）
zei^{1}	jī	齑跻赍
	jǐ	挤
	jì	剂
zei^{2}	zǎi	仔（小孩子）崽(又)
zei^{3}	jǐ	济（～南）
	jì	际济荠(又)霁祭穄
	zhì	制（～造）
zei^{6}	zhì	滞

eo

eo^{1}	ōu	区（姓）欧殴鸥瓯讴
eo^{2}	ǒu	呕
eo^{3}	ōu	沤（浮～）
	òu	沤（～麻）怄
ceo^{1}	chōu	抽细（～绎）瘳
	jiū	鬏
	qiū	秋楸萩鹙鳅湫（水池）鞧鞦
ceo^{2}	chǒu	丑瞅
ceo^{3}	chòu	臭（香～）
	còu	凑腠辏
	qiǔ	糗
	xiù	嗅溴臭（气味）
ceo^{4}	chóu	酬筹畴帱（帐子）踌俦雠仇（报～）惆稠绸紬（同"绸"）
	qiú	囚泅仇（姓）
deo^{1}	dōu	兜蔸篼哣
deo^{2}	dǒu	斗（升～）抖枓蚪钭陡
	jiū	赳(俗)纠(俗)
deo^{3}	dòu	斗（～争）
deo^{6}	dòu	豆痘逗脰饾窦读（句～）荳
feo^{2}	fǒu	否（～定）缶
	pōu	剖
feo^{4}	fú	浮蜉芣罘罦涪
feo^{6}	bù	埠
	fù	阜
geo^{1}	gōu	沟(又)篝枸（～橘）鞲缑佝(又)
	jiū	鸠阄
	qiū	龟（～兹）
geo^{2}	gǒu	苟枸（～杞）岣笱茍狗
	jiū	纠(又)赳(又)
	jiǔ	九久玖韭
geo^{3}	gòu	够媾觏遘垢诟彀构(又)
	jiū	究
	jiǔ	灸
	jiù	救咎疚厩捄
geo^{6}	jiù	旧柩
heo^{1}	hōu	齁
heo^{2}	kǒu	口
heo^{3}	hǒu	吼
heo^{4}	hóu	侯（诸～）瘊糇喉篌猴
heo^{5}	hòu	厚
heo^{6}	hòu	后逅垕后候堠侯（闽

		~）鲎
keo[1]	gōu	沟
	kōu	抠眍
keo[3]	gòu	购媾㊀构
	kòu	叩扣筘寇蔻
keo[4]	jiāo	艽
	qiú	求俅球裘逑赇仇（姓）虬馗犰㊀璆巯
keo[5]	jiù	臼桕舅
leo[1]	lōu	搂瞜
leo[4]	liū	溜（~冰）
	liú	留榴瘤骝镏（镀金法）飗刘浏流琉硫旒鎏镠
	liù	遛
	lóu	喽（~啰）楼溇蒌蝼耧偻髅娄郘
	lou	喽（助词）
leo[5]	liǔ	柳绺
	lǒu	褛（~抱）嵝篓
	lǚ	楼（褴~）㊗
leo[6]	liū	熘
	liù	馏镏（戒子）溜遛（~马）鹨
	lòu	漏陋瘘镂
meo[4]	móu	谋牟（~利）侔眸蛑鍪缪（绸~）
	mú	毪
	mù	牟（~平县）
meo[5]	mǒu	某
	mǔ	亩
meo[6]	mào	贸茂袤懋瞀
	miù	谬缪（纰~）
neo[1]	nāo	孬
neo[2]	niū	妞
	niǔ	扭忸钮狃纽
	xiǔ	朽
	róu	糅㊀
neo[6]	nòu	耨
ngeo[1]	ōu	区㊀欧㊀殴㊀瓯㊀鸥㊀讴㊀
	gōu	勾钩句（~践）
ngeo[2]	ǒu	呕㊀
ngeo[3]	òu	沤㊀
ngeo[4]	niú	牛
ngeo[5]	ǒu	偶耦藕
peo[2]	bù	瓿
	pōu	剖㊀
	pǒu	掊
peo[4]	póu	抔裒
	pǒu	掊㊀
seo[1]	shōu	收
	sōu	溲廋嗖馊飕
	xiū	羞馐修脩
seo[2]	shǒu	手守首
	sōu	搜螋艘
	sǒu	叟瞍薮擞（抖~）嗾
seo[3]	shòu	狩兽瘦
	shù	漱㊀
	sòu	擞（~火）嗽
	xiù	秀琇锈绣宿（星~）
seo[4]	chóu	仇（~恨）愁
	qiú	犰
seo[6]	shòu	受授绶寿售
teo[1]	tōu	偷
teo[3]	tòu	透
teo[4]	tóu	头投骰
yeo[1]	qiū	丘蚯邱
	xiū	休咻庥髹貅鸺
	yōu	优忧耰幽呦

yeo^{2}	róu	粿
	yǒu	黝
yeo^{3}	yòu	幼蚴
yeo^{4}	qiú	酋遒蝤（～蛴）
	róu	柔揉蹂鞣糅㊋
	yōu	攸悠
	yóu	由油蚰铀邮莜尤疣犹鱿猷莸蝤（～蛑）蝣游游繇（同“由”）繇
yeo^{5}	yǒu	友有铕卣莠牖羑
	yòu	诱
yeo^{6}	yóu	柚（～木）
	yòu	又右佑祐有（古同“又”）侑宥囿柚（～子）釉鼬狖
zeo^{1}	jiu	啾揪
	zhōu	州洲周啁赒舟侜辀鸼诌盩
	zōu	诹陬鲰驺邹
zeo^{2}	jiǔ	酒
	zhǒu	肘帚
	zǒu	走
zeo^{3}	zhòu	咒皱绉㤘㑇咮甃昼
	zòu	奏揍
zeo^{6}	jiù	就僦鹫
	xiù	袖岫
	zhòu	宙纣酎荮胄籀骤

em

em^{1}	ān	奄鹌盦广（同“庵”）厂（同“庵”）
em^{2}	ǎn	垵埯揞
	àn	黯
em^{3}	àn	暗
bem^{1}	bèng	泵
	pāng	乓
cem^{1}	cēn	参（～差）
	qīn	侵骎
cem^{2}	chěn	碜
	qǐn	寝梫
cem^{3}	chèn	谶
	qìn	吣
	zèn	谮㊋
cem^{4}	chén	沉
	qián	荨
	qín	覃（姓）
	xián	挦
	xín	寻（～思）
	xún	寻（～找）浔哻鲟
	xùn	蕈㊋
gem^{1}	gān	甘泔柑疳苷坩㊋
	jīn	今衿金
gem^{2}	gǎn	敢橄澉感
	jǐn	锦
gem^{3}	gàn	淦绀赣赣
	jìn	禁噤
gem^{6}	qìn	揿
hem^{1}	gān	坩
	hān	蚶憨
	kān	堪戡龛勘㊋
hem^{2}	kǎn	坎砍
hem^{3}	kān	勘
	kǎn	坎（地名）莰
	kàn	墈磡崁瞰阚（姓）
hem^{4}	hān	酣
	hán	含浛焓晗
hem^{5}	hàn	颔
hem^{6}	hàn	憾撼
	qiàn	嵌
kem^{1}	jīn	禁（耐）襟衿㊋

	qīn	衾
kem^{4}	qín	琴芩禽檎擒噙
kem^{5}	jìn	妗
lem^{4}	lín	林淋琳啉霖临
lem^{5}	lǐn	凛廪懔檩
	lìn	淋（过滤）
nem^{5}	rěn	稔
ngem^{1}	ān	鹌(又)庵(又)
ngem^{3}	àn	暗(又)
sem^{1}	chēn	琛郴
	sēn	森
	shēn	深参（人～）
	xīn	心芯
sem^{2}	shěn	沈谂审沈谉婶
sem^{3}	qìn	沁
	shèn	渗瘆
sem^{4}	cén	岑涔
	chén	忱谌
	qín	芩(又)
sem^{6}	rèn	葚
	shén	甚（～么）
	shèn	甚（～至）葚椹（同“葚”）
tem^{5}	dàng	氹(话)
yem^{1}	qīn	钦嵚
	xīn	歆鑫
	yīn	音愔喑瘖阴
yem^{2}	yǐn	饮（～食）
yem^{3}	yīn	荫（树～）
	yìn	饮（～马）荫（祖～）窨（地下室）
yem^{4}	rén	壬任（姓）
	yín	霪吟崟淫
yem^{5}	rèn	饪荏
yem^{6}	lìn	赁
	nèn	恁
	rèn	任（～务）纴任(又)衽妊
zem^{1}	jìn	祲
	zhēn	针斟椹（同“砧”）箴砧
zem^{2}	zǎn	喒(又)
	zěn	怎
	zhén	枕（～头）
zem^{3}	jìn	浸
	zèn	谮
	zhěn	枕（动词）
zem^{6}	chén	沉(话)
	zhèn	鸩朕

en

ben^{1}	bēn	奔锛贲（虎～）栟（地名）
	bīn	宾傧(又)滨槟（～子）缤镔彬斌邠濒（同“滨”）豳
	bīng	槟（～榔）
ben^{2}	bǐng	禀
	pǐn	品榀
ben^{3}	bèn	坌
	bīn	傧
	bìn	摈殡髌鬓膑
ben^{6}	bèn	笨夯（同“笨”）倴
cen^{1}	chēn	瞋嗔
	qīn	亲
cen^{2}	chēn	抻
	shěn	矧哂
	zhěn	诊疹畛(又)
cen^{3}	chèn	趁衬榇龀
	qìng	亲（～家）
cen^{4}	chèn	尘陈

广州话	普通话	字
den1	dūn	墩(又)
den2	dǔn	趸不
den3	dèn	扽(又)
den6	dèn	扽
	dùn	炖
fen1	fēn	分芬吩氛雰酚纷馩棻
	hūn	昏婚阍荤
	xūn	熏薰曛醺勋埙窨（～茶叶）
fen2	fěn	粉
fen3	fèn	粪
	xùn	训
fen4	fén	汾棼鼢焚濆坟豮
fen5	fèn	愤偾奋忿
fen6	fèn	分（本～）份
gen1	gēn	根跟
	gén	哏
	jīn	巾斤筋
gen2	jǐn	堇谨瑾槿馑紧仅（只）卺
	jìn	残仅（将近）觐
gen3	gèn	艮（八卦之一）茛
	jìn	靳
gen1	jìn	近觐(又)殣(又)
guen1	jūn	军皲均銎（人名用字）钧筠（地名）龟（同"皲"）麇（獐子）君
guen2	gǔn	滚磙衮辊鲧绲
guen3	gùn	棍
guen6	jùn	郡珺捃
hen2	hěn	很狠
	kěn	垦恳
hen4	hén	痕
hen6	hèn	恨
ken4	qín	芹勤懃矜（矛柄）
ken5	jìn	近(话)
kuen1	kūn	坤昆琨锟醌鹍鲲髡堃
	qūn	囷
kuen2	gǔn	绲（～边）
	jūn	菌（细～）
	jùn	菌（蕈）
	kǔn	捆悃阃壸
kuen3	jiǒng	窘
	kùn	困
kuen4	qún	群裙麇（～集）
men1	wén	蚊炆
men4	mín	民苠岷珉缗旻
	wén	文纹（条～）雯闻阌
men5	miǎn	渑（～池县）
	mǐn	敏鳘泯湣抿愍闵悯黾（～勉）
	wěn	吻刎抆紊
men6	wèn	问汶纹（同"璺"）璺
nen2	niǎn	撚(话)捻(话)
ngen4	yín	银垠龈嚚狺鄞
ngen6	rèn	韧(话)
pen3	pēn	喷（～气）
	pèn	喷（～香）
pen4	bīn	濒（～临）
	pín	贫频蘋（～草）嫔颦
pen5	pìn	牝
sen1	shēn	申砷呻伸绅珅身娠
	xīn	辛莘（地名）锌新薪
sen4	chén	辰宸晨臣
	shén	神
sen5	shèn	肾蜃
sen6	shèn	肾(又)慎胂
ten1	tūn	吞暾
	tún	饨
ten2	tǔn	氽

ten³	tùn	褪（脱）
wen¹	wēn	温瘟鳁榅
	yūn	氲赟
wen²	wěn	稳
wen³	yùn	韫缊蕴㊀愠
wen⁴	hún	珲（～春）魂浑馄
	yūn	晕（头～）
	yún	芸纭耘云筠（竹皮）昀匀畇鋆（金子）郧涢员（古人名用字）
wen⁵	yǐn	尹
	yǔn	允狁殒郧
	yùn	酝蕴
wen⁶	hún	混（同"浑"）
	hùn	混（～乱）溷诨
	yùn	运晕（日～）郓韵恽熨（～斗）
yen¹	ēn	恩蒽
	xīn	欣昕䜣忻
	yān	湮殷（～红）
	yīn	因茵姻铟氤洇裀堙殷（～切）
	zhēn	甄
yen²	rěn	忍
	yǐn	隐
yen³	yìn	印鲫
yen⁴	rěn	人仁
	yín	寅夤
yen⁵	yǐn	引蚓瘾
yen⁶	rèn	刃仞轫纫韧轫
	xìn	衅
	yìn	胤慭
	yùn	孕
zen¹	chēn	嗔㊀
	zhēn	真珍胗
zen²	zhěn	畛疹㊀轸稹缜鬒
zen³	zhèn	振震赈瑱镇纼圳
zen⁶	zhèn	阵

eng

eng¹	ēng	鞥
	yīng	莺
bēng¹	bēng	崩嘣绷祊
	bèng	蹦镚
ceng⁴	céng	曾（～经）嶒层
deng¹	dēng	灯登噔
	dèng	瞪㊀
	tēng	鼟
deng²	děng	等戥
deng³	dèng	凳磴镫
deng⁶	dèng	邓澄（～清）瞪蹬
geng¹	gēng	更（变～）庚赓鹒羹
	jīng	粳
geng²	gèn	亘
	gěng	耿埂哽梗鲠绠
geng³	gèng	更（～加）
gueng¹	gōng	肱觥
	hōng	轰薨訇
heng¹	hēng	亨哼脝哼
	kēng	吭硁铿
heng²	kěn	肯啃
heng⁴	héng	恒珩桁鸻衡蘅
	xíng	行（～动）
heng⁶	xíng	行（品～）
	xìng	杏悻婞行（品～）荇
keng²	gěng	鲠㊁
keng³	kèn	掯裉
meng⁴	méng	盟萌氓㊀甍
	míng	盟（～誓）
neng⁴	néng	能

ngeng[1] yīng 莺㊒

peng[4] pémg 朋堋鬅

píng 凭

seng[1] shēng 生（花～）甥㊒牲㊒

seng[3] cèng 蹭

xǐng 擤

teng[4] téng 腾滕藤螣虅縢誊疼（～痛）

weng[4] hóng 宏弘泓竑

zeng[1] cēng 噌

sēng 僧

zēng 曾（姓）憎增罾缯

zhēng 争（～夺）峥筝狰铮丁（～～，伐木声）

zeng[3] zèng 锃

zeng[6] zèng[6] 赠甑

eb

ceb[1] jī 缉（通～）

jí 辑戢蕺

qī 缉（～鞋口）

qì 葺

deb[1] dā 耷㊒

geb[1] gé 蛤（～蚧）

jī 芨

jí 急

geb[3] gē 鸽

gé 颌（口）蛤㊒

gě 盖（姓）合（容量单位）

geb[6] jí 及㊒

heb[1] kē 瞌㊗

qià 洽恰

heb[6] hé 合（～作）阖閤盍盒郃

饸颌（上～，下～）

huō 耠

kē 搕榼磕瞌

kè 溘嗑㊒

keb[1] gěi 给（交～）

jí 汲级岌笈

jǐ 给（供～）

xī 吸噏歙（吸气）

keb[6] jí 及

leb[1] lì 笠

leb[6] lì 立

neb[1] āo 凹㊗

lì 粒

seb[1] sè 涩

shī 湿

seb[6] shí 十什（～物）拾

yeb[1] qī 嘁

qì 泣

xī 翕

yī 揖

yì 邑浥悒挹熠

yeb[6] rù 入

zeb[1] zhī 汁

zhí 执絷

ed

beb[1] bì 毕哔筚跸

bǐ 笔

bù 不吥钚

bed[6] bá 拔跋魃魃

bà 鲅鲌

bì 苾弼

bó 钹

ced[1] qī 七柒漆

ded[1] duò 柮㊒饳㊒

	tù	腯（肥～～）
ded⁶	tū	突葖凸
fed¹	fú	弗佛（仿～）拂茀氟绋艴韍黻祓绂芾
	hū	忽淴惚唿
	hú	囫
	hù	笏
	hù	窟(俗)
fed⁶	fá	罚乏伐垡阀筏
	fó	佛（神～）
	fú	怫
ged¹	gē	纥（～缝）仡圪
	gè	虼
	jí	吉佶
	jié	桔（～梗）
	jú	桔
	qì	讫
ged⁶	gē	疙
gued¹	gú	骨（～头）
	gǔ	骨（～胳）馉榾鹘（～鸼）汩
	jú	橘
gued⁶	jué	倔（～强）掘崛
	juè	倔（态度～）
	kū	窟
hed¹	qǐ	乞
hed⁶	hé	核劾阂纥（回～）翮
	xí	觋檄
	xiā	瞎
	xiá	辖黠
ked¹	kài	欬
	ké	咳（～嗽）
med⁶	mì	宓密蜜谧嘧
	wà	袜
	wù	勿物
ned⁶	nè	讷
nged⁶	kū	矻
	qì	讫(又)迄
	wù	兀杌阢靰
	yì	屹
ped¹	pǐ	匹苉
sed¹	sè	瑟
	shī	失虱
	shì	室
	xī	膝
sed⁶	shí	实寔湜
wed¹	kū	窟(俗)
	qū	屈诎
	wà	腽
	yù	郁（忧愁）尉（～迟）熨（～贴）蔚（～县）
wed⁶	hú	核(俗)鹘（隼）
	yù	燏遹鹬聿
yed¹	yī	一弌壹
yed⁶	rì	日
	xī	肸肹
	yì	泆佚轶昳（～丽）佾逸溢镒
zed¹	zhì	质锧骘
zed⁶	jí	疾蒺嫉
	zhé	蛰(又)
	zhí	侄
	zhì	厔桎窒蛭郅膣

eg

eg¹	è	厄呃扼
	wò	渥握偓幄龌
beg¹	běi	北
ceg¹	cè	测恻

广州话	普通话	字
deg^{1}	dé	德得锝
	de	得（要～）
	děi	得（必须）
deg^{6}	de	脦
	tè	特
heg^{1}	hēi	黑
	ké	揢
	kè	克（～扣）氪刻可（～汗）
	kēi	尅（申斥，打）
leg^{6}	lē	肋（～脦）
	lè	仂勒（～令）簕鳓泐
	lēi	勒（～紧）
	lèi	肋（～骨）
meg^{6}	mài	麦脉
	mò	陌貊墨默蓦万（～俟，复姓）冒（～顿）
ngeg^{1}	è	厄(又)扼(又)呃(又)
	wò	渥(又)握(又)龌(又)
seg^{1}	sāi	塞（堵～）噻揌（同“塞”）
zeg^{1}	cè	侧
	jì	鲫
	zé	仄昃则

é

广州话	普通话	字
é^{1}	（ê）	欸（汉词）
be^{1}	pí	啤
cé^{1}	chē	车（火～）砗
	shē	奢
cé^{2}	chě	扯尺（乐谱）
	qiě	且
cé^{4}	shē	畲
	xié	斜邪
dé^{1}	diē	爹
dé^{2}	dài	襶(又)
	diǎ	嗲
fé^{1}	fēi	啡
ké^{4}	qí	骑(又)
	qié	伽（～蓝）茄（～子）
	qué	瘸
lé^{1}	li	哩（助词）
	liè	咧（助词）
lé^{2}	liě	咧（～嘴）
lé^{4}	lié	咧（乱说）
lé^{5}	liě	裂(俗)（东西的两部分向两旁分开）
	nài	褦
mé^{1}	mǐ	芈
	miē	乜（～斜）咩
mé^{2}	wāi	歪(俗)
né^{1}	ne	呢（助词）
né^{6}	niè	乜（姓）
sé^{1}	shē	赊
	xiē	些
sé^{2}	shě	舍
	xiě	写
sé^{3}	shē	猞
	shè	厍舍（宿～）赦
	xiè	泻卸灺
sé^{4}	shē	畬（火耕）畲
	shé	佘蛇
sé^{5}	shè	社
sé^{6}	shè	射麝
yé^{4}	yá	琊
	yē	倻椰耶（～路撒冷）
	yé	爷耶（古疑问词）椰
yé^{5}	rě	惹喏（唱～）
	yě	野冶

yé^{6}	ruò	偌
	yè	夜
zé^{1}	jiē	嗟
	zhē	遮
	zhè	嗻
zé^{2}	jiě	姐毑
	zhě	者赭锗
	zǐ	姊(又)
zé^{3}	jiè	借藉（同"借"）
	zhè	蔗鹧柘这
zé^{5}	zhè	这(又)
zé^{6}	jiè	藉（枕～）
	xiè	谢谢

éi

éi^{2}	éi	欸（叹词）[illegible]（～子）
éi^{3}	èi	欸（叹词）(又)
béi^{1}	bēi	卑碑椑陂（～塘）悲
	bì	裨（～益）
	pì	羆
béi^{2}	bǐ	比匕沘妣秕彼俾
	bì	畀髀
	pì	媲(又)
béi^{3}	bèi	鐾
	bǐ	匕(又)
	bì	庇毖铋(又)臂贲（～临）痹滗箅蓖
	mì	泌秘
	pèi	辔
béi^{6}	bèi	备惫鞴鞁被（介词）
	bí	鼻
	bì	篦避
déi^{6}	dì	地
féi^{1}	fēi	非啡菲（芳～）绯蜚（古同"飞"）扉霏飞妃
féi^{2}	fěi	匪榧悱菲（～薄）蜚（～蠊）诽翡斐
féi^{4}	féi	肥淝腓
féi^{6}	fěi	翡(又)
géi^{1}	jī	几（～乎）讥饥叽机肌玑矶奇（～偶）剞犄畸(又)基箕期（～年）畿姬乩羁
	qí	萁（草名）
géi^{2}	guǐ	庋(又)
	jǐ	己纪（姓）几（～多）虮麂
	qǐ	杞
géi^{3}	jì	记纪（～念）计（伙～）寄倚既洎觊
géi^{6}	jì	忌跽伎技妓芰惎垍洎(又)
héi^{1}	qī	欺桤
	xī	希浠唏烯晞稀豨欷郗僖嘻嬉熹羲曦爔牺醯熙
	xǐ	禧
	hēi	嘿
héi^{2}	qǐ	起岂芑屺
	xǐ	喜禧(又)蟢
héi^{3}	qì	气汽炁器憩弃
	xì	戏（～剧）饩
kéi^{1}	jī	畸
	qī	攲
	qí	崎（～岖）
kèi^{3}	jì	暨冀骥
	qì	亟（屡次）
kéi^{4}	qī	期（时～）
	qí	其淇萁（豆茎）骐祺棋旗琪蜞麒綦奇（～怪）埼琦崎（长～）骑圻旂

广州话	普通话	字
		祈颀蕲岐歧跂（～趾）祁芪祇（神～）耆鳍鬐亓俟（万～）
kéi^{5}	qǐ	企
	qì	跂（～望）
léi^{1}	lí	喱
	lì	鬁痢（瘌～）
	li	璃(俗)
léi^{4}	lí	梨离漓缡篱魑(俗)狸骊鹂鲡厘釐嫠犛罹
	li	璃
léi^{5}	lǐ	里俚浬娌理锂哩（英～）鲤李
	lǚ	履(文)
lé^{6}	lì	利俐猁莉痢（～疾）吏詈莅
	lì	蜊
méi^{1}	mī	咪（笑～～）眯
méi^{4}	méi	眉湄嵋郿猸楣镅
	mí	糜縻靡（～费）蘼麋猕弥(文)
	mǐ	敉
	wēi	溦微薇
méi^{5}	měi	美镁
	mǐ	弭(文)靡（无）
	wěi	尾娓
méi^{6}	mèi	寐魅媚味(俗)
	wèi	未味
néi^{4}	mí	祢弥猕(文)
	nī	妮
	ní	尼怩铌呢（毛～）
néi^{5}	nǐ	你旎
	nín	您
néi^{6}	ěr	饵
	nì	泥（拘～）腻
péi^{1}	pēi	呸胚
	pī	丕坯狉披被（～盖）砒纰（～缪）
péi^{2}	bǐ	鄙
	pǐ	否（臧～）痞嚭圮仳
	piě	苤
pei^{3}	bì	濞襞
	pèi	帔
	pì	屁媲譬淠
péi^{4}	pī	邳
	pí	皮陂（黄～）疲铍鲏枇蚍毗琵貔埤蜱脾裨（偏～）郫鼙
péi^{5}	bēi	庳
	bèi	被（棉～）
	bì	婢髀
séi^{2}	sǐ	死
séi^{3}	sì	四肆（四的大写）泗(文)驷(文)

éng

广州话	普通话	字
béng^{2}	bǐng	饼(俗)
béng^{3}	bǐng	柄(俗)
	bìng	柄(俗)
béng^{6}	bìng	病(俗)
céng^{1}	qīng	青(俗)
céng^{2}	qǐng	请(俗)
céng^{4}	qíng	晴(俗)
déng^{1}	dīng	疔(俗)钉(俗)盯(俗)
déng^{2}	dǐng	顶（名词，量词）
déng^{6}	dìng	定(俗)订(俗)

géng1	jīng	惊(俗)猄
géng2	jǐng	颈
géng3	jìng	镜
héng1	qīng	轻(俗)
léng3	liàng	靓（漂亮）
léng4	líng	灵(俗)鲮(俗)
léng5	lǐng	领(俗)岭(俗)
méng	míng	名(俗)
méng	mìng	命(俗)
péng4	píng	平(俗)
séng1	sheng	声(俗)
	xīng	腥(俗)
séng2	xǐng	醒(俗)
séng4	chéng	成(俗)城（省～）(俗)
téng1	tīng	厅(俗)听
téng5	tǐng	艇
yéng4	yíng	赢(俗)
zéng1	jīng	精(俗)
zéng2	jǐng	井(俗)阱肼
zéng3	zhèng	正(俗)
zéng6	jìng	净(俗)
	zhèng	郑(俗)

ég

bég3	bì	壁(俗)
cég3	chǐ	尺（～寸）呎
	chì	赤(俗)
dég6	dí	笛籴
hég3	chī	吃
kég6	jī	屐
	jù	剧
lég6	lì	沥（大～公社）疬(俗)
pég3	pī	劈(俗)霹（雷～）(俗)
	pǐ	劈(俗)
ség3	xī	锡
ség6	shí	石（～头）鼫
	shuò	硕
tég3	tī	踢
zég3	jí	脊(俗)蹐(又)鹡(又)瘠
	jǐ	脊(俗)
	zhī	只（一～）
	zhí	摭跖
	zhì	炙
zég6	xí	席

ê

dê2	duǒ	朵(俗)
gê3	jù	锯(俗)
hê1	xuē	靴
tě3	tuò	唾(又)

êu

cêu1	chuī	吹炊
	cuī	崔催摧衰（等～）榱缞
	cuǐ	璀
	qū	趋蛆
cêu2	chuǎi	揣
	chuài	阘(又)
	cuǐ	璀(又)
	qǔ	取娶
cêu3	cuì	啐淬翠脆毳

	qiāo	橇㊀
	qù	趣觑
cêu⁴	chú	除厨橱㊀
	chuái	膗
	chuí	槌椎（铁～）捶棰箠锤
	suí	隋随
	xú	徐
dêu¹	duī	堆
dêu³	duì	对碓兑敦（盛器）
dêu⁶	duì	队怼
gêu¹	jū	车（棋子）居据（拮～）琚腒裾
gêu²	jǔ	举榉枸（～橼）柜（～柳）矩莒筥蒟踽
	qǔ	龋
gêu³	jù	句（～子）倨据锯踞屦
gêu³	jù	巨讵炬苣具惧犋飓窭澽遽醵
	qǔ	苣
hêu¹	xū	圩（～市）盱嘘（呵气）墟歔砉（响声）吁（长～短叹）
hêu²	xǔ	许浒（地名）栩诩
	xù	煦
hêu³	qù	去
	xù	酗
kêu¹	gōu	佝
	jū	泃拘驹
	jù	俱
	qū	区（～别）岖驱躯祛袪胠黢㊀
	shū	枢㊗
kĕu⁴	qú	瞿（姓）氍癯臞衢蠼渠磲劬朐鸲鼩璩蘧籧
kêu⁵	jù	拒距
	qú	佢
lêu⁴	lēi	擂（用拳头打）
	léi	雷擂（～钵）檑礌㊀镭累（～～）嫘缧累羸
	lĕi	蕾
	lèi	擂（～台）
	lú	闾榈驴
lêu⁵	lĕi	蕾㊀垒磊累（～积）儡
	lǐ	里
	lǚ	吕侣铝稆屡缕褛旅膂履
lêu⁶	léi	礌
	lĕi	耒㊀诔㊀
	lèi	累（疲乏）类泪酹
	lì	戾唳
	lǜ	虑滤
nêu⁵	nĕi	馁
	nǚ	女钕
sêu¹	shuāi	衰（～老）
	suī	虽睢濉荽尿
	suí	绥
	xū	胥谞须（必～）需
sêu²	shuǐ	水
sêu³	shuài	帅
	shuì	税说（游～）
	suì	岁碎
sêu⁴	chuí	垂陲
	shéi	谁㊀
	shuí	谁
sêu⁵	suǐ	髓
	shù	墅
	xī	巂
	xù	绪絮
sêu⁶	cuì	悴萃綷㊀瘁膵粹
	ruì	瑞
	shuì	睡

	suí	遂
	suì	祟遂隧燧邃穗
têu[1]	tuī	推
têu[2]	tuǐ	腿
têu[3]	tuì	退煺褪（～色）蜕
têu[4]	tuí	颓
yêu[4]	ruí	蕤
yêu[5]	ruǐ	蕊
yêu[6]	ruì	锐睿枘汭芮蚋
	yì	裔
zêu[1]	jū	沮（水名）狙苴疽趄（越～）且（古助词）雎
	qū	蛆
	zhuī	追隹椎（～骨）骓锥
	zū	菹
zêu[2]	jǔ	沮（～丧）咀龃
	zuǐ	觜嘴
zêu[3]	jù	沮（～洳）
	zhuì	惴缀醊
	zuì	最蕞槜醉晬
zêu[6]	jù	聚
	xù	序叙溆
	yǔ	屿
	zhuì	坠缒腿赘
	zuì	罪

ên

cên	chūn	春椿䲠
	chún	鹑
	cūn	皴
	qūn	逡
cên[2]	chǔn	蠢
cên[4]	qín	秦溱（～潼）螓
	xún	巡循旬枸
dên[1]	dūn	敦（～厚）墩憞撴礅蹾吨蹲（～下）
dên[6]	dǔn	盹
	dùn	遁沌砘钝炖㊀囤（粮～）
lên[2]	luǎn	卵
lên[4]	lín	邻嶙璘磷辚鳞麟遴
	lún	仑伦论（～语）沦抡（选择）岺纶（钓鱼线）囵轮
lên[6]	lìn	吝蔺躏
	lùn	论
sên[1]	xún	荀峋恂洵珣询郇（姓）
	xùn	殉徇
sên[2]	sǔn	笋榫
sên[3]	shùn	舜瞬
	xìn	信芯（～子）囟
	xùn	汛迅讯逊巽噀蕈浚（～县）
sên[4]	chún	唇纯莼淳醇鹑㊀
	xún	驯
sên[6]	shùn	顺
	xùn	徇㊀
tên[1]	tuān	湍
tên[2]	tuǎn	疃
tên[5]	dùn	盾
yên[6]	rùn	闰润
zên[1]	jīn	津
	juān	朘
	zhēn	溱（～头河）獉蓁榛臻
	zhūn	谆窀屯（困难）迍衠
	zūn	樽遵
zên[2]	jǐn	尽
	jìn	荩烬㊀赆
	sǔn	隼
	zhǔn	准（～备）埻

zên[3] jìn 进晋缙
juān 镌
juàn 隽（肥肉）
jùn 隽（同"俊"）俊浚（～井）峻馂骏焌（用火烧）竣
zên[6] jìn 尽烬

êng

cêng[1] chāng 昌倡猖菖娼鲳阊伥
chuāng 窗
qiāng 玱枪呛（～水）抢（同"戗"）戗（逆）锵斨
qiǎng 羟㊉
qiàng 跄
cêng[2] qiǎng 抢（～夺）
cêng[3] chàng 唱倡㊉鬯畅怅
qiàng 呛（～嗓子）戗（支持）炝
cêng[4] cháng 长（～度）苌场（～地）肠
chǎng 场（会～）
pán 爿
qiāng 戕
qiáng 墙樯嫱蔷
xiáng 详庠祥翔
gêng[1] jiāng 姜缰僵礓疆
qiāng 羌蜣
gêng[6] jiàng 强（倔～）糨犟
hêng[6] jiāng 香乡芗
hêng[2] shǎng 垧晌
xiǎng 响向飨享饷
hêng[3] xiàng 向
kêng[3] jiàng 弶
kêng[4] qiáng 强（～壮）
kêng[5] qiǎng 强（勉～）襁镪（钱贯）羟
lêng[2] liǎng 两（斤～）㊗俩
lêng[4] liáng 良粮踉（跳～）莨（薯～）梁粱量（～度）凉（～快）梁
lêng[5] liǎ 俩（兄弟～）
liǎng 两（二）俩（伎～）魉
lêng[6] liàng 亮喨谅辆量（分～）踉（～跄）晾㊉
nêng[4] niáng 娘
sêng[1] shāng 商墒熵伤觞
shuāng 泷（～水）双霜孀鹴
xiāng 相（互～）厢湘箱缃襄瓖骧镶
sêng[2] shǎng 赏
xiǎng 想鲞
sêng[3] xiàng 相（～貌）
sêng[4] cháng 尝偿裳（下～）常嫦徜
shang 裳（衣～）
sêng[5] shàng 上（～楼）绱
sêng[6] shǎng 上（～声）
shàng 上（～面）尚
yêng[1] yāng 央泱殃秧鞅（马具）鸯
yàng 怏
yêng[3] yàng 鞅（牛～）
yêng[4] ráng 蘘禳穰
rǎng 攘（～夺）
yáng 羊佯徉洋垟烊蛘扬杨炀玚旸钖疡阳
yêng[5] rǎng 攘（～除）
yǎng 养氧痒仰
yêng[6] niàng 酿
rāng 嚷
ráng 瀼

	rǎng	嚷壤
	ràng	让
	yàng	恙漾样烊(文)
zêng^1	jiāng	将（～来）浆
	zhāng	张章漳彰獐嫜璋樟蟑
zêng^2	jiǎng	奖桨蒋膙
	zhǎng	长（生～）掌涨(文)仉礃
zêng^3	jiàng	将（～领）酱弶(文)
	zhàng	瘴嶂幛障帐胀涨仗（打～）
zêng^6	jiàng	匠
	xiàng	象像橡
	zhàng	丈仗（依～）杖

êd

cêd^1	chū	出
	chù	黜(文)
	qū	黢焌（灭火）
dêd^1	duō	咄
	duò	饳柮
lêd^6	lì	栗傈溧篥
	lǜ	律葎率（速～）
	yù	聿(俗)
sêd^1	shuāi	摔
	shuài	率（～领）蟀
	sū	窣
	xū	戌
	xù	恤
sêd^6	shú	秫
	shù	术沭述钵
	zhú	术（白～）(俗)
zêd^1	chù	怵
	zú	卒（士～）
	zúo	捽
zéd^3	chù	黜

êg

cêg^3	chāo	焯（～菜）
	chuō	戳逴踔
	sháo	芍
	chuò	绰（宽裕）
	què	鹊
	zhuō	卓倬焯（显明）
dêg^3	duò	剁(俗)
	zhuō	涿
	zhuó	斫诼啄椓琢
gêg^3	jiǎo	脚
	juē	屩
kêg^3	què	却
kêg^6	jù	醵(文)
	jué	噱（大笑）
	xué	噱（～头）
lêg^6	lüè	掠略
seg^3	sháo	勺(俗)杓
	shuò	烁铄
	xiāo	削
	xuē	削
yêg^3	yuē	约
	yuè	跃
yêg^6	nüè	疟虐
	ruò	若箬婼弱篛
	yào	药钥疟
	yù	吁
	yuē	曰
	yuè	龠沦籥钥
	xuè	谑
zêg^3	chāo	绰（同“焯”）
	jiáo	嚼（咬吃）
	jué	爵

广州话	普通话	字
	què	雀鹊(又)
	sháo	勺
	shuò	妁
	zhuō	桌镨
	zhuó	灼酌斫着（穿～）禚缴（箭～）
zêg^{6}	zhāo	着（高～）
	zháo	着（～火）
	zhe	着（等～）

i

广州话	普通话	字
ji^{1}	zhī	之芝支吱枝肢卮知栀枷氏（阏～）祗胝脂
	zī	姿资咨谘粢趑兹（现在）滋嗞嵫镃孳髭龇訾（姓）赀觜（～宿）仔（～肩）孜鼒
ji^{2}	zhī	指（手～甲）
	zhí	指（～头）
	zhǐ	止沚址祉趾芷只枳咫抵纸祗旨指酯黹徵（五音之一）
	zǐ	子仔（～细）籽姊笫秭滓梓訾（诋毁）紫
ji^{3}	zhì	志痣梽挚贽絷置忮识（标～）至致致轾觯知（同“智”）智质（人～）踬
	zì	渍恣胔
ji^{6}	sì	巳祀寺兕食（给人吃）耜涘俟（～机）嗣饲笥伺（观察）
	zhì	痔滍豸稚雉彘治
	zì	字牸眦（内～）自
li^{1}	lī	哩
mi^{1}	mī	咪（猫叫声）
qi^{1}	chī	螭魑哧蚩媸痴笞鸱眵郗(又)
	cī	差（参～）疵
	cí	雌
	qī	嘁
qi^{2}	chǐ	耻齿褫侈
	cǐ	此泚跐
	shǐ	豕始矢
qi^{3}	cè	厕
	chì	啻炽翅
	cì	次佽刺赐
	zhì	帜
	zì	恣(又)
qi^{4}	chí	持踟茌篪匙（调羹）迟墀坻（水中高地）池驰弛
	cí	兹（龟～）糍慈瓷磁鹚瓷餈茨辞词祠
	qí	脐
	zhì	雉(俗)
qi^{5}	shì	恃柿
	sì	姒似汜
	zhì	峙(又)
xi^{1}	shī	诗蓍师浉狮鸸尸施絁酾嘘（叹词）尸
	sī	斯澌厮撕嘶蛳思罳锶飔缌虒厶私司丝咝鸶
	xī	侬
xi^{2}	shǐ	史屎使
xi^{3}	shǐ	使（出～）
	shì	试弑嗜谥
	sì	泗驷肆（～意）
xi^{4}	shí	时埘鲥
	shi	匙（钥～）

广州话	普通话	字
xi^5	shì	市铈
xi^6	chǐ	豉
	cì	伺（～候）
	shì	视示士仕事莳是氏（姓～）侍
	zhì	峙
yi^1	yī	衣（～服）依铱噫伊咿猗漪椅（木名）医翳繄祎黟
	yí	姨（阿～）
yi^2	qǐ	绮
	yí	咦
	yǐ	倚旖椅（～子）扆
yi^3	yì	意薏镱癔衣（动词）瘗殪懿
yi^4	ér	儿而鸸
	yí	宜宧颐夷咦痍荑（割野草）胰姨（～母）仪沂移迻簃怡诒眙贻饴圯疑嶷蛇（委～）迤（逶～）椸匜彝
	yì	谊
yi^5	ěr	耳洱珥铒尔迩
	èr	佴
	nǐ	拟
	yǐ	以苡苢已矣迤（延伸）
	yì	议
yi^6	èr	二弍贰佴(又)
	yì	易（容～）义异劓勚肄

iu

广州话	普通话	字
biu^1	biāo	标骠膘镖镳飙彪
	biǎo	錶
biu^2	biǎo	表裱婊
	biào	俵
diu^1	diāo	刁汈叼凋雕鲷碉貂
	diū	丢铥
diu^3	diào	吊铞钓窎
diu^6	diào	掉调（～动）铫（～子）筱
giu^1	jiāo	娇骄浇
giu^2	jiǎo	敫缴（～交）矫徼（～幸）(又)
	jiū	纠
giu^3	jiào	叫徼（边界）
giu^6	jiào	峤（山道）轿
	qiào	撬(俗)
hiu^1	jiāo	浇(又)
	jiǎo	侥（～幸）
	qiāo	橇
	xiāo	骁哓枵鸮枭嚣
hiu^2	xiǎo	晓
hiu^3	qiǎo	翘（～尾巴）(又)窍(又)撬
jiu^1	jiāo	焦礁蕉僬鹪椒
	zhāo	招朝（早晨）
jiu^2	jiǎo	剿（～匪）湫（低下）
	zhǎo	沼
jiu^3	jiào	醮
jiu^6	zhào	照诏炤曌
	jiào	噍
	zhào	赵召（号～）
kiu^2	jiào	轿(俗)
	qiāo	跷
kiu^3	qiào	翘（～尾巴）窍
kiu^4	qiáo	乔侨桥硚鞒荞峤（山高而尖）荍翘（～首）
kiu^5	jiào	藠
liu^1	liāo	撩（～起）

广州话	普通话	字
	liào	撂
	liū	溜（～走）熘(又)
liu^4	liāo	蹽
	liáo	辽疗撩（挑逗）僚寮燎（延烧）嘹鹩獠缭聊寥
	liǎo	潦（～草）
	liào	瞭镣
liu^5	liǎo	了钌（元素）蓼（～花）
	le	了
liu^6	liǎo	燎（烧焦）
	liào	料廖尥钌（～铞儿）
miu^1	miāo	喵
miu^4	miáo	苗描瞄鹋
miu^5	miǎo	杪秒眇渺缈藐邈淼
	yǎo	杳
miu^6	miào	妙庙缪（姓）
niu^5	niǎo	鸟茑袅嫋
niu^6	niào	尿脲溺（同“尿”）
piu^1	biào	摽
	piāo	漂（～泊）缥（～缈）飘螵瀌
piu^3	piǎo	漂（～白）
	piào	票骠（～骑）漂（～亮）
piu^4	piāo	剽
	piáo	嫖瓢朴（姓）
piu^5	biào	鳔
	piǎo	缥（青白色）瞟殍莩（同“殍”）
qiu^1	chāo	超
	qiāo	锹缲（～边）
	zhāo	钊昭
qiu^2	qiāo	悄（静～～）
	qiǎo	悄（～然）愀
qiu^3	qiào	俏峭诮鞘（刀～）
	xiào	肖（～像）
qiu^4	cháo	朝（～代）潮晁（姓）
	qiāo	劁
	qiáo	憔樵瞧谯
tiu^1	tiāo	挑（～水）佻祧
	tiǎo	挑（～战）
tiu^3	tiǎo	朓
	tiào	眺跳粜
tiu^4	tiáo	条鲦调（～和）蜩岧笤苕（～子）迢髫龆
tiu^5	tiǎo	窕
xiu^1	shāo	烧
	xiāo	消宵逍霄硝绡蛸销魈萧箫潇蛸翛
xiu^2	shǎo	少（多～）
	xiǎo	小筱
xiu^3	shào	少（～年）
	xiào	笑啸
xiu^4	sháo	韶苕（红～）
xiu^6	shào	召（姓）劭邵卲绍
	zhào	兆肇
yiu^1	yāo	夭（桃之～～）妖要（～求）腰幺吆邀么（通“幺”）
	jiǎo	徼（求）
yiu^2	yāo	妖(俗)夭（～折）
	yǎo	杳(又)窈
yiu^3	yào	要（索取）
yiu^4	náo	蛲
	ráo	桡荛饶娆（妖～）
	rǎo	娆（烦扰）
	yáo	垚尧峣侥（僬～）谣遥瑶摇徭飖鳐繇（通“徭”）珧铫（姓）姚窑

		陶（古人名，皋～）轺
yiu^{5}	rǎo	绕（围～）扰
	rào	绕（～路）
	yǎo	舀
yiu^{6}	yào	曜耀鹞

im

dim^{1}	diān	掂敁
dim^{2}	diǎn	点
dim^{3}	diǎn	踮
	diàn	店坫玷惦阽
gim^{1}	jiān	兼搛蒹缣鳒鹣
gim^{2}	jiǎn	捡检睑
gim^{3}	jiàn	剑
gim^{6}	jiǎn	俭
him^{1}	qiān	谦
him^{2}	xiǎn	险猃
him^{3}	qiàn	欠芡肷慊（不满）
jim^{1}	chān	觇
	jiān	尖渐（～染）
	za	臜
	zhān	占沾粘（～贴）詹谵瞻
jim^{3}	zhàn	占（～领）
jim^{6}	jiàn	渐（逐～）
kim^{4}	gān	坩（俗）
	qián	钳钤黔
lim^{4}	lián	帘簾廉濂镰臁蠊奁
lim^{5}	liǎn	脸
lim^{6}	liǎn	敛
	liàn	潋殓
nim^{1}	niān	拈
	nián	黏（～液）
nim^{4}	nián	黏（～合）鲇
nim^{6}	niàn	廿念埝唸
qim^{1}	jiān	歼杆
	qiān	佥签
	qǐn	锓
	xiān	纤
qim^{2}	xiàn	谄
qim^{3}	chàn	韂
	jiàn	僭
	qiàn	堑椠
	xiān	暹
qim^{4}	qián	潜
	xián	挦
tim^{1}	tiān	添黇
tim^{2}	tiǎn	忝舔
tim^{4}	tián	甜恬菾
tim^{5}	diàn	簟
	tiàn	掭
xim^{1}	shān	苫（草帘子）
xim^{2}	shǎn	闪陕睒
xim^{3}	shàn	掞苫（遮盖）
xim^{4}	chán	单（～于）婵禅（坐～）蝉蟾澶（又）
	yán	檐（飞～）
xim^{6}	shàn	剡（水名）赡
yim^{1}	yān	淹崦腌阉恹醃
	yǎn	奄
yim^{2}	yǎn	弇掩罨魇黡厣偃奁
yim^{3}	yàn	厌餍
yim^{4}	rán	蚺（又）髯
	xián	嫌
	yán	炎严阽盐阎檐（屋～）
yim^{5}	rǎn	冉苒染
	yǎn	琰剡（尖）俨
yim^{6}	yàn	验焱艳滟焰酽

in

bin^{1}	biān	边笾砭蝙鳊鞭

	biàn	辫
bin^{2}	biān	蝙(又)鳊(又)
	biǎn	扁（平薄）匾褊藊碥窆贬
bin^{3}	biàn	变
bin^{6}	biàn	卞汴抃忭弁便（方～）辨辩
din^{1}	diān	颠巅滇(又)癫
	diǎn	碘(又)
din^{2}	diǎn	典碘
din^{3}	diàn	垫
din^{6}	diàn	佃甸钿（宝～）电奠殿癜淀
gin^{1}	jiān	坚肩犍（～牛）鞬鲣
gin^{2}	jiǎn	蹇趼謇
gin^{3}	jiàn	见（看见）建毽
gin^{6}	jiàn	件健键腱
hin^{1}	qiān	褰搴骞汧岍牵愆
	xiān	掀锨祆
	xuān	轩
hin^{2}	qiǎn	遣谴缱
	xiǎn	蚬显
hin^{3}	qiàn	纤
	xiàn	宪献
jin^{1}	jiān	戋笺浅（～～）溅（～～）鞯湔煎
	shān	膻
	zhān	毡旃邅鹯鳣
jin^{2}	jiǎn	謇瀽剪翦谫戬
	niǎn	碾蹍
	zhǎn	展搌辗
jin^{3}	chàn	颤
	jiàn	箭荐饯牮溅（飞～）
	zhàn	战颤
jin^{6}	chán	缠(俗)
	jiàn	贱
kin^{4}	qián	乾（～坤）虔掮犍（～为县）
lin^{4}	lián	连涟莲鲢怜
	lian	裢
lin^{5}	liǎn	琏
	niǎn	辇撵
lin^{6}	liàn	炼练链楝
min^{4}	mián	棉绵眠
min^{5}	miǎn	免冕勉娩鮸丏沔湎腼缅靦（同"腼"）
	miàn	眄
min^{6}	miàn	面（～粉）
nin^{2}	niǎn	捻撚
nin^{4}	nián	年
pin^{1}	biān	煸编
	piān	扁（～舟）偏篇翩犏
	pián	蹁
pin^{3}	biàn	遍
	piān	片（～子）
	piàn	片骗
pin^{4}	pián	便（～宜）胼骈
	piǎn	谝（花言巧语）
pin^{5}	piǎn	谝（夸耀）
qin^{1}	qiān	千仟扦芊阡钎迁
	xiān	跹(俗)
qin^{2}	chǎn	阐蒇冁
	qiǎn	浅（深～）
qin^{4}	chán	廛瀍缠
	qián	钱前
qin^{5}	jiàn	践
tin^{1}	tiān	天
tin^{2}	tiǎn	觍腆
tin^{4}	diān	滇
	tián	田畋佃（耕种）畑填阗

tin5 tiǎn 殄
xin1 xiān 先仙籼氙鲜（新～）跹酰
xin2 chǎn 阐
xǐ 铣（～床）
xiǎn 冼洗（同"冼"）筅跣铣（～铁）狝鲜（少）藓燹
xuǎn 癣
xin3 qiàn 倩
shān 搧煽
shàn 扇骗钐
xiàn 线缐腺霰
xin4 chán 澶
xin5 shàn 鳝
xin6 chǎn 阐㊂
qiàn 茜（～红色）
shàn 擅嬗善墡镨膳鄯缮蟮单（姓）掸（～族）禅（～让）墠
xiàn 羡
yin1 niān 蔫
yān 焉（怎么）嫣鄢咽（～喉）烟阏燕（姓）殷（黑红色）
yin2 jiàn 毽㊄
yǎn 蝘偃郾衍演鼹
yàn 堰
yin3 yàn 燕（～子）宴咽（吞～）
yin4 rán 然燃
xián 贤涎弦舷
yān 焉（助词）
yán 言延蜒筵研妍
yin5 yǎn 兖
yin6 xiàn 见（显露）现苋岘
yàn 彦谚唁谳砚觃

ing

bing1 bīng 兵冰栟并（地名）
pīng 乒
bing2 bǐng 丙炳邴屏（～除）饼㊂秉
bing3 bǐng 柄
bìng 并（合～）摒
bèng 迸
bing6 bìng 病
ding1 dīng 丁（人～）仃叮玎疔盯钉（名词）耵酊（～剂）靪
dìng 钉（动词）
ding2 dǐng 酊（酩～）顶（～替）鼎
ding3 dìng 订饤碇
ding6 dìng 定腚锭
ging1 jīn 矜（怜悯）
jīng 京惊荆兢泾经
ging2 jǐng 景憬璟警儆刭
jìng 竟境
ging3 jīng 茎
jìng 敬竟獍胫径
ging6 jìng 痉劲
guing1 jiōng 垌扃
guing2 jiōng 扃㊂
jiǒng 炅（火光）泂炯迥䌹冏
qǐng 苘
xiòng 诇
hing1 qīng 卿轻氢
xīn 馨
xīng 兴（～起）

广州话	普通话	字
	xiōng	兄
hing^{3}	qǐng	謦
	qìng	庆綮（肯～）磬罄
	xìng	兴（高～）
	xiòng	敻诇(又)
jing^{1}	jīng	精（～神）菁睛鹡晶旌
	qìng	箐
	zhēn	贞侦浈祯桢
	zhēng	征徵（同"征"）正（～月）症（～结）怔钲（乐器）烝蒸
jing^{2}	jǐng	井
	zhěng	整
jing^{3}	zhèng	正（～中）政症（病～）证钲（元素）帧
jing^{6}	jìng	靖靓（妆饰）静净
	shèng	剩(俗)
	zhèng	郑
king^{1}	qīng	倾
king^{2}	qǐng	顷庼苘(又)
king^{4}	jīng	鲸
	qíng	黥勍擎檠
	qióng	琼茕
ling^{1}	līng	拎(又)
	lǐng	令（一～纸）
ling^{4}	léng	棱（～角）塄楞
	lèng	愣(又)堎
	líng	伶泠玲囹羚零聆瓴苓龄蛉鸰翎凌淩菱棱（穆～县）崚鲮绫陵酃灵棂
ling^{5}	lǐng	领岭
ling^{6}	lèng	睖愣
	lìng	另令（命～）
ming^{4}	míng	名洺茗明冥溟暝瞑螟鸣

广州话	普通话	字
	mǐng	酩(又)
ming^{5}	mǐn	皿
	míng	铭
	mǐng	酩
ming^{6}	mìng	命
ning^{1}	līng	拎
ning^{4}	níng	宁咛拧（绞）柠狞聍
ning^{6}	nǐng	拧（扭）
	nìng	宁（姓）佞泞
ping^{1}	pēng	怦抨砰
	pīn	拼拚（同"拼"）姘
	pīng	俜娉
ping^{3}	chěng	骋(俗)
	pīn	姘(又)
	pìn	聘
ping^{4}	pián	骈(又)
	píng	平评坪枰苹萍鲆屏（～风）帡幈瓶蘋（通"苹"）
qing^{1}	chēng	称柽蛏赪
	qīng	青清圊蜻鲭
	qíng	氰
qing^{2}	chěng	骋逞
	qǐng	请
	zhěng	拯
qing^{3}	chèn	称（相～）
	chèng	秤
qing^{4}	chéng	呈埕程酲澄（水清）惩成（～数）
	chěng	逞(俗)
	qíng	情晴
	xíng	饧
ting^{1}	tīng	汀桯烃听（～见）厅
ting^{2}	tǐng	町（田界）
ting^{3}	tīng	听（～任）

ting4　tíng　亭渟葶停婷廷庭霆莛蜓
ting5　tǐng　挺梃（棒）侹珽艇铤颋
　　tìng　梃（～猪）
wing1　rēng　扔（俗）
wing4　róng　荣嵘蝾
wing5　yǒng　永
wing6　yǐng　颍颖
　　yǒng　咏泳
xing1　jīng　旌（又）
　　shēng　声升胜（～任）
　　xīng　星惺猩腥
xing2　xǐng　省（反～）醒
xing3　shèng　胜（～利）圣
　　xìng　姓性
xing4　chéng　成（～功）城宬诚铖盛（～饭）丞承乘（～车）塍
　　shéng　绳渑（～水）
　　shèng　晟
xing6　shèng　盛（兴～）乘（量词）嵊剩
ying1　yīng　婴嘤璎樱撄缨鹦英瑛应（～该）膺鹰
ying2　yǐng　影瘿
　　yìng　映
ying3　yìng　应（答～）
ying4　nìng　凝
　　rēng　扔
　　réng　仍礽
　　xíng　形刑邢型钘硎铏荥（～阳县）陉
　　yíng　荥（～经县）茔莹荧萤营萦潆滢蓥蝇盈楹迎嬴瀛籯
ying5　yǐng　郢
ying6　rèn　认
　　yìng　媵

ib

dib6　diě　谍堞喋碟蝶蹀牒鲽叠㲲
gib3　jié　劫
　　sè　涩（俗）
hib3　qiàn　歉嗛
　　qiè　慊（满足）怯
　　xié　胁
hib6　qiè　惬
　　xié　叶（和洽）协挟（～持）勰
jib3　jí　楫
　　jiā　浃
　　jiē　接
　　niè　嗫
　　shè　慑（又）
　　zhà　霅
　　zhé　辄折（～扇）
　　zhě　褶
lib6　liè　猎躐鬣
nib1　niè　镍
nib1　niē　捏
　　nié　苶
　　niè　聂蹑镊颞涅陧镍（又）臬
qib3　qiè　妾
tib3　tiē　贴帖（～伏）萜
　　tiě　帖（请～）
　　tiè　帖（字～）
xib3　shè　摄滠慑歙（～县）涉
　　xiē　揳（俗）
　　xiè　躞
yib3　yān　腌（俗）腌（～肉）（俗）

yè　靥

yib^{6}　niè　蘖(又)孽(又)

yè　叶（树～）业页烨晔邺

id

bid^{1}　bì　必苾(又)铋觱

biē　憋鳖

biē　瘪（～三）

bid^{6}　bié　别蹩瘪（干～）

biè　别（～扭）

did^{3}　diē　跌

did^{6}　dié　垤绖耋昳（日过午）瓞迭

zhì　帙秩

gid^{3}　jié　结（～构）拮颉(又)鲒洁絜

gid^{6}　jié　杰桀偈（勇武）

hid^{3}　xiē　歇

jid^{3}　jiē　节（～骨眼）疖

jié　节（～日）婕

shé　折（～耗）

zhē　折（～跟头）蜇（～人）

zhé　折（～断）哲蜇⿱竹折喆詟

zhè　浙

jid^{6}　jié　截捷睫

shà　箑(又)

kid^{3}　jī　诘（～屈）

jiē　揭

jié　孑讦诘（反～）劼颉碣竭羯

qì　契（～阔）

qiè　锲挈

xiá　黠(又)

xiē　蝎

xié　絜撷颉（～颃）缬

lid^{6}　liè　列冽洌烈裂趔鴷捩

mid^{6}　miè　灭蔑蠛篾

ngid^{6}　niè　啮

pid^{3}　piē　撇（～开）瞥氕

piě　撇

qid^{3}　chè　撤澈彻掣

qiē　切（～开）

qiè　切（迫～）趄（倾斜）

shè　设

zhé　辙

tid^{3}　tiě　铁

tid^{3}　tiè　餮

xid^{3}　qiè　窃

shé　舌(又)

xiē　楔揳

xiè　屑渫泄绁契（古人名）亵卨燮

xuē　薛

xid^{6}　shé　舌

shí　蚀（～本）

yid^{3}　yē　噎

yè　咽（呜～）谒

yid^{6}　niè　蘖孽臬(又)

rè　热

ig

big^{1}　bī　逼

bi^{4}　皕愎壁璧襞躄碧

pǎi　迫（～击炮）

pò　迫（～害）

dig^{1}　de　的（助词）

dī　镝（元素）

dí　的（～当）嫡嘀

dì　的（目～）菂

dig^{6}	dī	滴
	dí	狄迪敌荻翟（墨～）觌涤镝（箭头）蹢（蹄子）
gig^{1}	jī	击激墼
	jí	亟（急切）殛棘（荆～）革（病～）
	jǐ	戟
gig^{6}	jí	极
guig^{1}	guó	馘虢
	jú	湨鶪
	qiè	郄
	qù	阒(又)
	xì	郤隙(又)
	xù	洫
jig^{1}	jī	积绩迹唧
	jí	即踖
	jì	稷勣
	qì	碛
	zé	帻
	zhī	织
	zhí	职
	zhì	陟
	zì	渍(又)
jig^{3}	jí	脊（～梁）踖鹡
	jǐ	脊（～髓）
	zhí	蹠
	zhì	炙
jig^{6}	jí	籍藉（狼～）
	jì	寂
	jiè	褯
	shí	湜(又)
	shi	殖（骨～）
	xī	夕汐矽穸
	xí	席（出～）
	zhé	蛰
	zhī	稙
	zhí	直值植殖（繁～）埴
kig^{1}	jí	棘（～手）(俗)
kuig^{1}	qù	阒
	xì	隙
lig^{1}	lè	叻
	lì	呖枥栎（树名）轹砾雳
lig^{6}	lì	力历沥（～青）苈疬瓑郦
mig^{6}	mì	觅幂汨
nig^{1}	nì	匿昵
	nuò	搦
nig^{6}	nì	溺（～死）
pig^{1}	bì	辟（复～）
	pī	劈霹（～雳）
	pǐ	劈癖擗
	pì	僻甓䴙辟（开～）
qig^{1}	chì	斥彳叱敕饬
	qī	戚槭
qig^{3}	chì	赤
tig^{1}	tè	忒铽忑慝
	tī	剔
	tì	倜（～傥）惕逖趯
wig^{6}	yù	域棫蜮阈
xig^{1}	chì	饬(又)
	sè	色铯啬穑
	shǎi	色
	shí	识（知～）
	shì	式拭轼释饰适螫
	xī	昔惜腊（干肉）息熄熄悉蟋析晰淅皙蜥
	xí	媳
	xì	舄潟
xig^{1}	xī	锡(又)裼

广州话	普通话	字
xig^{6}	shí	食（吃）蚀（侵～）
yig^{1}	xì	阋
	yì	亿忆抑益臆
yig^{6}	nì	逆
	yē	掖（塞进）
	yè	掖（扶～）液腋
	yì	亦奕弈弋易（交～）埸蜴役疫绎译怿峄驿翊鹢翌翼燚

O

广州话	普通话	字
o^{1}	ē	阿（～附）婀屙
	kē	柯珂轲疴坷（～拉）痾
	kě	坷（坎～）
	ō	喔（叹词）噢（同“喔”）
o^{2}	huō	叹（叹词，表惊呀）
o^{4}	ó	哦（叹词，表疑问）
o^{6}	ò	哦（叹词，表领会）
bo^{1}	bō	波菠玻嶓
	pō	坡
bo^{2}	bǒ	跛(又)
bo^{3}	bō	播
	bǒ	簸
	bo	啵
	pó	鄱
co^{1}	chū	初
	chú	刍鸰(又)雏(又)雏(又)
	cuō	磋搓蹉
	cuó	嵯
co^{2}	chǔ	楚础
	chù	憷
	cuǒ	脞
co^{3}	cuò	剉挫锉错（不对）莝
co^{4}	chú	锄钼鸰雏
	cuó	鹾矬痤
co^{5}	zuò	坐(俗)
do^{1}	duō	多哆
do^{2}	duǒ	朵躲垛埵剁
	duò	跺
do^{6}	duò	驮（～子）惰堕
fo^{1}	kē	科蝌窠稞髁
fo^{2}	huǒ	夥火伙钬
	kē	棵颗
fo^{3}	huó	货
	kè	课骒
go^{1}	gā	旮
	gē	哥歌
	hé	菏
go^{2}	gě	舸
go^{3}	gě	个（自～儿）
	gè	个（一～）
guo^{1}	gē	戈
	guō	过（姓）涡（～河）
guo^{2}	guǒ	果蜾裹馃
	kè	锞
guo^{3}	guò	过
ho^{1}	hē	诃呵
	kē	苛
ho^{2}	gě	舸(又)
	kě	可岢坷
ho^{4}	hé	何河荷（～花）菏合（～尺，工尺）(俗)
ho^{6}	hè	贺荷（负～）
ko^{1}	kē	钶匼
lo^{1}	lá	旯
	luō	啰（～嗦）
	luó	罗（十二打）
lo^{2}	kē	颗(俗)

	luǒ	裸倮蓏嬴瘰
lo^{3}	lo	咯（助词）
lo^{4}	luó	罗（～网）箩逻（～辑）锣萝螺骡摞脶觇
	luo	啰（助词）
lo^{6}	luó	逻（巡～）
mo^{1}	me	么（什～）
	mō	摸（又）
	mó	摩（～擦）魔
mo^{2}	mō	摸（～黑）
	mó	摸（又）
mo^{4}	mó	磨蘑劘馍无（南～）
mo^{6}	mò	磨（～豆腐）穅礳
no^{4}	nuó	娜（婀～）挪傩
	ruá	挼（皱缩）
	ruó	挼（揉搓）
no^{6}	nuò	糯懦喏（叹词）
ngo^{1}	ē	屙（又）
	kē	疴（又）
ngo^{4}	é	莪俄峨娥峩蛾哦（吟～）鹅锇囮讹
	wò	硪
ngo^{5}	wǒ	我
ngo^{6}	è	饿
	wò	卧
po^{1}	kē	稞（俗）棵（俗）
po^{2}	pō	颇
	pǒ	叵笸钷
po^{3}	pò	破
po^{4}	pó	婆皤鄱（又）繁（姓）
so^{1}	shū	梳疏（～通）蔬
	suō	娑挲（摩～）莎（～草）蓑唆梭睃羧
	suo	嗦
so^{2}	suǒ	所锁琐唢
so^{4}	shǎ	傻
to^{1}	tuō	拖
to^{3}	tuò	唾
to^{4}	duò	驮（负载）舵
	tuó	佗（负荷）柁沱跎酡陀驼鸵坨砣鼧鼍
to^{5}	tuǒ	妥椭
wo^{1}	guō	埚锅
	kē	窠（又）
	wā	娲
	wō	窝蜗涡（旋～）莴倭踒挝（老～）
	wò	斡（达～尔族）
wo^{3}	wò	涴
wo^{4}	hé	和（～平）禾
wo^{6}	hè	和（～诗）
	huó	和（～面）
	huò	祸
yo^{1}	yō	唷哟（叹词）
	yo	哟（助词）
zo^{2}	zǔ	俎阻诅
	zuǒ	左
zo^{3}	zuǒ	佐
zo^{6}	zhù	助
	zuò	坐座唑

oi

oi^{1}	āi	哀唉（又）埃（又）锿
oi^{2}	ǎi	蔼霭嗳（叹词，表示否定）
	ài	叆
oi^{3}	ài	爱嫒暧瑷
coi^{2}	cǎi	采彩睬踩（又）
coi^{3}	cài	菜采（～邑）蔡

	sài	塞（～外）赛
coi^4	cái	才财材裁
doi^6	dài	代岱玳袋黛待绐怠殆迨逮甙
goi^1	gāi	该垓荄赅陔
goi^2	gǎi	改
goi^3	gào	盖（～子）
hoi^1	hāi	嗨（象声词）
	kāi	开锎
hoi^2	hǎi	海醢胲
	kǎi	铠剀凯恺垲闿
hoi^4	hái	骸(又)
	kē	颏
hoi^6	hài	害嗐亥氦
koi^3	gài	概溉戤盖（文言虚词）丐钙
	kǎi	慨
	kài	忾欬
loi^4	lái	来徕莱铼崃涞
loi^6	lài	睐赉
	lěi	耒诔
noi^5	něi	馁(又)
noi^6	nài	奈柰萘耐
	nèi	内
ngoi^1	āi	哀(又)
ngoi^2	ái	皑(又)
	ǎi	霭(又)
ngoi^3	ài	爱(又)嫒(又)暧(又)
ngoi^4	ái	呆骏皑
ngoi^6	ài	碍
	wài	外
soi^1	sāi	腮鳃
soi^2	shuǎi	甩
toi^1	tāi	胎苔（舌～）
toi^4	tāi	台（天～山）
	tái	台（～甫）抬炱苔（～藓）邰骀鲐台枱苔
toi^5	dài	怠(又)殆(又)
zoi^1	zāi	哉栽灾
zoi^2	zǎi	宰载（年）崽
zoi^3	zài	再载（～重）
zoi^6	zài	在

ou

ou^2	ǎo	媪
ou^3	ǎo	袄
	ào	奥懊澳岙
bou^1	bāo	褒煲
	bū	晡逋
bou^2	bǎo	保堡（桥头～）葆褓鸨宝
	bǔ	堡（～子）补
	pù	堡（十里～）
bou^3	bào	报
	bù	布布怖埔（大～）
	pǔ	埔（黄～）
bou^6	bào	暴（～动）抱（～小鸡）(俗)
	bǔ	哺捕
	bù	步（～伐）埠（～头）簿部
cou^1	cāo	操
	cū	粗
cou^2	cǎo	草
cou^3	cāo	糙
	cù	醋酢（通“醋”）
	cuò	措厝
	zǎo	澡
	zào	噪燥躁慥(又)

广州话	普通话	字
cou4	cáo	曹嘈槽漕螬艚
	cú	徂殂
dou1	dāo	刀叨（～唠）魛氘
	dōu	都（～要）
	dū	都（首～）
dou2	dǎo	倒（～霉）岛捣祷(又)
	dǔ	睹堵赌
dou3	dào	到倒（翻转）
	dù	妒蠹
dou6	dǎo	导蹈
	dào	道焘（覆盖）稻盗纛(又)帱（覆盖）悼
	dù	杜芏度（温～）渡镀
gou1	gāo	高篙膏（药～）羔糕皋睾槔
gou2	gǎo	槁稿缟镐（工具）藁杲
	hào	皓(又)
gou3	gào	告诰郜锆膏（润）
hou1	hā	蒿嚆薅
hou2	hǎo	好（～人）
hou3	hào	好（爱～）耗
	kào	犒
hou4	háo	号（呼～）蠔豪嚎壕濠毫嗥
hou6	hào	号（记～）皞浩皓昊颢灏镐（周国都）鄗滈
lou1	lāo	捞
	lào	唠
	lū	噜
lou2	lǎo	佬
lou4	lǎo	劳（～动）痨铹牢醪崂
	lào	涝(又)耢
	lú	卢垆栌泸胪炉舻芦颅鲈庐鸬
	lu	轳
lou5	lǎo	老姥（外祖母）栳铑潦（雨水大）
	lǔ	虏掳卤鲁橹镥
	lu	氇
lou6	lào	涝
	lou6	露（～马脚）
	lù	路潞璐露（～水）鹭赂辂
mou1	máo	髦(俗)
mou2	mú	模（～子）
mou4	máo	毛旄髦酕牦
	mó	嫫摹模（～型）谟摸（同“摹”）
	mōu	哞
	mú	模（～样）
	wū	巫诬
	wú	亡（古同“无”）无芜毋
mou5	mǎo	冇
	mǔ	母拇姆姥（老妇）
	wǔ	侮武鹉舞沅怃庑妩
mou6	mào	冒帽瑁眊耄
	mù	牟（～平县）暮募墓慕
	wù	婺骛戊务雾
nou4	nú	奴孥驽
nou5	nǎo	瑙恼脑
	nǔ	努弩
nou6	nù	怒
ngou3	ào	澳(又)奥(又)懊(又)岙(又)
ngou4	āo	熬（～菜）
	áo	敖嗷廒熬（～粥）獒聱螯遨嶅鳌翱鏖
ngou6	ào	傲鏊骜奡
pou1	pū	铺
pou2	fǔ	甫（台～）脯（果～）
	pú	脯（胸～）

	pǔ	普氆谱镨浦溥圃埔（柬~寨）
pou³	pù	铺（商店）
pou⁴	páo	袍
	póu	裒
	pú	菩匍葡蒲酺莆
pou⁵	bào	抱（拥~）
	pào	泡（肥皂~）㊗
sou¹	sāo	搔骚臊（狐~）缫（同“缲”）缲
	sū	苏稣酥甦
	xū	须
sou²	sǎo	嫂
	shǔ	数（计算）
sou³	sǎo	扫（~地）
	sào	埽臊（害羞）扫（~帚）
	shù	数（~目）漱
	sù	素嗉愫诉塑愬溯
tou¹	tāo	滔韬叨（~光）绦饕
tou²	dǎo	祷
	tǎo	讨
	tǔ	土钍
tou³	tào	套
	tǔ	吐（~露）
	tù	吐（呕~）兔堍菟（~丝子）
tou⁴	tāo	涛焘（人名）掏
	táo	咷桃洮逃陶（~器）淘萄醄
	tú	徒图涂荼途屠菟（于~）
tou⁵	dǔ	肚（猪~）
	dù	肚（~子）
zou¹	zāo	糟遭
	zū	租
zou²	zǎo	早藻枣蚤
	zǔ	祖组
zou³	zào	灶
zou⁶	zào	造（制作）慥簉皂唣
	zuò	做胙阼祚

on

on¹	ān	安桉氨鞍
	ǎn	铵
	àn	胺
on³	àn	按案
	èn	摁
gon¹	gān	干（~涉）杆（旗~）玕竿肝矸酐干（干净）
gon²	gǎn	赶杆秆擀
gon³	gàn	干旰
hon¹	hān	顸
	kān	看（~守）刊㊋
hon²	hǎn	罕
	hàn	捍㊋
	kān	刊
	kǎn	侃
hon³	hàn	汉
	kàn	看
hon⁴	hān	鼾犴㊋
	hán	寒汗（可~）邗邯韩
hon⁵	hàn	旱悍㊋捍㊋
hon⁶	gàn	旰㊋
	hān	犴（驼鹿）
	hàn	汗（~水）扞悍捍翰瀚撖焊
ngon¹	ān	安㊋桉㊋氨④鞍㊋
	ǎn	铵㊋
	àn	胺㊋
ngon³	àn	按㊋案㊋

广州话	普通话	字
	èn	摁㊀
ngon6	àn	岸犴（狴～）

ong

广州话	普通话	字
ong1	āng	肮
ong3	àng	盎
bong1	bāng	邦帮梆浜
bong2	bǎng	绑榜膀（～子）
	bàng	蒡
bong3	bèng	甏
bong6	bàng	磅（英美重量单位）镑傍（依～）稖
cong1	cāng	仓伧沧苍舱鸧
	chuāng	创（～伤）疮
cong2	chǎng	敞氅昶厂
	chuǎng	闯（～祸）
cong3	chuàng	闯（～荡）创（～作）怆
cong4	cáng	藏（隐～）
	chuáng	床幢（古代旗子）
dong1	dōng	当（充～）珰裆铛（象声词）
dong2	dǎng	挡（阻～）党谠
	dàng	档（～案）
dong3	dàng	当（恰～）挡（收拾）档（量词）
dong6	dàng	荡砀宕荡
fong1	fāng	方坊（牌～）枋芳邡钫
	fáng	坊（作～）肪
	huāng	荒慌塃肓
	huǎng	谎
fong2	fǎng	仿昉纺舫访
	huǎng	恍晃（明亮）幌
	huàng	晃（摇～）
fong3	fàng	放
	kuàng	况贶
fong4	fāng	妨（不～）
	fáng	妨（～害）房防鲂
gong1	gāng	冈刚纲岗（同“冈”）㭎㭎扛（两手举东西）缸肛罡堽
	gǎng	岗（～位）
	jiāng	江豇茳
	káng	扛（～粮食）
gong2	gǎng	港
	jiǎng	讲耩
gong3	gāng	钢（～铁）
	gàng	杠（单双～）杠（～架）
	jiàng	降（～落）绛
gong6	gàng	钢（用力磨刀）
guong1	guāng	光桄洸胱
guong2	guǎng	广犷
hong1	kāng	康糠
	kuāng	匡框（～～）洭哐筐诓
	kuàng	框（门～）眶
	qiāng	腔
hong2	kāng	慷㊀
hong3	kàng	炕（烤）
hong4	háng	杭吭（喉咙）航迒颃行（～列）绗
	hàng	沆
	xiáng	降（投～）
hong6	hàng	巷（～道）
	xiàng	巷（小～）项
kong2	kāng	慷
kong3	kàng	抗亢（高～）伉钪炕（～床）
	kuàng	矿邝圹旷纩
	kuò	扩㊙

广州话	普通话	字
kong^4	kuáng	狂诳
kuong^3	kuàng	邝(又)纩(又)旷(又)矿(又)
long^1	lāng	啷
long^4	láng	郎嫏廊榔螂狼琅稂锒
	làng	浪（沧～之水）莨（中草药）
long^5	lǎng	朗烺㮾塱
	làng	阆崀
long^6	dāng	裆(俗)
	làng	浪（波～）蒗
	liàng	晾
mong^1	māng	牤
	máng	杧
	méng	虻(又)
	máng	芒（麦～）
mong^4	máng	忙茫氓（流～）硭芒（～种）铓牻
	méng	虻
	wáng	亡（逃～）
	wàng	忘
mong^5	mǎng	莽蟒
	wǎng	罔惘魍网辋
	wàng	妄
mong^6	wàng	望
nogn^4	nāng	囊（～膪）囔
	náng	囊（口袋）馕（面饼）
	nǎng	馕（往嘴里塞食物）
	ráng	瓤
nong^5	nǎng	曩攮
nong^6	nàng	齉
ngong^1	āng	肮(又)
ngong^3	àng	盎(又)
ngong^4	áng	昂
ngong^6	gàng	戆（鲁莽）(俗)
pong^3	bàng	谤
	pǎng	嗙
pong^4	bàng	傍（～晚）
	pāng	滂
	páng	旁膀（～胱）螃庞仿逄鳑磅（～礴）
pong^5	bàng	蚌（～壳）
	bèng	蚌（～埠）
	pǎng	耪
song^1	sāng	桑丧（～事）
song^2	sǎng	嗓搡颡磉
	shuǎng	爽
song^3	sàng	丧（～失）
tong^1	tāng	汤镗（象声词）羰
tong^2	tāng	蹚
	tǎng	倘淌躺耥帑傥镋
tong^3	tàng	趟烫
tong^4	táng	唐塘搪糖螗瑭溏鄌醣堂膛螳镗（同“搪”）棠樘
wong^1	wāng	汪
wong^2	wǎng	枉
wong^4	huáng	黄潢璜磺簧蟥癀皇凰喤徨惶湟煌篁蝗遑锽隍鳇
	wáng	王
wong^5	wǎng	往（～年）
	wàng	往（～前）
wong^6	wàng	旺王（～天下）
zong^1	zāng	赃臧脏牂
	zhuāng	庄妆桩装
	zàng	奘（玄～）
zong^2	zǎng	驵
zong^3	zàng	葬
	zhuàng	壮（强～）戆（刚直）
zong^6	zàng	脏藏（宝～）
	zhuǎng	奘（粗大）
	zhuàng	状撞僮（壮族原用字）

| | | 壮（～族）幢（一～楼） |

od

god³	gē	割
	gé	葛（植物）
	gě	葛（姓）
hod³	hē	喝（～水）
	hé	曷鞨鹖
	hè	褐喝（呼～）
	kě	渴

og

og¹	wō	喔（鸡叫声）
og³	ě	恶（～心）
	è	恶（～劣）垩
bog³	bó	博搏膊馎亳驳蘖㊋
	fù	缚
bog⁶	báo	薄（厚～）雹
	bó	薄（～膜）礴箔舶铂泊魄（落～，不得意）
	bò	薄（～荷）
cog³	cuò	错（交～）
dog⁶	duó	度（忖～）踱铎
fog³	fù	缚㊋
	huō	攉
	huǒ	漷㊋
	huò	霍藿
	jué	矍攫
	qú	蠼
gog³	gē	咯（象声词）胳袼搁（放置）
	gé	閤（小门）阁搁（承受）
	gě	各（自～儿）
	gè	各（～种）硌（～脚）铬
	jiǎo	角（牛～）
	jué	角（～斗）桷觉（知～）珏
guog³	guō	蝈郭崞
	guó	国帼腘
	guǒ	椁
	huǒ	漷
	kuò	廓㊋
hog³	ké	壳
	qiào	壳
hog⁶	háo	貉（～子）
	hé	貉（一丘之～）
	hè	鹤翯
	xué	学嶨
kog³	hǎo	郝
	hé	涸
	hè	壑
	kè	恪
	què	榷搉确悫
kuog³	kuò	扩㊋廓
log³	gè	铬㊗
	kǎ	咯（～血）
	lào	烙（～印）酪（乳～）络（～子）
	le	饹
	luò	洛烙（炮～）珞络（脉～）雒骆荦漯（市名）硌（山上大石）
log⁶	lè	乐（快～）
	luò	落泺（～水）
mog¹	bāo	剥（～花生）
	bō	剥（～削）
mog⁶	mào	鄚

	mó	膜
	mò	莫寞漠瘼貘鄚(又)
	mù	幕
nog^{6}	nuò	诺锘
ngog^{3}	ě	恶（~心）(又)
	è	恶（~劣）(又)垩(又)
ngog^{6}	è	愕萼谔鄂锷颚腭鳄鹗噩
	yuè	鸑岳乐（音~）栎（地名）
pog^{3}	bú	醭
	pō	朴（~刀）钋
	pò	朴（厚~）粕(又)
	pū	扑噗
	pú	璞镤
	pǔ	朴
sog^{3}	shuò	朔搠槊蒴数（屡次）
	sù	塑(俗)溯(俗)
	suō	嗍
	suǒ	索
tog^{3}	tuō	托饦
	tuó	橐
	tuǒ	庹
	tuò	拓（开~）魄（落~，散漫）柝跅箨擙
wog^{3}	yuē	擭彟
wog^{6}	huō	劐
	huò	蠖镬获
zog^{3}	zuō	作（~坊）
	zuó	作（~料）
	zuò	作（~用）岞
zog^{6}	záo	凿（~子）
	zhuó	濯擢鷟
	zuó	笮（~桥）昨
	zuò	怍柞（~树）酢（酬~）凿

u

fu^{1}	fū	夫（丈~）伕趺铁麸孵跗敷鄜肤稃
	fú	孚桴郛俘莩（芦苇秆子里的薄膜）
	hū	呼滹戏（於~）烀轷
	kū	枯骷刳
fu^{2}	fǔ	府拊俯腑甫（刚）脯(又)父（同"甫"）斧釜滏抚簠黼
	hǔ	虎唬（威吓）琥
	kǔ	苦
fu^{3}	fù	富副赋
	fu	咐（吩~）
	hù	戽
	kù	库裤
fu^{4}	fú	夫（文言助词）扶芙蚨符苻凫
	hū	乎
fu^{5}	fù	妇
fu^{6}	fǔ	辅
	fù	父（~母）讣付附咐驸鲋负傅赙赴
	fu	咐（嘱~）
	pū	仆（前~后继）
gu^{1}	gū	姑咕沽菇蛄酤鸪孤菰觚軲辜
gu^{2}	gū	估（~计）
	gǔ	古嘏罟诂钴鼓瞽臌羖股贾（大腹~）盬蛊牯
gu^{3}	gù	故估（~衣）固堌崮痼锢雇顾
ku^{1}	gū	箍

	gǔ	罟㊂
wu[1]	wū	乌呜邬钨污圬恶（古疑问词）於（古叹词）
wu[2]	hǔ	浒（水边）
	hù	祜
	wǔ	捂
	wù	坞
wu[3]	wù	恶（可～）
wu[4]	hū	糊（～泥）
	hú	胡湖猢瑚糊（～涂）葫煳醐餬蝴鹕鬍弧狐壶和（打麻将术语）
	hù	糊（～弄）
wu[6]	hù	户扈岵怙互护瓠沪鄠
	yù	芋

ui

bui[1]	bēi	杯
bui[3]	bèi	贝狈钡背（～面）褙邶辈
bui[6]	bèi	悖焙碚背（偏僻）
fui[1]	huī	灰恢诙
	kuī	悝
	kuí	奎魁喹蝰
fui[2]	huì	贿
	wéi	洧鲔
fui[3]	huǐ	悔
	huì	晦诲喙
kui[2]	guì	刽
	huì	荟㊗绘桧（秦～）缋殨
	kuài	会（～计）郐浍侩狯鲙脍
	kuì	溃愦襀聩
mui[4]	méi	梅莓霉媒煤枚玫脢酶
mui[1]	měi	每浼
mui[6]	mèi	妹昧
pui[1]	pēi	醅
	pī	坯（陶器）
pui[3]	pèi	佩配旆霈沛
pui[4]	bèi	蓓㊂
	pái	徘
	péi	培赔陪锫裴
pui[5]	bèi	倍蓓
wui[1]	wēi	偎隈煨
wui[4]	huái	徊
	huí	回洄茴蛔
wui[5]	huì	会（能）
wui[6]	huì	会（～合）烩汇

un

bun[1]	bān	般搬
bun[2]	běn	本苯畚
bun[3]	bàn	半
bun[6]	bàn	伴拌柈绊
	pàn	泮畔叛
	pàng	胖（肥～）
fun[1]	huān	欢獾
	kuān	宽髋
fun[2]	guàn	盥㊂
	kuǎn	款
gun[1]	guān	官倌棺观（～看）冠（衣～）
gun[2]	guǎn	管馆莞（东～县）琯
	wǎn	脘
gun[3]	guàn	贯观（庙宇）冠（～军）灌罐鹳盥
mun[4]	mān	颟
	mán	瞒
	mén	门扪钔亹

广州话	普通话	字
	men	们
	pán	蹒(又)
mun^{5}	mǎn	满螨
mun^{6}	mēn	闷（～热）
	mèn	闷（烦～）焖懑
pun^{1}	pān	番（～禺区）潘
pun^{3}	pàn	判拚（～命）
pun^{4}	pán	胖（心广体～）盘槃磐磻蟠蹒
	pén	盆湓
pun^{5}	bàn	伴(俗)
wun^{1}	wān	剜豌
wun^{2}	wān	惋豌(俗)
	wǎn	皖(又)惋碗莞(～尔)(又)
	wàn	腕
wun^{4}	huán	桓洹萑
	yuán	垣爰媛援湲
wun^{5}	huàn	浣
	wǎn	莞（～尔）皖
wun^{6}	huǎn	缓
	huàn	唤换焕痪奂涣
	wán	玩（～弄）

ung

广州话	普通话	字
ung^{1}	yōng	壅（～土）(俗)
ung^{3}	wèng	瓮蕹齆
bung^{2}	béng	甭
	pěng	捧(俗)
cung^{1}	chōng	充冲（～茶）忡翀茺憧艟(又)衝
	chòng	冲（向）
	cōng	匆囱葱枞（木材）聪骢
	zhōng	衷
cung^{2}	chǒng	宠
	zhǒng	冢
cung^{3}	chòng	铳
cung^{4}	chóng	虫重（～复）
	cóng	从（～来）淙琮丛
	sōng	松（～树）
cung^{5}	zhòng	重（轻～）(俗)
dung^{1}	dōng	冬咚氡东鸫岽
dung^{2}	dǒng	懂董
dung^{3}	dòng	冻胨栋
dung^{6}	dòng	动洞恫胴侗（～族）垌（田地）峒（山洞）硐
	tòng	恸
	zhuàng	幢（量词）(俗)
fung^{1}	fēng	丰沣峰烽蜂锋风枫疯沨砜封葑（古称“蔓菁”）酆
	fèng	葑（古书上指菰的根）
fung^{2}	fěng	唪（～经）
	fèng	俸
fung^{3}	fěng	讽
	fèng	赗
fung^{4}	féng	逢缝（～衣）冯
	péng	蓬
fung^{6}	fèng	奉缝（裂～）凤甮
gung^{1}	gōng	公蚣弓躬工功攻供（～给）宫红（女～）恭龚塨
	xiōng	芎
gung^{2}	gǒng	拱珙栱巩
gung^{3}	gàng	杠（～杆）
	gòng	供（～养）贡嗊
gung^{6}	gòng	共
hung^{1}	hōng	吽訇(又)哄（～传）烘
	kōng	空（～气）崆箜
	xiōng	凶兇汹讻匈胸

广州话	普通话	字
hung^2	kǒng	孔恐倥
hung^3	gǒng	汞
	kòng	空（使～）控
hung^4	hóng	红（～色）荭虹（彩～）洪淇鸿黉蕻（雪里～）
	hòng	蕻（茂盛）
	xióng	雄熊
hung^6	hòng	讧哄烘（起～）
kung^4	qióng	穷藭穹蛩跫邛筇
lung^1	lóng	窿
lung^4	lóng	龙笼胧昽栊泷（急促的水）珑砻笼（鸡～）聋咙隆癃窿(又)
lung^5	lǒng	陇垄拢笼（箱～）
lung^6	lòng	弄（小巷）梇
	nòng	弄（玩～）
mung^1	méng	檬(俗)
mung^2	měng	懵
mung^4	mēng	蒙（欺骗）
	méng	蒙（启～）幪朦蒙檬艨獴礞曚
	měng	蒙（～古）
mung^5	měng	蠓
mung^6	mèng	梦
nung^4	nóng	农侬哝浓脓
ngung^1	yōng	壅（～土）(俗)(又)
ngung^3	wèng	瓮(又)蕹(又)齆(又)
pung^2	pěng	捧
pung^3	pèng	碰
pung^4	péng	篷蓬(又)
sung^1	cōng	从（～容）
	sōng	忪（惺～）松（～懈）淞菘凇崧嵩
sung^2	sǒng	怂耸悚竦愯
sung^3	sòng	宋送
sung^4	chóng	崇
	yōng	鳙(俗)
tung^1	tēng	熥
	tōng	通痌
	tòng	通（说一～）
tung^2	tǒng	统捅桶
tung^3	téng	疼（肚子～）
	tòng	痛
tung^4	chōng	艟
	tóng	同侗（旧指童蒙无知）峒（山名）桐铜酮垌（地名）茼烔鲖童僮（书～）潼仝彤佟峂砼
	tǒng	筒
yung^1	wēng	翁嗡滃（水名）鹟鞥
	yōng	雍壅饔邕澭痈
yung^2	rǒng	冗
	wěng	滃（水盛）蓊
	yōng	拥壅(又)臃
	yǒng	甬俑恿涌（～泉）踊蛹
	yòng	佣（～金）
yung^4	nóng	浓（～茶）(俗)
	róng	容榕溶镕蓉熔戎绒融茸（鹿～）
	yōng	佣（～工）庸墉慵鄘镛鳙
	yóng	颙喁
yung^5	rōng	茸
	rǒng	氄
	yǒng	勇
yung^6	yòng	用
zung^1	chōng	舂
	zèng	综（织布机上的装置）

	zhōng	中（～心）忠钟锺盅终螽松（怔～）
	zōng	宗棕踪综（～合）鬃枞（～阳县）骔
	zòng	纵（直）
zung²	zhǒng	种（～子）肿踵
	zǒng	总偬
zung³	zhòng	中（射～）种（～植）众
	zòng	纵（放～）粽猔猣
zung⁶	sòng	讼颂诵
	zhòng	仲重（～要）

ud

bud³	bō	钵
bud⁶	bí	荸
	bō	饽拨
	bó	脖鹁勃渤
	po	桲
fud³	kuò	阔蛞
kud³	guā	栝鸹
	guō	聒
	huò	豁
	kuò	括（包～）适
mud³	mǒ	抹（涂～）
mud⁶	méi	没（～有）
	mò	没（～落）末靺沫秣茉妹殁
pud³	pō	泼酦钹
wud⁶	huó	活

ug

ug¹	wū	屋
bug¹	bǔ	卜（占～）
	pō	钋㊂
bug⁶	bào	瀑（～河）
	bú	醭㊂
	fú	幞
	pú	仆濮
	pǔ	蹼
	pù	瀑（～布）曝
cug¹	chù	亍畜（牲～）搐矗触㊂俶（开始）
	chuò	娖龊
	cù	促蹴簇蹴蹙
	shù	束
	sù	簌涑蔌觫速
	xù	畜（～产）蓄
cug⁶	cù	蔟
dug¹	dū	督厾豚
	dǔ	笃
dug⁶	dào	纛
	dú	读（～书）椟渎牍犊黩顿（冒～）独髑毒
	zhou	碡
fug¹	fú	福蝠辐幅
	fù	腹蝮复覆馥鳆
fug⁶	fú	伏洑（回流）茯袱栿服（衣～）菔匐
	fù	袱（～水）服（量词）复
gug¹	gǔ	谷（山～）鹄（～的）谷毂瀔
	gù	梏
	jū	掬鞠鞫
	jú	菊
	kù	喾
	qū	麹㊂曲㊂
gug⁶	jū	锔（～子）锯
	jú	局跼锔（元素）

广州话	普通话	字
hug1	kū	哭
hug6	hú	鹄（天鹅）斛槲觳
	kù	酷
kug1	qū	曲（弯～）蛐曲麴
	qǔ	曲（歌～）
lug1	liù	碌（～碡）
	lù	簏辘麓碌（庸～）
lug6	liǎo	蓼
	liù	六（数目字）陆（“六”的大写）
	lù	六（～安，山名）禄逯录渌[illegible]鹿漉戮甪陆（～地）绿（～林）
	lǜ	绿（～叶）氯
mug6	mù	木沐目钼睦穆仫苜牧
nug6	nǜ	恧朒衄䶊
ngug1	wū	屋(又)
pug1	pū	仆(俗)
sug1	shū	叔倏
	sōu	馊(俗)
	sù	肃鹔夙宿（住～）缩（～砂密）粟谡僳
	suō	缩（退～）
	xu	蓿
sug6	shóu	熟（煮～）
	shū	淑菽
	shú	孰塾熟（～悉）赎
	shǔ	属（家～）蜀
tug1	tū	秃
yug1	wò	沃
	wù	鋈
	xū	顼
	xù	旭勖
	yù	燠郁（馥～）昱煜毓彧
yug6	ròu	肉
	rǔ	辱
	rù	溽缛蓐褥
	yù	玉钰谷（吐～浑，古民族名）欲峪浴鹆育狱淯鬻
zug1	chū	触
	zhōu	粥
	zhú	烛竺蠋竹筑（古乐器）
	zhǔ	属（～文）嘱瞩
	zhù	祝筑（建～）
	zhuō	捉
	zhuó	浞
	zú	足（脚）
zug6	sǒu	嗾(俗)
	sú	俗
	xù	续
	zhóu	妯轴（车～）
	zhòu	轴（压～戏）
	zhú	逐瘃躅舳
	zhuó	浊镯
	zú	族镞

ü

广州话	普通话	字
ju1	shū	姝(又)
	zhū	朱侏株铢洙蛛诛邾茱珠猪潴橥诸槠
ju2	zhú	砫
	zhǔ	主拄麈渚煮
ju3	zhù	注炷蛀驻疰铸著（～名）翥
ju6	zhù	住箸
qu2	chǔ	处（～理）楮褚
qu3	chù	处（～所）
qu4	chú	躇橱蹰厨(又)滁蜍
qu5	chǔ	储杵

	zhù	杼柱伫苎纻贮
xu¹	chū	樗
	shī	嘘
	shū	书抒纾舒枢姝摅毹输
	xū	嘘
xu²	shǔ	鼠暑黍
xu³	chǔ	处(俗)
	shù	庶戍恕
xu⁴	chú	蜍(又)
	shū	殊殳
	shǔ	薯
xu⁵	shǔ	署曙
xu⁶	shù	树澍竖腧
yù¹	yū	於（姓）淤纡迂
	yú	于（对~）
yü²	yū	淤(又)瘀(又)
	yǔ	伛
	yù	妪
yü³	xù	酗(又)煦(又)
	yù	饫
yü⁴	rú	如茹铷儒嚅蠕孺濡薷襦颥
	rù	洳
	yǒng	喁（低声）
	yú	于（单~）余狳馀畲（开垦过两年的地）予（我）妤鱼渔觑献盂竽雩娱虞禺愚隅嵎俞（姓）愉揄榆渝萮瑜窬觎逾蝓舆臾腴萸谀舁欤与（同"欤"）
yü⁵	rǔ	乳汝擩
	yǔ	雨（~水）语（~言）圄龉与（送~）屿(又)禹庾瘐貐羽宇圉窳予（给与）
yü⁶	yú	澦澦蓣豫誉喻瘉愈论与（参~）峪(又)寓遇驭语（告诉）裕雨（文言作"下雨"）御

ün

dün¹	duān	端
dün²	duǎn	短
dün³	duàn	断（~定）锻煅
dün⁶	duàn	断（~绝）段缎椴簖塅
gün¹	juān	捐涓娟绢(又)蠲鹃
gün¹	juǎn	卷（动词）
	juàn	卷（试~）
gün³	juàn	眷桊狷绢罥鄄
	quàn	券（入场~）
	xuàn	券（拱~）
gün⁶	juàn	倦圈（猪~）
	juān	圈（关闭）
hün¹	quān	圈（环形）
	xuān	喧暄萱翾谖禤
	xuǎn	晅
	xūn	埙
hün²	quǎn	犬畎
	xuǎn	烜
hün³	quǎn	绻
	quàn	劝券（入场~）(又)
	xuàn	楦绚券（拱~）
jun¹	juān	镌
	zhuān	专膊砖颛
	zuān	钻（~营）躜
	zūn	尊鳟
jun²	zhuān	膊(又)
	zhuǎn	转（~身）

	zhuàn	啭
	zuǎn	缵纂
	zǔn	撙
jun^{3}	zhuàn	转（～圈）
	zuān	钻（～探）
	zuàn	钻（～石）攥(又)
jun^{6}	zhuàn	传（～记）
$kün^{4}$	quán	权拳惓蜷踡鬈颧
$lün^{2}$	liàn	恋
$lün^{4}$	lián	联
	luán	峦孪栾挛滦鸾銮
$lün^{5}$	luán	娈脔
$lün^{6}$	luàn	乱
$nün^{5}$	nuǎn	暖
$nün^{6}$	nèn	嫩
qun^{1}	chuān	穿川氚
	cuān	镩蹿汆
	cūn	村
qun^{2}	chuāi	揣（～手）(又)
	chuǎi	揣（～摩）(又)
	chuài	揣（挣～）(又)
	chuǎn	喘舛踳
	cuàn	窜(又)
	cǔn	忖
qun^{3}	chuàn	串钏
	cuān	撺
	cuàn	窜爨
	cùn	寸吋
qun^{4}	chuán	椽遄篅传（～授）
	cuán	攒（～凑）
	cún	存蹲（脚落地受伤）
	quán	全痊荃诠辁筌佺醛铨泉鳈
qun^{5}	shǔn	吮(俗)
$tün^{4}$	tuán	团抟
	tún	屯囤（～积）饨豚臀
$tün^{5}$	duàn	断(俗)
xun^{1}	quān	悛
	suān	狻痠酸
	sūn	孙狲荪飧
	xuān	宣揎瑄
	xuàn	渲
xun^{2}	sǔn	损
	xuǎn	选
xun^{3}	suàn	算蒜筭
	xuàn	渲(又)
xun^{4}	chuán	船
	xuán	旋（～转）漩璇
	xuàn	旋（～风）
xun^{5}	shǔn	吮
xun^{6}	zhuàn	篆
$yün^{1}$	wān	蜿
	wǎn	宛（大～，古国名）
	yuān	渊鸢冤鹓智蜎鸳
$yün^{2}$	ruǎn	阮（姓）
	wán	烷
	wǎn	宛（曲折）蜿琬畹
	yuàn	院苑
$yün^{3}$	yuàn	怨
$yün^{4}$	huàn	洹(又)
	qiān	铅（～笔）
	wán	完丸纨
	xuán	玄痃悬
	xuàn	炫(又)
	yán	沿（～革）铅（～山）芫（～荽）
	yàn	沿（河～）
	yuán	元沅芫（～花）鼋原嫄源螈塬员（学～）圆袁

		猿辕爰⊗媛（婵～）援⊗湲⊗园缘橼圜（同“圆”）
	yún	涢⊗员（古人名用字）
yün^{5}	ruǎn	软阮
	xuàn	泫铉
	yuǎn	远
yün^{6}	xiàn	县
	xuàn	炫眩
	yuàn	愿媛（美女）掾垸瑗

üd

düd^{6}	duó	夺
güd^{3}	jué	劂⊗
güd^{6}	jué	橛⊗
hüd^{3}	xiě	血（抽～）
	xuè	血（～战）
jud^{3}	chù	绌
	chuò	啜（饮）惙辍
	duō	掇敠裰
	zhuì	缀⊗醊⊗
	zhuō	拙棁
	zhuó	茁
	zuō	嘬
jud^{6}	jué	绝
küd^{3}	guì	鳜⊗
	juē	撅噘
	jué	厥劂橛獗蕨蹶（一～不振）溅鐝谲决抉玦觖诀驮孓镢
	juě	蹶（尥～子）
	quē	阙（古作“缺”）炔缺
	què	阙（宫～）阕
lüd^{3}	liè	劣埒
	lǚ	捋（～胡子）
	luō	捋（～榆钱）
qud^{3}	chuài	啜（姓）
	chuò	啜（饮）⊗
	cù	卒（同“猝”）猝
	cuō	撮（～合）
	zuǒ	撮（量词）
tüd^{3}	tuō	脱
xud^{3}	shuō	说（～话）
	xuě	雪鳕
yüd^{3}	ruò	爇
	yǐ	乙钇
yüd^{6}	xué	穴茓
	yuē	曰⊗
	yuě	哕
	yuè	月刖玥悦说（古同“悦”）阅越钺樾粤

m

m^{2}	ḿ	呣（叹词，表疑问）
m^{6}	m̀	呣（叹词，表答应）

ng

ng^{2}	ńg	嗯（叹词，表疑问）
ng^{4}	wú	吾梧浯鼯郚吴蜈
ng^{4}	ǹg	嗯（叹词，表答应）
ng^{5}	wǔ	五伍午仵忤迕牾
ng^{6}	wù	误晤焐悟痦
hng^{6}	hng	哼（不满意的声音）

附三　广州话的字母词

字母词是世界经济一体化、全球电脑网络化、信息传输现代化、英语日益国际化的产物。广州话的字母词是新式的英语借词，其中有两类：一类是由英文字母语素组成的，其中大多数是缩略语（大写字母），如 DJ、IQ、IDD、SOS 等；另一类是英文字母语素与广州话语素组成的，如好 Q、开 P、阿 SIR、K 客、BB 仔等。

一、由英文字母组成的

AI　人工智能（英 Artificial Intelligence 的缩写）。

APC　复方阿司匹林，由阿司匹林、非那西丁和咖啡因制成的一种解热镇痛药（英 Aspirin，Phenacetin and Caffeine 的缩略形式）。

AV　音频和视频（英 Audeo-visual 的缩写）。

CD　激光唱盘（英 Compact Disc 的缩写）。

CEO　首席执行官（英 Chief Executive Officer 的缩写）。

CET　大学英语考试（College English Test 的缩写）。

CIA　美国中央情报局（英 Central Intelligence Agency 的缩写）。

CID　刑事调查部（Criminal Investigation Department 的缩写）。

DJ　迪厅、酒吧等场所的音乐调音师，也指电台节目主持人（英 Disco Jockey 的缩写。

DVD　数字激光视盘（英 Digital Video Disc 的缩写）。

E-mail　电子邮件（Electronic Mail 的缩写）。

EQ　情商（英 Emotional Quotient 的缩写）。

ET　外星人（英 Extra Terrestrial 的缩写）。

FAX　传真件；用传真机传送；传真系统（英 Facsimile 的缩略变体）。

FBI　美国联邦调查局（英 Federal Bureau of Investigation 的缩写）。

GPS　全球定位系统（英 Global Positioning System 的缩写）。

HI-FI　高保真度（英 High-Fidelity 的缩写）。

IDD　国际直拨（电话）（英 International Direct Dialing 的缩写）。

IPTV　网络电视（英 Internet Protocol Television 的缩写）。

IQ　智商（英 Intelligence Quotient 的缩写）。

KTV　配有卡拉 OK 和电视设备的包间（K 指卡拉 OK；TV 英 Television 的

缩写）。

MBA　工商管理硕士（英 Master of Business Administration 的缩写）。

MPA　公共管理硕士（英 Master of Public Administration 的缩写）。

MTV　音乐电视（英 Music Television 的缩写）。

NBA　（美国）全国篮球协会。也指该协会主办的美国男子篮球职业联赛（英 National Basketball Association 的缩写）。

NG　不合格，不好。影视摄制中的术语（英 No Good 的缩写）。

OT　超时工作（英 Over Time 的缩写）。

PG　家长指引（英 Parental Guidance 的缩写）。

PR　公关（英 Public Relations 的缩写）。

SARS　严重急性呼吸综合症，即“非典型肺炎”（英 Severe Acute Respiratory Syndrome 的缩写）。

SOS　紧急呼救信号（英 Save Our Souls 的缩写）。

SUV　运动型多功能车（英 Sport Utility Vehicle 的缩写）。

TEL　电话（号码）（英 Telephone 的缩略变体）。

TV　电视（英 Television 的缩写）。

UFO　不明飞行物（英 Unidentified Flying Object 的缩写）。

VCD　激光压缩视盘（英 Video Compact Disc 的缩写）。

VIP　要人、贵宾（英 Very Important Person 的缩写）。

WC　厕所；洗手间（英 Water Closet 的缩写）。

二、由广州话的单词与英语单词字母组成的

（一）广州话单词在前，英语单词字母在后的

阿 SIR［ɑ³ sê⁴］　先生；阁下。由广州话单词与英语 Sir（先生；阁下）组成。

扮 COOL［bɑn⁶ ku¹］　扮酷。由广州话单词与英语 Cool（清高冷漠态度）组成。

打 BAND［dɑ² bén¹］　去跟乐队合奏。由广州话单词与英语 Band（乐队）组成。

单 T［dɑn¹ ti¹］　香港赛马用语。T 是赛马券上的一个字母标记，指赛马券单一场选中第一、二、三名马，称为中“单 T”。由广州话单词“单”（一个）与英语字母 T 组成。

跌 WATT［did³ wog¹］　表现下降。由广州话的“跌”（下降的意思）与英语 Watt（瓦特；电压度数）组成。

读 U［dug⁶ yu¹］　读大学。由广州话单词与英语 University（大学）的第一个字母 U 组成。

搞 GAG［gao² gég¹］　插科打诨；讲幽默笑话。由广州话单词与英语 Gag（插科打诨；笑话）组成。

搞 GAY［gao² aéi¹］　同性恋。由广州话单词与英语 Gay（同性恋）组成。

教 BAND［gao³ bén¹］　教乐队。由广州话单词与英语 Band（乐队）组成。

急 CALL［geb¹ ko¹］　打电话给某人。由广州话单词与英语 Call（打电话呼叫）组成 。

夹 BAND［gab³ bén¹］　乐队排练。由广州话单词"夹"（合；同）与英语 Band 组成。

够 POP［geo³ peb¹］　流行的；大众喜爱的。POP 是英语 Popurlar（流行）的缩写。

咸 JOKE［ham⁴ zug¹］　下流话，与性有关的笑话。由广州话单词"咸"（黄色的；下流的；淫秽的）与英语 Joke（笑话；玩笑）组成。

行 BEAT［hang⁴ bid¹］　警察日常巡逻。由广州话单词与英语 Beat（巡逻；打击；搜捕）组成。

去 WET［hêu³ wéd¹］　去玩乐。英语 Wet（湿；湿润），广州话单词"润"有"滋润、丰润"的意思。"滋润"可引申为"舒服"，去玩乐会感到很舒服。

开 OT［hoi¹ ou¹ ti¹］　超时工作或加班工作。由广州话单词与英语 Over Time（超过时间）的简缩 OT 组成。

开 P［hoi¹ pi¹］　举办社交性或娱乐性聚会；开宴会或舞会。由广州话单词与英语单词 Party（社交性或娱乐性聚会）的第一个字母组成。

好 CHEAP 很便宜的货；很低劣的；很低级的。由广州话单词与英语 Cheap（便宜的；低劣的；低级的）组成。

好 DOWN［hou² dang¹］　由广州话单词"好"（很）与英语 Down（失落；下落；心情差）组成。

好 ENJOY［hou² én³ zoi¹］　很享受；很新鲜、很欣赏。由广州话单词与英语 Enjoy（享受；欣赏）组成。

好 FIT［hou² fid¹］　很合适；很合身。由广州话单词"好"（很）与英语 Fit（合适；合身）组成。

好 FRIEND［hou²　fén¹］　很友好；很亲和。由广州话单词"好"（很）与英语 Friend（朋友；友好）组成。

好 FUN［hou² fen¹］　很好玩；很好笑。由广州话单词与英语 Fun（玩笑；嬉戏；乐趣）组成。

好 HIGH［hou² hai¹］　很兴奋或飘飘然的状态。由广州话单词"好"（很）与英语 High（高的；高度的）组成。

好 INCH [hou^2 yin^1 qu^4] 很刁；很傲慢；咄咄逼人。由广州话单词与英语 Inch（英寸）组成。“寸”与广州话的“寸”（刁蛮；傲慢；咄咄逼人）同音双关。

好 MAN [hou^2 $mén^1$] 很男性化。由广州话单词与英语 Man（男子汉；男子汉气质）组成。

好 NICE [hou^2 nai^1 xi^4] 很可爱。由广州话单词与英语 Nice（可爱；美好）组成。

好 OUT [hou^2 eo^1] 太落伍了；被淘汰了。由广州话单词与英语 Out（外出；在外）组成。

好 PRO [hou^2 $plou^3$] 很专业。由广州话单词“好”与英语 Professional（专业的；职业的）的缩写 PRO 组成。

好 Q [hou^2 kiu^1] 很聪明；很机灵；很漂亮；很逗人喜爱。英语 Q 与 Cute（聪明的；伶俐的；美丽动人的）音近，因而用 Q 代 Cute。由广州话单词与英语 Q 组成。

好 SEXY [hou^2 $xég^1$ xi^4] 很性感。由广州话单词与英语 Sexy（性感）组成。

好 SMART [hou^2 xi^4 mag^1] 很英俊；很醒目。由广州话单词与英语 Smart（活泼的；精明的；漂亮的）组成。

至 TOP [ji^3 teb^1] 最高级；顶级。由广州话单词“至”（最）与英语 Top 组成。

至 YEAH [ji^3 $yé^1$] 完全对；完全是。英语 Yeah 是 Yes（是；对）的俗音。它用于作出回应时意为“哦；是；好；同意”；用于质疑时，意为“是吗”？广州话的“至”（完全；最）。

烂 GAG [lan^6 $gég^1$] 不好的笑话；低级笑话。由广州话单词“烂”与英语 Gag（插科打诨；笑话）组成。

辘 CARD [lug^1 ked^1] 用信用卡付账。由广州话单词“辘”（滚动）与英语 Card（信用卡）组成。

辘 LING [lug^1 $ling^4$] 打保龄球。由广州话“辘”（滚动）与英语 Bowling（保龄球）的简称组成。

落 CLUB [log^6 $kleb^1$] 到俱乐部、夜总会、酒吧小消遣。由广州话单词“落”（下；到；去）与英语 Club（俱乐部；夜总会；会所）组成。

落 D [log^6 di^1] 去夜总会或酒吧玩乐。由广州话单词与英语单词 Disco（迪斯科舞厅或舞会）组成。

落 ORDER [log^6 o^1 da^2] 下命令；下指示；下订单。由广州话单词“落”（下）与英语 Order（命令；指示；订单）组成。

唔 DO [m^4 du^1] 做不了；辞职。由广州话单词“唔”（不）与英语 Do（做；任职）组成。

唔 LIKE［m^4 lai^1］ 不喜欢；不高兴。由广州话单词“唔（不）”与英语Like（喜欢；高兴）组成。

孖 Q［ma^1 kiu^1］ 香港赛马用语。Q是赛马券上的一个字母标记，如买两场赛马券都选中赛马第一二名（联赢），则称为“孖Q”。由广州话单词“孖”（两个；成双的）与英语字母Q组成。

孖 T［ma^1 ti^1］ 香港赛马用语。T是赛马券上的一个字母标记，指赛马券上两场都选中一、二、三名，称为“孖T”。由广州话单词“孖”（两个；成双的）与英语字母T组成。

啱 FEEL［$ngam^1$ fiu^1］ 合心意；感觉良好。由广州话单词“啱”（合适）与英语Feel（感觉）组成 。

啱 KEY［$ngam^1$ ki^1］ 志趣相投；情投意合。由广州话单词“啱”（合适；符合）与英语Key（调子；钥匙）组成。引申为“志趣相投”或“情投意合”。

嘥 GAS［sai^1 $gé^1$ xi^{4-2}］ 浪费气力；白费劲。由广州话单词“嘥”（浪费）与英语Gas（煤气；汽油）组成。

生 B［$sang^1$ bi^1］ 生孩子。由广州话单词与英语单词Baby（婴儿）的第一个字母组成。

实 Q［$ség^3$ kiu^1］ 保安员。英语Security（治安防卫）简称Secu，它与广州话的“Q”音近。由广州话的单词与英语字母Q组成 。

傻 B［so^4 bi^1］ 形容人很傻、很愚蠢、没脑子。由广州话单词与英语单词Brain（脑）的第一个字母组成。

骚 QUALI［sou^1 kuo^1 li^4］ 显示自己的资格、长处。英语Quali（显示；展示）实为Qualification（资格；合格证明）的省略。与广州话单词“骚”（显示；展示）组成。

玩 LINE［wan^2 lai^1］ 随意拨出一个电话号码与对方交谈，或参加电话征友会。由广州话单词与英语Line（路线）组成。

识 DO［xig^1 du^1］ 会做人；懂人情世故。由广州话单词与英语Do（做）组成。

入 U［yeb^6 yu^1］ 入大学。由广州话单词与英语University（大学）的第一个字母U组成。

最 IN［$zêu^3$ yin^1］ 赶上潮流。由广州话单词与英语In（处于…之中；在…内；进入到…中）组成。

（二）英语单词字母在前，广州话单词在后的

AA **制**［ei^1 ei^1 zei^3］ 指聚餐或其他消费结账时个人平摊出钱，或各自付账。由英语Algebraic Average（代数的平均数）的第一个字母与广州话单词“制”组成。

BALL 后［bo^1 heo^6］　常出现在舞会或狂欢作乐的聚会上令人瞩目的女士。由英语 Ball（舞会；跳舞厅；作乐的聚会）与广州话单词“后”组成。

BALL 王［bo^1 wong^4］　常出现在舞会或狂欢作乐的聚会上令人瞩目的男士。由英语 Ball（舞会；跳舞厅；作乐的聚会）与广州话单词“王”组成。

BB 机［bi^1 bi^1 géi^1］　传呼机。BB 类似传呼机发出来的声音。

BB 仔［bi^4 bi^1 zei^2］　婴儿。由英语 Baby（婴儿）的第一、第三个字母与广州话单词“仔”（小孩儿）组成。

B 超［bi^1 qiu^1］　B 型超声诊断仪的简称；B 型超声诊断的简称。

CALL 机［ko^1 géi^1］　传呼机。由英语 Call（传呼；传递；叫唤）与广州话单词“机”组成。

CALL 台［ko^1 toi^4］　传呼机台。由英语 Call（传呼；传递；叫唤）与广州话单词“台”组成。

CHEAP 霸［qib^1 ba^3］　廉价的霸主；便宜的霸主（廉价的房子；便宜的好货）。由英语 Cheap（廉价的；便宜的）与广州话单词“霸”（有“最”的意思）组成。

DO 嘢［du^1 yé^5］　做工作；干工作。由英语 Do（做；干）与广州话单词“嘢”（工作）组成。

FELL 到［fiu^1 dou^3］　感觉到；察觉到。由英语 Fell（感觉；感受；觉得）与广州话单词“到”组成。

FILE 夹［fai^1 gab^3］　文件夹；档案夹。由英语 File（文件夹；档案夹）与广州话单词“夹”组成。

FIT 晒［fid^1 sai^3］　很合适；很合身。引申为身材健美。由英语 Fit（合适；合身）与广州话单词“晒”（完全）组成。

GAG 佬［gég^1 lou^2］　插科打诨的人。由英语 Gag（插科打诨）与广州话单词“佬”（男人）组成。

HOLD 住［hou^1 ju^6］　握住。由英语 Hold（握；拿）与广州话单词“住”组成。

H 股［ig^1 qu^4 gu^2］　指在我国境内（不含港、澳、台）注册，在香港上市的股票。H 是英语 Hongkong（香港）的第一个字母。

IQ 擂台［ai^1 qiu^1 lêu^4 toi^4］　智商的比赛场合（如电视台、电台）。由英语 Intelligence Quotient 的缩写与广州话单词“擂台”组成。

IQ 题［ai^1 qiu^1 tei^4］　智商测试题。IQ 是英语 Intelligence Quotient 的缩写。

K 粉［kéi^1 fen^2］　一种常见毒品，即氯胺酮。用作毒品时俗称 K 粉。K 是英语 ketamine 的第一个字母。

K 歌［kéi^1 go^1］　唱卡拉 OK。

K 金［kéi^1 gem^1］　开金。K 是英语 Karat 的缩写。

K客［kéi¹ hag³］ 指香港人，取自英语 Hongkong（香港）第二个音节的第一个字母。

K文化［kéi¹ men⁴ fa³］ 用完全个人化的一种新的思维方式创作艺术作品。广州话的“畸”与K音近，因而借用K，表示有异于一般的文化艺术。

K形［kéi¹ ying⁴］ 怪异；不正常。广州话畸形的“畸”与英语字母K音近，因而借用字母K。

LABE纸［léb¹ ji²］ 标签纸（可粘贴作标记的小纸条）。由英语 Labe（标签）与广州话单词“纸”组成。

MTV串烧［ém¹ ti¹ wi¹］ 网上视频的音乐歌曲辑。M为英语 Music（音乐）的第一个字母。TV为英语 Television 的第一、第五个字母。它们与广州话的“串烧”（原义为把几块肉片用小竹枝串起来烧烤吃用）组成。

M记［ém¹ géi³］ 麦当劳快餐店。由英语 McDonalds 的第一个字母与广州话单词“记”组成。

N年［én¹ nin⁴］ 若干年；多得不能数的年。N为英语 Indefinite Number（任意数）的符号。在学术上常用作表示时序极限、无限大。N表示“若干”，如N次“若干次”。

O记［ou¹ géi³］ 香港警方“有组织犯罪及三合会调查组”OCTB（Organizied Crime Triad Bureau）的第一个字母与广州话单词“记”组成。

O嘴［ou¹ zêu²］ 形容人在突如其来的惊诧情况下发愣的表情（嘴巴张开成英语字母O的形状）。

P场［pi¹ cêng⁴］ 聚会、晚会、宴会的场所。由英语 Party（社交性或娱乐性的聚会）的第一个字母与广州话的单词“场”组成。

Q唛［kiu¹ meg¹］ 品质；质量。Q为英语 Quality（质量）的第一个字母，“唛”为英语 Mark（商标；标记）的音译借词。

SHOW嘢［sou¹ yé⁶］ 显示自己的资格或长处。由英语 Show（显示；展示）与广州话单词“嘢”（东西）组成。

SOR呀［so¹ a³］ 对不起。SOR为英语 Sorry（对不起）的俗音。

T裇［ti¹ sêd¹］ 一种形似英语字母T的短袖套头上衣。“裇”是英语Shirt（短袖衬衫；运动衫）的音译借词。

VAN仔［wén¹ zai²］ 中型面包车。由英语 Van（面包车）与广州话单词“仔“组成。

VIP咭［wi¹ ai¹ pi¹ ked¹］ 贵宾卡。VIP为英语 Very Important Person 的第一个字母与广州话的“咭”（英语 Card 的音译借词）组成。

WIN梗［win¹ geng²］ 赢定了；一定获胜；一定成功。由英语 Win（赢；获胜；成功）与广州话单词“梗”（一定的）组成。

X光［ig¹ xi⁴ guong¹］ X射线。

附四　广州话特殊字表

表内包括本词典使用的三类字：

一、广州话常用的方言字；

二、借来表示广州话特殊音义的字，其中在群众中比较通行或字形比较生疏的；

三、《新华字典》没有收进去的古字。

每个字均注广州话读音。异体字加“（　）”标明。

以笔画多少分类。每类按一、丨、丿、丶、乛起笔次序排列。

二画

乜 med^{1}，mé^{1}

四画

冇 mou^{5}

五画

曱 gad^{6}，ged^{6}

甴 zad^{6}，zed^{6}

叻 lég^{1}，lig^{1}

（仉）fan^{2}

甩 led^{1}

冚 hem^{6}，kem^{2}

氹 tem^{5}

六画

扤 nged^{1}，ngad^{6}

扱 keb^{1}

曳 yei^{4}，yei^{5}

吖 a^{1}

吔 ya^{2}

⿰犭及 keb^{6}

（启）dug^{1}

孖 ma^{1}

七画

抌 dem^{2}

扲 ngem^{4}

扻 hem^{2}

奀 ngen^{1}

呔 tai^{1}

吽 ngeo^{6}

吆 yiu^{1}

吪 fa^{4}

佢 kêu^{5}

饩 héi^{3}

𠜱 pei^{1}

（⿰火及）sab^{6}

八画

⿰氵囟 neb^{6}

炆 men^{1}

⿰火冘 dem^{2}

坺 pad^{6}

⿰吉刂 ged^{1}

⿰扌永 wing^{6}

抰 yêng^{2}

拎 ning^{1}

拃 za^{6}

（⿰木冇）lam^{2}

⿰木乜 yen^{4}

（矺）zag^{3}

咇 bid^{1}

咗 zo^{2}

咄 ded^{1}

⿰口凹 nib^{1}

咁 gem^{3}

（⿰口冉）yem^{1}

⿰月冘 dem^{1}

乸 na^{2}

九画

⿰米工 hong^{2}

𧘹 tai^{1}

㨘 cung^{3}

（⿰扌戚）ngung^{2}，ung^{2}

歪 mé^{2}

迾 lad^{6}

咩 mé^{1}

咪 mei^{5}，mei^{1}

咭 keb^{1}，ged^{1}

哋 déi^{6}，déi^{2}

咯 log^{3}

（⿰皮刂）pei^{1}

姣 hao^{4}

十画

浭 gang^{3}

涌 cung^{1}

垐 ngen^{6}

烚 heb^{6}

冧 lem^{1}，lem^{3}

⿰扌豆 deo^{6}

挭 gang^{3}

（揤）zêd^{1}

荚 hab^{3}

剒 cog^{3}

（趷）ged^{6}

拲 ngung^{2}，ung^{2}

呤 lang^{4}，lang^{6}

唞 teo^{2}

哣 deo^{6}

唓 ce^{1}

哽 geng^{2}，ngeng^{2}

唔 m^{4}

⿰口妙 miu^{2}

晒 sai^{3}

（⿰贝孖）mé^{1}

⿰⻊叉 ca^{1}

⿰⻊乞 ged^{6}

戙 dung^{6}

𢃇 léi^{5}

舦 tai^{5}

（胵）qi^{3}

（䘈）cag^{3}

毩 méi^{1}

猸 méi^{1}

十一画

湴 ban^{6}

淰 nem^{4}

挪 na^{1}

粘 jim^{1}

炳 nad^{3}

焗 gug^{6}

䘏 sêd^{1}

掟 déng^{3}

捽 zêd^{1}

㨆 lem^{6}

挜 nga^{6}

掯 keng^{3}

捵 din^{2}

㧌 wo^{5}

𢳆 ngao^{1}

㧾 fed^{1}

掹 meng^{1}，meng^{3}

埲 bung^{6}

枧 gan^{2}

（惗）nem^{2}

（舯）yem^{4}

玷 dim^{3}

啄 dêng^{1}

唪 bang^{4}

喕 wan^{1}

啵 pé^{1}

啩 gua^{3}

喐 yug^{1}

喎 wo^{5}

啱 ngam^{1}

啋 coi^{1}

啝 wo^{4}

啲 di^{1}，did^{1}

㗰 meng^{1}

啡 fé^{1}，fé^{4}

（眲）ngag^{1}，ngeg^{1}

蛚 guai^{2}

笪 dad^{3}

钑 zab^{6}

脷 léi^{6}

觕 cao^{1}

婄 peo^{3}

十二画

渧 dei^{3}

（焮）hing^{3}

煀 wed^{1}

㝗 lang^{1}

𧙕 tung^{2}

搲 wa^{2}

揞 ngem^{2}

揇 nam^{5}，nam^{3}

揦 la^{2}，la^{3}，la^{5}

揼 dem^{1}

㨃 deb^{6}

㨘 sang^{2}

揾 wen^{2}

搰 wed^{6}

（揰）cung^{3}

揗 teng^{4}

轰 feng^{4}

椗 ding^{3}

棯 nim^{1}

喑 ngem^{6}

吃 yag^{3}

嗒 dab^{1}，dab^{6}

喺 hei^{2}

㗎 ga^{3}，ga^{4}

喼 gib^{1}

嘅 gé^{3}，gé^{2}

㖠 na^{1}

跔 kê^{4}

鈪 ngag^{3}

翕 yeb^{6}

𫢸 wu^{3}

腍 nem^{4}

（𫆳）nga^{6}

十三画

𤸇 meng^{2}

𢶍 ngou^{4}

摙 lin^{5}

搣 mid^{1}

（趌）ged^{6}

啷 long^{2}

嗌 ngai^{3}

嗱 na^{4}

嗲 dé^{2}，dé^{4}

嗰 go^{2}

𠹺 gag^{3}

睩 lug^{1}

（䀢）xid^{6}

蜫 méi^{1}

𨀤 léu^{1}

罨 ngeb^{1}

煲 bou^{1}

腯 ded^{1}

膇 dêu^{3}

（㑹）kêu^{5}

嫋 nin^{1}

𡲢 gued^{6}

十四画

（瘆）na^{1}
熇 hug^{6}
熑 hog^{3}
髧 dem^{3}
髻 yem^{4}
蕹 gêng^{2}
撳 kin^{2}
摵 qig^{1}
摼 heng^{1}
撶 bed^{1}
撻 dad^{3}
摷 jiu^{6}
杠 lung^{5}
嘜 meg^{1}
嘢 yé^{5}
嘥 sai^{1}
噉 gem^{2}
睺 heo^{1}
踬 ngen^{3}
踎 meo^{1}
骲 bao^{6}
翚 nin^{1}
膉 yig^{1}
膾 ngong^{3}
嫲 ma^{4}

十五画

（窨）tem^{5}
諗 tem^{3}
谂 tem^{3}
熠 sab^{6}
褛 leo^{1}
撍 qim^{4}
挢 giu^{2}
摱 ngou^{1}
撚 hen^{2}，nin^{2}
（挦）qim^{4}
熨 hing^{3}
（聕）deb^{1}
（蔊）zao^{3}
劏 tong^{1}
嘭 pang^{4}
噈 kig^{1}
嗙 bang^{4}，bang^{6}
噏 ngeb^{1}
嚩 bo^{3}
噍 zab^{6}
（嚿）wag^{1}
（啰）zema
瞓 fen^{3}
螆 ji^{1}
踭 zang^{1}
翕 po^{1}
艔 dou^{6}
膶 yên$^{6-2}$
嫽 liu^{4}

十六画

澌 jid^{1}
窾 kuang^{1}
燂 tam^{4}
（耩）hong^{6}
（擝）meng^{1}
擸 sab^{3}
擓 kuai^{4}
擜 sog^{1}
擗 pég^{3}
蕴 yun^{5}
嚟 lên^{1}
嚱 hê^{1}
嗶 bud^{1}
噭 cêu^{4}
踹 nam^{3}
錔 mem^{1}，mgem^{1}
鲊 za^{6}
壆 bog^{3}
（軀）yin^{2}
（膪）za^{6}
鮓 za^{2}

十七画

癠 zeng^{2}
燶 nung^{1}
（穲）cên^{1}
嚱 jid^{1}
（嚗）ngeb^{1}
嚊 bei^{6}
吶 ngei^{1}
矇 cang^{1}
蟟 kêu^{4}
蹻 xin^{3}
嬲 neo^{1}
糁 cam^{2}
簕 leg^{6}
餸 sung^{3}
餲 ngad^{3}
鍟 séng^{3}
鎅 gai^{3}
𡆀 lêi，lê^{2}
（辇）bung^{6}
顴 ngog^{6}
飆 bung^{6}
攋 lai^{1}

十八画

癐 gui^{6}

攥	bog[1]
擸	lab[3]
嚤	mo[1]
嚡	hai[4]
嚝	kuag[3]
嚟	lei[4]，léi[4]
暡	zong[1]
矋	lei[6]
蟧	lou[4]
蠄	kem[4]
蹞	guan[3]
鏳	cang[1]
繑	kiu[5]

十九画

坜	lég[6]
厣	yim[2]
餍	yim[2]
鬁	lai[2]
（鶪）	bod[3]
（軆）	meg[6]
韫	pog[1]
韫	wen[3]

二十画

瘽	meg[6]
窦	deo[3]
覼	lei[6]
嚿	geo[6]
嚩	la[3]
鎄	pang[1]
劖	cam[5]

二十一画以上

瘠	jig[1]
趯	deg[3]
饡	hin[3]
缬	lid[3]
攞	lid[3]
蠔	hin[2]，hün[2]
囉	lo[1]，lo[3]
鐠	céi[4]
黐	qi[1]
（籤）	qim[1]
嬻	zan[2]
燿	lo[3]
齸	yi[1]
躝	lan[1]
攠	man[1]
囉	lo[1]
（爩）	wed[1]

后 记

同其他汉语方言一样，粤方言的方言词汇是十分丰富的。本词典收集的，仅是粤方言中带有代表性的广州话的词汇，而且仅是广州话中日常使用的方言词汇。港澳地区通行的粤方言有许多独特的词语，我们只酌收了一些。至于各行各业大量的方言行业用语，除了极少数流行广泛的之外，一般不收。繁多的方言象声词也只收了很少一部分。

虽然广州话在粤方言中很有代表性，享有很高的威望，但是它本身却是很不规范的，语音和词汇两方面尤其突出。广州市内有相当一部分人 n、l 不分，ng、0（零声母）不分；具体的字音也往往有分歧。例如，“嚟”〔来〕可以读 lei^4，也可以读 léi^4；“罟”可以说“揮”bed^1，也可以说“揔”fed^1。诸如此类，不胜枚举。一个词也有不同的说法，如“硬朗、结实”，有人叫“硬挣”，有人叫“硬净”。如此等等，例子很多。方言字的用法也不完全一致，如 ged^6〔单脚跳〕有“趷、趌、趃”等多种写法，语气助词 la^3 也有“喇、嚹、啰”等几个字形。这类情况，决非个别。这些都给词典的编写带来不少困难。碰到这类问题，我们只能视具体情况作不同处理，或兼收并蓄，或舍寡从众。

随着社会的发展、人员的交往、语言的相互影响，广州话也在不断发展中。不少字读音起了变化，或者声母改了，或者韵母变了，或者声调不同了。有的字原属短元音 e［ɐ］韵母的，正在向长元音 a［a］韵母发展，如“黑”本读 heg^1［hɐk^1］，现在有不少人读 hag^1［hak^1］，“握、测、峡、陷、衔”等许多字也类此。再往前追溯，“死、四”等字的韵母，早就由 i［i］变为 éi［ei］了。还有不少字又有两个调类的读法，如“劲、洎”既可读阴去，又可读阳去；“纪、匕”既可读阴上，又可读阴去；等等。少数字受普通话影响，读音开始变化，如“抓”本读 zao^2，现在不少人读 za^1。这些都使广州话的用词与读音显得混乱。

上述的诸多歧异现象，我们虽然以普遍性的原则决定取舍，但是对于某个读者来说，很可能在某些地方与他的实际说法仍有多少出入，这是很难避免的，望读者见谅。

编者识